[ع] [عـ ـعـ ـع]
ऐन (अ ए)
[غ] [غـ ـغـ ـغ]
ग़ैन (ग़्)
[ف] [فـ ـفـ ـف]
फ़े (फ़्)
[ق] [قـ ـقـ ـق]
क़ाफ़ (क़्)
ک کـ ـکـ ـک
काफ़ (क्)
(گ) (گـ ـگـ ـگ)
गाफ़ (ग्)
ل لـ ـلـ ـل
लाम (ल्)
م مـ ـمـ ـم
मीम (म्)
ن نـ ـنـ ـن
नून (न्)
ں ـں
नून ग़ुन्ना (अनुनासिक)
و
वाओ (व् औ)
ہ ہـ ـہـ ـہ
हे (ह्)

(ھ) (ھـ ـھـ ـھ)
दोचश्मी हे (ह्)

ی یـ ـیـ ـی
छोटी ये (इ ई)

ے
बड़ी ये (ए)

नस्तालीक़ मात्रा चिह्न

ا खड़ा अलिफ़ = 'आ': ज़ेर = 'इ';
ی याए मारूफ़ = 'ई'; ُ पेश = 'उ';
ٗ उल्टा पेश = 'ऊ'; ے याए मज्हूर = 'ए';
ں नून गुन्ना = 'अं'; ً दोहरा ज़बर = 'अन';
ء हमज़ा = स्वर उच्चारण;
ْ जज़म = संयुक्त व्यंजन; ّ तश्दीद = द्वित्त्व।

٠ ٩ ٨ ٧ ٦ ٥ ٤ ٣ ٢ ١
० ९ ८ ७ ६ ५ ४ ३ २ १

AF631263

बिहारीदास की

सतसई

०

खंड एक

संपादन

लक्ष्मीधर मालवीय

आदित्य प्रकाशन
नई दिल्ली

सादर समर्पित

श्री जगन्नाथदास 'रत्नाकर' जी को

जिनके *बिहारी रत्नाकर* के बिना

यह संपादन कल्पनातीत था!

बिहारीदास की सतसई

प्रथम संस्करण २००८

ISBN : 978-81-7742-079-1 (set)
ISBN : vol.1 978-81-7742-076-0 (volume 1)

आवरण
भारत कलाभवन, वाराणसी के सौजन्य से

प्रकाशक
आदित्य प्रकाशन
एफ़- 14 / 65, मॉडेल टाउन II, दिल्ली
www.bibliaimpex.com

मुद्रक
D. K. Fine Art Press,
Delhi - 110052

मूल्य (सेट)
१५०० रु०

Biharidasa ki SATASAII
(In Three Volumes)
(Ed :) Lakshmidhar Malaviya
Price (Set) : Rs. 1500

सहायक ग्रंथ सूची तथा संक्षेप चिह्न

अप० : अपभ्रंश।

अप०कोश० : अपभ्रंश-हिंदी कोश; डॉ० नरेश कुमार, इंडो-विज़न प्रा० लि०, गाज़ियाबाद, १९८७।

अलङ्कारसर्वस्वम् : रुय्यक; डॉ० त्रिलोकीनाथ द्विवेदी, चौखंबा सुरभारती प्रकाशन, वाराणसी, १९९४।

अष्ट० : अष्टजाम, देव।

आप्टे० : संस्कृत-हिंदी कोश; वामन शिवराम आप्टे, मोतीलाल बनारसीदास पब्लिशर्स, दिल्ली, १९९६।

उ० : उदाहरण।

उर्दू० : उर्दू-हिंदी शब्दकोश; मुहम्मद मुस्तफ़ा ख़ाँ 'मद्दाह', हिन्दी समिति, लखनऊ, १९७२।

क०बि० : कविवर बिहारी; जगन्नाथदास 'रत्नाकर', विश्वविद्यालय प्रकाशन, वाराणसी।

कबीर० : कबीर कोश; (सं०) आचार्य परशुराम चतुर्वेदी (आदि); स्मृति प्रकाशन, इलाहाबाद, १९७३।

क०र० : कवित्त रत्नाकर; सेनापति; (सं०) पं० उमाशंकर शुक्ल, हिंदी परिषद्, इलाहाबाद। प्रथम संस्करण १९३२।

कवि० : कविप्रिया; केशव।

काव्य० : काव्यरसायन, देव।

कुसल० : कुसलविलास, देव।

केशव कोश : डॉ० विजयपाल सिंह, नागरीप्रचारिणी सभा, वाराणसी, सं० २०३३।

खोज रिपोर्ट : हस्तलिखित हिंदी पुस्तकों का संक्षिप्त विवरण, भाग १-२, नागरीप्रचारिणि सभा, वाराणसी, प्रथम संस्करण, सं० २०२१।

गीत० : गीतगोविंदादर्श; (गीतगोविंद की पद्यात्मक टीका सहित), रायचन्द नागर, नवलकिशोर प्रेस, लखनऊ, १९२६।

गु० : गुरु मात्रा।

चन्द्रालोकः : जयदेव; श्री नन्दकिशोर शर्मा, जयकृष्णदास हरिदास गुप्त, वाराणसी, १९५०।

चित्त० : चित्तचिंताहरण, देव।

चौ०सूची० : राजस्थानी शोध संस्थान, चौपासनी, जोधपुर, के हस्तलिखित ग्रंथों की सूची, भाग १ - ८, सन् १९६७ से सन् १९९९।

जय० : जयसिंहविनोद, देव।

तु० : तुलना करें।

तुलसी० : तुलसी-शब्दसागर, भोलानाथ तिवारी, हिंदुस्तानी एकेडमी, इलाहाबाद, प्रथम संस्करण।

दे० : देखें।

दे०बि० : देव और बिहारी; कृष्णविहारी मिश्र, गंगा पुस्तकमाला कार्यालय, लखनऊ, प्रथमावृत्ति, सं० १९७७।

दे०ग्र० : देव ग्रंथावली; पुष्पारानी जायसवाल; हिंदुस्तानी एकेडमी, इलाहाबाद, १९७४।

दे०सं०ग्र० : देव संपूर्ण ग्रंथावली; खंड १, २ और ३; लक्ष्मीधर मालवीय; आदित्य प्रकाशन, नई दिल्ली, २००२।

पदमावत : वासुदेवशरण अग्रवाल, साहित्य सदन, झाँसी, १९९८।

पाइअ० : पाइअ सद्द महण्णओ, पं० हरगोविन्ददास त्रिक्रमचंद सेठ, प्राकृत टेक्स्ट सोसाइटी, वाराणसी १९६३।

पु० : पुंलिंग।

प्रा० : प्राकृत।

प्रेम० : प्रेमचंद्रिका, देव।

फ़ा० : फ़ारसी।

बि०र० : बिहारी-रत्नाकर; जगन्नाथदास 'रत्नाकर', नागरीप्रचारिणी सभा, वाराणसी। तृतीय संस्करण १९६०।

बोलचाल : अयोध्यासिंह उपाध्याय 'हरिऔध', हिंदी साहित्य कुटीर, वाराणसी।

भवानी० : भवानीविलास, देव।

भागवत० : श्रीमद्भागवतपुराणम् : आचार्य जगदीशलाल शास्त्री; मोतीलाल बनारसीदास, दिल्ली, १९८८।

भाव० : भावविलास, देव।

मआसिरुल० : मआसिरुल उमरा; अनु० ब्रजरत्नदास, नागरीप्रचारिणी सभा, वाराणसी। १९९२।

मध्यकालीन० : मध्यकालीन साहित्य संदर्भ; स्टार पब्लिकेशंज़ (प्रा०) लि०, नई दिल्ली। १९९७।

मोहज़्ज़बुल लुग़ात : सैयद एजाज़ हसन लखनवी, लखनऊ, १९७८।

मान० : बिहारी-सतसई; टीकाकार मानसिंह, उदयपुर संग्रह, सं० १७१७ की प्रति।

मानक अंग्रेज़ी-हिंदी कोश : (सं०) सत्यप्रकाश (आदि), हिंदी साहित्य सम्मेलन, प्रयाग, १९७१।

मानक० : मानक हिंदी कोश; (सं०) रामचंद्र वर्मा, हिंदी साहित्य सम्मेलन, प्रयाग, प्रथम संस्करण।

माया० : देवमाया, देव।

र०का० : रचना काल।

र०प्रि० : रसिकप्रिया; केशव, केशव ग्रंथावली, (सं०) पं० विश्वनाथप्रसाद मिश्र, हिंदुस्तानी एकेडेमी, इलाहाबाद। तृतीय संस्करण १९९०।

रस० : रसविलास, देव।

रसतरङ्गिणी : भानुदत्त मिश्र; आचार्य पं० सीताराम चतुर्वेदी, हिंदी साहित्य कुटीर, वाराणसी, सं० २०२५।

रसमञ्जरी : भानुदत्त मिश्र; श्रीजनार्दन पाण्डेय, संपूर्णानंद संस्कृत विश्वविद्यालय, वाराणसी, १९९१।

राज० : राजनीति, देव।

राजस्थांनी० : राजस्थांनी सबद कोस, सीताराम लालस, राजस्थानी शोध संस्थान, जोधपुर।

('घ्रोणी' तथा 'प' के बीच के शब्द समान संपादक के **राजस्थानी-हिंदी संक्षिप्त शब्दकोष** से।)

रीति० : रीतिकाव्य शब्दकोश; डॉ० किशोरीलाल, स्मृति प्रकाशन, इलाहाबाद, १९७६।

ल० : लघु मात्रा।

शत० : वैराग्यशतक, देव।

शब्दा० : हिंदी शब्दानुशासन; किशोरीदास वाजपेयी, नागरीप्रचारिणी सभा, वाराणसी, संवत् २०२३।

श्रीपति० : श्रीपति मिश्र ग्रंथावली; (सं०) लक्ष्मीधर मालवीय; आदित्य प्रकाशन, नई दिल्ली, १९९९।

सं० : संस्कृत; संवत्; संपादक।

साहित्यदर्पणः : विश्वनाथ कविराज; डॉ० सत्यव्रत सिंह, चौखंबा विद्याभवन, वाराणसी, १९९७।

साहित्यिक० : साहित्यिक ब्रजभाषा कोश खंड १ - २ - ३ ; (सं०) विद्यानिवास मिश्र, उत्तर प्रदेश हिंदी संस्थान, लखनऊ। प्रथम संस्करण; १९८५ से १९९०।

सुजान० : सुजानविनोद, देव।

सुमिल० : सुमिलविनोद, देव।

सुष० : सुषसागरतरंग, देव।

सूचीपत्र० : हस्तलिखित ग्रंथों की सूची, भाग १ - १४, राजस्थान प्राच्यविद्या प्रतिष्ठान, जोधपुर, सन् १९५९ से सन् १९९५।

सूर० : सूर शब्द-सागर; (सं०) डॉ० हरदेव बाहरी, स्मृति प्रकाशन, इलाहाबाद, १९८१।

सूर्यो० : सूर्योदयप्रकाश, देव।

स्त्री० : स्त्रीलिंग।

हलायुध० : हलायुधकोश; (सं०) जयशंकरजोशी, उत्तर प्रदेश हिंदी संस्थान, लखनऊ, तृतीय संस्करण १९९३।

हिं० : हिंदी शब्दसागर : (सं०) श्यामसुंदरदास, नागरीप्रचारिणी सभा, वाराणसी - १९७१।

हिंदी श्रीमद्भागवत : रूपनारायण पाण्डेय; प्र० पं० विष्णुनारायण भार्गव, हिन्दुस्तानी बुकडिपो, लखनऊ। १९४०।

हिंदी साहित्य का बृहत् इतिहास (षष्ठ भाग); (सं०) डॉ० नगेंद्र, नागरीप्रचारिणी सभा, वाराणसी, १९५७।

हिंदी साहित्य कोश : (सं०) डॉ० धीरेंद्र वर्मा (आदि), ज्ञानमंडल, वाराणसी, १९५८।

فرہنگ آصفیہ : देहली, १९७४।

مہذّب اللغات : सैयद एजाज़ हुसन लखनवी, लखनऊ।

Jami : JAMI ENGLISH-URDU DICTIONARY; Chief Editor : Prof. Kalimuddin Ahmad, Delhi. 1998.

Fallon : NEW HINDUSTANI ENGLISH DICTIONARY; S.W. Fallon, AES Reprint 1989.

MMW : SAMSKRIT-ENGLISH DICTIONARY; Sir M. Monier-Williams, Oxford 1960

Natwar-Singh, K. : Maharaja Suraj Mal 1707-1763; B. I. Publications, 54 Janpath, New Delhi.

Platts : A DICTIONARY OF URDU, CLASSSICAL HINDI AND ENGLSIH. John T. Platts, Oxford 1965

Steingass : F. Steingass A COMPARATIVE PERSIAN=ENGLISH DICTIONARY, Asian Educational Services, New Delhi 1992.

Turner : A COMPARATIVE DICTIONARY OF THE INDO-ARYAN LANGUAGES. R. L. Turner, Oxford University Press, London. 1989

Webster's Third New International Dictionary; Mariam Webster Inc, Springfield, Massachusetts, U.S.A. 1961.

? : वर्ण से जुड़ा हुआ '?' उस स्थल के वर्ण अथवा पूर्ववर्ती वर्ण का पाठ संदिग्ध या अस्पष्ट होने का द्योतक है।

'ऊपर' : पाठांतर के बीच 'ऊपर', दो पंक्तियों के बीच के रिक्त स्थान में अथवा उस शब्द के ऊपर या पत्र के शीर्ष पर रिक्त स्थान में।

'त्रुटित' 'लुप्त' : त्रुटित या लुप्त पाठ। उदाहरण, 'वारेई' से 'देव वडी' त्रुटित। इन दो शब्दों सहित बीच का पाठ खंडित है।

संस्कृत के ग्रंथों से दिए गए उद्धरणों में स्थलनिर्देश सर्ग, अध्याय तथा छंद के क्रम से है।

हस्तलेख

प्रति संकेत : विवरण; प्रतिलिपि संवत्। (प्राप्ति स्थान – सूचीपत्र संख्या / स्रोत।)

○ प्रतापसिंह चंद्रिका - मनीराम - टीका दोहा ३५७ तक। (जयपुर १५७० – **सूचीपत्र०** ६-२०।)

○ सतसयानुक्रमेण - पर्वतशर में लिखित; सं० १७७४। (जोधपुर १८६८ (१) – **सूचीपत्र०** १-१४३।)

○ बिहारी सतसई - पत्र० ४४, आरंभिक पुष्पिका महत्वपूर्ण है; १९ वीं शती। (जयपुर १८७२ (२) **सूचीपत्र०** ६-२०।)

○ राजस्थानी में टीका; सं० १७७४। (जोधपुर २०३२ –)

○ प्रतापसिंह चंद्रिका (खंडित) - मनीराम - टीका दोहा ७३ तक। (जयपुर ११८१७ – **सूचीपत्र०** ६-८०।)

○ क्रम भिन्न - चरण वर्णन जैसे शीर्षक; केवल दोहा; पत्र ९५; तिथि रहित। (२३१३० – जयचंद संग्रह, बीकानेर)

○ कृष्णदत्त - अपूर्ण; पत्र ११८ तिहि रहित पत्र। (२५४४१ – जयचंद संग्रह, बीकानेर)

○ पत्र ५५ - ११९; सं० १८२३। (२६८०७ – जयचंद संग्रह, बीकानेर)

○ अ० : पत्र ३९ – केवल दोहे; सं० १७६५। (उदयपुर ४१५० – **सूचीपत्र०** १०-५८।)

○ आ० : लिपिक आंणंदजी; सं० १७२४। उ० के समान क्रम; (७ – अनूप संस्कृत पुस्तकालय, लालगढ़ पैलेस, बीकानेर)

○ उ० : पत्र ३२-८१ – मान०; सं० १७१७। (उदयपुर ३५५०(४) – **सूचीपत्र०** १३-७४।)

○ क० : कवित्तबंध - अपूर्ण पृ० १-१६०; तिथि रहित। कृष्ण० की टीका; क्रम ११३५ के समान (जोधपुर २५२ –**चौ०सूची०**)

○ का० : पत्र २२-८० — केवल दोहा; अषैराम नथमल कायथ द्वारा लिखित, सं० १७७४। (जोधपुर २८३२ (२) – **सूचीपत्र०** १-१४३।)

○ कु० : पत्र ६९ – प्रथम खंड - अकारादिक्रम से - लिपि० कुसला; सं० १७८७। (जोधपुर ४३०७ (१) – **सूचीपत्र०** २-२१७।)

○ को० : पत्र ४८ – कोविद कवि की टीका - सं० १७४२ में बुरहानपुर में रचित, पत्तन में लिखित; सं० १७९३। (जोधपुर २०६८ – **सूचीपत्र०** १-१४४।))

○ गा० : टीका कवित्तबंध; पत्र १७४; सं० १८२२। (२७९१३ – आनंद विनयादि फुटकर संग्रह, बीकानेर)

○ गि० : : 'रत्नाकर' जी के संपादन में (४) संख्यक पोथी, लखनऊ में गिरिधरलाल के निमित्त संवत् १७८९ में लिखित।

○ चि० : संस्कृत टीका, पूरा दोहा पाठ, ७०२ तक; पत्र ९१; सं० १८८०। ३२२३ के समान। (१५८३२ – जिनचरित्र सूरि संग्रह, बीकानेर)

○ चौ० : मान० पृ० २-१६८; १९वीं शती। (८३७(२) –)

○ जि० : राजस्थानी टीका; सं० पत्र ६२; सं० १७९०। (१५६५८ – जिनचरित्र सूरि संग्रह, बीकानेर)

○ जी० : पत्र १०६ – केवल दोहे; लिपिक जीवन; लिपिस्थान अहमदाबाद; सं० १७८८। (उदयपुर ४१४८ – **सूचीपत्र० १०-५८** १०-५८।)

○ टी० : 'रत्नाकर' जी के संपादन में (३) संख्यक पोथी, मानसिंह टीका की संवत् १७७२ की प्रति।

○ दो० : सप्त सत दोधकांन - मिश्र आत्माराम; सं० १८२६ (हार?) ।

○ न० : पत्र ८५ – नरराय की टीका; सं० १७९४। (जोधपुर २३९३६ – **सूचीपत्र०** ११-२६।)

○ नी० : कृष्णदत्त - प्रति अपूर्ण, दोहा ६८१ तक; तिथि रहित। (नीलगाँव; ब्रिटिश लाइब्रेरी।)

○ प० : पत्र ७२; राजस्थानी टीका, सं० १८००। (२७६२२ – आनंद विनयादि फुटकर संग्रह, बीकानेर)

○ पा० : अनवर चंद्रिका (लिपिक संगम पाठक) - पूर्ण - पत्र ७१; १९वीं श०। (उदयपुर ४३१७ ।१ – **सूचीपत्र०** १०-५८।)

○ पु० : राजस्थानी टीका; पत्र ७८; सं० १८३६। (१५६५७ – जिनचरित्र सूरि संग्रह, बीकानेर)

○ पे० : दोहों पर शीर्षक, केवल दोहे; पत्र १२२ - १४४; सं० १७३८। (२७८९२ – आनंद विनयादि फुटकर संग्रह, बीकानेर)

○ पो० : मान० उ० शाखा की प्रति, शब्दार्थ सहित; पत्र ३१; सं० १७४१। (३२०५ – मोतीचंद खजांची संग्रह, बीकानेर)

○ प्र० : प्रतापचंद्रिका - पत्र १७२ – मनीराम, पूर्ण; तिथि रहित। (उदयपुर ३१८४ – **सूचीपत्र०** १३-७६।)

○ बि० : 'रत्नाकर' जी के संपादन में (२) संख्यक पोथी, 'जयपुर के निजी पुस्तकालय में विद्यमान संवत् १८०० की लिखी हुई प्रति। यह पुस्तक बिहारी के किसी शिष्य की संवत् १७३९ की लिखी प्रति की प्रतिलिपि है।'

○ भ० : पत्र ६० – लिपिक भवानीदास – केवल दोहे, पार्श्व पर टिप्पणी; सं० १७४३। (उदयपुर १८५७ – **सूचीपत्र०** १३-७६।)

○ भा० : कृष्णदत्त - नी० के समान; सं० १८८९। (२०८० – भारत कलाभवन, वाराणसी)

○ मि० : पत्र १९२ – कृष्णदत्त (नी० का क्रम); सं० १८२३। (जोधपुर २३६६ – **सूचीपत्र०** १-१४३।)

○ मु० : पत्र ११० – कृष्णदत्त - सत्रहसै द्वै आगरे असावरस रविवार - लिष्यते कुसल विमल मुनिना, सुभटपुर में लिखित; सं० १७९४। (जोधपुर ११३५ – **सूचीपत्र०** १-१४३।)

○ मे० : सतसैया, पृ० १-१५९; सं० १७८६। (जोधपुर २१८ – **चौ०सूची०** १-१५९)

○ मो० : पत्र १६२ – (अनवरचंद्रिका) रसविलास - कच्छ मोरवी में रचित मूल प्रति; सं० १७८८। (जोधपुर ११३४ – **सूचीपत्र०** १-१५०।)

○ र० : 'रत्नाकर' जी के संपादन में (५) संख्यक पोथी, अलवर की राजकुमारी रत्नकुँवरि के पठनार्थ संवत् १७९६ में लिखित।

○ रा० : राधोगढ - दोहा ७२० तक; सं० १८१४। (७७१५ ।४३८१ – सम्मेलन।)

○ रा० : (मान० का क्रम, सटिप्पण) - पत्र १३९-१७३; सं० १७३५। (जोधपुर १२९६ (६) **सूचीपत्र०** ३-४४५।)

○ रो० : पत्र १५ – लिपिक मुनि मनोहर – दोधक सप्तसती, केवल दोहा; सं० १७६९। (जोधपुर ४४१२ – **सूचीपत्र०** २-२१७।)

○ वा० : मान०; पत्र १३१; सं० १८२३। (३२३५ – मोतीचंद खजांची संग्रह, बीकानेर)

○ वि० : संवत विधु करि नाग करि; पत्र २४; सं० १८८१। (३२३४ – जयचंद संग्रह, बीकानेर)

○ वे० : दोहरा टीका कवित्तबंध - एकाधिक अर्थ - अपूर्ण, वेसर मोती धन [७०१] तक। (२५४४१ – जयचंद संग्रह, बीकानेर)

○ शि० : मान० क्रम – जैन शिष्य परंपरा का कवि - उदयपुर मध्ये, भ० प्रति (केवल दोहे) उदयपुर ग्रं० १८५७ सं० १७४३ के समान क्रम; सं० १७८७। (जोधपुर ३३८२ – **सूचीपत्र०** १-१४३।)

○ शृ० : पत्र ७६ – संस्कृत टीका नान्हा व्यास कृत, केवल दोहा प्रतीक; सं० १८०५। (जोधपुर ८५६ – **सूचीपत्र०** १-१४४।)

○ ष० : आरंभिक भाग में पार्श्व पर टीका - मान० का क्रम; पत्र ११; सं० १७६६। (३२२२ – मोतीचंद खजांची संग्रह, बीकानेर)

○ स० : सटीक। अपूर्ण सके सताई न [६६६] तक पाठ। (२५१४२ – जयचंद संग्रह, बीकानेर)

○ सिं० : 'रत्नाकर' जी के संपादन में (१) संख्यक पोथी, कुँवर रामसिंह के पढ़ने के निमित्त लिखित।

○ सी० : आर्या टीका सहित; संवत् १८५८; ब्रिटिश लाइब्रेरी, लंडन; B-53

○ सु० : नैन, खंडिता आदि विषयों के अनुसार - 'श्लोक संख्या ९५०'। (जयपुर १८७२ –)

○ सू० : पत्र ६ – 'विहारी सतसया सूचि' - मगनीराम - अंग का नाम तथा वर्ण कथन; सं० १९२१। (जोधपुर २२३७ – **सूचीपत्र०** १-१४४।)

○ ह० : पत्र १३४ – त्रिपाठ - अलंकार निर्देश सहित - टीकाकार हरिचरणदास - १८३४ में टीका की रचना - रूपनगर में लिखित; सं० १८३५। (जोधपुर २२८१ – **सूचीपत्र०** १-१४३।)

फ़ारसी प्रतियाँ

○ ज़ा० : पूर्ण। (१२३३ हिजरी, सन् १८१७)। ८३९७ – रामपुर रज़ा लाइब्रेरी; रामपुर।)

○ (ज़ा०) : अपूर्ण। (८३९६ – रामपुर रज़ा लाइब्रेरी; रामपुर।)

○ ब्रि० : बी २७ – ब्रिटिश लाइब्रेरी, लंडन।

विषय सूची

खंड एक

*

खंड दो

*

खंड तीन

*

आमुख

कवि बिहारीदास की **सतसई** के अनेकानेक संपादित संस्करण पहले से विद्यमान होते हुए **सतसई** का नए तरह से संपादन विशेष कारणों से किया गया। **सतसई** संग्रह ग्रंथ है अतः इसकी रचना सामान्य पद्धति के अनुसार आदि से अंत की ओर न हुई। इस लिए इसके उपलब्ध हस्तलेखों का पारस्परिक संबंध अन्य किसी भी प्राचीन कृति के हस्तलेखों के आपसी संबंध से बिलकुल भिन्न होगा। यों कहें कि **सतसई** की प्रतियों का पूर्वापर क्रम, उनमें मिलने वाले पाठ की विशेषताओं के आधार पर, स्थिर नहीं किया जा सकता। **सतसई** का प्रामाणिक संपादन उसकी प्रतियों को, वे चाहे चार-पाँच हों या कि ४-५ सौ, छोड़कर, **सतसई** की विभिन्न टीकाओं में मिलने वाले दोहों की पाठ विशेषताओं के आधार ही पर किया जा सकता है। **सतसई** पर दस-बीस नहीं, नब्बे से अधिक टीकाएँ ज्ञात हैं। पर इस संपादन के निमित्त केवल पाँच महत्वपूर्ण टीकाओं को चुना गया। प्राचीनतम मानसिंह की टीका का रचनाकाल निर्विवाद नहीं, पर संभवतः यह बिहारीदास के जीवनकाल में रची गई थी। हरिचरणदास की टीका सबसे इधर की है, सं० १८३४ की। यह टीका, अन्य सभी टीकाओं की तुलना में, व्याख्या की दृष्टि से अधिक विस्तृत और भरोसे की है। अन्य टीकाओं में कोविद कवि की अब तक अनुपलब्ध रही टीका सं० १७४२ की है। एक और टीका के रचयिता नरहरि के विषय में कोई भी सूचना कहीं से नहीं मिल पाती तो भी इस टीका की विभिन्न प्रतियों में मिलने वाला **सतसई** का दोहा पाठ ही नहीं, सारे उदाहरण छंद मत्तगयंद सवैया में निबद्ध होने से इस प्रति और इस शाखा की अन्य तीन पोथियों में निहित सामग्री अत्यंत प्रामाणिक स्तर की है।

यहीं यह बता देना चाहिए कि इस संपादन का मुख्य ध्येय **सतसई** का दोहा पाठ स्थिर करना है; टीकाओं के गद्य-पद्य अंशों के पाठ की प्रामाणिकता की ओर ध्यान कम, 'ग्रामं गच्छन् तृण स्पृशन्' (अपने गंतव्य गाँव की ओर जाते हुए, राह में पड़े तिनके को छू लेने) के समान आनुषंगिक है।

भूमिका में **सतसई** की आलोचनात्मक विवेचना और वर्तनी पक्ष पर विस्तार से विचार किया जा रहा है। इस कसौटी पर **सतसई** को पहली बार कसा गया। यह प्रगट हो जाने पर कि **सतसई** का पहला-पहला लिखित रूप नागरी में न होकर फ़ारसी वर्णमाला में था, **सतसई** के पाठ और फ़ारसी के अति जटिल पारस्परिक संबंध की गहराई से छानबीन करना आवश्यक हो गया। बड़ा आश्चर्य होता है, अध्ययन योग्य इतने मौलिक पक्ष पर अब तक किसी भी पूर्ववर्ती संपादक ने ध्यान ही न दिया! हिंदी की कुंठित अवस्था पर यह बड़ा ही दुखद साक्ष्य है!

दोहा पाठ देखने से पता चलेगा कि स्वीकृत पाठ के साथ पाठांतर ही नहीं, सारे उपलब्ध वर्तनी भेद भी समाहित हैं। इससे ग्रंथ का कलेवर बढ़ तो बहुत गया, फिर भी विश्वास है कि पुरानी ब्रजभाषा की वर्तनी पर अध्ययन करने वालों के लिए यह सामग्री उपादेय होगी। हिंदी के पुराने वर्तनी रूप का विश्लेषण विवेचन भी अब तक नहीं हुआ है। संपादित दोहा पाठ के साथ दोहे का फ़ारसी प्रति में उपलब्ध वाचन

दे देने से इन दोनों की तुलना, पारखी जनों के लिए, रोचक होगी।

अंतिम भाग में संपादकीय व्याख्या है। यहाँ पाठवैज्ञानिक विवेचन, सरल साधारण काव्य रसिकों के लिए नीरस होने से, कम ही मिलेगा। हाँ, अर्थ विवेचन पर विशेष ध्यान रखा गया। कितने ही दोहों की, अब तक मान्य अर्थ से सर्वथा अलग व्याख्या देखकर पाठकों को अचरज होना स्वाभाविक है। अंत में सारे दोहों और समस्त उदाहरण छंदों की प्रतीक सूची अनुसंधाताओं और अन्य पाठकों के लिए समान रूप से सहायक होगी।

बहुत संकुचित करने पर भी और संपादित ग्रंथ बड़े आकार के पृष्ठों में रखने पर भी इससे कम में न समेटा जा सका अतः इन्हें एकाधिक खंडों में विभाजित करना पड़ा।

यह कहते हुए मेरे मन में तनिक भी संदेह नहीं कि मेरा यह प्रयास मेरे पूर्वकालीन सभी संपादकों के पुंजीभूत परिश्रम का मेरी फटी-पुरानी झोली में छोड़ा हुआ प्रसाद ही है! सर्वाधिक तो श्री जगन्नाथदास 'रत्नाकर' जी का। उनके प्रति कृतज्ञता ज्ञापन के विचार से यह संपादन उन्हें समर्पित किया गया है। फिर भी उनके संपादित पाठ में दरजनों स्थलों पर भूल दिखाने के लिए क्षमाप्रार्थी न हूँगा। दोष तो उनके आगे की अकर्मण्य पीढ़ियों का है, जिससे सारस्वत धर्म का पालन न किया गया। मैंने देखा है, सत्य का सतत साक्षात्कार करते हुए उसका संस्कार भी न करते जाने से वह झूठा ही नहीं, त्याज्य होता है। इसी रूप में उज्ज्वल भविष्य, वह भाषा का हो कि देश या अकेले व्यक्ति का, अतीत में लुका रहता है! अपनी बड़ी ही सीमित क्षमता से मैंने बुहारी लगाने का प्रयास भर किया है। फलतः इस संपादन की प्रामाणिकता की परख तो अध्येता और सबसे ऊपर काल करेगा, संपादक को विश्वास है कि दोनों ही इस पर स्वीकृति की सही लगाएँगे। हाँ, इसमें संशोधन परिवर्तन परिवर्धन करने को आगे बढ़ने वाले विद्वान् का हार्दिक स्वागत है। दूर परदेस में रहकर अत्यल्प साधनों के होते हुए भी यह भारी कार्य पूरा हो सका, संपादक के लिए यह बड़े भारी संतोष की बात है। कविद्वय देव और बिहारी में एक-दूसरे को तर-ऊपर रखने के पुराने साहित्यिक विवाद पर ध्यान दें तो यह क्या ही सुखद संयोग है कि **देव संपूर्ण ग्रंथावली** के पश्चात् बिहारीदास की **सतसई** का संपादन एक ही व्यक्ति से बन पड़ा!

सतसई के इस संपादन में कोई ७५ पुराने हस्तलेखों का, मुख्य तथा सहायक सामग्री के रूप में उपयोग किया गया है। ये लेख राजस्थान प्राच्य विद्या प्रतिष्ठान की विभिन्न शाखाओं; हिंदी साहित्य सम्मेलन, इलाहाबाद; रज़ा लाइब्रेरी, रामपुर; ब्रिटिश लाइब्रेरी, लंडन; वहीं के वेलकम इंस्टिट्यूट; हार्वर्ड विश्वविद्यालय के पुस्तकालय आदि में सुरक्षित हैं। संपादक इनकी उपलब्धि के लिए उपरोक्त सभी संस्थाओं के अधिकारियों का कृतज्ञ है। विशेषतः प्राच्य विद्या प्रतिष्ठान के मुख्यालय, जोधपुर, में उपसंचालक डॉ० द० बा० क्षीरसागर का, जिन्होंने वहाँ के अपने कार्यकाल के दौरान कविवर देव के साथ-साथ बिहारीदास के लेखों की प्रतिकृति मुझे हस्तगत कराने में भारी सहायता पहुँचाई थी। प्रायः इन सारे छापों को मेरे पास जापान भिजवाने में आदित्य प्रकाशन के श्री प्रदीप गोयल ने जो तत्परता

दिखलाई उसे भला कैसे भूला जा सकता है! खेद है, प्रदीप जी के अब न रह जाने से उनकी स्मृति ही मन में कसकती रह गई है! **सतसई** भी आदित्य प्रकाशन प्रकाशित कर रहा है, एतदर्थ प्रदीपजी के सुपुत्र चि० श्री आदित्य गोयल का आभारी हूँ।

इस बार के संपादन में विद्वानों तथा मित्रों से परामर्श कर लाभान्वित हो सकने के इने-गिने ही अवसर आए! कारण एक तो इसमें पूछ-पछोर की अधिक गुंजाइश न थी; फिर, इन दस वर्षों में मुझ समेत मेरे ये सुहृद जन भी तो अब कम युवतर रह गए! डॉ० किशोरीलाल द्वय, नैनी तथा भदोही वासियों, को **सतसई** का कच्चा मसौदा एक-दो बार यहाँ से भेजा था। जयपुर के श्री गोपाल नारायण बहुरा, उदयपुर के डॉ० ब्रजमोहन जावलिया, लंडन के डॉ० रूपर्ट स्नेल, ओसाका विदेशी भाषा विश्वविद्यालय में प्राध्यापक श्री यामाने शो आदि से पत्राचार द्वारा मुझे महत्वपूर्ण जानकारी उपलब्ध हुई – इन सब को तथा उन्हें भी जिनके नाम मैं प्रमादवश इस समय भूले जा रहा हूँ, ‘प्रनवउँ सवहि कपट सव त्यागे’!

खं दिशो भूमिमापश्च चन्द्रार्कानलमारुतान् ।
सर्वं संहरते कालस् तस्मात् कालो महत्तरः ॥

उस विराट् कालदेवता को नम्रशिरसा प्रणाम् किए हुए मैं साहित्यिक प्रयासों से विदा लेता हूँ।

२७ नवंबर २००७

लक्ष्मीधर मालवीय

3-124 Takahashi, Sengahata
Hatano-cho, Kameoka
Kyoto Pref. JAPAN 621-0261

प्राक्कथन

विषयप्रवेश :

कवि बिहारीदास की **सतसई** पुराने समय से अति लोकप्रिय रही है। हिंदी के साहित्यिक ग्रंथों में इतनी अधिक प्रसिद्धि कदाचित् तुलसीकृत **रामचरितमानस** ही को प्राप्त है। लगभग सात सौ ललित दोहों का यह संग्रह सभी कोटि के काव्यरसिकों का इस समय भी कंठहार है।

सतसई के जितने अधिक संपादन हुए, हिंदी साहित्य के इतिहास में किसी दूसरी रचना के न हुए होंगे। श्री जवाहरलाल चतुर्वेदी ने [1] इसकी ८९ टीकाओं की सूची दी है; इनके अतिरिक्त भी **सतसई** की टीकाएँ पुराने ग्रंथों की सूची में मिल जाती हैं। इन सब का अपना ऐतिहसिक दृष्टि से महत्व है।

बाबू जगन्नाथदास 'रत्नाकर' द्वारा संपादित **बिहारी रत्नाकर** अब से ७५ वर्ष पूर्व का संस्करण होते हुए आज भी अपना सानी नहीं रखता। इसके संपादन में 'रत्नाकर' जी ने कितनी सूक्ष्मता से पाठ और अर्थ ही नहीं, एक-एक शब्द की वर्तनी भी गहराई से विचारकर स्थिर की है, यह देखकर मस्तक उनके प्रति आदरपूर्वक नत हो जाता है।

सतसई के कितने ही नवीन-प्राचीन संस्करणों के होते हुए मैं इसके संपादन में अपना समय तथा श्रम लगाने को क्यों तैयार हुआ, लगे हाथ इसे स्पष्ट कर देना आवश्यक है। यदि मैं कहूँ कि बिहारीदास की **सतसई** से मुझे कुछ विशेष लगाव या अनुराग रहा है तो यह झूठ होगा। सच बात तो यह है कि दोहा छंद ही मुझे विशेष रुचिकर नहीं लगता; बिहारी के दोहे – कुछ अपवाद भले ही हों – मुझे रहीम या मतिराम के दोहों की तुलना में फीके लगते हैं। इतना ही नहीं, बिहारीदास के कितने ही शब्द प्रयोग मेरे कानों में गड़ते-से हैं – समानार्थी 'वदावदी' नहीं, 'होडाहोडी' जैसा दग्धाक्षर के गोले दागने वाला शब्द प्रयोग भला और किस दूसरे कवि ने किया है! 'कुटिल वंक भ्रुव संग ए कुटिल वंक गति नैन' [३०३], मात्र आधे दोहे में दो समान पदों की आवृत्ति! महाकवि को 'कपट वक्रधी' जैसा कोई प्रयोग तक नहीं फुरता! 'झझकत हियै गुलाव के। झवा झवैयतु पाइ' [४८३] किसी दूसरे कवि में ऐसा मेरे देखने में न आया! [2] 'तू मति मानै मुकतई' [२५०] बिहारी ने 'मुकतई' शब्द 'गुंडई' के वज़न पर गढ़ा या कि 'ठंडई' के, कहना कठिन है! 'पन' के अर्थ में 'अई' किस अन्य कवि में आया है? मेरी उदासीनता का एक कारण तो यह हो सकता है कि मैं सारे वयस्क जीवन मतिराम तथा देव – और इधर श्रीपति मिश्र – के कवित्त-सवैयों के संगीतमय शब्द संसार में रमा रहा!

देव संपूर्ण ग्रंथावली का संपादन पूरा कर लेने पर मैं, मात्र कुतूहलवश या कि बैठे-ठाले, **सतसई** की

---

[1] **ब्रजभाषा रीति शास्त्र ग्रंथ कोश**, हिंदी साहित्य सम्मेलन, प्रयाग सन् १९६५।

[2] तु० श्रीपति मिश्र :

कोऊ लै गुलाव के झवान सौ झवावै पाइ एडी की ललाई जानि जावक मिटावई। श्रीपति कहै हो कोऊ आनिकै उरोजन पै हसि हसि केशरि पै केशरि चढावई। तन की वनक आगे कनक तनक लागे वावरी ह्वै मालिनि चकित पछितावई। वेरि वेरि हेरि हेरि टेरि टेरि घेरि घेरि फेरि फेरि चंपक की माल पहिरावई [स० १०-११५]

मेरे संग्रह में विद्यमान कुछ हस्तलिखित प्रतियों की जाँच पाठवैज्ञानिक दृष्टि से करने लगा। पिछले ४० वर्ष कविवर देव के समस्त ग्रंथों के संपादन में लगे रहने की क्लांति – तो साथ ही इस भारी बोझ को निर्दिष्ट स्थल तक पहुँचा सकने की मानसिक विश्रांति, तीन-चार दिन तो मैं कुछ अनमने भाव से **सतसई** की अपनी पोथियों के पन्ने उलटता-पलटता रहा, फिर मुझे यह देखकर थोड़ा अचरज हुआ कि दर्जन भर से अधिक प्रतियाँ हैं फिर भी उनमें परस्पर संबंध का एक भी सूत्र कहीं नहीं! एक कृति की ४-६ पोथियों में भी उन्हें ऊपर-नीचे की प्रति परंपरा में प्रायः रखा ही जा सकता है! इससे मेरा कुतूहल बढ़ा और मैं अधिक सजग होकर **सतसई** के पाठ की परीक्षा करने लगा। जैसे-जैसे मैं आगे बढ़ता गया, **सतसई** के पाठ की जटिलता मेरे सामने अधिक स्पष्ट होती गई!

यह कहना तनिक भी अतिशयोक्ति नहीं कि वैज्ञानिक विधि से संपादन किया जाए तो **सतसई** से अधिक गुत्थीदार मध्यकालीन काव्य कृति कदाचित् ही कोई और हो! इस जटिलता के आकर्षण में बँधकर मैं **सतसई** के संपादन में प्रवृत्त हुआ।

एक संयोग पर भी मैं मन-ही-मन मुदित था। पं० कृष्णविहारी जी मिश्र के पास उनके गाँव गंधौली मैं एकाधिक बार गया हूँ। कृष्णविहारी जी तथा लाला भगवान 'दीन' जी का देव-बिहारी को लेकर छिड़ा साहित्यिक विवाद प्रख्यात है। कहते हैं, मिश्रजी एक बार काशी में लाला जी के निवास पर पहुँचे तब रात्रि हो गई थी। मिश्र जी ने उन्हें आवाज़ दी, 'देवनगरी में बसकर भी देव का विरोध करते हैं, आप लाला जी!' इन्हीं दो कवियों के संदर्भ में मिश्रबंधु तथा पं० पद्मसिंह शर्मा का द्वंद्व भी इतिहास प्रसिद्ध है। अवधी की एक लोकोक्ति है, 'लड़ुआ लड़ै तो मोती झरै!' हिंदी में तुलनात्मक समालोचना का वीज वपन किया था इस विवाद ने!

हिंदी तो अब निर्जन महाश्मशान है, उसमें घूम-घूमकर श्रीपति मिश्र फिर देव, एक-एक प्रेत को पीट-पीटकर जगाने वाले अवधूत के समान मैं, उन्हीं देव कवि के पश्चात् बिहारीदास की **सतसई** के संपादन में यदि प्रवृत्त होऊँ तो ऊपर गिनाए गए दिवंगत मनीषियों का भी श्राद्ध होगा!

एक निजी कारण भी था। जयपुर मैं एक अरसे भर रहा हूँ। तब बिहारीदास के आमेर भी कई बार जाना हुआ। महलों से अलग-थलग, झाड़-झंखाड़ के बीच खड़ी प्रेतिनी के समान 'बिहारी की हवेली' के खंडहर देखने की याद है। सुना, उसे राष्ट्रीय स्मारक बनाने का किसी ने प्रस्ताव किया है! बिरला परिवार से मेरा कोई वास्ता भला क्यों हो सकता है, किंतु मेरे परिवार जनों से इस परिवार का पुराना संपर्क रहा है। मेरे पितामह का दाह संस्कार दो दिन रुका रहा – जुगलकिसोर जी से २००० रुपए आने तक। कहते हैं, बिड़ला फ़ाउंडेशन दो लाख रुपए का वार्षिक बिहारी पुरस्कार देता है! मगर बिहारीदास की **सतसई** का कैसा भी संस्करण कहीं उपलब्ध नहीं! सोचा, अपनी कंगाल मातृभाषा को वह जापान से मैं क्यों न भेंट कर दूँ!

सतसई की केवल दोहा मात्र की पोथियाँ संख्या में चाहे पचास सामने हों, चाहे पाँच सौ ही क्यों न

हों, उनके सहारे **सतसई** का सफल पाठसंपादन अब तक न किया जा सका और भविष्य में भी कभी न किया जा सकेगा। मैं इतने अधिकारपूर्वक ऐसा क्यों कह रहा हूँ, इसकी संक्षेप में व्याख्या अपेक्षित है।

भारी भ्रम की शुरुआत हुई इससे कि **सतसई** हमारे सम्मुख एक पूरी पुस्तकाकार ग्रंथित रचना के रूप में जैसे आज है, इसी रुप में इसे लिखा भी गया होगा। अर्थात्, प्रथम दोहा 'मेरी भौबाधा हरौ' आदि के बाद दूसरा दोहा, और इसी क्रम से अंतिम दोहे तक पहुँचने पर यह रचना पूर्ण हुई होगी। वास्तविकता का इस अनुमान से दूर का भी वास्ता नहीं! बिहारीदास ही नहीं, किसी भी दूसरे कवि की **सतसई** इस प्रकार नहीं लिखी गई। **सतसई** तो मुक्तकों का संग्रह है, कवि की अन्य रचनाओं में आए हुए दोहों का!

इन इतर सतसैयों का पाठ, कवि के पूर्व रचित ग्रंथों से दोहे आकलित करते हुए, प्रायः एक ही बार में होने की संभावना अधिक है। **मतिराम सतसई** के कुल ७०४ दोहों में १७६ दोहे **ललितललाम** आदि कवि के अन्य ग्रंथों के हैं।

ऐसी ही स्थिति तुलसीदास की **दोहावली** की है। रहीम की कोई बड़ी प्रबंधात्मक रचना उपलब्ध नहीं है, फिर भी उनकी **सतसई** कवि द्वारा समय-समय पर रचे गए दोहों का संग्रह है।

देव कवि का **सुषसागरतरंग** ९१२ छंदों का विशाल ग्रंथ है, फिर भी है यह भी अपने मूल रूप में एक-एक पत्र पर लिखे हुए कवित्त-सवैया का संग्रह! इसकी पोथियों में यत्र-तत्र मिलने वाले 'इहांही लिखने' जैसे शब्द लिपिक के न होकर स्वयं कवि द्वारा अमुक छंद को अमुक स्थान पर सम्मिलित करने के आदेश हैं। मुक्तक काव्य की यही रचना विधि उस समय प्रचलित जान पड़ती है।

रामचरितमानस, **पदमावत**, देवकृत **काव्यरसायन** और श्रीपति के **अनुप्रासलक्षण** जैसे ग्रंथों की रचना भिन्न रीति से हुई। गोस्वामी जी ने सन् १६३१ में अयोध्या में मानस का लेखन आरंभ कर, दो या तीन वर्ष बाद बनारस में इसे पूरा किया। तुलसीदास जी चौड़े आकार वाले पत्रों पर लिखते रहे होंगे और उन पत्रों को क्रमानुसार सुरक्षित रखते होंगे। मानस की रचना पूर्ण हो जाने पर मूल प्रति से समय-समय पर प्रतियाँ हाथ से तैयार की जाने लगीं। दसियों प्रतियाँ की गई होंगी, नागरी लिपि ही नहीं, कैथी और फ़ा० लिपियों में भी! फिर इन प्रतियों से अनेकानेक प्रतिलिपियाँ। आदर्श प्रति से निःसृत प्रतिलिपि में कई अशुद्धियाँ हुई होंगी – वे सब तो अगली प्रतिकृतियों में होंगी ही, नई-नई विकृतियाँ और जुड़ती गई होंगी। मेरे पास मानस के दो हस्तलेखों की प्रतिकृतियाँ हैं। यद्यपि दोनों ही हस्तलेख अति प्राचीन हैं फिर भी पता नहीं कि मूल प्रति से कितनी पीढ़ी बाद के – बीच वाली उन सब प्रतियों की पाठविकृतियाँ तो इनमें होंगी ही, इसमें संदेह नहीं।

विशाल आकार के प्रबंध **पदमावत** तथा काव्यशास्त्रीय ग्रंथ **काव्यरसायन** की भी रचना इसी पद्धति से हुई तथा इनकी प्रति परंपरा का विकास भी समान रूप से हुआ। श्रीपति का **अनुप्रासलक्षण** मात्र ३२ दोहा-कवित्तों का लघु ग्रंथ है, फिर भी इसकी रचना आदि से शुरू होकर अंतिम दोहे तक क्रमशः हुई। आज बीकानेर तथा लंडन से उपलब्ध इसकी दो प्रतियों की परीक्षा करने से प्रगट होता है कि पहली प्रति

की तुलना में दूसरी में कविकृत अनेक संशोधन सम्मिलित हैं। अर्थात् यह प्रति संशोधन के बाद उतारी गई।

बिहारीदास की **सतसई** भिन्न रीति से रची गई। तथा इसकी प्रतिलिपि परंपरा भी उपरोक्त से सर्वथा भिन्न ही नहीं, अत्यंत जटिल भी है।

कवि ने एक दोहा पढ़ा; फिर स्वयं कवि ने या कि उसके किसी शिष्य ने वह दोहा लिपिबद्ध किया, एक पुस्तिका में नहीं बल्कि अकेले एक पत्र या कि एक चौपहल मोड़े गए पन्ने, चौपतिया, पर। इस 'कवि या कि उसके शिष्य' से अनेक जटिल प्रश्न उत्पन्न होते हैं! कवि स्वयं लिखे तो अशुद्धि होने की संभावना न के बराबर होगी। और यदि किसी अन्य व्यक्ति ने लिपिबद्ध किया तो वह लिपिक कौन था; कवि का शिष्य अथवा राज दरबार में नियुक्त पेशेवर लेखक! इतना ही नहीं, दोहा लिखा किस लिपि में गया, नागरी में या कि फ़ा० अक्षरों में। इनमें से हर प्रश्न के पीछे कारण तथा उसका निराकरण छिपा हुआ है। आगे चलकर इनमें से कुछ को स्पष्ट किया जा रहा है।

पाठांतर या पाठभेद किसे कहेंगे? एक पाठ की तुलना में यदि दूसरे पाठ से भिन्न अर्थ प्रगट होता है तो वे एक-दूसरे के पाठभेद हुए। उदाहरण के लिए ये पाठभेद हैं –

> पोही प्रेमतंत – पोहि पेम तंत - रा०; पौहि येमतंत - वृ०; पोही येमतंत, हरताल की सहायता से 'ये' का 'हे' - चि०; पोई प्रेम संत - द०।[3]

किंतु 'मोहन' का 'मौहन' - ह० [०१८] पाठांतर न कहा जाएगा। इसी प्रकार 'सींचि' का 'सींच' - न०गा०वे०ह० [०१९] भी पाठांतर नहीं। लेकिन इसी दोहे में 'सफल' – 'सुफल' पाठांतर है। 'भरेऊ - उ०को०चौ०; भरे उर - क०नी०न०; भरे हो - सु०; भरी उरु - गा०; भरी उर - वे०; भरेहू - ह०।' [०३३] ये भी कदाचित् पाठांतर हैं – कविकृत संशोधन भी हो सकते हैं। इनके विपरीत पाठविकृति या विकृत पाठ वह है जो कवि के अभीष्ट या तर्क संगत पाठ के विपरीत, लिपिभ्रम, लेखन प्रमाद, प्रक्षेप आदि अनेक कारणों में से किसी या किन्हीं के सबब, प्रसंग आदि की दृष्टि से अशुद्ध है।

सतसई के पाठांतरों को इस दृष्टि से देखें कि पाठभेद – तथा वर्तनी भेद भी – किन शब्दों के मिलते हैं तो यह स्पष्ट होगा कि **सतसई** में पाठांतर तो नाममात्र को हैं; भरमार है मात्राओं के अभाव में, सिर पैर कटी, कबंध वर्तनी की! ९९ फ़ीसदी ऐसे स्थलों पर केवल मात्राओं, विशेषतः इकार तथा उकार, का अंतर है। निम्नलिखित, निष्प्रयास चुनी गई, पाठविकृतियों पर ध्यान दें –

> निकसत - निकसिति, 'सि' की मात्रा पर काटने का चिह्न - निकसति - निकरत [००६]; कहत - कहित [००९]; वारनु - वारन - वारनि - वारुनु [०१०] जुगति - युगति - जुगत - जुगती [०१३] झुलमुली - झिलमली - झलमली - झिलमिली - झुलमली - झलमिली - झिलिमिली; सुरतरु - सुरुतरु - सुरतस - सुरतर [०१६]

[3] दे०सं०ग्रं० २-१९९।

इससे दो बातें प्रगट होती हैं। एक तो मात्रिक अंतर से होने वाली व्याकरणिक त्रुटि। 'वहके सव जिय की कहत [००९]' कहित - चौ० व्याकरण सम्मत नहीं – वस्तुतः यहाँ लिपिक को کہت 'हे' के नीचे लगे उलटे पेश ٗ को इकार की द्योतक मात्रा ज़ेर समझने का भ्रम हुआ है। यह भी संभव है कि मूल पाठ में 'हे' के नीचे उलटे पेश की मात्रा न लगाते हों। ऐसा यों कि इसके दर्जनों उदाहरण हमें मिलते हैं। दूसरे, दोहा मात्रिक छंद होने से दूसरी-चौथी यति के अंतिम स्वर, तुकांत पर यह भिन्नता अक्षम्य मानी जाएगी – दोहा जैसे अति लघु छंद में बेतुकापन! किंतु यह तो **सतसई** की हस्तलिखित पोथियों में भरा पड़ा है! उ० जैसी प्राचीन प्रति तथा सुलेखक के हाथ की लिखी पोथी नी० तक इस दोष से मुक्त नहीं!

विचार करें तो स्पष्ट होगा कि नागरी लिपि में लिखते हुए ऐसी त्रुटि संभव नहीं – बेतुकापन तुरत लिपिक के कानों को खटकेगा! यह भी नहीं तो देखते ही अशुद्ध लिखा हुआ आँखों में गड़ेगा। अधिकतर लिपिक पेशेवर तथा अनुभवी हुआ करते थे – पुस्तक की प्रतिलिपि करना उनकी आजीविका थी। फिर, **सतसई** की सारी ही पोथियाँ त्रुटिपूर्ण हों, ऐसा कैसे!

'बुरौ बुराई जौ तजै' [५८४] (उ० प्रति खंडित) चौ० प्रति का पाठ 'बुरौ बुराई जौ तिजैं' - 'तजै' का 'तिजैं' تِجاي में इकार का ज़ेर लगा होने के सबब हो, ऐसा भी नहीं! यह लेखन प्रमाद भी नहीं जान पड़ता – लिपिक बहु प्रयुक्त, सार्थक शब्द 'तजै' को निरर्थक पद 'तिजैं' में भला क्यों बदलेगा! 'इजाफा' [००२] का 'अजाफा' दो अति प्राचीन प्रतियों को०शि० में कैसे? (ज़ा० प्रति में 'इजाफा' यों اجاپہاو है।) क्योंकि को०शि० प्रतियों के आदर्श का लेखक 'इजाफा' اِجاپہا के अलिफ़ को ज़ेर बिना, 'अ' पढ़ रहा है! हम कहेंगे, मूल प्रति में ज़ेर के चिह्न नहीं लगाए गए थे।

कवि देव की बहुतेरी प्राचीन हस्तलिखित प्रतियाँ जयपुर, बीकानेर, उदयपुर, आदि राजस्थान के विभिन्न क्षेत्रों में तैयार हुई हैं मगर किसी में भी ब्रजवाणी की प्रचलित वर्तनी का तर्जुमा राजस्थानी के अनुरूप नहीं किया गया। फिर **सतसई** की एक वर्ग की प्रतियाँ मारवाड़ी शैली की हैं तो इसका कोई विशेष कारण तो होगा ही! कारण स्पष्ट है, लिपिकार प्रतिलिपि नहीं कर रहा, बल्कि फ़ा० लिपि से नागराक्षरों में लिप्यंतरण करते हुए अटकल लगा रहा है! ऊपर की पाठविकृतियों में बहुतेरी तो मात्र अटकल हैं, फ़ा० से नागरी में उल्था करते समय की! तभी तो 'कुं' जैसे राजस्थानीकरण का अवकाश था! नागरी 'को' को नागरी में प्रतिलिपि करते समय ऐसा करने का कोई कारण जो नहीं! एकाध उदाहरण देखें।

'अजै - उ०; अज्युं - को०; अजुं - चौ०; अजूं - सु०; अज्यौं - नी०; अज्यों - क०गा०; अजौंन - न०; अजों - वे०; अजौं - ह०।' [०२०] ज़ा० प्रति में यह है, اجون न० प्रति में अक्षरशः विद्यमान! वस्तुतः इसमें 'इए' छूट गया है, اجیون ·

इसी प्रकार, अपरचित लिपि होने से मात्र مكتن की अटकल लगा रहे हैं, विभिन्न लिपिक, 'मुकतनु - उ०; मुगतन, 'न' हाशिए पर - चौ०; मुकतन - को०क०सु०न०; मुकतिन - नी०; मुगतनि - गा०;

मुगतन - वे०; मुकुतनि - ह०।' [०२०] नरहरि - उ०चौ०क०नी०न०; नरहर - को०सु०गा०वे०ह० [०२१] نرہر - ज़ा० 'नरहर' ही तो है न!

अन्यत्र भी देखें, कीजिये - उ०पा०; कीजीये - को०; कीजीई - शि०; कीजीयै - वा०; - वे०; कीजिएं - मो०; कीजियै - न०; [३१३̇] यह फ़ारसी मूल کیجئے के एक-एक वर्ण का नागरी लिप्यंतरण ही तो है! अन्यथा 'कीजीई' क्या कोई सार्थक पद है?

पाठभेदों का विश्लेषण हमें इस निष्कर्ष पर पहुँचाता है कि **सतसई** का एक-एक दोहा स्वयं बिहारीदास द्वारा लिपिबद्ध न किया जाकर, उनके शिष्यों तथा दरबारी लिपिक द्वारा अलग-अलग पत्रों अथवा चौपतियों पर फ़ा० अक्षरों में लिखा गया। ब्रजभाषा हो या अवधी, केवल फ़ा० लिपि मात्र में उसे शुद्ध रूप से लिखा ही नहीं जा सकता। 'ग्' 'ट्' 'ड्' 'ढ्' वर्णों के लिए उसमें ध्वनि चिह्न हैं ही नहीं! मात्राओं में 'इ' 'उ' छोड़ और कोई नहीं! हाँ, नस्तालीक़ सुलेखन के याए मारूफ़ आदि मात्रा चिह्नों की सहायता से लिखें तो नागरी मात्राओं को प्रगट करना संभव है, तो भी उसे शुद्ध पढ़ना अभ्यास ही से संभव है – घुप अँधेरी बरसाती रात में जहाँ-तहाँ गढ़े वाली कच्ची कोलिया सध गए पैरों से किसी भाँति पार करने के समान! **पदमावत** की फ़ा० पोथी पढ़ें तो मेरा मंतव्य स्पष्ट हो जाएगा। इससे प्रगट होता है कि लिखा चाहे किसी ने, उसने नफ़ीस तौर पर अलग-अलग मात्राओं को प्रगट करने वाले फ़ा० नस्तालीक़ सुलेखन के मात्रिक चिह्न, ज़ेर (इ), याए मारूफ़ (ई), पेश (उ); मद ज़बर (आ) आदि लगाते हुए न लिखा। जयपुर सिटी पैलेस के पोथीख़ाना में सुरक्षित **सरसरसग्रंथ** (नं० ७७४५) की सचित्र प्रति देखें, ज़ेर ज़बर सहित, कितने सुंदर हरुफ़ों में लिखी गई है! ऐसा लगता है कि **सतसई** का मूल पाठ किसी सामान्य कोटि के लिपिक या नौसिखिए ने टीपा था। फ़ा० सुलेखन में पुस्तक की प्रतिलिपि या किताबत तो केवल एक कला मात्र न होकर योग साधना के समान मानी गई है! कुशल लिपिक की तत्परता देखें, 'सुहाएई' में तीन स्वर समुच्चय का शुद्ध उच्चारण उसने कैसे हमज़ा से प्रगट किया है, سبَےٖ سوہَائِیِي لجت [२७१] ऐसे ही [४७१] दोहे में हमज़ा के प्रयोग से –

بت رس لالچ لال کئي مرلي دہري لکاي ۰ سونہ کري بہوہن ہسي دئي کہئي چپ جاي [ظا۰ ٤٧١]

इलाहाबाद संग्रहालय में क़ुरान मजीद की एक पोथी संगृहीत है, जिसके हर पृष्ठ के बीचोंबीच अरबी का ن (नून) अक्षर ऐसा आता है कि उसके नुक़्ते में सूजा चुभाकर पोथी को बाँधा जा सकता है – इतना ही नहीं, पूरी पुस्तक मोटे काग़ज़ पर अँगूठे के नाखून के दबाव से अंकित की गई है!

कवि के किए हुए पाठ संशोधन, स्वयं उसके द्वारा या किसी शिष्य द्वारा उसी एक पत्र पर उतारे गए। ये सारे पत्र एक बिंडा में बाँधकर रखे गए होंगे। खुले हुए पत्र बार-बार बाहर निकाले जाने, पुनः वापस रखे जाने तथा नए रचे हुए दोहे बीच में समाविष्ट किए जाने से पत्रों का क्रम बार-बार बदलता रहा।

फ़ा० लिपि में लिखित **सतसई** के इन सारे पत्रों की नक़लें भी उतारी गई होंगी – फ़ारसी, नागरी तथा, हो सकता है, कैथी और दूसरी लिपियों में भी! **सतसई** की प्रति फ़ा० से नागरी में लिप्यंतरित

होने का अति सबल प्रमाण अभी सामने आता है। ऐसा लगता है कि मूल पत्रों के संग्रह से नागरी लिपि में जो दो बार प्रतिलिपियाँ तैयार की गईं, उनमें से पहली नागरी प्रति की राजस्थानी शाखा तो स्थानीय चंपावती (आधुनिक साँगानेर) तथा उदयपुर, बीकानेर और मोरवी (कच्छ) तक प्रतिलिपियों के रूप में फैली, तो दूसरी नागरी प्रतिलिपि की पिंगल परंपरा ब्रज प्रदेश की ओर बढ़ी। आज हमें उपलब्ध **सतसई** की सारी नागरी पोथियाँ, मूल फ़ा० प्रति की इन्हीं दो नागरी प्रतिकृतियों की वंशज प्रतियाँ हैं। इन दोनों मुख्य शाखाओं की नागरी प्रतियों में फ़ा० लिपिजन्य विकृतियाँ पाई जाती हैं, इससे दोनों का फ़ा० मूलादर्श प्रमाणित होता है, साथ ही राजस्थानी प्रभाव से युक्त तथा मुक्त होने के आधार पर इन्हें दो प्रमुख शाखाओं में विभाजित किया जा सकता है। ('रत्नाकर' जी ने अपने संपादन की आधारभूत पाँचों प्रतियों के दोहों की क्रम समानता पर बड़ा बल देते हुए इसे उन प्रतियों की प्रामाणिकता का आधार माना है; साथ ही उन प्रतियों के 'मारवाड़ी शैली' की होने पर भी ज़ोर दिया है। किंतु 'मारवाड़ी शैली' की 'कुं' 'ज्युं' जैसी वर्तनी, जो राजस्थानी शाखा की असंदिग्ध रूप से पहचान कराती है, उनके संपादन में दिए गए पाठांतरों में कहीं है ही नहीं! अर्थात् पाठभेद तो हैं किंतु क्रम एक ही! 'रत्नाकर' जी की संपादन पद्धति ही नहीं, उनके द्वारा पाठ के उपयोग की विधि भी अलग थी, इस कारण इस प्रसंग में और अधिक कहना कठिन है, फिर भी उपरोक्त तथ्य के होते, उन पाँचों प्रतियों का पारस्परिक संबंध संदेह के घेरे में आ जाता है!

सतसई के दोहों का पाठ मूलतः फ़ा० लिपि में होने की संभावना मात्र से गुत्थी खुलने की बजाय कहीं ज्यादा उलझ जाती है! उर्दू वर्णमाला अरबी और फ़ा० अक्षरों से विकसित होने के कारण इनके अक्षरों को देखते ही हम इन तीनों को इकट्ठा उर्दू के वर्ण मान बैठते हैं! उर्दू और खड़ी बोली हिंदी तो अभी कल की जन्मी बच्छड़ियाँ हैं! आधुनिक उर्दू वर्णमाला के अधिकतर अक्षर यद्यपि फ़ा० वर्णमाला के हैं, मगर नागरी ध्वनियों को व्यक्त करनेवाले उसके ٹ तथा ڈ और گ वर्ण **सतसई** की रचना के सैकड़ों वर्ष बाद गढ़े गए हैं; जब्र कि **सतसई** के दोहे अब से तीन सौ वर्ष पहले प्रचलित फ़ा० की (अपूर्ण) वर्णमाला में लिपिबद्ध किए गए! अरबी-फ़ारसी वर्णमालाओं में ھ - گ - ڈ - ٹ (क्रमशः दोचश्मीहे - गाफ़ - डाल - टे) आदि अक्षरों का व्यवहार न होने से हमारे उच्चारणों को प्रगट करने के लिए, सन् १८०० के आगे-पीछे, कलकत्ता के फ़ोर्ट विलियम कॉलेज में, ये उर्दू के लिए गढ़े गए; तभी खड़ी बोली हिंदी के लिए 'ड़्' तथा 'ढ़्' भी! (दे० **Haris Chandra's Magazine** April 15th. 1874 p. 191-94; **Kooliyat Meer Tuqee** Collage Of Fort William, Calcutta, 1811.) लगभग इसी के आसपास बंगला में भी नीचे बिंदी देकर 'ड़्' और 'ढ़्' का चलन हुआ। ध्यान रहे कि संपूर्ण भारतवर्ष में अपनी एक भी लिपि ऐसी नहीं है, जिसमें किसी वर्ण के नीचे विंदु लगा हो, अतः बिंदी बहुल अरबी-फ़ारसी लिपि से इसकी प्रेरणा मिली होगी – वह भी फ़ोर्ट विलियम कॉलेज के गिलक्राइस्ट साहब जैसे शिक्षा बहादुरों को!

इसके ऊपर यह भी ध्यान रहे कि उस समय फ़ा० की वर्तनी अब के इमले से पृथक् थी। **सतसई** समेत पुरानी ब्रजभाषा की फ़ा० में लिखी गई प्रतियाँ अब से दो-तीन सौ वर्ष पहले की शैली में लिपिबद्ध की गई हैं। आज 'उ' का द्योतन करने के लिए अलिफ़ की खड़ी पाई के ऊपर و का चिह्न लगाते हैं, अब जिसे पेश कहा जाता है, اُ। मेरा ऐसा अनुमान है कि पेश का विकास इसी و से, आधुनिक समय में हुआ है। पुराने लेखों में यह و अलिफ़ के बाद او के रूप में आता है। इससे नागरी की केवल 'उ' मात्रा ही नहीं, 'ओ' जैसी दूसरी मात्राएँ भी, फ़ा० में होने पर, भ्रष्ट हो जाएँगी!

एक और भारी बाधा पैदा होती है, फ़ा० लिपि में महाप्राणत्व को ध्वनित करनेवाले वर्ण की न्यूनता से। हमारी भाषा के सौ में पचास शब्द तो इतने ही से निष्प्राण हो जाते है! फ़ा० तथा उर्दू में अब जिस दोचश्मी हे ھ से जोड़कर हमारी महाप्राण ध्वनियों का द्योतन किया जाता है, भाषा में इसका भी चलन एकदम नया है! **सतसई** के समय की फ़ा० लेखन शैली में विद्यमान 'हे' ہ से जोड़-तोड़कर नागराक्षरों का लिप्यंतरण करना होता था – अर्थात् بھوبادھا नहीं, بہوبادہا! رآدھا ناگر नहीं, رآدہا ناکر! फ़ा० में 'ग' का द्योतन करने वाला گ 'गाफ़' न होने से 'नागर' का 'नाकर' – वैसे ही जैसे हमारा 'गंधार' उनके यहाँ 'कंधार' हो गया! [4]

यद्यपि मूल पाठ फ़ा० में लिखित होने का प्रमाण प्रायः हर दोहे के विश्लेषण के साथ यथास्थान मिलेगा, यहाँ इसकी प्रासंगिक चर्चा संक्षेप में की जा रही है। **सतसई** के पहले ही दोहे के पाठांतरों पर ध्यान दें। प्रथम दोहा इस लिए कि फ़ा० मूल का पुष्ट प्रमाण यहाँ सर्वाधिक स्पष्ट है –

> मेरी (भववाधा – भववध - नी०; भौवाधा - ह०) (हरौ – हरो - को०र०) राधा (नागरि - को०चौ०र०गा०वे०ह०; र में इकार बाद में - उ०; नगरि - नी०; नागर - सु०न०) (सोइ – सोय - र०ह०) । (जा – या - को०) तन की (झांईं - उ०र०; झांई - को०चौ०न०गा०वे०ह०; झाई - नी०; झांइ - सु०) (परै – परें - र०; परे - नी०: परैं - को०ह०) (श्यांमु - उ०; श्याम - चौ० स्याम - को०र०नी०न०; स्यांम - सु०गा०वे०ह०) (हरित – हरति - चौ०सु०गा०) दुति (होइ – होय - को०र०ह०) [००१]

निषिद्ध अशुभ तगण, 'मेरी भवबाधा', दोहे के आदि में! दोहा भी मंगलाचरण का! 'रत्नाकर' जी को यह बात खटकी थी –

> विचारने की बात यह है कि मंगलाचरण के दोहे के आदि में बिहारी ने 'मेरी भव-बाधा' कैसे रखा होगा; क्योंकि इस पाठ के आदि में तगण पड़ता है, जो कि अशुभ माना जाता है। इसी को यदि वह 'मेरी भौ-बाधा' कर देते, तो ... छंद में कोई त्रुटि न पड़ती। यह

[4] 'जहाँ तक हमारा इल्म है, फ़ोर्ट विलियम कालेज से १८०५ ईस्वी में शाया होने वाली किताब 'हिंदी स्टोरी टेलर' में दोचश्मीहे मौजूद है मगर यह हर्फ़ सिर्फ़ 'धरम' वाला ध, 'भारत' वाला भ, या 'थ' और 'फ' जैसे हरूफ़ के लिए ही मुस्तमिल है। (प्लाट्स में तो 'घा' 'धा' वगैरह के अलावा, जब कोई लफ़्ज़ 'ह' से शुरू होता है तो दोचश्मीहे वाले से शुरू किया जाता है) इस लिए, कम अज़ कम इतना कह सकते हैं कि उन्नीसवीं सदी के आगाज़ में दोचश्मीहे वाला 'ह' मौजूद था। नियाज़मन्द, शो यामने' [२०-१०-०३ का ई-मेल]

> कहना तो असंगत ही होगा कि बिहारी गण विचार नहीं जातते थे; क्योंकि यह तो ऐसी सामान्य बात है कि इसको थोड़ा पढ़े हुए लोग भी जानते हैं।[5]

आश्चर्य है, उन्होंने गहराई में जाकर मूलभूत कारण का विश्लेषण किए बिना, इसके आगे इतना ही लिखा है –

> इसके दो कारण हो सकते हैं – पहला तो यह कि बिहारी के दोहे बहुधा, उनके मुख से सुनकर, राज सभा के लेखक या शिष्य लिख लिया करते थे, अतः संभव है कि यह पाठ लिखनेवालों के प्रमाद से प्रचलित हो गया हो ...[6]

पारसीक वर्णों में लिखित ज़ा० प्रति में यह दोहा इस रूप में मिलता है –

میری بہوبادہا ہرو رادہاناکر سوی · جا تن کي جہاین پرین سیام ہرت دوت ہوی·

ब्रिटिश लाइब्रेरी, लंडन, में संगृहीत **सतसई** की फ़ा० प्रति [7] में इस दोहे समेत प्रति के अगले चार दोहों के नीचे नागरी वाचन भी है। ऊपर उद्धृत ज़ा० के पाठ की वर्तनी से यहाँ केवल इसी एक शब्द, 'भौवाधा', की वर्तनी में भेद है – यहाँ 'वाव' के ऊपर उकार का द्योतक पेश लगा हुआ है!

इस रूप में بہُو بادہا को 'भौबाधा' छोड़ 'भवबाधा' न पढ़ा जाएगा – 'अव' के लिए यह होगा, بہاو بادہا

ऊपर के पाठांतरों पर विचार करें, 'भौबाधा' 'नागरि' 'सोइ' 'होइ'। फ़ा० में –

بہوبادہا - ناکر - سوی - ہوی

अकेले بہو को 'भौ' तथा 'भव' दोनों ही पढ़ा जा सकता है! अब ही नहीं, पहले भी। मानस की फ़ा० प्रति में 'भव' तथा 'भौ' के अभिन्न रूप पर ध्यान दें –

نومي بہوم بار مدہوماسا (नौमी *भौ*मवार मधुमासा – मा० १-३३-५); تلسي جس بہوتبتا تسوي ملہ سہاي (तुलसी जस *भव*तव्यता तैसोई मिलहि सहाइ – मा० १-१५९ ख) بہوبارده مندرسب بده سندرکن مندر سوکہ پنجا (*भव*वारिधि मंदर सब विधि सुंदर गुनमंदिर सुषपुंजा – मा० १-१८५ छं ४) [8]

हाँ, कहीं-कहीं दोनों में भेद किया जाता था। कारण, खड़ी बोली में जिस दोहरे स्वर समुच्चय (अउ) का प्रायः अभाव है, बोलियों तथा पुरानी ब्रजवाणी में वह खूब मिलता है – स्वर का तिगड्डा तक! कवि देवदत्त में इसी 'अउ' का एक बड़ा ही रोचक उदाहरण है! कविवर के रूपघनाक्षरी कवित्त का एक चरण यह है –

> **आवउ इत कौ नैकौ छिपउ ना कौने कोने कौने धौ सिषाई विषु ऐसी विमुषाई यह।** [रस० ५-८९]

---

5 **बि०र०** पृ० ४-५।
6 **बि०र०** पृ० ४-५।
7 British Library IO B 27.
8 British Library B 67.

विषम विषम सम पदों, अर्थात् ८-८ वर्णों की यति वाले इस चरण का पाठ आध दर्जन से अधिक हस्तलेखों में मिलता है किंतु चरण का पूर्वार्ध कहीं भी ८-८ वर्णों के वांछित अंशों में विभक्त हो ही नहीं पाता – कहीं ७-९ का विभाजन होता है तो कहीं ७-७ का! पाठांतर हैं, 'आऔ', 'छिपायौ', 'कौने', 'आवौ', 'आयो', 'छिपै' आदि!

कारण, पहले ही भ्रांति हुई, 'इत कौ नैकौ' का पदभंग 'इत कौने कौ' करने से! बिना यह विचारे कि मुहावरा 'कोने ***में*** आना' है, 'कोने ***को*** आना' नहीं! तभी तो 'कौनैं' जैसी नागरी की भ्रष्ट वर्तनी प्रायः सभी में है। 'आवौ' को 'आवउ' करने पर सम-सम अक्षरों की प्रवहमान गति हो जाती है और ८ वर्ण भी पूरे! इसी प्रकार आगे, 'छिपौ' नहीं, 'छिपउ' करने से। 'आवउ' तथा 'छिपउ' को फ़ा० अक्षरों में लिखें तो स्पष्ट हो जाएगा कि इन्हीं दो शब्दों पर लटककर सारे लिपिक नट की-सी कला क्यों दिखला रहे हैं!

اواءو ات کو نیکو چهپاءو نہ کونے کونے

दो स्वरों को पृथक् करनेवाले हमज़ा का चिह्न न होने, या कि लिपिक की समझ में उसका उद्देश्य न आने से, اواو की 'आवौ' आदि विकृतियाँ उत्पन्न हुईं। ऐसे ही 'छिपउ' چهپاو! अब यह चरण इस प्रकार लययुक्त पढ़ा जा सकता है -

आवउ इत कौ नैकौ = ८ । छिपउ ना कौने कोने = ८ । कौने धौ सिषाई विषु = ८ । ऐसी विमुषाई यह = ८ ।[9]

और 'राधानागर' या कि 'राधानागरि'? इस दोहे की टीकाएँ देखें तो पता चलेगा कि एक टीकाकार ने 'नागर' की संगति बैठाई है, 'राधा नागर क० चातुर है सोई ... राधा नागर कैसे हैं कि' ... [नर० ००१] मगर यहाँ 'नागर' कैसे! आगे 'श्याम' जो है। क्या नागर की द्युति पड़ने से श्याम के तन की द्रुति हरी होती है?

फ़ा० वर्णमाला के ناكر में 'ग' तथा 'र' वर्णों पर 'इ' अथवा 'ई' की मात्रा न लगी होने से इसे 'नागर' ही नहीं 'नागिरि' या 'नागिरी' भी पढ़ा जा सकता है! शुद्ध रूप में लिखा जाए तो 'न' के नीचे खड़े अलिफ़ की पाई और 'र' के नीचे ज़ेर की मात्रा होनी चाहिए, نَاكرِ ।

'नागिरि', 'नागिरी' तो अशुद्ध हैं, विकृति यदि सार्थक हो तब तो निर्णय करना कठिन हो जाता है। यह देखें – रतिराजु - उ०नी०; रतिराज - को०चौ०क०सु०न०गा०वे०; रितुराज - ह०। [०५८] رتراج - ज़ा०! इसे मनचाहा 'रति' या 'रितु' पढ़ सकते हैं! इसी प्रकार سوئي - ہوئي में अंतिम वर्ण छोटी ये पर हमज़ा का चिह्न होने से अब इसे 'य' नहीं, 'इ' पढ़ेंगे।

बड़ा आश्चर्य होता है, इतने प्रत्यक्ष की ओर भी अब तक किसी ने ध्यान न दिया! औरों को छोड़ें, 'रत्नाकर' जी तो फ़ा० साहित्य के पारंगत विद्वान् थे, उन्हें संदेह तक कैसे न हुआ, समझ में नहीं

[9] **दे०सं०ग्र०** २-१४९-५०।

आता! उनके बाद भी हिंदी के किसी विद्वान् ने इस पर ध्यान न दिया तो कोई आश्चर्य की बात नहीं। इसी प्रकार तो हिंदी आज अज्ञान तथा अंधकार की वाहक बनी है।

उपरोक्त को देखते हुए यह अनुमान पुष्ट होता है कि दोहों का मूल पाठ, कवि से इतर व्यक्ति द्वारा, नागराक्षरों में नहीं, उस समय की परिपाटी के अनुसार, फ़ा० लिपि में लिखा गया था। आधुनिक समय में हिंदी के सांप्रदायिक प्रेमियों के कानों में यह कथन तप्त तैल के समान असह्य भले ही हो, इसमें असंगति कहीं नहीं!

सवाई राजा जयसिंह के पोथीख़ाने के अधिकारी उद्धवदास की मुहर देखें, फ़ा० में है; आमेर के राजा मानसिंह और मिर्ज़ा राजा जयसिंह तथा वंशजों का कैसा रोटी-बेटी का संबंध आगरा के मुग़ल राज परिवार से था, इसका परिचय पाने के लिए **मआसिरुल उमरा** [10] पढ़ें तो उन्हीं 'जयसाहि' के दरबार में आश्रित बिहारीदास के दोहों का फ़ा० में लिपिबद्ध होना तनिक भी अनुपयुक्त नहीं।

सतसई के पाठ विश्लेषण हेतु भाषा काव्य के फ़ा० में लिखे गए पुराने हस्तलेखों का, वर्तनीगत जानकारी प्राप्त करने के लिए, अध्ययन करना आवश्यक हो गया। सौभाग्य से, **सतसई** की फ़ा० में चार पोथियाँ मिल गईं। इनके अतिरिक्त **रामचरितमानस**, **सूरसागर** और **पदमावत** के बड़े सुंदर फ़ा० हस्तलेखों के इमले का अध्ययन भी किया जा सका। खेद इतना ही है कि लेखक, अपनी अयोग्यता के कारण, इनमें चंचु प्रवेश ही कर सका। भाषा काव्य की फ़ा० वर्तनी की पड़ताल बड़ा ही महत्वपूर्ण, किंतु स्वतंत्र विषय है। फ़ा० वर्णों में लिखित हमारे पुराने साहित्य के लेख अब भी बच रहे हैं, कुछ स्वदेश में, अधिक परदेस में। [11] भारत में इनका विश्लेषण अब तक नहीं हुआ। उर्दू के अध्येताओं ने भी इस ओर ध्यान दिया हो तो मुझे इसकी जानकारी नहीं – लगता तो यही है कि उधर भी सब के कानों में तेल पड़ा है!

नागरी और फ़ा० के लिपिगत अंतर अधिक स्पष्ट करने के उद्देश्य से भी वर्तनीभेद को पाठांतर के साथ सम्मिलित किया जा रहा है। [12]

सतसई के दोहों का प्रणयन तथा संकलन होता रहा, साथ ही उनके पाठ में कवि ने समय-समय पर जो संशोधन परिवर्तन किए, वह सब उस दोहे के पार्श्व पर अथवा ऊपर-नीचे के रिक्त स्थान में टीपा

---

[10] **मआसिरुल्०** पृ० १-८१-८६।

[11] मेरे संग्रह में **सूरसागर** की निम्नलिखित प्रतिकृतियाँ हैं, एक फ़ा० नस्तालीक़ प्रति ब्रिटिश लाइब्रेरी, लंडन, की, (India Office B. 33) एक और प्रति वहीं वेलकम इंस्टिट्यूट संग्रहालय वाली, WH 466 suradasa : sura sagara; ff. 1000; incom; [18th] दो प्रतियाँ पेरिस की, Bibliothequ National de France, Indien 824 - Indien 825.

३०-३५ वर्ष हुए, हमारे एक छात्र श्री ओकुदा बनारस गए थे। वहाँ एक अपरिचित व्यक्ति ने उनके हाथ **हरिश्चंद्र मैगज़ीन** की पूरी फ़ाइल सौ रुपए में बेचने का प्रस्ताव किया। यह उसे दस रुपए देकर फ़ाइल ख़रीद लाए। अब यह ओसाका के विदेशी भाषा विश्वविद्यालय में सुरक्षित है – मूल प्रति अध्यापकों को भी बाहर ले जाने की अनुमति नहीं, पुस्तकालय में लेकर वहीं उसे पढ़ सकते हैं।

[12] फ़ा० में लिखे हुए पुराने लेखों का, जहाँ तक वर्णमाला का संबंध है, पढ़ना अति सरल है। अरबी-फ़ारसी वर्णमाला के (जिनमें उर्दू भी लिखी जाती है) कुल पंद्रह-सोलह अक्षर चीन्ह सकने वाला व्यक्ति थोड़े अभ्यास के बाद सहज ही फ़ा० हस्तलेख पढ़ सकता है। काव्य हमारा, केवल पराई लिपि में लिखा होने से वह भी पराया थोड़े ही हो जाएगा! जिज्ञासु पाठकों के निमित्त ब्रजभाषा के लिए आवश्यक फ़ा० वर्णमाला की तालिका ग्रंथ के अंत में संलग्न है।

गया। एक उदाहरण यह है –

> छूटी न सिसुता की झलक झलक्यौ जोवन अंग। दीपति देह दुहून मिलि ('दिप' पर 'हो' संशोधन - उ०; दिपति - को०न०गा०वे०; होत - चौ०; मनहु - क०; पूर्व लिखे हुए पाठ पर 'दिपति' - नी०; होति - सु०; दिपत - ह०) ताफता रंग [०७१]

साधारण वर्तनी भेद को छोड़ते हुए मुख्य पाठ भेद 'होत' तथा 'दिपत' है – ज़ा प्रति में, دپت विचार करने पर प्रगट होता है कि यह पाठांतर न होकर पाठ संशोधन है, वह भी मूल पाठ के पार्श्व पर किया हुआ! संशोधन क्यों? दो कारणों से। एक तो फ़ा० में دپت को 'दिपति' तथा 'दीपति' दोनों पढ़ा जा सकता है! दूसरे, देवनागरी में भी 'दीपति' तथा 'दिपति' में पुनुरुक्ति का भ्रम होता है, इसे दूर करने के लिए 'होति'। प्राचीनतम हस्तलेख उ० में 'दिप' पर 'हो' संशोधन इसका प्रमाण है कि मूल पाठ में दोनों ही वाचन थे। इसी प्रकार 'कंज नयनि मंजन कियै' – 'मंजन करि षंजन नयनि' [०७८] पाठ परिवर्तन का उदाहरण है।

सतसई की मूल प्रति, अलग-अलग खुले हुए पत्रों पर लिखी होने और उनका क्रम बराबर आगे-पीछे होते रहने से, ताश के पत्तों की गड्डी के समान थी; अंतर यह था कि ताश की पूरी गड्डी में तो ६४ ही पत्ते होते हैं, इसमें पत्रों की संख्या क्रमशः बढ़ रही थी।

मेरे इस कथन की पुष्टि कि **सतसई** के दोहों का संग्रह स्फुट पत्रों पर होता रहा, **बिहारी रत्नाकर** की रा० प्रति से होती है, जिसमें केवल ४९३ दोहे हैं।

> इस पुस्तक के विषय में जयपुर में यह प्रसिद्ध है कि इसे बिहारी ने कुँवर राम सिंह जी के पढ़ने के निमित्त लिखवा दिया था।[13]

केवल ४९३ दोहों की यह **सतसई** प्रति अकेली नहीं है, प्रायः इसी आकार की दूसरी अनेक प्रतियों के विद्यमान होने से यह अनुमान करना उचित है कि यह प्रतिलिपि उस समय की है जब **सतसई** के केवल इतने ही दोहे रचे गए थे। 'रत्नाकर' जी ने इस प्रति का लिपि संवत् नहीं दिया है तो यह प्रति तिथिहीन रही होगी। अब जयपुर सिटी पैलेस के पोथीख़ाना में यह प्रति नहीं है। 'रत्नाकर' जी की अपनी प्रतिलिपि तो नागरी प्रचारिणी सभा के अंधे कुएँ में समा गई।

सतसई का रचनाकाल सं० १७०७ बताया जाता है, किंतु **सतसई** तो दूर, स्वयं कवि के जीवन की अन्य तिथियों का कोई प्रामाणिक आधार नहीं है। **सतसई** का पूर्ण रूप कैसा था, यह भी अनिश्चित है। तभी तो **सतसई** के दोहे दर्जन भर से अधिक पृथक् क्रमों मे मिलते हैं। अनुमानतः **सतसई** का कोई भी क्रम कवि का दिया हुआ नहीं है। फलतः **सतसई** की अनेक शाखाएँ दोहों के क्रम के अनुसार फैली हैं। 'रत्नाकर' जी कृत **बि०र०** की भूमिका का अधिकांश इसी गुत्थी को सुलझाने में लगा है! अतः उसका

[13] **बि०र०** पृ० ७।

सारांश यहाँ देना उचित होगा। उन्होंने जिन पाँच प्राचीन प्रतियों का उपयोग **सतसई** के पाठसंपादन में किया है, उनका विवरण, उनकी टिप्पणियाँ उद्धृत करते हुए, आगे दिया जा रहा है –

१) सवाई जयसिंह के पुत्र कुँवर रामसिंह के पठनार्थ तिथिरहित प्रति। इसमें ४९३ दोहे है, यद्यपि प्रति के अंतिम दोहे पर संख्या ५०० पड़ी हुई है। 'लेखक के प्रमाद से बीच-बीच के अंकों मैं गड़बड़ हो गई है, और उसी गड़बड़ के अनुसार जहाँ ५०० वाँ अंक पूरा हुआ, वहीँ उसने बिहारी के दोहौं का लिखना समाप्त कर दिया क्यौंकि उसे कदाचित् ५०० ही दोहे लिखने की आज्ञा मिली थी।' इस प्रति के दोहों का क्रम वही है जो संख्या ५ प्रति का। (सिं०)

२) बिहारी के किसी शिष्य ने संवत् १७३९ में सतसई की एक प्रति लिखकर रामसिंह के राज्यकाल में सम्राट्जी नामक एक राजगुरु को अर्पित की थी। इस प्रति में भी दोहों का पूर्वापर क्रम संख्या ५ प्रति के समान है। (बि०)

३) 'संवत् १७७२ की प्रति बेलागाछी निवासी मानसिंह कवि की टीका समेत है।' जो दोहे इस प्रति में हैं, उनका पूर्वापर क्रम भी संख्या ५ प्रति के समान है। (टी०)

४) लखनऊ के गिरिधरलाल के निमित्त संवत् १७८९ की प्रति में भी समान क्रम मिलता है। (गि०)

५) अलवर की रत्नकुँवर के लिए संवत् १७९६ में की गई प्रति। यह बिहारी के दोहों का एक सामान्य संग्रह है। (कुं०)

('रत्नाकर' जी के संस्करण में पोथियों का निर्देश १ २ आदि संख्याओं से किया गया है। संख्या अथवा ह, ख, छ, घ आदि वर्णमाला का एक वर्ण देने से पढ़ते समय, ध्यान देने पर भी, स्थान आदि का संकेत न मिलने से वे संकेताक्षर नहीं, आगे 'हुम्' या 'फट्' जोड़ देने से, तंत-मंत्र हो जाते हैं! मैंने प्रति-संख्याओं को रा० मा० आदि अधिक बोधगम्य नए नाम दे दिए हैं।)

इसके आगे 'रत्नाकर' जी की टिप्पणी ध्यातव्य है -

> यह अनुमान करना युक्तियुक्त ही है कि यही क्रम बिहारी की दोहा रचना का है और उन्होंने अपनी सतसई इसी क्रम में छोड़ी। यदि बिहारी ने अपनी सतसई में दोहों का कोई साहित्यिक अथवा अन्य प्रकार का क्रम बाँध दिया होता तो, उन्हें इस प्रकार घालमेल करके क्रमहीन कर देने का न तो किसी को साहस ही होता, और न कोई आवश्यकता ही रहती। अस्तु। सतसई का जो क्रम पहले पहल कोविद कवि ने संवत् १७४२ मैं लगाया, उसके अंत मैं यह दोहा है, किंए सात सौ दोहरा, सुकवि बिहारीदास। बिनहिँ अनुक्रम ए भए महिमंडल सुप्रकास॥

सतसई के पाठ की जटिलता का रहस्योद्घाटन उपरोक्त तथ्यों के विश्लेषण द्वारा संभव है। ऊपर के विवरण पर ध्यान दें तो प्रगट होगा कि ये पाँचो प्राचीन प्रतियाँ समान क्रमवाले, विजयगच्छीय जैन यति मानसिंह कवि की प्रति की शाखा की हैं, ('रत्नाकर' जी की टी० प्रति), जिसकी उ० प्रति अब प्राचीनतम उपलब्ध पोथी संवत् १७१७ की है।

खेद का विषय है कि **सतसई** की रचना विधि पर ध्यान न देने से इसे कवि द्वारा क्रमिक रूप से रचित ग्रंथ समझा गया। सतसई ग्रंथित अथवा संकलित कृति होने से उसे 'क्रम से बाँधने' की आशा करना असंगत है। **सतसई** को 'घालमेल कर क्रमहीन' न किए जाने का अपरिवर्तनीय रूप उसकी टीका में मिला।

सतसई के दोहों के क्रम में भिन्नता क्यों है? ४९३ तक का क्रम समान होने का क्या कारण है? दूसरे प्रश्न का उत्तर पहले देना चाहिए।

इन सभी प्रतियों का मूल आदर्श बिहारी के दोहों की, कवि के किसी शिष्य अथवा लिपिक द्वारा तैयार की गई वह संकलन प्रति थी जिसमें कवि के केवल ४९३ दोहे थे। 'रत्नाकर' जी ने इसे उचित ही कुँवर रामसिंह वाली प्रति बताया है। इससे दो बातें प्रमाणित होती हैं। एक तो यह कि **सतसई** नामक कोई संकलन अब तक नहीं बना था। और दो, कि संकलन स्वयं कवि द्वारा न किया जाकर कवि के किसी शिष्य या लेखक द्वारा होता था।

अब प्रथम प्रश्न का उत्तर इससे मिल जाता है। **सतसई** के दोहों का क्रम एक समान इस कारण नहीं मिलता क्योंकि (**रामचरित मानस** आदि के विपरीत) **सतसई** एक ग्रंथ के रूप में कभी अस्तित्ववान् न थी! सामान्यतः किसी भी हस्तलिखित ग्रंथ का ऊर्ध्वमूल वंशवृक्ष ऊपर से नीचे की ओर विकसित होता है; **सतसई** की केवल दोहा वाली पोथियों की प्रतिपरंपरा मूलविहीन (अमरबेल की भाँति!) केवल शाखाओं के समान फैली! दोहों के क्रम में अंतर तीन रूपों में हुआ। यथा, १) मूल पाठ एक-एक पत्र या चौपतिया पर लिखा होने और इनमें व्यतिक्रम होने से लिपिक के सामने विद्यमान पाठ भी भिन्न क्रम में। २) दोहों को विषयानुसार रखने के लिए लिपिक द्वारा उन्हें नया क्रम देने से। जैसे कोविद तथा शुभकर्ण की टीकाओं में। और ३) दोहों के बीच में प्रक्षेप होने से नया क्रम।

अर्थात् दोहों के एक समान क्रमवाली प्रतियाँ ही एक परिवार की हो सकती हैं। 'रत्नाकर' जी की **कविवर बिहारी** शीर्षक पुस्तक में विभिन्न क्रमों के आधार पर प्रतियों का वर्गीकरण अति विस्तार से मिलता है।[14] हस्तलिखित प्रतियों की परीक्षा करने पर यह आधार भी प्रामाणिक तथा वैज्ञानिक न माना जाएगा क्योंकि प्रतिपरंपरा में किसी भी स्तर पर के लिपिक द्वारा दोहों के क्रम में मनमानी परिवर्तन करना या अन्य क्रमवाली किसी प्रति का क्रम ग्रहण करना सर्वथा संभव है। **सतसई** के दोहों की अकारादिक्रम से तैयार की गई प्रतियाँ इसका नमूना हैं। 'रत्नाकर' जी ने १० दोहों के बाद एक भक्तिपरक दोहे का क्रम प्रामाणिक माना है। दोहों को क्रमिकता देने का यह दूसरा प्रकार है। इस भाँति **सतसई** के दोहों का क्रम ७०० से अधिक पत्तोंवाले ताश की गड्डी के समान है, जिसे कई बार फेंटा गया है!

ऊपर कहा जा चुका है कि **सतसई** का प्रामाणिक पाठ स्थिर करना दोहों की क्रम भिन्नता के माध्यम ही से संभव है। यह क्रम भिन्नता कब और कहाँ से शुरू हुई? केवल दोहा पाठ वाली प्रतियों को छाँट कर

[14] दे० **क०बि०** पृ० १६३-१९५।

अलग कर दें तो क्रम भिन्नता का भी क्रम विभिन्न टीकाओं में प्रगट होता है। इन्हें काल क्रम से रखें तो मान० सब से प्राचीन है। दूसरा कोविद कवि का क्रम है। तीसरी प्रमुख टीका नर० शीर्षक टीका का क्रम है, जिसकी सबसे पुरानी प्रति सं० १७९४ की है। [15] शुभकरण तथा मनीराम की टीकाएँ भी इसी कोटि की हैं।

पाठवैज्ञानिक दृष्टि से मान० कृष्ण० आदि **सतसई** की वंशज टीकाओं की अपनी प्रतिलिपि परंपरा के सहारे **सतसई** के पाठ का पुनर्निर्माण किया जाना चाहिए। सरसरी दृष्टि से देखने पर भी इनमें से प्रत्येक की स्वतंत्र विशेषताएँ प्रगट होती हैं। उदाहरण के लिए, मानसिंह की टीका में, पाठ प्रक्षेप का विकास दिखलाई देता है; कृष्ण० के विभिन्न हस्तलेखों में इस रचना का क्रमशः विकास। कृष्ण० ही नहीं, अनवर० की प्रतियों में अलग-अलग दोहा क्रम मिलने से यह प्रगट है कि दोनों ही एक बार में पूर्ण न होकर क्रमशः संकलित-संपादित की गई हैं। दोहा-सतसई के समान उसकी टीका भी शनैः-शनैः ही रची जाएगी। टीकाओं में उपलब्ध दोहा पाठ के आधार पर **सतसई** के पाठ का पुनर्निर्माण करने के पक्ष में तर्क यह है कि मान० के दोहा पाठ में कोई पाठविकृति यदि है तो वही पाठविकृति कृष्ण० के उसी दोहा पाठ में नहीं हो सकती। इसी प्रकार अन्य युग्म। इस रीति से **सतसई** का पाठसंपादन दो स्तरों पर, नीचे की टीका के संपादन के पश्चात् ऊपर **सतसई** मूल के पाठ निर्धारण से होगा। एक टीका का संपूर्ण पाठ निश्चित करने की अपेक्षा **सतसई** के एक-एक दोहे का पाठ ऊपर निर्दिष्ट रीति से निर्धारित करें तो वह प्रामाणिक होगा।

उपरोक्त को सार रूप में कहें तो **सतसई** की प्रणयन विधि अन्य काव्य कृतियों से भिन्न होने से, यथा संभव निर्दोष पाठ की पुनःप्राप्ति के लिए, बीच के सैकड़ों वर्षों में इस पर उग आए खर-कतवार की निराई और सोहाई (प्रा० सोहण!) करने के बाद दो स्तरों पर प्रयास अपेक्षित है। एक तो पाठमिश्रण की छटनी और दूसरे फ़ारसी-राजस्थानी वर्तनियों के कारण उत्पन्न धूमिल पाठ पर्याय की ब्रजवाणी में व्याख्या। भूमिका भाग में इस निमित्त प्रतियों का चयन और वर्गीकरण तथा वर्तनी पर विस्तार से विचार किया जा रहा है।

सतसई के हस्तलेखों का विश्लेषण करते हुए उसकी जितनी ही गहराई में जाएँ, प्रतिलिपि परंपरा की, उलझी हुई सेवार के समान, जटिलता पर दंग रह जाना होता है! सेवार नहीं, वस्तुतः आकाशबेलि ही है, यह! केवल दोहा प्रतियों की उपेक्षा करते हुए टीका प्रतियों को चुनने का एक प्रयोजन इस मूलहीन वृक्ष की, जाने कहाँ से कहाँ तक फैली शाखाओं टहनियों को छाँटकर गिराने के बाद बचे हुए (मान०, कोविद०, नर० आदि) मोटे-मोटे डगालों सहित तने को पकड़ने के समान समझना चाहिए। इसी को दूसरे शब्दों में कहें तो यह अमरबेल की विकास प्रक्रिया को वापस लौटाकर निश्चित देश-काल के उपरोक्त नर० आदि विंदुओं तक ले आना है। चार सौ वर्षों में मूल पाठ पर जो मकड़ी के घने जाले तन गए हैं,

15 'कृष्ण कवि ने अपनी टीका संवत् १७८२ मैं समाप्त की थी।' **बि०र०** पृ० ३।

इस छटनी से उन्हें बहुत-कुछ दूर किया जाएगा।

(**सतसई** के प्रामाणिक पाठ पर एक और परत, वर्तनी भेद की गर्द है! दे० आगे 'वर्तनी' पर अनुच्छेद।)

खेद होता है कि **सतसई** के प्रामाणिक पाठ का निश्चय इस रूप में संभव होते हुए भी अब तक न किया गया। मात्र **सतसई** की हस्तलिखित प्रतियों के आधार पर, ये प्रतियाँ चाहे कितनी ही प्राचीन और संख्या में कितनी ही अधिक क्यों न हों, संपादित पाठ, परस्पर अभिमुख दो दर्पणों के बीच रखी हुई एक ही वस्तु के असंख्य प्रतिबिंबों के समान, प्रामाणिक हो ही नहीं सकता! 'रत्नाकर' जी द्वारा प्रयुक्त हस्तलेखों का विश्लेषण इस धरणा को असंदिग्ध रूप में पुष्ट करता है। इतना ही नहीं, विचार करें तो प्रगट होगा कि मानसिंह, कोविद आदि किसी भी अकेले एक टीकाकार की टीका में निहित **सतसई** का दोहा पाठ, बिहारीदास का न होकर उस अकेले टीका लेखक के ऊपर चढ़ाए गए उस टीका के आधुनिक संपादक के (अप्रामाणिक) पाठ की दूसरी परत है! (दूध पर पड़ने वाली साढ़ी के समान!) इस साहित्येतर तुलना के लिए मुझे क्षमा किया जाए – इस रीति से हलवाई की दुकान पर ग्राहकों के हाथ बिक्री के लिए रबड़ी-मलाई तो तैयार की जा सकती है, प्राचीन कवियों के लुप्तप्राय साहित्य का संरक्षण इस रीति से न हो पाएगा।

सतसई की उपलब्ध टीकाएँ संख्या में अस्सी के लगभग हैं। संपादन के लिए प्राचीनता तथा दूरस्थानीयता के आधार पर प्रतियों का चयन किया गया है। पहले आधार के पीछे तर्क सरल है। ज्ञात टीकाओं में मान० सर्वाधिक प्राचीन है तथा इसकी उपलब्ध प्रतियाँ भी संख्या में सर्वाधिक हैं। दूरस्थ निर्माण स्थल की टीका चुनने का विशेष कारण है। एक ही प्रदेश में, चाहे वह भरतपुर हो, आगरा या जयपुर, ढेरों प्रतियाँ सहज ही उपलब्ध होने से, पाठमिश्रण की आशंका अधिक है। इसके विपरीत सं० १७८८ में कच्छ में लिपिबद्ध **अनवरचंद्रिका** की **रसविलास** शीर्षक प्रति में निहित **सतसई** का पाठ अधिक शुद्ध होगा। इस आधार पर बादवाली, **लालचंद्रिका** आदि टीकाओं को छोड़ देने से पाठ अधिक स्वच्छ होगा।

इस प्रकार मानसिंह, कोविद कवि, शुभकर्ण, नर०, कृष्ण०, तथा हरि० की टीकाओं का चयन करने से **सतसई** के प्रामाणिक संपादन के साथ-साथ क्षेत्रीय एवं ऐतिहासिक विस्तारों को इकट्ठा समेटा जा सका।

सौभाग्य से हमें सभी टीकाओं की प्राचीनतम पोथियाँ सुलभ हो गईं। उ० प्रति सं० १७१७ की है, तो सं० १७४२ में रचित कोविद० टीका की प्रति सं० १७९३ की। अनवर० के रचनाकाल सं० १७७१ से मात्र १७ वर्ष पीछे की उसकी मो० प्रति; तो हरि० की सं० १८३५ की पोथी रचनाकाल से केवल एक वर्ष बाद की! अन्य प्रतियाँ भी प्राचीनतर आदर्श से तैयार किए गए हस्तलेख हैं।

प्रस्तावित संपादन प्रणाली में स्वीकृत टीकाओं की प्रतियाँ संपादन का मुख्य आधार हैं, केवल दोहा पाठ वाले हस्तलेख गौण, सहायक सामग्री के रूप में प्रयुक्त हुए हैं। इस पद्धति से संपादन करने पर **सतसई** के अब तक संपन्न समस्त अध्ययन को भी समाहित किया जा सका तथा **सतसई** का प्रामाणिक पाठ ही

नहीं, उसकी वर्तनी तक का निर्धारण संभव हुआ।

पाठचयन की प्रचलित विधि से पृथक्, पाठभेद ही को नहीं, वर्तनीभेद को भी पाठांतर में सम्मिलित किया जा रहा है। 'रत्नाकर' जी ने 'नैक', 'नैंक', 'नेकु' आदि के भेद प्रदर्शन पर बड़ा उद्योग किया; क्या ही अच्छा होता जो उनका निष्कर्ष ही नहीं, सारे भेद भी पाठांतर के रूप में हमें उपलब्ध होते!

सतसई के एक दोहे का संपादित रूप :

सतसई की दस पीछे नौ प्रतियों में दोहे की तीन यतियों पर एक-एक खड़ी पाई लगी मिलती है, अंतिम में दोहरा पूर्ण विराम। ऐसी अधिकतर पोथियाँ राजस्थान की हैं। यही विशेषता राजस्थान से बाहर की भी प्राचीन प्रतियों में पाई जाने से इसे स्वीकार किया गया – अंत में चौखुटे कोष्ठकों के बीच तीन अंकों में दोहा संख्या होने से वहाँ दोहरे पूर्णविराम नहीं लगाए गए। इस प्रकार दोहे का चार यतियों का रूप भी अधिक स्पष्ट रूप में प्रगट होता है। (दे० 'दोहा छंद की ऋजुता' **दे०सं०ग्र०** ३-७।)

दोहे के संपादित पाठ के नीचे टीकाएँ कालक्रमानुसार रखी गई हैं; **सतसई** तथा विभिन्न टीकाओं के पाठांतर पाद टिप्पणियों के रूप में।

★

भूमिका

ग्रंथनाम

जिज्ञासा होती है, इस बहुप्रसिद्ध ग्रंथ का प्रामाणिक नाम क्या होगा, सतसई या कुछ और! कारण, 'सतसई' तो मात्र विशेषण है; 'नौलखा', 'हज़ारा', या 'शतक' 'इक्यावनी' (रुपयों की!), संस्कृत में भी 'त्रिसर' (तीन लड़ियोंवाला मोती का हार) आदि के समान, यद्यपि दोहा, हार आदि संज्ञाओं के लिए रूढ़।

प्राचीन प्रतियों के उल्लेख की सहायता से बिहारीदास की रचना का नाम स्थिर करने में सहायता मिलती है।

उपलब्ध सर्वाधिक प्राचीन उ० प्रति में ग्रंथनाम 'विहारीदास कविकृत दोहरा', 'इति श्रीविहारीदास कृत दोहा'।

कोविद कवि की सं० १७९३ की प्रति के आरंभ में ग्रंथनाम इस प्रकार मिलता है, 'अथ कवि विहारीदासकृत दोहरा सप्तशतीका अनुक्रमे लिख्यते'; अंत की पुष्पिका में, 'इति श्रीकवि विहारीदासकृत सतसैया समाप्तं'।

मान० की विभिन्न प्रतियों में ग्रंथनाम इस रूप में आया है। चौ० प्रति के आदि-अंत में 'अथ विहारीदास कृत सतसी लिख्यते'; 'इति विहारीदास कृत सतसी दोहरा संपूर्ण'। शि० प्रति में 'अथ विहारी कृत सतसई अर्थ दोहा लिष्यते'; 'इति श्रीविहारी कृत सतसई टीका संपूर्ण'। वा० प्रति में, (भिन्न लिपिक की लेखनी द्वारा) 'वीहारी सतसई भाषा टीका' 'इति श्रीविहारीदास कृत सतसै दोहरा संपूर्ण'। अनवरचंद्रिका की मो० प्रति में, 'अर्थ सहित विहारी कृत सतसई लिख्यते', (अंत में ग्रंथनाम नहीं है।) पा० प्रति में ग्रंथनाम केवल आदि में है, 'अनवरचंद्रिका।'

नर० समूह की अनेक प्रतियों में ग्रंथ का नामोल्लेख यों हुआ है। न० प्रति, 'अथ वैहारीदास कृत दोहरा टीकावंध लिष्यते', 'इति सतसीआ विहारीदास कृत संपूर्ण'; गा० में 'अथ कवि विहारीदास कृत दोहरा टीका कवित्तवंध लिख्यते', 'इति श्रीकवि विहारीदास कृत सतसई टीका कवित्तवंध संपूर्ण'; स० प्रति के आदि में ग्रंथनाम नहीं है, और अंत में प्रति खंडित है।

कृष्ण० की नी० प्रति में 'अथ विहारी कृत सतसहा लिष्यते', अंत में प्रति खंडित; मि० हस्तलेख में 'अथ विहारी सतसहा दोहा कवित्तवंध लिष्यते', 'इति श्रीविहारीदास कृत सतसया कृष्णकवि विरचिते संपूर्ण समाप्ता'; भा० प्रति 'अथ सतसैया लिख्यते' 'विहारी कृत सतसैया समाप्ता'; मु० लेख में 'अथ विहारीसतसया कवित्त सहित अनुक्रमवंध लिष्यते' 'इति श्रीविहारी सतसया दोहा कवित्त सहित संपूर्ण'।

हरि० टीका की उपलब्ध प्रति में आदि पत्र खंडित है, अंत में 'इति हरिचरणदास कृता विहारी विरचित सप्तसती टीका हरिप्रकाश ख्यातं संपूर्ण'।

निष्कर्ष :

इन सात सौ दोहों का संकलन एक स्थान पर क्रमशः न होकर क्रमहीन रूप में किए जाने की विशेषता पर ध्यान दें तो ग्रंथ के आदि में किसी भी नाम के होने की संभावना अत्यल्प मानी जाएगी। अर्थात्, सात सौ दोहे रचने के पूर्वसंकल्प के साथ प्रथम दोहा नहीं रचा गया था अतः मूल पत्रों में से प्रथम के आदि में अथवा शीर्ष पर कोई नाम न रहा होगा। शतक पूरा हो जाने पर, अथवा एकत्रित पत्रों से प्रथम-द्वितीय बार प्रतिलिपि किए जाते समय, ग्रंथनाम देने की आवश्यकता जान पड़ी होगी। तभी, अनुमानतः, इसे 'सतसहा दोहरा' या इसके निकट का कोई नाम दिया गया होगा। 'दोहा सतसई' तो प्रत्यक्ष ही असंगत है। **सतसई** इसका लोकप्रचलित नाम है।

(कविनाम के लिए दे० आगे।)

बिहारीदास तथा सवाई जयसिंह :

किंवदंतियों को, बिना विचारे ही, ऐतिहासिक तथ्य के रूप में ग्रहण कर लेने को, अन्यत्र, गर्द कहा गया है। बीती बात की चर्चा चलाने से क्या लाभ, मगर इस प्रकार उठाई गई रेत की भीत टिकाऊ होती नहीं!

बिहारीदास तथा आमेराधिपति जयसिंह के विषय में 'नहिं पराग' वाले दोहे का प्रसंग अति प्रसिद्ध है, कि कैसे एक नबेली किशोरी रानी के प्रेम में राजा राज-पाट सब की सुध खोए हुए थे और कैसे कवि के उपरोक्त दोहे में निहित कटूक्ति से उनकी आँखें खुल गईं!

> एक चौहानी रानी थीं जिनके गर्भ से सं० १६९२ में कुँवर रामसिंहजी का जन्म हुआ। ये बड़े विद्वान् तथा वीर थे। बिहारीदासजी, सतसई के कर्ता, प्रथम इनकी माता, चौहानीजी की सरकार में थे, और फिर महाराज के भी कृपापात्र हो गए थे।[16]
>
> जब बिहारी के दोहे के प्रभाव से महाराज जयसिंह नवोढ़ा रानी के फंद से मुक्त होकर बाहर निकल आए तो चौहानी रानी को बड़ी प्रसन्नता हुई। उन्होंने उनको बहुत कुछ पारितोषिक दिया, और उक्त घटना का ज्यों का त्यों चित्र खिंचवाकर अपने महल में लगवा लिया। उस चित्र के निम्न भाग में वाम पार्श्व पर १६ और दक्षिण पार्श्व पर ९२ के अंक हैं, ये दोनों अंक मिलाने से १६९२ होता है, अतः यह अनुमान संगत प्रतीत होता है कि यह १६९२ उक्त घटना का संवत् है।[17]

यहाँ तक तो इस या कि किसी दूसरे दोहे की प्रामाणिकता पर संदिग्धता की छाया नहीं पड़ती मगर जब इस कथा का प्रस्तार कर संपूर्ण सतसई ही को जयसिंह के आदेश पर रचित माना जाए तो सजग पाठक का चौकन्ना होना स्वाभाविक है। दोहा यह है –

> **हुकुम पाइ जयसाहि कौ हरि राधिक प्रसाद। करी विहारी सतसई भरी अनेक सवाद**
> [७१३]

[16] **क०बि०** पृ० ३२९।
[17] **क०बि०** पृ० ३३४।

यह दोहा हस्तलेखों में मिलता है, मान० की टीका प्रति (तिथि रहित) चौ०, सं० १८२३ की वा० प्रति – मगर मान० की आदर्श प्रति, सं० १७१७ की उ० प्रति के अनुसार **सतसई** इससे एक दोहा पूर्व 'घर घर हिंदुनि' [७१२] पर ही समाप्त होती है। अतः उ० प्रति में यह दोहा नहीं है। इससे तीन वर्ष पहले की जयपुर संग्रह की सं० १७१४ वाली पोथी तथा सं० १७२४ की अनूप संस्कृत लाइब्रेरी की प्रति, दोनों और भी पहले 'जौ लौं लषौं [७०९]' ही पर पूरी हो जाने से इनमें भी नहीं! रा० (सं० १७३५), पो० (सं० १७४१), ष० (सं० १७६६), किसी में 'हुकुम पाइ' दोहा नहीं! यह दोहा मिलता है सं० १७९४ की मु० प्रति में! वह भी ग्रंथ के अंतिम छोर पर! अन्यथा न यह नर० में है, न किसी अन्य टीका में!

> यह दोहा हमारी पाँच प्राचीन पुस्तकों में, अर्थात् टी० तथा कुं० में है और वास्तव में ये ही दोनों पुस्तकें पूरी और माननीय भी हैं। इनमें से टी० मानसिंह की टीका सहित, सं० १७७२ (वैशाख कृष्ण द्वितीया) की लिखी हुई है। मानसिंह ने इस दोहे की टीका में लिखा है कि बिहारी ने सात सौ तेरह दोहे बनाए हैं। यह दोहा ७१३ के अंतर्गत भी आ जाता है, और मानसिंह की टीका भी इस पर है, अतः इसके बिहारी-कृत होने में संशय नहीं, यद्यपि हरिप्रकाश तथा **लालचंद्रिका** के अतिरिक्त, अन्य किसी टीकाकार के ग्रंथ में, अथवा बिना टीका के किसी ग्रंथ में, यह हमको नहीं मिला।' [18]

मु० प्रति में दोहे का पाठ सारी कलई खोल देता है! मु० प्रति में पृ० २१६ पर 'घर घर तुरकिनि हिंदुनी' [७१२] (मु० प्रति में दोहा संख्या ७०८) के आगे उदाहरण छंद है, 'आयौ इत उमडि अजीतसिंघ एंडाइलु संग लै' [मु० ७०५] (मु० प्रति में छंद संख्या ७०८)। इसके आगे पहले से रिक्त छूटे हुए स्थान में, 'हूं विनौं सव' संख्या रहित; फिर 'हुकम पाय जयसाह कौ' आदि पूरा दोहा, संख्या [७०९] (ध्यान दें, 'हुकुम' नहीं, 'हुकम'!) दोहा पर संख्या ७०९ है; आगे कवित्त का केवल शीर्षक तथा अगले पृष्ठ पर 'अथ कृष्नकवि कृत दोहा लिष्यते। हूं विनऊं सव कविनु के' इत्यादि। इन दोहों पर संख्या क्रमिक है, ७१० आदि। अर्थात् रिक्त छोड़े हुए स्थान में आगरावाले कृष्ण कवि के परिशिष्ट दोहों में से प्रथम का (प्रति में जिस पर नया संख्याक्रम १ से आरंभ होता है) प्रतीक मात्र जोड़ा जाने को हुआ कि प्रक्षेपकर्ता को 'हुकुम पाइ जयसाहि' भी सम्मिलित कर लेने का नया विचार फुरा! सो उसने दोहे का प्रतीक नहीं, अपितु पूरा दोहा ले लिया। कृष्ण कवि के परिशिष्ट दोहे अगले नए पृष्ठ पर। 'हुकम पाय जयसाह कौ' का यहाँ प्रक्षेप किया गया है, विशेष कारणवश। क्योंकि यहीं पर तो जयसिंह संबंधी अन्य दोहे भी हैं न!

अब क्रियापद तथा कथ्य पर ध्यान दें। हमारी भाषा में क्रिया अति सरल कार्य से लेकर अंत्यक्रिया तक जो संपन्न कर डालती है! आश्रयदाता की प्रशंसा कविगण ग्रंथ के शीर्ष पर करते हैं या कि द्रुम की जगह! कवि देव के **रसविलास** में, दो मंगलाचरण छंदों के बाद तीसरा कवित्त है, आश्रयदाता के नाम, 'भोगी लाल भूप लाष पाषर लिवैया जिह लाषन षरचि रचि आषर षरीदे हैं [रस० १-३]। **जयसिंहविनोद** का पूरा प्रथम विनोद ही भगवंतराय खीची की प्रशस्ति में है! **पदमावत** का प्रथम छंद है, 'पहिलेहि तेहिक

[18] **बि०र०** पृ० २९६।

नाउ लै कथा कहौ अवगाहु' [पद० १ ।१]

'हुकुम पाइ जयसाहि' की क्रिया 'करी' की अपेक्षा वर्तमानकालिक 'करौं' न हो सकी क्योंकि यह दोहा तो बाद में सतसई पर चस्पा किया गया! '[मुझ] बिहारी [नामक कवि] ने ... सतसई [नाम की पुस्तक] करी (बनाई, रची)' [19] यदि कवि की प्रामाणिक उक्ति होती तो रचना 'करी' के स्थान पर होता 'हौं करौं' अथवा 'मैं करौं'! ('मैं' से बिदक न पड़ना चाहिए! दे० मैं समुझ्यो निरधार यह [१६२] मैं मिसहा सोयौ समझि [६४२]; मै समुझायो नही समुझै मन [सुष० ४९७]।)

देवकृत **भावविलास** के अंत में प्रक्षिप्त किए गए 'चढ़त सोरही वर्ष' वाले दोहे में भी तो 'सुन्यो सराह्यो ग्रंथ यह' उसे प्रक्षिप्त सिद्ध कर देता है! [20]

एक और बात। दोहा अंत में दिया गया, चलिए, कोई बात नहीं। मगर कवि यहाँ पर रचनाकाल तो दे ही सकता था – भले ही अंतिम दोहे की रचना तिथि को ग्रंथ समाप्ति का वर्ष मान कर! तब तो और भी जब दोहे का अर्ध भाग, यथा, 'हरि राधिका प्रसाद' तथा 'भरी अनेक सवाद', घटिया ही नहीं, भरती का है। रचना तिथि नहीं है, क्योंकि तिथि देने की प्रेरणा नहीं – प्रक्षेपकर्ता को!

उपरोक्त कारण से इस दोहे को प्रक्षिप्त मानकर **सतसई** में स्थान नहीं दिया जा रहा है।

आलोच्य प्रतियाँ :

उ० प्रति :

वर्तमान संपादन में कोविद० तथा मान० आदि सटीक संस्करणों की प्राचीन प्रतियों से सहायता ली गई है; अपवाद रूप में उ० प्रति का चयन विशेष कारणों से किया जा रहा है। यद्यपि उ० प्रति संकुचित अर्थ में अन्य टीकाओं की समकक्ष नहीं, फिर भी पाठ के ऊपर या पार्श्व पर शब्दार्थ आदि टीपे जाने से यह अनुमान करना असंगत न होगा कि उपलब्ध प्रतियों में सर्वाधिक प्राचीन, सं० १७१७ की, यह प्रति मान० आदि टीकाओं का आधार रही होगी। इसका दोहा क्रम मान० तथा नर० टीकाओं के दोहा क्रम से सर्वथा समान होने से भी इस हस्तलेख का महत्व द्विगुणित हो जाता है। फिर, आमेर के निकटवर्ती स्थान में प्रतिलिपि होने से यह पोथी सीधे मूल पत्रों से उतारी गई हो तो कोई आश्चर्य नहीं। इन सभी कारणों से इसे यहाँ विशेष रूप से सम्मिलित किया गया। उदयपुर से डॉ० ब्रजमोहन जावलिया द्वारा प्रदत्त सूचना के अनुसार –

> ग्रंथांक ३५५०(४) विभागीय क्रय समिति द्वारा जयपुर में श्री॰बंशीधर शर्मा से ख़रीदा गया था। ... चंपावती नगर जयपुर ज़िला में साँगानेर हवाई अड्डे के पास टोंक रोड पर चाटसू नामक कस्बे का पुराना साहित्यिक (संस्कृत) नाम है। [21]

[19] **बि०र०** पृ० २९६।
[20] दे० 'भावविलास के अंतिम दोहे' **दे०सं०ग्र०** २-१५।
[21] डॉ० ब्रजमोहन जावलिया का ३०-८-०२ का पत्र।

आरंभिक अंश में दोहों पर क्रमिक संख्या पड़ी है किंतु दोहा संख्या १७५ के आगे संख्या के लिए रिक्त स्थान छूटा हुआ है। अधिक संभावना इसकी है कि आदर्श प्रति में दोहों पर संख्या नहीं डाली गई थी या कि यदि पड़ी थी तो उसमें दुष्क्रम था। मूल दोहे, मेरे अनुमान के अनुसार निर्बंध चौपतियों पर होने से, उन पर क्रमिक संख्या डालना संभव भी न था।

अन्य प्रतियों की तुलना में उ० प्रति में एक स्थान पर क्रम विपर्यय -मिलता है –

चितवनि रूषे दृगनु की [०३०] सवही तिनु समुहाति छिनु [उ० ०२९]

अति प्राचीन होने से ही नहीं, इस प्रति में निहित सूक्ष्म संशोधनों, यथा मात्रा पर काटने के चिह्न, बाद में ऊपर से किए गए पाठ संशोधन आदि की दृष्टि से उ० पोथी को प्रामाणिक पाठ ही नहीं, वर्तनी के अध्ययन के लिए भी सूचनाओं की खानि कहें तो तनिक भी अत्युक्ति न होगी।

इसके अतिरिक्त संपादन में ली गई पोथियों में से कोविद० और हरि० प्रतियाँ टीका सहित हैं किंतु उदाहरण रहित।

कोविद कवि की टीका :

को० प्रति – सं० १७४२ में बुरहानपुरमें रचित, पत्तन में लिखित; सं० १७९३।[22]

टीका में यत्र-तत्र कोविद कवि का नाम आया है किंतु अंतिम पुष्पिका में टीकाकार का नामोल्लेख नहीं हुआ है। अंतिम पुष्पिका दुहरी है; एक टीका स्थान पर, दूसरी दोहा के लिए निर्धारित मध्य भाग में। कथ्य दोनों का प्रायः एक ही है –

> इतिश्रीकवि विहारिदासकृत सतसैया समाप्तां संवत् १७९३ ना वर्ष द्वितीय ज्येष्ठ वदि १ दिने श्रीपत्तन मध्ये ढंढेर पाटके श्रीपूर्णिमा पक्षे प्रधानशाषायां भट्टारपुरंदर श्रीश्रीश्री १०८ श्रीश्रीश्री भावप्रभ सूरीश्वराणां तशिष्य सुविनेयी तेन लिपिकृता इदं पुस्तकं स्ववाचनार्थं

यह तिथि है प्रतिलिपि की!

कोविद कवि के विषय में हिंदी साहित्येतिहास सर्वथा मौन हैं; खोज रिपोर्ट में निम्नलिखित सूचना दी गई है –

> वास्तविक नाम चंद्रमणि मिश्र ओड़छा निवासी। ओड़छा नरेश महाराज उद्योत सिंह और महाराज पृथ्वी सिंह के आश्रित सं० १७७७ के लगभग वर्तमान। 'मुहूर्त दर्पण' पद्य २९-६४; 'रमल विचार' पद्य २६-२४३; राजभूखन पद्य ०६-६२ए; 'हितोपदेश' भाषा ०६-६२बी।[23]

क०बि० के अनुसार (पृ० १७५) मिश्रबंधु विनोद में भी यही सूचना मिलती है। स्वतंत्र साक्ष्य के अभाव में यह कहना कठिन है कि दोनों में से क़िसने किससे ये तथ्य एकत्रित किए!

घर घर तुरकिनि हिंदुनी [७१२] [कोवि० ६९४] के आगे निम्नलिखित दोहे रचनाकार संबंधी हैं –

[22] **सूचीपत्र०** पृ० १-१४४।
[23] **खोज रिपोर्ट** पृ० १-१९६।

किये सात सैं दोहरे सुकवि विहारिदास। विनुहि अनुक्रम यह भये महिमंडलहि प्रकाश॥

([शीर्षक] अथ ग्रंथ संपूर्णन कर्तव्यता वर्णनं) [कोवि० ६९५]

सत्रहसें चालिस द्वय वरस सु फागुन मास। एकादशि तिथि सेतपष वुरहानपुर सुषवास॥ [कोवि० ६९६]

तिहां कोविद यह सुभ लषै भिन्न भिन्न अधिकार। देषि हि कछु समुझियै जिनतें अर्थ विचार। [कोवि० ६९७]

सुनि कवि के यह सुभवचन अवगुन तजि गुन लेय। जग मै सो निको पुरुष पुज्य सिष जो देय॥ [कोवि० ६९८]

टीकाकार के नाम ही पर नहीं, उसके निवासस्थान तक पर संदेह की गहरी छाया पड़ती है, टीका भाषा की! एकाध उदाहरण दे देने से मेरा मंतव्य स्पष्ट हो जाएगा –

फरीफरीनिं चित्त तिहां ?तुं तिहां रहे छै लाज नी डोरी तुटी अग अंगनु रूप तेहनी झोलि मां चित्त माह रू भमरो पाणी मां पडतो होऐ छै अनैं निमनाव तहां नुं तहां फिरैं त्यिम माहरू मन श्रीराधिकाजी कहें छै श्रीकृष्ण उपरि भमे छै पोतानी सषी आगल जीव नी वात कहैं छै [कोवि० ११०]

अथकीकी वर्णन दोहा सषी सषी आगलि कहै छै आंषिनी की कीनी काति वीजी जरी तनी छै घणा मांशिरदार अह्ये गणी छै एह वीवीजी कोयनीन थी जाणीइछै जो घणीइ ना स्नेह नो मनी क० अहकारते वे लाज ते रूपु जेलु गहुंते हमांठानी छैढांकी थकी वनी क० अत्यंत शोभै छै इत्यभिप्रायः [कोवि० २८८]

रूपनैं ठग करी वर्णावै छै [कोवि० ४०१] शषी नायका ने कहै छै। सघली शोक्यो मांटुंणु जाणै अनें कांम ण कर नारी ए मकहरा वीरही हुंती ते स्त्री ने ते घणीयो जानी पा शांषीचीलेईनें अदोष करी आवीने [को० ५२०] (को० पत्र ७१।)

कविनाम चंद्रमणि मिश्र, रचना स्थल पूर्वी नीमाड़ का बुरहानपुर, मगर ऊपर उद्धृत भाषा तो दक्षिणी राजस्थानी भी नहीं, गुजराती है! पाठभेदों की दृष्टि से भी इस प्रति में दोहों का पाठ राजस्थानी मुख्य शाखा की प्रतिलिपि से ग्रहण किया गया है। अतः को० प्रति में निहित दोहा पाठ का उपयोग करते हुए टीकावाला अंश समाहित नहीं किया जा रहा है– है भी यह अर्थ की दृष्टि से प्रायः दुर्बोध!

'रत्नाकर'जी ने **बि०र०** के स्वीकृत दोहों में से ये नौ दोहे को० प्रति में लुप्त बताए हैं –[24]

५० [०५०] [कोवि० ०००]; (थाकी जतन १२५ [त्रुटित] [कोवि० १४६]; १४१ [१४५] [कोवि० ०००]; १८७ [१८७] [कोवि० ०००]; ३८९ [३९१][कोवि० ०००]; ४५५ [४५५] [कोवि० ०००]; ५५१ [५५१] [कोवि० ०००]; ६७९ [६७९] [कोवि० ०००] तथा ७१३ [त्रुटित] [कोवि० ०००]

[24] **क०बि०** पृ० १७४।

वस्तुतः 'रत्नाकर' जी की सं० १८५० वाली प्रति की तुलना में बहुत भारी संख्या में ये अन्य दोहे भी सं० १७९३ की प्राचीनतर को० प्रति में लुप्त हैं –

[०१५] [०३१] [०३९] [०८९] सिसुता अमल तगीर सुनि [नर० ०९६] आमिलदेह मैं होत तगीर [नर० ०९८] [कोवि० ०००] [०९९] [१०३] [१०६] [११८] [१४२] [१४५] [१५४] [१७२] [१७५] [१८७] [१८९] [२०९] [२१०] [२१२] [२३६] [२४४] [२८३] [३३०] [३३२] [३९१] [३६७] [४५५] [४९७] [५५१] [५६०] [६३८] [६९५] [७०४] [०९४]!

ऐसा कैसे? लगता है, नया क्रम बाँधते हुए दोहा चुनने के बाद आदर्श प्रति पर उस दोहे के आगे, पहचान के लिए, स्वस्ति अथवा ऐसा ही कोई चिह्न लगाते रहे होंगे। (सं० १७१७ की उ० प्रति पर यत्र-तत्र ऐसे चिह्न देखे जा सकते हैं!) तभी सारे दोहे संकलित हो सकते हैं। अन्यथा बहुत से दोहे या तो छूट जाएँगे, या बहुतेरे दो या तीन बार लिख जाएँगे। कोविद० के टीकाकार ने यह सावधानी न बरती, इससे इतने दोहे छूट गए। 'रत्नाकर' जी की प्रति में अन्य का प्रक्षेप हुआ होगा।

'रत्नाकर' जी की निम्नलिखित टिप्पणी ध्यातव्य है –

> इन नौ दोहों में से पाँच तो लेखक की असावधानी से हमारी प्रति में छूट गए हैं जो कि बीच में अंकों की शृंखला के बिगड़ जाने से प्रमाणित होता है और और शेष चार दोहे इस क्रम में वस्तुतः नहीं लिए गए हैं। इसके अतिरिक्त इसके प्रति शीर्षक में जो दोहे आए हैं वे प्रायः इस क्रम से आए हैं जो दोहे *बिहारी के निज क्रम* में पहले पड़ते हैं वे पहले, और जो पीछे पड़ते हैं वे पीछे।[25]

'बिहारी के निज क्रम' पर 'रत्नाकर' जी ने पदे-पदे बहुत बल दिया है, किंतु वस्तुतः है यह मान० के आदर्श का क्रम, जिसकी प्राचीनतम प्रति उ० हमें उपलब्ध है!

मान० टीका :

> मानसिंह कवि के विषय में सुना गया है कि उन्होंने जयपुर जाकर बिहारी से साक्षात् किया था, और उनसे कुछ पढ़ा भी था। जयपुर से लौटते समय वे बिहारी के कुछ दोहे लिख ले गए थे। ... उन दोहों की उत्तमता पर महाराणा ने प्रसन्न होकर, मानसिंह को राजसभा में बुलाया और आज्ञा दी कि जयपुर जाकर सतसई की पुस्तक प्राप्त कर लाओ ... महाराणा ने प्रसन्न होकर मानसिंह को अपनी सभा के कवियों में समाविष्ट कर लिया। फिर मानसिंह ने **राजविलास** नामक ग्रंथ की रचना आरंभ की।[26]

[मानसिंह के संदर्भ में विजयगच्छ को स्थानवाची (कहीं-कहीं विजयगढ़!) समझने की भूल बहुत हुई है, दे० 'विजयगच्छ निवासी' **संक्षिप्त** पृ० २-१६६। 'उदयपुर के निकट विजयगछ ग्राम के रहनेवाले मानसिंह नामक कवि' **क०बि०** पृ० २०५।

[25] **क०बि०** पृ० १७४-७५।
[26] **क०बि०** पृ० २०५-६

> विजयगच्छ किसी स्थान का नाम नहीं अपितु ओसवाल जैन संप्रदाय के ८४ वर्गों (गच्छों) में से एक वर्ग का नाम है। बिहारीसतसई का टीकाकार मानसिंह इसी वर्ग का यति था। मान कवि पर एक शोधप्रबंध मो० ला० सुखाड़िया विश्वविद्यालय के हिंदी विभाग में पी एच डी उपाधि हेतु श्री नाराणी द्वारा प्रस्तुत किया गया था। [27]
>
> ये मेवाड़ के महाराणा राजसिंह (जन्म २४ सितंबर १६२९ ई०, राज्याभिषेक १० अक्टूबर १६५२ ई० और निधन २२ अक्तूबर १६८० ई०) के राजकवि थे। ... मान ने अपने ग्रंथ **राजविलास** [28] की रचना सं० १७३४, आषाढ़ शुक्ला सप्तमी बुधवार को प्रारंभ की थी। [29]

अतः उनकी **सतसई** टीका का रचनाकाल भी इसके कुछ पहले होगा, या थोड़ा बाद। लगभग यही मत 'रत्नाकर' जी का है, 'टीका का रचना-काल संवत् १७३० तथा १७३४ के बीच में मानना अनुचित नहीं है।' [30]

मान० टीका में दोहों का क्रम संस्थान की उदयपुर शाखा में संगृहीत संवत् १७१७ की, उ० प्रति के सर्वथा समान है! यह उ० प्रति इस समय है तो संस्थान के उदयपुर संग्रह में किंतु मूलतः है यह जयपुर के निकटस्थ साँगानेर की, 'चम्पावती नगर मध्ये लिषितं व्यास कुशला' (पुष्पिका)! दोहों का क्रम ही नहीं, पाठ विकृतियाँ भी दोनों में समान होने से यह निष्कर्ष निकलता है कि मान० में दोहों का स्रोत था, उ० प्रति की कोई एक पूर्वज प्रति। अकेले मान० ही नहीं, नर० आदि अन्य स्वतंत्र टीकाओं में भी दोहा क्रम की समानता होते हुए पाठ विकृतियाँ एक-दूसरे से पृथक्-पृथक् हैं, अतः यह मानना होगा कि इन सब के मूल में **सतसई** की एक ही प्रति थी। पाठ में फ़ा० लिपिजन्य दोष व्यापक स्तर पर पाए जाने से यह प्रगट होता है कि ऊपर जिस समान आदर्श का उल्लेख हुआ है, वह फ़ा० मूल पाठ से किए गए प्रथम नागरी लिप्यंतरण की प्रति थी।

शि० प्रति :

मात्रा लगाने की विचित्र रीति इस प्रति में दिखलाई देती है। 'में' में मात्रा ऊपर न लगाकर बंगला की भाँति अक्षर के पूर्व खड़ी पाई। इसमें सर्वत्र एकरूपता हो, यह भी नहीं। इसी प्रकार 'देह'। कहीं-कहीं 'इं' 'ऐ' का द्योतन करता है, यथा, 'दीपै' (दीपैं') [०१६] की टीका में। अनेक स्थलों पर 'इ' वर्ण इकार के लिए प्रयुक्त मिलता है, यथा 'वारै' (वारइ) [०१९] की टीका में।

इस प्रति में प्रायः प्रत्येक दोहे के अंतिम छोर पर, 'इत्यर्थः' के पूर्व अधिक पाठ मिलता है। उदाहरण के लिए [००३] की टीका में निम्न अंश अधिक है, 'श्रीराधाजू के अंग माहो माहें नैन चतुराई करे हैं।' इसी प्रकार [०१४] की टीका में यह अंश, 'श्रीकृष्ण हे सो हे राधे तुं ने चाहत हे।' इन सभी अंशों पर ध्यानपूर्वक विचार करें तो ये अंश कथ्य के विचार से छिछले ही नहीं, पूर्व की टीका का पिष्टपेषित होने

27 डॉ० ब्रजमोहन जावलिया का ३०-८-०२ का पत्र।

28 **राजविलास** की मूलप्रति, सं० १७४६ की, रा० प्रा० वि० प्रतिष्ठान के उदयपुर संग्रह में सुरक्षित है। दे० ग्रंथ सूची भाग १३, पृ० ५६।

29 **संक्षिप्त** २-४१८।

30 **क०बि०** पृ० २०६।

से, प्रसंग में अनावश्यक भी हैं। ऐसा प्रतीत होता है कि लिपिक अपनी ओर से कुछ जोड़ने की उत्कट अभिलाषा को न रोक पाकर, टीका के मध्य में कहीं अवकाश न मिलने से, यहाँ अंत में कुछ भी क्यों न हो, जोड़ रहा है। यदि परिवर्तन मौलिक होता तो बीच-बीच में भी नई बढ़ोतरी मिलती।

इस कोटि के अधिक पाठ के विषय में एक और संभावना पर ध्यान जाता है। हो सकता है मान० की मूल प्रति पर यह पाठ बाद में पार्श्व पर जोड़ा गया हो। अतः सं० १७८७ की सर्वाधिक प्राचीन प्रति में तो यह है मगर पाठवृद्धि के पूर्व लिपीकृत अन्य प्रतियों के आदर्श में छूट गया। जो भी हो, ऐसे अंशों को प्रक्षेप मानते हुए पाठ में सम्मिलित नहीं किया गया।

ऊपर उद्धृत प्रक्षिप्त अंश में एक 'चाहत' प्रयोग ही इसे प्रक्षेप प्रमाणित कर रहा है। 'चाह्' शब्द की व्युत्पत्ति तथा प्रयोग को लेकर वर्षों से मेरे मन में संदेह बना रहा है। इस प्रसंग का लाभ उठाते हुए, कुतूहलवश, यत्किंचित विस्तार से इस पर विचार किया जा रहा है। है भी बड़ा रोचक शब्द, 'चाह्'!

(चाहना = देखना :) एक दिया तेइ दस गुन लाहा। दिया देषि धरमी मुड चाहा॥ पदमावत १४५-३।

तुलसी : ('चाइ' अनुपलब्ध) चाह् **तुलसी०** पृ० १४७ : चाहौं तुम्हहि समानसुत प्रभुसन कवन दुराव – मा० १-१४९। तुलसी भीतर बाहरहू जौ चाहसि उजिआर – मा० १-२१। मधुर मनोहर मूरति सादर चाहहिं – जा० २२। चाहिअ कीन्हि भरत पहुनाई – मा० २-२१३-३।

(चाहिए, उचित है) सषि सीसमुष पुनि पुनि चाही – मा० १-३४९-३। (देखकर) चारि परिहरे चारि को दानि चारि चष चाहु – दो० १५१। (देखना) जो आपन चाहै कल्याना – मा० ५-३८-३। (इच्छा करना)

केशवदास में – कम-से-कम केशव कोश में तो – देखने के अर्थ में 'चाह्' प्रयोग सिरे से ग़ायब है! दे० १-२४६। निम्नलिखित उदाहरण में 'चाहति' अँग्रेज़ी के wants to का समानार्थी है, 'देष्यो जो चाहति देषि न आवति ऐसे में हौं न दिषैये री लालहि – केशव ग्रंथावली १-५१।

बिहारी : किय हाइल चित चाइ लगि। वजि पाइल तुव पाइ। पुनि सुनि सुनि मुष मधुर धुनि। क्यौं न लाल ललचाइ [२१२]

चाइ [इच्छा का आद्यंत विपर्यय]

देखने या कि प्रेम करने के अर्थ में 'चाहि' या 'चाइ' फ़ारसी-अरबी में नहीं है अतः उर्दू में यह भाषा से आया होगा। **मोहज़्ज़बुल लुग़ात** [31] आदि कतिपय कोशों में 'चाह्' को संस्कृत हिंदी से व्युत्पन्न माना गया है। [32]

अनवरचंद्रिका :

अनवरचंद्रिका (रचनाकाल सं० १७७१) की निम्नलिखित दो अति प्राचीन प्रतियों का उपयोग किया जा

[31] पृ० ४-१३०।
[32] दे० **Fallon** p. 514.

रहा है।

पा० प्रति :

यद्यपि यह प्रति तिथि रहित है, पाठ की प्राचीनता की दृष्टि से यह अति प्राचीन है। इसमें, टीका की अपेक्षा दोहा की वर्तनी राजस्थानी प्रभाव से प्रायः मुक्त है। अन्य प्रति की तुलना में इसमें अनेक दोहे लुप्त हैं, तो कई अधिक दोहे मिलते हैं। ६९ पत्रों की इस प्रति में पत्र ५५ तक तो दोहों का क्रम मो० प्रति के समान मिलता है, इसके आगे क्रम में भारी भेद है। ऐसा प्रतीत होता है कि यहाँ से आगे मूल के पत्रों में उलटफेर हुआ है, नहीं तो दोनों में स्वतंत्र क्रम रखा गया है। (**अनवरचंद्रिका** के संपादित संस्करण में भी इस टीका की प्रतियों में दोहों का पृथक्-पृथक् क्रम होने का उल्लेख है।) पा० प्रति में, दोहा पाठ के पश्चात्, अति संक्षिप्त टीका है, यथा, [००६] के आगे, अन्य प्रतियों के 'नायक को वचन सषी सों युक्ति सों करि कहत हैं' के स्थान पर मात्र 'उपपति की उक्ति'। यह अपवाद स्वरूप उदाहरण नहीं, टीका का ऐसा ही संक्षिप्त रूप सर्वत्र मिलता है। दूसरे, इस टीका की अन्य प्रतियों में अलंकार निर्देश हर दोहे पर टिप्पणी के आगे है, पा० प्रति में अलंकार निरूपण नहीं है! [33]

इस प्रति की एक और विशेषता हमारा ध्यान आकर्षित करती है। प्रति के आदि में तो 'अनवरचंद्रिकालिख्यते' ग्रंथ नाम मिलता है – इसके आगे आश्रयदाता संबंधी छंद नहीं हैं! – बीच के सर्गों की पुष्पिकाओं में ग्रंथ नाम है, किंतु प्रति की अंतिम पुष्पिका में मात्र इतना ही –

> इतिश्री० शोडश प्रकाशः शुभमस्तु भाद्र मासे कृष्ण पक्षे त्यारस तिथि कुजवासरे विहारीकृत समाप्तोयं सतसयाष्यातकः शुभं लेषक संगम पाठक राम'

आरंभ में आश्रयदाता का नाम नहीं, अंतिम पुष्पिका में ग्रंथनाम नहीं! यह प्रति मुझे देव कवि के **भवानीविलास** तथा **सुमिलविनोद** का स्मरण कराती है। ये दोनों ही कच्चे मसौदे हैं, कवि के प्रस्तावित ग्रंथों के! [34] पा० प्रति के अंतिम छोर पर तो मात्र दोहा पाठ है, टिप्पणी रहित! अतः यह प्रति **अनवरचंद्रिका** का प्रथम प्रारूप हो तो कोई आश्चर्य नहीं।

मो० प्रति :

अनवरचंद्रिका की रचना के केवल १७ वर्ष पीछे सं० १७८८ में, वह भी सुदूर कच्छ प्रांत के मोरवी नगर में लाखाजी [35] के निमित्त तैयार की गई इस सुलिखित मो० प्रति से तुल्य **सतसई** का कोई दूसरा हस्तलेख मेरे देखने में अब तक न आया!

सर्वप्रथम तो इसमें ग्रंथनाम **अनवरचंद्रिका** न होकर कुँवर लाखाजी के निमित्त रचित **रसविलास** है! यही नहीं, आदि में स्थान कथन, नृप वर्णन और रचनाकाल तक दिया गया है –

[33] विभिन्न टीकाओं में अलंकार का उल्लेख करते हुए उनके लक्षण भी टीकाकार ने दिए हैं इनकी, आवृत्ति बचाने के लिए सारे लक्षण एक स्थान पर तीसरे खंड के अंत में छंद प्रतीक के आगे एकत्रित कर दिए गए हैं। पाठक कृपाकर वहाँ देख लें।

[34] दे० **दे०सं०ग्रं०** २-३५१ तथा ३-१८३।

[35] 'मोरवी काठियावाड़ में जाड़ेजों का ठिकाना है, जिनके वंशजों में लाखोजी का उल्लेख मिलता है। संभवतः राजकुमार लखपति लाखोजी ही थे।' डॉ० हुकुमसिंह भाटी, २७-०१-०३ का पत्र।

संवत सतर अठासी आमास असाढ़ प्रमान। तिथि एकादसि सूर दिन कियो अर्थ निर्मान॥
६ ॥ इति श्री महाराजकुमार लखपति विरचिते रसविलासे प्रथमानुभवः।

प्रत्येक सर्ग के अंत में तथा ग्रंथ की अंतिम पुष्पिका में भी यही ग्रंथनाम तथा लाखाजी का नामोल्लेख है, 'महाराजकुमार लखपति विरचिते'! किंतु बीच में 'सुभकर्न के दोहा' (पत्र ११४) आदि इसे ग्रंथ अपहर्ता की प्रति सिद्ध करते हैं। कदाचित् लिपिक ने 'लिखावितं इदं पुस्तकं स्वपठनार्थं' लाखाजी को प्रसन्न करने के विचार से इसे उनके नाम कर दिया हो!

यहाँ बिहारीदास के दोहा पाठ के पश्चात् उस पर काव्यशास्त्रीय टीका और फिर अलंकार लक्षण दिया गया है। टीका कहीं-कहीं अन्य पोथियों में मिलने वाली टीका से अधिक लंबी है – पराया माल था, लिपिक को उसमें जोड़ने की खुली छूट मिली हुई थी।

कृष्ण कवि की टीका :

संपादन में जिन सोदाहरण टीकाओं का उपयोग किया जा रहा है, उन्हें मोटे तौर पर इन दो वर्गों में विभक्त किया गया है –

१) नर० समूह में न० नरराय की नर० टीका सं० १७९४; नर० गा० सवैया टीका सं० १८२२; नर० स० सवैया टीका, जयचंद संग्रह, अपूर्ण; (नर० वे० सवैया टीका, अपूर्ण। गा० तथा स० प्रतियाँ होने से वे० प्रति का उपयोग सहायक सामग्री के रूप में किया गया।)

२) कृष्ण० समूह में नीलगाँव की प्रति नी० तिथिरहित; मि० सं० १८२३ लिपिक मिश्र; भा० भारतकला भवन, सं० १८८९; मु० सं० १७९४, लिपिक मुनिना।

इन आठ प्रतियों को एकत्र रखने का कारण पहले स्पष्ट कर देना चाहिए। दोहों की क्रम भिन्नता होने से इन्हें दो समूहों में रखा गया; उदाहरणों का परस्पर आदान-प्रदान होने से ये प्रतियाँ एकत्र रखी गई हैं।

कृष्ण० वर्ग की प्रतियों पर पहले विचार किया जा रहा है, विशेष कारणों से। हमारी आलोच्य प्रतियों में कृष्ण कवि की अनेक टीकाएँ कवित्त-सवैया छंदों में रचित उदाहरणों सहित है। भारी भ्रम की जड़ में है, कवि का नाम! जैसे भगवान् कृष्ण 'अनेकरूप रूपाय' लीला करते भए थे, यह कविकृष्ण भी सतसई टीकाकारों के अनेक अवतारों में विचरते प्रगट होते हैं –

माथुर विप्र ककौर कुल लह्यो कृष्न कवि नाउ। सेवक हौ सव कविन कौ वसौ मधुपुरी गांउ
[मु० ७३४] (मि० प्रति में परिशिष्ट का समान दोहा, संख्या २५।)

इस माथुर कवि (नाम कृष्णदत्त नहीं, मात्र कृष्ण) ने, बक़लम खुद, आमेर राज्य के एक मंत्री आयामल के आदेश पर सतसई की टीका कवित्त छंदों में की -

राजा मल कविकृष्न पर ढर्‌यो कृपा के ढार। भांति भांति विपदा हरी दीनी लच्छि अपार
(७३५)

एक दिना कवि सौ नृपति कही कही कौ जात। दोहा दोहा प्रति करौ कवित वुध अवदात (७३६)

(नी० अंतिम पत्र लुप्त; भा० में परिशिष्ट के ये छंद नहीं मिलते। भिन्न संस्करण होने से नर० समूह की प्रतियों में भी नहीं।)

जैसे पेंच-दर-पेंच कृष्ण कवि में है, आमेर नरेश 'जयसिंह' में भी उससे कुछ कम नहीं! इस संदर्भ में 'रत्नाकर' जी का लेख उद्धृत करना उचित होगा –

> वास्तव में ... दोनों ही जयसिंह 'जयसाहि' भी कहलाते थे। इनमें से प्रथम जयसिंह ने संवत् १६७८ से १७२४ तक राज्य किया और वे 'मिर्ज़ा राजा' भी कहलाते थे। दूसरे जयसिंह सवाई कहलाते थे। उन्होंने संवत् १७५६ से १८०० तक राज्य किया। बिहारी वास्तव में मिर्ज़ा राजा जयशाही के कृपापात्र थे। ... कृष्ण कवि ने जो अपने कवित्तों में जयसिंह सवाई का नाम ठूँस दिया है, उसका कारण यह है कि वे जयसिंह सवाई ही के समय में थे, और, बिहारी के प्रशंस्य मिर्ज़ा राजा के भी जयसिंह अथवा जयशाही नाम होने का लाभ उठाकर, उन्होंने बिहारी के दोहों का अर्थ अपने प्रशंस्य जयसिंह सवाई पर लगा लिया।[36]

एक और, कच्छ निवासी, कृष्ण कवि ने 'रसविलास' नामक सतसई टीका की है – मगर यह तो अनवरचंद्रिका की प्रति है!

भरतपुर नरेश सूरजमल के आश्रित मधुपुरी (मथुरा) के निवासी कृष्ण कवि बताए जाते हैं। इनकी भी 'मल्ल के हेतु लिखित' (मल्ल अर्थात् सूरजमल!) सतसई की टीका है![37]

इनके ऊपर एक और कृष्णलाल नामक टीकाकार लल्लूलाल तथा उनके अनुसरण पर 'रत्नाकर' जी की पैदावार हैं! सर्वप्रथम इन्हीं अंतिम से आरंभ करें क्योंकि 'रत्नाकर' जी ने इनके पीछे भारी भाग-दौड़ की है।[38]

> एक पुस्तक ब्रजभाषा-टीका सहित है जिसका कृष्णलाल की टीका होना संभावित है। उस पुस्तक में भी दोहों का क्रम वस्तुतः वही है जो ऊपर लिखी हुई पाँच पुस्तकों में। केवल ६७८ संख्यक दोहा उसमें नहीं है, और यह दोहा अधिक है -
> **सिसुता अमल तगीर सुनि भए और मिलि नैन। कहौ होत हैं कौन के ए कसवाती नैन॥**[39]
>
> हम इस नव-प्राप्त टीका ही को सतसई की प्रथम टीका मानते हैं। इस टीका में भी ५-७ दोहों के अतिरिक्त शेष दोहों का क्रम वही है जो बिहारी के निज क्रम की अन्य प्रतियों में है और जो क्रम कि बिहारी रत्नाकर में रखा गया है। इसमें 'हुकुम पाइ जयसाहि' इत्यादि के पश्चात् यह दोहा लिखा है-

36 **क०बि०** पृ० २१८-१९।
37 **मत्स्य०** पृ० २७४।
38 दे० **क०बि०** पृ० १९७ - २०५।
39 **क०बि०** पृ० १६८।

संवत ग्रह ससि जलधि छिति छठ तिथि वासर चंद। चैत मास पख कृष्ण मै पूरन आनंदकंद॥[40]

'रत्नाकर' जी के संधान की चोटी-पकड़ है उपरोल्लिखित दोहा। यह दोहा है मात्र **लालचंद्रिका** में (नी० प्रति ला० पत्र ४३७)। अन्यत्र यह जहाँ भी है, **लालचंद्रिका** ही से लिया गया है, ऐसा 'रत्नाकर' जी का मानना है। वस्तुतः यह दोहा भरतपुर संग्रह की सतसई प्रति ग्रंथांक ३५५ (**सूचीपत्र०** पृ० १४-२१।) में पत्र ९४ पर मिलता है। यह सतसई के दोहों का "महाराज ब्रजेंद्र बलवंत सिंह जी" के पठनार्थ बलिरामदास द्वारा अकारादिक्रम से किया गया संग्रह है। इसमें संवत ग्रह ससि दोहा पत्र ९४ पर 'स' वर्ग में मिलने से इतना ही प्रगट होता है कि बलिरामदास लिपिक ने अकारादिक्रम की पोथी जिस आदर्श प्रति से तैयार की, उस प्रति का लिपिकाल है, 'संवत ग्रह ससि' आदि। अन्यथा दोहा पोथी कलेवर के एकदम अंत में होता। यह समय अकारादिक्रम की पोथी का रचनाकाल अथवा लिपिकाल यों भी न होगा क्यों कि बलवंत सिंह तो इसके कोई दो सौ वर्ष पीछे, सन् १८२३ - ५३ में हुए! [41] अन्यत्र 'रचना सं० १७१९' की सूचना सहित एक प्रति, १३ पत्रों की, जोधपुर संग्रह में है, ग्रंथांक २२१४।[42] किंतु इस प्रति में 'पतिविंवित जयसाहि दुति' और पुष्पिका, 'इति श्रीविहारीदास कृता दूहा संपूर्ण' के आगे भिन्न हस्तलेख में प्रक्षेप किया गया है, 'प्रथम देववानी हुती उन नरवानी कीन। लाल विहारी कृत कथा पढै सु होइ प्रवीन॥' इसके अनंतर 'संवत ग्रह शशि' दोहा, फिर 'हुकम पाइ जैसाह को', 'जो पी गोपी'।

लालचंद्रिका में 'संवत ग्रह शशि' आदि दोहा कहाँ से आया, 'रत्नाकर' जी ने इसकी छान-बीन करते हुए **लालचंद्रिका** ही में नामोल्लेखित उन सात टीकाओं की सूची उद्धत की है, जिनके आधार पर लल्लूलाल ने अपनी टीका लिखी – पाँचवीं टीका 'कृष्णलाल की टीका' है। (**लालचंद्रिका** नी० प्रति पृ० ४४७।)

इस पर 'रत्नाकर' जी की टिप्पणी है –

> इन ७ टीकाओं में से अमर चंद्रिका, अनवर चंद्रिका, हरिप्रकाश टीका तथा कृष्ण कवि की टीका, इन चारों टीकाओं में तो इस संवत् वाले दोहे का पता मिलता नहीं, अतः पठान की कुंडलियों वाली टीका तथा कृष्णलाल की टीका, इन दो ग्रंथों में से किसी में इस दोहे की प्राप्ति की संभावना रह जाती है। इनमें से भी पठान सुलतान की कुंडलियों वाले ग्रंथ में इस दोहे के होने की उतनी संभावना नहीं प्रतीत होती जितनी कृष्णलाल वाली टीका में होती है। अतः हमारा अनुमान है कि यह दोहा लल्लूलालजी ने कृष्णलाल ही की टीका में देखकर, और उसको विहारी कृत समझ कर, **लालचंद्रिका** में प्रविष्ट कर दिया।[43]

---

40 **क०बि०** पृ० १९७।
41 Natwar-Singh, K. : **Maharaja Suraj Mal 1707-1763** p. 117.
42 **सूचीपत्र०** पृ० १-१४३।
43 **क०बि०** पृ० १९९।

'रत्नाकर' जी ने इसके आगे यह भी अनुमान लगाया है कि कृष्णलाल की टीका में यह दोहा कहाँ से आया। अनुमान पर अनुमान का कोई अंत तो है नहीं! ('इस कवित्त में औरंगज़ेब के घोड़े पर चढ़ने के आतंक का वर्णन है, जिससे उसकी अवस्था युवा ही प्रतीत होती है। ... अतः कृष्ण कवि का कविता-काल ... ')

उपरोक्त अनुमानों के अतिरिक्त कृष्णलाल का नामोल्लेख अन्यत्र न खोज रिपोर्ट में है न कहीं और! इतना ही नहीं, कोई आंतरिक प्रमाण, यथा कवि छाप, पुष्पिका में नामोल्लेख तक नहीं मिलता! लल्लूलाल, व्यक्ति वह कैसे भी क्यों न रहे हों, सतसई के व्याख्याता की कसौटी पर, औरों के साथ-साथ मुझे भी, संदिग्ध लगते हैं – जैसे कि कवि नाम ही को लें, 'बिहारीलाल'। 'सतसई' की जो एक सौ के लगभग प्रतियाँ मेरे देखने में आईं, उनमें 'लाल' तो कहीं दृष्टिगोचर होता नहीं; हाँ, लल्लूलाल की **लालचंद्रिका** में यह नाम अवश्य है। इस टीकाकार ने यह नाम दिया तो, बहुत संभव है, 'लल्लूलाल' का भाई-बिरादर बताने को 'बिहारीलाल'!

इसके बाद विलायत में यही नाम प्रचलित होने का कारण **लालचंद्रिका** के संपादक ग्रियर्सन साहब का संस्करण रहा होगा। वेलकम इंस्टिट्यूट के सूचीपत्र में बिहारीलाल ही मिलता है; हारवर्ड के पुस्तकालय में भी यही नाम किसी अँग्रेज़ विद्वान् ने रखा होगा। इसके आगे तो 'बिहारीदास' बेचारे दास जो हुए, कहाँ ठहर सकते हैं! दासत्व भावना से औदात्व पाने वाले भारतीयों के लिए यह स्वाभाविक ही तो है, 'नेटिव की क्या सनद है, साहब कहे तो मानूँ!' यों चल निकले बिहारीलाल! क्या जाने, लल्लूलाल ने, अनेक कवि कृष्णों की भीड़ जमा देख, लालातिरेक में, उनमें से एक को बना दिया हो, 'कृष्णलाल'!

लल्लूलाल के विषय में कुछ ज्ञातव्य टिप्पणियाँ ये हैं –

> इस टीका में मौलिकता नहीं है। किंतु ग्रियर्सन महोदय की भूमिका के कारण लाल चंद्रिका की धूम मच गई। इसके तीन-चार संस्करण भी हुए।[44]

कोई एक सौ वर्ष पुराना **लालचंद्रिका** का एक पाठक नी० प्रति के बीच में अपनी यह तीखी प्रतिक्रिया लिखकर छोड़ गया है –

> सतसई को जो टीका किया है सो बडा मूर्ष है ई टीका के जे अधिकारी होइगे ते इसके पढते सव मूर्ष हो जाइगे यह वात सत्य जानौ। विहारीलालकृत काव्य कठिन है इसका अर्थ और है। दोहा। काव्य कोश जानै नही अलङ्कार गतिहिन वुद्धिहीन वाचा लहै जो टीका यहु कीन। इह लिषा लालताप्रसाद पंडित पैंदापुर का है – नी० पत्र १२२।

अतः एक अकेले लल्लूलाल के उड़ाए हुए कौवे के पीछे दौड़ने की अपेक्षा मैं दूसरे प्राप्त स्रोत पकड़ता हूँ!

---

44 **हिंदी साहित्य का बृहत् इतिहास** (षष्ठ भाग) पृ० ३९२।

'रत्नाकर' जी ने 'कृष्णलाल' की टीका में 'सिसुता' आदि जिस अधिक दोहे का हवाला दिया है, वह यहाँ [न० ०९६] पर मिलता है। 'रत्नाकर' जी द्वारा [६६२] दोहे की कृष्णलाल के नाम से उद्धृत गद्य टीका [45] वस्तुतः नर० की है! 'हुकुम पाइ जयसाह' इत्यादि दोहे के पश्चात् 'संवत ग्रह ससि' तिथि सूचक दोहा न० गा० प्रतियों में नहीं पाया जाता – 'हुकुम पाइ जयसाहि' दोहा भी यहाँ नहीं है। अतः अब से हम फ़रार कृष्णलाल के स्थान पर नर० को करतलगत, प्रामाणिक, मानते हुए इसी का नामोल्लेख किया करेंगे।

नरराय की टीका :

'रत्नाकर' जी ने जो एक दोहा विवादास्पद प्रति में अधिक बताया है, वह हमारी आलोच्य प्रतियों में केवल निम्नलिखित स्थलों पर आया है –

सिसुता अमल तगीर सुनि [न० ०९६] आमिल देह मैं होत तगीर [नर० ०९७] ('सिसुता अमल तगीर सुनि' गा० प्रति में संख्या ९६ पर है; न० में भी ठीक इसी संख्या पर [न० ०९६]! **बि०र०** में अधिक दोहा १४३ पर।)

नर० में कवित्त इन दोहों के आगे हैं, [०८२] [१८२] [३६७] [४१५]।

सतसई की एक टीका कवि नरराय (न०) की सं० १७९४ में प्रतिलिपि की हुई, जोधपुर केंद्र में संगृहीत है। (वे० प्रति अंत में खंडित) गा० प्रति के समान दोहा [०९४] पर पूरी हुई न० टीका के आगे पुष्पिका यह है –

> इति सतसीआकवि विहारीदास कृत संपूर्णम संवत् १७९४ रा ज्येष्ट सुदि २ दिने श्रीआसाढां मध्ये पं० सुभाचंद गणि लिखितं॥ शिष्य वीरचंद वाचनार्थं॥ सवैया ३१ विहारीकृत दोहा स्तुति। सुनतै सरस लागैं पढै तै हिरदै जागै भौ के तिमिर भागैं ऐसो याको तंत है। जोगी के जोग घटै वियोगी के दिन कटैं भोगी दिनरात रटैं मानुवी सौ यंत है। पंडित कौ विलास मूरष कौ परम हास मांनु यौ मजी उपास अर्थ कौ न अंत है। कहै कवि नरराइ छिनहि न छोरे जाइ दोहरा विहारी का सिंहारी कैसौ मंत है॥ १ ॥ दोहा चित रहणौ अति कठन है सहल हरन है लौन। दोहा विहारी देषतां मंत सिहारी कौंन॥ २ ॥

कवि नरराय का नामोल्लेख खोज रिपोर्ट तथा श्री सीताराम लालस के **राजस्थांनी सबद कोस** की अति विस्तृत भूमिका में नहीं है; राजस्थान प्राच्यविद्या प्रतिष्ठान और चौपासनी के सूचीपत्रों में भी इस नाम के किसी कवि की रचना नहीं प्राप्त होती, तो भी इस प्राचीन टीका के महत्व को अस्वीकार नहीं किया जा सकता। अनेकानेक दोहों के मु० नी० आदि में मिलने वाले उदाहरण नर० प्रतियों में मिलने से इस समूह की प्रतियों की प्रामाणिकता में संदेह नहीं रह जाता। [४८५] का उदाहरण [नर० ४९०] मत्तगयंद सवैया है, [मु० ५९३] भी मत्तगयंद सवैया मगर [नी० ५४६] कवित्त छंद में! (इस दोहे के सभी उदाहरणों में

[45] **क०बि०** पृ० २०४।

भाव साम्य भी प्रामाणिकता का एक उदाहरण है।) इससे क्या यह सिद्ध होता है कि १) नर० कविकृष्ण ही का है। तथा २) पहले यह टीका कवित्त-सवैया दोनों में रची गई; केवल (मत्तगयंद) सवैया में अलग टीका बाद की है। ३) मु० प्रति में रिक्त स्थान में लिखे गए छंद नर० तथा मु० दोनों में हैं; इसी प्रकार त्रुटित उदाहरण। न० प्रति में दोहा पाठ के आगे दोहे की टीका तो है किंतु उदाहरण नहीं; टीका का अंश अविकल रूप में नर० सोदाहरण संस्करण की प्रतियों में मिलता है।

यह संभावना कि न० के टीकाकार ने नर० के उदाहरणों की छटनी करते हुए केवल दोहा तथा टीका ही ग्रहण की, मान्य न होगी क्योंकि ऐसा करने से किसी विशेष प्रयोजन की सिद्धि नहीं होती। अतः नर० सोदाहरण संस्करण का रचयिता कवि नरराय से भिन्न कोई अन्य व्यक्ति है और उसने न० टीका का पूरा कलेवर ग्रहण करते हुए उसमें सवैया छंद में स्वरचित उदाहरण भर जोड़े हैं। ऐसा मानने का कारण गद्य में व्याख्या तथा उसी के पद्यबद्ध उदाहरण में बहुसंख्यक स्थलों पर मौलिक पाठ भेद का पाया जाना है। इससे सिद्ध होता है कि इस कवि के सम्मुख, उदाहरण की रचना के समय, न० से भिन्न कोई दूसरा आदर्श था। इतना ही भर नहीं है! नर० उदाहरणों में सवैयाकार कवि का नाम स्पष्टतः प्रगट नहीं, पर बहुसंख्यक छंदों में 'सुंदर' उसकी छाप जान पड़ती है। निम्नलिखित पर ध्यान दें –

आये नहीं अजहूं जे सुभाव कै रंग हे सुंदर क्यों न निहारो [नर० २०३]
कोप कु रंग लग्यो तजि सुंदर छाड गरूर कर्‌यो कर मेरो [नर० ४०४]
मोह महा मधुपान कै सुंदर आपने जीय कुलान धरै है [नर० ५६६]
तो सुनि तोहि हौं भेंटहु सुंदर आपतै दाहिनी दूरिकै राषूं [नर० ५७२]
नेह भरे हियै राषियै सुंदर एरी तऊ रुष रूषी लषाये [नर० ६०३]
भीजे षरे पट नीर तै सुंदर न्हाइ सरोवर तीर चली है [नर० ६६३]
तोसौं जवै वरजै कोउ सुंदर दूनी वढै पै नही मन ऐहै [नर० ६८६]

नर० शीर्षक तीन प्रतियाँ हैं; गा० प्रति सं० १८२२ की, दोहा [७०९] [०९४] तक पाठ; स० प्रति अपूर्ण, अंतिम दोहे [६९३] [५९५]; वे० प्रति अंत में खंडित, [७०५] तक पाठ उपलब्ध। (तीनो ही बीकानेर के संग्रहों की हैं।) इससे संबद्ध न० प्रति, सं० १७९४ की। गा० तथा वे० प्रतियों में [५९५] से [६०१] तक क्रम भ्रष्ट है। पुनः [६१५] से [६३१] तक। पुनः [६६८] से [६७८] तक। इसी प्रकार स० प्रति में भी दोहों का क्रम गा० वे० से भिन्न तो है ही, क्रमिक न होकर आगे-पीछे चला गया है। इससे ऐसा प्रतीत होता है कि कृष्ण० के समान इस संस्करण के लेखक ने भी दोहे ही नहीं, उदाहरणों का क्रम भी स्वेच्छया आगे-पीछे किया है। अन० आदि में भी यही बात पाई जाने से यह अनुमान करना असंगत न होगा कि उस काल में टीकाकार द्वारा पाठ को संपादित करने की स्वच्छंदता आम थी। नर० प्रतियों के विषय में निम्नलिखित तथ्य अति महत्वपूर्ण हैं। सर्वोपरि तो इन चारों प्रतियों में दोहों का क्रम उ० प्रति के समान

है। नर० और नी० प्रतियों में समान कवित्त अथवा सवैया नहीं मिलते यद्यपि कुछ अपवाद भी हैं, [०६१] दोहे का उदाहरण, दुर्मिल सवैया, 'यह प्रीति की रीति' [नर० ०६४][नी० १५०][मि० १४९][मु० ४३९] में मिला! नर० और नी० में ५७ सवैया छंद हैं; मगर सवैया संस्करण नर० में कवित्त छंद केवल ये ३ –

[०१६] झलकत झिलमिली ओप अपार [नर० ०२०]

[०१७] यो वडो दुष्ट स [नर० ०२१]

[५१८] कंत पान कियो भरतार [नर० ५२०]

कुछ और भी अपवाद हैं। दोहा संख्या [१७१] के दो उदाहरण नर० की प्रतियों में मिलते हैं, प्रथम कवित्त छंद में –

लाल मनभावन तिहारे विछुरे ते वाल [नर० १७५][मु० ५६६]

और दूसरा यह सवैया –

छोडै अठान न ऐसो हठीलो [नर० १७६]

ऊपर का कवित्त नर० में प्रक्षिप्त हुआ है, [नी० ४६९] से! 'लाल मनभावन' है भी कृष्ण कवि की विशेष पदावली – प्रायः दरजन भर प्रयोग इसके मिलते हैं, वह भी केवल इस कवि में!

उपरोक्त के अतिरिक्त निम्नलिखित तीन दोहों के उदाहरण भी कवित्त छंद में हैं –

[०८२] आजु की वनक वरनत [नर० ०८६][नी० २१६][मि० २१५][मु० १२६] [भा० ०००]

[३६७] कौन काम जगत मै [नर० ३९२][नी० ५९९][मि० ५७४][भा० ५०५][मु० ६२९]

[४१५] भ्रकुटी मरोरि मुहु मोरि [नर० ४१८][नी० ०४४][मि० ०४६][भा० ०४४][मु० ३७८]

ये तीन उदाहरण कवित्त छंद में नर० प्रतियों के साथ कृष्ण० समूह की सभी प्रतियों में भी पाए जाते हैं। इनमें से प्रथम कवित्त में कृष्ण कवि की छाप है, अन्य दो में नहीं लेकिन सभी प्रतियों में मिलने की विशेषता से ये दो कवित्त भी नर० में कृष्ण० से प्रक्षिप्त माने जाएँगे। नर० संस्करण यद्यपि मौलिक है फिर भी कृष्ण० का परवर्ती सिद्ध होता है।

नर० में कुल दोहे ७०९ तथा 'सिसुता अमल तगीर सुनि' अधिक दोहा; दोहों की आवृत्ति एक भी नहीं – केवल एक दोहा [६६७] के स० वे० प्रतियों के सवैया से भिन्न उदाहरण सवैया गा० प्रति में मिलता हैं। लुप्त दोहे मात्र दो, [५०७] तथा [६७९]! ('केवल [६७८] संख्यक दोहा उसमें नहीं है,'[46] यह कदाचित् **क०बि०** में मुद्रण की भूल है! अतः 'रत्नाकर' जी ने जिसे 'कृष्णलाल की टीका' होने का अनुमान लगाया है, वह नर० टीका ही है!

नर० की गा० प्रति में प्रथम दोहे के पूर्व मंगलाचरण का छप्पय है, 'एकदंत वुधिवंत सीस सिंदूर' (यह छंद स० वे० प्रति के सिवा अन्यत्र कहीं नहीं मिलता) तथा इसके आगे 'जाकी प्रभा अवलोकतही' [नी० ००१][मि० ००१][भा० ००१][मु० ००१] – द्वितीय चरण में कवि छाप है, 'कृष्ण कहै सरसीरुह नैंन के नाम

[46] **क०बि०** पृ० १६८।

महा मुद मंगलकारी।' है भी यह [००१] का उदाहरण। स० प्रति में [००१] दोहे के आगे उसके दो उदाहरण सवैया हैं, 'जाके चरित्र सदा विधुसेषर' तथा 'जाकी प्रभा अवलोकतही'; वे० प्रति में 'एकदंत बुधिवंत सीस सिंदूर', फिर 'मेरी भवबाधा हरौ' दोहे के अनंतर 'जाकी प्रभा अवलोकतही' तथा 'जाके चरित्र सदा विधुसेषर' छंद [००१] दोहे का द्वितीय उदाहरण – 'जाके सरीर प्रभा तैं मिलै तैं घनाघन स्याम हरे रंग होहैं'। इन दोनों उदाहरणों के नर० में समावेश किए जाने तथा क्रम विपर्यय कृष्ण कविछाप वाला सवैया 'जाकी प्रभा अवलोकतही' नर० की आदर्श प्रति के पार्श्व पर लिखा होने से ही संभव है। ऐसा इस कारण कहा जा रहा है कि यह कविछाप नर० संस्करण में अन्यत्र कहीं नहीं पाई जाती – नर० तथा नी० प्रतियों में पाए जाने वाले अनेकानेक समान छंदों में भी नहीं!

नर० समूह की न० आदि प्रतियों में दोहों का क्रम प्रायः एक ही है, उ० प्रति तथा मान० टीकावाला। इनमें से न० प्रति में सतसई का दोहा पाठ तथा उस पर टीकाकार की टिप्पणी है; गा० स० वे० प्रतियों में दोहा क्रम न० का है, व्याख्या वहीं से उठाई गई है; इन तीन में व्याख्या के आगे उदाहरण छंद हैं, सभी उदाहरण सवैया में, वह भी मत्तगयंद सवैया।

नर० टीका का उद्देश्य यदि **सतसई** के दोहों के उदाहरण मत्तगयंद सवैयों में देना है तो ये दो शंकाएँ विचारणीय हैं -

१) क्या नर० में मत्तगयंद से इतर सवैया तथा कवित्त में उदाहरण मिलते हैं?

२) [०३५] का उदाहरण [नर० ०३८] [मु० ०४८] मत्तगयंद सवैया है – और कृष्ण कवि का उदाहरण भी मत्तगयंद सवैया। तो क्या यह माना जाए कि नर० के रचनाकार को कृष्ण कवि वाली टीका की जानकारी न थी? या कि नर० पूर्ववर्ती रचना है।

नर० तथा कृष्ण० प्रतियों में बहुसंख्यक समान उदाहरण मिलते हैं। क्या इस युग्म में दोहों की पाठविकृतियाँ भी मिलती हैं?

क्या नर० में कृष्ण कवि छाप है? ([००१] - [४००] का परिणाम) –

जाकी प्रभा अवलोकतही तिहु (गा०[नर० ००२][नी० ००१][मु० ००१][नर० ००२] कविछाप सहित है, 'कृष्ण कहै सरसीरुह नैननि'। समाधान – इस मत्तगयंद सविया की इस स्थान पर प्रक्षिप्त हुआ है! देखें, है तो यह सोलह आने [००१] मंगलाचरण दोहे का उदाहरण, ('राधा हरौ भवबाधा हमारी'); गा० प्रति में दोहा नहीं, ग्रंथ के मंगलाचरण के रूप में [००१] के पूर्व आया है यह सवैया – और नर० के मौलिक उदाहरण सवैया 'जाके चरित्र सदा' के अनंतर, दूसरे उदाहरण के रूप में पुनः आया है, 'जाकी प्रभा अवलोकतही तिहु'! वे० प्रति में 'जाकी प्रभा अवलोकतही तिहुं' [००१] का संगत उदाहरण, फिर 'जाके चरित्र सदा विधुसेषर' भी इसी दोहे का उपयुक्त उदाहरण सवैया। स० प्रति में ये ही दो उदाहरण विपर्यित क्रम में मिलते हैं। कृष्ण कवि की छाप सहित उदाहरण 'जाकी प्रभा अवलोकतही तिहु' नर० की आदर्श प्रति में पार्श्व पर लिखा होने से आगे-पीछे लुटक रहा है! यह नर० का है ही नहीं!

[०६९] टेरत हो कवको करुनामय [नर० ०७२] 'कृष्ण कृपाल गोपाल'। समाधान – मात्र एक शब्द, कृष्ण को कविछाप मानना संगत न होगा – नर० में अन्यत्र यह कविछाप के रूप में प्रयुक्त नहीं जान पड़ता।

रचनाकाल की दृष्टि से कृष्ण० तथा नर० संस्करण का पूर्वापर क्रम स्थिर करने के बाद इस संस्करण की प्रतियों के विषय में यह जानना आवश्यक है कि इन तीन संस्करणों में मिलनेवाले दोहा पाठ का स्रोत एक ही है अथवा एकाधिक। पाठविकृतियों के विश्लेषण से इसका पता करना अपेक्षाकृत आसान है।

नर० संस्करण के उदाहरण छंदों पर सरसरी दृष्टि डालने से भी यह स्पष्ट होगा कि अधिकतर मत्तगयंद सवैया ही में निबद्ध उदाहरणों की दृष्टि से यह टीका विशेष महत्वपूर्ण है।

दोहा है तो मात्रिक छंद किंतु उसके भेदों पर इकट्ठा विचार करें तो गण बंधन पर आधारित विभिन्न सवैया के अति निकट पड़ता है, दोहा! (कवित्त के नहीं, क्योंकि कवित्त का मूलाधार सम तथा विषम युग्मों में बँधने वाली शब्दावली है और सम-विषम पदावली किसी भी गण में नहीं बँधती!) यहाँ तक कि दोहा के आदि शब्दों में थोड़ा ही उलट-फेर कर देने से वह सवैया बन जाता है! प्रसिद्ध दोहा [०३५] को देखें, 'पाइ महाउर देन कौ नाइन' यह तो इतना प्रत्यक्ष रूप में सवैया है कि इतने ही को पढ़ें तो वाचन दोहा की प्रथम यति, 'कौ' पर न रुककर अति सहज रूप में आगे बढ़ जाता है, मत्तगयंद सवैया की गति में 'नाइन' तक! [नी० २३६] सवैया इसी रूप में आरंभ होता है! इसी प्रकार चरण के आदि में भगण 'हे सजनी' रखकर नर० के टीकाकार ने एक दरजन से अधिक दोहों को सरलता से मत्तगयंद सवैया में परिवर्तित किया है! (दे० [०९२] [२५४] आदि के उदाहरण सवैये।) इसी कोटि के कुछ और भी उदाहरण देखें –

ज्यों कर त्यों चिकुटी चलति [६६१] ज्यों कर त्यों चिकुटीन चलावति [नर० ६४८] ज्यो करु त्योही चलै चुहटी [नी० ५०४] [मु० ६४४]

होमति सुष करि कामना [०५४] होमति है सुष को [नर० ०५८] कृष्न प्रानप्यारे लाल जवहीतै [नी० ४४८] [मु० ४१९] [मो० ३७९] [ह० १८४] [न० ०५६]

लै चुभकी चलि जाति [१५२] लै चुभकी चलि जाति जितै जित [नर० १५५] मोहन सौ जलकेलि रही व्रषभानसुता [नी० ५३७] [मु० ५५१]

नर० प्रतियाँ विशुद्ध राजस्थानी भाषा की हैं। संदेसौ कहितै – संदेसो कहतां - गा० [न० ०६२] स्थान संकोच से एक दो ही और उदाहरण दूँगा। [२११] दोहे की नर० प्रतियों में यह गद्य टीका है, 'वा रति जानैकै रिस सों भोंह और नैन अरु चित भरिकै पाटी, ईस, पकरिकै रही है।' यह 'ईस' पद हिंदी में अज्ञात किंतु राजस्थानी का खाँटी प्रयोग है! [47]

---

[47] खाट की लंबी पट्टी जो बाजू में रहती है। **राजस्थांनी०** पृ० ३५१। इसी प्रकार [६९८] की नर० टीका में 'पसवाड़ौ' पार्श्व, बगल, करवट। **राजस्थांनी०** पृ० २-४८।

इससे प्रगट होता है कि गा० आदि नर० समूह की प्रतियों का आदर्श कोई राजस्थानी संस्करण था - वर्तनी भेद तो उ० तथा चौ० ही के अधिक मिलते हैं!

मान० नर० संबंध :

दोहा [०७३] 'पून्यौई र' से आगे दोहा के अंत तक चौ० प्रति खंडित है। कदाचित् इतने अंश पर हरताल फेरी गई है। नर० गा० में केवल दोहा प्रतीक है, 'पत्राही ति०'; स० प्रति पूर्ण है। यहाँ नर० वे० से पाठांतर दिए गए हैं।]

क्रम विपर्यय : नर० समूह की प्रतियों में –

सारी डारी [०५०] कहा लेहुगे [०४९]

नर० तथा नी० आदि प्रतियाँ :

कृष्ण० समूह की नी० मु० आदि प्रतियाँ आगरेवाले कृष्ण कवि की टीका की प्रतियाँ हैं। इन तीन प्रतियों में न दोहों का क्रम एक समान है, और न सभी उदाहरण। ऐसा क्यों, इसे आगे चलकर बताया जाएगा। इन प्रतियों में पाए जाने चाले अधिकतर उदाहरण कवित्त छंद में हैं, यद्यपि सवैया छंद में निबद्ध उदाहरण भी कम नहीं!

सर्वप्रथम तो कृष्ण० समूह की प्रतियों का नर० समूह से संबंध स्पष्ट होना चाहिए।

आगे समूह २) की नी० आदि प्रतियों के पारस्परिक संबंध की परीक्षा उनमें निहित उदाहरण के आगम स्रोत का पता लगाने के उद्देश्य से की जा रही है। प्रतीक सूची देखें तो सहज ही प्रगट होगा कि, एक प्रथम दोहे को छोड़ और कोई भी ऐसा दोहा नहीं है जो नी०मि०भा०मु० प्रतियों में एक समान स्थान पर हो। उदाहरण के लिए [२४३] दोहा [नी० ३२९][मि० ३९१][भा० ३०२][मु० ३२८] पर मिलता है; तो [५०१] दोहा [नी० ११८][मि० १२०][भा० ११९][मु० १९४] पर! इतना ही नहीं, कुछ उदाहरण दो या अधिक प्रतियों में समान उदाहरण छंद हैं, तो कहीं प्रत्येक में स्वतंत्र उदाहरण! एक ही टीका की अलग-अलग प्रतियों में ऐसा कैसे हुआ? समान उदाहरण मिलने वाली विभिन्न प्रतियों के युग्म बनाते हुए इसका रहस्योद्‌घाटन किया जा सकता है।

नर० मु० समान उदाहरण :

आलोच्य कुल ७१५ छंदों में से मु० प्रति में ७०६ दोहे मिलते हैं। इनके उदाहरण का अन्य प्रतियों के समान होने का विवरण इस प्रकार है।

[०६१] नर०नी०मि०मु० चारों में समान दुर्मिल सवैया।

[०८२] नर०नी०मि०मु० चारों में समान मत्तगयंद सवैया।

[१२२] नर०नी०मि०मु० चारों में समान मनहर कवित्त।

[१७१] नर०मि०मु० इन तीन में एक कवित्त, नी० में भिन्न कवित्त।

उपरोक्त के अतिरिक्त [नर० ???][मु० ???] के ५५ समान उदाहरण छंद हैं और सब में उदाहरण मत्तगयंद सवैया में मिलता है।

जहाँ तक मु० प्रति का संबंध है, ऊपर उल्लिखित ५२ छंदों के अतिरिक्त ५६२ उदाहरण छंद नी०मि० आदि प्रतियों तथा मु० में समान हैं तथा सवैया के एकाध अपवाद चाहे हों, सभी उदाहरण कवित्त छंद में निबद्ध हैं।

([०००] [५०७] [७१०] [७११] दोहे नर० में लुप्त हैं।)

नी० मि० भा० तथा मु० प्रतियाँ :

मु० प्रति :

'सर्वप्रबंधहर्ता' की प्रति है मु०! मगर इसके संकलन का उद्देश्य क्या है? सं० १७९४ में लिखित इस प्रति में निबद्ध ७०६ दोहों तथा उनके उदाहरण में ९४ उदाहरण अन्य प्रतियों से भिन्न अथवा पहले से रिक्त छूटे हुए स्थान पर बाद में लिखे गए, या कि उनके लिए अब भी रिक्त स्थान छूटा हुआ है। इस कोटि के छंदों का क्या रहस्य है?

मु० प्रति में लुप्त दोहा-उदाहरण –

[०२५] [०५०] [१४२] [१७४] [१७७] [२७१] [२७२] [३३२] [३९०] [४४३] [६८१] [६९०] [६९१]।

नी०मु० प्रतियों में दो बार आए दोहे –

[१७३] [नी० २१०][मु० १२८], [नी० ५५२][मु० ५९७];

[१७६] [नी० ३८०][मु० ३३२], [नी० ५६५][मु० ५८७];

[३४३] [नी० २६८][मु० २४४], नी० मु० भिन्न-भिन्न। [नी० २६८][मु० २४४], दूसरा उदाहरण [मु० ६००] + नर०।

[५९१] एक ही उदाहरण [नी० ५०४][मु० ६४५], [नी० ४०९][मु० ३९३]।

देखें, दोहरे आए दोहे के बाद एक दोहा त्रुटित है अतः ये दोहे कहीं एक क्रम में थे – तभी तो लिपिक लुप्त दोहे की पूर्ति कर रहा है! जहाँ लुप्त दोहे की पूर्ति दोहराकर नहीं की गई, वहाँ-वहाँ ये दोहे एक क्रम में न थे, जैसे कि [२७१] [२७२]।

दोनों ही कोटियों की संख्याएँ, अन्य पोथियों की तुलना में, नगण्य हैं, वह भी इस सर्वाधिक प्राचीन प्रति में! वस्तुतः तो प्रति के आदर्श में बहुत सारे उदाहरण लुप्त थे; कुछ के लिए रिक्त स्थान छूटा रहा होगा। इस प्रति के तैयार किए जाते समय ऐसे स्थलों पर लिपिक ने भी अनुमान से छंद के आकार भर की खाली जगह छोड़ दी और बाद में वह उदाहरण छंद मिलने पर उसे इसमें उतारा है। प्रमाण इसका यह है कि खाली बचे हुए स्थान में कोई-कोई छंद नहीं समा पाया है और बगल के हाशिए पर फैल गया

है, तो कुछ में छूटा हुआ स्थान अतिरिक्त छूटा रह गया है!

मु० प्रति में 'भिन्न छंद' आदि संकेतों सहित कुल ९४ छंदों की परीक्षा करने से ये विशेषताएँ सामने आती हैं। इनमें से ५६ छंद नर० में भी इन्हीं दोहों के उदाहरण हैं – सभी सवैया! अपवाद केवल एक है, [१७१] का उदाहरण नर०नी०मु० में समान है, वह भी कवित्त! नी० में यह दोहा इसके पूर्व [नी० १५१] पर आ चुका है और वहाँ उसका उदाहरण भिन्न कवित्त है।

मु० प्रति के रिक्त स्थान वाले १३ छंद मि०भा० प्रतियों में पाए जाते हैं, ४ छंद मि० में। एक छंद नी०मि०भा० में समान है, एक उदाहरण कालिदास कवि का, एक उदाहरण छंद सर्वथा नवीन है। त्रुटित या लुप्त उदाहरण के लिए अब भी मु० प्रति में ५ स्थलों पर उदाहरण भरने के लिए स्थान छूटा हुआ है।

कालिदास का छंद [०८९] के उदाहरण रूप में [मि० १०२][भा० १०२][मु० ५३४] पर मिलता है। अन्य कवियों के छंद भी। यथा, सेनापति [क०र० २-५७] छंद [मि० ०८७][भा० ०८५][मु० १०९] पर! ऐसा क्यों?

अन्यत्र श्रीवृषभान की लाडली वाल [नर० ५९५] लोने तनवारी मै निहारी [नी० ०८३] अर्थात् सवैया संस्करण नर० में भिन्न छंद, नी० में पृथक् कवित्त क्यों?

इसकी व्याख्या यों कि इन सब के मूल आदर्श में दोहे के आगे उदाहरण छंद भरते समय, उपयुक्त छंद का अभाव होने पर, या कि उपलब्ध छंद ठीक न जँचने पर, आगे रिक्त स्थान छोड़ा गया था। यहाँ अलग-अलग संकलनकर्ता संपादकों लिपिकों ने अपनी-अपनी रुचि के अनुसार उपयुक्त छंद का प्रक्षेपण किया। तभी तो समान उदाहरण छंद नर० तथा अन० संस्करणों में आ सकते हैं, न! इसी प्रकार देखें, [०८९] आजु मै अचानक विलोकि वृजवाल [नी० १००] भोरी वैस इंदुमुषी सांकरी गली (भिन्न छंद, कालिदास की छाप [मि० १०२][भा० १०२][मु० ५३४] आपनि नाभि दिषाइ वलीत्रय [नर० ०९२]

नी० में भिन्न छंद देने का कारण क्या है? नी० में प्राप्त ५९ स्वतंत्र उदाहरण छंदों में ३९ नर० मु० का युग्म बनता है, अर्थात् सं० १७८२ के प्राचीनतम संस्करण से केवल १२ वर्ष बाद की मु० प्रति तथा नर० संस्करण में उदाहरण छंदों का आदान-प्रदान हुआ है। [०८९], [१००] आदि कुल नौ छंद मु० प्रति में पहले से रिक्त छोड़े गए स्थान पर लिखे मिलते हैं। इस प्रति में मिलने वाले सेनापति, देव, कालिदास आदि के, भरती के दोहे भी ख़ानापूरी के लिए रखे गए हैं। अतः मु० प्रति में इनके आमद की संभावना अधिक प्रबल मानी जाएगी। मु० के आदर्श में इन दोहों के आगे उदाहरण न होने के सबब नी० में नए उदाहरण रचे गए।

कृष्ण कवि की टीका के रचनाकाल सं० १७८२ से मात्र १२ वर्ष बाद सं० १७९४ की मु० प्रति में कालिदास का छंद सर्वथा संगत उदाहरण है! नर० तो सवैया संस्करण है, अन्य (अवांतर) प्रतियों में भिन्न उदाहरण कैसे? कदाचित् उनकी आदर्श प्रति में इस दोहे के उदाहरण का स्थान, कालिदास के छंद को हटा देने के कारण, रिक्त रहा होगा। तभी तो हर प्रति में स्वतंत्र उदाहरण मिलता है! यदि यहाँ, कालिदास के

छंद से इतर, टीकाकार का कोई मौलिक उदाहरण रहा होता तो उसे अपदस्थ कर नया उदाहरण देने की आवश्यकता ही न होती!

मु० प्रति में परिशिष्ट के दोहों की परीक्षा :

(प २१६) आयौ इत उमडि अजीतसिंघ ऐडाइलु संग लै [नी० ६१६][मु० ७०५] में 'कहै कविकृष्ण' की छाप है। इसके बाद 'हुं विनउं सव' मात्र दोहा प्रतीक; फिर 'हुकुम पाय' पूरा दोहा – आगे कवित्त के लिए स्थान रिक्त छूटा हुआ है। इसके अगले पृष्ठ पर 'अथ कृष्ण कवि कृत दोहा लिष्यते हों विनौं सव' आदि से 'सत्रह सै द्वै आगरे असी वरस रविवार' आदि तक! अर्थात् यह अंश बाद में जोड़ा गया।

निष्कर्ष : यह मानना कठिन है कि मु० प्रति का पाठ मु० से इतर चार प्रतियों के पृथक्-पृथक् आदर्शों के लिपिकों को सुलभ था अतः इन चारों लेखकों ने मु० प्रति में से उदाहरण खोज-खोजकर उनका अपने पाठ के बीच समावेश किया। इसके विपरीत मु० में चार भिन्न-भिन्न स्रोतों से पाठ प्रक्षेप अधिक सरल तथा संभव जान पड़ता है – प्रक्षेप की संभावना अब तक यथावत्, रिक्त स्थान छूटा होने से, बनी हुई है!

मु० प्रति सं० १७९४ की है, इसका आदर्श लेख इतना या इससे अधिक ही प्राचीन होगा। इस साक्ष्य से ऊपर गिनाई गई नर० से इतर चारों प्रतियों के आदर्श कम-से-कम मु० से तो प्राचीन ही सिद्ध होते हैं। मु० प्रति पुरानी होने पर भी उदाहरण इधर-उधर से जोड़-जोड़कर तैयार की गई प्रति है।

इनकी व्याख्या की जाए तो मु० प्रति में सर्वाधिक संख्या ४०८ में समान छंद हैं। दूसरी ओर नर० से पृथक् उदाहरण बहुसंख्या में हैं। दूसरे शब्दों में, मु० प्रति से अन्य प्रतियों में, वह भी भिन्न-भिन्न स्थलों पर के दोहों में, उदाहरण का प्रक्षेप असंभाव्य होने से, यह मानना होगा कि मु० में ये छंद इतर प्रतियों से प्रक्षिप्त हुए हैं। नर० से भिन्न उदाहरण इतनी बड़ी संख्या में, अलग-अलग स्थान पर स्थित दोहों के उदाहरण एक समान स्रोत के बिना संभव नहीं।

ऊपर के परिणाम पर और गहराई से विचार करें तो अचरज इस बात पर होता है कि इन पाँच प्रतियों के, शतरंज की बिसात पर गोटियों के विभिन्न संभावित वैकल्पिक व्यूह बनाते हुए, समान उदाहरण की तालिका निकालने पर ऐसा कैसे हुआ कि प्रतियों का कोई भी युग्म छूछा नहीं जाता! अर्थात् प्रत्येक प्रति को हर अन्य पोथी का उदाहरण सुलभ है! ऐसा भला कैसे संभव हो सकता है! क्या मु० प्रति के लेखक के सामने अन्य सारी प्रतियाँ खुली हुई थीं, कि वह उनमें से एक-एक उदाहरण खोज-खोजकर अपनी प्रति में देता जाए! यह तो संभव ही नहीं!

मगर वास्तविकता तो यही है कि कृष्ण समूह की नी० आदि पोथियों में समान उदाहरण, सागर तरंगों के समान मुक्त, विभिन्न प्रतियों में लौट-पौट कर रहे हैं!

यह तभी संभव है जब एक दोहे के सभी उदाहरण छंद एक ही स्थान पर हों! तभी तो नी० का लिपिक उन उदाहरण में से एक उदाहरण का चयन करता है, (संयोग से मि० का लिपिक भी वही!) मगर भा० का लिपिक भिन्न उदाहरण ग्रहण करता है। यह भी संभव है कि उस दोहे का कोई उपयुक्त उदाहरण न रचे

जाने के समय तक वहाँ कालिदास, श्रीपति या सेनापति का छंद एवजी उदाहरण के रूप में टीपा हुआ हो! [६०२] का उदाहरण कवित्त सेनापति का नर० को छोड़ चारों प्रतियों में है; [०८६] पर श्रीपति का उदाहरण [मि० ४५६][भा० ३७१] में है! सुंदर, गंग, ऊधौराम आदि ज्ञात-अज्ञात कवियों के कुल १९ उदाहरण ऐसे हैं जो अकेली भा० प्रति ही में पाए जाते हैं। ध्यान दें, ये उदाहरण टीका में पहले से दिए गए मौलिक उदाहरणों को हटाकर नहीं बल्कि वहीं रखे जा सकते हैं जहाँ मौलिक उदाहरण न हो, उसके लिए स्थान रिक्त हो। [०२२] का उदाहरण नी० में सवैया है, नर०मु० प्रतियों में भिन्न सवैया, मि०भा० पोथियों में उपरोक्त दो से अलग सवैया, वह भी मंडन कविछाप का! [७०९] का उदाहरण नी०मि०मु० में भिन्न है, वह भी कवित्त, 'कहै कविकृष्ण' की छाप सहित!

यहाँ यह कहना अनुपयुक्त न होगा कि जिस प्रति में ऐसे उदाहरण बहुतायत से हैं (जैसे भा०) वह प्राचीनतर प्रति है।

> किसी किसी दोहे पर अपने कवित्त न बनाकर, दोहों के भावों से मिलते हुए अन्य कवियों के कवित्तों से भी कृष्ण कवि ने काम ले लिया है।[48]

देखना है कि केवल कवित्त से या कि सवैया से भी।

इससे एक और खुलासा हुआ। कि केवल कृष्ण कवि ही की टीका नहीं, अपितु दूसरी टीकाएँ भी क्रमशः लिखी गईं। टीका कोई लक्षण ग्रंथ तो है नहीं, जो आदि से क्रमशः अंत की ओर लिखी जाए! टीका – वह भी मुक्तक दोहों की – कवि के हृदय में जब किसी एक दोहे पर भाव स्फुरण हुआ, उस पर उसने एक कवित्त या सवैया रचकर दोहे के नीचे, या कि वहाँ रिक्त स्थान न होने से पार्श्व पर उतारा। यों कहें कि टीकाकार कवि उसकी उत्तरोत्तर आकारवृद्धि तथा परिष्कार करता गया। तभी तो कृष्ण कवि की एक टीका की विभिन्न प्रतियों में दोहों की भी क्रम भिन्नता है!

टीका इससे भिन्न रीति से लिखी भी नहीं जा सकती। कृष्ण कवि की टीका ही नहीं, अन० की भी प्रतियों में अनेक क्रम दिखलाई देनें का यही कारण है। इससे प्रगट होता है कि सतसई का लिपिक मात्र लेखक न होकर, चयनकर्ता भी है! इसी लिए तो, अनजाने कि जाने, इतनी भारी संख्या में दोहा-उदाहरण भा० प्रति में लुप्त हैं।

समूह १) नर० तथा समूह २) कृष्ण० की प्रतियों का पारस्परिक संबंध भी विचारणीय है। [नर० ???][नी० ???] के १२ समान छंद मिलते हैं। इनमें से दो, [००१] तथा [१७१] के उदाहरण दो-दो होने से संदिग्ध हैं; अन्य में ८ कवित्त और २ सवैया छंद हैं। निश्चयपूर्वक तो नहीं कहा जा सकता, फिर भी इन समान उदाहरण का प्रक्षेप एक से दूसरे में संभव है – ये तो निकटवर्ती हैं, कृष्ण० तथा अन० टीकाओं में समान उदाहरण छंद मिलते तो हैं!

---

48 **क०बि०** पृ० २२०।

गद्य टीकाओं में शीर्षक :

टीका के गद्य भाग में शीर्षक मूल आदर्श के न होकर लिपिक द्वारा स्वतंत्रा रूप में दिए गए हैं।? मूल प्रति में हो तो दो संस्करणों में इतना भारी अंतर संभव नहीं –

लक्षिता यथा सषी को वचन नाइक सौ कहै तौ षंडिता - भा०: यह नेत्रन कौ भाउ देषि सषी नाइका सौ कहै तो लछिता होइ नाइक सौ कहै तो षंडिता - मि०; यह नेत्रन कौ भाउ देषि सषी नाइक सौ कहै तौ षंडिता - नी०। [नी० ३२०]

नेत्र लगन पूर्व नायक - मु०; यह ठोडी की गाड को वरननु नाइक नाइका सौं कहै - नी०। [नी० २२०]

प्रेमगर्विता - मु०; यह नायक लछिता सषी को वचनु नाइका सौ नाइक को हितु यासौ अधिक है सु नेत्रनु की सोभा और भई है या पद ते प्रेमगर्विताहू होइ - नी०। [नी० ०४२]

यह षंडिता नाइका है - मु०; यह नाइका लछिता सषी नाइक सों कहत है जो नाइका नाइक सों कहै तौ षंडिताहूं होइ - [नी० ०४५]

निष्कर्ष : शीर्षकों की कलेवर वृद्धि का क्रम, उनके पाठ को इकट्ठा रखकर देखने पर, अति स्पष्ट रूप में सामने आता है, भा० की टिप्पणी का विस्तार मि० के संकलनकर्ता लिपिक ने किया है, तो इस पर बढ़ोतरी की है नी० के संपादक लिपिकार ने। नी० के संग्रहकर्ता ने मु० के शीर्षक का संपादन किया है, प्रायः सर्वत्र उसे बढ़ाकर, कहीं संकेत ग्रहण करते हुए। मु० के शीर्षक में यदि नि० आदि प्रतियों के प्रायः समान तथ्य है तो मु० की उपेक्षा की गई है अन्यथा संपादित पाठ में उसे समाहित कर लिया गया है।

हरिप्रकाश टीका :

रचनाकाल सं १८३४ ('संवत अठारह सौ वीते तापर तीसरु चारि') से केवल एक वर्ष बाद रूपनगर (अजमेर के निकट?) में लिखित इस अति प्रामाणिक प्रति के एक ही पृष्ठ पर बीच की चौड़ाई में प्रायः एकाधिक दोहों का पाठ, एक दोहा की क्रमिक संख्या डालते हुए, दिया गया है। इसके ऊपर तथा नीचे की चौड़ाई में गद्य में दोहों की व्याख्या। ऊपर के अंश में व्याख्या पूरी न होने पर मूल दोहा की पट्टी के नीचेवाले अंश में गद्य व्याख्या जारी रखी गई है। यहाँ भी एक दोहे की व्याख्या पूरी होने पर दोहा के समान क्रमिक संख्या डाली गई है। भ्रम दूर करने तथा पहचान अधिक स्पष्ट बनाए रखने के लिए व्याख्या के पूर्व हर दोहे का प्रतीक दिया गया है; यथा, 'कीनेहूं इत।' [०१२]। सभी में समान होने के कारण इस प्रतीक को संपादित पाठ में स्थान नहीं दिया जा रहा है।

[हरि० १२३] देखने से ऐसा प्रतीत होता है कि लिपिक पहले ही एक पेज को तीन भाग में बाँट लेता है, फिर ऊपर-नीचे के अंश में गद्य टीका, वह यदि लंबी हुई तो उस पृष्ठ पर केवल एक दोहा लिखता है,

यदि टीका दो या अधिक दोहों की हुई तो उतने दोहे बीच के रिक्त स्थान में। इस प्रकार व्याख्या अगले पृष्ठ पर नहीं फैलने पाती।

व्याख्या में जहाँ व्यर्थ दुहराया गया है, जैसे कि 'तो पर वारों उरवसी [०२५]', वहाँ व्यर्थ अंश को छाँटकर संपादन किया गया है।

लिपिक लापरवाह है - 'नहिं पराग नहि' , 'मधुर मधु' में से प्रथम 'धु' में उकार की मात्रा 'ध' के बगल में, दो ही वर्ण आगे 'धु'! [०३८]; 'सरसै वरसें' [०३९]; 'ज्यु ज्यु त्युं त्युं' [०४०];

टीका में पूर्ण विराम ही है, वह भी अधिकतर ऐसे स्थानों पर लगा हुआ, जहाँ अर्थ स्पष्ट नहीं होता। अतः बोधगम्य बनाने के लिए अर्ध विराम, प्रश्नवाचक चिह्न आदि संपादक की ओर से लगाए गए हैं।

विषयानुसार क्रम देने का प्रयास कुछ टीकाकारों ने किया है। दे० 'चिवुक वर्णन' के अंतर्गत [हरि० ०९४] आदि। 'ट' तथा 'ढ' प्रायः एक समान, 'ढ' मे भेद करना विशेष रूप से कठिन है।

वर्तनी :

जैसा कि पहले कहा जा चुका है, प्रामाणिक पाठ स्थिर करने से पूर्व प्रतिलिपि परंपरा को आच्छादित किए हुए अनावश्यक पाठ के सेवार-जैसे जाल को छाँटना और फिर वर्तनी पर छाई हुई लिपिगत धुंध को साफ़ करना आवश्यक है। वर्तनी भी सामान्य अर्थ में प्रचलित शब्द रूपांतरों की नहीं, अपितु एक ओर तो फ़ा० वर्णमाला से दूषित वर्तनी तो दूसरी ओर मुख्यतः राजस्थान में प्रतिलिपि की गई स्थानीय बोली के उच्चारण से प्रभावित वर्तनी।

सतसई का कोई भी पुराना लेख उठाएँ, वर्तनी में सबसे भारी अंतर स्वरों की द्योतक मात्राओं का पाएँगे। मात्राओं में भी किनकी अनेकरूपता अधिक है, यह देखें तो 'अ'-'आ', 'इ'-'ई' में नहीं। भेद मिलता है, संयुक्त स्वर 'ए'-'ऐ', 'ओ'-'औ' – अपवाद रूप में 'उ'-'ऊ'। और हाँ, सर्वाधिक 'ए'-ऐ', 'ओ'-'औ' के बीच का 'एं', अर्थात् 'नेंन' - 'नेन' और 'नैन' के साथ 'नेंन'। यहाँ विचार होता है, 'अ'-'आ', 'इ'-'ई' में तो कोई दुविधा नहीं, फिर 'ए' और 'ऐ' के बीच में ही लिपिक क्यों चकरा रहा है! क्या इसका कारण 'ऐ' (अ + ए) 'औ' (अ + ओ) में पिछले स्वर, 'ए' तथा 'ओ' का क्षेत्रीय उच्चारण भेद है? 'ऐसे' 'अइसे', 'और' – 'अउर'।

इसी प्रकार 'कें' जैसी वर्तनी का क्या रहस्य है! अनुनासिक विंदु नहीं तो एकार के बगल में दूसरा उत्क्षिप्त एकार! क्यों? 'कों' जैसी वर्तनी और उत्क्षिप्त एकार **सतसई** ही के हस्तलेखों में पाए जाते हों, सो भी नहीं। देव कवि के सुमिल० बी०, सुजान० का०, श्रीपति मिश्र आदि की कितनी ही प्रतियों में उलटे ओकार और 'कों' के समान नासिक्य ओकार के बहुतेरे प्रयोग मिलते हैं।

अब से सौ-दो सौ वर्ष पूर्व के लिपिकों के विषय में हमारी निश्चित जानकारी भला हो भी क्या सकती है! सदियों की जमा धुंध के पार जो हमें उनसे रू-ब-रू करा देता है, वह एक-एक हरुफ़ कागज़ पर

उनके हाथों उतारी हुई पोथियाँ हैं। सन् १८०० के आसपास हिंदी-उर्दू में नए उच्चारणों के लिए नए चिह्न और छापे के लिए ढले हुए अक्षर खोज निकालने की तीव्र ललक-लालसा अकेले फ़ोर्ट विलियम के चार्ल्स विल्किंस, जॉन गिलक्राइस्ट जैसे अँग्रेज़ शिक्षा विशेषज्ञों ही में न थी; उनसे सैकड़ों वर्ष पूर्व, अपने श्रम से अर्जित आय द्वारा परिवार का उदर भरने वाले अलवर दरबार के नानगराम और भरतपुर के जीवाराम के अतिरिक्त सहस्रों अन्य अनाम पेशेवर भारतीय लिपिक किस नए उच्चारण को प्रगट करने के लिए नए मात्राचिह्न ईजाद करने को आकुल हैं? [49]

एक कारण की ओर मेरा ध्यान जाता है – यद्यपि इसका कोई वैज्ञानिक आधार अभी न मिलने से इसे मात्र संभावना ही समझना चाहिए। ५ सौ वर्ष पूर्व के तथा अब के उच्चारण में परिवर्तन न हुआ हो, यह संभव नहीं जान पड़ता। उच्चारण बदलता क्यों है? प्रयत्नलाघव, मुखसुख आदि अनेक कारण होंगे, पर एक और वजह संभव है और वह है, मनुष्य शरीर के उच्चारण करने वाले अंग, यथा स्वर यंत्र (vocal chord) जिह्वा, होठ, मुखविवर के आकार आदि में होने वाला अति सूक्ष्म परिवर्तन। इसका प्रमाण मानव शरीरशास्त्र में खोजना चाहिए। मेरे कहने का आशय यह है कि एक प्रदेश विशेष में 'काढे' उच्चारण होता है तो दूसरे क्षेत्र में इसी को 'काढै' उच्चरित करते हैं। प्रकारांतर से कहें तो आज जिसे 'काढै' कहते हैं, अब से तीन-चार सौ वर्ष पूर्व उसे, संभव है, 'काढे' बोलते रहे हों। ऐसा क्यों?

इनके पीछे लिपिजन्य प्रभाव न होकर, मेरे मत से, प्राचीनतर कुरु और राजस्थान की ओर का अल्पविवृत पश्चिमी उच्चारण है।

> 'ए' 'ओ' – हिंदी की पूर्वी बोलियों में इन दोनों स्वरों का लघु उच्चारण भी होता है – 'एतना' - 'ओतना'। 'ए' तथा 'ओ' का लघु उच्चारण पश्चिम में बढ़ते-बढ़ते और भी लघु हो जाता है – एकदम 'इ' और 'उ' के रूप में ये स्वर आ जाते हैं। 'ओतना' का 'उतना' और 'एतना' का 'इतना'। इसी तरह 'केतना' का 'कितना' बन गया है। [50]

आगे संकलित उदाहरणों में 'ए' तथा 'ऐ', यथा 'परे' – 'परै' के मध्यवर्ती 'एं', जैसे 'परें' का विश्लेषण कोमल औकार का द्योतक लगता है। [51] नासिक्य वर्णों 'न' – 'म' के साथ लगे हुए अनुनासिक विंदु की स्थिति पहले स्पष्ट कर देनी चाहिए।

अनुनासिक वर्तनी, 'हँसना' जैसे शब्द आज अनुनासिक रूप में बोले और लिखे जाते हैं, यहाँ विवाद की कोई गुंजाइश नहीं, मगर देखना है, क्या अब से तीन-चार सौ वर्ष पूर्व भी ये अनुनासिक उच्चरित होते थे? कवि देवदत्त के कुछ प्रयोग देखें –

हेउत हसंती सी वसंत मै वसंती रितु ग्रीषम की ऊषम पियूष सुषकारि सी [सुष० ४२७]

---

[49] अवधी आदि का विवेचन करते समय 'जेहिका', 'केहिका' और 'ओढ़ावत है' 'छोड़ावति है' आदि के 'ए'-'ओ' का ह्रस्व उच्चारण प्रगट करने के लिए उलटी मात्राओं का प्रयोग करना चाहिए। – **शब्दा०** पृ० २।

[50] **शब्दा०** पृ० ८८-८९।

[51] परे - परै - परें - परैं। [००१]

तिहरा रहा है अनुप्रास 'अंसंती' नहीं, बल्कि 'असंती' का! 'वंसंत' नहीं हो सकता, तभी तो कवि 'हंसंती' नहीं दे रहा! इसी को तुकांत पर और अधिक स्पष्ट रूप से देखा जा सकता है –

फूली रसमंजरी समूली है रसाल नवलाल अनुकूली है वसंत मै वसंती सी। ग्रीषम शशी सी निसिद्यौस सरसी सी रितु पावस सनेह घन मेह वरसंती सी। सरद सरोजनि के ओजनि उज्यारी प्यारी न्यारी नहि होति हंस सार सरसंती सी। वालम की छाती तै न छूटति छिनकु वाल सिसिर सतूल साल हेमत हसंती सी [सुजान० १-५३]

श्रीराधिका वनि चली वन कौ लसंती। कृष्णप्रिया निरषि क्यो सषि तू ससंती। चंद्रावली सग सषी हरषै हसंती। तू भाजु जागि गहिहै तिलकावसंती [काव्य० १०-४९]

ध्यान रहे, कालविरोध दूषण होने से प्रथम उदाहरण में प्रयुक्त 'हसंती' बेला या मोतिया के अर्थ में नहीं, अपितु 'सुंदर' का व्यंजक माना जाएगा – (तु० **हीरा सी हसनि मोती मानिक दसन सेत स्यामता लसनि द्रग हियरा हरतु है** [सुष० २६६])

दोनों ही निर्दिष्ट स्थलों पर 'हसन-' [सं० हस्] निरनुनासिक ही सिद्ध होता है। अतः यह मानना होगा कि, व्युत्पत्ति में शब्द यदि निरनुनासिक है, साथ ही पुरानी ब्रजभाषा में भी, तो उसका वर्तमान अनुनासिक उच्चारण मूल में हुआ परवर्ती विकार है।

आधुनिक खड़ी बोली हिंदी के बहुसंख्यक शब्दों में अनुनासिकता कैसे आई, यह मौलिक प्रश्न है!

'आँख', 'माँग', 'काँकर' 'सूँड' 'बाँक' 'बाँह', व्यंजन के साथ दीर्घ अनुनासिक स्वर के पद हैं, विवादास्पद देखे गए हैं। तो इन्हें पुनः विवाद में न घसीटें; छोड़ दें।[52]

लघु स्वर के साथ लगे अनुनासिक पदों को लें, जैसे 'हंस'। निम्नलिखित शब्द सूची मुख्यतः **सतसई** प्रथम शतक के ऐसे पदों की है, जिन्हें वर्तमान संपादन में अनुस्वार या कि नासिक्य उच्चारण रहित पाया गया है, किंतु जो 'रत्नाकर' जी द्वारा निर्धारित पाठ के अनुसार सानुनासिक हैं। अंग (अङ्ग) [००२] संग (सङ्ग) [००७] अंग (अङ्ग) अंग (अङ्ग) [०११] मुह (मुख) [०२१] मुह (मुख) [०२६] मुह (मुख) [०२८] नहि (नहि) - नहि (नहि) [०३८] रससिंगार (रसशृङ्गार) [०४६] नहि (नहि) [०५२] हसी (हस्) [०५३] रंग (रङ्ग) रंग (रङ्ग) [०५५] संदेस (सन्देश) [०६०] संग (सङ्ग) [०७५] अंगुरिन (अङ्गुलि) [०७८] हसि (हस्) [०९१] नहि (नहि) [०९६]

हम देखते हैं कि दीर्घ व्यंजन सहित अनुनासिक की तुलना में लघु व्यंजन और सानुनासिक शब्दों की संख्या कम है, केवल दस शब्द! प्रत्येक शब्द के आगे कोष्ठक में उस शब्द पर ध्यान दें, जिससे भाषा का

[52] जब भी हिंदी किसी संस्कृत शब्द को तद्भव रूप देती है, तब अनुस्वार तथा 'न्' 'ङ' आदि को हटाकर उसके (आश्रय) स्वर को प्रायः अनुनासिक कर देती है। इसके अपवाद भी हो सकते हैं; परंतु प्रवृत्ति यही है – 'अङ्गुष्ठ' 'अँगूठा', 'सम्भालन' (संभालन) 'सँभालना', 'अक्षि' 'आँख', 'अङ्गुलि' 'अँगुली', 'अंत्र' 'आँत', 'दन्त' 'दाँत' आदि। – **शब्दा०** पृ० ९०।

पद व्युत्पन्न है, तो प्रगट होगा कि इनमें भी अधिसंख्य नासिक्य उच्चारण 'ङ' के (एक 'न्' का!) तथा शेष तीन, *मुह (मुख), नहि (नहि) और हसि (हस्), के संस्कृत मूल में नासिक्य उच्चारण है ही नहीं*! फिर इनका अनुनासिक उच्चारण 'मुँह' 'नहिँ' और 'हँसि', यदि उच्चारण में शिथिलता का परिणाम नहीं तो फिर नासिक्यता और कहाँ से आई?

एक और प्रयोग देखें –

अँगेजना - सहना; अंगीकार करना।

पैन्हति न चीर चारु भूषन वनावति न वाधति न वार हिय हार की अगेज नहि [सुजान० ५-२७]

'अगेज' अन्य तुकांतों से प्रभावित 'अंगेज़' का परिवर्तित रूप है। फ़ा० انگيز 'अंगेज़' उन्नत के अर्थ में नहीं, अपितु सहन करने का अर्थ व्यक्त करता है।[53]

आधुनिक काल की पाठ्यपुस्तकों में जैसी चंद्रविंदु सहित नासिक्य वर्तनी वाले शब्दों की सूची दी गई है,[54] उन पर विचार करें तो अधिकतर, व्युत्पत्ति के आधार पर, हाल में हुए उच्चारण परिवर्तन के नमूने सिद्ध होंगे।

'न' और 'म' अन्य वर्गीय पंचम वर्णों से किस प्रकार भिन्न हैं, इसे आगे चल कर बताया जा रहा है। वर्तमान प्रसंग में 'नेंन' या 'मेंन' में अनुनासिक विंदु को परवर्ती नासिक्य व्यंजन की पूर्व वर्ण पर छाया माना गया है। अतः इन दो नासिक्य वर्णों से रहित उदाहरण लें। [००२] में[55] 'कें' का अनुनासिक उच्चारण किस कारण? इसी प्रकार 'तें', 'लें' और 'रें'।[56] इस अनुच्छेद के अंत में संलग्न इस वर्ग के उदाहरणों की सूची को देखने से ज्ञात होगा कि नासिक्य व्यंजनों से इतर वर्णों के साथ अनुनासिक विंदु द्वारा लिपिक, 'ए', 'ऐ' तथा 'औ' का मध्यवर्ती उच्चारण व्यक्त करना चाह रहा है।

अनुनासिक उच्चारण – विशेषतः 'कौं' – के संदर्भ में हमें 'रत्नाकर' जी का स्मरण हो आता है। उनके संपादन में नासिक्य वर्तनी की भरमार कदाचित् उनकी इस धारणा के कारण थी –

> काव्य भाषा में बहुधा निरनुनासिक शब्दों का उच्चारण सानुनासिक किया जाता है।[57]

रूस के प्रसिद्ध कवि, 'रत्नाकर' जी के समकालीन, मायाकोवस्की के कविता पाठ का रिकॉर्ड यहाँ जापान में उपलब्ध है! मगर 'रत्नाकर' जी (१८६६-१९३२) के काव्यपाठ का रिकार्ड भारत में भला कहाँ होगा! मेरे छात्रजीवन में हाइस्कूल के एक अध्यापक श्री कृष्णप्रसाद मालवीय 'रत्नाकर' जी का **गंगावतरण** कक्षा में पढ़ाते समय उसका पाठ उन्हीं के-से ओजस्वी स्वर में करते हुए हमें सुनाते। उस में 'औं – कौं' जैसे उच्चारण सुनने की मुझे अब भी याद है।

---

53 to takeup, bear, endure. **Fallon.**

54 **हिंदी की मानक वर्तनी** पृ० ४५।

55 अपनें - अपने - अपनैं - अपनै। के जानिकैं - कै जानिकै - कै जांनिकै - के जानिके - के जानिकै - के जांनिकै - के जांनकै - कें जांनिके। नैंन - नेंन - नैन। [००२]

56 तैं - तें - ते - तै। परे - परें - परै। मैंन - मेंन - मैन। चले - चलें। नैंन - नेंन - नैन। [००३]

57 **बि०र०** पृ० २६५।

'रत्नाकर' जी ने सानुस्वार 'सौं' जैसी वर्तनी पर इतना अधिक बल किस कारण दिया,[58] मुन्न छोटे मुँह के लिए कुछ भी कहना कठिन है मगर भाषा के सहज प्रवाह में 'कै' – 'कैं', 'कौ' – 'कौं' की तुलना में 'के' – 'को', अल्पतर प्रयास द्वारा उच्चरित होने से, अधिक स्वाभाविक माने जाएँगे।

> संबंध सूचक 'को' विभक्ति को 'नवीन ब्रजभाषा' के कवि 'कौ' के रूप में बहुत पसंद करते हैं। इनकी पुस्तकों में और इनके द्वारा संपादित पुरानी कविता पुस्तकों में भी सर्वत्र 'को' को 'कौ' बना हुआ देखा जाता है। तो मधुर ब्रजभाषा में इस प्रकार कर्णकटुता बढ़ाने का मौलिक उद्योग उन्हें मुबारिक हो! ... दीर्घ स्वर से परे – विशेषतः 'आ' से परे – 'कौ' बहुत बुरा लगता है; जैसे 'वाकौ' 'काकौ' इत्यादि।[59]

वर्गीय पंचम व्यंजन :

स्पर्ष व्यंजनों में पाँच अनुनासिक अल्पप्राण व्यंजन, 'ञ्', 'ङ्', 'ण्', 'न्' और 'म्', ये पाँचो एक समान रूप से नासिक्य नहीं हैं। 'न्' तथा 'म्' को छोड़कर अन्य तीन पर पहले विचार करें तो ये किसी अन्य व्यंजन के एवजी या स्थानपन्न हैं।

स्फोट सिद्धांत[60] प्रक्रिया के पहले ही चरण में वर्ण ध्वनि क्षणभंगुर होने से उच्चरित होते ही नष्ट हो जाती है, इस लिए उसे फिर वापस लौटाकर किसी दूसरी ध्वनि में बदला नहीं जा सकता। 'राम' ध्वनि के अर्थ ग्रहण की प्रक्रिया में, आरंभ से, र् आ म् अ, इनमें एक वर्ण 'उच्चरितहोतेहीनष्ट' हो जाने के बाद पुनरुच्चरित हो ही नहीं सकता! अर्थात् र् को व् में परिवर्तित नहीं किया जा सकता। इसी प्रकार आ का संशोधन अ न हो पाएगा।

वर्ण का स्वतंत्र अस्तित्व या अनस्तित्व इसी प्रकार निर्धारित होता है कि वह पद के आदि, मध्य अथवा अंत, कहीं भी प्रयुक्त किया जाकर पद का वांछित तथा विदित अर्थ प्रदान करने में योग दे सकता है।

अब देखें, 'ञ्', 'ङ्', 'ण्', 'न्' तथा 'म्', इन नासिक्य उच्चारणों में वर्ण की उपरोक्त कसौटी पर कौन कितना खरा उतरता है।

प्रथम वर्ण 'ञ्' के स्थान पर मूर्धा स्थानीय टवर्ग का कोई अक्षर रखकर देखें तो टाम, ठाम आदि पाँच शब्द निरर्थक ही बने रहते हैं तो इस लिए कि हिंदी में इनकी अर्थी अभिव्यक्ति कराने वाले ध्वनि बिंब (राम के समान) पहले से विद्यमान हैं ही नहीं! संभव है, संसार की किसी अन्य भाषा में हो।

इसके विपरीत प्रथमाक्षर वाले चाम हो कि भाम या कि नाम और माम, सब उस-उस शब्द को अर्थवत्ता प्रदान करते हैं!

---

58 दे० [६४६] पर संपादकीय टिप्पणी।

59 **ब्रजभाषा का व्याकरण** पृ० १०७-८।

60 शब्द की अर्थ निष्पत्ति को व्याख्यायित करने वाला स्फोट सिद्धांत ('स्फुट्यर्थोऽस्मादिति' **व्याकरण महाभाष्य** पृ० ४।) अति संक्षेप में यह है। शब्द की वर्ण ध्वनि उच्चरित होते ही नष्ट हो जाने से वह शब्द का अनित्य तथा विकृत रूप है। उस शब्द का सूक्ष्म प्रतिरूप भी संस्कार के रूप में मन में विद्यमान होता है और यह नित्य तथा अविभाज्य है। शब्द की अंतिम ध्वनि के उच्चरित होकर नष्ट हो जाने के बाद स्फोट होता है। स्फोट में विभिन्न वर्णों की स्वतंत्र सत्ता न होकर सब का पुंजीभूत भाव होता है, इसका स्फोट अर्थ की प्रतीति कराता है।

'ञ्', 'ङ्', तथा 'ण्' में से कोई भी आद्याक्षर क्यों नहीं बन पाता। यही नहीं, आदि छोड़ मध्य में रखें (जैसे रञ्च, अङ्ग, अण्ड) तो ये तीन वर्ण तत्काल भिन्न वर्ण, 'म्' या कि 'न्' द्वारा रञ्च रन्च रंच में, अङ्ग अन्ग अंग में और अण्ड अन्ड अंड – ये तीनो ही विवेच्य वर्ण एक समान रूप में ध्वनित हो, एक समान अर्थ की निष्पत्ति भी करा देते हैं! इन तीन अनुनासिक व्यंजनों के परतंत्र चरित्र का और प्रमाण चाहें तो देख सकते हैं कि ये तीन व्यंजन शब्द के अंत में भी अपने पैर नहीं टिका पाते!

इन नासिक्य वर्णों से आरंभ होने वाला शब्द भाषा तो दूर, संस्कृत में भी कोई नहीं, जब कि 'न्' और 'म्' शब्दों के आदि में आते हैं। इससे यह मानना होगा कि प्रथम वर्ग के नासिक्य वर्ण, संस्कृत के तद्रूप शब्दों (वह भी सब नहीं!) में वर्तनी के रूढ़ रूप हैं। प्रकारांतर से कहें तो ये तीन वर्ण 'न्' और 'म्' के वैकल्पिक ध्वनि चिह्न हैं, भाषा ने इसी लिए उनकी जगह अनुनासिक विंदु को ग्रहण किया, 'कंठ', 'कंपन' आदि। [61]

> हिंदी के रूप गठन में 'ङ' 'ञ' और 'ण' का कोई योग नहीं है। जो मिठास 'न' तथा 'म' में है, वह इन तीनों में नहीं है। इसी लिए हिंदी ने 'न' तथा 'म' को ही अपनाया है। संस्कृत (तद्रूप) शब्द जो हिंदी में प्रयुक्त होते हैं, उन में ही ये ('ङ' 'ञ' 'ण') व्यंजन आते हैं – 'वाङ्मय', चाञ्चल्य 'पाण्डित्य' आदि। 'ङ' तथा 'ञ' की अपेक्षा 'ण' अधिक आता है। ...'ङ' संस्कृत में भी बहुत कम, अंत्य रूप से ('प्रत्यङ' आदि में) आता है; पर 'ङ' तो अंत में मिलेगा ही नहीं। आदि में तो कभी ये (ङ ञ ण) आएँगे ही नहीं। [62]

(इसी प्रकार 'ड़्' 'ढ़्' का अस्तित्व, ऐतिहासिक प्रमाणों के अतिरिक्त, किसी भी शब्द के आदि में इन दो वर्णों के न होने से, संदिग्ध है, अर्थात् ये दो वर्ण किन्हीं भिन्न ध्वनि चिह्नों के एवज में आए हैं। इनका उद्गम, 'झूँठ', 'भूँख', डाँका', 'उंजेरा' आदि के समान उच्चारण शिथिलता का प्रमाण है। तभी तो आधुनिक युग से पूर्व 'ड़्' 'ढ़्' के वर्ण तक, उर्दू समेत, किसी भी भाषा में न थे।)

दूसरे शब्दों में कहें तो ये तीनों ही, उच्चारण के ध्वनिचिह्न के रूप में, अनावश्यक और 'न्' तथा 'म्' के बहुरुपिया हैं!

अतः 'ङ्' 'ञ्' और 'ण्', के स्थानपन्न वर्ण हैं, अनुवर्ती वर्गीय पंचम वर्ण। यथा 'वाङ्मय' – 'वांग्मय'; 'चाञ्चल्य' – चांचल्य'; 'पाण्डित्य' – 'पांडित्य'। ऐसा क्यों? क्योंकि, उपरोक्त में 'ङ्' 'ञ्' और 'ण्' जब श्रुत नहीं, तो भाषा इनके मुर्दे क्यों ढोए? सुनाई देता है 'न' 'म' – 'हिन्दी' – 'हिंदी' में भी अनुस्वार विंदु 'न' का उच्चारण करता है। 'कम्बल' और 'कंबल' तथा 'कङ्घी' और 'कंघी' में क्या कोई उच्चारण भेद है? ('अन्न' का 'अंन' या 'अम्मा' के स्थान पर 'अंमा' में दूसरे

[61] दे० बीम्स की अनुनासिक विंदु पर महत्वपूर्ण किंतु अब विवादास्पद टिप्पणी। **Beams** p. I-296.
[62] **शब्दा०** पृ० ९६।

वर्तनी रूप नहीं देखने में आते क्योंकि पहले वाले रूढ़ हैं, वह भी सवर्गीय होने से। उच्चारण के विचार से दोनों एक ही हैं।)

'न्' – 'म्' तथा अनुनासिक विंदु :

अब आएँ इन बचे दो 'न्' और 'म्' पर। 'न्' तथा 'म्' भी क्या वस्तुतः नासिक्य व्यंजन हैं?

नासिक्य उच्चारण का आगम जानने के लिए दोहे के पाठ तथा पाठांतर में 'न्' तथा 'म्' को छोड़, किसी दूसरे वर्णवाला ऐसा शब्द लें जिसकी वर्तनी में अनुनासिक विंदु उस व्यंजन पर लगा है, जहाँ अगला वर्ण भी 'न्' 'म्' नहीं है - अर्थात् यह अनुनासिक विंदु न तो उस 'न्' 'म्' की छाया है और न ही अगले 'न्' और 'म्' की –

झांईं, परैं [००१]; कें, जानिकैं, कौं, [००२]; तैं, परें, होडीहोडां, होडांहोडी, चलें, [००३]; औरें, औरैं, [००४]; क्यौं, क्यों, भोगवैं, भोगवें, नहिं, [००५]; नांहि, मांहि [००६]; सौंधे, संग, नैंक [००७]; तज्यौं [०१०]; अंग, झोंर, भोंर, भौंर [०११]; घूंघटपट, ललचोहें, ललचौहैं, छांहि [०१२]; सवें [०१३]; वहांऊ, वहांऊं, विहाउं करैं, करें [०१४]; दुरजोंधन, लों लौं [०१५]; चौंध हांसी फांसी [०१७]; काढें, काढेंगो, काढैं [०१८]; सींचि सुंदरता [०१९]; रहों [०२०]।

दीर्घ पर अनुनासिक अनुस्वार स्पष्ट नहीं होता, यथा 'झांई' और 'झाँई'! अतः ऊपर की सूची में से ऐसे शब्द छाँटकर अलग कर देते हैं। अब बच रहते हैं केवल तीन, नहिं, [००५] संग [००७] और अंग [०११]! हम पहिले देख चुके हैं, 'नहिं' का अनुनासिक उच्चारण शिथिलता का परिणाम है, 'संग' और 'अंग' भी मूल शब्द में 'ङ' के शिथिल उच्चारण! अगली शब्द सूची पर ध्यान दें। (फ़ा० प्रति में तुलनीय वर्तनी होने पर उसे दर्शाया गया है, अन्यथा नहीं।) –

- महामुनि - महांमुनि। कांनन - कानन - काननु - कांननु - کانن। [०१३]
- वहांऊ - वहाऊ - वहाउं - वहाऊं - वहांऊं - विहाउं। بهلا اون [०१४]
- लौ - लों - लौं - लै। प्रान - प्रांन - प्राण। [०१५]
- कौ - को - कौं। [०२७]
- दिठौना - दिठोना - दिठोनां - डिठौना - दिठौना - दिठोनां - दिठौनां - दिठौंना - दिठोंना - डिठौनां। ٠٥٣٥ ٠ظا - دتهونان [०२८]
- हांसी विनु - हासी विनु - हांसी विन - विन हांसी - هانسي بن [०३०]
- आयकै - आइकै - आनिकै - आंनिकैं - आंनिकै - आंनकै। [०३१]

राजस्थानी बोली का प्रभाव :

वर्तनी की एक और कोटि राजस्थानी उच्चारण के अनुसार दी गई वर्तनी की है। 'राधा नुं' [कोवि० ००१]; 'औरही जुं ओप' [न० ००४]; भोगवै कुं [न० ००५]; 'मनुं - न०' [०१०] नैंनांनुं - उ० [०६७]

आदि। 'दोनुं' जैसी वर्तनी तो पदे-पदे देखने में आती है! अधिकतर मान० की प्रतियों में। इस प्रकार की वर्तनी का विश्लेषण इनके पीछे निहित वर्तनी तथा पाठ का संधान करने के हेतु, स्खलित वर्तनी को उसके मूल रूप से जोड़ने के उद्देश्य से, किया गया है। इस कारण भी कि, उदाहरण के लिए, ऊपर उद्धृत 'राधा नुं' स्थानीय राजस्थानी बोली से प्रभावित है और न ही यह वर्तनी भेद है – यह तो भिन्न भाषा, गुजराती का प्रयोग है! इसके विपरीत 'औरही जुं ओप' में 'ज्यों' का स्थानीय बोली से प्रभावित रूप है, 'ज्युं'। कहना न होगा, इस प्रकार की वर्तनी अधिकतर 'मारवाड़ी' कोटि के हस्तलेखों ही में पाई जाती हैं और कहीं-कहीं, प्रति परंपरा में छनती हुई, कृष्ण० वर्ग की कुछ प्रतियों में। इस बात को पुनः बलपूर्वक दुहराना आवश्यक है कि यह विश्लेषण भाषावैज्ञानिक पीठिका पर नहीं, मात्र पाठसंपादन के हेतु, सहायक प्रमाण के रूप में किया जा रहा है।

इस कोटि की वर्तनी से हमें मूल आदर्श की लिपि का ज्ञान भी होता है। प्रतिलिपिकार से सामने आदर्श लेख यदि नागरी लिपि में हो तो वह 'मनो' को 'मनुं' भला क्यों लिखेगा। मगर यही यदि منون हो तब पहले तो वह लिखित की हिज्जे अर्थात् एक-एक वर्ण का उच्चारण करेगा, तब उसे लिखेगा – लिपिक की मातृभाषा राजस्थान की कोई बोली हुई तो उसका वाचन अपनी मातृभाषा के निकटतर होगा। उसके लिए ہوں को ब्रजभाषा के 'हों' या 'हौ' की अपेक्षा 'हुं' या 'हूं' उच्चरित करना अधिक स्वाभाविक है। हाँ, نین का 'नेंन' शुद्ध है और यह रूप फ़ा० लिपि नहीं, राजस्थानी बोली के कारण है।

○ सौत्यैं - सोत्यों - सोत्यें - सोत्यौं - सौतै - सौतां - सोत्यौं - सौंता - सौतैं - सौतै - सौता। [०४०]

○ कीनैंऊं - कीनेऊ - कीनेंहू - कीनैऊ - कीनेउ - किनेऊं - कीनेहूं। [०१८]

○ 'इ' तथा 'ह' में लिपिभ्रम पुरानी शैली के कारण – रस० की द० आदि प्रतियों में भी पाया जाता है।
चितई - चितही। [०१२]

○ 'ऊ' - 'हू' लिपिजन्य विकृति है। '-नेहू' की अपेक्षा '-नेऊ' कोमल होने से ब्रजभाषा की प्रकृति के निकट है। इसी प्रकार '-नाही' - '-नाई' भी, पुरानी ई के कारण लिपिजन्य विकृति है। यहाँ भी '-नाई' कोमल होने से ब्रजभाषा के अनुकूल है –

तरौनाई - तर्योनाहि - तरुनाई - तरौंनाही - तर्यौनांई - तर्यौनाही - तरौंनाही - तर्यौंनाही - तर्यौनाई - तर्र्यौनाई, 'ही' पार्श्वपर - तर्योनाहीं - तरोनाही - तर्यौनांईं। [०२०] ترو نانہین - ظا۰

○ बाह, बाद में 'बा' पर 'छाँ' संशोधन - छांहि - छाह - छांह। [०१२] पुरानी राजस्थानी लिपि के कारण।

○ तूं - तुं - तू। [०२५]

○ भरेऊ - भरेंउहु - भरे उर - भरे हो - भरीउरु - भरी उर - भरेहू। [०३३] بہري ہو - ظا۰ नागरी 'उ' 'हु' में भ्रम।

फ़ा० की वर्तनी का प्रभाव :

'नरहर' के समान मात्रा रहित कबंध वर्तनी वाले शब्द औरों से पृथक् कोटि के हैं। अन्यत्र कहा जा चुका है, ऐसी वर्तनी के मूल में, प्रायः सर्वत्र, फ़ा० लिपि का – वह भी मात्रा चिह्न न लगाए जाने का – प्रभाव है। इसीकी चर्चा यहाँ विस्तार से की जा रही है।

श्रीपति मिश्र तथा देव की ग्रंथावलियों का पाठसंपादन करते समय इन दो कवियों के उपलब्ध लेखों में फ़ा० वर्णमाला की छाया पर मेरा ध्यान पहली बार गया था। अनुभव का कच्चापन, मैं अधिक गहराई में जाकर, तब, इस महत्वपूर्ण पक्ष की जाँच न कर पाया। **सतसई** में तो लिपि, अतः वर्तनी पर, यह पक्ष इतना अधिक घनीभूत है कि इसे अनदेखा किया ही नहीं जा सकता।

फ़ा० लिपि का प्रभाव तीन रूपों में प्रगट होता है। एक तो फ़ा० वर्णमाला में लिखित किंतु मात्रा चिह्न के न होने से उत्पन्न कबंध वर्तनी। दूसरे, फ़ा० में अनुपलब्ध गाफ़ आदि वर्णों से उत्पन्न भेद। एक और प्रकार का भेद अभ्यासजन्य लगता है, जैसे कि 'इए' का 'इये'। भाखा और खड़ी बोली हिंदी में ये उच्चारण आज भी नहीं हैं मगर लिखित में पाए जाते हैं तो फ़ा० से उर्दू की राह आए होंगे। नागरी और फ़ा० में लिखने वाले व्यक्ति के अवचेतन में फ़ा० का ی - ے नागरी में 'ये – 'यी' लिखा रहा है! इसका एक रोचक उदाहरण यह है –

'त्रिवली नाभि दिषाय - उ०न०मि०गा०स०वे०ह०' [०८९] ज़ा० में यह इस रूप में मिलता है, تربلے نابہ دکہاي کر – 'इ' पर 'य' का अनुप्रास, बज्र वहिर के कानों में भी खुजली पैदा करेगा! वर्णमाला नहीं, ي के 'ये' उच्चारण का परिणाम है, 'दिषाय'। यही यदि नस्तालीक़ शैली मे मात्रा संकेतों सहित लिखा गया होता तो تِربلَے نابِہ دِکہاَئ کرِ रूप में होता और लिप्यंतरण 'दिषाइ' होता!

○ टूठे टूठे - तूठे तूठे - तुठे तुठे - टूंटे टूंटे - توتہي توتہي [०६२]

'त' - 'ठ' में भ्रम प्रायः हो जाता है, मगर 'त' और 'ठ' रूपाकार में इतने अधिक भिन्न हैं कि इनमें दृष्टिभ्रम होने की अपेक्षा फ़ा० में 'त' और 'ठ' दोनों के लिए एक ही, ت वर्ण होने से लिपिक तरह-तरह से अटकल लगाने को विवश है।

○ मैंहो - उ०; मैंहू - को०; मैहूं - शि०; मैहु - वा०; मेंहू - मो०; मैहौं - नी०; मैंहौं - मि०स०; मोहू - मु०; मेंहूं - न०वे०; मैहू - गा०; मैहो - भा०ह०; مين ہو। डीठि – डिठि - उ०; दीठ - को०गा०न०; दीठि - चौ०; डीठ - सु०; ديتہ [०६४]

फ़ा० मूल से नागरी प्रति लिखते समय लिपिक अक्षर-अक्षर का लिप्यंतरण कर रहा है, 'मैंहो' आदि! 'द' 'ड' में भ्रम नागरी वर्ण में भी हो सकता है किंतु यह भी ध्यातव्य है कि फ़ा० में ڈ लिपि चिह्न न होने से, केवल د ही का प्रयोग दोनों के लिए होता था अथवा د के शीर्ष पर दो या चार विंदु लगाकर काम चलाया जाता था। दे० फ़ेलन तथा प्लाट्स के कोश।

○ उपज्यौ, 'अ' पर 'उ' - उ० [००५] ظا۰ - اوپجو 'उ' की फ़ा० वर्तनी او के शुद्ध लिप्यंतरण का प्रत्यक्ष प्रमाण!

○ लषाय - लषाइ । जाय - जाइ - जाईं। [००७] इसी क्रम से – جاین - جائ - جاي؛ لکہائ - لکہاي हमज़ा न लगा होने से उत्पन्न भ्रम।

○ सिषए - सिषये - सिषई – سکہئین [०१३] स्वर सूचक हमज़ा न होने से 'ये' के भिन्न नागरी रूपांतर।

○ कहि, 'क' के ऊपर दूसरी कलम से 'ग' - गहि - गृहि - کاد کہ फ़ा० प्रति में भी 'काद कहि'!
मारि – मार - 'र' में इकार बाद में - गा०वे०; مار । डारि – डार - دار [०१७]
इकार के द्योतक ज़ेर चिह्न के अभाव से तुकांत पर भ्रष्ट पद! इसी दोहे में 'फांसी' की निरर्थक विकृति 'पांसी' नी० आदि प्रतियों में मिलती है, پہانسي 'हे' का शोशा उड़ जाने से!

○ वेसरि - वेसर - वेसिर - بیسر ।
मुकतनु - मुकतन - मुकतनि - मुकतिन - मुक्तन - मुगतनि - मुगतन, 'न' में इकार बाद में - मुगतन - मुकुतनि - مکتن [०२०]
नागरी मूल हो तो 'बेसिर' भला क्यों लिखा जाएगा! फ़ारसी प्रति ज़ा० में भी 'र' के नीचे इकार का ज़ेर चिह्न नही है। 'मुगत-' में 'क' के स्थान पर 'ग' फ़ा० में इन दोनों वर्णों के लिए मात्र काफ़ होने से!

○ लावु - लाउ - लाइ - ल्याओ - लाय - لاو । गावु - गाउ - गाइ - गाओ - गाय, 'इ' हाशिए पर - गाय - کاو । तुकांत पर 'लाव' - 'गाव' आदि भ्रष्ट वर्तनी 'व' को स्वर 'उ' का रूप देने वाले हमज़ा के لاءو - کاءو न होने से! निम्नलिखित निरर्थक पाठ 'र्' में ज़ेर का इकार न होने से –
परहरि - परिहरि - परिहर - परहर - پرہر । नरहरि - नरहर - نرہر [०२१]

○ चिवुक - चुवुक। [०२६] ज़ा० प्रति में पाठविकृति है, 'चुभक'! ۰۵۳۲ ظا - چوبہک आश्चर्य नहीं जो इसमें से हकार का चिह्न निकल जाने से 'चुबक' और ऊपर 'चुवुक' हुआ हो!

○ अनियारे – अनेयारे - अनीयारे - अनिआरे - अनीयारे। [०२७] ۰۵۱۸ ظا - انیاری

○ कविलनवी (کولنوي) कविलनमा (کولنما) कविलनवा (کولنوا) - नी०; कवलनवी (کولنوي) कविलेनुमी (کولینمي) कविलनुमा (کولنما) किवलनवी (کولنوي) [०२९] ۰۱۸۵ ظا - کبیلنما
कोष्ठक में दिए गए फ़ा० लिप्यंतर को ध्यान से देखने पर प्रगट होगा कि भ्रम के मूल में नागरी वर्ण नहीं, मिलते-जुलते و - م अक्षर हैं!

○ रहीहै - रहिहैं - रहिहै - रहहै। [०३१] رہی

○ षिझंत - षीजत - षिजत - किजत – षीझत - षिझत - खिजत। [०३२] ज़ा० प्रति में भी 'षिजत'!

کہجت फ़ा० मूल में کہجہت का हकार लुप्त रहा होगा, इसी से दोनों लिपियों में समान त्रुटि दिखलाई दे रही है।

○ झरहूं - झरहू - झरहों - झरहौं - جہرہو - ظا۰ [०३९] ज़ा० प्रति में 'हू' यद्यपि निरनुनासिक है, मूल फ़ा० लिपि में यह अनुनासिक रहा होगा, جہرہون – तभी '-हों' '-हौं' जैसी विकृतियाँ संभव हैं।

हमज़ा की मात्रा :

सतसई की हमें उपलब्ध फ़ा० प्रतियों में व्यंजन को स्वर बताने – या बनाने – वाले हमज़ा चिह्न का प्रयोग अति विरल है। ज़ा० प्रति में मिल जाए तो मिल जाए, अन्यथा और कहीं प्रयुक्त नहीं हुआ। अन्य मात्रा चिह्नों के समान हमज़ा से रहित पाठ भी सुधी पाठक पढ़ सकते थे, इनका प्रयोग न किए जाने की एक वजह यह हो सकती है। नीचे संकलित वर्तनी भेद के साथ फ़ा० मे, फ़ा० हस्तलेखों में उपलब्ध वाचन दिया गया है, अन्यथा संपादक की ओर से शब्द की फ़ा० वर्तनी, नागरी पाठ के क्रम से, कोष्ठकों के भीतर।

○ जिय - जिअ - जीय - (جي - جئِي - جِي) جيہ । [००६]

○ ए - ये - اي । [००९] [०६३]

○ महाउर, 'र' के नीचे 'उ' की मात्रा बाद में - महावर - महाउर - माहावर - مہاور । [०२२]

○ मुसकाय - मुसक्याइ - मुसुकाई - मुसिकाइ - मुसकाइ - मुसिकाय - मुसुक्याय - مسكاي । पाय - पाई - पाइ - (پائي - پاي - پاي) پاي । [०२४]

○ यह - इह یہ । [०२९]

○ आइ - जाय - आय (آي - جاي - آئي) آي । [०३३]

○ पाइ, भिन्न कलम से ईकार - पाय - पाइ - पांइ پاي । महाउरु - महावर (مہاور مہاؤر) مہاور । महाउरी - महावरी - (مہاوري - مہاؤري) مہاوري नायन - नांइन - नाइनि – नांयनि - नायनि - नाइन - नायिनि। ناين – आइ - आय ای - آئي महाउरी - महावरी (مہآوري - مہآوري) [०३५]

○ यहै - इहै (یہي - یہئي) یہئي । सुभावु - सुभाय - सुभाउ - सुभाव - सभाऊ - सुभाऊ بہاو । [०३६]

○ पाइ पाय - पाए پاي । वेपांय - वेपाय - वेपाइ - वेपांईं (بي پاي - بي پائي - بي پاي بي پاني؟ بیپانین) بي پاي । [०४४]

○ सहाय - सहाई - सहाइ - سہاي । जुगवाय - जगवाय - जगवाई - जगवाइ - जुगवाइ - जगुवाय - जगवाह - جکپاي [०६९] यही यदि स्वर सूचक हमज़ा चिह्न सहित हो, سہاَئ - جکپاَئ तो तुकांत

पर ऐसी भूल न होगी।

विशेष :

० वोप - ओप - उंप اوپ। [०१६] इस वर्तनी का मूल फ़ा० वर्णों से अधिक पश्चिमी उच्चारण में है।

नासिक्य उच्चारण और उनके लिपिचिह्न

नासिक्य उच्चारण और उसके लिपिचिह्नों का विषय वास्तव में उतना जटिल है नहीं जितना कि हिंदी में अकर्मण्यता तथा अविचारशीलता के चलते उसे उलझाया गया है। दोनों को अलग-अलग करते हुए पहले अनुनासिकता के लिए चंद्र विंदु को लें।

आधुनिक हिंदी में प्रचलित और सर्वमान्य है अनुनासिक उच्चारण के लिए अर्धचंद्र विंदु का चिह्न। खड़ी बोली हिंदी में इसे लेकर कहीं भी संदेह की गुंजाइश है ही नहीं। टंटा उठ खड़ा होता है तब जब अनुनासिक उच्चारण के लिए यही अर्धचंद्र विंदु का लिपि चिह्न (ँ) अबसे पहले की ब्रजभाषा ही नहीं, और भी पुरानी भाषा में दिखलाया जाता है। यह विद्यालयी 'विद्वानों' का फैलाया हुआ गोरखधंधा है!

हिंदी में अनुनासिक के चिह्न को 'चंद्रविंदु' कहते हैं,

> अर्ध अनुस्वार की बिंदी। अर्धचंद्राकार चिह्नयुक्त विंदु जो सानुनासिक वर्ण के ऊपर लगता है। जैसे 'गाँव में 'गा' के ऊपर है।[63]

देखें, इस चिह्न को कहा तो गया 'चंद्रविंदु' मगर आकार है 'चंद्र' नहीं, 'अर्धचंद्र' का! इसे बाल की खाल निकालना भी नहीं कह सकते क्योंकि दोनों के अर्थ और प्रयोग सभी जुदा-जुदा हैं। मगर 'नेटिव की क्या सनद है, साहब कहें तो मानूँ।'

जी हाँ, संस्कृत के प्रकांड विद्वान् मॉनियर विलियम्स भी अनुनासिक की व्याख्या कुछ इसी प्रकार करते हैं,

> अनुनासिक nasal, uttered through the nose, (as one of the five consonents or a vovel, or the the three semivowels, y, u, l, under certain circumstances; in the case of vovels and semivovels, the mark ँ is used to denote this nasalization); the nasal mark ँ ; *(am)* a nasal twang; speaking through the nose (a fault in pronunciation).[64]

यहाँ भी हम वही बात पाते हैं, अनुनासिक के लिए अर्धचंद्र विंदु! भारत में संस्कृत अनुरागी उन्हें विलियम्स मुनिवर से समान सम्मानित करते हैं, सो इतने बड़े पंडित को 'चन्द्र' और 'अर्धचन्द्र' का भेद न ज्ञात हो यह संभव ही नहीं!

[63] **हिं०** पृ० १४३१।

[64] **MMW** p 34.

> अर्धचन्द्र N. of the Anusvara (from its being written in the older MSS. in a semilunar form, RamatUp.; [65]

वह जिस semilunar form को अनुस्वार चिह्न बता रहे हैं – वह भी एक अल्पज्ञात उपनिषद की पुरानी प्रतियों में, वैसा चंद्राकार चिह्न जयपुर, बनारस आदि में सन् १७०० के आसपास की हस्तलिखित पोथियों में जगह-जगह मिल जाएगा! आकार में यह दाईं ओर मुड़े हुए दूज के चाँद-सा है, या कि बंगला की 'ए' मात्रा के समान, और इसके बगल में विंदु।

चंद्र से इसका कोई वास्ता ही नहीं! यह तो कोमल 'ए' का सूचक चिह्न (विशेषतः राजस्थान में) पोथी लिखने वालों का गढ़ा हुआ है! वह भी सकारण। इस लिए कि देवनागरी के दो मात्रा चिह्न अपूर्ण हैं, 'ए' तथा 'ओ'। 'केते' 'केतना' में 'के' समान नहीं है। वैसे ही 'लाओ' और 'ओपर' में 'ओ' भी। इस भिन्न उच्चारण को प्रगट करने वाला कोई अलग चिह्न आज भी नहीं है। आचार्य किशोरीदास वाजपेयी ने इसके लिए ए की उत्क्षिप्त मात्रा लगाने का सुझाव दिया था।

'अर्धचंद्र' तो संस्कृत मुहावरे में बहु प्रसिद्ध है, 'अर्धचन्द्रं दत्वा निष्काशिता' – अँगूठे और उसके बगल वाली उग़ली फैलाने से बनी पकड़ अर्धचंद्र के आकार की होती है न, उससे गर्दन पकड़कर बाहर कर देना। गर्दनिया देना, हिंदीवाले बोलते हैं।

گردنی دینا : گردن مین هاته دیکر دهکا دینا ۔ مہزبللغات ۹۲۳-۱۰۔

संस्कृत के एक अन्य विद्वान चंद्रविंदु का अर्थ इस प्रकार बताते हैं –

> चन्द्रविन्दु - अनुस्वार का विन्दु - दीयतामेतस्यामर्धचन्द्रः। [66]

अतः मोनियर विलियम्स के साक्ष्य को मैं प्रामाणिक न मानूँगा। और न मानने के एक से अधिक कारण भी हैं। एक तो जुलाई सन् १८०० में कलकत्ता में फ़ोर्ट विलियम कॉलेज की स्थापना होते ही हिंदी तथा उर्दू के आधुनिक रूप 'भाखा' कि लिए बड़े भारी पैमाने पर नई वर्तनी स्थिर की जा रही थी, उसका कुछ नमूना देखने को मिल सकता है। हाँ, कोई आँखों पर पट्टी बाँध ले तो इसका कोई चारा नहीं!

भारतीय पुरा विद्या के प्रसिद्ध अनुरागी विलियम जोन्स (१७४६ – १७९४) उत्तर भारतीय भाषाओं के लिए लिपि चिह्न स्थिर करने का समय-समय पर प्रयास करते रहते थे।

ईस्ट इंडिया कंपनी की बेंगाल मेडिकल सर्विस में तैनात जॉन गिलक्राइस्ट साहब (१७५९ - १८४१) के सुझाव पर ईस्ट इंडिया कंपनी के गवर्नर जनरल वेलेज़ली और फ़ोर्ट विलियम में कंपनी के अधिकारियों ने अपने कर्मचारियों को देसी भाषाओं में माहिर कराने के उद्देश्य से वहीं पर फ़ोर्ट विलियम कालेज की स्थापना की। इसके अगले वर्ष सन् १८०१ में गिलक्राइस्ट इस कालेज के प्रधान और फ़ारसी हिंदुस्तानी के

---

[65] **MMW** p 92.
[66] आप्टे पृ० ३७१।

अध्यापक नियुक्त हुए। उन्होंने लल्लूलाल, मीर अम्मन, सदल मिश्र जैसे कितने ही भारतीयों को इस कालेज में नौकर रखकर उनसे हिंदी-उर्दू में पुस्तकें लिखवाईं। लेखकों के क्रम में, इनके द्वारा लिखे गए कुछ प्रसिद्ध ग्रंथों के नाम हैं, **प्रेमसागर**, **बाग़ो बहार**, **नासिकेतोपाख्यान**। गिलक्राइस्ट सन् १७८२ में भारत आए थे और पटना, फ़ैजाबाद, लखनऊ गाज़ीपुर और दिल्ली में १२ वर्ष रहकर इस प्रदेश की भाषाओं में महारत हासिल कर चुके थे।

सन् १८१० में जॉन गिलक्राइस्ट ने हिंदुस्तानी-उर्दू के लिए एकदम नए सिरे से लिपिचिह्न निश्चित किए, जिनमें कुछ का क़ातिबों में पहले से चलन था और कुछ उन्होंने अपनी ओर से गढ़े। वर्तनी का मानक रूप स्थिर करना उनके लिए अनिवार्य इस लिए हो गया क्यों कि तब तक लेखक और क़ातिब मनमानी तौर पर वर्तनी में लेख तैयार करते थे। गिलक्राइस्ट हिंदी और उर्दू की वर्तनियाँ निर्धारित कर छापे के टाइप ढलवाना चाहते थे। इस दिशा में बड़ा भारी काम संस्कृत और फ़ारसी आदि भाषाओं के विद्वान चार्ल्स विल्किंस (१७४६ - १७९४) ने कर दिखाया। ये छापे के टाइप ढालने के विशेषज्ञ थे। इन्होंने बंगला, फ़ारसी, देवनागरी के टाइप तैयार किए। हिंदी की पहली-पहली पुस्तकें इससे छपीं।[67]

मेरे प्रिय मित्र, ओसाका विदेशी भाषा विश्वविद्यालय के प्राध्यापक श्री यामाने अभी हाल में लंडन की ब्रिटिश लाइब्रेरी में संगृहीत गिलक्राइस्ट की **Hidoostanee Philology**[68] शीर्षक बड़ी ही महत्वपूर्ण पुस्तक की अन्यत्र दुर्लभ प्रति के बहुत सारे पन्ने हाथ से उतारकर ले आए हैं। इसमें एक चार्ट दिया हुआ है, Hindee-Roman Orthoepigraphical Alphabet[69], जिसमें हमारा ध्यान ख़ास तौर पर कुछ अक्षरों पर जाता है। इनमें से कुछ तो समान उच्चारण के फ़ारसी हरुफ़ों सहित हैं।

स्वर ;

इ ي ;

ई ي اي ;

अए ے اے ;

ओ ۇ وٗ ا

औ او و (दोनों वाव पर संयुक्त वर्ण का द्योतक जज़म।);

व्यंजन :

फ़ ف

ट ت ('ते' की दो बिंदियों पर आड़ी रेखा।);

ड़ ر ('रे' पर आड़ी लकीर);

ढ़ ('ट' के नीचे बिंदी। (फ़ारसी अक्षर नहीं है।);

67 यह बेंगाल एशियाटिक सोसाइटी के संस्थापकों में एक थे। बनारस में रहकर इन्होंने संस्कृत का गंभीर अध्ययन कर **भगवतगीता** का अँग्रेज़ी में अनुवाद किया था। इसका पुनरनुवाद योरप की अनेक भाषाओं में हुआ।

68 Edinburgh. 1810.

69 दे० इस अनुच्छेद से संलग्न छापा।

स ('स' के नीचे दो बिंदियाँ) ث

घ ('घ' के नीचे नुक़्ता) خ ;

ग़ غ ;

क़ ق

ध्यान दें, नागरी की ख, घ आदि महाप्राण ध्वनियों को व्यक्त करने के लिए आधुनिक उर्दू की तरह दोचश्मी हे ھ से मिलाकर लिखने का प्रस्ताव इसमें नहीं किया गया है। इसका अर्थ यह कि सिर्फ़ 'हे' ہ से मिलाकर, जैसे कि 'भौ' بہو लिखने का पुराना चलन बना रहने दिया गया।

बनारस से प्रकाशित भारतेंदु हरिश्चंद्र की पत्रिका **हरिश्चंद्र मैगज़ीन** के अप्रैल १५, १८७४ के अंक में बाबू राजेंद्रलाल मित्र द्वारा संपादित प्रो० एच० एच० विलसन का बनाया हुआ नागरी, फ़ारसी और रोमन अक्षरों का चार्ट, एशियाटिक सोसाइटी आफ़ बेंगाल की मई १८६७ वाली बैठक में पारित प्रस्ताव के साथ, छपा है। इसमें भी लगभग गिलक्राइस्ट के समान ही नागरी और फ़ारसी के लिए लिपिचिह्न निश्चित किए गए हैं। पहली तालिका से तुलनीय हैं प्रो० विलसन के चार्ट के ये अक्षर –

क़ ق क़िला;

ख़ خ ; ख़बर;

ग़ غ ; ग़रीब;

ज़ ز ض ظ ज़रा;

ज के नीचे दो बिंदी ژ अज़दहा;

ड़ बड़ा गरुड़;

ढ़ बढ़;

फ़ ف फ़रेब

नागरी महाप्राण ध्वनियों के लिए यहाँ भी कोई नयी रीति नहीं बताई गई।

अधिक विस्तार में जाने का यहाँ अवकाश नहीं पर इतना कह देना पर्याप्त होगा कि इस सारे भगीरथ प्रयास का उद्देश्य है, स्वयं गिलक्राइस्ट के शब्दों में, "to enable the youth of this country, destined for India, to keep pace with the rapid progress and improvement of philological knowledge in all the languages of the East."

ऐसा करना सर्वथा उचित भी तो था! केंचुए के समान अंधे भारतीयों की तो बात ही क्या, हर देश और काल में विजयाकांक्षी जाति के उद्यमी व्यक्ति वही करते आए हैं, जो इन परम देशभक्त अँग्रेज़ों ने किया! महमूद ग़ज़नवी भारतवर्ष पर २४ बार हमला बोलकर यहाँ से अथाह धन अपने लिए और लाखों ग़ुलाम बग़दाद और दमिश्क के बाज़ारों में २-३ दीनार में बेचने के लिए पकड़ ले गया था, इसके पहले वह अपने साथ उस युग के सबसे प्रकांड विद्वान् अल बरूनी को भारत ले आया, जिसने दस वर्ष यहाँ

रहकर भीतर से बाहर तक घुन खाए हुए देश समाज की गहराई से जाँच-पड़ताल कर उसका विवरण दिया 'अल हिंद' या 'भारत' नामक बेजोड़ पुस्तक में!

बांबे नेटिव इन्फ़ैंट्री के ले० क० बोडेन ने अपनी संपत्ति ऑक्सफ़ोर्ड युनिवर्सिटी को भारत में ईसाईयत फैलाने के लिए दान की थी।[70] इस धन से युनिवर्सिटी ने सन् १८३० में उनके नाम पर संस्कृत की बोडेन चेयेर की स्थापना की। इस पद पर आसीन होने वाले विद्वानों की धर्मांधता पर कोई कितना भी अचरज क्यों न करे, पर ईसाइयत का प्रसार उन स्वधर्मनिष्ठ अँग्रेज़ों का सबसे महत्वपूर्ण लक्ष्य था, इसमें कौन संदेह करेगा!

प्रो० विलसन का नामोल्लेख ऊपर हुआ है। प्रो० एच० एच० विलसन संस्कृत के विद्वान् थे और सन् १८३१ में बोडेन चेयर पर नियुक्त संस्कृत के प्रथम प्राध्यापक थे।

मोनियर विलियम्स (१८१९-१८९९) प्रो० विलसन के शिष्य, ईस्ट इंडिया कंपनी कालेज में १८४४ से ५८ तक भारतीय भाषाएँ पढ़ा चुके थे, सन् १८६० में बोडेन पीठ पर प्रो० विल्सन के उत्तराधिकारी नियुक्त हुए।[71]

संस्कृत में एक लोकोक्ति है, भिक्षुको भिक्षुकं दृष्ट्वा श्वानवद् गुर्गुरायते! पश्चिम के विद्वत्समाज में ऐसा नहीं होता। एक बार किसी प्रतिष्ठित विद्वान् के द्वारा स्थापित मान्यता में फिर मीन मेख नहीं निकाला करते। 'बिहारीलाल' नाम को डॉ० ग्रियर्सन की स्वीकृति मिल जाने के बाद कवि का यही नाम वहाँ स्थायी हो गया – आज दिन अमरीका की हारवर्ड युनिवर्सिटी में यही नाम स्वीकृत है।

मोनियर विलियम्स ने ऐसी ही मनोवृत्ति के अधीन हो अपने पूर्ववर्ती विद्वानों, गिलक्राइस्ट और प्रो० विलसन की ओर पक्षपात करते हुए अर्धचंद्र विंदु को अनुनासिक व्यंजन का चिह्न माना हो तो यह कोई आश्चर्यजनक बात नहीं।

अर्धचंद्र के ऊपर जो नुक़्ता है, वैसा बिंदु भारत के धुर उत्तर की शारदा लिपि से लेकर दक्षिण में तमिल, मलयालम, और पूर्व में बँग्ला-असमिया से लेकर पश्चिम की गुजराती-मराठी, संपूर्ण भारतवर्ष की सारी लिपियों की परीक्षा कर डालिए, किस लिपि में है? नुक़्ता या विंदु किसी भाषा में जब है ही नहीं; संस्कृत के "कुछ पुराने हस्तलेखों" मे पाया गया है, और फिर *सर्वोपरि तो यह कि संस्कृत के वे शब्द हैं कौन से जिनमें निहित अनुनासिक उच्चारण को व्यक्त करने के लिए अर्धचंद्र विंदु, ँ लगता था!* जो नुक़्ता भारत की किसी भी लिपि में नहीं; जिस अनुनासिक की अनिवार्यता प्राकृत में नहीं मानी गई,[72] जो अर्धचंद्र विंदु भारतेंदु से पूर्व ब्रजभाषा में प्रचलित न था, हिंदी-उर्दू की वर्णमालाएँ सीखने वाले

[70] to enable his countrymen to proceed in the conversion of the natives of India to the Christian Religion. MMW p. ix.

[71] Monier-Williams, Wilson's successor of Boden Professor wrote in 1879, "...When the walls of the mighty fortress of Brahmansim (Hinduism), are encircled, undermined and finally stormed by the soldiers of the Cross, the victory of Christianity must be signal and complete."

[72] प्राकृत में व्याकरण की दृष्टि से भी अनुस्वार के स्थान में अनुनासिक का होना कहीं भी अनिवार्य नहीं है और प्राचीन हस्तलिखित पोथियों में प्रायः सर्वत्र अनुस्वार का ही प्रयोग पाया जाता है। **पाइअ०** पृ० ६१।

बच्चे 'क का कि की' से लेकर 'ओ औ अं अः' वर्णमाला की बारहखड़ी सीखते हैं, उसमें जो 'अँ' आज भी नहीं दिखाई देता, (या कि बारहखड़ी के ऊपर 'तेरहखड़ी' भी है!) वह अर्धचंद्र अचानक उग आया एक नुक़्ते के साथ, तो ठीक है, वह नुक़्ता आया कहाँ से, इसकी गहराई से जाँच होनी चाहिए थी।

अरबवालों और बाद में विशेषतः मुग़लों के भारत आगमन के बाद प्रचलित हुई एकमात्र अरबी-फ़ारसी लिपि ऐसी है जिसके कुछ वर्णों के ऊपर या कि नीचे और कुछ के पेटे में एक दो या कि तीन बिंदियाँ लगी होती हैं – मोटे हिसाब, अरबी-फ़ारसी वर्णमाला के प्रायः आधे अक्षरों में बिंदी है। फ़ारसी में नासिक्य व्यंजन मात्र दो हैं, 'न्' ن और 'म्' م व्यवहार में दो नहीं बल्कि एक ही, 'न्' ن, जिससे 'न्' व्यक्त करने के अलावा इसी से अनुनासिक का भी काम लेना होगा! 'मान' यह है न, مَان ! – और 'माँ' مَاں – 'जहान' और جہَان 'जहाँ' جہَاں वही 'नून' अब 'नून ग़ुन्ना' نون غنه है; 'ग़ुन्नह' غنّه अर्थात् 'नकियाने वाला' नून![73] नून ग़ुन्ना का काम 'न्' और अनुनासिक उच्चारण में भेद दिखलाना है अतः नून में अर्धचंद्र के ऊपर की बिंदी *अर्धचंद्र के नीचे* लगाई गई है। १८वीं १९वीं सदी के कुछ नागरी हस्तलेखों में यत्र-तत्र अर्धचंद्र विंदु अगर मिलता है तो उसका आकार अर्धचंद्र के दाहिने ओर विंदु, प्रायः (० जैसा है।

ध्यान दें तो स्पष्ट होगा कि उर्दू के 'माँ' مَاں जैसे सानुनासिक शब्द संस्कृत-हिंदी मूल के हैं! 'जहाँ' جہَاں तो तरन्नुम पैदा करने के लिए 'जहान' جہَان का रूपांतर है! उर्दू के पुराने-नए कोशों की वर्तनी देखने पर एक और भी रोचक तथ्य यह सामने आता है कि हिंदी के समान उर्दू में भी अनुनासिकता व्यक्त करने में एकरूपता न मिलेगी। फ़ेलन के कोश में بھانپنا 'भाँपना', بھانت 'भाँत', और بھانڈ 'भाँड़' हैं तो अनुनासिक अनुस्वार का घोलमेल भी! اُکڑوں 'उकड़ूं', انتڑي 'अंतड़ी', انسو 'आंसू', انکڑانا 'अंगड़ाना', اُنگلي 'उंगली'; फ़ारसी अनुस्वार انگوشت 'अंगुश्त' के समान अनुनासिक انگوٹھا 'अंगूठा'! और भी देखना चाहें तो निम्न उदाहरण मद्दाह के कोश से हैं। ابرو کماں अब्रूकमाँ (धनुष के समान मेहराबदार भौंहें), ابر نیساں अब्रे नैसाँ (चैत का बादल), ابر باراں अब्रे बाराँ (वर्षाकाल का बादल), امیر کارواں अमीरे कारवाँ (क़ाफ़िले का सरदार), फ़ा० ارزاں अर्ज़ाँ (सस्ता), फ़ा० ارمغاں अर्मुग़ाँ (उपहार), फ़ा० اشک فشاں अश्क फ़िशाँ (आँसू बहाने वाला)। देखें, सारे ही शब्द आम बोलचाल के न होकर ठेठ फ़ारसी के हैं, सभी दीर्घ अनुनासिक स्वर हैं और समास में आए हुए पद इज़ाफ़त के कारण रूप परिवर्तित हुए हैं! मूल रूप तो کمان 'कमान' है, کماں 'कमाँ' नहीं।

गिलक्राइट और विलसन की तालिकाओं पर दृष्टि डालें, अधिकतर प्रस्तावित अक्षर नीचे एक या दो बिंदी लगाकर गढ़े गए हैं। कहना चाहिए कि नुन ग़ुना का नुक़्ता नीचे से उठकर अर्धचंद्र विंदु की गोद

73 جنه (v.n. of جن) Talking through the nose, sound communicated throuhg the nose, a nasal twang, nasality. **Steingass** p. 896.

में आ बैठा है! इसे तथा, संयोग से, फ़ारसी हरुफ़ नासिक्य व्यंजन ں को देवनागरी वर्णमाला में अनुनासिक चिह्न माना गया है।

हिंदी वर्णमाला में अनुनासिक के लिए चंद्र विंदु का चलन होते ही नकटे उच्चारण का रोग ऐसा फैला कि कहते नहीं बनता! **सतसई** की रज़ा लाइब्रेरी की फ़ारसी प्रति में है جہو ن تہي 'झूँठे' और بہجي ن بہونکہ 'भूँष'! ये तो पुराने पड़ गए, कुछ नए नमूने देखें।

'गँगन गाँग' ('गगनगंग' के लिए!) [74] آوا (आवा) a potter's kilm. [75] इसके आगे का अंश ध्यान देकर पढ़िए, – "आँवा – आँवाँ बिगड़ना - आवें के बरतनों का ठीक ठीक न पकना।" [76]

ब्रज काव्य भाषा में अनुनासिक उच्चारण *चिह्न* ँ अनावश्यक ही नहीं, बल्कि लगा होने से भारी भ्रम पैदा करता है। 'नंदनंदन' के, लय, गण आदि के दबाव से एकाधिक उच्चारण होंगे, यथा, 'नँदनंदन', 'नदनंदन', 'नंदनँदन'! '**आनद सो अभिसार करो अपने मुष तै अति अंचर टारै** [नर० ५८०]' ध्यान दें 'आनद' पर। भगण है, ऽ । ।, अतः अनुस्वार अनुनासिक, दोनों, उड़ा दिए गए हैं! इसी प्रकार अर्धचंद्र विंदु सहित अनुनासिक लघु मात्रा के व्यंजन पद, जैसे कि 'सँस', 'सँग', आदि कितने ही पद भ्रमकारक हैं। दीर्घ के क्यों नहीं? क्योंकि दीर्घ व्यंजन के साथ अनुस्वार और अनुनासिक उच्चारण में भेद नहीं रह जाता। 'आँख' – 'आंख', 'माँग' – 'मांग', 'काँकर' – 'कांकर', 'सूँड' – 'सूंड', 'बाँक' – 'बांक' में पृथक् उच्चारण श्रुतिगोचर नहीं होते। [77] 'झांई' [००१] तथा 'झाँई', 'हांसी' [०३०] और 'हाँसी' जैसे पदों में दीर्घ पर अनुस्वार अनुनासिक का उच्चारण भेद होता भी नहीं। आगे की अपूर्ण सूची के ऐसे शब्दों में भी यही विशेषता मिलेगी –

क्यौहूं - नांहि - मांहि [००६] घूंघटपट - माह - छाह [०१२] लौ [०१५] सीचि [०१९] बतियां [०२४] भांति [०३१] नीरहूं - झरहूं [०३९] आंषि [०४२] गांस [०६५] तुमहूं [०६८] तुमहू [०६९]।

लघु स्वर के साथ अनुनासिक चिह्न क्यों भ्रमात्मक होता है, इसका कारण समझना चाहिए।

काव्य भाषा पर कितने ही प्रकार के बंधन होते हैं, जैसे कि छंद, लय, अनुप्रास, बलाघात आदि। मगर इनमें से कोई भी बंधन बाँधता नहीं बल्कि स्वच्छंद करता है, अकेले कवि ही को नहीं बल्कि पाठक और श्रोता को भी! निर्बाध रूप से स्वायत्त!

नीचे तीन उदाहरण दिए जाते हैं, तीनों ही गुरु लघु लघु वाले मत्तगयंद सवैया छंद में निबद्ध हैं –

वोलत वोल न घूघुट षोलत कंपत अंग सु संगम नामा [स० ४-५६]

---

74 'विद्वन्मोदतरंगिणी' पृ० १८७।
75 Fallon. p. 169.
76 **हिंदी शब्दसागर** पृ० ४०६।
77 ब्रजभाषा में 'गंज' तो मिलता है, 'गँज' नहीं –
पैन्हति मोघ भयो मघवा उघरि गये मेघ ओघ देषे रवि छीजी छवि गाज वीजु गंज मै [सूर्यो० १-५०]

> **सेज सुधारि समारि सवै अंग आंगन के मग मै पग रोपै** [**काव्य० ४-१७**]
> **डोलत है अभिलाष भरे सुलग्यौ विरहाज्वर अंग अझूनो** [**भाव० २-१२**]

यदि 'अं' गुरु पर आता है, जैसे कि पहले और तीसरे उदाहरणों में, तब तो अनुस्वार विंदु सहित 'अंग'। दूसरे उदाहरण में 'अं' गुरु पर नहीं लघु पर आकर भी, छंद के गण बंधन से, प्रवाह और लय के ज़ोर से, अनुस्वार विंदु, 'अंग' का अनुनासिक उच्चारण करा लेता है, 'अँग'। यहाँ भी बहुधा चंद्र विंदु रहित वर्तनी आधुनिक अनुनासिक चिह्न, अर्धचंद्र विंदु, के अप्रचलन की ओर इशारा करती है। ब्रजभाषा ही नहीं, अन्य आर्य भाषाओं में भी अनुस्वार चिह्नित स्वर का अनुनासिक उच्चारण होता रहा है।[78]

ऐसी ही स्वच्छंदता का दूसरा उदाहारण भाषा काव्य के हस्तलेखों में 'व्' और 'ब्' दोनों के लिए 'व्' ही का प्रयोग है। कुछ हस्तलिखित प्रतियों में सभी वकार बकार हैं, किंतु सभी प्रतियों में एकरूपता नहीं है। इसे स्थिर किया भी नहीं जा सकता।

'व्' – 'ब्' में भेद करते हुए लिखने चलें तो संस्कृत के तद्रूप शब्दों के साथ भाषा का उच्चारण मिलाने से एक ही चरण में वह सब बकरकूद मचा देंगे! 'अवला नवला' होगा कि 'अबला नबला'? श्रीपति पद है निम्नलिखित –

> **श्रीपति सुजान जाहि जूथिका विदारि जात महिमा विगारि जात वारिजात वन की** [**दि० १८६**]

कैसे करेंगे 'व' 'ब' में भेद! सर्वत्र 'व्' है तो कवि पाठक दोनों स्वतंत्र हैं, मनचाहा वाचन करने को!

नागरी में लिखित ब्रजभाषा ही में नहीं, फ़ारसी में भी इसकी जड़ें गहरी गई हैं। इसका कारण स्पष्ट करना चाहिए। फ़ैलन के कोश में 'बाहन' باہن 'बिबाद' بباد – प्लाट्स में वाव हैं, واہن - و واد ! इन दो कोशकारों की व्यक्तिगत रुचि मात्र के कारण यह अंतर नहीं हो सकता।

> हिन्दी में 'व' और 'ब' की समस्या भी बहुत जटिल है। इतनी जटिल है कि जब नागरी-प्रचारिणी सभा, काशी का 'हिन्दी शब्दसागर' बनने लगा था, तब कुछ सज्जनों ने प्रस्ताव किया था कि 'व' और 'ब' दोनों से आरम्भ होनेवाले शब्द अलग-अलग यथा-स्थान न रखकर एक साथ उसी प्रकार 'फ' के बाद 'ब' के अन्तर्गत रक्खे जायँ, जिस प्रकार प्रायः बँगला कोषों में रक्खे जाते हैं। परन्तु इस प्रश्न के सभी अंगों पर विचार करके अन्त में दोनों को अलग अलग रखना ही निश्चित हुआ था। बात भी ठीक है। यदि उक्त प्रस्ताव स्वीकृत हो गया होता तो हिन्दीवालों के सामने एक बहुत ही दूषित उदाहरण उपस्थित होता।[79]

---

[78] Beames I p. 296-97.

[79] **अच्छी हिन्दी** - पृ० २८२।

खड़ीबोली हिंदी में, अब, बात भले ही ठीक हो, ब्रजभाषा काव्य का संपादन करते समय यह बात, पहले की तरह अब भी, बेठीक ही है! (दे० 'व' 'ब' **श्रीपति मिश्र ग्रंथावली** पृ० २३।)

केवल इस आधार पर 'ब' को 'व' से विकसित मानना कि 'ब' के गोले के अंदर की रेखा ही अधिक है, [80] बहुत तर्कसंगत नहीं लगता। उच्चरित ध्वनि को व्यक्त करने के लिए होते हैं, वर्ण के लिखित रूप - नए रूप भी, जैसे 'ड़' तथा 'ढ़'! वर्णमाला के लिए उच्चारण थोड़े ही गढ़ा जाता है!

लिखित रूप में 'ब' तथा 'व' में घोलमेल, मेरे अनुमान से, उच्चारण के कारण है। ब्रजभाषा की सरल उच्चारण प्रकृति, वह अर्धस्वर 'व' की अपेक्षा 'ब' व्यंजन को अपने अधिक निकट पाती है! यह प्रवृत्ति खड़ीबोली में कब तक बनी रही, इसकी परीक्षा करना कठिन नहीं है। सन् १८०० से कुछ बाद की फ़ोर्ट विलियम कालेज से प्रभावित प्रकाशित साहित्य में हमें पर्याप्त उदाहरण मिल सकते हैं। 'कुल्लियात मीर तक़ी' (सन् १८११) को हमें देखना चाहिए।

उच्चारण शिथिलता :

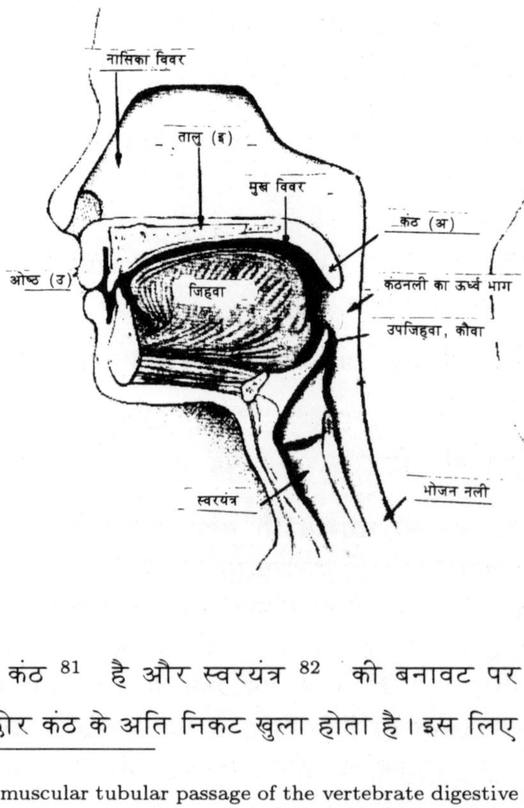

'अ' का उच्चारण स्थान कंठ [81] है और स्वरयंत्र [82] की बनावट पर ध्यान दें तो पता चलेगा कि नासिका विवर का भीतरी छोर कंठ के अति निकट खुला होता है। इस लिए 'अ' 'आ' के निकट व्यंजन

80 **Beams** p. I-252-53

81 Pharynx. 咽頭 The muscular tubular passage of the vertebrate digestive and respiratory tracts extending from the back of the nasal cavity and mouth to the esophagus. Nasopharynx The upper part of the pharynx continuous with the nasal passages.

82 Vocal chord. 声帯 Either of two pairs of folds of mucous membranes that project into the cavity of the larynx and have free edges extending dorsoventrally toward the middle line.

होने से उच्चारण में शिथिलता आने पर ये स्वर उन व्यंजनों का नकियाता हुआ उच्चारण करा देते हैं।

इसके विपरीत 'इ' 'उ' 'ओ' के निकट होने पर भी व्यंजन का उच्चारण नासिक्य नहीं होता क्योंकि इन स्वरों का उच्चारण स्थान कंठ न होकर मूर्धा, तालु, दंत और ओठ है।

शिथिल उच्चारण को लिपि चिह्न द्वारा प्रगट करने ही के लिए तो सन् १८०० के आसपास नागरी में ड़ ढ़, उर्दू वर्णमाला के लिए ड़े ढ़े के अक्षर गढ़े गए। बंगला और गुरुमुखी में भी ड़ ढ़ नए, हाल के हैं। मराठी में अब भी ड़ ढ़ के स्थान पर ड ढ उच्चारण होता है। 'गाडी'; पंजाबी में 'गड्डी'!

हिंदी हो कि उर्दू, किसी एक ने भी यह जाँचने-परखने का किंचित् प्रयास तक न किया कि 'ड़', 'ढ़', ˚ ; ض - ط जैसे लिपिचिह्न पुराने हस्तलेखों में सिरे से ग़ायब हैं तो क्यों? क्योंकि वियाग्रा, बिकिनी, कोकाकोला, बिस्कुट आदि के समान तब इन चिह्नों का अस्तित्व ही न था! ये ध्वनि चिह्न अब दिखलाई दे रहे हैं तो इस बीच कब और किसने इन्हें गढ़कर चलाया है!

उत्तर भारत की गाय पट्टी में स्थित विश्वविद्यालयों के हिंदी कारख़ानों में अधिष्ठित आचार्यों की पीढ़ी-दर-पीढ़ी का करिश्मा है यह। **रामचरित मानस** (संपादक बाबू श्यामसुंदरदास, इंडियन प्रेस, सन् १९१६) में ये नए नागरी वर्ण छिटपुट ही दिखलाई देते हैं मगर इससे आगे बढ़ते ही सहसा आँखों को विश्वास नहीं होता कि कैसे छात्रों के सारे कर्णधार, भेंड़-बकरियों का रेवड़ नाले-खाले में धाय-धँसने के समान, अंधकूप में कूदते गए! फिर तो विद्यापति और चंद वरदाई, नरपति नाल्ह से लेकर कबीर, जायसी, सूरदास सबको स्वर्ग से पकड़ मँगाकर फ़ोर्ट विलियम की चटशाला में हिंदी की नई वर्तनी में दीक्षित करा, संपूर्ण प्राचीन हिंदी काव्य का चोला ही ऐसा शोध दिया गया कि ये बेचारे कविगण स्वरचित काव्य पढ़ते हुए हकलाने लगें! संस्कृत में 'क्रोड़', वैदिक छंद में 'इड़ा', इन्हें खोजने के लिए लालटेन लेकर निकलने की ज़रूरत न होगी! ऐसा परमोच्च कोटि का उद्भट वैदुष्य हिंदी छोड़ किसी अफ़्रीकी कबाइली भाषा में भी खोजे न मिलेगा। अज्ञान और अंधकार का घनीभूत पुंज सहज में थोड़े ही बनी है हिंदी!

निष्कर्ष :

इससे अधिक गहराई में जाने की मुझमें सामर्थ्य है और न ही योग्यता। इतना भी केवल इस उद्देश्य से कि यह भी विचार की एक सरणि है; विज्ञ जनों को इसमें कुछ भी सार दिखलाई दे – या कि मात्र संभावना – तो ब्रजभाषा में अनुनासिकता के लिए अनुस्वार सूचक विंदु के बड़े ही व्यापक स्तर पर प्रयोग को लेकर अधिक गंभीरता से विचार होना चाहिए।

ब्रजभाषा की पुरानी वर्तनी की छानबीन करने का यह पहला प्रयास है। इसकी चलती चर्चा मैंने श्रीपति मिश्र तथा देव की ग्रंथावलियों की भूमिकाओं में की है। अब तक हिंदी-उर्दू में किसी अन्य व्यक्ति ने ऐसा

ही प्रयास किया हो तो मुझे इसकी सूचना नहीं। लगता तो यही है कि दोनों ही जगह गहरा सोता पड़ा है!

यह मेरा अधीत विषय, न जापान में मेरे पास पर्याप्त मात्रा में लेख, इस पड़ताल का कच्चापन प्रगट ही है। हो सकता है किसी योग्य विद्वान् की इस पर निगाह पड़े, और उसके हृदय में इस महत्वपूर्ण समस्या को पूरी तरह से मथ डालने का उत्साह जगे।

जैसे अर्जुन का लक्ष्य पश्यामेकं चिड़िया, मेरा **सतसई**, इसी के प्रयोजन से की गई जाँच का निष्कर्ष इस प्रकार है।

'औरें', 'नेंक', 'सोहें' आदि 'न' तथा 'म' से इतर व्यंजनों पर अनुनासिक विंदु नासिक्य उच्चारण का द्योतक नहीं, ह्रस्व एकार का सूचक है। संपादित पाठ में वर्तनी रूप ऐसा ही न रखने के पीछे कारण है। आज दिन अनुनासिक विंदु को नासिक्य उच्चारण का चिह्न मानने की रूढ़ि होने से जहाँ नासिक्य उच्चरण अभीष्ट नहीं, वहाँ उलटे भ्रांति पैदा होगी। अतः ऐसी वर्तनी होने पर इनका निरनुनासिक रूप लिया गया है – मिलता भी है यही सर्वाधिक – यथा, 'औरे', 'नेक', 'सोहे'। (यदि सभी वर्तनी सानुनासिक है तो वहाँ उसे ग्रहण किया गया है।)

'कुं' जैसी मारवाड़ी वर्तनी को इनके ब्रज प्रतिरूपों के समान मानते हुए पाठसाक्ष्य के रूप में प्रयोग किया गया। दोहे के पाठांतर में होने पर इन्हें मूल रूप में दिखाया गया है।

हमज़ा से प्रभावित वर्तनी केवल संयुक्त स्वरों में दिखलाई देती है, 'ए' का 'ये', 'उ' का 'व'। 'इ' के बाद 'य' श्रुत नहीं होता – वहाँ 'य' न होना चाहिए। यह बात सिद्धांततः सही होने पर भी उपलब्ध वर्तनी रूप पर अंधाधुंध एकरूपता नहीं लादी गई।

दोहा तथा टीका में भी वर्तनी भेद को पाठांतर के साथ दिया जा रहा है। अंतिम संपादित रूप में दोहों के साथ इन्हे बनाए रखा गया ताकि उच्चारण के आधार पर वर्तनी के विकास का अध्ययन संभव रहे। टीकाओं का पाठ स्थिर करने में वर्तनी भेद से सहायता ली गई मगर पाठ स्थिर हो जाने के बाद केवल वर्तनी में अंतर होने से, यदि अर्थभेद नहीं उत्पन्न होता तो, ऐसे अंश को पाठांतर के साथ देना अनावश्यक समझा गया।

परिशिष्ट :

परिशिष्ट १) मध्यवर्ती 'ए' की सूची :

○ औरै - औरें - उरे - औरैं - ओरै - और। [००४]

○ उपज्यौ, 'अ' पर 'उ' - उपज्यो - उपज्यौ - उपजो - उपजौ। क्यौं - क्यों - क्यो - क्यौ। [००५]

○ क्यौंहु - कौंहुं - क्योंहू - क्योहू - क्यौहूं - क्यौंहू - क्योंहौं - क्यौंहूं - क्यौहू। नौंक - नोक - नौक। मांहि - माहि - मांहिं। [००६]

○ मैं - मै - में - मे। नैंक - नेक - नेंक - नेंकु - नैक। होत - होति - हौति - परति। सौंधे - सोधें - सोंधे - सोंधै - सोधे - सौंधै - सोंधैं - सोंधें। डोरैं - डोरें - डोरी - डोरे - डोरै। [००७]

○ रीझिहौं - रिझहों - रीझिहौ - रिझिहो - रीझहै - रीझहो। छवीले - छविले - छवीलें - छवीलै। सौंनजुही - सोनजुही - सौनजुही - सोंनिजुही। [००८]

○ लषैं - लषें - लषै - गनैं। औरौ - औरें - ओरें - औरै - औरैं। से - सै - सें - सैं। नैंन - नेंन - नेन - नैन। [००९]

○ तज्यौ - तज्यौं - तज्यो - तजौ। मनौं - मनुं - मनौ - मूलतः 'मनौ', एक तिरछी मात्रा पर काटने का चिह्न - मनों। [०१०]

○ झोर - झोंर - झौर - सौर मो - झौंर। मैं - मे - मै - में। भयौ - भयो - भई। भौर - भोर - भवर - भोंर - भौंर। [०११]

○ ललिचौहैं - ललचोहें - ललचौहैं - ललचौहै - ललचौहे - ललचोहै - ललचोंहे। सौं - सों - सुं - सौ। [०१२]

सवै - सवे - सवें - भले। मनौ - मनों - मनौं। मैन - मेंन - मैंन - मैंनि। नेंन - नैन - नेन - नैंन - नै। [०१३]

○ कौंन - कोन - कोंन - कौन - कौनि। [०१४]

○ झीनैं - झीनै - झीने - झींने - झींनें - झीनें। मै - मे - मैं - में - अक्षर के पूर्व। मनों, औकार की एक टेढ़ी रेखा पर काटने का चिह्न - मांनु - मनो - मनौं - मानौ - मनु - मनों। मैं - मे - में - मै। [०१६]

○ काढै - काढें - काढेंगो - काढैं। कौंनु - कौंन - कोन - कौनु - कौंनु - कोनु - कोंन - कौन। भौ - मो - भो। मै - मैं - में - मे। कौ - को - कौं। लौनु - लौंन - लोनु - लोंन। [०१८]

○ सींचि - सींच, 'च' में इकार बाद में - सीचि - सीची - सींच। [०१९]

○ अजै - अज्युं - अजूं - अज्यौं - अज्यों - अजौंन - अजों - अजौ - अजौं। कै - के - कैं। [०२०]

○ धरे - धरैं - धर्‌यो - धरै - धरें। वनें - वने - वनै। [०२२]

○ नैंन - नैन - नेंन। औरै - औरें - ओरें - औरैं। [०२३]

○ वारौं - वारों - वारौ। [०२५]

○ परियै - परिये - अरीयें - अरीयैं - परिए - परिही - डरियै - परियैं - परीयै - परिऐ। (मात्रा के अतिरिक्त हमज़ा का भी प्रभाव) [०२६]

○ लौनै - लौंने - लोने - लौने - लौंनै - लोनै - लोंनें। लगौ - लगै - लगें - लगैं। ('लगौ' राजस्थान

की कुछ प्रतियों में दो (जुड़े हुए) शब्दों का विभाजन व्यक्त करने के लिए वहाँ शिरोरेखा को काटती हुई खड़ी रेखा अंकित करते हैं – पदांत में ए की मात्रा हो तो उस रेखा में दृष्टि भ्रांति होने से ओकार हो जाता है।)

○ यौं - यौ - यो - यों। दियैं - दिये - दीयै - दीए - दियै - दीयौ। [०२८]

○ त्यौं - त्यौ - त्यो - तैं - त्युं - त्यों - तन। त्यौं - त्यो - त्यौ - सौ - त्यों - त्युं - तन।

○ नौं दीठि - लौ डीठि - लों डीठि - लो डीठि - लौ दीठि - लों दीठि, हाशिए पर भिन्न कलम से 'लौ', 'ठ' पर इकार बाद में - लों दीठ - लौं डीठि। [०२९]

○ कौंन - कोंन - कौन। मोंसौं - मोसो - मोसुं - मोसौं - मोसों - मोसौ - मोंसों। [०३१]

○ भरे - भरें - भेरैं - भर। भौंन - भोन - भौन - भोंन। मैं - में - मे - मै। सौं - सों - सौ। [०३२]

○ वैठी - वैठि - वेंठी - वैंठी। [०३५]

○ अनआयें - अनआए - अनआयै - अनआवैं - अनआंऐ - अनआएं - अनआयैं - अनयायै। आवै - आवें - आवैं। आएं - आए - आयै - आवै - आयें - आये - आंऐ - आयैं। आउ - आय - आव - आऊ। [०३६]

○ कौ - कौं - कों - कै - को। [०३७]

○ सों - सौं - सुं - सौ। आगै - आगें - आगैं। कौन - कौंन - कोन - कोंन। [०३८]

○ ज्यौं ज्यौं - ज्यों ज्यों - ज्यौंत्यौ - ज्युं ज्युं - ज्यौ ज्यौ। त्यौं त्यौं - त्यों त्यों - त्यौत्यौ - त्युं त्युं।

○ ज्यौं - ज्यौ - ज्यों - जिन - ज्युं - जों। [०४२]

○ स्यौं - सौं - सो - सों - सौ। लषैं - लषे - लषै - लष्यौ - लषें। डिठोनां - दिठोना - दीठौना - दिठोनां - डिठौना - दिठौना - दिठिंना - दिठौनां - दिठौंना - दिठोंनां। तै - तैं - ते - तें। [०४३]

○ कों - को - कौ - कौं। [०४४]

○ भले - भलैं - भलै - भलें। [०४५]

○ कियैं - कीयै - कीइं - कीएं - कियो - कियें - किये - कीये - किए। दैन - देंन - दैंन। नैंन - नेंन - नैन। [०४६]

○ कौं - कौ - कों। करौं - करिं - करौ - करों। उलटे - उलटै - उलटें। परे - परैं - परै। [०४७]

परिशिष्ट २) 'इ' – 'य' :

यहाँ जिज्ञासा होती है कि 'आया' में 'य्' क्यों सुनाई देता है और 'आयी'-'आये' में क्यों नहीं? ... स्वर प्रबल होता है और व्यंजन निर्बल होता है। व्यंजन स्वरों के सहारे ही अपना रूप प्रगट करते हैं। ... जो जिसके सहारे रहता है, वह उससे दबा रहता है और यदि सवर्ण हुआ तो अपनी आवाज भी दबा देता है। जिसकी कोई आवाज नहीं उसका 'लोप'। ...'य' तथा 'इ-ई' सवर्ण हैं और समस्थानीय हैं।

यदि दो सवर्ण स्वर (समस्थानीय) 'य्' को बीच में पा जाते हैं, तो उसे एकदम दबा देते हैं – उसका 'नित्य लोप' हो जाता है। 'कियी' 'लियी' आदि में 'य्' बीच में पड़ गया है। 'इ' और 'ई' ने उसे दबोच लिया है। 'आये' 'आयी' आदि में भी 'य्' की कोई आवाज पृथक् नहीं है; क्योंकि 'य्' समस्थानीय स्वर 'इ' के आश्रित है। इसी लिए 'य्' का वैकल्पिक लोप – 'आए' - 'आई' प्रयोग। 'आये' 'आयी' भी सही; यद्यपि व्यंजन यहाँ भी दबा हुआ है। 'नित्य लोप' यहाँ नहीं; क्योंकि 'य्' दो इकारों के बीच नहीं है। 'आये' में 'आ' तथा 'ए' के बीच में वह है और 'आयी' में 'आ' और 'ई' के बीच में। 'आ' से 'य्' को कोई खतरा सम्भव ही नहीं; सवर्णता नहीं है; समस्थानीयता नहीं है। इसी लिए (दबा-दबा ही सही) वर्तनी में रह सकता है। आगे 'ई' होने के कारण ही यह स्थिति है। 'आया' 'आयी' में तो 'य्' साफ सुनाई देता है, क्योंकि न आगे 'इ' और न बाद में 'इ'। 'आयी' में 'ई' से दब जाता है। 'आये' में भी 'य्' दबा है; पृथक् आवाज नहीं है। कारण यह है कि 'ए' में भी इकार विद्यमान है, जो हमें भले ही दिखाई न दे; 'य्' को कैसे धोखा दे! भेड़िया दूसरों को न दिखाई दे; पर भेड़ तो उसे देख ही लेती है और सूख-सहम जाती है। इसी तरह 'य्' को 'ए' में छिपी 'इ' दिखाई देती है। 'अ' और 'इ' के मेल से 'ए' स्वर निष्पन्न है। सो 'आये' में 'ए' के साथ दब कर 'य्' अपनी आवाज खो देता है। ...परंतु 'आये' 'गये' में 'य्' के पहले 'इ' नहीं है; इस लिए वैकल्पित लोप। ...ह्रस्व स्वरों की मात्राओं का विन्यास बाईं ओर और दीर्घ स्वरों का दाहिनी ओर बड़े महत्त्व का है।

'उठिये' 'बैठिये' आदि प्रयोग एकदम गलत हैं; प्रामादिक हैं। यहाँ 'य्' बीच में योंही आ कूदा है, न जाने कैसे! इसे हटा कर 'उठिए' 'बैठिए' जैसे पदों की अर्चना करनी चाहिए। हिन्दी के निर्मल 'उठिए' जैसे पदों पर 'य्' की धूल आ चढ़ी है! इसे धो देना चाहिए।[83]

परिशिष्ट ३) अनुस्वार :

...anusvara is inserted in the place of the lost nasal. It might at first appear that this substitution of anusvara for the organic nasal was a ... simpler form of writing introduced to avoid the necessity of using the clumsy and intricate sanskrit letters, such as ङ्क , ञ्ज , ण्ट , न्द , etc. , and it might further be urged in support of this view that as several of the languages have abandoned the characters ङ , ञ and ण, the only course open to them was to use the nasal dot. But ...the substitution of anusvara for the nasals of the several organs is almost always accompanied by lengthening of the preceding vowel, which is indicative of compensation for some loss. ...this anusvara is in most languages pronounced as distinct anunasika or nose intonation; this is peculiarly the case in B. and OM., where both forms are in existence side by side. ...In many cases the insertion of the anusvara is purely optional, which would not be case were it another way of

[83] **हिन्दी की वर्तनी तथा शब्द विश्लेषण** आचार्य किशोरीदास वाजपेयी, पृ० १४ - १७।

writing the nasal; nay, in some instances it is entirely omitted. examples :

ङ skr. जङ्घा "leg," Pr. id, H. जांघ, P., S. जंघ, G., M. जंघा, B. जांगी ;

ञ Skr. गञ्जाविका "hemp-plant," H. गांजा ;

ण Skr. कण्टक "thorn," Pr. कंटओ, H. कांटा, M., G. id., P. कंडा, S. कंड़ि O. कांटा B. id. ;

न Skr. चन्द्र "moon," Pr. चंद, H. चांद, and so in all but P. चंद, S. चंड्र ;

म Skr. कम्पन "trembling," Pr. कंपणं, H. कांपना, P. कंबणा, S. कंबणु, G. कांपवुं, M. कांपणें, B., M. कांपन। [84]

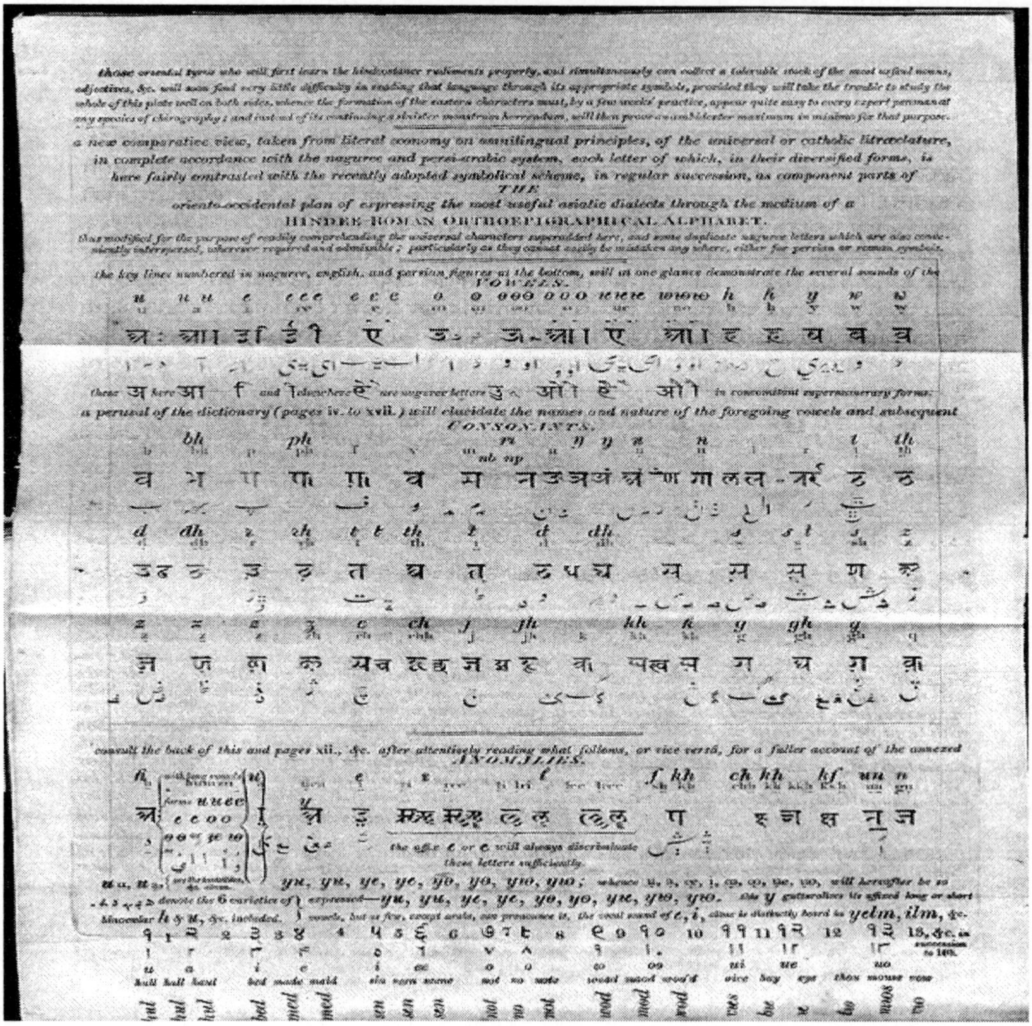

* जॉन गिलक्राइस्ट की पुस्तक The Hindee-Roman Orthoepigraphical Ultimatum से *

---

84 **Beames** p. 1-296-97.

सतसई – पाठ

श्रीगणेशायनमः। विहारीदास कविकृत दोहरा :

मेरी भौवाधा हरौ। राधानागरि सोइ। जा तन की झांई परै। स्याम हरित दुति होइ [००१][1]

میری بہوبادہا ہرو رادہاناکر سوی · جا تن کي جہاین پرین سیام ہرت دوت ہوی [ظا۰
[۰۰۱

अन० : प्रथम आशीर्वादात्मक मंगलाचरण है। देवरतिभाव ध्वनि है। सोय राधानागरि मेरी भववाधा हरो मिटाओ। सोय कोन सी? जा तन की झांई, स्याम द्युति, परें हरित होय, जाको हरो रंग होत हैं। प्रथमार्थ। द्वितीयार्थ सोई स्याम तथा सोई राधा नागरि दोऊ जुगल सरूप मेरी भववाधा हरो, मिटाओ। सोई जुगल कोंन? जा तन की झांई परें, परस्पर मिलें, हरित द्युति होय। दोनों हरित रंग होत हैं। तृतीयार्थ। सोई स्याम मेरी भववाधा हरो, मिटाओ। सोई कोंन से? जा तन राधा नागरि की झांई परें हरित द्युति होय, हर्‍यो रंग होत है। ओर अर्थ। स्याम निरगुन हें सो सगुन चेष्टा करत है। अथ चतुर्थार्थः। हे मेरी राधा नागरि या स्याम तन, भव जो कामता की वाधा, पीडा, सो हरो, मिटाओ। अन्यथा हरित दुति होय। काम पीडा तें तेज हरात है। अथ शिवपक्षे। राधा नागरि इहां वर्णविपर्जय करीये। धारा नागरि इति पाठ। सोय धारा नागरि गंगाजी मेरी भववाधा हरो, संसार पीडा मिटाओ। सोय कोंन सी? जा धारा तन जो सरीरता की झांई परें परछांई परें स्याम जो पातक सो हरित द्युति क्षीणकांति होय। प्रथमार्थ। अथ द्वितीयार्थः। सोय भव अरु सोय धारा नागरि मेरी वाधा पीडा हरो मिटाओ। सोय कोन से जा तन की झांई परस्पर शिव पारवती द्युति परे, मिले स्याम गरल हरित द्युति हरित रंग होय। तृतीयार्थः। सोय भव मेरी वाधा हर्‍यो मिटाओ। सोय कोन से। या तन की झांई स्याम गरल द्युति परें हरित होय। शिव को नाम नीलकंठ है। शिव कैसे हैं। धारा नागरि द्युतिः गौर वर्णः। अथ चतुर्थार्थः। हे मेरी धारा नागरि तू भव की, महादेव की, जा तनु भववाधा सोय हरो, मिटाओ। अन्यथा हरित द्युति होयत, तेज रहित होत है ताते कामपीडा मिटावहु। विषमालंकार श्लेष भासत है।

नर० : भक्तजन वाक्य कवि विहारीदास कहतु है, जो श्रीराधा नागर है ए श्रीकृष्णजू सोई मेरै भव, क० संसार आजन्म तिनकी जो वाधा है सो हरौ। पै वे राधा नागर कैसे है? कि जिनके तन की झांई, क० छवि जा दिष्ट पर्‍यै तै स्याम क० पाप तिनकौं हरै अरु दुति क० निर्मलतापनौ करैं। और अरथ जो राधा

---

[1] भौवाधा – भववाधा - उ०को०शि०वा०मो०भा०न०मि०मु०वे०गा०स०; भववध - नी०। हरौ – हरो - को०वा०मो०स०। राधानागरि – 'र' में इकार बाद में - उ०; राधानगरि - नी०; राधानागर - शि०भा०मु०न०स०। सोइ – सोय - शि०मो०ह०। जा – या - को०। झांई - को०वि०न०वे०गा०स०मि०ह०। झांईं - उ०मो०; झाई - भा०नी०पा०; झांइ - शि०मु०वा०। परै - उ०न०मि०मु०गा०वे०स०; परें - मो०वा०पा०; परैं - को०ह०। स्याम – श्यांमु - उ०; श्याम - शि०वा०भा०वा०; स्यांम - मि०मु०गा०वे०स०ह०। हरित – हरति - शि०मु०मि०गा०। होइ – होय - शि०को०मो०ह०। [००१]

नागर क० चातुर है सोई मेरी भव की वाधा हरौ वाधा है सो दूरि करौ। पै वा राधा कैसी है कि जिनके सरीर कि छवि पर्यां ते जो श्रीस्याम है तिनके तन की हरी सी दुति होति है। दुति को हरायमान करिहै।

2

जाके चरित्र सदा विधुसेषर सेस स्वयंभू सुरेस न मोहै। मेरे हरौ भव के सव दुष्षन श्रीवृषभान जा नागर सोहै। वेई जगत्त मै रूप सवै कहै वाके समान न री ठई को है। जाके सरीर प्रभा कै मिलै तै घनाघन स्याम हरे रंग होहै [नर० ००३]

कृष्ण० : अथ विहारी कृत सतसहा लिष्यते। यह मंगलाचरन है, तहां श्रीराधाजू की स्तुति ग्रंथकर्ता कवि करतु है। तहां राधा औरहूं हैं। जा तन की झांई परे स्याम हरित दुति होय, या पद ते श्रीवृषभानसुता की प्रतीति भई –

जाकी प्रभा अवलोकतही तिहुलोक की सुंदरता गहि वारी। कृष्ण कहै सरसीरुहनैनि को नाम महा मुद मंगलकारी। जा तन की झलकनि झलकै हरितै दुति स्याम की होति निहारी। श्रीवृषभानकुमारि कृपा करि राधा हरौ भववाधा हमारी [नी० ००१] [3]

हरि० : स्याम पीत मिले हरित द्युति होति है। इहां काव्यलिंग अलंकार। भाषाभूषन काव्यलिंग जहां जुक्ति सो अर्थ समर्थन होय। भववाधा हरन श्रीराधिकाजी के प्रभाव करि समर्थित कियो। एक अर्थ के अलंकार लिषेंगे औरि श्लेष सों जितने अर्थ करेंगे ताके सवके अलंकार लिषें ग्रंथ वहुत वाढे। किंवा मेरी जो है ममता सोई है संसार विषै वाधा दुष एसें जानिए। किंवा ध्यान में तुमारे तन की झांई परें स्यामं जो है हमारे हृदय को अंधकार सो हरित होत है, हर्यौ जात है। द्युति क० प्रकास सो होत है। किंवा शृंगार प्रधान ग्रंथ है तामैं शृंगारही कौ मंगलाचरन चाहिए तहां ऐसो अर्थ। नायिका कों मानिनी देषि नायक प्रार्थना करत है। मेरी भौवाधा तुमारौ मान देषि हमारे भौ क० डर, तासों भई है जो वाधा दुष ताकों हरौ, मान छोडो यह अर्थ। हो राधानागरि कहा करिकै सोय याको अर्थ हमारै पास सयन करिकै तुमरे तन की झांई परै सो स्याम जो है हमारो तन सो सानंद होत है। किंवा तुम्हारे तन की झांई जव हमारे तन मैं मिलाय समय विषें परै है तव रंगही सों स्यांम लीजिए। शृंगार साध्यवसाना लछना करिकै किंवा कांम सो पल्लवित होत है। साध्यवसाना लछना लछन सभा प्रकास। रोप्यमान जहां रहत है रोप्य

---

[2] भक्तजन – भक्तिजन - वे०; कहतु – कहैतु - न०; कहतु – कहैतु - न०; आजन्म – जनम - न०; निर्मलतापनौ – निर्मलतापनै - न०।

नर० प्रतियों के आदि में यह मंगलाचरण है –

छप्पय : एकदंत वुधिवंत सीस सिंदूर अर्धससि। गजमुष परम दयाल देत आनंद अधिक जस। परस पानगन ईस ईससुत रिधि सिधि दायक। देत विविध नित प्रगट जगतपति जगत सहायक। सुसिवानंद आनंदकंद विजयकेतु पावन चरण। मन वचन कर्म्म कवि रूप कहि नित वंदित च्यारे चरन [नर० ००१]

आनंद – आणंद - गा०। परस पानगन – परिस पानिगन - गा०। आनंदकंद – आणंदकंद - गा०।

[3] तहां – त्रुटित - भा०। अवलोकतही – अविलोकितही - गा०। झलकै झल कै - नी०; झलकै झलकै - मि०; झलकनि झलके - भा०; झलिकै झलि कै - गा०। हरि सो - नी०; हरति - मु०; हरित - गा०। होति – होत - गा०। होति – होत - गा०। करि – कै सु - मि०मु०गा०।

विषै नहिं होय रोप्य विषै जान्यौ परै साध्यवसाना सोय। रोप्य इहां स्याम गुन, रोप्य विषय शृंगार काम सों जान्यौ परै है। किंवा तुम्हैं देषैं विना तुमसों मिलै विना हमैं कछु नजरि नही आवै है। तुम्हारे तन की झांई जव हम विषै परै है तव हमें स्याम अंधकार जो है हरित दिसातहि विषै द्रुति प्रकास होत है। जासों अति आसक्ति होय ताहि विना अंधकार जगत मै और कविनि ने कह्यौ है। हमारो वनायो मोहनलीला ग्रंथ ताको कवित्त –

लोचन की गति कों गहि चित्त कियो हरि माधुरी माहि वसेरो। जौ लगि गाय चरावन जाय वितै छिनहू छिन ज्यौं विधे केरो। कोटिक भान उगै असमान मै ह्वै किन पूरनचंद कौ घेरो। तौ भी सषी सुनि गोपसुतानि को कान्ह विनां व्रज होत अंधेरो।

— ⋆ —

अपने अंग के जानिकै। जोवन नृपति प्रवीन। स्तन मन नैन नितंव कौ। वडौ इजाफा कीन [००२][4]

اپنے انک کے جانکین جوبن نرپت پربین · استہن من نین نتمب کون برو اجاپهاو دین [ظا۰ ۰۰۲]

अन० : सषी की उक्ति नायक प्रति। स्तुति करति है। नवजोवन भूषिता।

नर० : मुग्धा ज्ञातयोवना। सषी को वचन सषी प्रति। हे सषी श्रीराधाजू के सरीर कै विषे जोवन रूपी ये नृपति प्रवीन नै अमल कर्‌यौ। स्तनां कौ मन कौ नैनां कौ नितंव कौ आपने अंग के जानिकरिकै इनकौ ईजाफा क० घनौ सौ वधारौ दीनौ है –

आपने काम समर्थहि अंग के चेत चितै रस अद्भुत भीने। जोवन नाम महावल भूप नै वैठ दिवांन प्रवीन नवीने। साचे सोहामने चातुर चक्र से साचेई मानो मनोज ने कीने। चित्त उरोज सुनैन नितंव कौ रूप वडेई इजाफाई दीने [नर० ००२] [5]

कृष्ण० : इह नाइक नवजोवनभूषिता मुग्धा है। सषी कौ वचनु सषी सौ –

जोवनभूप महापरवीन विचछनता इहि रीति ठई है। राज लह्यो नवलातन को कटिसत्रु की संपति लूटि लई है। दूरि कियो सिसुता के सहाइक चातुरता चितु चारु भई है। नैन उरोज नितंवनि कौ अपने गनिकै वढवारि दई है [कृष्ण० ००२][6]

---

[4] अपने – अपनें - उ०; अपनैं - न०; अपनै - गा०वे०मि०। अंग – अंगि - शि०गा०; अँग - पा०; तन - ह०। के – कै - शि०वा०; कें - न०। जानिकै – जानिकैं - उ०को०मि०मु०; जांनिकै - वा०गा०ह०; जांनकै - स०; जांनिके - न०। जोवन – योवन - गा०; यौवन - वे०। नृपति – नृपत - गा०। स्तन – तन - शि०वा०नी०गा०वे०स०ह०; स्तनु - मि०। मन – मनु - मि०। नैन – नैंन - उ०को०शि०स०ह०; नेंन - मो०मु०। कौ – कौं - उ०को०गा०ह०गा०ह०; को - शि०पा०मो०नी०। वडौ – वडो - को०वा०पा०मो०वे०; वडा - नी०। इजाफा – अजाफा - को०शि०; ईजाफा - मो०गा०; इजाफौ - न०; वजाफा - मि०। कीन – कींन - उ०; कीन्ह - नी०। [००२]

[5] अंग – आंग - वे०। 'नै' तुकांत - गा०।

[6] लह्यो – लयो - नी०; लह्यौ - मि०; लहो - भा। कटिसत्रु – कटिसूत्र - भा०। चारु – चाह - नी०; चार - मि०। वढवारि – वढिवार – मि०गा०।

हरि० : सषी नायका सों स्तुति करति है। अपने तन के, आपने पछ्छ के, जान्यो जोवन जो प्रवीन राजा है, आपने शत्रु-मित्र कों जानत है। तन कुच ताको मन कों नेंन कों नितंव को वडो इजाफा अधिकाई कीनी। कुच कों पहार करि वर्नत है, नैंन कों कान ताई, नितंव को वडो वर्नत है; मन तौ वडोई है। इहां हेतुउत्प्रेक्षालंकार है। कै को अर्थ किधों आपने अंग के जानि हेतु इजाफा को तर्क।

— ⋆ —

अर तैं टरत न वर परे। दई मरक मनु मैंन। होडीहोडा वढि चले। चित चतुराई नैंन [००३][7]

ار تین ترت نہ بر پري دئی مرک منو مین · ہوڈاہوڈي برہ چلی چت چترائی نین [ظا٠ ٠٠٣]

अन० : सषी की उक्ति अंकुरितजोवना। उत्प्रेक्षालंकारः।

नर० : मुग्धा ज्ञातयोवना। सषी को वैन सषी प्रति। हे सषी श्रीराधाजू के सरीर कै विषै मैंन रूप जो दई क० नृपति तिनके मरक क० घोरा है सो वर क० जोरावर परे है सो अर्‌यै तै टरतु नांही हैं। सो कैसे घोरे कि चित की तौ चातुरता और नैन की चातुरता सो ऐ दोनु होडाहोडी वढते चले जात है। ए चंचलता व्यापंत है। और विचार मैंन नै इनाकौ मरक क० इसारतन दीनी है तातैं होडाहोडी वढत है।

> **कोऊ मनोज अनोपम साहसी वाही नै मानो मरक्क दई है। तातैं अरै तै टरै नही जोर तें पूरन पोंन की पच्छि लई है। एकही वेर अचानक धावत होर वदी ओ गरूरमई है। चच्छुए चातुर चित्त चले चढि रूप अवै इह भांति भई है** [नर० ००३]

कृष्ण० : इह नाइका कौ जोवनु आयो है, सो चतुराई अरु नेत्र वढन लागे सषी सषी सो कहति है –

> **नैननु की वढवारि लषै चित चातुरी की उमगी अधिकाई। चातुरी की अधिकाई लषै तव नैननि और गही सरसाई। कृष्ण कहै वरु वांध्यो दुहूनु इतै परतीति मनोज की पाई। होडियैहोडा चले वढि मानौ विलोचन औ चित की चतुराई** [कृष्ण० ००३][8]

हरि० : सषी नायक सों कहति है। अर तें, हठ तें, नहीं टरत हैं। वर परे, वल भरे हैं, मानों मेंन काम मरक दीनी है। उत्कर्ष दियो है, देषें कौन जीतै, याको नाम मरक।

---

[7] तैं – ते - शि०वा०भा०नी०; तें - मो०मु०ह०; तै - गा०वे०। टरत – ढरत - भा०। परे – परें - मु०; परै - वा०। मरक – मुरक - पा०मो०; मरकु - मि०। मनु – मन - शि०भा०; मनों - मो०। मैंन – मेंन - वा०मो०गा०; मैन - शि०नी०ब'आ०। होडीहोडा – होडीहोडां - उ०मो०; होडाहडी - को०; होडाहोडी - शि०मि०पा०मु०स०ह०; होडीहोला - भा०; होडोहोडी - वा०; होडांहोडी - न०गा०वे०। वढि – उ०शि०वा०मो०नी०मि०भा०वे०गा०ह०; वढ - को०मु०न०स०। चले – चलें - न०। चित – चितु - उ०मि०गा०वे०। चतुराई – चितुराई - मु०। नैंन – नेंन - मो०मु०; नैन - शि०पा०वा०भा०नी०गा०वे०। [००३]

[8] वढवारि – वढिवारि - नी०; वढवार - मि०; वधिवारु - मु०। लषै तव – लषी तव - मि०; परतीति – परचीस - मि०; होडियैहोडा – होडीयेहोडी - मु०।

चित्त चतुराई औ नैन होडाहोडी वढि चले हैं। असिद्धास्पद हेतुउत्प्रेक्षा मैन मर कहेतु है मानौ।

— ★ —

औरै ओप कनीन कनि। गनी घनी सिर ताज। मनी धनी के नेह की। वनी छनी पट लाज [००४][9]

آوری اُوپ کنن کن کنی کہنں سرتاج ۔ منے دہنے کین نیہ کے بنے چھنین پت لاج [ظا۰ ٠٠٤]

अन० : प्रेमगर्विता सषी की उक्ति सषी प्रति। लाटानुप्रास अलंकार। द्वितीय लछन को इहां उदाहरन।

नर० : मुग्धा ग्यातजोवना सषी को वैन सषी प्रति, हे सषी राधाजू सौतां संयुत वैठी है सो ज्यौ कनीनि क० हीरे की कनीयां तिनमौ कन क० मझ नायक सोभा त्यौं वाको श्रीकृष्णजू सव में घनी सी सिरताज गनी सो जव घनी क० भरतार तिनके नेह की मनी सी भई। तव छिनक मैं वनकै पट की लाज कीवी। और अर्थ सषी कौ वैन सषी सौ, हे सषी श्रीराधाजू सौतां साथ वैठी ही, सौ कनीनिकन क० नेत्र कटाक्ष सहित तौ भरतारै घनीही गनी पै वाकी तौ औरही जुं ओप। तातै वाको सव तैं सिरताज जानी। सो तव धनी के नेह की मनी सी भई जव छिनक मैं वनकै लज्जा रूपी पट कियौ ए नेत्र नवाए।[10]

> **ओरही ओप है नैनकनीन की पीतम नेह की मानो मनी है। देषैतें ओर सुहाइ नदीपति ताथै घनी सिरताज गनी है। सुंदर सील सकोच भरी अति अंवर अंतर लाज छनी है। कज्जर कारी अन्यारी संवारी विचारै न आवती वान वनी है** [नर० ००४] [11]

कृष्ण० : इह नायका लछिता। सषी को वचनु नाइका सौ। नाइक को हितु यासौ अधिक है, सु नेत्रनु की सोभा और भई है। या पद ते प्रेमगर्विताहू होइ –

> **केलि कलोल के रंग में सुंदरि प्रीतम संग रमी रजनी है। नेह सनी दरसाति भटू अरसाति प्रभा सरसाति घनी है। ओरई सोभ द्रगंतनि ओप अनंतनि की सिरमौर गनी है। कान्ह के प्रेम की सोहै मनी पटलाज में चारु छनी सी वनी है** [कृष्ण० ००४][12]

हरि० : अन्यसंभोगदुःषिता को वचन सषी सौं। किंवा लछिता सों सषी वचन। कनीनिका, जे तेरी आंषि की पुतरी, तामें आजु ओप, चमत्कार किंवा प्रकास, औरही है; और दिन की तरह नहीं।

---

[9] **औरै – औरें - शि०मो०ह०; उरे - वा०; औरैं - न०; ओरै - वे०; और - मि०। ओप – वोप - उ०मि०; औप - नी०। कनीन – कनींन - उ०; कनीनि - वा०मो०भा०न०मि०मु०; वनीन - नी०; 'न' में इकार बाद में - वे०। कनि – कन - शि०न०गा०वे०। गनी घनी – गनी धनी - भा०; मनी घनी - शि०; घनी गनी - न०। ताज – ताजि - को०। मनी – वनी - मु०। धनी – कनी - को०; घनी - नी०। वनी छनी – वनी छंनी - उ०; वनी छनि - को०; वनी ठनी - मो०; वनी छिनी - न०। पट – पटु - न०गा०वे०। लाज – लाजि - को०। [००४]**

[10] वनकै – कनकौ - न०; वन मै - गा०।

[11] छनी – ठनी - वे०।

[12] रमी – रगी - मि०; सरसाति – सिरसाति - मु०। द्रगंतनि – गनंतन - मि०; चारु – चाह - नी०। सोहै – मोह - नी०।

कैसी है कनीनिका। औरि नायिकनि की धनी वहुत जे कनीनिका, ताकी सिरताज है। सिरताज को अर्थ इहां लच्छना सों सरदार लीजिए। फेरि कैसी है। मनी धनी के नेह की। धनी, जो नायक ताके नेह की मनी है, माननवाली है। नायक को नेह है तौ हमही सों है, औरि सों नहीं। किंवा नायक के नेह की मनी है। प्रकासक है छपायकै मिली है, नेत्रनि ने प्रगट कियो। अव भी कनीनिकनि में पट छनी लाज वनी है। वडी लाज तौ जाती रही है, सूछम लाज वनी है। जौ वस्तु कपरछान कीजिए है, सो सूछम होति है पट छनी सोई कपरछनी किंवा मानी रूप गुनगरवी जो तेरो धनी नायक ताको जो नेह ताकी कनीनिका वनी है। नवदुलहिनि है, नेह इनसों लग्यौ रहत है। दुलहा-दुलही कों वना-वनी कहत है। याही तें लाज सोई है पट तामें छनी है, छपी है। औरै पद सौं भेदकातिशयोक्ति।

—⋆—

सनि कज्जल चष झष लगन। उपज्यौ सुदिन सनेह। क्यौं न नृपति ह्वै भोगवै। लहि सुदेस सव देह [००५] [13]

سن کجل چکہ لکن اوپجو سودن سنیہ ۰ کیون نہ نرپت ہوي بهوکوئي نہ سوديس سب دیہ [ظا۰ ۰۰۵]

अन० : दूती की उक्ति नायिका सों वाके वचन अनुभाव तें व्यंगि। उत्तरालंकार रूपक की संसृष्टिः।

नर० : मध्या रूढयोवना सषी को वैन श्रीराधाजू प्रति। हे राधे जिनके मकर तथा मीन लगन कै विषैं शनीसर पर्‌यो ह्वै सो सव देस देस को राज लहिकै भोगवै कुं। सो तेरे काजल है सो सनीसर है अरु नेत्र है सो तो झष, क० मकर मीन लगन है अरु सुदिन क० भलो जोग सों तौ नेह उपज्यौ सो नृपति ह्वैकै सवही सुदेस सो तौ नायक कौ सरीर लहिकै भोगवै क्यों नहीं ए भोगवै याकौ अभिप्राय, तेरो योवन रूप राजा ऐसो जोग पायकै भरतार की देह कौ भोगवतु हैं –

> **अच्छ सु मच्छ लगन्न शनीचर काजर वा दिन नेह जन्यो है। ताके प्रताप को को महिमा कहि प्रीत प्रतीत सो साच सुन्यो है। क्यों लहि देह सुदेस न भोगवै भूपत भेष की भांति भन्यो है। रोष रुषाई झुठाई ढिठाई लराई गरूर को गोत गन्यो है [नर० ००५]** [14]

कृष्ण० : यह दृष्टानुरागु है। नाइका के नेत्रनु अंजन सहित देषि नाइक के अनुराग उपज्यौ, सु सषी नाइका सौ कहति है। नाइका परकिया नाइकहूं सषी सो कहै तौ संभवै–

---

13 **सनि – शनि - भा०; शनी - वा०। चष – चषु - शि०। लगन – लगनि - भा०न०मि०नी०। उपज्यौ – उपज्यौ, 'अ' पर 'उ' - उ०; उपज्यो - को०शि०वा०न०वे०; उपजो - मो०भा०; उपजौ - मि०। सनेह – सुनेहु, 'स' पर उकार बाद में - उ०; तुनेह - न०; जु नेह - स०; जु मेह - गा०वे०। क्यौं – क्यों - शि०मो०वे०; क्यो - वा०; क्यौ - गा०भा०। भोगवै – भोगवैं - मो०न०; भोगवें - शि०। लहि – नहिं - मो०। सुदेस – सुदेसु - उ०न०गा०वे०; सुदेश - शि०। सव – वह - गा०वे०। देह – देहु - उ०। दोहा लुप्त - ह०। [००५]**

14 सुन्यो – सन्यो - वे०।

देषी एक वनिता विचित्र वर वानिक सौ जाकी जोतिही सौं जगमगि रह्यौ गेहु है। विहसि विहसि मृदु वोलति सरस वानी वरसतु मानौ अमीवुंदनु कौ मेहु है। कहै कविकृष्ण क्यौ न भूपति ह्वै भोग करै रजधानी सकल सुदेसु पाइ देहु है। नैन मीन लगन पै अंजनु लसत सनी ऐसे सुभ जोग समै उपज्यौ जु नेहु है [कृष्ण० ००५][15]

— ⋆ —

सालति है नटसाल सी। क्यौहूं निकसति नांहि। मनमथ नेजा नोक सी। षुभी षुभी जिय मांहि [००६][16]

سالت ہے نتسال سي کيونہون نکست نانہ · نجہ نجا نوک سي کہومي کہوپہي جہ مانہ
[ظا٠ ٠٠٦]

अन० : नायक को वचन सषी सों युक्ति सों करि कहत हैं। वचन अनुभाव तें स्मृति संचारी। ते पूर्वानुराग व्यंगि। उत्प्रेक्षालंकारः।

नर० : सिंगार मध्ये कान कौ भूषन षुभी वर्णन, नायक कौ वैन सषी प्रति, हे सषी मनमथं के नेजा के नोक सार सी जो राधिकाजू के कान कै विषै षुभी है सो मेरे जिय माहि षुभी है सो कैसेही कियै निकसति नांही है, नटसाल क० साल मांहि भागि ह्वै रह्यो है, तिनकी सी परै सालति है –

सालति है नटसाल विसाल सी काम के केतु की नोक सी गाढी। जात कही नहि वात सुहात न गात व्यथा मन मेरे की वाढी। आंनि षुभी जु षुभी जिय मांहि उपाय किये हों न जात न काढी। एकही वेर वुझाय लयो सुष आग विना तनुताप नै डाढी [नर० ००६]

कृष्ण० : इह नाइका की षुभी की सोभा नाइकु सषी सों कहतु है –

राधिका प्यारी के आनन पै छवि तीनहू लोक की आनि गुभी है। मैं निरषी जवतें तवतें मति मेरी लुभाइ तहाई चुभी है। रूप के वोहिथ कान में वाके विराजति ओप अनूप लुभी है। सालति है सु मनोज के नेजे की नोक मनो उर मांझ षुभी है [कृष्ण० ००६][17]

हरि० : नायिका सों पूर्वानुरागी नायक की हकीकति सषी कहति है। षुभी षुभी जिय मांहि, षुभी जो तेरो कर्नभूषन सो नायक के जीव में षुभी है, गडी है, अंग मैं टूट्यौ तीर सो नटसाल सी सालति है। कोई तरह निकरति है नांही। कैसी है मनमथ काम ताको जो नेजा ताकी नोक

---

15 मृदु – मुहु - नी०। वरसतु – वरसति - नी०। जु नेहु – सनेहु - भा०मि०।

16 सालति – सालत - गा०स०। है – हैं - उ०। नटसाल सी – नटसील सि - शि०। क्यौहूं – क्यौंहु - उ०; कौंहूं - को०; क्योंहू - वा०; केहू - पा०; क्योहू - मो०; क्यौंहू - मु०न०; क्योंहौं - वे०गा०स०; क्यौंहूं - शि०न०ह०; क्यौहू -मि०। निकसति – निकसत - उ०मु०स०; निकसिति, 'सि' की मात्रा पर काटने का चिह्न - को०; निकरत - नी०। नांहि – नाहि - वा०मि०; नाही - नी०; नांहिं - ह०। नोक – नौंक - उ०वे०; नौक - शि०मि०मु०नी०न०गा०। षुभी षुभी – षुंभी षुंभी - उ०। जिय – हिय - पा०; जीय - मु०वे०; जीव - गा०। मांहि – माहि - मांहिं - ह०। दोहा लुप्त - भा०। [००६]

17 विराजति – विराजत - न०मि०नी०। लुभी – खुभी - मि०मु०।

अग्र भाग सी है किंवा मनमथ को वान प्रसिद्ध है, नेजा प्रसिद्ध नांही, प्रसिद्ध विरुद्ध दोष है तो ऐसो अर्थ जानिए, मन को मथै, पीडा देइ, एसो जो कोई नेजा, ताकी नोक सी। पूर्णोपमा।

— ⋆ —

जुवति जोन्ह मैं मिलि गई। नैक न होति लषाइ। सौंधे के डोरै लगी। अली चली संग जाइ [००७][18]

جوت جون مين مل كي پرت نه نيک نه ہوت لكهاي • سوندهي كے دورين لكي الي
چلي سنک جاي [ظا• ۰۰۷]

अन० : सषी की उक्ति सषी प्रति, नायका परकीया शुक्लाभिसारिका। उत्तम काव्य। उन्मीलित मुद्रा की संसृष्टि। उन्मीलित सो जानि जहां सदृश वस्तु मिलि जाय। पें काहू इक भाव सों भासे भेद वनाय। मुद्रा प्रस्तुत पद विषे ओरें अर्थ प्रकास। जानि लीजियो जानिमन जिनके वुद्धि विलास। लषाइं सो दिषाई नेक न होत। वहुत होत हे अलि सोधे के डोरे तें चली जात इति या अर्थ की मुद्रा करी है।

नर० : सुक्लाभिसारिका सषी को वैन सषी प्रति, हे सषी युवति ही सो तो जोन्हि क० चांदनी तिनकी जोति मैं मिल गई है सो नैंकही जानी जाति न है, पै सौंधे को जो डोरौं आवत है, ताकै गैल जौ अली है सो साथि चली जाति है अरु राधा की छाया जोन्ह सार सी हैं –

कामिनी जौन्हि की जामिनी मांझि गई मिलि नैकहु जात न जानी। साजे सिंगार सुधारे सवै तन घोर घनो घनसार लै पानी। पाछेही जात ही जानत वात न एक अली अपनै मन मानी। जात कितौ नही जान्यौ सुजान पै यौ मग जान्यौ सुगंधि निसानी [नर० ००७][19]

कृष्ण० : इह नाइका सुक्लाभिसारिका, सषी कौ वचनु सषी सौं –

तन की गुराई तरुनाई की निकाई छाई जाकी उजराई ते उज्यारी उजराति है। सारद निसां मै प्यारी विसद सिंगार साजै गजगमनी की नीकी सोभा सरसाति है। चली अनुरागी मनमोहन के मिलिवे को चांदनी मै मिलि गई क्यौंहू न लषाति है। लपट सुगंध की अछेह उपटति अंग ताही की तरंग लागी सषी संग जाति है [कृष्ण० ००७][20]

---

[18] जुवति – जूवति - वा०; युवति - न०। जोन्ह – जौन्ह - उ०; जौन्ह - शि०मि०; जोन्है - वा०; जोन्हि - न०गा०वे०। मैं – मै - शि०भा०मि०गा०वे०; में - वा०पा०मु०ह०; मे - मो०। मिलि – मिल - को०शि०गा०वे०। गई – रही - उ०मु०। नैक – नैंक - उ०मु०स०; नेक - को०भा०; नेंक - वा०वे०; नेंकु - पा०मो०ह०। न – नि - मु०। होति – होत - उ०मो०स०; हौति - शि०; परति - पा०भा०। लषाइ – लषाय - को०वा०गा०ह०; लषाइं - मो०। सौंधे – सोधें - को०; सोंधे - शि०; सोंधै - मु०स०; सोधे - पा०मो०भा०; सौंधै - न०गा०; •सोंधैं - वे०; सोंधें - ह०। के – कैं - उ०न०गा०; की - पा०मु०ह०; कै - शि०वे०मि०स०। डोरै – डोरैं - उ०न०वे०; डोरें - गा०ह०; डोरी - पा०मु०; डोरे - को०वा०मो०भा०। संग – सग - मि०। जाइ – जाय - उ०को०ह०; जाइं - मो०। [००७]

[19] कितौ – कितै - गा०।

[20] उजराति – उपमाति - मि०मु०। सारद – सरद - मि०मु०। उपटति – उटति - मु०। संग – सम - मु०। भा० प्रति में निम्नलिखित उदाहरण मिलता है –

चंदन चढाइ अंग फूलन सौ गुदी मांग उमगी है मानौ गंग सरद के नीर की। सोहत है सव तन मोतिन के आभूषन मोतिन की जोति सौ मिली है जोति चीर की। मुसिकानि आछी अति दातनि की दिपै दुति तैसियै गुराई कहै सुंदर सरीर की। चांदनी सी वाल मिलि चांदनी मै ऐसी चली जैसे छीरसिंधु मै चलै तरंग छीर की [भा० ००७]

हरि० : सषी सों सषी वचन। यह अभिसारिका जो जुवती है सो जोन्ह चांदिनी मैं मिलि गई है। नेंकु थोरी भी आपु कों लषायकै कोई तरह सों जतायकै प्रगट नही होति है। किंवा लषाय पद कों रूढ करै तो जाहिर नही होति है, एसें भी जानिए। सोंधा, सुगंध, ताकी डोरि सों, ताके आश्रय सों, अली सषी संग चली जाय है। किंवा अंग औ वस्त्र तास कों सो जोन्ह में मिल्यौकै सकलंक कला मै मिले। अंग में सोधा, अरगजा लगायो है, ताको रंग काहू सों न मिलो, ताकी रसी सों आश्रय सों लगी अली संग चली जाति है। उन्मीलित अलंकार। उन्मीलित सादृश्य तें भेद फुरै तव मान।

— ⋆ —

हौं रीझी लषि रीझिहौं। छविहि छवीले लाल। सोनजुही सी होति दुति। मिलति मालती माल [००८][21]

ہون ریجہي لکہ ریجہ چبہ چبیلي لال ۰ سونجوہي سي ہوت دوت ملت[22] مالتي مال
[ظا۰ ۰۰۸]

अन० : सवी इति पाठ। लें इहां सानुस्वारः पाठः। दूती की उक्ति नायक प्रति नायिका स्तुति करि ले चल्यो चाहति हें। तद्‌गुणलंकार। वा सषी को वचन सषी प्रति। वा नायक प्रति। हे लाल मिलत जो ही सोन मालती माल सी प्रथम वाल भाव में अव द्युति होत नायिका ओर रंग रूप भई है। वा सुरतांत सषी सों सषी कहति हें जो ही सो न सुरतांत करि अति असमर्थ भई है। ओर सै वार्थः।

नर० : मिलाइवौ अंग सोभा सषी को वैन श्रीकृष्णजू प्रति। हो कान्ह, राधिकाजू की छवि लषिकै हौं तौ रीझी हूं, पै तुमहू देषिकैं रीझौगे, सो क्यौंकि जव राधिकाजू के अंग तैं मालती की माला आंनिकै मिलति है, तव मालती की माला तिनकी सोनजुही की सी दुति होति है –

> **हौं अपने मन रीझि अवै लषि रीझिहौ आपन तै गिरिधारी। गोरी गुराई की यों छवि**
> **छाजत आपनै हाथ विरंचि सुधारी। सुभ्र सरूप सुगंधमयी अति मालतीमाल भले उर धारी।**
> **गात की जोति मिलै ते मनो इह सोनजुही सी फवै मन धारी** [नर० ००८][23]

कृष्ण० : यह गात वरनन। नाइका कौ अंग की छवि सषी नाइक सौं निवेदन करति है –

> **नीकी लसै वृषभानलली नवजोवन जोति जगी अंग अंगहि। ताहि विलोकि लला मन मेरो**
> **तौ भोइ रह्यौ अति रीझति रंगहि। छैलछवीले लषै छवि रीझिवौ क्यौं न हियें रसभाउ उमंगहि।**

[21] हौं – हों - को०शि०मो०मु०ह०; हौ - पा०भा०। रीझी – रिझी - शि०। रीझिहौं – रिझहों - शि०को०; रीझिहौ - पा०भा०मि०मु०; रिझिहो - मो०ह०; रीझहै - स०; रीझहो - वे०। छविहि – छवहि - न०गा०वे०; छविही - मि०। छवीले – छविले - को०; छवीलें - शि०; छवीलै - मु०। सोनजुही – सौंनजुही - उ०न०मि०नी०मु०; सौनजुही - शि०वा०; सोंनिजुही - न०। सी – सो - भा०। होति – होत - शि०मो०भा०नी०न०गा०स०। मिलति – मिलत - पा०शि०; मिलित - मु०; मिलिति - न०। मालती – मालति - शि०को०। [००८]

[22] ملت - مکت - ظا۰

[23] मनो – मतो - गा०।

मालती माल तनदुति सौ मिलि सौंनजुही के प्रकासत रंगहि [कृष्ण० ००८][24]

हरि० : अथ छवि वर्नन। दूती वचन नायक सों। हे छवीले लाल हों, मैं, तो रीझी, तुम भी वाकी छविं लषिकै रीझौगे। वाके आंग मैं मिलत कै लागत कै मालती, चंवेली, की जो माला है, ताकी दुति अंग की दुति सौं सोनजुही पीत चंवेली की सी दुति होति है। इहां तद्गुन अलंकार है। तद्गुन तजि गुन आपनो संगति को गुन लेइ। मालती के माल ने अंग की पीतता लीनी।

— ★ —

वहके सव जिय की कहत। ठौर कुठौर लषै न। छिन औरै छिन और से। ए छवि छाके नैन [००९][25]

بہکي[26] سب جي کي کہت تہور کوتہور لکہین ٠ چہن اوري چہن اور سي اي چہب چہاکي نين [ظا٠ ٠٠٩]

अन० : उक्ति सषी की परकीया नायिका प्रति। सीछा मति व्यंगि। नायिका कै कटाछ विछेप अनुभाव तें चपलता औत्सुक्य संचारी। पूर्वानुराग व्यंगि। उत्प्रेक्षालंकारः।

नर० : षंडिता नायका कौ वैन नायक सों, हे कान्ह ए तुम्हारे नैंन जो वहकै से हैं सो सव तुम्हारे जिय की वात जो है सो कहि देतु हैं अरु ठौर अनै कुठौर कौ लषते नाहीं हैं सो क्यों जाने जातु हैं कि छिन मै तो ओर सै होत हैं अरु छिन मै और सैं होतु हैं सो ए आनि अस्त्री कै छवि तै छाके नैन हैं –

> **वात कहै वहके जिय की सव सुंदर जोति भरे रतनारे। एक सौ गूढ कहे नही आवत ठौर कुठौर लषै न नियारे। और से होत छिनेक मै औरही औरही और छिने छिन तारे। ढीले छवीले रसीले से डोलत ए छवि छाकेई नैन निहारे** [नर० ००९]

कृष्ण० : इह नाइका लछिता। सषी नाइक सों कहति है। जो नाइका नाइक सों कहै तौ षंडिताहूं होइ –

---

[24] जगी – जगै - मि०; उगी - मु०। ताहि – नाहि - मु०। मन मेरो – मनु मेरौ - मु०। भोइ – भौइ - मु०। रीझति – रीझत - मु०; रीझित - मि०। रीझिवौ – रीझिहौ - मि०। प्रकासत – प्रकासती - नी०। तृतीय चरण त्रुटित - नी०। भा० प्रति में यह भिन्न छंद मिलता है; मि० प्रति में यही छंद द्वितीय उ० के रूप में आया है –

चौसर हारु चमेली के फूलनि कौ सषियान सवारिकै आन्यो। सो पहिर्‌यो गुनगोरी धुरंधर कंचन से तन मै मन मान्यो। ह्वै गई सोनजुही की सी माल सु अंग के रंग मै भेद न जान्यो। दंतन की दुति सौ मुसिकाइकै फेरि छवीही कौ थहरान्यौ [भा० ००८][मि० ००८]

हारु – चारु - मि०। छवीही – चवेली - भा०।

[25] **वहके – वःके - पा०। सव – शव - उ०; सवि - को०। जिय की – जीव की - उ०मि०; जीय की - शि०गा०वे०; 'जी' हाशिए पर - पा०; जीय कौं - मु०। कहत – कहति - मि०। ठौर – ठोर - को०मो०मु०वे०। कुठौर – कुठोर - को०मो०मु०वे०। लषै – लषैं - उ०को०; लषें - मो०मु०; गनैं - ह०। छिन – छन - पा०; छिनु - मो०भा०मु०वे०गा०स०। औरै – औरौ - उ०; औरें - को०शि०मु०; और - पा०; ओरें - मो०; औरैं - न०वे०ह०। छिन – छन - पा०; छिनु - शि०मो०भा०मु०न०वे०गा०स०। और – ओर - मो०वे०। से – सै - गा०; सें - शि०; सैं - न०। ए – ये - भा०नी०। नैन – नैंन - उ०न०ह०; नेंन - को०मु०गा०; नेन - मो०। वा० प्रति इस स्थल के आगे [०५०] तक खंडित है। [००९]**

[26] بہکي - پيکي - ظا٠

देषत नांहिन ठौर कुठौर रहै जितही तित चाहि चके है। और घरी पल औरही दीसत झूमत आरस में विथके है। लाज तजै सिथलाई गहै अपने वस नांहिने यौं वहके है। देत कहै जिय की सव वात विलोचन ए छवि छाक छके है [कृष्ण० ००९][27]

हरि० : नायिका वचन सषी सौं। ए छवि छाके नैंन, ए हमारे नैंन नायक की छवि सों छाके हें, याही तें वहके वस में नही। जिउ की वात सव कहि देत है, ठौर कुठौरि देषै, लषै, नही। दुर्जन हितकारि इनै सव समान। एक छन मै औरि, दूसरा छन मैं औरि। किंवा षंडिता की उक्ति नायक सों, ए तुमारे नैंन वा नायिका के छवि सों छाके। तुम क्यौं नांही करत हौ। औरि वही अर्थ, छवि छाकिवो हेतु, वहकिवो हेतु मान, हेतु अलंकार। हेतु अलंकृत होत जव कारन कारज संग।

— ★ —

नीकी दई अनाकनी। फीकी परी गुहारि। तज्यौ मनौ तारन विरदु। वारक वारन तारि [०१०][28]

نيكي دئی اناكني پهيكي پري كوہار ۰ تجو منون تارن برد بارک باري تار [ظا۰ ۰۱۰]

अन० : भक्त को वचन करुनारस। विलंवादि विभाव तें अधैर्यभाव संचारी व्यंगि वचन अनुभाव तें। वृत्यानुप्रास अलंकार।

नर० : भक्तजन कवि विहारीदासु कहतु हैं, हे भगवान तुम तौ मेरी वेर नीकी सी अनाकनी, क० कान मुंदी दीवी है, मेरी जो गुहारि, क० पुकारि फीकी परी तौ मानों वारन क० हाथी तिनकुं तारिकै उन वारक, क० विरिया तैं तारन कौ विरुद है सो तज्यौं सौ देषियत है –

दीनदयाल गोविंद गदाधर नीकी अनांकिनी आप दई है। मै अति कूर कृपानिधि हौ तुम मेरी गुहार विलाय गई है। जानियै जात अवै अपनी मनु तारक विरद वहाय दई है। वारक वारन तालनि तारिकै भाजन की अहो भांति लई है [नर० ०१०]

कृष्ण० : यह भक्त को वचनु भगवान सौ –

सेवक को संकट निवारिवे कौ सावधान कहत तिहारौ वेद विरुद पुकारिकै। कहै कविकृष्ण त्यौही देषी परतिह साषि दीननु के दीने है अनेक साथ टारिकै। आनकांनी नीकी करी मेरी

[27] नांहिन – नाहिने – नी०। घरी – घटी - गा०। तजै – तजौ - नी०। गहै - गहौ - नी०। वस – सव - मु०। कहै – सवें - मु०। सव – कहि - मु०। 'हें' तुकांत - मु०। तीसरा चरण 'पीतम कृष्ण को हेतु सषी सषिया सषियीन सौ नाहि छपे है' - भा०। चरणों का क्रम ४ – ३ - भा०।

[28] **दई – दै - मो०। अनाकनी – अनांकनी - उ०वे०; अनाकिनी - मो०भा०मु०गा०। फीकी – फिकी - मो०। गुहारि – गुहार - मि०स०। तज्यौ – तज्यौं - शि०मु०; तज्यो - को०पा०मो०वे०; तजौ - भा०मि०। मनौ – मनौं - उ०को०मु०न०गा०स०; मनुं - न०; मूलतः 'मनौ', एक तिरछी मात्रा पर काटने का चिह्न - नी०; मनों - शि०वे०। तारन – तारक - शि०वे०गा०स०। विरदु – विरद - को०शि०मो०ह०; विरुद - मु०न०वे०गा०स०। वारक – वारकि - मु०; विरदु - भा०। वारन – वारनु - उ०न०; वारनि - शि०मु०; वारुनु - नी०; वारिक - भा०। तारि – तार - को०मि०वे०गा०स०। [०१०]**

रट फीकी परी लागें न गुहारि रहे निठुराई धारिकै। जानियतु तारिवे को पनु अव छांड्यौ तुम जसु जीत्यौ एके वेर वारन कौ तारिकै [कृष्ण० ०१०][29]

हरि० : भक्त वचन। नीकी भली आनाकानी दीनी। देषते हौ तौ भी मटि आए हौ आगै भक्तनि की गोहारि करै थे। सो अव तुमें फीकी परी, वासों अरुचि भई। यह अर्थ। मानौं तुम तारिवे को विरद, प्रतिष्ठा, को नाम अधम उधारन दीनदयालु इत्यादि ताकों छोड्यौ वारक ए वार वारन, हाथी, ताकों तारिकै जाको ग्राह ने गह्यो थो। उत्प्रेक्षा अलंकार।

— ⋆ —

फिरि फिरि चित उतही रहत। टुटी लाज की लाव। अंग अंग छवि झौर मैं। भयौ भौर की नाव [०११][30]

پھر پھر جت اوتھي رہت توتي لاج كي لاو ۰ انک انک چھب جھور مين بھيو بھونر كي ناو [ظا۰ ۱۱۰]

अन० : परकीया नायिका की उक्ति अंतरवर्तिनी सषी प्रति। तातें पूर्वानुराग अरु स्मृति संचारी व्यंगि। रूपकालंकार।

नर० : नाइका को चित्त लगन, श्रीकान्हजू कौ वेंन सषी सौं, हे सषी उनके अरु मेरै जो लज्जा रूपी लाव थी सो तूटी, तव तैं मेरो चित फिर फिरकै अंग प्रति की छवि तिनकी डोरि, क० डोलायत है, उतही रहतु है, भौर की नाव तिनकी सी परै भयो। और अर्थ षंडिता नायिका कौ वैन नायक सौं, हो कान्हजू मै जानति हूं कि जा सों तुमारो चितु लागौ है सो फिरि फिरि कै उनके अंग प्रतिअंग के छवि की झौर है तिनमै जो लाज रूपी नाव थी सो टूटी अरु भौंर की सी नाव भई रहतु है[31] –

हे सषि आपनी वात कहा कहौ वारही वार रह्यौ चित छांही। येकौ नही सकुची नही नैकहु लाज की लाव टुटी छिन मांही। अंग अनोपम की छवि झोर मै रूप के रूप की छांह छिपांही। टार्‌यौ टरै न उहांही लग्यो रहै भौर की नाव यौं जांही कौ तांही [नर० ०११]

कृष्ण० : इह नाइकु नाइका के अंग अंग की छवि पै रीझौ है, सु अपने चित की आसक्ति सषी सौं कहतु है –

---

29 विरुद – विरदु - नी०। त्यौही – ज्यौं ह - मु०। साथ – रूप - नी०; दुष - मि०। आनकांनी – अनाकिनी - भा०। पनु – पेंमु - नी०। जीत्यौ – ज्यौ त्यौ - मि०। 'कैं' तुकांत - नी०।

30 **फिरि फिरि – फिर फिर - शि०मो०मु०न०गा०। चित – चितु - उ०। उतही – उतहीं - मो०ह०। रहत – रहतु - उ०भा०नी०; रहति - मि०। टुटी – टूटी - को०; 'तुट', 'ट' पर लघु-दीर्घ इकार - शि०; टूटि - मि०। अंग अंग – अंगु अंगु - मो०। झौर – झोर - उ०शि०मो०मु०न०स०; झोंर - को०; सौर - भा०; झौंर - गा०वे०मि०। मैं – मे - को०नी०; मै - मि०; में - शि०मो०मु०। भयौ – भयो - को०मो०मु०वे०; भई - पा०भा०। भौर – भोर - न०; भवर - को०; भोंर - मो०स०; भौंर - गा०वे०ह०। नाव – नांव - गा०। [०११]**

31 नाइका – नायक - न०।

जोवन महानद मे रूप को सलिलु भर्यौ तरल तरंग हाउभाउन कौ भाउ है। अंग अंग छवि की उमंग झौर भारी भौर चपल कटाछ तहां फस्यौ चितु नाउ है। चलि पै न सकतु भ्रमतु रहै वाही ठौर तरकिति तू का जिमि टूटी लाज लाउ है। लागति न क्यौंहू कुलकानि को विसाल वली धीरज प्रवल पतवारी कौ न दाउ है [कृष्ण० ०११][32]

हरि० : नायिका की हकीकति। किंवा नायक की हकीकति। सषी सषी सों कहति है। फेरि फेरि चित्त उतहीं, नायिका की ओर किंवा नायक की ओर रहत है। गुरुजन की लाज की जो लाव, रस्सी, सो टूटी। अंग अंग में जो छवि की झोंर समूह, तामें चित्त है सो भोंर मैं की नाव भयो है। रूपकालंकार।

— ⋆ —

चितई ललचौहे चषनु। डटि घूंघटपट माह। छल सौं चली छुवाइकै। छिनकु छवीली छाह [०१२][33]

چتي للچوہين چکہن دت کہونکٹپت مانہ ٠ چہل[34] سون چلي چہواي کي چہنک چہبيلي
چہانہ[35] [ظا٠ ٠١٢]

अन० : उक्ति नायक की दूती प्रति। पूर्वानुरागः। क्रिया वचन अनुभाव तें अभिलाष संचारी। नायिका क्रियाविदग्धा कै स्वभावोक्ति अलंकार।

नर० : क्रियाविदग्धा सषी कौ वैन सषी सौं। हे सषी नायक ललचौहै नेत्र करिकै नायिका कौ चितई अरु नायका घूंघट के पट मांह तैं नायक कौ डटे, क० देषें। सो नायक के नेत्र ललचौहै जानिकै नायिका अपनी छवीली छाया कौ छल सौं छिनकु मै नायक सौं छुवायकै चली पांयी तव धारी –

भांति भली ललचौहै हसौहे से लोयन रूप की रासि निहारी। लाल न एती वडेन की वेटी सों घूंघट मांझि निहारै विहारी। गोकुल और सवै तिय हेरीं पै एई वडी वलिहार महा री। आइ अचानक ओट कियेई छिवाइ गई छवि छांह कहा री [नर० ०१२][36]

कृष्ण० : इह नाइका परकीया है। चेष्टा करि गई है सो नाइकु सषी सौं कहतु है –

---

[32] तरल – सरल - भा०मि०। हाउभाउन – हाउभावन - मु०। झौर – झोर - मु०। भौर – भोंर - मु०। कुलकानि को – कुलकानि की - नी०। वली – वडी - नी०। 'व है' तुकांत - भा०मि०।

[33] चितई – चितही - मु०गा०। ललचौहे – ललिचौहैं - उ०; ललचोहें - को०; ललचौहैं - मो०मि०मु०; ललचौहे - शि०नी०न०गा०ह०; ललचोहे - पा०स०; ललचोंहे - वे०। चषनु – चषुनि -॰शि०; चषनि - को०मु०ह०; चषिनि - न०; चषिन - वे०गा०स०; चषन - मि०। डटि – 'टटि' पर संशोधन द्वारा 'डटि' - उ०; डट - मु०न०वे०गा०स०; उठि - भा०। घूंघटपट – घुंघटपट - को०शि०मो०वे०; घूघुटपट - पा०नी०। माह – मांहि - को०शि०मो०मु०न०गा०ह०वे०; माहि - मि०; मांह - स०। छल – छलि - मु०; छवि - मो०। सौं – सों - शि०मो०वे०; सो - पा०; सुं - स०; सौ - भा०। चली – चलि - शि०। छुवाइकै – छुवाईकै - उ०मो०वे०; छुवायकें - को०; छुवायकै - मि०स०ह०। छिनकु – छिनुकु - उ०नी०मु०; छनकु - पा०; छनक - मि०; छिनुक - शि०मो०मु०; छिनक - को०स०ह०; भा०न०गा०वे०। छवीली – छविली - शि०मो०। छाह – बाह, बाद में 'बा' पर 'छाँ' संशोधन - उ०; छांहि - को०शि०मो०मु०गा०; छांह - न०वे०स०ह०। [०१२]

[34] چہل - چہب - ظا٠

[35] چہبيلي - چميلي - ظا٠

[36] एती – एटी - गा०।

पूरन सुधानिधि सों वदनु दिषाइ फिरि घूघुट की ओट कीनी कछुक लजाइकै। घूघट के पट मे ह्वै निरषी निसंक चितवनि ललचोही चाह चीकनी जताइकै। कहै कविकृष्ण मृदु मुलकि अली की ओर चली काहू छल सौ छवीली छाह छुवाइकै। हाहा कहि को ही जाहि एती छवि सोही वह मो ही ते न टरति रही जु रीझि छाइकै [कृष्ण० ०१२][37]

हरि० : सषी सों नायक की उक्ति। लालच भरे नेत्रनि सों मेरी ओर चितई, देषी। घूंघटपट के मांहि डटिकै, अटक कर करिकै, हमैं लछित करिकै, सषी नहीं जानैं, छल करिकै, छवीली जो है नायिका सों छांह आपनी छुवायकै चली। किंवा छवीली जो है छाया, ताकों छाया भी छवीली होति है। जाके तन की छांह ढिग जोन्ह छांह सी होति। अभिलाष संचारी, नायिका क्रियाविदग्धा। वचन क्रिया में चातुरी करै जु प्रीतम हेत। ताहि विदग्धा कहत है वचनरु क्रिया समेत॥ हमारो मन तुम्हारे तन सों छाया समान लग्यौ है। यह वात जताई। स्वभावोक्ति अलंकार।

— ⋆ —

जोग जुगति सिषए सवै। मनौ महामुनि मैन। चाहत पिय अद्वैतता। सेवत कानन नैन [०१३][38]

جوک جوکت سکہین سبي منون مہامن مین • چاہت پري اوريتا سوت کانن نین [ظا • ۰۱۳]

अन० : उक्ति सषी की नायिका नवोढा। उत्प्रेक्षा मुष्यालंकार है। याते उत्तम काव्य है। अरु रूपक श्लेष समासोक्ति को पोषत हैं। याते केवल संकर की संसृष्टि है।

नर० : साक्षात दर्शन सषी को वैन नाइका सौं, हे राधे महामुनि रूपी मैंन तिन, तेरे, नैंना कौं मानौ जोग की जों जुगति है सो भली सिषई है, सो ए नेत्र कांनां कौ सेवत हैं सो भरतार के मानौं नेत्रां करिकै उद्योतपनैं कौ चाहत, क० देषत हैं। और अरथ जोगमारग मानौ नैनां मै महामुनी सरनै जोग की जुगति भली सीषी है अरु जो कानन, क० वन तिनकौ सेवत है सो मांनौ नेत्रां करिकै पिया, क० श्रीपरमईश्वर तिनकौ उद्योततापनि को चाहतु है –

आसन साधि समाधि लगाय अराधन जोग सिषाय गये है। इंद्रिय सोधि विरोधि विषै सव मंत्र मनौ मुनि मेंन दये है। आपने चित्त मै चाहत एकता पीतम सो परकामु भये है। काय

---

37 दिषाइ फिरि – दिषाइकरि - भा०नी०। निरषि – निरषी - मु०। मुलकि – पुलकि - भा०; मिलकि - मु०। अली – आली - मु०। ओर – ओट - भा०।

38 जोग – योग - को०। जुगति – जुगुति - पा०; युगति - को०; जुगत - मु०स०; जुगती - नी०। सिषए – सिषये - को०नी०मु०ह०; सिषई - शि०। सवै – सवे - मु०; सवें - शि०मो०; भले - न०वे०गा०स०। मनौ – मनों - शि०मो०मु०स०; मनो - पा०; मनौं - न०गा०वे०। महामुनि – महांमुनि - नी०। मैन – मेंन - मो०मु०वे०; मैंन - को०न०स०ह०; मैंनि - गा०। पिय – पीय - उ०न०; प्रिय - को०; प्रीय - शि०; पिय - मो०न०मि०नी०मु०वे०गा०स०ह०। अद्वैतता – अद्वतता - नी०। सेवत – सेवतु - न०गा०वे०; कानन - को०ह०; सेवित - स०। कानन – कांनन - उ०मो०मि०स०; त्रुटित, केवल काकपद - पा०; काननु - नी०गा०; कांननु - न०वे०; सेवत - को०ह०। नैन – नेंन - शि०मो०मु०; नेन - गा०; नैंन - न०स०ह०; नै - मि०। दोहा लुप्त - भा०। [०१३]

मनो वच केलिकला तजि कानन नेननि वास लये है [नर० ०१३] [39]

कृष्ण० : इह नाइका के नैननु की सोभा अरु तरुनाई कौ विलासु पिय की चाह सषी नाइक सौं कहति है, सषी सषी सौं कहै –

> **लीनो उपदेसु महामुनि मीनकेतन कौ जोग कलाकुसल विमल विलसंत है। तन मन मोहन सौ एक भयो चाहतु है कानन को सेवत जगत जोतिवंत है। कृष्ण प्रानप्यारे की दुहाई जिन्है देषतही विरह कलेस दुष सकल नसंत है। सरल सुभाइ उर मांझ धरे स्याम छवि प्यारी तेरे नैन मनहरन महंत है** [कृष्ण० ०१३] [40]

हरि० : सषी की उक्ति नायक सों। मैन काम सो महामुनि है। ताने जोग जोग जोग मिलन ताकी जुगुति उपाय मानों भलें सिषाई, मुनि जोग सिषावै हैं। काम मिलन की जुक्ति सिषाई है। पिय सों अद्वैतता, एकता, चाहत है। यातें नैंन कानन कों सेवत हैं। कानन में श्लेष कान तांई नेत्र हैं। जो कोई जोगी होत है, ब्रह्म सों अद्वैतता चाहत है, सो कानन, वन, सेवत है। इहां जोग ओ कानन में श्लेष, महामुनि मैन इहां रूपक, मानों सिषए इहां उत्प्रेक्षा।

— ⋆ —

षरी पातरी कांन की। कौंन वहाऊ वांनि। आककली न रली करै। अली अली जिय जांनि [०१४] [41]

کہري پاتري کان کي کون بہاون بان ۰ اک کلي نہ رلي کري الي الي جي جان [ظا۰ ۰۱٤]

अन० : सषी की उक्ति मानिनी सों। सिछा मति संचारी। अर्थांतरन्यास अलंकार।

नर० : मानमोचन भेद उपाय। सषी कौ वैन नायका सौं, हे राधा तैं तौ कानन की घनी सी पातरी है। सो मैं तोको कैसी वांन करिकै वहाऊं, क० पहुचाऊं पै सुनि ज्यों आककली सौं अली, क० भवर रली करत नांही त्यौं हे लली, तूंही जिय तै जानि याकौ अभिप्राय आककली सौ तौ अन्य नायका अरु भवर सो नायक सों कैसे उन तैं रली करै –

> **हेतु षरी अति पातुरी कांन की काहे को तै अव मौन लयौ है। कौन वहाऊं सी आंन हे कामिनी वात सुने तै अचंभो भयौ है। आककली न रली करै कैसैहुं कंजन के अलि मोह मयौ है। जांन अली अपनै जीय सांच कै नंदकुमार सों नेह नयौ है** [नर० ०१४]

---

39 परकामु – परनाम - वे०।

40 जगत – जुगत - नी०। 'अत है' तुकांत - नी०।

41 षरी – षरि - को०। पातरी – पातुरी - शि०को०। कांन – कान - शि०मो०भा०मु०। कौंन – कोन - को०; कोंन - शि०मो०वे०स०; कौन - गा०; कौनि - भा०ह०। वहाऊ – वहांऊ - उ०; वहाउं - न०वे०स०; वहाऊं - मु०; वहांऊं - नी०ह०; विहाउं - गा०। वांनि – वानि - भा०मु०; वांन 'न' में इकार बाद में - गा०; त्रानि - न०; वांन - स०। आककली न – आककलि न - को०; आककलीनि - न०। करै – करैं - मो०न०; करें - शि०। जिय – जिअ - को०; जीय - शि०गा०। जांनि – जानि - को०मो०मि०भा०मु०ह०; जांन - स० [०१४]

कृष्ण० : इह नाइका के मन मैं नाइक कौं अनासक्ति जानि नायक के मन मै भ्रमु भयौ है, सु सषीनि वारनु करति है –

> **वात कहै कोऊ ज्योई जो आनिकैं तूं मन सोई सुचेतकैं जांनिहै। जांनि परी षरी कांन की पातरी सीषी कितै कहि धौं यह वांनि है। छोरिहै क्यौं मृदु मालती वेलि भली रस रूप रली सुषदांनि है। आककली पै अली सुष पाइ अली कहि रंगरली कव मांनिहै** [कृष्ण० ०१४] [42]

हरि० : अथ मानिनी सों सषी वचन। तूं कान की षरी अति पातरी है, हलुकी है। जो कछु सुनै सो मानि लेति है। विचार नहीं सुवुक तौर, यह अर्थी कौन तरह की तेरी वानि, प्रकृति, है। ताको वहावो, वहाय देहु। हे अलि, हे सषि, यह वात तूं जीव मैं जानौ, निश्चय करौ, आक की कली में अलि, भौर, रली, विहार, नही करै। औरि नायिका आक की कली समान है। आककली इत्यादि सों कह्यो अर्थ पुष्ट कियौ अर्थांतरन्यास है। कह्यौ अर्थ जहां पोषिए औरि अर्थ सो मीत। सो अर्थांतरन्यास है वुधजन करत प्रतीत॥ इहां दृष्टांत भासै है।

— ⋆ —

पिय विछुरन कौ दुसह दुष। हरष जात प्यौसार। दुरजोधन लौ देषियति। तजत प्रान इहि वार [०१५] [43]

پی بچھورن کو دوسہ دوکہ ہرکہ جات پوسار ۰ درجودہن لون دیکہیت تجت پران انہ بار [ظا۰ ۰۱۵]

अन० : सषी की उक्ति सषी सों। नायिका को भावसंधि। हरष शोक भावद्वय संबंध। उपमालंकार।

नर० : नायका कौ अनुराग सषी कौ वैन सषी सौं। हे सषी नायका कौ पिय सौ जौ विछुरत है तिनकौ दुसह दुष है और प्यौ, क० पिता, तिनके जो सार, क० घर, जाति है तिनकौ हरषु है। ए दोनों एकै साथि भए है तौ दुरयोधन की परै देषीयै कि इहि वार प्रान कौ तजैगी अथ दुरजोधन कौ विचार दुरजोधन कौ सोक अनै हरष एकै साथि ह्वै तव मरै सो महाभारथ मै सोक अनै हरष एकै साथि भए तव प्रांण छाडे – [44]

---

[42] भा०मि० प्रतियों में यह भिन्न उदाहरण मिलता है –

वौलसिरी रुष वंधत नाहिनै गंध सुहातु न गंधफली कौ। आवत मालती की नरती लवलेसु न भावतु है लवली कौ। वारही दूषन दै नव कैवलि को न कहाउ कनेर कली कौ। माधुरी की मधुराई वध्यौ न चले चितु आक की ओर अली कौ [भा० ०१४][मि० ०१४]

आवत – आरति - भा०। नरती – भरती - मि०। कैवलि – कौवलि - भा०।

[43] पिय – पीय - शि०। विछुरन – विछुरनौ - न०। कौ – को - मो०भा०ह०वे०; कौं - नी०। हरष – हरषु - नी०न०गा०वे०; हरषि - मो०भा०। जात – जातु - न०। प्यौसार – प्योसार - मो०; पियुसार - गा०; प्यौसाल - ह०। दुरजोधन – दुर्योधन - मो०; दुरजोंधन - मु०वे०; दुरजोधनु - न०। लौ – लों - शि०मो०मु०स०ह०; लौं - न०गा०वे०; लै - भा०। देषियति – देषियें - शि०; देषीयत - मु०न०गा०; देषियत - मो०न०मि०नी०वे०स०ह०। तजत – तजति - उ०ह०; तजे - मि०। प्रान – प्रांन - नी०मु०वे०गा०स०; प्राण - न०। इहि – इह - मु०स०; उहि, संशोधन द्वारा 'उ' - नी०; उहि - मि०; तिहि - मो०; यह - ह०। वार – वाल - ह०। दोहा लुप्त - को०। [०१५]

[44] प्राण छाडे – प्रांन छंडे - गा०।

प्रान सो प्रीतम प्यारो है आपनौ वाको वियोग दहै दुषकारी। जात प्यौसार सदा सुषकारक हर्ष अपार लगै सुषकारी। ऐसै मै और भई जौ कछ्रु हमपै नही आवत वात निकारी। यों दुरयोधन लौं असु जात सु देषियै नायक दोनूं प्रकारी [नर० ०१५]

कृष्ण० : यह प्रस्ताविक हर्ष सुष दोऊ एकत्र है। कवि की उक्ति, नाइकाभेद मै सषी कौं वचन सषी सौं –

नेहु लग्यो मनभावन सौ वसिवौ ससुरारि कौ जी मै सुहानो। नेहर तें कोऊ आयो चलावन ताही समें सुनि ज्यौ अकुलानो। प्यौ विछुरे दुषु होतु महा सुषु माइके को चितु सोच समानो। प्रात कौ पंकजु भो तिय कौ मुषु फूल्यो कछूक कछू कुम्हिलानो [कृष्ण० ०१५][45]

हरि० : वाले को वर्नन। सषी सों सषी पिय सों विछुरिवे को दुसह दुष है। प्यौसाल पिता को घर नैहर पूरव मै कहत है। प्यौसाल जात कै हरष है। दुर्जोधन कों सराप थो जव तुमें हरष सोक एकए वेर होगो तव मरौगे। दुरजोधन की तरह देषियत है। यह वाला प्रान तजति है। हरष सोक की संधि भावसंधि कै। कहूं प्यौसार इहिं वार एसो पाठ है। र ल एक है। इतहां यह भी अर्थ, हे सषी यह नायिका प्रान छोडति है ताको तूं वार रोको प्रान मति छोडिवे दो। यह वार को अर्थ या दिन मे, दुरजोधन उपमान, वाल उपमेय, लों वाचक, प्रान तजिवो धर्म। पूर्नोपमालंकार।

— ⋆ —

झीने पट में झिलमिली। झलकति ओप अपार। सुरतरु की मनों सिंधु में। लसी सपल्लव डार [०१६][46]

جهيني پت مين جهلملي جلكت اوپ اپار ۰ سورترو[47] كي منون سنده مين لسي سپلّو دار [ظا ۰ ۰١٦]

अन० : कवि उत्प्रेक्षा करत है। जहां कीजति संभावना वस्तु हेतु फल मद्धि। तीन भांति उत्प्रेक्षा वरनत सुमति प्रसिद्धि॥

नर० : झूटना वर्णन सषी को वैन नायका सौं। हे राधे तेरे सेत झीने पट कै विषै ए झिलमिली, क० झूटना जो है सो अपार, क० घनी उंप लिये झलकत है सो कैसी है कि मानों सिंधु के विषै सुरतरू क० कल्पवृक्ष सो झूटणा अरु डार संजुत पलवां सों सोभित है[48] –

45 जी – जा - नी०। नेहर तें – षोहर तै - नी०। माइके – पाइकैं - मु०। माइके – पाइकैं - मु०। 'नौ' तुकांत - नी०।

46 **झीने – झीनैं - उ०वे०; झीनै - मि०; को०शि०मो०नी०मु०स०ह०; झींने - मु०; झींनें - न०; झीनें - गा०। में – मै - उ०मि०मु०गा०; मे - नी०; मैं - को०न०स०। झिलमिली – झुलमुली - उ०नी०; झलमिली - शि०; झिलमली - को०; झुलमली - मो०मि०; झलमिली - अक्षर के पूर्व - न०; झिलिमिली - पा०ह०। झलकति – झलकत - मो०न०मि०मु०वे०गा०स०ह०। ओप – वोप - उ०मि०; उंप - न०गा०स०। सुरतरु – सुरुतरु - को०मु०; सुरतस - नी०; सुरतर - मो०। मनों – मांनु - को०; जनु - पा०; मनो - मो०; मनौं - नी०मु०गा०; मानौ - मि०; मनु - न०स०ह०। सिंधु – सिंध - गा०। में – मैं - उ०मु०न०वे०गा०स०; मे - नी०; मै - मि०। लसी – लसै - को०; लसे - शि०; लसति - पा०; लसत - मो०; लसैं - ह०। सपल्लव – लपल्लव - नी०; सुपल्लव - गा०स०ह०। डार – डारि - मो०। दोहा लुप्त - भा०। [०१६]**

47 سورترو - اور - ظا ۰

48 नायका – नायक - गा०स०।

झलकत झिलमिली ओप अपार झिनै पट झांषित यौ छवि छाजै। जाके विलोकितही वडे तापस आपसै छांडत योग समाजै। जे कविराज वडेई कहावत ते भटके उपमान कै काजै। मेरेई जांन मनौं तरुदेव की सिंधु सपल्लव डार विराजै [नर० ०१६]

कृष्ण० : यह झुलमुलीनि कौं वरननु है सु उपमा। सषी नाइक सौं कहै। नाइकु नाइका सौं कहै तो कवि की उक्ति होइ –

जाके करनाभरन व्रष के दिवाकर से नेंन इंदीवरनि की छवि सरसाति है। अंतर ललित झीनें वसन मैं झुलमुली कहै कविकृष्ण झलकति ऐसी भांति है। मेरे जान सागर मैं डार कलपद्रुम की पल्लवनि सहित प्रगट दरसाति है। अधर सुधाधर सुधाधर से वदन में किलकति ललित कपोलनि की कांति है [कृष्ण० ०१६][49]

हरि० : नायक की उक्ति नायिका सों। किंवा सषी की उक्ति नायक सौं। झीने पट में झिलिमिली कर्नभूषन जाको पीपरपत्ता, झोंटना, कहत है, सो झलकति है। अपार ओप कांति सों सुरतरु पारिजात मंदार संतान कल्पवृक्ष हरिचंदन ताकी पल्लव सहित डार मानो सिंधु, समुद्र, में लसति है। उक्तास्पद वस्तूत्प्रेक्षा है। औरि वस्तु करि वस्तु को संभावन जहां होय। उक्तानुक्तास्पद तहां वस्तुत्प्रेक्षा जोय। झीने पट में समुद्र की संभावना, झिलिमिली में सपल्लव डार की संभावना।

— ⋆ —

डारे ठोडी गाड गहि। नैन वटोही मारि। चिलक चौंध मैं रूप ठग। हांसी फांसी डारि [०१७][50]

داري تهودي كاد كہ نين بتوہي مار ۰ چلک چونده مين روپ تهک ہانسي پہانسي دار
[ظا۰ ۰۱۷]

अन० : नायक वचन अनुभाव स्मृति संचारी गुनकथन दसा। वचन अनुभाव करि नायक को पूर्वानुराग व्यंगि। रूपठग हांसी फांसी डारि, नेंनवटोही मारि ठोडी गाड गहि डारें। चिलक चोंधि मे, सोई संध्या समें इत्यन्वय। समस्त वस्तु विषय रूपकालंकार।

नर० : नायक के नेत्र लगन, नाइक कौ वैन सषी सौ। हे सषी राधिका कै रूप रूपी यै ठग नै देही की चिलक, तिनकी चकाचौंधी मैं हांसी रूपी पांसी डारिकै मेरे नैन रूप वटोही, तिनकौ मारिकै ठोडी की जो गाड, क० षाड, है तिनमैं पकरिकै डार दए हैं। ए राधिका की ठोडी सौं मेरे नैंन लागे हैं –

---

49 इंदीवरनि – ईदीवरनि - नी०। झुलमुली – झुलमली - मु०। सुधाधर सुधाधर – सुधाधर - नी०। किलकति – किलकित - मु०। की कांति – की दुति अधिकाति - नी०। चरणों का क्रम १ - ४ - २ - ३ - नी०।

50 डारे – डाडे - नी०। गाड – गाडि - को०। गहि – कहि, 'क' के ऊपर भिन्न क़लम से 'ग' - उ०; गृहि - गा०। नैन – नेंन - मो०मु०; नैंन - को०स०ह०। वटोही – वटौही - उ०; वटोहि् - को०गा०वे०; वटोहि् - शि०; वटाऊ - पा०; वडोही - नी०। मारि – मार - मु०मि०; 'र' में इकार बाद में - गा०वे०। चौंध – चौध - मि०; चौंधि - नी०; चोधि - मो०; चोंध - को०मु०ह०; चोधी - शि०। मैं – मे - पा०; मै - न०मि०नी०; में - शि०मो०मु०न०ह०। ठग – ठगु - न०मि०नी०; ठगि - वे०गा०स०। हांसी – हासी - शि०मि०। फांसी – फासी - शि०मि०; पासी - नी०। डारि – डार - न०। दोहा लुप्त - भा०। [०१७]

जो वडो दुष्ट सपुष्ट है पाय सै रूप ठगोरी लये ठग जोहै। ताही नै हांसी सोई वडी फांसी लगायकै नैनही जानत को है। ठोडी की गाड मै गाडेई मारिकै नैन वटोही वडे मन छोहै। देह चलक्कहि चौंध चितै कि छिपाय रह्यौ छवि सौं छल सोहै [नर० ०१७]

कृष्ण० : यह ठोडी की गाड को वरननु नाइक नाइका सौं कहै –

केसनु के वनु के उपकूल तहीं भ्रकुटीगिरि ओट विचारै। चारु लिलार सिंगार की चौंध में देत प्रचंड दगा नहि हारै। फांसी गरे मुसिकानि की पारिकै ठोडी की गाड कुंवा गहि डारै। प्यारी महाठगु तेरो सरूपु दया तजि नेंनवटोहिनु मारै [कृष्ण० ०१७][51]

हरि० : सषी वचन नायिका सों। तेरो रूप सो ठग है। ताने चिलकचोंध में, अंग को जो चाकाचक्यता सो भयो जो चोंध चकचोंधी, जैसे सूर्ज देषि आंषि में चोंध परत है। पहिलैं गहिकै फेरि हांसी सोई है। फांसी ताको डारिकै नायक के नैंन, सोई वटोही, ताकों मारिकै ठोडी को जो गाड है, तामै डार्यौ। तहांई नैन हैं, तहां सो अन्यत्र जात नहीं। इहां रूपक सर्वांग है। उपमान उपमेय सों अभेद कियो।

— ⋆ —

कीनेऊ कोरिक जतन। अव कहि काढै कौंन। भौ मन मोहन रूप मिलि। पानी मै कौ लौंन [०१८][52]

کینیہون کورک جتن اب کہ کادہي کون ۰ بہو من موہن روپ مل پاني مین کو نون [ظا۰ ۰۱۸]

अन० : उक्ति परकीया नायिका की सषी सों। चिंता संचारी तें पूर्वानुराग व्यंगि। दृष्टांतालंकार।

नर० : नायका कौ चित्त लगन। श्रीराधिकाजी कौ वैन सषी सों, हे सषी ज्यौं पांनी के विषै लौंन मिलै त्यौं मेरौ मनु मोहनजी के रूप तै मिलकैं एकत्व भयौ है सो अव कोरिक जो जतन कीजै तौओ कहि कौन काढै, ए निकलै नही –

कोरि जतन्न किये मन मेरै कुं को अव काढै सो जानत नांही। भांति भली अंग अंग रह्यौ मिलि छोटो वडौ कोऊ जांनत छांही। जे मन मोहन रूप सौं राचिकै जाइ मिल्यौ मन मोहन मांही। लौंन समांन भयौ जल वीचही लौ न ज्यौ पानी मै जान्यौ न जांही [नर० ०१८]

कृष्ण० : इह नाइका परकीया नवोढा अपने मन की आसक्ति सषी सो कहति है –

---

51 लिलार – लिलाट - नी०। गरे – गिरे - मु०।

52 **कीनेऊ – कीनैंऊं - उ०; कीन्हेहू - पा०; कीनेंहू - मो०; कीनैऊ - मि०; कीनेउ - स०; किनेऊं - भा०; कीनेहूं - ह०। कोरिक – कोरि, 'क' ऊपर रिक्त स्थान में - को०; कोटिक - भा०ह०। कहि – गहि - पा०भा०। काढै – काढें - शि०; काढेंगो - भा०; काढैं - न०ह०। कौंन – कौंनु - उ०; कोन - मो०; कौनु - नी०; कौंनु - मि०; कोनु - भा०; कोंन - वे०; कौन - शि०ह०। भौ – मो - भा०मि०; भो - को०मो०वे०स०। मन – मनु - उ०नी०न०वे०। मोहन – मौहन - ह०। म्मिलि – मीलि - उ०; मिल - को०मो०न०; मिलिकै - शि०। पानी – पांनी - उ०न०मि०मु०वे०गा०स०; पांणी - शि०। मै – मे - शि०नी०। कौ – को - मो०भा०ह०वे०; कौं - नी०गा०। लौंन – लौनु - उ०नी०; लौन - पा०; लोनु - भा०; लोंन - शि०मो०वे०। [०१८]**

जा दिन ते वर वानक सौ निरष्यौ वलवीरु कलिंदी के तीर मे। ता दिन ते न सुहात कछू सुधि कौ लवलेसु रह्यौ न सरीर मे। नैननु माझ वसी वह मूरति जाइ पर्‌यौ मन यौ छवि भीर मे। कोरि उपाउ किये कढै कैसै विलाइ गयौ सषि लौंनु ज्यौं नीर मे [**कृष्ण० ०१८**][53]

हरि० : नायिका की उक्ति सषी सौं। कोटि जतन किए भी हे सषी तूं कह अव कौन काढै। मेरो मन मोहन कौ रूप सौ मिलिकै पानी मह को लूंन भयो, मिलि गयो। जो नायक की उक्ति सषी सों होय तो। मोह करावनवालो जो नायिका को रूप तासों मिलिकै। औरि वैसेंही। दृष्टांत अलंकार। उपमानरु उपमेय गुन वाचक धर्म सुजान। होत विंव प्रतिविंव जहं दृष्टांत सु परमान।

— ⋆ —

लग्यौ सुमन ह्वैहै सफल। आतप रोस निवारि। वारी वारी आपनी। सीचि सुहृदता वारि [०११][54]

لکیو سمن ہوہي سوپهل اتپ روس نوار ٠ باري باري آپني سيچ سوہردتا بار [ظا٠ ٠١٩]

अन० : मानिनी नायिका प्रति सषी की उक्ति। सिछा भावध्वनि मुष्य श्लेषमूलक रूपक अलंकार। काव्यप्रकास के मत चंद्रालोक के मते समासोक्ति मुष्य श्लेष रूपक यमक पोषक हैं।

नर० : अन्योक्ति, रे माली तेरी वाडी कै विषै जो सुमनु क० वृक्ष लाग्यो है सो सफल ह्वैहीगो। तूं इनतैं आतपु, क० सूर्य तिनकौ रोस, क० तेज निवारि देहु अरु आपनी वारी के समै भलै चित्त करिकै वारि, क० पानी सींच। और अर्थ नायिका की अभिलाष दसा। सषी कौ वैन नायका सौ, हे राधा तेरौ भलै प्रकारै जो नायक सौ मन लाग्यौ है तौ सफल ह्वैहीगो। तूं आतप, क० षेद अरु रोस निवारि देहु अरु हे वारी, ज्यौ तेरी वारी है, तिनकै विषै नायक की वारि, क० आवन की विरियां तिनकौ एकचित्त करि सीचए, अवलोकन करि –

सै फल होइगो औरई जानि लग्यौ है सुवन्न सवै सिर सोहै। आतप सोहै जो रोस अपार निवारि वलाइ ल्यौ यौं मन मोहै। वारी तुंवारीयै आपनी जानै न तोसी गवारि अहे कहि को है। सींच सुनैनी सुहृदत वारि लै मेरे कहे तैं लगै दुष तोहै [नर० ०११]

---

53 वरवीरु कलिंदी के – वलवीर कालिंद की - मु०। यौ – तौ - मु०। मु० प्रति में उपरोक्त उदाहरण के स्थान पर यह छंद है –
जा दिन ते मिलि मैंन की मूरि सी डारि गयो वह छैल सुहायो। ता दिन तै अकुलात है लोचन देषिवे को कहूं दाउ न पायो। मो पग मे मग मै लगिकै यहि कांटे ने आजु अमी वरसायो। प्रीति जनावतु पै भयेभीत सों मोहन मीत जो काढन आयो [**मु० ०१८**]

54 **लग्यौ – लग्यो - को०मो०मि०वे०; लगो - भा०। सुमन – सुमनु - उ०नी०न०वे०गा०। सफल – सफलु - मो०; सुफलु - नी०; सुफल - शि०मि०मु०ह०। आतप – आतपु - उ०मो०नी०न०। रोस – रोसु - उ०नी०; रौसि - मि०; रोसि - मु०; रोश - गा०। निवारि – 'र' में इकार बाद में - शि०; निवार - वे०गा०स०। वारी वारी – वारी वरी - ह०। आपनी – आपुनी - मो०। सीचि – सींचि - उ०मो०मु०; सींच, 'च' में इकार बाद में - को०; सीची - भा०; सींच - न०वे०गा०स०ह०। सुहृदता – सुविता - उ०; सुंदरता - को०; सुहृदिता - न०; सुहृता - स०; सुहृद - काकपद, हाशिए पर 'ता' - मु०। वारि – 'र' में इकार बाद में - गा०।** [०११]

कृष्ण० : यह सषी कौ वचनु नाइका सौं है। सिक्षा –

> **वारी है न वावरी तू देति लडवावर्‌यौ क्यौ मानु करिवे कौ उर मौसरु विचारियै। अवही तौ नेहवेलि नवल लगोई ताहि जतन जतन दृढ करि पोषि पारियै। लग्यौ है सुमन सु तौ होहिगो सफल अव कहै कविकृष्ण रिस आतपु निवारियै। सीष मांनि मेरी मति सोतिनु के चीते करै प्यारी प्रीतिरसही सौं सीचि हितवारियै** [कृष्ण० ०१९][55]

हरि० : सषी की उक्ति नायिका सों। अनेक स्वकीया है, तामे एक ने मान कियो है। जैसो सुमन, फूल, लग्यो है तैसो फल होयगो। सुंदर मन लग्यो है तौ फल कौ अर्थ सिद्धि होयगो। आतप, धूप सौ है, रोस क्रोध ताकों निवारि, रोकौ। हे वारी थोरे दिन की आपनी वारी, वारी जा दिन नायक तेरे घर आवै, सुहृदता जो वारि, जल, है तासों सीचौ। विहारी कौ दोहा नहीं। क्रम भंग है। आतप रोस कह्यौ तो वारि सुहृदता चाहिए। वारी वारी जमक श्लेष। सुमन फूल।

— ⋆ —

अजौ तर्‌योनाही रह्यौ। श्रुति सेवत इक रंग। नाक वास वेसरि लह्यौ। वसि मुकतन के संग [०२०][56]

اجون ترونا ہین رہیو سرت سیوت اک انک ۰ ناک باس بیسر لہیو بس مکتن کي سنج
[ظا۰ ۰۲۰]

अन० : तरोना वर्नन करनभूषन कों कहियै। समासोक्ति अलंकार।

नर० : अन्योक्ति हीरावेधी। अरे नर अजौंही तर्‌यौ नाही तैं इकरंग भये सास्त्र सेव्यौ तौ भी यौंही रह्यौ। अरु देष कि जो वेसर, क० मारग न जानैति, कामुगतिगामी के साथि वसिकै नाक, क० मोक्ष, तिनकौ वास लह्यौ –

> **आज लगै अहो ऐसे रह्यौ अरु कोटि उपाय कियै न तर्‌यौ है। एक रंगे करि सेवति है श्रुति वाही कौ काम कछ्रू न सर्‌यौ है। संगति के अति उत्तम है फल वेसर नाक को वास कर्‌यौ है। साथ सदा वसि मुक्तन के हरि वेई हरे भवसिंधु तर्‌यौ है** [नर० ०२०]

---

55 लगोई – लगाई - मि०। दृढ – द्रग - नी०।

56 अजौ – अजै - उ०; अज्युं - को०; अजूं - मु०; अज्यौं - न०मि०नी०; अज्यों - मो०गा०; अजौंन - न०; अजों - शि०वे०; अजौं - स०ह०। तर्‌योनाही – तरौंनाई - उ०; तर्‌योनाहि - को०; तरुनाई - शि०; तरौंनाही - मो०; तर्‌यौनांई - मु०न०; तर्‌यौनाही - नी०; तरौंनाही - मो०; तर्‌यौंनाही - मि०; तर्‌यौनाई - गा०; तर्‌यौनाई, 'ही' पार्श्व पर - स०; तर्‌योनाहीं - भा०; तरोनाही - वे०; तर्‌यौनाईं - ह०। रह्यौ – रह्यो - वे०; रहे - उ०; रहों - शि०; रहत - मो०; तर्‌यो - भा०। श्रुति – श्रुत - शि०। सेवत – सेवक - न०गा०; सेवित - स०। इक – ईक - उ०मो०; यक - पा०; ईकु - मो०। रंग – रंगु - मो०; अंग - मु०ह०। वास – वासु - उ०। वेसरि – वेसर - को०मो०मु०न०वे०गा०स०; वेसिर - शि०। लह्यौ – लहो - भा०; लीयौ - मु०; लह्यो - को०मो०। वसि – वशि - को०; वस - गा०स०। मुकतन – मुकतनु - उ०; 'न' में इकार बाद में - शि०; मुकतिन - नी०; मुक्तन - भा०; मुगतनि - गा०; मुगतन - वे०; मुकुतनि - पा०ह०। के – कै - उ०शि०मि०मु०गा०स०; कैं - न०; (लुप्त) - ह०। सग – संगु - मो०। [०२०]

कृष्ण० : यह प्रस्ताविक भक्त कौ वचनु प्रयोजनु यह इक रंग श्रुति सेवतु रह्यौ नाहि अरु वेसरिजू काहू के समानही तिन नाकुवास पायौ। काकु धुनि के हेत तै वदन कौ दुषु दूरि होतु है। श्रुति कानहू कहियै तौ संभवै –

> **संग लाग्यो एक रंग श्रुतिही कौ सेवत भरोसो धरि भारी जिय ऐसो नेमु नह्यो है। कहै कवि कृष्ण तासौ सवु कोऊ कहतु है अजहू लौ तर्यौ नाही तर्यौनाही रह्यो है। प्रेम के प्रभाउ की इहां लौं अधिकाई जाके चित आई तिनही परमपद्ु गह्यो है। विमल सुढार मुकुतानि संग वसि लसि नांक कौ निवासु देष्यौ वेसरिहू लह्यो है** [कृष्ण० ०२०][57]

हरि० : नायिका नायक रति करै है। सो देषि प्रिय नर्मसषी सों प्रिय नर्मसषी कहति है। हे अंग अंग तुल्य सषी अजौं तर्यौनांही रह्यौ है, श्रुति सेवत इक एक० श्रुति कों सेवत। एक कांन में तरकी रहि गई है। ओरि भूषन छुटि परे हैं। नाक में वास स्थिति वेसरि ने पायो है। वसि मुकुतनि के संग० मुकुता के संग में वसिकै। जामें मोती लगे हैं। सषी दिषायकै कहति है। प्रत्यक्ष अलंकार। वा जीवनमुक्त जे हें भक्ति तिनकी प्रसंसा गुरु सिष्य सौं कहै है। अजौ, अवभी, तूं नहीं तर्यौ रह्यौ श्रुति सेवत एक अंग। अंग तरह। एक तरह सों श्रुति वेद कौं सेवत रह्यौ। किंवा एक अंग विषें श्रुति कों सेवत रह्यौ। वाममार्ग भी श्रुति मैं कह्यौ है। अक नाम दुष को, अक नाम पाप को। स्वर्ग मैं दैत्यनि सौं दुष कई वार होत है। नाही है अक दुष जा विषै ऐसो जो नायक वैकुंठ ताको वास वेसरि ने पायो। सर कहिये वरोवर, वेसर कहिए नहीं वरोवरि को। नाक को वास वेसरि को जो थो तिन पायो। मुक्त जे जीवन्मुक्त वैस्नव, तिन के संग मैं वसिकै। दोऊ अर्थ मैं दोहा क्लिष्ट है। किंवा अज जो व्रह्मा सो भी अवताई नही तर्यौ, श्रुति सों सेवत विचारत एक जो जो है ब्रह्म ताको हे अंग मित्र। संकराचार्य को मत है। व्रह्मादिक कों पूर्न ग्यांन नही भयो, जासों मुक्ति होंहि। उत्तरार्ध वैसेंही जानिए।

— ★ —

जम करि मुह तर हरि पर्यौ। इहि धरि हरि चितु लाउ। विषयतृषा परिहरि अजौं। नरहरि के गुन गाउ [०२१][58]

جم کر منہ تر ہر پراو یہ دہر ہر چت لاو ۰ بکھیي ترکہا پرہر اجون نرہر کي کون کاو

---

[57] लग्यो – लग्य - मु०। रंग - रस- भा०। नेमु – नेहु नी०।

[58] जम – जिम - को०; जमु - शि०। करि मुह – करि मुह, मूल के 'मुहरह' पर संशोधन 'मुकरिह' - उ०; करी मुह - शि०; करि मुहु - मो०न०। तर – तरि, 'रि' के इकार पर काटने का संकेत - उ०; तरि - शि०भा०मो०न०। हरि – हर - नी०गा०स०। पर्यौ – परो - भा०; पर्यो - को०पा०मो०वे०। इहि – इह - को०न०मि०मु०वे०गा०स०; ईहि - मो०; यहि - पा०; यह - भा०ह०। धरि – धर - उ०पा०मि०बाअ०मु०न०गा०स०ह०। हरि – हर - मु०न०गा०। चितु – चित - को०शि०मो०मि०न०वे०गा०स०ह०। लाउ – लावु - उ०; लाइ - पा०भा०न०मि०मु०वे०गा०स०; ल्याओ - मो०; लाय - ह०। विषयतृषा – विषत्रिषा - उ०; विषयत्रषा - को०नी०; विषयत्रिषा - शि०स०; विषइत्रिषा - वे०; विषैत्रषा - भा०मि०; विषैतृषा - ह०। परिहरि – परहरि - उ०को०नी०; परिहर - गा०; परहर - वे०स०। अजौं – उ०शि०मि०न०गा०ह०; अज्यौं - को०नी०मु०; अजौ - भा०; अज्यों - मो०; अजों - वे०स०। नरहरि – नरहर - को०मु०गा०वे०ह०। के – कै - न०। गुन – गुण - मु०। गाउ – गावु - उ०; गाइ - भा०मि०मु०स०; गाओ - मो०; गाय, 'इ' हाशिए पर - न०; गाय - वे०ह०। [०२१]

[ظا۰ ۰۲۱]

अन० : गुरु को वचन मुमुक्षु प्रति। करुनारस। वचन अनुभाव तें साधन दिषायो दुषित देषिकै। दुःष दर्शन उद्दीपन व्यंगि। रुपकालंकार।

नर० : उपदेस वचन। अरे नर जमरूपी जौ हाथी है तिनकै मुह आगै तिसल पर्‌यौ है, तोऊ अजौ हर, क० प्रीत सहित चित लाइकै ऐसी राषि। सो कैसी धरि कि विषय की जो तृष्णा है सो तो तज देहु अरु नर के विषै जो हर, क० सिंह समान है ए श्रीभगवान तिनके गुन गाइ –

> **जमराज महागजराज के आंननि आथ अवै तर हार पर्‌यौ है। वेगि हियै हरि लाइ महासठ छूटन काज उपाय कर्‌यौ है। भोग की लालच छांडिदै छैले तु जे मल मूत्र भंडार भर्‌यौ है। हे नरसिंघ के गोऊ अजौ गुन भक्त उवारन भेष धर्‌यौ है** [नर० ०२१]

कृष्ण० : यह सांतरसु भक्त कौ वचनु मन सौं भय संचारी –

> **दसहूं दिसानु मांझ व्यापि रह्यौ जाको धाकु कहौ वाके विक्रम कौ कहा लों प्रभाउ रे। तिनुका लौं तोरे तीन्यौ लोक के सकल वली कोऊ पै न वच्यो वहु कियेहू उपाउ रे। ऐसे काल करिकै पर्‌यौ तू मुहतर हरि कृष्ण कहै यह धरि हरि चित लाउ रे। हारि मानि विषय त्रषानि परि हरि मन नरहरि देव के समझि गुन गाउ रे** [कृष्ण० ०२१][59]

हरि० : अथ निर्वेद स्थायीभाव सांतरस। जम जो सो है करी, हाथी, ताके मुह के तर हरि को अर्थ, तरें पर्‌यौं मैं हौं, यह वातन मन मैं धारन करिकै हरि विषै चित्त लगाय। किंवा यह जो धरहरि है, वचावै है, तामैं चित्त लगाय। कौन धरहरि। अव भी विषय इंद्रिय को सुष को परिहरि, छोडिकै, नरहरि, नरसिंहजी, तिनके गुन कौ गान करौ। सिंह सों हाथी भाजै है। किंवा हे नरहरि के गुनगांन करि, सिंहरूप जो भगवांन हैं ताकौ। जम सो कही रूपक।

— ⋆ —

पलनु पीक अंजन अधर। धरे महावर भाल। आजु मिले सु भली करी। भले वने हौ लाल [०२२][60]

پلن[61] پیک انجن ادہر دہري مہاور بہال ۰ آج ملي سو بہلي کري بہلي بنے ہو لال
[ظا۰ ۰۲۲]

---

59 वच्यो – वध्यौ - नी०। हरि – हर - मु०। समझि - सगुन - भा०।

60 पलनु – पलक - को०; पलन - पा०मो०भा०मि०मु०स०ह०। पीक – पीत - गा०। अंजन – अंजनु - उ०मो०नी०। अधर – द्रगन - मु०; अधुर - मो०। धरे – धरैं - मि०; धर्‌यो - मो०; धरै - न०; धरें - शि०ह०। महावर – महाउर, 'र' के नीचे 'उ' की मात्रा बाद में - उ०; महाउर - पा०नी०; माहावर - न०। आजु – आज - को०मु०। मिले – मिलै - न०। सु – सो - शि०को०। भली करी – भलि करि - शि०। भले – भलै - शि०न०। वने – वनें - उ०; वनै - शि०न०मि०नी०। हौ – हो - को०शि०मो०नी०मु०स०ह०। [०२२]

61 پلن - پلئی - ظا۰

अन० : धीराधीरा नायिका की उक्ति नायक सों। सब ठोर पद श्लिष्ट हैं। श्लिष्ठार्थः। आजु जासो मिले सु भली वहुत नीकी। अरु तुम पें भले करी, हस्ती समान हो। काहे तों, पलनु पीक हें रक्त पल हस्ती होत है। अंजन अधर श्याम अधर सोपि हस्ती को होत है। लग्यो महावर भाल, सो सिंदूर सदृश शोभत हे। हे लाल वने हो करी, करी समान। अरु जासों मिले सो भली सोपि व्यंगि हस्तनी सम कही हौ केसैं अधर थूल तें पीकरस वाहुल्यं। पद स्थूल ते महावर वाहुल्यं। अधिकपन सो वाहुल्यं। इति श्लेष अर्थः। असंगति अलंकार।

नर० : षंडिता नायका कौ वैन नायक सो। हे स्याम तुमारै पलकान के विषय पांन की पीक लागी है और अधर के विषै अंजन लग्यौ है और भाल के विषै महावर लग्यौ है सो आजु ऐसेई आनि के मिले सो भली सी कीवी है। लाल मैं कहत हौं कि भले से वने हौ –

पूरन पीक भरे पल पीतम अंजन ओठ कहां ते लग्यौ है। जावक भाल भर्‌यौ करुनाकर देषत नेंन सकोच जग्यौ है। आज अचानक आय मिले सु भली करी देषन ज्यौ उमग्यौ है। आप भले वने और कहा कहौं काहू के नेह सौ प्रान पग्यौ है [नर० ०२२] [62]

कृष्ण० : इह नाइका प्रौढा अधीरा षंडिता, नाइका कौ वचनु नाइक सौ –

पीक पगी पलकै छलकै छवि नैननु मै अरुनाई धरी है। अंजनु चारु फर्‌यौं अधरानि लिलार महाउर छाप परी है। लाल विना गुनमाल हिये मुसिकानि अनेक प्रभानि भरी है। नीके वनै इह वानिक आजु मयाकै मिले सु भलीये करी है [कृष्ण० ०२२] [63]

हरि० : धीराधीरा की उक्ति नायक सों। पूर्वार्ध स्पष्ट। आजु मिले जु भली करी। निसांनी सों चोरी जाहिर भई। हे लाल भले वने हो, पल विषें पीक इत्यादि सों वहुत सुंदर लागत हौ। हाथी कों भी रंगै है। करी, हाथी, भले वने हो हे लाल। किंवा भला वना दूलह है। वक्ता नायिका वोध्यच्च। सापराध नायक, ताके प्रभाव तें विपरीतादि अर्थ मै लच्छन लच्छना होति है। तासों भली करी याको अर्थ वुरी करी। भले वने हौ याको अर्थ वुरे वने हौ जानिए। सभाप्रकास। [64] तजै शब्द निज अर्थ को परअन्वय सिद्धि हेत। जानि परै जहां अर्थ अनि लच्छन लच्छ विजेत॥ शव्द आपनो अर्थ छांडै पर कहिए औरि पद ताको जो अन्वय संवंध ताकी सिद्धि के लिए तहां औरि अर्थ जाहिर जानि परै तहां लच्छनलच्छना अगूढ व्यंग्य है तासों मध्यम काव्य असंगति अलंकार। औरि ठौरिही कीजिए औरि ठौर को काम।

— ⋆ —

62 नेंन – नैन - गा०स०।

63 भा०मि० प्रतियों में भिन्न उदाहरण है –

आज वने हौ भले नंदलाल नए सव वानिक सोह तिहारी। मंडन आंषिन पीक लगी अरु लीक लगी कछु ओठन कारी। वांई तौ वाह तिलौछि रही यह दाहिनी वाह सिहाति तिहारी। वैठी षएं षगि लागि उठी इह कैसी विराजति है वर स्वारी [मि० ०२२][भा० ०२२]

षएं – षहे - भा०। है – (लुप्त) - भा०मि०। वर – वीर - मि०।

64 **सभाप्रकाश** (पद्य) हरिचरणदास कृत र०का० सं० १८१४ (?) विषय अलंकार और नायिका भेद। **संक्षिप्त०** २-५१३।

लाज गरव आलस उमग। भरे नैन मुसकात। राति रमी रति देत कहि। औरै प्रभा प्रभात [०२३][65]

لاج کرب[66] الس اومک بھری نین مسکات • رات رمین رت دیت کہ اوری پربھا پربھات [ظا• ۰۲۳]

अन० : सषी की उक्ति नायिका सों। नायिका सुरति लच्छिता। भेदकातिसयोक्ति अलंकार।

नर० : षंडिता नायका कौ वैन नायक सौं। हे हरि तुमारे नेत्र लाज तैं गरव तैं आलस तैं उमग तैं भरे मुसकावत हैं और प्रात के आवनै तैं औरही प्रभा, क० क्रांत लागति है तौ राति काहू सौ रति रमी है, सो कहि देतु हैं –

लाज भरे अति और गरूर भरे अरु आरस आन ठई है। सोहै अनंग उमंग भरे वहु नैननि नै मुसकान लई है। रात रमी रति देत कहै वडभाग लडेती सी रीति नई है। सांझि के सांझे सिंगार मिटे सव औरै प्रभा परभात दई है [नर० ०२३]

कृष्ण० : यह नेत्रन कौ भाउ देषि सषी नाइक सौ कहै तौ षंडिता –

सारस ते सरस लसत भरे आरस महारस मगन हेरे हियो हरि लेत है। लाल डोरे राजत है औरे ओप साजत है फूले मुसिकात है निकाई के निकेत है। मैन की उमंग भरे जोवन के रंग भरे लाज की तरंग भरे गरव समेत है। सैन सुष पागे निसि जागे द्रग तेरे वाल राति रमी रति की प्रभात कहे देत है [कृष्ण० ०२३][67]

हरि० : प्रभात सषी वचन। लच्छिता सों सषी वचन। लाज गरव आलस उमग उछाह, इनतें भरे जे हैं नैंन, ते मुसुक्यात हैं। प्रीति सूं तूं राति रमी है, रमन कियो है। प्रभात विषै औरि जो है प्रभा, कांति, सो कहि देति है। अन्यसंभोगदुःषिता कीनी उक्ति। षंडिता की उक्ति। वह नायिका तुमारे संग में राति रमी है। ताकों रति जो है प्रीति तासों प्रभात विषै औरि जो है प्रभा, सो कहि देति है। किंवा रमन को रति ओ प्रभा कहति है। लाज लोक की हमें ऐसी नायिका मिली है, यातें गरव। आलस राति जागे हौ तासों तुम विषै है। औ उमग भरे तुमारे नैन हैं। औ तुम मुसुक्यात हौ। औरि दिन औरि प्रभा, आजु औरि प्रभा। भेदकातिसयोक्ति। औरै पद जहं दीजिए अधिकाई के हेत।

— ★ —

[65] आलस – आरस - मो०; आलश - न०। उमग – उमगि - को०मो०; उमंग - नी०; उपम - गा०। भरे – भरै - को०। भरे – भरै - को०। नैन – नैंन - उ०न०गा०स०; नेंन - मो०मु०वे०ह०। मुसकात – सुसकांत - उ०; मुसिकात - भा०; मुसक्यात - ह०; मुसकाति - न०; मुसकाति, इकार की मात्रा बाद में - गा०। राति – रात - को०मु०। रमी रति – रमे रति - भा०। देत – भेद - मु०; देति - नी०गा०वे०; देति - मि०। औरै – औरें - शि०मु०ह०; औंरें - पा०; ओरें - मो०; औरैं - न०गा०वे०। प्रभात – प्रभाति - न०गा०; ‘व’ पर ‘त’ संशोधन - वे०। [०२३]

[66] کرب - کرت - ظا•

[67] महारस – महारंग - नी०। हेरे हियो – हैर हियो - मु०। फूले - फूलि - भा०। वाल – वात - भा०नी०; तात - मु०। ‘हें’, ‘हैं’ तुकांत - मु०।

पति रति की वतियां कही। सषी लषी मुसिकाय। कै कै सवै टलाटली। अली चली सुष पाय [०२४][68]

پت رت کي بتيان کہين لکہين سکہي مسکاي ۰ کي کي سبہي تلاتلي الي چلي سوکہ پاي
[ظا۰ ۰٢٤]

अन० : सषी की उक्ति सषी सों। पर्यायोक्ति अलंकार।

नर० : क्रियाचातुर सषी कौ वैन सषी सौ। हे सषी पति अस्त्री सामौ देषिकै मुसिकानि करी तव सषियां जान्यौ कि नायक रति की वात कही। जव सषियां टलाटली सी करिकै अली पै सीष पायकै चाली क० उठि गईं –

> **गौने की राति लै आइ सिंगार कै नारि नई कुं वियोग वितैकै। वात कही रति की जव पी मुसकाइ लषी सषि ही जु इतै कै। टराटरी कै कै चली अली सव दंपति की वहु वात रितैकै। पाइ सवै सुष ह्वैकै हसै मुष प्रीतम प्यारी की प्रीति चितै कै** [नर० ०२४]

कृष्ण० : इह नाइका नाइक कौं सुरतारंभ समौ जांनि सषी कछ्रु मिसु करि उठि चली, सषी वचनु सषी सौं –

> **चौपरि षेल षगी वनिता व्रजराज विलोकत ही ललचांनौ। सैनन में कछ्रु केलिकलोल की वात कही मन मैन भुलांनौ। प्यारी अलीन की ओर लषी हसि यौं रसभाउ हियै सरसांनौ। देषि सवै सुष पाइ चली अपनें अपनें ग्रह ऊठम ठांनौ** [कृष्ण० ०२४][69]

हरि० : सषी सों सषी। पति ने रति करिवे की वातें कही। किंवा नायक अर्थाच्छिप्त। पति की तरह रति करिवे की वात नायक ने कही। विपरीत सुरत यह अर्थ सषिनि को नायिका ने मुसुक्यायकै लषी। किंवा सषिनि ने नायिका को मुसुक्याय लषी। सव सर्षा टलाटली करिकै एक को एक ने धक्का दियो एसें अली सुष पायकै चली। टलाटली के छल सों घर सूनो करनो इष्ट साध्यो। पर्जायोक्ति। छल करि कारज साधिए जो कछ्रु चितहिं सोहात।

— ⋆ —

तो पर वारौं उरवसी। सुनि राधिके सुजान। तू मोहन के उर वसी। ह्वै

[68] की – या - शि०; (लुप्त) - मो०। वतियां – वतिया - को०भा०मि०; वतीयां - मो०मु०न०गा०; वतिआं - ह०। कही – कहीं - नी०। मुसकाय – मुसक्याइ - शि०; मुसुकाइ - पा०; मुसुकाई - मो०; मुसिकाइ - नी०मु०न०; मुसकाइ - मि०; मुसिकाय - स०भा०; मुसुक्याय - ह०। कै कै – कै कैं - मो०; करिकै - मि०; कैं कैं - न०। सवै – सवैं - मो०न०। टलाटली – टलाटलीं - उ०। अली चली – आली चली - नी०; चली अली - मु०। सुष – सुषु - नी०; सिष - न०। पाय – पाई - मो०; पाइ - शि०पा०नी०न०मि०मु०गा०वे०। [०२४]

[69] षगी – पगी - मि०। विलोकत – विलोकित - मु०। सैनन में – सैननहू - भा०। भुलांनौ – लुभांनौ - नी०। अपनें अपनें ग्रह – अपनैं गृह कौ कछ्रु - मु०।

उरवसी समान [०२५][70]

تو پر وارون اوربسي سن رادہكي سجان • تون موہن كي اوربسي ہوي اوربسي سمان [ظا• ٠٢٥]

अन० : दूती की उक्ति नायिका प्रति। सामोपाय करि मान ध्वनित है। ध्वनि सो कहा उपरिते जानीए हे राधिका सुजानि, तो पर उरवसी जो अपछरा है सो वारों। सुनि तू मोहन जो कान्ह जू ताके उर जो हृद ता परि उरवसी जो माला ताके समान ह्वै वसी है ओर ध्वन्यर्थ। उरवसी तें अधिक एसी तू मोहन के उर माल सम वसी। माला जैसे हृदय वाह्य है, तेंसें तू वाहरि हो मोहन के उर ओर वसति है। अयमपि अन्यार्थ। जमकालंकार तें अवरं काव्यं। उत्तम काव्य है।

नर० : मानमोचन साम उपाय। सषी कौ वैन नायका सौं। हे राधे को सुजांन, सुनि तेरे ऊपर जो उरवसी क० अपछरा, तिनकौं वारि देउ। और तूं कैसी है कि उरवसी क० लक्ष्मीजू समांन ह्वैकै मोहनजू कै हृदै मैं वसी है। ए षुसामदी करिकै मांन मनायौ है –

> **सील सरूप सुगंध सिरोमणि उर्वसी तो पर वारही डारूं। तू सुनि राधिके कांन अराधके तेरे चरित्र नै तो पै निहारूं। चातुरी तेरी चितैकै तुं उर्वसी मोहन के मन मै यु विचारूं। ह्वै उर्वसी कै समान तूं उर्वसी जे जग रूप सो तो परि वारूं** [नर० ०२५]

कृष्ण० : इह नाइका स्वाधीनपतिका, सषी कौ वचनु नाइका सौं –

> **रूप की उज्यारी व्रषभान की दुलारी राधे तेरीयै निकाई हेरि सौति सव हारी है। तेरे गुन गाइवे कौ तेरेई रिझाइवे कौ तेरी प्रीतिही कौ पनु गह्यौ गिरिधारी है। तेरौ नाम रटै ध्यान तेरेई हिये मै धरै तेरे रसवस उठि गाईहू विसारी है। तुही उरवसी ह्वैकै उर वसी मोहन के तेरी छवि पर कोटि उरवसी वारी है** [कृष्ण० ०२५] [71]

हरि० : सषी वचन मान में नायिका सौं। तो पर, तेरे ऊपर, उरवसी जो अप्सरा है, ताकों वारों, निवछावरि करों। हे राधिके सुजान प्रवीन, तुं सुनौ। तू मोहन के उर मैं, हृदय में, वसी है। उरवसी औ चौकी को समान तुल्य होय कौ सदा रहति है इत्यर्थ। किंवा तुमसों किनहूं कही है, नायक के उर में औरि नायिका वसी है, सो तो परि वारौं। औछिकै फेंकि द्यौ। सुनि राधिके सुजान, तुं मोहन के उर में वसी है। उरवसी, लक्ष्मी, को समान होयकै। कवही जुदागी नहीं। नारायन के उर मैं जैसे लक्ष्मी, तैसें तूं मोहन के उर मैं। किंवा तू मोहन के उर मैं वसी है, सदा उर मैं वसनिहारि है। उरवसी, लक्ष्मी, जाकी समा कहिए वरोवरिन को अर्थ नही ह्वै सकै है। जमक है। उरवसी को समान अर्थ उपमा।

---

[70] तो – तौ - नी०। पर – परि - मो०गा०स०। वारौं – वारों - को०शि०मो०ह०; वारौ - पा०वे०भा०। सुनि – सुनु - पा०; (लुप्त) - भा०। राधिके – राधिका - उ०मो०; राधे - भा०। सुजान – सुजांन - उ०शि०नी०वे०स०ह०; शुनहु सुजान - भा०; सुजानि - को०मो०; सुजांनि, 'इ' की मात्रा पर काटने का चिह्न - गा०। तू – तूं - उ०नी०न०गा०स०ह०; तुं - को०वे०। के – कै - उ०शि०नी०न०वे०। उर वसी – मन वसी - गा०भा०। उरवसी – उरुवसी - न०। समान – समांन - उ०न०वे०गा०स०; समानि - मो०। दोहा लुप्त - मु०। [०२५]

[71] उठि – उन - मि०। गाईहू – गाईयौ - भा०। उर वसी – मन वसी - भा०।

— ★ —

कुचगिरि चढि अति थकित ह्वै। चली डीठि मुह चाड। फिरि न टरी परिए रही। परी चिवुक की गाड [०२६][72]

کوچ کر چده ات تهکت هوي چلي ديتهہ مکه چاد ٠ پهر نه تري پري رهي پري
چوبهک کي کاد [ظا٠ ٠٢٦]

अन० : नायक की उक्ति सषी सों, स्मृति संचारी गुणकथन दशा वचन अनुभाव करि पूर्वानुराग व्यंगि। विषमालंकार।

नर० : नेत्र लगन, नायक को वैंन सषी सौं, हे सषी मेरी जो दीठि नाइका के कुच रूपी गिरि चढितै अति थाकी हुई औरु भी मुह की चाड क० चढाव कौ चाली, सो चिवुक की जो षाड परी है तहां आनिकै परी सो परीयै रही; टर सकी नहीं, ए चिवुक की सोभा तैं नेत्र लागे हैं –

> **ऊचे पयोधर सैल समान चढै ते थकी अति ओप उजारी। आगै उहां तै चली मुह चाडि को दीठि हियै महा दीठि विचारी। ह्वां परियै रही पाछै फिरी न टरी अरीयै रही केतो संभारी। ठोडी के गाड अचानक आय झुकी सो झुकी अव वात कहा री** [नर० ०२६]

कृष्ण० : यह अंग देषत दृष्टि ठोडी की गाड मे जाइ परी सु टरति नाही सु नाइक अपनी अवस्था नाइका सौ कहै अथवा सषी सौं कहै –

> **डीठि नदी त्रिवली तर नीठि रुमावलि कानन तें निकरी है। पीन उरोज पहार चढ़ी अति थाकितऊ न तहां ठहरी है। चाहि चली मुषमंडल की छवि वीचिही लै विधि ऐसी करी है। ठोढी की गाड मे जाइ परी सु परीयै परी न तहां ते टरी है** [कृष्ण० ०२६][73]

हरि० : नायक समरन करै है। कुच सोई है गिर पर्वत। तापै चढिकै अति थाकिकै जो थाकै है सो विश्राम करै है। कछु वार विश्राम करिकै दृष्टि जो है सो मुष की चाड मुष की चाह सों आगें चली। चिवुक की गाड षाड तामें परी फेरि नहीं टरी। औरि ठौर नहि गई। परीऐ रही। कुचगिरि इहां रूपक, चढिवो हेतु। थकित होनो हेतुमान। तासों हेतु अलंकार। हेतु हेतु को वरनई हेतुमान के संग।

— ★ —

[72] कुचगिरि – कुचगिर - न०गा०। थकित – थकिति - न०। ह्वै चली – है चली - शि०। डीठि – दीठि - भा०; डीठ - ह०। मुह – मुंह - वे०; मुष - पा०मो०न०मि०नी०ह०। चाड – चाडि - को०मो०मु०गा०वे०। फिरि न – फिरत - शि०; फिर न - वे०गा०स०मि०। परिए – परियै - उ०पा०स०; परिये - को०मि०; अरीयें - शि०; अरीयैं - मु०; परिही - नी०; डरियै - भा०; परियैं - न०; परीयै - गा०वे०; परिऐ - ह०। परी – गडी - भा०; पडी - को०। चिवुक – चुवुक - न०। की – के - पा०। गाड – गाडि - को०मो०मु०वे०; 'ड' में इकार बाद में - गा०। [०२६]
[73] तहां – उहां - नी०।

वेधक अनियारे नयन। वेधत करि न निषेधु। वरवट वेधत मो हियो। तो नासा कौ वेधु [०२७][74]

بيدہکت انياري نين بيدہت کرں نکہيده • بربٹ بيدہت مو ہيو تو ناسا کو بيده [ظا • ٠٢٧]

अन० : उक्ति नायक की नायिका प्रति। अभिलाष दसा संक संचारी। यातें परकीया ध्वनित है। विभावनालंकार।

नर० : साक्षात दर्शन नायक कौ वैन नायका सौं। हे राधे ऐ नैन अनियारे हैं सो तौ हिया को वेधें अरु वेध कौ निषेध करैंही करैं, पै यौ वरवट जोरावर सुभट क० भोठौ सो तेरे नासा कौ वेध है सों मेरो हिया कौ वेधतु हैं ए। अद्भुत उपमा –

> **ये अनियारे अचानक वेधत वेधत नैन ये वात षरी री। ये हिय वेधत को नही जानत कोऊ निषेध करै न सरीरी। येहि अचंभो वडो अति भामिनी वरवट वेधन वेध लरी री। आपनी नासिका छेद सु छैल तुं छोडि छवीली कुटेव परी री** [नर० ०२७]

कृष्ण० : यह नाइका वेह की सोभा नाइकु नाइका सौ कहतु है –

> **अति अनियारे नैन वेधत विराने मन कहा अचिरजु पैने सहज सुभाइ कै। तोहि निरषत ब्रषभान की कुवरि अदभुत की तरंग रही मेरे उर छाइकै। वरवट मेरो हियौ वेधत है प्यारी तेरी नासिका कौ वेधु मनु रहै क्यौं थिराइकै। सोहै कैधो नेह की निकाई कौ निकेतु किधो मुष मधुकर ने पथिक कीनो आइकै** [कृष्ण० ०२७][75]

हरि० : नायक की उक्ति नायिका सौं। तीछन नेत्र को कोन ताकों अनी कहत हैं। वरछी को छुरी को अग्रभाग सो अनी तैसे जाके कोन। अनियारे नेत्र वेधक हैं सो वेधत हैं ताकौ तू निषेध मति करौ। वरवट, जोरावरी सों मेरो हियो वेधत हैं तेरी नासिका को वेध। अति सौंदर्य व्यंग्य। अभिलाष दसा। चौथी विभावना। जवै अकारन वस्तु तें कारज परगट होत। वेधिवे को कारन वेधनही।

— ⋆ —

लौनै मुह डीठि न लगै। यौं कहि दीनौ ईठ। दूनी ह्वै लागन लगी। दियै

---

74 अनियारे – अनेयारे - को०; अनीयारे - शि०; अनिआरे - मो०नी०ह०; अनीयारे - मु०न०गा०वे०। नयन – नैन - पा०। वेधत – 'त' हाशिए पर - न०। करि – कर - शि०मो०मु०मि०न०वे०गा०स०ह०। न – नि - न०मि०नी०; त - शि०मो०न०वे०गा०स०। निषेधु – नषेधु - उ०नी०; निषेध - को०शि०पा०मो०न०मि०मु०वे०गा०स०ह०। वेधत – वेधतु - उ०पा०न०। मो – मौ - वे०। हियो – हियौ - उ०न०स०; हीयौ - शि०वे०; हीयो - मु०। तो – तौ - नी०। कौ – को - को०पा०मो०गा०वे०ह०; कौं - नी०। वेधु – वेध - को०शि०पा०न०मि०मु०वे०गा०स०ह०। दोहा लुप्त - भा०। [०२७]

75 अति – (लुप्त) - मु०। वेधत – वर वेधत - मु०। विराने – विरामें - मु०। मेरे उर छाइकै – भोरे उर क्षाइकै - नी०। थिराइकै – धिराइकै - नी०। मुष मधुकर ने पथिक – सुषही मधुर ने सुषिरु - नी०।

दिठौना दीठ [०२८][76]

لوني منہ دیتہ نہ لکن یون کہ دینون ایتہ • دونے ہوي لاکن لکے دین دتہونان دیتہ [ظا • ۰۲۸]

अन० : उक्ति नायक की वचन अनुभाव करि अनुराग व्यंगि। जो सषी की उक्ति होय तो स्तुति। जो नायिका की उक्ति होय तो रूपगर्विता। ह्यां वक्ता की उक्ति तें व्यंगि है। विभावनालंकार।

नर० : दिठौनै कौ वर्ननं सषी कौ वैन सषी सौं हे सषी राधिकांजू कै लौनैं मुहु दीठि नांही लागै, एसो कहिकै ईठ क० मित्र ए कृष्णजू तिन दिठौनौ दीनौ सो वा दिठौना कौं दियौ देषैं तैं सामौ दूनी सी डीठि ह्वैकै लगन लगी –

> **सुंदर आनन सोहै सलौनौ लगै कहौ डीठ न ईठ कियो है। कोऊ भलै वुरै देषै तो दोष वन्यो करि करौं हों दिठौना दियो है। दूनी दुलाई को लागन लागी हराय गयो सषी मेरौ हियौ है। डीठि न लागै ओ जानि कियो है सिंगार सिंगारत आंनि वियो है** [नर० ०२८]

कृष्ण० : यह डिठौना के वरननु नाइकु नाइका सों कहै, सषी सषी सों कहै –

> **तोहि लषे रति की दुति लाजति राजति जोति सिंगार किये तें। भौहन की वरनीन परै छवि मोहनु न्याइही मोल लिये तें। सुंदर आनन दीठि न लागै कह्यौ अलि यौ हितु मानि हिये तें। ता मुष पै अव लागन लागी री दूनी ह्वै डीठि डिठोना दिये तें** [कृष्ण० ०२८][77]

हरि० : डिठौना वर्नन। वालमुकुंद के मुष पै जसोदाजी की सषी नै दिठौना दियौ है, सो देषिकै सषी सों सषी कहति है। लावण्य भर्‌यौ जो मुष है तामैं डीठि न लगै काहू की। या तरह कहिकै ईठ कहिए हित ताने दियो। सोभा विसेष वढी। आगैं एकगुनी लागै थी अव दिये है जौ डिठौना ताकौ डीठि कहिए देषिकै दूनी होयकै लागिवे लगी डीठि यह अर्थ। डीठि को दूसरो अर्थ किए पुनुरुक्ति दोष नहीं। किंवा नायिका के प्रसंग मैं है तहां सषी सौं सषी वचन। इहा विषमालंकार है। जहां भलो उद्यम किएं होत वुरो फल आय। दिठौना दियौ डीठन लगै। दूनी लागन लागी।

— ★ —

[76] लौनै – लौंने - को०; लोने - पा०मो०नी०; लौंनै - न०गा०; लोनै - स०; लौने - मु०ह०; लोंनें - वे०। मुह – मुंह - मु०; मुह – पा०; मुहु - मो०न०गा०; मुष - ह०। डीठि – दीठ - उ०को०मि०मु०स०ह०; दीठि - पा०; डीठ - शि०। न – नि - मि०। लगै – लगौ - उ०; लगें - मो०; लगैं - न०। यौं – यौ - नी०न०गा०; यो - पा०मो०; यों - शि०वे०ह०। दीनौ – दीने - को०; दीन्ही, ईकार का गोला मिटाकर 'ए' की मात्रा - पा०; दीनो - मो०मु०वे०गा०स०ह०; दीनी - मि०। ईठ – दीठ - को०; ईठि - पा०मो०मि०; इठि - नी०। ह्वै – हुइ - वे०गा०स०। लागन लगी – लागी लगनि - मो०; लागनि लगी - मि०। दियै – दियैं - उ०मि०; दिये - को०नी०; दिए - पा०; दीयै - मु०; दीए - मो०; दीयौ - ह०। दिठौना – दिठोना - पा०को०; दिठोनां - मो०; डिठौना - नी०; दिठौना - मु०मि०; दिठोनां - गा०; दिठौनां - न०; दिठौंना - स०; दिठोंना - वे०; डिठौनां - ह०। दीठ – डीठ - उ०; डीठि - को०नी०; दीठि - पा०मि०न०गा०। दोहा लुप्त - भा०। [०२८]

[77] लाजति – छाजति - मु०। जोति – ओप - मु०। ता मुष – तो मुष - मु०। अव – सव - मु०। डीठि – जाति - नी०। 'ते' तुकांत - नी०।

सवही त्यौं समुहाति छिनु। चलति सवनु दै पीठि। वाही त्यौं ठहराति यह। कविलनवी लौ डीठि [०२९][78]

سبہي تون سمہات جہن چلت سبن دي پيتہ • واہي تون تہرات يہ کبيل نما لون ديتہ
[ظا• ٠٢٩]

अन० : सषी की उक्ति सषी सों। हेतु लछिता परकीया। उपमालंकार।

नर० : नायक अनुकूल नेत्र लगन सषी को वैन सषी सौ, हे सषी नाइका सोतां साथ वैठी है तहां कान्हजू और सवही की त्यौं क० तरफ छिनेक सामो जोवति है और सवही को पीठि दीयै चलै जाति है अरु वाही कि क० औ वा नायका तिनकी तरफ ऐसी दीठि ठहिरति है कि कवलनवी की सी नांई (कवलनवी कौ विचार कवलनवी तमासे की पूतली होति है) सो ओर दिस कौ वाकी दीठि है सो ठहिरै नांही अरु किवलै की दिसही कौ ठहिरै[79] –

> **यो कोऊ आवत जात सवै लगि त्यौं समुहाति छिनेक मैं छांनी। ताहि विलोक विलोक चलै फिरि पीठि दै वाही कौ यौं मन मांनी। यों किवलैनवी पछिमही रहै वाही त्यौं दीठि रहै ठहिरांनी। और ठरै न कहो इहां जानतु आपही जांनत नैंन निसांनी [नर० ०२९]**

कृष्ण० : यह नाइका लछिता सषी नाइका सों कहति है सषी को वचनु सषिहूं सौ –

> **लाल मनमोहन की छवि पर तूं तौ वलि रीझि रही मोहि वहरावति है भोरी ज्यौं। प्रीति उर अंतर की प्रगट विलोकियत सौंह किये कैसे निवहति चोराचोरी ज्यौं। सव त्यौं लषति मिलै काहू सौ न तेरी डीठि पीठि दै चलति पुनि सवही की ओरी ज्यौं। इत उत हेरि चितचोरही की ओर आइ रहति है ठहराइ मंत्र की कटोरी ज्यौं [कृष्ण० ०२९]**[80]

हरि० : सषी सों सषी वचन। सवही तन सवही की ओर समुष होति है छन एक फिरि फिरि सवन को पीठि देकरि चलति है। वाही तन ठहराति यह दृष्टि वाही नायिका की ओर किंवा नायक की ओर ठहराति है। कविलनुमा सी कविलनुमा लोह की पूतरी अंगूठी में रहति है। पछिम की षांनि को चुंवक वामें लग्यौ रहत है। कोई तरफ पूतरी को फेरै तौ भी पछिम तरफ कौ वाकौ सिर रहै। इहां पूर्णोपमा अलंकार है। डीठि उपमेय, कवीलनुमा उपमा, लों वाचक, समुहानो धर्म्म।

[78] सवही – सवहीं - मो०। त्यौं – ते - पा०; त्यो - मो०; तैं - मि०; त्युं - स०; त्यों - वे०; तन - ह०। समुहाति – समुहांति - मु०; समुहात - नी०गा०स०ह०। छिनु – छिन - को०मि०स०ह०। चलति – 'लति' अस्पष्ट - उ०; चलत - मो०नी०वे०गा०स०। सवनु – सवन - मो०वे०गा०स०; सवनि - शि०पा०ह०। दै – दे - न०वे०गा०स०। पीठि – पीठ - मो०वे०स०। त्यौं – ते - पा०; त्यो - मो०मि०; त्यौ - नी०; सौ - भा०; त्यों - शि०गा०वे०; त्युं - स०; तन - ह०। ठहराति – हठराति, 'ह' पर २ की संख्या - उ०; ठरराति - भा०; ठहरात - मो०नी०। यह – इह - शि०। कविलनवी – कविलनमा - को०; कविलनवा - नी०; कवलनवी - मो०; कविलेनुमी - भा०; कविलनुमा - पा०मि०ह०; किवलनवी - स०। लौ डीठि – (खंडित) - उ०; नौं दीठि - को०; लौ डीठि - भा०मु०; लों डीठि - पा०मो०; लो डीठि - शि०नी०; लौ दीठि - न०; लों दीठि, हाशिए पर भिन्न क़लम से 'लौ', 'ठ' पर इकार बाद में - गा०; लों दीठ - वे०स०; लौं डीठि - मि०ह०। [०२९]

[79] कवलनवी – किवलनवी - गा०।

[80] त्यौं – सौं - नी०। लषति – लषनि - मु०।

— ★ —

चितवनि रूषे दृगनु की। हांसी विनु मुसकांनि। मान जनायौ मानिनी। जानि लियौ पिय जानि [०३०][81]

چتون روکہي درکن کي ہانسي بن مسکان • مان جنايو مانني چنہ ليو پيہ جان [ظا• ٠٣٠]

अन० : सषी की उक्ति सषी सों मानिनी नायिका। सूक्ष्म विभावना जमकालंकार को संकर। सूछम पर आसय लषें सेननि में कछु भाइ।

नर० : मान वरनन सषी कौ वैन सषी सौं। हे सषी राधिकाजू तिनकै रूषे सै नेत्रां की तौ चितवनि है अरु हांसी विना मुसिकानि है। सो जानि क० सुजानि भरतार जांनि लयो कि मांनिनि नै मांन जनायो, ए मांन कीयो है –

> **देषवो नेहनही अरु नैन सों कोप कियै को सुभाव सहायो। हांसी विना मुसकैवो री जानतु**
> **यों करि मांननी मांन जनायो। जांन लयो पिय जांनन जीय मै जे संगु मान घनो मन लायो।**
> **दोऊ को देष्यो सुभाव सुहामनो आपनि पो अति धन्य जनायो** [नर० ०३०]

कृष्ण० : यह नाइका मानवती है पै मान के लछन प्रगट करे नाही, पै प्रवीन नाइक नै जान जांनी। सषी कौ वचन सषी सौं। सषी नाइकहूं सौ कहै –

> **वैसेही चितौति जैसे आगैं चितवति ही पै नेह चिकनाई कीनी दृगनि निसांनी है। मधुर**
> **वचन त्यौंही वोलति विहसि पै सरस मुसिकांनि की न वांनि पहिचांनी है। ऐसी भांति भामिनी**
> **जनाई गूढ मान रीति जानि मन प्यारे भेद देषतही जांनी है। साधिकै रुषाई रिस ठानी ते**
> **सयानी सौं प्रवीननु की डीठि ते रहति कैसे छांनी है** [कृष्ण० ०३०][82]

हरि० : सषी सों सषी। रूछ नेत्रनि सों चितावनो, हसी की वात विना मुसुक्यावनो, या दोऊ वातनि सों मानिनी नैं मान जनायो प्रकासित कियौ। जानि लियौ पिय नैं पिय के सोहै जान प्रवीन है। किंवा हे सषि तूं या वात ने जान समुझौ परोछ में कहति है। पर के आसय के जाननवाला नायक सो इन चेष्टा मान की करी, नायक ने जान्यौ याते। सूक्ष्म अलंकार है। सूछम पर आसै लषै सैननि में कछु भाय। मान

[81] चितवनि – चितवनी - को०; चितविन - मु०; चितवन - मि०स०। रूषे – रूषै - न०गा०वे०। दृगनु – दृगन - को०मो०; द्रिगनु - मि०; द्रगनु - नी०; द्रगानि - भा०; द्रिगन - शि०मु०न०वे०स०; द्रिगनि - गा०; दृगनि - पा०ह०। हांसी विनु – हासी विनु - शि०पा०भा०मि०; हांसी विन - गा०स०; विन हांसी - ह०। मुसकांनि – मुसकानि - को०पा०; मुसक्यानि - शि०; मुसुकानि - मो०; मुसिकांनि - नी०मु०न०; मुसिकानि - भा०मि०; मुसकांनि, 'स' पर इकार बाद में - गा०; मुसिकांन - स०; मुसुक्यान - ह०। मान – मांन - को०मु०न०वे०गा०स०; मानु - नी०; मानि - मो०। जनायौ – जनायो - को०पा०मो०भा०मु०वे०गा०स०ह०। मानिनी – माननी - उ०शि०; मांननी - वे०; मननी - मि०; मांनिनी - मु०न०गा०। जानि – जांनि - उ०मु०न०गा०; जान - शि०; जांन - वे०स०। लियौ – लीयौ - उ०; लियो - को०पा०मो०ह०; लयो - भा०; लयौ - न०गा०स०; लीयो - वे०। पिय – पीय - उ०; प्रिय - शि०; प्यो - मो०। जानि – जांनि - उ०नी०न०मि०मु०गा०वे०; जान - स०ह०। [०३०]

[82] की न वांनि पहिचांनी -- कीनि वांनि वहचानी - मु०। जानि मन – जान मनि - मु०। भेद – भेष - नी०। कैसे – कैसौं - नी०।

को कारन चिह्न परस्त्री को सो नही देष्यौ मान कियो। विभावना होति छ भाव विभावना कारन विनही काज।

— ⋆ —

कौन भांति रहिहै विरदु। अव देषिवी मुरारि। वीधे मोसों आनिकै। गीधे गीधहि तारि [०३१][83]

کون بہانت رہ ہي برد اب ديکہيي مرار • بيدہي موسون ان کي کيدہي کدہي تار [ظا • ٠٣١]

अन० : भक्त को वचन प्रभु सों करुना रस। विलंव तें क्रोध व्यभिचारी। वचन अनुभाव जमकालंकार।

नर० : भक्तजन कवि विहारीदास कहतु है, हे श्रीमुरारि अव देषवी है कि तुम गीध पंषी कौं तारिकै गीधे हौ सो तौ जिनावर थौ, पै अव मोसों आनिकै वीधे हौ सो विरद कौंन भांति रहै है। ए महापापी हौ, तारनौ कठिन है –

> **भांति भली करि राषिहौ भूधर आपनो विर्द तुमे वलिहारी। ऐसी अनोठी सी आइ परी अव देषवी छैल छवीले विहारी। मोसे कपूत सै आइकै वीधे हौ गीधे ही तार घने अघ हारी। दुष्ष विमोचन पंकजलोचन सो तुम रावरी वात कहा री** [नर० ०३१]

कृष्ण० : यह भक्त कौ वचन भगवान सौ, यह दीनउधारन विरद्ध है सु निश्चय जानि कहतु है –

> **पतितउधारन कहतु सव कोऊ सांच झूठ अव काहि ठहराइगो वनाइकै। कहै कविकृष्ण जिनि और के भरम भूलौ हौ तौ हौ गरुव पापी मन वच काइ कै। तार्‍यौ हौ पषेरू एकु गीधु ताते गीधे तुम सोई जसु राष्यौ है जगत वगराइकै। कौन भांति राषिहौ विरदु प्रभु देषियै जु कठिन वनी है अव वीधे मो सौ आइकै** [कृष्ण० ०३१][84]

हरि० : हे मुरारि तुमारो विरद अधमोद्धारन इत्यादि क्यौंकरि रहैगो। अव हम देषिवी, देषहिंगे। मोहि अधम जानिकै वीधे हौ, लगे हौ, अति आसक्त भए हौ, यह अर्थ। हे रघुराय रघुकुल श्रेष्ठ कौन को तार्‍यौ है। तूठे तूठे राजी राजी फिरत हौ तारिवे कौ झूठौ विरद वुलायकै। काकूक्ति।

— ⋆ —

---

[83] कौन – कौंन - उ०मु०गा०स०ह०; कोंन - शि०मो०वे०। भांति – भाति - पा०मो०भा०। रहिहै – रहीहै - उ०भा०; रहिहैं - मु०न०; रहहै - वे०। विरदु – विरुद - मु०वे०स०; विरद - शि०पा०मो०भा०मि०ह०; विरुदु, 'दु' की मात्रा पर काटने का संकेत - गा०। देषिवी – देषवी - शि०मो०मु०न०वे०गा०स०; देषिवै - मि०; जानिवी - भा०। मुरारि – मूरारि - ह०। वीधे – वींधैं - न०। मोसों – मोंसौं - उ०; मोसो - शि०पा०; मोसुं - न०; मोसौं - नी०मु०; मोसौ - भा०न०मि०नी०; मोंसों - वे०। आनिकै – आयकै - उ०; आइकै - शि०पा०भा०; आंनिकैं - नी०न०; आंनिकै - मु०गा०; आंनकै - स०। गीधे – गीधें - उ०; गीधेहि - शि०; गीधै - न०। गीधहि – गीधेहि, 'ए' की मात्रा पर काटने का चिह्न - पा०; गीधै - भा०; गीधे - मो०। तारि – इकार की मात्रा बाद में - गा०। दोहा लुप्त - को०। [०३१]

[84] सव – सुन - नी०। झूठ – रूढ - नी०। ठहराइगो – वहराईयो - नी०। हौ – है - मु०। राषिहौ – राषिहै - नी०। विरदु प्रभु – विरुद अवु - मु०। वनी – वनो - मु०।

कहत नटत रीझत षिझत। मिलत षिलत लजियात। भरे भौंन मैं करत हैं। नैंननुही सव वात [०३२][85]

کہت نتت ریجہت کہجت ملت کہلت لجّیات • بہري بہون مین کرت ہي نین ہین سو بات [ظا• ۰۳۲]

अन० : सषी की उक्ति सषी प्रति। सुरतिविचित्रा मध्या नायिका। विभावना अलंकार।

नर० : विलास हाव सषी कौ वैन सषी सौं। हे सषी श्रीराधिकाजू अरु कान्हजू नेत्रां करि कछू कहत हैं अरु नेत्राही सों नटतु हैं अरु नेत्राही सौं रीझत हैं अरु नेत्राही सौं षिजत हैं सो ऐसै आदमीया तैं भौंन भर्यो है, तिनके विषै नैंनाही सौं सव वातां करतु हैं –

> **आप कहै मुकरै अरु रीझत षीजत षेलत आनि मिले हैं। औरहि वात सुनौ रस की ओ लजात सिरात पै नेह हिले हैं। भौन भरे में करै सव वातन नैंनही सव रूप गिले हैं। चातुर चंचल चोप भरे अति सील सुहामने छैल छले हैं** [नर० ०३२][86]

कृष्ण० : यह दोऊ भरे घर मे नेत्रनुही मे सव वात कहत है सु सषी सषी सों कहति है –

> **भर्यौ है भवन तऊ पावतु न भेदु कोऊ उमहति दोऊ यो सनेहसनी वात है। हिलत मिलत पुनि षिलत झिलत रस हुलसत लसत सकत मुसकात है। हा करत ना करत रीझत षिझत हित भीजत लजात नजिकात है विकात है। प्रेम पगे पूरन प्रवीन प्रानप्यारी पिउ नैनन मै निपुन करत सव वात है** [कृष्ण० ०३२]

हरि० : लोगनि सौं भौन भर्यौ है। तहां नैननिही सौं वात करत हैं। कहत है नायक तौ संकेत चलिवे कों इसारा करत है। तव नायका नटै है, नांही करै है। कहिवै सों जो सोभा विसेष होत है तासौं नायक रीझत है तव नायिका षीजति है, कोई जानैंगो। फेरि नायक के नेत्र मिलिकै षिलत है। तव नायिका लजाति है। देषिकै सषी सषी सों कहति है। परकीया नायिका है। इहां विभावना अलंकार है। प्रतिवंध के होतहू कार्ज पूरन मानि। भर्यौ भौन वाधक है तौ भी वातें करत हैं। आधा दोहा मैं कारक दीपक।

— ★ —

85 कहत – कहति - मि०। नटत – नटरत - उ०; नटति - मि०। रीझत – रीझति - न०मि०नी०। षिझत – षिझंत - उ०; षीजत - को०; षिजत - शि०मु०न०गा०स०ह०; किजत - मु०; षीझत - मो०मि०; खिजत - वे०ह०। मिलत षिलत – षिलत षिलत - पा०; हिलत मिलत - मु०; मिलति षिलति - नी०। लजियात – लज्जिआत - उ०; लजिजात - पा०; नजियात - गा०वे०; तजियात - स०। भरे – भरें - को०शि०; भेरैं - मु०; भर - गा०। भौन – भौंन - उ०को०न०मि०मु०गा०ह०; भोन - मो०; भोंन - वे०स०। मैं – में - मु०; मे - पा०मो०नी०मु०; मै - गा०। करत – करतु - शि०मु०न०गा०वे०; करति - मि०। हैं – है - पा०मो०नी०वे०गा०स०ह०। नैंननुही – नैननहीं - को०; नैननही - शि०पा०मि०; नेंननहीं - मो०; नैननुही - नी०; नैंननिही - मु०न०ह०; नैननिही - गा०वे०; नैंननिही, 'न' में इकार बाद में - स०। सव – सवु - उ०; सौं - को०मि०मु०वे०ह०; में - शि०; मे - पा०; सैं - न०स०; सै - गा०। दोहा लुप्त - भा०। [०३२]

86 षेलत – षेलन - मु०। चोप – चुंप - वे०; चूंप - गा०।

वाही की चित चटपटी। धरत अटपटे पाइ। लपट वुझावत विरह की। कपट भरेहू आइ [०३३][87]

واہي چت چٹپٹي دہرت اٹپٹي پاي • لپٹ بجہاوت بره كي كپٹ بہري ہو اي [ظا• ۰۳۳]

अन० : धीराधीरा षंडिता की उक्ति नायक प्रति। विभावनालंकार।

नर० : धीराधीरा नायका कौ वैन नायक सौं, हो कान्हजू तुम मेरे इहां आवन कौ पाव अटपटे से धरते हौ और मेरी विरह की लपट वुझावन कौ उर के विषै कपट भरैही जु आवत हौ सो कैसौ कपट कि उनही अस्त्री पै जावने की चित मैं चटपटीही रहती है[88] –

> **याही सों नैन लगे वलि रावरे वाही की चित्त मैं चुंप लगी है। धारत हो पग आपनें ओर से ताहि ते मोहन मोहि लगी है। मेरे वियोग दवागनि की लपटै जु वुझावहु पेम पगी है। आए हो षेद कपट्ट भरेउ पें नेंक विहारन षांति षगी है** [नर० ०३३]

कृष्ण० : यह नाइका प्रौढा अधीरा नाइका कौ वचनु नाइक सौ –

> **अनत वसे कौ हौ तौ विलगु न मानति हौ सव रस वस कियो चाहै वहुनाइकै। ताके भाग जागे जाके संग निसि जागे मेरे भोर भए आए हितु हिय कौ जनाइकै। जानियतु वाही की लगी है चित चटपटी अटपटे चरन परत डगलाइकै। लपट वुझावत हौ विरह हुतासन की कपट भरेऊ प्रानप्यारे इत आइकै** [कृष्ण० ०३३]

हरि० : उत्तमा षंडिता की उक्ति नायक सों। वा नायिका की तुमारे मन में चटपटी आतुरता है, कव जायकै मिलेंगे। चित्त उहां है, तासौं अटपटे अस्तव्यस्त पाव धरत हौ। विरहाग्नि की लपट ज्वाला कों वुझावत हौ। कपटभरे भी आयकै, किंवा कपट भरे भी आये हौ। तौ भी वा नायिका के वियोग आगि की लपट ताकौं वुझावत हौ समुझाव हौ। अटपटे पाय धरिकै। कपटभरे कारन। तासों विरह की लपट वुझै, विरुद्ध तें कार्ज विभावना। काहू कारन तें जवै कारज होय विरुद्ध।

— ⋆ —

लषि गुरुजन विच कमल सौं। सीस छुवायौ स्याम। हरि सनमुष करि आरसी। हियै लगाई वाम [०३४][89]

[87] चटपटी – चटपी - नी०। पाइ – पाय - को०मो०ह०। वुझावत – 'वुझावत', मूल में, 'वै' संशोधन तथा 'त' पर काटने का चिह्न - उ०; वुझावहु - शि०; वुझावौ - मु०; वुझावति - वे०। भरेहू – भरेऊ - उ०को०मि०; भरेंउहु - शि०; भरे इत - पा०; भरे उर - मो०भा०नी०न०; भरे हो - मु०; भरी उरु - गा०; भरी उर - वे०स०। आइ – जाय - को०; आय - मो०ह०। [०३३]

[88] मेरी विरह – मेरे विरह - गा०।

[89] गुरुजन – विच – विचि - उ०शि०मु०गा०वे०। सौं – सों - शि०मो०गा०ह०; सो - पा०; सौ - भा०वे०। सीस – शीश - पा०; सीसु - न०मि०नी०; शीस - भा०। छुवायौ – छुवायो - को०शि०मो०भा०मु०वे०; छुआयो - ह०। स्याम – स्यांम - को०मि०न०वे०गा०स०ह०; श्याम - भा०; कांम - मु०। करि – कर - स०। हियै – हीये - उ०; हिये - को०पा०; हीयै - मु०; हिएं - मो०ह०। लगाई – लगायी - मु०; लगाईं - मो०; लगीई - गा०। वाम – वांम - न०मि०मु०वे०गा०स०ह०। [०३४]

لکہ کورجن بچ کمل سون سیس چھوہایو سیام ۰ ہر سنموکہ کر آرسي ہئین لکائي بام
[ظا۰ ۰۳٤]

अन० : सषी की उक्ति सषी सों वोधक हाव। गोणी साध्यवसान लक्षणा तें अर्थ लक्षित ह्वै सादृश्य संवंध तनूमूलक ध्वनि तें नायिका मानिनी कहिए। गुरुमान व्यंजित है। कमल को चरन साम्य जानिकै नायक ने सीस छुवायो, अपनो सीस नवायो। तव नायिका ने प्रणाम देषिके मान छोडि अपनी प्रीति जताई, आरसी मे नायक प्रतिविंव ल्याइके भेटी। सूछम अलंकार।

नर० : वोधक हाव सषी कौ वैन सषी सों। हे सषी श्रीस्याम कौ गुरुजन कै विचि जांनिकै राधाजू कमल सौ सीस छुवायौ। याकौ विचार स्याम के चरणकमल सौं वंदन कर्‌यौ और श्रीराधिकाजू के सनमुष आरसी करिकै हरि आपनै हिया सौं लगाई। याकौ विचार आरसी मै मूरति वसति है, त्यों वांमा मेरे हिया के विषै वसति है। मानमोचन परनत उपाय सषी कौ वैन सषी सौं हे सषी स्यामजू राधा कौं गुरजन के विचि देषिकै कमल सौं सीस छुवायौ, तव राधा मान तजिकै हरिजू के सनमुष आरसी करिकै अपने हिया तै लगाई –

वैठी ही श्रीवृषभानकुमारि सषीगन मैं जननी संग सोहै। ऐसे में आए अचांनक स्याम लषी गुरु वीच सवें मन मोहै। सीस छुवायो लै कंज सों आप सों वात कहा कहों तेरी सों तो है। कान्ह के सांमने कै हिय लाय ली प्यारी ने पांनि मैं आरसी जो है [नर० ०३४]

कृष्ण० : यह नाइका प्रोढा परकीया हूं जु चेष्टा कीनी सु सषी सषी सौं कहति है –

आजु दुहूं मिलिकै सजनी कछु सैननुही समझ्यौ समझायौ। गोरी लषी गुरुनारिनु मैं सरसीरुह सौ सिरु स्याम छुवायौ। सो लषिकै व्रषभांनसुता दियो ऊतर भेदु सु काहू न पायौ। कृष्ण कहै हरि के समुहैं करि दर्पनु वामु हिये सो लगायौ [कृष्ण० ०३४]

हरि० : मान को अवशेष है तहां सषी सों सषी वचन। नायिका को गुरुजन सास जेठानी के वीच में लायकै स्याम ने लषिकै कमल सों सीस छुवायो। तव नायिका ने हरि के सांमने आरसी करिकै नायक को प्रतिविंव पर्‌यौ तव वाम ने हृदय सों लगाई। रसिकप्रिया में वोधक हाव करत है। चेष्टावैशिष्ट्य सों ध्वनि। वक्ता की वैशिष्ट्य तें वोधव्य वाच्य अन्य संनिधि इत्यादि वैशिष्ट्य ते ध्वनि होति है। साध्यवसाना लछना सों कमलचरन की प्रतीति करावत है। कमल सों सीस छुवायो, प्रनाम कियो। गुरुमान को अवसेस है सो पाव परे विनाही छूटै। तव हरि के सांमने आरसी करि नायिका ने हृदय सो लगाई। तुम हमारे हृदय में वसत हौ। किंवा सूर्ज के सांमने आरसी करि हृदय सों लगाई। सूर्ज को नाम भी हरि है। नायक के सांमने आरसी करै तौ चतुरी स्त्री जानि जाय। आरसी सूर्ज को दिषायकै देषै है। यह गूढ व्यंग्य है। किंवा हरि सनमुष आरसी कीनी। तुम आरसी सो हौ। आरसी मैं दोय रूप होत है। आगे प्रकास पीछे अप्रकास। ऐसें तुम हो। हमारे आगे औ परोछ में औरि। तो भी तुमें हृदय सों लगायो। किंवा सूर्ज के सन्मुष आरसी

करि हिए लगाई। कुच कों पहार करि वर्नत हैं। कुचगिरि चढि अति थकित ह्वै। सूर्ज जव अस्ताचल कों जायगो तव मिलौंगी। किंवा नायिका ने औरि स्त्री सों नायक की प्रीति सुनी है तासो मान कियो सो वात को झुठावते है। कमल सो सीस छुवायो। मुष की उपमा है चंद्रमा की। अर्थ यह चंद्रमा सों कमल सों जैसै प्रीति नही, चंद्रमा की प्रीति एक कुमुदिनी सों है, तैसे हमारी प्रीति औरि नायिका सों नहीं, एक तुमही सों है। किंवा कमल सों सीस छुवायो सीस में नेत्र भी है नेत्र सों छुवायौ तौ कमल सौ सीस छुयो गयो। कमल नाम जल कौ है। नेत्रनि को मीन की उपमा है। जैसे जल विना मीन व्याकुल है, ऐसें अवताई हमारे नेत्र तुमें देषे विना व्याकुल थे। अव तुमै देष्यौ, मानौ मीन को जल मिल्यौ। किंवा सीस को फेरि पढे ससी होत है, ससि सों कमल सों स्नेह नही। तैसे हमारे औरि नायिका सों स्नेह नही। तव हरि को सन कहिए, उत्तम जो मुष सो आरसी में प्रतिविंवित करि आरसी हिए लगाई। किंवा कमल सों सीस छुवायो। सीस अंग है हमरे। कमल को अंग तरह है। कमल जल में रहत है। जल सों लिप्त नही होत है। तैसै हम स्त्रीनि में रहत हैं स्त्रीनि सों लिप्त नहीं होत है। नायिका ने आरसी देषाई। आरसी को नाम मुकुर है। तुम अपराध करत हौ मुकरि जात हौ, नटि जात हौ, हम नही कियो, हृदय लगायो। अंगीकार कियो। ऐसैं ओर भी जानिए। सूक्ष्मालंकार।

— ★ —

पाइ महाउरु देन कौं। नाइनि वैठी आइ। फिरि फिरि जानि महाउरी। एडी मीडति जाइ [०३५][90]

پاي مہاور دين کو ناين بيتہي آي • پہر پہر جان مہاوری ايدي ميدت جاي [ظا • ٠٣٥]

अन० : सषी की उक्ति नायक प्रति, भ्रांति अलंकार। महावर दीनी है कै अव देवी हें, सो पूर्व लाली तें भेद नांही परत, इति भ्रांति। मीडत जाय, सो लाली की नूनाधिकता देषत जाय, पें विसेष ज्ञान होत नांही तो भ्रांति।

नर० : एडी सोभा सषी कौ वैन सषी सौं। हे सषी श्रीराधाजू के पाइनि महावर देनकै वासतै नाइनि आनि वैठी, सो राधाजू के एडी कै सहजैई ललाई है, सो नायनि जान्यौ कि आगै महावर दीनी है, सो दूरि करिकै पीछै द्यौ, सो फिरि फिरि कै एडी कौ मसलती जाति है –

---

[90] पाइ – भिन्न क़लम से ईकार - उ०; पाय - को०पा०मो०मि०मु०गा०स०ह०; पांइ - भा०। महाउरु – महावर - को०शि०मो०भा०न०मि०मु०वे०गा०स०ह०; महाउर - पा०। देन – दैंन - उ०वे०स०; दैन - को०मि०गा०; देंन - शि०मो०मु०न०। कौं – कों - शि०मो०वे०ह०; को - पा०; कौ - भा०मि०; कूं - न०। नाइनि – नायन - उ०को०मो०मि०स०; नांइन - मु०; नांयनि - न०; नायनि - पा०गा०; नाइन - वे०; नायिनि - ह०। वैठी – वैठि - को०भा०; वेंठी - मो०; वैंठी - न०। आइ – आय - को०मो०मि०ह०। फिरि फिरि – फिर फिर - मु०न०गा०। जानि – जांनि - उ०को०शि०; देत - मो०मु०; जाति - न०; जात - वे०गा०स०। महाउरी – महावरी - शि०को०पा०मो०भा०नी०न०मि०मु०वे०गा०स०ह०। एडी – येडी - नी०; एंडी - मो०। मीडति – मीडित - शि०; मींडत - मो०; मींडनि - न०; मींडति - गा०; मीडत - वे०स०ह०। जाइ – जाय - उ०को०मि०स०ह०; ज्याइ - नी०मु०; जाएं - मो०। [०३५]

पंकज पाइ महावर देन कौ नाइन एक अली संग वैठी। इंदवधू सम ओप विलोकित आपनें जीय में संक सी पैठी। अंग की ऐसी ललाई लषी अहो लाष निहारतिही इह जैठी। वारही वार महाउरी जानत आइ अचानक एडी अमैठी मु०। [नर० ०३५]

कृष्ण० : यह पाइन की सहज अरुनई कौं आधिक्य सषी सषी सों कहति है। नाइक हूं सो कहै तौ संभवै

पाइ महाउर देन कौं नाइनि चाइंनि सौं उमही अति आई। येडी गही ठकुराइनि की कर जामै भरी तिहु लोक लुनाई। जानि महाउर मीडति ज्यौंही ज्यौं धोवति त्यों सरसात ललाई। कोमलताई प्रभा प्रभुताई विलोकि सवै चपरी चपराई [कृष्ण० ०३५]

हरि० : सषी वचन नायक सों। पाव में महावर देने कों नाइनि आयकै वैठी। फेरि फेरि महावर कों जानिकै एडी कों मीडती, मसलती, जाति है। जानै है, मै महावर दियो है। जो महावर होयगो तो मसले सों उतरि जायगौ। सहज की ललाई सों भ्रांतिमान अलंकार भयो।

— ⋆ —

तोही निरमोही लग्यौ। मो ही यहै सुभाउ। अनआए आवै नही। आए आवत आउ [०३६][91]

توہیہ نرموہي لکیو مو ہي یہي سبہاو ۰ انااین اوي نہین این اوت او [ظا۰ ۰۳٦]

अन० : नायिका की उक्ति नायिका सों। मानिनी को उपालंभ संचारी। अतिसयोक्ति अलंकार। संवंधातिसयोक्ति। जहां देत अयोगही योग। ग्रंथनि को मत देषि जहां भाषत कविजन लोग। तेरे दरसन तें सुष होत है इति तात्पर्य।

नर० : पत्री। हो स्याम, तेरौ हियौ तौ नृमोह कौ लागौ है, अरु मेरे हिया कौ ऐसो सुभाव है कि तेरे न आवन तै मेरौ हियौ ठौर आवत नांही है, अरु तेरे आये तै ठौर आवैगो। तातैं तूं इहां आव –

तोही महा निरमोही लग्यौ सषी मो ही यहे जु सुभाव भयौ है। मेरे कियै नही होत कहा करौं अंक लिलारही लाय गयौ है। वाके न आयै तै आवै नहीं अहो आयै तै आवत आय दयौ है। काहू की वात कही नहिं मानत ऐसो सुभाव कहा तै लयौ है [नर० ०३६]

कृष्ण० : यह नाइका प्रोढा है। नाइक की निठुरता अरु अपनै हृदय की आसक्ति उराहनौ दै करि प्रगट करति है। नाइका कौ वचनु नाइक सौं –

[91] तोही – तोहिय - पा०; तौही - न०ह०। निरमोही – निर्मोही - पा०॥ लग्यौ – लग्यो - को०पा०मो०वे०भा०मि०। ही – हीं - उ०। यहै – इहै – सुभाउ – सुभावु - उ०; सुभाय - को०; सुभाव - पा०मो०न०मि०वे०गा०स०ह०; सभाऊ - नी०; सुभाऊ - मु०। अनआए – अनआयें - उ०शि०मि०; अनआये - पा०; अनआयै - गा०स०; अनआवैं - मो०; अनआंऐ - नी०; अनआएं - मु०; अनआयैं - न०; अनयायै - वे०। आवै – आवें - मो०; आवैं - न०मि०मु०। नही – नहीं - उ०शि०। आए – आएं - उ०मु०ह०; आयै - शि०स०; आवै - गा०; आयें - मो०; आये - पा०मि०; आंऐ - नी०; आयैं - न०वे०। आवत – आवति - उ०शि०मु०न०गा०वे०; आवै - को०पा०भा०; आवतु - मो०। आउ – आय - को०; आव - पा०मो०मि०न०वे०गा०स०ह०; आऊ - नी०मु०। [०३६]

नेह भरे नेंननु की जवते नजरि मिली तवही तैं चित कौ लगायौ अति चाउ है। मिलत मिलत मनु हिलिमिलि एक भयो पर्यौ प्रेमफंद कौ अनौषो उरझाउ है। कहि न सकति तेरौ हियौ निरमोही अति मेरे हिये गह्यो कछ्छ ऐसोई सुभाउ है। तेरे अनआए अनआवै ह्वै रहै है यह तेरे आएं आइ जात प्यारे तन आउ है [कृष्ण० ०३६]

हरि० : मानी नायक सों नायका को वचन, किंवा परदेस उपपति कौ नायिका की पत्री। तोही तेरे ही क० हृदय मन सो निरमोही है, प्रेमहीन है। तासों मो ही, मेरो ही, हृदय, लग्यौ। इहै निरमोही कौ सुभाव भयौ संगति को गुन लग्यौ। हम हम सों मोह छोडि दियौ। अनआएं आवै नहीं, तुमारे आए विनां हमारो मन हमारे इहां नहीं आवै है। तुमारे आए सों आवत है। आगे भी हम यह परीछा कीनी है। यातें तूं आव, इहां आव। किंवा तुमारे आए सों हमारो आव, आयुर्वल, आवत है। औरिन के मन को औरि स्वभाव, मेरे मन को एही स्वभाव। एतना कहे सों भेदातिशयोक्ति, अतिसयोक्ति भेदक वहै यह विधि वरनत जात। औरें हसिवो देषिवो औरै याकी वात। मोही मो ही जमक।

— ★ —

नेहु न नैननि कौ कछ्छू। उपजी वडी वलाइ। नीर भरे नितप्रति रहै। तऊ न प्यास वुझाइ [०३७][92]

نیہ نہ نینن کون کچھو اوپجي بدي بلاي • نیر بہري بتپرت رہین تاو نہ پاس بجہاي [ظا• ٠٣٧]

अन० : उक्ति उपपति की अथवा परकीया नायिका की। वितर्क संचारी वचन अनुभाव तें पूर्वानुराग व्यंगि। विशेषोक्ति अलंकार।

नर० : उद्वेग चिंता दसा, नायिका कौ वैंन सषी सौं। हे सषी मै यो नेत्रां कौ नेह कर्यौ सो यो नेह कछ्छ नांही। यातै वडी सी वलाइ उपनी है, सो कैसी कि नितप्रति नितप्रति नीर सो तौं भरैही रहतु है तौऊ प्यास वुझति नांही है[93] –

नेह न नैनन को यह जांन तुं याकै भयै तै भयौ डर भारी। ऐसी कछ्छ उपजी है वलाय यों वात कहौं सव तोसों कहा री। नीर भरे दिनराति रहै अरु भाजि गए सुष साति कहा री। प्यास भई न वुझै कवहूं सो नितैही कहौं इहि रीति निहारी [नर० ०३७]

कृष्ण० : यह नाइका अथवा नाइकु अपने नेत्रनु की आसक्ति सषी सौं कहै। सषी सषी सो इनकी विवस्था कहै तौहूं संभवै –

---

[92] **नेहु – नेह - को०शि०पा०भा०न०मि०मु०वे०गा०स०ह०। न – नि - गा०; नु - मि०। नैननि – नैननु - उ०भा०; नैंननि - को०न०स०ह०; नैनन - शि०; नैंनन - मो०; नैनन - मि०; नेंनन - मु०; नेननि - गा०। कौ – कौं - को०गा०ह०; कों - मो०; कै - मु०; को - पा०भा०वे०। कछ्छू – क्वछ्छु - को०; कछ्छु - मो०। उपजी – उपज्यौं - शि०। वलाइ – वलाय - उ०को०मि०स०ह०। नीर – नेंह - मु०। नितप्रति – नितप्रते - को०; नितप्रत - शि०मु०; निसि दिन - मो०; नितिप्रति - ह०। रहै – रहैं - को०न०गा०ह०। तऊ – तौ - मो०मि०। वुझाइ – वुझाय - को०मि०स०ह०। [०३७]**

[93] कर्यौ – कह्यौ - गा०। उपनी – उपजी - गा०।

एक पलों न लगै पलकै ललकै लषिके कहूं लागी चटी। नीर भरे निसद्यौस रहै न मिटै तऊ भूरि तृषा उपटी। आठहु जाम तपै तरफै उपचारहूं सौं न घटै न घटी। यह प्रीति लगी नहि आंषिनु कौ कोऊ पावक व्याधि प्रलै प्रगटी [कृष्ण० ०३७][94]

हरि० : नायिका की उक्ति मन सों किंवा सषी सों। पूर्वानुराग मैं। नैंननि कों नेह प्रीति नहीं है। कछू वडी वलाय, रोग, सो उपज्यौ है। नितप्रति सदा नीर भरे रहत हैं। अर्थ यह नायिक सों मिले विना आंसू सों भरे रहत है तौ भी प्यास नहीं वुझाति है, देषिवे की चाह नहीं जाति है। वितर्क संचारी विशेषोक्ति अलंकार। विसेषोक्ति जहां हेतु सौं कारज उपजत नांहि। नीर भरे कारन सों प्यास जानौ कार्ज नहीं होत है।

— ⋆ —

नहि परागु नहि मधुर मधु। नहि विकासु इहि काल। अली कलीही सों वंध्यौ। आगै कौन हवाल [०३८][95]

نہین پراک نہین مدہور مدہ نہین بکاس تہ کال ۰ الي کلي ہي سون بندہو اکین کون ہوال [ظا۰ ۰۳۸]

अन० : नायिका परकीया षंडिता की उक्ति नायक संनिधि अनमिल सषी सों भ्रमर की उक्ति सों। अन्योक्ति अलंकार।

नर० : प्रस्ताविक। रे अलि क० भमरा, यामै पराग वासना नाहीं है अरु मधुर मधु क० इम्रत नांही है, अरु इन समय विकासपनौई नांही है सो तूं इन कलीही सौं वंधकै रह्यो है, तौ आगै तेरौ कैसो विचार ह्वैगो। और अर्थ स्वाधीनपतिका सषीकर्म सिक्षा सषी कौ वैन श्रीकान्हजू सौ, हो कान्हा यामै पी क० भरतार तिनकौ तौ राग क० पीता राषत नांही है और मधुरमधु क० सवाद कोई नांही है और इन समै यौवन कौ विकास नांही है तो तुम इन अली रूपी जो कली है तिनही सौ वंधान इच्छौ तौ तमारो कैसो हवाल आगे ह्वैगो ए अवही तै ऐसी वात जांन द्यौ –

याके पराग नही अति सुंदर मीठो कहा मकरंद न देष्यौ। और कहा कहों देषि तों नीकैही नेक विकास अज्यौ नही पेष्यौ। भाति भली कै कली सों वंध्यौ अलि आतुरही सों और न लेष्यौ। यों अवही ते भुलानो मधुव्रत आगै कहा करिहै सु विसेष्यौ [नर० ०३८]

---

[94] तरफै – तरकै - नी०। लगी नहि – लगी इन - मु०।

[95] नहि – 'नहीं', संशोधन द्वारा 'नहिं' - उ०; नही - गा०; नहिं - ह०। परागु – पराग - को०शि०पा०मो०मु०वे०गा०स०ह०; पिराग - न०। नहि – नहिं - उ०; नही - शि०; नहीं - गा०। नहि – नही - उ०; निहि - न०। विकासु – विकास - को०शि०मो०मि०मु०गा०स०; वीकासु - ह०। इहि – इहिं - उ०; यहि - पा०; इह - मु०स०; ईहि - मो०। कलीही – कली - को०; कलीहीं - मो०। सों – सौं - को०न०मि०मु०; सो - पा०; सुं - वे०स०; सौ - शि०नी०। वंध्यौ – वध्यो - को०पा०मो०ह०; वध्यौ - न०मि०नी०मु०; वंधौ - न०; वंध्यो - वे०स०। आगै – आगें - को०शि०मो०; आगे - पा०; आगैं - मि०ह०। कौन – कौंन - को०मि०न०वे०स०; कोन - मो०; कोंन - गा०। दोहा लुप्त - भा०। [०३८]

कृष्ण० : यह अन्योक्ति। नाइका के तन मै अवही जोवन आयो नाही, नाइक की आसक्ति पहिलैही अधिक देषि, सु सषी सषी सौ कहति है –

> **नाहि परागु नही मकरंदु अज्यौ प्रगटी न सुवासु विकासर। जानै कौ आगै धौ ह्वैहै कहा गति ऐसो पग्यो अवही इक आसर। फूली घनी फुलवारी रसाल पै काहू कौ नैक न मानतु ता सर। रीझ रली मति कंजकली पै अली मडरानौ रहै निसिवासर** [कृष्ण० ०३८]

हरि० : नायक मुग्धा नायिका सों आसक्त भयो है। तासौं कोई कहत हैं भौंरा के छल करि नहीं पाये पराग रह सों नहीं मधु फूल को रस सो भी मधुर मनोहर नहीं या समै विषै विकास भी नहीं फूल्यौ भी नहीं। अलि जो है भौंरा सो अद्भुत जानि कलीही सों वंध्यौ है। आगें जव यामें पराग आदि होयगो तव याकी कहा हवाल दसा होयगी, नहीं जानै है। फुलवारी मैं प्रस्तुत। भौंरा को कहैं अप्रस्तुत नायक नायिका फुरै है। तौ समासोक्ति जानै। जौ नायक के सुनत भौंरा सों कहै तो प्रस्तुतांकुर। समासोक्ति अप्रस्तुत फुरै प्रस्तुत वर्नन माझ। पहिलें विहारी ने यही दोहा वनाये। पीछैं महाराज जयसिघजी कह्यौ, सतसई वनावौ।

— ★ —

लाल तुम्हारे विरह की। अगनि अनूप अपार। सरसै वरसै नीरहूं। झरहूं मिटै न झार [०३९][96]

لال تومهاري بره كي اكن انوپ اپار • سرسين برسين نيركن جهرهو متي نه جهار [ظا•
[•٣٩

अन० : दूती की उक्ति नायक प्रति विरह निवेदन करकै नायक कों संकेत में लै गयो चाहति है। निर्वेद संचारी ज्वरदसा व्यंगि। रूपक व्यतिरेक को संकर। उपमानरु उपमेय में भेद परे न लषाइ। तासो रूपक कहत हे सकल सुकवि समुदाइ॥

नर० : गामांतर विरह राधिका की सषी कौ वैन कांन्हजू सौ। हे लाल तुमारे विरह की जो अगनि है सो घनी सी अनूप है। सो क्यौं कि सरसाई सहित झडि करिकै नीर वरसत है तऊ राधिका के तन तें वा झाल मिटत नां है –

> **हे गिरिधारी तुम्हारे वियोग की आग अनूपम औरही जांनी। याकों लगत सोई पीर न जानत और न जांनत नांही की वांनी। वा जल के छिरके न वुझात पै या सरसै वरसै घन पांनी। वुंद वडीन की जो झर लागै तऊ न मिटै इह झार जरांनी** [नर० ०३९]

कृष्ण० : यह नाइका प्रोषितपतिका सषी कौ वचनु नाइक सौ विरह निवेदन –

[96] तुम्हारे – तुमारे - शि०मो०; तिहारे - न०मि०नी०मु०; तुम्हारैं - न०; तुमारै - गा०स०; तुमारें - वे०। अगनि – अगैनी - नी०; अगिन - मि०; अगिनि - ह०; अगन - गा०। सरसै – सरसैं - उ०न०मि०नी०न०गा०; सरसे - मो०। वरसै – वरसैं - न०मि०नी०न०; वरसे - मो०; वरसें - ह०। नीरहूं – नीरहुं - वे०; मेह की - मो०; नीरहू - मि०; नीरहूं, 'हुं' तथा 'हैं' - गा०। झरहूं – झरहू - मो०मि०न०; झरहों - गा०वे०; झरहौं - स०; मिटै न - ह०। मिटै न – मिटें न - मो०; झरहूं - ह०। दोहा लुप्त - को०पा०भा०। [०३९]

कृष्ण प्रांनप्यारे लाल बिछुरै तिहारे वाल अतिही विकल मलिवे कौं तरसति है। सीरी होति तातै उपचार सीरे ताती छिन अकुलाती छाती तन पीर न सरति है। वाके तन रावरे वियोग की अगनि ऐसी अदभुत गति सौं अपार दरसति है। महाझरहूं तें झार सीरी न परति पजरति ज्यौं ज्यौं नीर की भरति वरसति है [कृष्ण० ०३९][97]

हरि० : नायिका ने पाती में या दोहा लिष्यौ है। किंवा एकही ग्राम में विरह भयौ है। दूती वचन नायक सों। हे लाल तेहारो विरह की जो है आगि सो अनूप है आश्चर्ज है। औ अपार है। नीर के वरसेहू सरसै अधिक होय यह अनूप। झरि लागें झार ज्वाला नही मिटाइ यह अपारता। नीर वरसे सौं सरसों। विभावना काहू कारन ते जवै कारज होय विरुद्ध।

— ★ —

देह दुलहिया की वढै। ज्यौं ज्यौं जोवनजोति। त्यौं त्यौं लषि सौतैं सवै। वदन मलिन दुति होति [०४०][98]

دیہ دولہا کي چدہي جیون جیون جوبن جوت • تیون تیون لکہ سوتین سبي بدن ملن دوت ہوت [ظا• ٠٤٠]

अन० : सषी की उक्ति। नायिका नवल वधू। विभावनालंकार वा विषमालंकार। सुमति अकारन तें जहां कारज परगट होय इति विभावना। कारन ओरे ठोर है कारज ओरे ठोर इति विषमः। जो रूपकातिसयोक्ति अलंकार कीजे तो विशेष चमत्कार होय। अत्र जोवनजोति ओर सूरज उदय समान। ओर सोतिमुष चंद्र साम्य हे तहां उपमान को अनुपादान है तातें रूपकातिसयोक्ति अलंकार।

नर० : मुग्धा नवयोवना सषी कौ वैन सषी सौं हे सषी या दुलहिया के सरीर कै विषै ज्यौं ज्यौं जोवन की जोति वढती जाति है त्यौं त्यौं देषिकै वाकी सरवही सौतां के वदन की जोति मलीन होति है.[99] –

देह मैं ज्यो ज्यो वढै दुति योवन नारि नई की नई छवि छाजै। देषितै और सुहावन नैन कुं सोरहै आज सिंगारन साजै। सोति सवै लषि त्यों त्यों तपै तन हेरिहि रात हीयै महि लाजै। मोह मरोर सों मेचक ह्वै गई आंनन की दुति नेंक न राजै [नर० ०४०][100]

कृष्ण० : यह नाइका नवजोवनभूषिता नवोढा है याको ज़ोवन आवत देषिके सौतिनु के मन फीके परत है। सषी सषी सो कहति है –

---

97 सीरे – मीडै - नी०। छिन छिन - छिन - नी०। पीर न सरति – पीर सरसति - मु०। भरति – भरनि - मु०।

98 देह – देहु - उ०; देहि - शि०। दुलहिया – दुलहीया - मो०; 'ह' पर इकार बाद में - गा०; दुलहिआ - ह०। की – के - पा०। वढै – चढै - उ०को०भा०; चढें - मो०; वढे - पा०; वढैं - नी०न०; संशोधन द्वारा 'चढै' - मि०। ज्यौं ज्यौं – ज्यो ज्यो - पा०; ज्यों ज्यों - मो०गा०; ज्यौं त्यौ - नी०; ज्युं ज्युं - स०; ज्यौ ज्यौ - ह०। जोवनजोति – योवनज्योति - को०; जोवनजोत - न०गा०वे०। त्यौं त्यौं – त्यों त्यों - शि०मो०गा०वे०; त्यो त्यो - पा०; त्यौ त्यौ - नी०; त्युं त्युं - स०। सौतैं – सौत्यैं - उ०; सोत्यों - को०; सौते - पा०; सोत्यें - मो०; सोत्यौं - मु०; सौतै - शि०नी०; सौतां - न०स०; सोत्यौं - मु०; सौंता - गा०; सौतै - भा०; सौता - वे०। सवै – सवैं - को०मु०; सवें - मो०। मलिन – मलिग - गा०; मिलन - वे०। दुति – द्युति - मो०। होति – होत - को०न०। [०४०]

99 नवयोवना – ग्यातयोवना - गा०।

100 नेंक न – नैंन क - वे०।

मंथर गौन गहै पदपंकज मत्त गयंदनि दूषन लागे। मैन के टोने से वैन भए तिनके सम ऊष महूष न लागे। ज्यौं व्रषभानलली तन जोवन जोति के लच्छन भूषन लागे। त्यौं त्यौं विलोकि भई मलिनी दुति सौतिनु के मुष सूषन लागे [कृष्ण० ०४०]

हरि० : दुलहिआ नववधू ताकौ देह में ज्यौं ज्यौं जोवन की जोति, किंवा जोवन औ जोति, वढति हैं त्यौं त्यौं पूरव की भाषा में तैसे तैसे, हे सषि तूं लषि देषा सौति सव वदन विषै मलिन दुति होति है। सौति के मुष मैले होत है यह अर्थ। इहां उल्लासालंकार है। गुन औ औगुन जव एक तों औरि धरि उल्लास गुन तें गुन। दोष तें दोष। गुन तें दोष दोष तें गुन। इहां दुलही के गुन तें सौतिन में दोष।

— ★ —

मंगल विंदु सुरंग मुष। ससि केसरि आड गुरु। इक नारी लहि संग। रसमय किय लोचन जगत [०४१][101]

منکل بند سُرنک مکہ[102] سس اد کوُر ۰ اک ناري لہ سنک رسمي کہ لوچن جکت [ظا۰ ۰٤١]

अन० : उपपति की उक्ति। उपपति सो जार। वचन अनुभाव तें स्मृति संचारी गुनकथन दशा तें पूर्वानुराग व्यंगि। समस्तवस्तु विषयक रूपक अलंकार। ओर अर्थ नायिका षंडिता। हे जगतलोचन इक जग नारी संग लें जगत रसमय कीय सो कहा जगत में हास्यरस प्रगट कीयो। हे मंगल विंदु हे पूर्ण मंगल हे मंगल शून्य इहां छल कियो है। हे ससिमुष, प्रसन्न मुष, लालछन सहित ह्यां छल हे जगत गुरु। नारी केसी है, केसर आडि, केसर की षोंर है। जाके एसी नारि संग ले इति।

नर० : साक्षात दर्शन सषी कौ वैन सषी सौं। हे सषी राधिका के सुरंग विंदौ है, सो मंगल है, अरु मुष है, सो चंद्रमा है, अरु केसर की आड है सो वृहस्पति है। वै तीनौ ग्रहै तौ इक नाडी या साथ पर्यां अरु ए तीनौ एकठै अस्त्री के पर्यां सो उननैं तौ संसार कौ पानी तैं रसमय कीने है अरु इनैं नायक के नेत्रां कौ सनेह रसमय किये है। ए नायक नायका कौ अवलोकत है –

सोहत मंगलविंदु सुरंग कहै सव मंगल मंगलकारी। आनन सोई ससी सम जानत केसर आडि गुरू उर धारी। नारि कि येक सों संगति पाइकै आइ छए छित मेह महा री। कीने षरे रस रूप विलोचन यों जगि के छवि छांह निहारी [नर० ०४१]

कृष्ण० : यह सिषनष मे ललना कौ सिंगारु है सु सषी सों कहतु है कवि की उक्ति होइ –

---

101 मंगल – मंगलु - उ०। सुरंग – सुरंगु - उ०। मुष – मुह - उ०को०; ससि - न०गा०स०; सस - वे०। ससि - मुष - न०वे०गा०स०। केसरि – केसर - को०मो०शि०मु०न०वे०स०। आड – आडि - को०मो०। गुरु – गुर - पा०। इक – यक - पा०; एक - मो०। लहि – लें - मो०; संग - वे०। संग – संगु - उ०; लहि संग - वे०। रसमय – रसमे - को०; रासमय - मो०; रसमें - मु०; रसमिय - गा०वे०। किय – कीय - शि०मो०मि०मु०; की - पा०; के - स०। लोचन – लोयन - ह०। जगत – 'जडत', 'ड' पर चिह्न, पार्श्व पर 'ग' - उ०। दोहा लुप्त - भा०। [०४१]

102 مکہ - ہوکہ - ظا۰

मंगल विंदु सुरंग विराजतु भामिनि भाल महाछवि छायौ। आननचंद कला परिपूरन केसरि आड मनौ गुरु आयौ। कृष्ण कहै इक नारी मैं आइ मनौ परिपूरन जोगु लषायौ। नैन भरे रस की वर्षा करि चैन समूह हिये वरषायौ [कृष्ण० ०४१][103]

हरि० : सषी सों सषी वचन। सुरंग लाल जो रोरी को विंदु सो मंगल है। मुष सो ससि है। केसरि को आड तिरीछ तिलक सो गुरु वृहस्पति है। एसी जो एक नारी स्त्रीनि विषै मुष्य स्त्री ताकों संग में लहि, पायकै, अनुरागमय किए है लोचन कों जगत कै सारी राति जागत ह्वै। दूसरा अर्थ मंगल औ ससि कौ वृहस्पति एक नारी ए नाडी में संग में लहिकै जगत को रसमय, जलमय, किए है। एतने ग्रह एक नाडि में आवै तौ वृष्टि होय। रूपक अलंकार।

— ⋆ —

जगत जनायौ जिहि सकल। सो हरि जान्यौ नाहि। ज्यौं आंषिन सव देषिए। आंषि न देषी जाहि [०४२][104]

جکت جنایو جہ سکل سو ہر جانون ناہ • جون انکہي سب دیکہي انکہ نہ دیکہي جانہ [ظا• ٠٤٢]

अन० : परमारथ पक्षे मुमुक्षु को पछितायव्यो। दृष्टांत अलंकार। रस पक्षे कलहांतरिता नायिका को पिछताव दृष्टांत सहित।

नर० : भक्त मन। रे नर जिन हरि यौ सवही संसार परगट कर्यौ है उनकौ तौ जांन्यौ नांही। एहै तौनै रोई पै ओर लषियौ नांही, कैसै कि ज्यौं आंषिनि करिकै सवनु कौ देषीयतु है अरु आंषि कौ देषी जाति नांही, त्यौं और काहू पूछ्यौ कि आंषि कौ तौ आरसी करि जांनी जातु है, सो याकौ उत्तर कि किरिया तै हरिहू जांन्यौ जातु है

जोनै जगत्त जनाय दयो अरु तैसै प्रभू कवहुं नहीं जान्यौ। लोभ मनोज के मोह पुर्यौ सव आठहू जाम कियौ मनमान्यौ। जो चष सों सव देषति है नर रूप सरूपनि यों सुष सान्यौ। त्यौं अपनी अंषियांनि सौ काहू पै आपनी आंष न देषै निदान्यौ [नर० ०४२]

कृष्ण० : यह सांतरस भक्त कौ वचनु निर्वेद स्थाई भाव –

---

103 वरषायौ – उमगायौ - मु०।

104 जगत – जगतु - नी०। जनायौ – जनायो - को०शि०पा०मो०भा०मु०वे०ह०। जिहि – ज्यहि - पा०; जिंहिं - स०; जिहिं - ह०; जिह - गा०वे०। सकल – सकलु - उ०। हरि – प्रभु - भा०; हर - गा०। जान्यौ – जांन्यौं - उ०; जान्यो - को०शि०पा०मो०वे०; जांन्यौ - मु०न०गा०स०; जानो - भा०। नाहि – नांहि - उ०को०मो०मु०न०वे०गा०स०; नाहिं - ह०। ज्यौं – ज्यो - पा०; ज्यौ - भा०; ज्यों - शि०मो०गा०; जिन - मि०; ज्युं - स०; जों - वे०। आंषिन – आषनि - उ०; आंषि, 'षि' के ऊपर काकपद – को०; आषिन - पा०नी०; आंषिनु - न०गा०; आंषन - मि०; आषिनु - भा०; आंषिनि - मु०ह०। सव – सवु - उ०; जगु - न०मि०नी०; जग - भा०। देषिए – देषीई - को०; देषियै - पा०; देषीयै - मु०गा०वे०; देषियै - मो०भा०मि०स०; देषियैं - नी०; देषीयैं - न०। आंषि – आष - मि०; आषि - पा०भा०; आंष - मु०। न देषी – नु देषी - मि०। जाहि – जांहि - उ०मु०न०गा०ह०; आंहि - को०। [०४२]

ताहि तजि क्यौं तू भ्रम भूल्यौ भटकतु वौरे जातै लहियतु सवु सुषनु कौ गोतु है। मानि अनरुचि हरिभजन पियूषु छांड्यौ जांनिवूझि विषय विषम विष भोतु है। जिन सवु जगत जनायौ भली भांत वहै प्रभु पै न जान्यौ ऐसौ मोह कौ उदोत है। देषौ जिन आषिनुही सव दरसायौ तिन आषिनु कौ काहू भांति देषिवौ न होतु है [कृष्ण० ०४२]

हरि० : जिनि हरि ने जगत संसार को जनायो उपजायो सो हरि कों रे मूढ तूं जान्यो नाहि। जैसे आंषि सों सव देषिए है, आंषि देषी नहीं जाति है। दृष्टांत अलंकार।

— ⋆ —

पिय तिय सौं हसिकै कह्यौ। लषै दिठोना दीन। चंदमुषी मुषचंद तैं। भलौ चंद सम कीन [०४३][105]

پي تي سون ہنس کے کہیو لکین دٹہنان دین • چندمکہي مکہ چند تین بہلو چند سم کین [ظا• ٠٤٣]

अन० : साक्षात दर्शन वचन अनुभाव करि अनुराग व्यंगि। व्याघात ते दूषन को निवारन है। नायिका सों नायक को परिहास। उपमालंकार।

नर० : हास्यरस नायक कौ वैन नायका सौं। सो सषी सषी प्रति कहतु है कि हे सषी भरतार आपनी अस्त्री के दिठौनौ लाग्यौ देष्यो तिन सों हसिकै ऐसौ कह्यौ कि हे चंदमुषी तेरौ मुष तौ चंद्रमा तैं भलौ सौ थौ पै या दिठोना कों देकै तैं चंद सम कीनौ तातै तोकों चंदमुषीज कही –

यों तिय सों हंसिकै जौ कह्यौ पिय सुंदर रूप सोहामनौ लीनो। आछो लगै मन भावतौ भामिनि आपनै हाथ दिठौना जु दीनो। या कोउ आनन सो कहि पंकज सो कहा जानत वुद्धिविहीनो। चंदमुषी सुनि तै मुषचंद को चंद समान भलो अव कीनो [नर० ०४३]

कृष्ण० : यह डिठौना वरननु नाइकु नाइका सौ कहै अथवा शृंगारकर्ता सषी सौं कहै–

प्यारी को चारु सिंगारु निहारि हिये पति के अति मोदु भर्‌यौ है। चाहि चषोड कही मुसकाइ सही विधि रूपु सकेलि धर्‌यौ है। जा मुष की अकलंक प्रभा सकलंक मयंक षरौ निदर्‌यौ है। सो मुष तेंव डिठोना दे आजु भलौ यह चंद समान कर्‌यौ है [कृष्ण० ०४३][106]

हरि० : पिय ने आपनी तिय सों हसिकैं कह्यौ डिठौना दिए देषिकै, हे चंदमुषी तेरो मुष चंद्रमा तें भलो थो। तूं डिठौना देकै चंद्रमा को समान कियो। डिठौना सो कलंक सम भयो। इहां प्रश्न चंदमुषी तौ पहिले

105 पिय – पीय - उ०शि०। तिय – तीय - उ०शि०। सौं – स्यौं - उ०; सो - पा०मो०; सों - शि०मु०गा०ह०; सौ - न०। हसिकै – हसिकैं - को०न०ह०; हसिंकै - नी०। कह्यौ – कह्यो - को०पा०मो०। लषै – लषैं - उ०न०; लषे - को०मो०ह०; लष्यो - पा०; लष्यौ - न०मि०नी०मु०; लषें - शि०वे०। दिठोना – डिठोनां - उ०; दीठौना - शि०; डिठोना - पा०; दिठोनां - मो०गा०; डिठौना - नी०ह०; दिठौना - मि०; दिठिंना - मु०; दिठौनां - न०; दिठौंना - स०; दिठोंनां - वे०। मुषचंद – मुषचंदु - उ०। तैं – तै - उ०नी०; ते - शि०; तें - मो०मु०वे०। भलौ – भलो - को०शि०मो०नी०वे०गा०। सम – समु - उ०। कीन – 'कीन' पर संशोधन द्वारा 'कीन्ह' - नी०। दोहा लुप्त - भा०। [०४३]

106 चषोड – चषोंडा - मु०। अकलंक – अलकै सु - नी०। भलौ – भले - नी०।

कह्यौ फेरि चंद सम कीन नही वनै। तहां ऐसो अर्थ करि एहीमे अनेकार्थ मे लिष्यो। चंद्रोंवुकाम्ययो। चंद्र नाम अंवु जल को काम्य को। काम्य की टीका लिषी प्रशस्य। तारीफ करिवे लायक। भाषा में चंद्र को चंद कहत है। हे चंदमुषी तारीफ करिवे लायक तेरो मुष है। औ चंद्रमा तें भलो है मुष सो तू चंद्र को समान कियो। किंवा जा काहू ने नायिका को शृंगार करि डिठौना दियो है पिय ने ताहि तिय सों हसिकै कह्यौ है। हे चंदमुषी सषी या नायिका को मुष चंद्र ते भलो। सो तैं चंद्रमा को सम कियो। चंदमुषी इहां लुप्तोपमावाचक साधारन धर्म को लोप। किंवा हे चंदमुषी सषी याको मुष तें चंद्रमा को सम कियो है तो भी भलौ है। उपमान चंद्रमा तें उपमेय मुष में भलो कह्यौ। व्यतिरेक अलंकार, व्यतिरेक जु उपमान तैं उपमेय अधिको देषि।

— ★ —

कौंहर सी एडीन की। लाली देषि सुभाइ। पाइ महाउर देन को। आपु भई वेपाइ [०४४][107]

کونہر سي[108] ایٔين کے لالي ديکہ سو بہاي • پاي مہاور ديہہ کو اپ بہي بے پاي [ظا • ٠٤٤]

अन० : जो सषी की उक्ति होय नायक प्रति तो दूतत्व व्यंगि। आपु को लाली देषि भ्रांति भईं हें तो और को कहा कहेनो। उपमा यमक की संसृष्टि।

नर० : एडी वरननं सषी कौ वैन सषी सौं हे सषी राधिकाजू कै एडीनु कै विषै कौंहर क० प्रातकाल सी लाली, सुभावैही लषी सो अव पाइ कै महावर को न देषौ क्यौंकि आपु जो देनवारी थी सो वेपाय ह्वै गई। सो कैसे कि महावर कहा करु दैकै दीयै तै कैसै जांनी परैगी, ऐसी चिंता करत भई –

> **कोहर सी जु ललाई लषी अति एडिन ओप सुभाव लई है। या सम और न देषि कहों जग जानत हों मति भाजि गई है। काहु दयो है कै दीवो है यों कहि हेरि रही महा मोहमई है। देय को पाय महावर कों अव नाइन आप वेपाइ भई है** [नर० ०४४]

कृष्ण० : यह नाइका की येडीनु की सोभा सषी नाइक सों कहति है, सषी सों कहै –

> **कौहरु कहा है वंधुजीव कौ विलोक्यौ चाहै लाजनि ते कमल मुदत फूलि फूलिकै। मानिक पवारी विंवा कै से पटतर होत ऐसी दुति सहज उठति ऊलि ऊलिकै। चाइनि सों पाइनि**

[107] कौंहर – कौंह - उ०; कोंहर - को०स०; कोहर - शि०पा०मो०मु०गा०; कौंहरि - मि०; कोकौहर - भा०; हंसी - वे०। एडीन – एडीनु - उ०शि०न०गा०वे०; एडीन, 'न' पर इकार बाद में - मो०; येडीन - भा०नी०। की – कौ - भा०। देषि – देष - मु०न०वे०गा०स०; निरषि - ह०। सुभाइ – सुभाय - उ०को०मु०ह०; सुभांईं - मो०। पाइ – पाय - को०पा०मु०वे०स०ह०; पाए - मो०। महाउर – महावर - को०शि०मो०भा०न०मि०मु०वे०गा०स०ह०। देन – दैन - उ०गा०; देय - को०मो०न०ह०; देंन - शि०वे०; देइ - भा०मि०; दैंन - स०। को – कों - उ०मो०वे०; कौ - न०; कौं - शि०नी०मु०स०। आपु – आप - को०शि०मि०मु०गा०वे०ह०। भई – भयी - को०; भईं - मो०। वेपाइ – वेपांय - उ०; वेपाय - को०पा०ह०वे०स०; वेपांईं - मो०। [०४४]
[108] त्रुटित।

महावरु लगाइवे को आई ठकुराइनि निकटि अनुकूलि कै। कहै कविकृष्ण चारु चरन विलोकतही नाइनि विचारी गई सव सूधि भूलिकै [**कृष्ण० ०४४**]

हरि० : नायक सो सषी वचन। पाव में महावर देन को नाइनि आई। तव कोंहर सी जे है एडी। कौंहर लाल फल होत है पूरव में माहरी कहत हैं। ताकी स्वभावही की लाली देषिकै पाइ में महावर देइ को कौंन देइ। आपु वेपाइ भई। वेपाय को अर्थ इहां वुद्धि नहीं चलै। इहां पूर्णोपमा। कौंहर उपमान। एडी उपमेय सी वाचक लाली धर्म। पाय पाय यासों जमक।

— ⋆ —

षेलन सिषये अलि भले। चतुर अहेरी मार। काननचारी नैन मृग। नागर नरन सिकार [०४५][109]

کہیلن سکہئي ال بہلي چتر اہيري مار ٠ كانن چاري نين مرک ناکر نرن سکار [ظا٠ ٠٤٥]

अन० : सषी की उक्ति नायिका सों परिहास करे हैं। रूपक श्लेष। विभावना पोषक है। याते अलंकार संकर है।

नर० : नायक की सषी कौ उराहनौ राधिका सों, हे अली तेरै कांननचारी क० कांनांपरजंत ऐसे नेत्र तिन रूपी मृग तिनकौ मार रूप अहेरी नै चतुरता सौं नरन विषै जे नागर हैं तिनकी सिकार षेलनी भली सी सिषाई है। याकौ अभिप्राय नागर जे श्रीहरि तिनकुं अचेत करै है –

षेलन ए जु भले सिषए अलि चातुर मेंन वडोई अहेरी। जो कोऊ आवत जात चहूं दिसि वाको विचाव क्यौ होइ कहेरी री। लोचन काननचारी कुरंग अचानक आय दवावत घेरी। षेलत है नर नागर को जु सिकार सकारन रीतिन हे री [**नर० ०४५**] [110]

कृष्ण० : यह नाइका परकिया कुलटा सषी कौ वचनु नाइका सौं कहै। नागर नरनु सिकार या पद ते वहुत नाइकानु की प्रतीति भई –

काननचारी कहावै इतै पर दौरि कहै पुर मै मृग पाए। ओट अमेडि अचूक हनै गुनआगर नागर मारि गिराए। घाइल कै फिरि लेति सुध्यौ न पलौ न थकै अति कौतिक छाए। नीके मनोज प्रवीन करौ लए षेलन नैन कुरंग सिषाए [**कृष्ण० ०४५**][111]

हरि० : सषी की उक्ति नायिका सों परिहास करै है। हे अलि चतुर जो अहेरी सिकारी मार काम है ताते कानचारी जे है नैंन ताकौ मृग जे हें नागर नर प्रवीन नर ताकी सिकार षेलन कों भले सिषाए हैं।

---

109 सिषये – सिषए - शि०ह०; सिषयै - न०गा०। अलि – अति - वे०गा०स०। भले – भलैं - शि०मि०; भलै - न०; भलें - गा०ह०। काननचारी – काननिचारी - भा०; कांननचारी - को०शि०मो०वे०स०; कांननुचारी - न०गा०। नैन – नेंन - को०मो०मु०; नैंन - शि०स०ह०। नागर – नगर, 'र' पर बाद में भिन्न क़लम से 'इ' की मात्रा - मु०। नरनु – नरनि - को०पा०न०गा०ह०; नरन - शि०मो०भा०मि०मु०स०; नगरन - वे०। [०४५]

110 'ये' तुकांत - नी०।

111 कहै – करें - नी०। ओट – कोट - नी०। नागर – जानिकै - नी०।

कानन‌चारी को अर्थ कान तांई गए हैं, ऐसे वडे हैं औ काननचारी वनचारी जैसें चीता स्याह गोस को सिकार सिषावै है। किंवा यह आश्चर्य काननचारी नैंन मृग कों नागर नरनि सिकार ऐसे जानिए। नागर नरन इहां वहुवचन है तासुं नायिका सामान्या होति है। तहां ऐसे जानिए, काननचारी नैन मृग ताकी नागर नर नायकान सिकार। सिकार नहीं है तु भी सिकार सिषाए। जैसे एक ने सिषाय सुक सो कवूतर की सिकार नैन सों मृग इहां रूपक। कानन इहां श्लेष। मृग सों नर की सिकार अद्भुत रस सिंगार मैं।

— ⋆ —

रससिंगार मंजन किए। कंजन भंजन दैन। अंजन रंजनहूं विना। षंजन गंजन नैन [०४६][112]

رس سنکار منجن کئین کنجن بہنجن دین • انجن رنجن ہو بنان کہنجن کنجن نین
[ظا• ٠٤٦]

अन० : जो सषी की उक्ति नायक प्रति होय तो दूतत्व, जो नायिका प्रति होय तो स्तुति, जो नायक की उक्ति होय तो स्मृति संचारी गुनकथन। दसा वचन अनुभाव तें पूर्वानुराग व्यंगि। छेकानुप्रास विभावना की संसृष्टि। जहां वीच पद दै परें अछर समता आय। तहां छेकानुप्रास है कहत सुकवि समुदाय॥ कारन विनुही काज कों उदा होत जिहि ठोर पहिलो भेद विभावना को कहि कवि सिरमोर॥

नर० : नेत्र सोभा सषी कौ वैन नायका सौ। हे राधे तेरे नेत्र अंजन क० सुरमौ तिनकै तौ विना ही रंजन कियै, षंजन के गंजन वारेही हैं अरु आज ते नेत्रां कौ रससिंगार क० काजर तिन करिकै जो मंजन क० नहायो सो यों कंजन कौ भंजन दैन कै हेतु कीनो है –

> **अंजन आंजे समारिकै सुंदरि स्याम सरोजन भंजनदाई। ऐसी तो ओप अनोपम ह्वै रही देषतै और न देषी सुहाई। साद सोहंआमने अंजन रंजनहूं विन होत महा वलदाई। हे रतिनायक सायक के सम लोचन षंजन गंजन माई** [नर० ०४६]

कृष्ण० : यह नाइका के नेत्रन की सोभा सषी नाइक सौं कहै, नाइक नाइका सौं कहै, सषी सौं कहै

> **कंज कुरंग गुमानन गंजन पीमन रंजनु है अनियारे। षंजन मीननु के मद भंजन अंजनहू विन ए कजरारे। लाज समाज सुसील हसी रसरंग भरे विधि मैन सुधारे। कृष्ण कहा उपमा कहियें तिय या जग मै द्रग तेरे उज्यारे** [कृष्ण० ०४६][113]

हरि० : सषी नायिका स्तुति करै है। किंवा नायक समरन करै है। कमल की षंजन की उपमा नेत्र कों देत हैं। ताकों तिरस्कार वरनि है। कमल तौ जल सों मंजन करै है। इन सिंगाररस सों मंजन किए है।

[112] रससिंगार – रसशृंगार - शि०न०; रससिगार - पा०मि०। मंजन – मंजनु - नी०। किए – कियैं - उ०; कीयै - को०न०गा०; कीइं - शि०; कीएं - मो०; कियो - नी०; कियें - मु०; किये - स०; कीये - वे०। कंजन – षंजन - को०; अंजनु - नी०। भंजन – भंजनु - नी०। दैन – देन - पा०; देंन - मु०वे०; दैंन - मो०स०ह०। रंजनहूं – रंजनहु - को०मो०; रंजनहू - पा०मि०न०। विना – विनां 'नां' पर संशोधन द्वारा 'न्यां' - उ०; विनां - मो०ह०। षंजन – कंजन - को०। नैन – नैंन - उ०को०मो०मु०न०स०ह०; नेंन - वे०। दोहा लुप्त - भा०। [०४६]

[113] अंजनहू – रंजनहूं, 'रंजन' हाशिए पर - मु०। कहा – कहै - नी०।

किंवा इन सिंगार रस कों मंजन किए है, सिंगार को व्यक्त किए हैं। माजे सों वस्तु साफ होत है। सिंगार को प्रगट किए हैं, यह अर्थ। यह दोय अर्थ सों कंजन के भंजन कहिए, भंग देनवाले हैं। सो नहीं संभवै, लच्छना करि तिरस्कार जानिए। अंजन सों रंगे विना षंजन के गंजन करनवाले नैंन हैं। सहजें कजरारे हैं। अति चंचल हैं। सिंगार सो है रस जल यासौं तौ रूपक औ चतुर्थ प्रतीप। उपमेय को उपमान जव समता लायक नांहि। वृत्ति अनुप्रास। वहुत वार अच्छर कहै वहै वृत्ति सो जान।

— ⋆ —

साजे मोहन मोह कौं। मो ही करत कुचैन। कहा करौं उलटे परे। टोने लोने नैन [०४७][114]

ساجي موہن موہ کون موہي کرت کوچین • کہا کرون اولتي پري توني لوني نین [ظا• ٠٤٧]

नर० : नेत्र अनुराग पूर्वानुराग नायिका कौ वैन सषी सौं। हे सषी मेरे नैंन श्रीमोहनजू के मोहन की साजना करतु हुते सो अव ए टोनागरे लौने नेत्रां उलटे परिकै मेरैताई कुचैन करतु हैं सो मैं काई करौं ए संताप ऊपनौ –

> **साजे है मोहन मोह लगावन मोही कुचैन करै है कहा री। पै निसिवासर मोहि सुहात न आंन भयौ जिय दुष महा री। वात सषी कहि आवत नांहि न नैनन की यह रीति निहारी। आइ परे उलटे टुनहारे सलोंने वे नैनन की वलिहारी** [नर० ०४७]

कृष्ण० : यह नाइका प्रौढा परकीया नायिका कौ देषि नेत्र याके अकुलात हैं, सो सषी सषी सो कहति है –

> **वूझति हौं सतिभाइ सषी यह सीष इन्है सिषई कहि कोने। मै सजे मोहन मोहिवे को वहु अंजन साज वनाइ सलोने। देषतही ललचाइ रहे अव ए अपने सपनेहूं न होने। मोही को देन लगे दुष नैन ए ज्यौं उलटे परि जात है टोने** [कृष्ण० ०४७][115]

हरि० : नायका वचन सषी सों। मेदजवाज सों माजि कज्जल देइकै मोहन जो है व्रजमोहन ताकों मोहिवे कों साजे। नायक कों देषे विना मो ही विषें कुचैन दुष कों करत है। कहा करों उलटा परे टोना से जादू से। लोंने सुंदर नेंन। जादू जौं पहिला परन लगै तौ आपने पर परै। विषम अलंकार है औरि भलौ उद्यम किए होत वुरो फल आय।

---

[114] साजे – साजै - गा०। कौं – कौ - शि०भा०; कों - न०गा०वे०। मो ही – मो हु - को०; मो हीं - नी०। करत – करतु - न०। कुचैन – कुचैंन - उ०को०स०ह०। करौं – करिं - को०; करौ - शि०भा०; करों - मु०गा०। उलटे – उलटै - शि०को०; उलटें - मु०। परे – परैं - न०; परै - शि०गा०वे०। टोने – टोने – टौनै - उ०; टोनैं - शि०; टौनै - न०; टोंने - मु०; टोंनें - गा०; टोनें - वे०। लोने – लौंनै - उ०; लौंने - को०न०; लोंनें - मु०; लोंनै - शि०गा०; लोंने - वे०ह०। नैन – नैंन - उ०न०स०ह०; नेंन - शि०मु०। मो०मि० प्रतियों में खंडित। दोहा लुप्त - मो०। [०४७]

[115] 'ओंने' तुकांत - मु०।

— ★ —

याके उर औरै कछू। लगी विरह की लाइ। पजरै नीर गुलाव के। पिय की वात वुझाइ [०४८][116]

واکي ار اوري کچهو لکي بره کي لاي ٠ پجري نير کلاب کين پہ کي بات بوجهاي [ظا٠ ٠٤٨]

अन० : सषी की उक्ति सषी सों नायिका प्रोषितपतिका। भेदकातिसयोक्ति अलंकार। ओर अति जो है सो नीर सेक करि घटि होय और वात जो वाय तातें अधिक होत है या लाय की वीपरीत गति है इति श्लेषार्थ।

नर० : प्रोषितपतिका सषी कौ वैन सषी सौ। हे सषी तुं जांनति ह्वैहै कि या राधिका के उरु के विषै औरही कछू है। तातै एसौ उपचार करति है सो याकै तौ विरह की लाय लागी है सो देषिति न है कि गुलाव के नीर तें तौ जरति है अरु पीय की वात तै वुझति है –

> **याके कछू उर औरै लगी है वियोग की लाय भयानक भारी। और उपाय व्यथा वडवानल की सी सिष्या सम नैन निहारी। ज्यों ज्यों गुलाव को नीर लगै तनु त्यों त्यों प्रजालत होत महा री। और उपाय किये नहि वूझत पीय की वात वुझावनहारी** [नर० ०४८]

कृष्ण० : यह नाइका प्रोषितपतिका अवस्था। सषी सषी सौं कहति है –

> **ऐसी दसा लषि हौं अकुलाति कितौ उपचार विचारि थकी री। आनन वोलै न षोलै विलोचन दूवरी होति छिनैछिन पीरी। याके हिये कछू औरै अनोषी वियोग हुतासन ज्वाल जगी री। नीर गुलाव के दूनी वरै पिय प्यारे की वातही होति है सीरी** [कृष्ण० ०४८][117]

हरि० : सषी सों सषी। या नायिका के उर में औरिही कछू तरह की लाय आगि लगी है। गुलाव के नीर सीचे पजरैं प्रज्वलित होय है। पिय की वात कहे सों वुझाय है शांत होति है। गुलाव को नीर उद्दीपन है तासौं कह्यौ औरनि कौ औरि तरह याके उर मैं औरि तरह भेदकातिसयोक्ति औरै पद जहां दीजिए अधिकाई के हेत। अतिशयोक्ति भेदक इहै वरनत कवि सिरनेत।

— ★ —

116 **याके – याकै - शि०नी०न०मि०मु०गा०वे०। औरै – ओर - को०; औरें - शि०; ओरे - मो०; ओरै - वे०। कछू – कछु - शि०को०मो०। लाइ – लाय - उ०को०न०वे०गा०स०ह०; लाई - मो०नी०। पजरै – पजरै, 'प' पर भिन्न क़लम से संशोधन द्वारा 'प्र' - उ०; पजरे - को०भा०; प्रजरे - पा०; प्रजरै - मु०न०गा०स०ह०; पजरें - मो०; परीजरै - नी०; पजरैं - मि०; प्रजरैं - न०; प्रजरे - वे०। के – कौ - उ०मि०; कै - को०शि०मु०न०गा०; की - नी०। पिय – पीय - उ०मो०; प्यौ - शि०; पीयं - मो०; पी - भा०न०मि०नी०। वुझाइ – वुझाय - उ०को०न०स०ह०; वुझाई - मो०न०मि०नी०। [०४८]**

117 कितौ – किते - मु०। याके – वाके - नी०। जगी – लगी - नी०। प्रथम चरण के अतिरिक्त अन्य चरण ऊपर भिन्न क़लम से; 'हिये कछु औरै' (लुप्त) - नी०।

कहा लेहुगे षेल पै। तजौ अटपटी वात। नैक हसौंही है भई। भौंहै सौंहै षात [०४९][118]

کہا لیہوکے کہیل پے تجو اٹپٹي بات ۰ نیک ہسنہیں ہین بہین بہونہیں سونہیب کہات
[ظا۰ ۰٤٩]

अन० : सषी की उक्ति नायिका सों। मध्यम मान। मानिनी नायिका वा नायक प्रति नायिका की उक्ति होय तो षंडिता वचन। काव्यलिंग अलंकार।

नर० : सषीकरम षिजवौ सषी कौं वैन श्रीकांन्हजू सौं हो कांन्ह राधिकाजु तुमसे मिलन की जो सोहै षाति हुती सो तौ अव नैकु हसौंही सी भौंहैं भई है सो मैं कहति हौं कि ए अटपटी वातैं छांडि द्यौ। ऐसा षेल सैं कहा लेहुगे और अर्थ षंडिता नायिका कौ वैन नायक सौं हो कांन्ह मेरे पास तौ तुम सोंहै करतै हौ अरु अवही उन कुं देषै तौ हसौंही मुहै भई हौं सो मैं कहत हूं ऐसी अटपटी वातैं नैकेकु छाडि देहु। एसा षेल तै कहा वसावौगे –

> **लालन षेलन षेलियै नैकहू या विधि षेले पै लेहो कहा जू। वाक कुवाक कहे तै घटै रति**
> **छांडो अनोषी यै वात महा जू। ये अति एठी अमेठी सी डोलत वोलत नांहिनै ना अरु हा जू।**
> **नैक हसोंही सी भोहैं भई जव सोंहन षायके षाय हहा जू** [नर० ०४९]

कृष्ण० : यह नाइक कौ और सौ आसक्त जानि नाइका नै मानु कियौ। नाइक मनावन आयौ, सु वाही नाइका कौ नामु मुह ते निकस्यो। सु सषी नाइक सौ याकौ मानु छुडाइवे कौ परिहास कौ प्रसंगु चलायौ। सषी कौ वचनु नाइक सौं –

> **हांसी तौ कीजियै तासो लला जु हसै सुष पाइ न ये तिय ऐसी। वारही वार लै और कौ**
> **नाऊ झषावौ इन्है तजौ वानि अनैसी। या परिहास पै लैहो कहा हरि ए तौ इते कहि कौ मुरी**
> **वैसी। सोहैं कियें भई नीठि हसौही ए भौंह कमान मनोज की जैसी** [कृष्ण० ०४९][119]

हरि० : मान मैं सषी वचन नायक सों। हे नायक औरि नायिका के संग में तुम षेलत हौ। षेल में कहा लेहुगे; कहा सिद्धि होयगी। वह तौ मान करि वैठी है तुम औरि के संग में षेलत हौ यह अटपटी वात है। अरु विगरावनवाली क्रिया सों इहां अटपटी। पूरव में अटपटांग कहत हैं। ताकौ तुम तजौ। सौंहे षात हमारे सपथे के किए वाकी भौहैं थोरी सी हंसोंही भई हैं। हंसते में जैसी होति हैं। सोंहें षानो हेतु हंसोंही हेतुमान हेतु अलंकार हेतु अलंकृत होय जव कारन कारज संग।

118 कहा – कह - को०। लेहुगे – लेहुगें - उ०; लैहुगे - नी०। पै – पैं - उ०गा०वे०; पें - को०शि०मो०मु०; मे - पा०; मैं - ह०; मै - भा०। तजौ – तजो - को०मो०वे०। नैक – नेक - को०शि०पा०भा०मु०; नैंक - न०स०ह०; नैकु - मो०; नेंक - वे०। हसौंही – हसौंहीं - उ०; हसोही - को०गा०स०; हसौही - शि०पा०भा०; हसोंहीं - मो०; हसोंही - वे०; हंसौंही - ह०। है – हैं - उ०नी०; ही - मु०। भौंहै – भौंहैं - उ०मु०; भौहै - पा०भा०; भोहैं - मो०; भौहैं - न०; भोंहै - शि०गा०स०। सौंहै – सोहै - उ०को०शि०न०स०; सोहैं - मो०; सौंहैं - मि०मु०; सौहै - पा०भा०; सोंहै - गा०; सोंहैं - वे०; सोंहें - ह०। षात – षान - मु०। [०४९]

119 झखावौ – झुकावौ - मु०; झकावो - नी०। हरि ए – हरि पै - नी०। कहि कौ मुरी – कही को मुर - मु०।

— ★ —

सारी डारी नील की। चोट अचूक चुकै न। मो मन मृग करवर गहै। अहे अहेरी नैन [०५०][120]

ساري داري نيل كي اوت اچوک[121] چوكي ن ٠ مو من مرک كربر کہت اہي اہيري نين [ظا٠ ٠٥٠]

अन० : स्मृति संचारी गुनकथन वचन अनुभाव करि पूर्वानुराग व्यंगि पद लाछनिक। समस्त वस्तु विषयक रूपक को पोषक श्लेष। मूलक परंपरित रूपक है। अंगु मुष्य रूपक जहां लषो कवित के मांहि। सो समस्त रूपक कहत सुन्यो जु पूर्वनि पांहि॥ रूपक रूपकमूल तहां जहां परत है सोय। श्लेष शुद्ध द्वै भांति को वरनत है कवि लोय॥

नर० : साक्षात दर्शन नायक[122] कौ वैन सषी सौं। हे सषी देषि तौ इन नील की जौ सारी डारी है सो तौ ओट कीवी है, अरु अचूक वानी है, कैसैंही नांही है सौ कौन कि याकैं अहेरी रूप नैन हैं, सो मेरे मन रूपी मृग हैं तिनकौ तौ वरि करैकै ए जोरावरी करिकै गह्या चाहत है –

> **आइ अचानक चोट करै अति नावक सायक सैल तै पैनां। नील की सारी एई तरु डार की ओट अचूक चुकै नहि चैनां। मो मन संग कुरंग गह्यो करिके वर माई कहा कहों वैनां। और तौ याकी कही न परै अहो आपनै जांन अहेरी है नैनां** [नर० ०५०]

कृष्ण० : यह नाइका के नेत्र देषि नाइक को मनु हाथ रहति नाही सु सषी सौ कहै है करव कौ –

> **चाइ चढे जोवन के वन मे विहार कर करै काहू के न रोके रहै विक्रम अकथ के। भ्रकुटी कुटिल चाल अंजनु असित वात सतर कटाछ गहै आयध सुहथ के। सीरी नीरी ओट ह्वैकै आवत अचानकही करत अचूक चोटै हरत नत थके। मो मनु कुरंगु कौ पकरि लेत हाथ हथी राधे तेरे नैन ये अहेरी मनमथ के** [कृष्ण० ०५०]

हरि० : नायक को वचन नायिका सों। किंवा सषी सों। नील की रंगी सारी सोहै डार हरिन जो पकरत है। सो आपनां अंग मैं डार पांत वांधत है। ताकी ओट अचूक है चूकत नहीं है। दूसरे कहे सों अचूकपनो निपट्ट दृढ भयो किंवा अचूकवे तक सीरता कों भी चुकै नांही। ताहि पकरत है। हमारौ जो है मन सो है मृग। करवर जाति विसेष। किंवा करवल करि गहै है किवार लए कहै कल सों वल सों गहत है। अहे

---

120 सारी डारी – डारी सारी - उ०शि०। चोट – वोट - पा०; ओट - मो०गा०ह०; औट - न०; उंट - स०; ओर - वे०। चुकै – चुकैं - उ०न०स०; चुके - शि०; चुकें - मो०। मो – मों - न०। मन – मनु - उ०मि०। मृग – मृगु - उ०; म्रग - नी०; मृगं - न०। करवर – करिवर - पा०नी०। गहै – गहौं - उ०; गहें - शि०; गहे - पा०; ग्रहे - वा०; ग्रहैं - ह०; गहैं - ह०; गहन - वे०। अहे – यहै - उ०; अहै - पा०; आहे - गा०। अहेरी – आहेरी - शि०। नैन – नैंन - उ०वा०ह०; नेंन - मो०वे०। दोहा लुप्त - को०भा०मु०। [०५०]

121 اچوک - اچیک - ظا٠

122 सषी - गा०।

नायिका की सषी अहेरी सिकारी नैंन हैं। कोई कहत है अहे यह पुरुष की वोलनि नहीं। अहे वहुत ठौर में आवत हैं 'अहे दहेडी जिनि छुवै' रूपकालंकार है।

— ★ —

दीरघ सास न लेहि दुष। सुष सांईहि न भूलि। दई दई क्यौं करतु है। दई दई सु कवूलि [०५१][123]

دیرکہ سانس نہ لیہ دوکہ سوکہ سانین نہ بہول • دئي دئي کیون کرت ہي دئي دئي سو کبول [ظا• ٠٥١]

अन० : गुरु को वचन मुमुक्षु प्रति। करुनारस। शोक छाई देषकै धैर्य देत है। विलंवादि उदीपन व्यंगि। अनुप्रास जमक की संसृष्टि।

नर० : उपदेस। कवि विहारीदास कहतु हैं रे नर जौ तेरे तांई दुष भयौ है तौ तुं दीरघ सांस लेहु मति अरु सुष भयौ है तौ सांई के तांई भूले मति। ए एक चित राषि सो अव दई दई क० हाइ हाइ क्यौं करतु है जो भगवांन दीनी सौ कवूल करि –

> **काहे को सोच करै नर वावरे दीरघ सांस न लै दुषही तैं। साहिव को जिन भूलै भली विधि तोहि कहों सुष की रुषही तैं। ए दई ए दई काहे को वोलत यो सिर आइ परी सो सहीतैं। जो करतार दई अव तोहि को तू लहु राषि ओदारन ही तैं** [नर० ०५१]
>
> **जो तूं दुष लहें तो तूं जिन अकुलाइ लै दीरघ उसास चित चिंता मैन डूलरे। सुषु तो लहै तो सव भांति सावधान रहि संपति गमन ह्वै कै हरषि न कूलि रे। थिर न रहत एतौ सुषु दुषु होत जात कृष्ण करुनामय की मूरति न भूलि रे। काहे कौ करति अति आतुर ह्वै दई दई जो दई सो भलीभांति जिय सौं कवूलि रे** [**कृष्ण० ०५१**][124]

हरि० : गुरु की उक्ति सिष्य सों। दुष में तूं दीरध सांस जनि लेहि। औ सुष मैं स्वांई स्वामी भगवान ताहि मति भूलै। दैव दैव क्यौं पुकारत है दैव कर्म दैव जो है भगवान तिन ने जो दियो सो कवूल है। परमेश्वर कों पुकारु यह अर्थ।

— ★ —

या अनुरागी चित्त की। गति समुझै नहि कोइ। ज्यौं ज्यौं वूडै स्याम रंग।

123 दीरघ – देरथ - वे०। सास – स्वासु - भा०; सांस - मो०; सासं - न०। लेहि – लेहु - को०मो०मु०न०वे०गा०स०; लेही - शि०; लेह - पा०मि०; लेइ - भा०। दुष – दुषु - वा०भा०। सुष – सुषु - भा०। सांईहि – सांइहि - शि०वा०मु०; सांई - न०गा०स०वे०स०ह०; साईहि - पा०मि०; शांईहि - भा०। न – (लुप्त) - वा०; दिन - न०; नहि - वे०गा०स०ह०। भूलि – भूल - शि०मु०न०वे०गा०स०ह०। क्यौं – क्यौ - शि०; क्यो - पा०; तू क्यौ - भा०; (लुप्त) - वा०; क्यों - मो०वे०; क्युं - न०; कहा - मु०। करतु – (लुप्त) - वा०; करति - मि०; करत - पा०स०ह०। है – हें - शि०; (लुप्त) - वा०; हो - मो०; हैं - न०। दई दई – (लुप्त) - वा०। सु – स - मु०वे०। कवूलि – कवूल - को०शि०न०मि०मु०वे०गा०स०ह०। दोहा लुप्त - नी०। [०५१]

124 जिय – (लुप्त) - मु०।

त्यौं त्यौं उज्जल होइ [०५२][125]

يا انراجي چت كي كت سمجهي نهين كوي ٠ جين جين بهيجي سام رنک تون تون اوجّل هوي [ظا٠ ٠٥٢]

अन० : कवि भक्ति को महिमा वषानत है। असंगति अलंकार।

नर० : नाइका कौ चित्तलगन। सषी कौ वैन सषी सौ। हे सषी या तौनि केवल चित्तही की अनुरागी देषीयतु है और गति कोई जानति नांही है सो कैसे कि ज्यौं ज्यौं स्याम के रंग विषै डूबति है सो त्यौं त्यौं ज्योति वढति जाति है। ए ज्यौं ज्यौं स्याम कौ चिंतारत है त्यौं त्यौं हरष होत है –

या अनुराग रगे चित की गति को समझै इहि जाति सषी री। भूलि गयो भव के सव संभ्रम लोक अलोक की रीति नषी री। ज्यों ज्यों ए वूडत भाति भली घनस्यांमल रंग मै जाइ झषी री। ज्यों ज्यों सवे मिलि मेटि घरीकि मै ह्वै गई उज्जल ओप लषी री [नर० ०५२]

कृष्ण० : यह अद्भुत रसु भक्त कौ वचन औ अरु नाइका को वचनु सषी सौं होई तऊ संभव। –

नैननु माझ रही षुभिकै वह नंदकिसोर की ऊटि सुहाई। प्रांननि में तऊ सालति है कविकृष्ण कहै सुधि आंन सुलाई। या अनुराग पगे चित की कछु अद्भुत रीति कही नहिं जाई। वूड्यौ रहै रंग स्याम में ज्यौही ज्यौं त्यौं त्यौं गहै अति उज्जलताई [कृष्ण० ०५२][126]

हरि० : सांतरस कोई साधु को वचन यह जो अनुरागी चित्त है जाको श्रीकृष्ण मैं प्रेम है ताकी गति कोई नहीं समुझै है। जैसें जैसें स्याम श्रीकृष्ण के रंग में राग में वूडै है तैसें तैसें उज्वल होत है। स्याम के वूडे उज्वल होय यह विरोध। उज्वल नाम निर्मल विषय वासनारूप मल जात हैं तातैं सुद्ध होत हैं। सब्द में विरोध भासै है। यातें विरोधाभास अलंकार। भासै जहां विरोध सो वहै विरोधाभास। शृंगाररस मैं लिष्यौ है। शृंगार में भी लगावनो। नायिका को वचन सषी सों यह जो मेरो अनुरागी चित्त है नायक के गुन सुनिकैं रंगि रह्यौ है चाह सों भरि रह्यौ है यह जानिए ताकी गति कोई समुझै नहीं ज्यौं ज्यौं श्याम श्रीकृष्ण के रंग में चाह मै वूडै है सो अकुलाय है यह त्यौं त्यौं राजी होयकै उज्वलनाम शृंगार को है शृंगार शुचि उज्वल यह तीनि नामपर्याय हैं। शृंगारमय होत जात है। किंवा सषी सों सषीवचन या नायिका को जो अनुरागी चित्त है रंग भर्‌यो चित्त है ताकी गति दशा ताकौ कझै काकु स्वर सों नहिं कोई समुझै है

---

125 अनुरागी – अनुरागे - को०। चित्त – चित, 'त' पर काटने का चिह्न, 'त्त' - उ०; चित - वा०मि०मु०। समुझै – 'झ' पर 'ए' तथा 'ऐ' मात्राएँ - उ०; समुझे - को०मो०; समुझत - पा०; समझै - शि०मि०न०गा०; समज - वा०; समुझैं - ह०। नहि – नही - उ०शि०वा०मो०गा०। कोइ – कौइ - शि०; कोय - को०मि०ह०; कोई - मो०। ज्यौं ज्यौं – ज्यो ज्यो - पा०; ज्यौ ज्यौ - भा०; ज्यों ज्यों - मो०गा०वे०; ज्युं ज्युं - स०। वूडै – वूडतु - उ०; वूडे - को०भा०; वूडें - शि०; वूड - वा०; वूडत - मो०; वूडैं - ह०। स्याम – श्याम - भा०; शाम - वा०; स्यांम - मि०गा०स०ह०। रंग – रंगु, 'उ' की मात्रा संदिग्ध - उ०; रगु - नी०। त्यौं त्यौं – त्यों त्यों - उ०वा०मो०गा०वे०; त्यो त्यो - पा०; त्यौ त्यौ - भा०; त्युं त्युं - स०। उज्जल – उजल, 'ज' पर २ - उ०; ऊजुल - को०; उजल,'ज' पर बेड़ी रेखा - शि०; उजल - मो०मि०; 'ज्ज' पार्श्व पर - मु०; उज्वल - गा०ह०। होइ – होय - को०मो०मि०ह०; हौइ - शि०; होई - नी०। [०५२]

126 ऊटि – उठि - मु०। सालति – सौरति - मु०। सुधि आंन सुलाई – सुधिऊ न भुलाई - नी०।

सवही समुझै है। स्याम जो है कृष्ण सो ज्यौं ज्यौं याके चित्त के रंग में चाह मैं वूडै है याको चित्त को चाह्यौ करै हैं त्यौं त्यौं उज्वल होत है। या नायिका के लेषें अनेक नायिका को जो राग सो है मैल ताको त्यागिकै सुद्ध होत है।

— ⋆ —

हा हा वदन उघारि दृग। सफल करै सव कोइ। रोज सरोजनि कै परै। हसी ससी की होइ [०५३][127]

ہا ہا بدن اوکہار درک سپوہل کرین سب کوي ٠ روج سروجن کي پري ہسي سسي کر ہوي [ظا٠ ٠٥٣]

अन० : मानिनी नायिका प्रति दूती सामोपाय करति है। हे नायिका हा हा कष्टं कष्टं वदन तू उघारि कहा ढांपि वैठी हौ सव कोई सव सषी दृग सफलु करे अरु सरोजन को अरु ससी कों रोज हसी होइ। अव तांइ होत हती अव तेरे मान पिछै नांही होत सो होत जाय इति ध्वनिः। प्रतीपालंकार।

नर० : मांनमोचन सषी कौ वैन राधिका सौं। हे राधे हा हा हठ करि मत, वदन उघारि देहु ज्यौं तोके अवैलोकिकैं सव कोऊ नेत्र सफल करैं औरि सरोजन कौ रोवनो परै अरु चंद्रमा की हांसी ह्वै –

> **सुंदर सोहनो आरसी सो मुष आय उघारि हा हा करौ वारी। याके विलोकतही सवके दृग जाति फले फल सो फुलवारी। रोज परै सगरेई सरोज को कोऊ वचै न हिए छवि न्यारी। जद्यपि सुद्ध सुधा सों भर्‌यौ ससि हो इह सी अवही तै महा री** [नर० ०५३]

कृष्ण० : यह मुष वरनन है सु सषी नाइका सों कहै है –

> **लोचनलहे को फलु सुफल हमारे करि प्यारी प्रानपति कै सनेहरस लीन करि। तैंही पाई परम निकाई की अवधि अव येती वृषभान की कुवरि अरवी न करि। टारि पट घूघुट कौ हा हा हे उघारि मुष निज छवि पानिप मै पीके नैन मीन करि। कंज छवि छीन करि ससिहि मलीन करि सौतिन को दीन करि प्यारे कौं अधीन करि** [कृष्ण० ०५३]

हरि० : दिन में सषी को वचन मानिनी सों हा हा षाति हें, अति निहोरा करति हें यह अर्थ तुम वदन, मुष, कों उघारो, सव कोई सषीजन आपने दृग कों सफल करैं लछना सों नेत्र को सुष लेइ, यह अर्थ अवही फूले सरोजन कों रोज रोग होयगो। तेरो मुष कमल कों चंद्रमा को सत्रु है। सत्रु चौर मित्र सौदर इत्यादि पद अर्थीउपमा के द्योतक है सत्रु सी सोभा देषि सत्रु को मन में दुष होय तासों रोज जानिए परे

---

[127] उघारि – 'र' में इकार बाद में - मो०; उघार - मु०वे०स०। दृग – द्रग - न०मि०नी०वे०; द्रिग - शि०मु०। करै – करो - उ०को०वा०; करें - मो०; करे - मु०; करैं - न०। सव – नर - स०। कोइ – कोउ - उ०; कोय - को०वा०ह०; सोइ - स०। सरोजनि – सरोजनु - उ०; सरोजन - को०मो०न०वे०गा०स०। कै – कैं - उ०मो०न०; कौं - को०; कें - शि०; के - पा०नी०गा०; कों - ह०। परै – परौं - उ०मो०; परे - नी०; परैं - गा०ह०; पर्‌यौ - वे०। हसी – हंसी - नी०ह०। ससी – शशी - शि०; शसी - वा०; सस - मो०। होइ – होउ - उ०; होय - को०ह०; होत - गा०। दोहा लुप्त - भा०। [०५३]

क़हिएं आगें राति विषें ससी चंद्र ताकी हंसी होय मुष के आगें चंद्रमा कछ्रु नहीं एकही ठौर लगाए दिन में चंद्रमा प्रभाहीनराति में कमल सोभाहीन यातें वनै नहीं मुष उपमेय तासों कमल चंद्रमा को अनादर प्रतीप अनआदर उपमेय तें जव पावै उपमान कोई सरोज सों सरोजमुषी लेत है ससि सों ससिमुषी लेत है सो अर्थ साफ नहीं काव्यलिंग भी संभवै है। वदन उघारिवोई इष्ट, ताकौ समर्थन युक्ति सों करति है।

— ⋆ —

होमति सुष करि कांमनां। तुमहि मिलन की लाल। ज्वालमुषी सी जरत लषि। लगनि अगनि की ज्वाल [०५४][128]

ہونمت سوکہ کر کامنان تومہین ملن کي لال ۰ جوالموکہي سي ديکہت لکن اکن کي جوال [ظا۰ ۰٥٤]

अन० : दूती की उक्ति नायक प्रति। परकीया नायिका को विरहनिवेदन कियो है। पूर्वानुराग व्यंगि। चित्रालंकार उपमा रूपक को संकर। उलटे फल की चाह सों कीजे जतन विचित्र। नायक प्रापति रूप फल चाहिकें उलटे उपाय जो सुष होम, ताको करति है।

नर० : व्याधि दसा राधिका की सषी कौ वैन कांन्ह सौं। हो कांन्ह तुमारे मिलनि की कामुना काहू कौं सुष करि कै होमती सों क्योंकि तुमारी कांमना राधिका कौं भई है, सो वाकौ ज्वालामुषी भवानीं की सी नाई जरती देषिकै कहति हों कि तुमारी लगनि अगनि की सी ज्वाला है –

> **होमति है सुष कौ करि कामना लाल तिहारे मिलाप के लीने। देह भयौ अति छीन तिहारी सों जीय भयो सुष वुद्धि विहीने। ज्वालमुषी जरिवो करि ज्यों दिन रेंन वुझै नहीं हो तन दीने। ज्वाल लगन्न अगन्न लषी ज्वर तैं यह जांन लों जानप्रवीने** [नर० ०५४]

कृष्ण० : यह नाइका कै लगनि की ज्वाल की अधिकाई है सु सषी नाइक सौ कहति है –

> **कृष्न प्रानप्यारे लाल जवही तै भये न्यारे तवही ते प्यारी पल कल न धरति है। ससकि ससकि अति दीरघ उसासै लेति तलफि तलफि सुधि वुधि विसरति है। विरह हुतासन की निरषि प्रचंड ज्वाल निहचै हिये मे ज्वालामुषी कौ धरति है। मिलिवे की कांमना हिये मै करि इंदुमुषी अव सुष सुषानु कौ हौंसु सौ करति है** [कृष्ण० ०५४]

हरि० : सषी नायक सौं पूर्वानुराग मैं भयो है विरह, सो कहति है, हे लाल तुमसो मिलिवे की कामना अभिलाष रहै, सो वा नायिका कों सुष करि होमति वरावरि है कोई छोडावनिहार नाहीं, यातें सुष करि कह्यौ ज्वालमुषी सी जरति है। निरंतर प्रकास करति है ताको लषि देषिकै जो लगनि, प्रीति, सोई है अगनि

---

128 होमति – होंमति - शि०नी०गा०; हौमति - भा०; हौंमति - न०स०। करि – (लुप्त) - भा०। कांमनां – कामना - शि०को०पा०मो०भा०मु०वे०स०ह०; कांमना - मि०वा०। तुमहि – तुम्हहि - पा०; तुमहिं - ह०; तुमही - मो०; तमहि - नी०; तुमहै - मु०। ज्वालमुषी – ज्वारमुषी - न०वे०गा०स०। जरत – जरति - को०भा०नी०न०मि०मु०गा०ह०। लषि – लष - गा०। लगनि – लगिनि - उ०; लगन - शि०; लगति - न०गा०वे०। अगनि – अगिनि - पा०भा०; अगन - शि०मि०गा०। ज्वाल – ज्वालि - गा०। [०५४]

ताकी ज्वाला में ज्वालमुषी उपमांन सी वाचक लगन अगिनि उपमेय, जरति साधारन धर्म यातें पूर्णोपमा लगन सोई अगिनि इहां रूपक ज्वालमुषी सी इहां तो है उपमावाचक सीता को अन्वय जरति या क्रिया सौं कीजिए तौ मानो के अर्थ कों कहै जालमुषी जरति सी ज्वालमुषी जरति है मानों अनुक्तास्पदावस्तूत्प्रेक्षा। किंवा हे लाल नायिका तुमसों मिलिवे की कामना, अभिलाष, करिकै सुष सों होमति है फूल की मोती की माला सुगंध यह संसार में लोगनि कों सुष है ताके वहहोम करति है जो वाके अंग में डारिए है सोसव वरि जात है विरह में ऐसो वर्नन कवि करत है – सीतल जानि वियोगिनि के उर लै लर मोतिन की उर माई। यों चटके पटके मुकुताहल ज्वारि भट्ठ मनु भार भुजाई॥ छाती सो छुवाय आली दीआ वाती वारि ले।

— ⋆ —

सायक सम मायक नयन। रंगे त्रिविधि रंग गात। झषौ विलषि जल जात दुरि। लषि जलजात लजात [०५५][129]

سایک سم مایک[130] نین رنکي تربدہِ رنک کات ۰ جہکہو بلکہِ در جات جل لکہِ جلجات لجات [ظا۰ ۰۵۵]

अन० : जो सषी की उक्ति सषी सो होय वा नायिका सों तो कमल अनादर तें व्यंगि करि आषिन को लाल कहत है। ताते ध्वनि से नायिका सुरतिलछिता जानिये अरु मान होइ तो हेतु नांही। जो नायक सों उक्ति होय तो दूतत्व। उपमा उत्प्रेक्षा प्रतीपालंकार की संसृष्टि अनादर उपमेय तें जहां पावें उपमान। तीजो भेद प्रतीप को वरन सुकवि द्रुजानि।

नर० : नेत्र सोभा गुनकथन दशा नायक कौं वैन सषी सों, हे सषी राधाजू के नेत्र सायक सम क० तीर के वरावर मायक क० मीढनैवारे हैं सो क्यौं कि तीन विधि के रंग तैं गात दोनां को रंग्यौ है और झषो है सो तौ देषितैही विलषौ ह्वैकै जल मैं दुर जात हैं अरु जलजात क० कमल योऊ तौ देषतैही लजाइमान ह्वै जातु है –

> **है अति घायक सायक से सम लोचन मायक ज्योति भरे है। तीन प्रकार के रंग रंगे अंगि एंन के नेंन को जाय लरे है। जाय दुरै जल वीच झषौ लषि जे जगि रूप के रूप डरे है। और सुनौ इनकी छवि कौं लषिकै जलजात लजात षरे है [नर० ०५५]**

कृष्ण० : यह नाइका के नेत्रनु की सोभा सषी नाइका सौ कहै नाइक नाइका सौ कहै सषी नाइक सौ कहै –

---

129 सायक – साइक - मि०मु०। मायक – घायक - पा०; माइक, 'घ' पर 'म' संशोधन - मु०; माइक - मि०; 'क' (लुप्त) - न०; वायक - वे०। नयन – नैन, य ऊपर के रिक्त स्थान में - पा०; 'न' (लुप्त) - न०। त्रिविधि – त्रिविध - शि०वा०वे०गा०स०ह०; त्रविधि - न०मि०नी०। झषौ – झषैं - उ०; झषो - को०पा०वा०; झषइं - शि०; ऊषों - मो०। विलषि – 'ल' हाशिए पर - उ०। जल जात दुरि – दुरि जात जल - उ०को०पा०मि०ह०; लषि जात दुरि - नी०; दुर जात जल - मु०; जल जाति दुरि - न०; जल जात दुर - वे०। लजात – लाजात - पा०। दोहा लुप्त - भा०। [०५५]

130 مایک - نایک - ظا۰

साइक से घाइक है तीषन तरल द्रग सेत स्याम अरुन त्रिविधि रंगे गात है। कहै कविकृष्ण जाके उर मै भिदत ताहि सुधि न रहत गात घूमि गननात है। येते पर भोये है विषम विष अंजन सौ याही सौ विसेष विथा उर सरसात है। सफरी विलोकि जल विलषि दुरत मृग भटकत विपल ये जात जलजात है [कृष्ण० ०५५]

हरि० : सषी वचन नायक सों रंगे त्रिविध रंग गात तीन तरह के रंग सों अंग रंगे हैं याते नेंन सायक, वान, ताके सम है स्वेत है स्याम है लाल है सितासित लोचन में लोहित लकीर किधों वंधे जुग मीन लाल रसम के जाल में सायक सम है ए मायक हैं कछ्र इनमें माय है जाहि देषि दुष जो है मीन सो विलषायकै जल मै छपि जात, देषिकै कमल लजात है अर्थ यह याको सो रूप हमारो नहीं नेत्र अति सुंदर है। इहां व्यतिरेकालंकार है व्यतिरेक जु उपमान तें उपमे अधिकै देषि। नेत्र मै मायकता अधिक।.

—★—

मरी डरी कि टरी विथा। कहा षरी चलि चाहि। रही कराहि कराहि अति। अव मुष आहि न आहि [०५६][131]

مري دري کر تري بتها کها کهري چل چاه ۰ رہي کراه کراه ات اب مکهہ آه نہ اه [ظا۰ ۰۵٦]

अन० : सषी की उक्ति सषी सों प्रोषितपतिका व्याधि दसा। अनुप्रास विरोधाभास की संसृष्टि। जिहि थल शव्द विरोध है अर्थ माहि न विरोध। सव्द विरोधाभास को कहि जो हिए प्रवोध॥

नर० : जडता दशा सषी कौ वैन सषी सों हे सषी या मुई परी है कि ना, याकी दशा टरि गई है सो तै षरी क्यौं है, चलिकै देषि या इतनी वारि तांई तौ अति कराहि कराहि करि रही थी सो अव याके मुष तै आहिकारौही निकरति नांही है –

मरी ओ डरी ओ टरी है व्यथा कै कहा भयो री कही जात न जातैं। तातै कहा षरी वेग चली अति देषि भली विधि जांन महा तैं। आगै करै ही कराहि कराहि गई सव भाजि रही यह वातैं। ऐसो छवीलो को गात ह्वै जात अवै मुष आहि न आह कहा तै [नर० ०५६]

कृष्ण० : यह नाइका प्रोषितपतिका दस अवस्था भेद मै जडता, सषी कौ वचनु सषी सौ –

ऐसी कौ छांडि विदेस गयौ हरि जौ कवहूं विछुरी न घरीहै। हाइ यहै रट लाइ रही गति याकी लषी मति मेरी हरी है। वाल वियोग वजागि मरी वे कराहनि क्यों अवही विसरी है। पीर ढरी कि मरी है परी चलि देषि अरी कहा द्वूरि षरी है [कृष्ण० ०५६]

---

131 मरी – मेरी - न०। डरी – डरि - को०; मरी - वा०। कि – कै - मो०; की - गा०स०। टरी – टरि - को०मो०गा०वे०; ठरी - नी०; टर - स०। विथा – व्यथा - को०वा०मो०न०वे०गा०स०; वृथा - शि०। षरी – षरि - को०। चलि – चली - को०; चल - मु०स०। चाहि – वाहि - मु०; चहि - गा०। रही – रहि - को०शि०गा०। मुष – मुहं - उ०; सुष - मि०। आहि न आहि – आह न आहि - स०। [०५६]

हरि० : सषी सों सषी प्रोषितपतिका की दसा कहति है मरी डरी मरी परी है कै वाकी व्यथा टरी कहा। षरी ही सषी तूं क्यूं षडी है चलिकै चाहि, देषि, तूं अव तांई कराहि कराहि रही है कहरि कहरि अति रही है अव वाके मुष में आहि यह शव्द पीडा द्योतक न आहि नही है परी परी है कै व्यथा टरी है। संदेहालंकार सुमिरन भ्रम संदेह ए लच्छन नाम प्रकास।

— ⋆ —

कहा भयौ जो वीछुरे। मो मन तो मन साथ। उडी जात कितहू गुडी। तऊ उडायक हाथ [०५७][132]

کہا بہیو جو بیچوري مو من تو من ساتہ • اودي جات[133] کتہون کدي تاو اودایک ہاتہ [ظا• ۰۵۷]

अन० : पाती को अंगु। दंपति को विरह परस्पर विनय। दृष्टांतालंकार।

नर० : नायका की पत्री। हों कांन्हजू जो मैं तुमसौं वीछरी हौं सो यौं विछुरनौं जांनौ मति, सो क्यौं कि मेरो मन तुमारे साथि वस्यौ है सो कैसी परै कि जो गुडी कितही कौ उडी जात है पै निदान गुडी उडायक के हाथ है त्यौं –

> **पीतम नै परदेस तै पाती वनाइ पठाइ दई वडभागी। जो विछुरे तु कहा भयो मो मन तो मन साथ रह्यो अनुरागी। यों उडि जात गुडी कितहू डोर उडायक हाथन लागी। यों सुनिकै छकि सी जकि सी रही देषन चित्त मैं आतुरी जागी** [नर० ०५७]

कृष्ण० : यह नाइका की पत्री नाइक कौ –

> **जौ करतार रची सु सही विधि और विचार अकारथही है। वेद पुरान पुरा नौमु ना सवु कौऊ कहै यह गाथही है। अंचर वीच पर्यौ तो कहा भयौ मो मनु तो मनु साथही है। जाहु गुडी कितहू उडी डोरी उडावनहारे कै हाथही है** [कृष्ण० ०५७]

हरि० : नायिका ने प्रोषितपति को पाती लिषी है ज्यौं तुम विछुरे जुदे हुए तौ कहा भयो कछु हानि नहीं हमारो मन तुमारे मन के साथ है हमारी मनोमय देह तुमारे मन के साथ है तुमारे साथ परदेस को कार्ज किए पीछें चाहेंगे तव तुमारे मन को पकरि ल्यावेंगे मन पकरे तुम आपुही आवौगे तहां दृष्टांत गुडी चंग कितहू कहूं उडी जात है तौ भी उडायक उडावनहारि के हाथ मै है हाथ को अर्थ लच्छना करि वस मैं है जानिए तुम गुडी की ठौर तुमारो मन डोरि की ठौर हमारौ मन उडावनिहार की ठौर गुडी नायक के

---

132 भयौ – भयो - मो०वा०भा०मु०ह०वे०स०ह०; भये - गा०। जो – जौ - शि०नी०मि०न०; ज्यौं - ह०। वीछुरे – वीछूरे - को०; वीछुरै - नी०; विछुरे - शि०न०। मो मन – मो मनु - नी०न०गा०। तो मन – तो मनु - नी०न०गा०। जात – जाति - ह०; जाहु - वा०भा०नी०न०मि०मु०। कितहूं – कितहुं - उ०को०नी०; किउ - मो०; कितौ - शि०स०; कितऊ - वा०; कितहू - भा०मि०; कितहों - गा०; किताहों - वे०। गुडी तऊ – तऊ उडी,'उ' पर 'गु' - उ०; तऊ गुडी - शि०वा०मो०न०वे०गा०स०। उडायक – उडाइक, 'क' हाशिए पर - उ०; उडाइक - मि०भा०मु०; उडाईक - नी०। दोहा लुप्त - पा०। [०५७]

133 جات - جایت - ظا•

दृष्टांत दिए स्त्रीलिंग को दोस नही उपमा होय तो दोष दृष्टांत अलंकार मानी नायक सों सो भी नायिका की उक्ति जो तुम विछुरे रूठे औरि वही अर्थ।

— ★ —

लषि लोने लोइननु के। कोइन होइ न आज। कौन गरीव निवाजिवो। कित तूठ्यौ रतिराज [०५८][134]

لکہ لونی لوینن کی کوین ہواین اج ۰ کون کریب نواجیو کت توتہی رتراج [ظا۰ ۰۵۸]

अन० : नायिका सामान्या। सषी को परिहास। संदेहालंकार।

नर० : नेत्र सोभा सषी को वैन नायिका सों हे नायिका हौं आजु ते ऐं इनु लोइन के कोइनु कौं लौंने से देषिकै पूछति हौं कि रतिराज कौनही गरीव पर निवाज सकरी है कि ना काहू परि तूठ्यौ है –

लोने से लोयन कोयन को लषि आज के औरही भांति नये है। कहों किति वात रंगे रंग गात सु रोष रंगीली की छांह छये है। कौन गरीव निवाजन काज निवाज सको अति साज लये है। तोही कहो अव प्यारी तिहारी सों का पर नेंन प्रसन्न भये है [नर० ०५८]

कृष्ण० : यह नायिका परकीया कुलटा। कौनु गरीव नेवाजियौ या पद तें वहुत नाइकनु की प्रतीति भई। सषी को वचनु नाइका सौं –

सरसीरुह षंजन कंज कुरंग प्रभा इनुकी सहजै हरियो। इतने पर चाह के चाइन सो चहु वोर चलाचल कों करिवो। कित धौ रतिनाथ सनाथ भयो वह को सुक्रती जिहि पै ढरिवो। इन सुंदर लोचनु कोरनु सों लषि कौन पै आजु मया करिवो [कृष्ण० ०५८]

हरि० : सषी वचन नायक सों तुमारे लोयन नेत्र ताके लोयन लावन्य लषि देषिकै को कौन नायिका इन नेत्रनि के अधीन न होय। आजु ऐसी छवि वनी है कौन गरीव निवाजिवौ। 'रल' एक है, रसिकप्रिया में मुद्रित होत सषी वरही वरही कौ अर्थ वलही करत है। अवकी ठौर में औरु की ठौर रुकत है, कौन गली अव नेवाजोगे, कौन सी गली को पधारौगे; कित कहां रतिराज काम राजी भयौ है। गरीव को अर्थ गरीव करें नीरस होइ अभिमानी त्यागी तरुन इत्यादि नायक को लछन नहीं लगै। संदेहालंकार है।

— ★ —

[134] लोने – लौंनैं - उ०; लोंनें - मो०; लौनें - न०; लौंनै - मि०; लोंने - मु०गा०; लोनैं - वे०स०; लोयन - ह०। लोइननु – लोयननु, 'उ' की मात्रा पर काटने का चिह्न - उ०; लोयनन - को०; लोइनन - मि०स०; लोइनी - वा०; लोयननि - पा०मो०मु०ह०। के – क - वा०; को - भा०; कें - मो०। कोइन – कोयन - उ०मो०ह०; कोये - को०; कोइनु - शि०वा०न०; कोइन, 'न' पर इकार बाद में - मु०। होइ न – होय न - उ०मो०वे०; होहि न - को०; होइ नु - शि०वा०न०गा०; कोइन - मि०। आज – आजु - उ०मो०न०मि०नी०। कौन – कौंन - उ०को०शि०मु०न०ह०; कौनु - भा०; कोंन - वा०मो०वे०गा०स०। गरीव – गरिव - वा०; गरीवु - भा०; गिरीव - मु०। निवाजिवो – नवाजिवौ - उ०; निवाजवो - को०मो०; नेवाजिवो - पा०; निवाजियौ - शि०; निवाजीवो - वा०; नेवाजियो - नी०; नवाजवौ - मि०; निआजवौ - मु०; निवाजयौ - न०; नवाजयौं - गा०स०; नवाजयों - वे०। कित – कत - भा०न०मि०नी०; कति - मु०वे०गा०स०; कंति - न०। तूठ्यौ – टूठो - को०भा०मो०; तूठ्यो - पा०; तुठौ - शि०मि०; टूठ्यो - नी०; तूठो - मु०। रतिराज – रतिराजु - उ०नी०भा०; रितुराज - ह०। [०५८]

सीतलतारु सुवास की। घटै न महिमा मूर। पीनस वारे ज्यौं तज्यौ। सोरा जानि कपूर [०५९][135]

سیتلتا ارو[136] سوباس کي کہتي نہ مہمان مور • پینس وارو جو تجي سورا جان کپور
[ظا• ٠٥٩]

अन० : अन्योक्ति विसेसोक्ति अलंकार।

नर० : अनोक्त जो काहू पीनस रोग वारै कपूर कौं सोरा जानिकै तज्यो तौ कहां वाकी सीतलताई अरु सुवास, ना तिनकी महिमा घटी। सो तौ मूरही घटत नांही –

> **सीतलता वहु भांति भरी अरु सुद्ध सुगंध समूह सच्यौ है। सो महिमा कबहुं न घटै सुनि आपनै पांनि विरंचि रच्यौ है। पीनववारे तज्यो तो कहा भयो घ्रान के रोग तें देह तज्यौ है। लै अपनै कर सुंघि कपूर को सोराई जांन अजान वच्यौ है** [नर० ०५९]

कृष्ण० : यह अन्योक्ति कोऊ आछे गुनी हैं भलौ भलौ मानुस है अरु काहू कूर वाकौ सत्कारु न कियौ, तहां कहियै –

> **भौ सव भांति रच्यौ गरुवै विधि ताकौ वढै जग तै सोइ तोरा। कृष्ण कहै विनु जानै अजान के पै वह आघु लहै नहि थोरा। पीनस रोग तै काहू कपूत नै छाड्यौ कपूर जौं जानिकै सोरा। सीतलताइ सुगंध घटै यह कोऊ करौ जिय मै जिन भोरा** [कृष्ण० ०५९]

हरि० : रु को अर्थ, अरु औरि। सीतलता की औ सुगंध की महिमा वडाई मूर कछू भी नहीं घटै। पीनस जाको रोग होत है, ताने सोरा के भ्रम सों कपूर को छोड्यौ तौ क्या भयो, कपूर की वडाई नहीं घटी जो अज्ञान में गुनी को नहीं पहिचान्यौ तौ कहा भयौ। भ्रांति अव [illegible] गूढोक्ति।

— ⋆ —

कागद पर लिषत न वनै। कहत संदेस लजात। कहिहै सव तेरौ हियौ। मेरे हिय की वात [०६०][137]

---

135 सीतलतारु – सीतलतार - उ०मि०; शीतलतारु - वा०; शीतलतार - भा०; सीतलतरुल - नी०; 'रु' पंक्ति के ऊपर - स०। सुवास – सुवासु - उ०पा०मो०न०; सवासु - भा०; सुगंध - ह०। की – को - को०मो०; कौ - मि०; कौं - नी०; सौं - न०; सों - गा०; सो - स०; कों - वे०। घटै – घटिं - को०; घतें - वा०; मिटै - पा०; मिटे - मो०; महिमा - ह०। न महिमा – न मिहमां - मि०; घटी न - ह०। मूर – मूरु - उ०नी०; मूल - को०; मूरि - वा०। पीनस – 'स' (लुप्त) - उ०; पिनस - मो०; पीसन, 'सन' पर क्रमशः २ तथा १ की संख्याएँ - गा०। वारे – (लुप्त) - उ०; वारें - शि०मो०; वारै - नी०मु०वे०गा०; वारो - पा०भा०; वारैं - न०। ज्यौं – यो - को०मि०; जो - पा०मो०; जों - वा०न०; ज्यौ - भा०; ज्युं - गा०; यों - स०। तज्यौ – तज्यौं - उ०शि०नी०न०गा०; तज्यो - को०मो०; तजै - पा०; तजो - वा०; तज्यों - वे०। सोरा – सौरा - नी०। जानि – जान - को०गा०वे०; जनि - मि०; जांनि - वा०; जांन - स०। कपूर – कपूर, 'क' नीचे रिक्त स्थान में - उ०; कपुर - वा०; कपूरु - नी०। [०५९]

136 ارو - ارور - ظا•

137 कागद – कादग - उ०; (अपठ) - पा०; कागल - गा०वे०; कागर - स०। पर – परि - वा०मो०। न वनै – न वनै, ऊपर १ २ के अंक - उ०; नवनइं - को०; न वने - मो०; न वनेतु - नी०; न वनत - मि०ह०। संदेस –

کاکد پر لکہت نا بني کہت سنديس لجات ٠ کہ ہي سب تيرو ہيو مري ہي کي بات [ظا٠ ٠٦٠]

अन० : नायिका की उक्ति नायक के पक्ष की दूती प्रति। नायिका प्रोषितभर्तृका। जो नायक की उक्ति होय तो पुरुष वियोग।

नर० : पत्री नायक की। हे राधे कागद पर तौ लिष्यौ जात नांही है और संदेसौ कहितै लाज आवतु है, सो यातैं मेरे हिया की जौ तंत वात है सो सवही तेरौ हियौ तोकौ कहै देत है –

> **कागल के पर तो लिषितै न वनै इह वात कितै कहियै जू। और सुनौ कहि वाय पठे यै संदेस न लाजन कै रहियै जू। सो सव तेरो हियो कहिहै लषि दुष्षद सा अपनी गहियै जू। मेरीई हीय की वात भली विध जान कही यो अवै लहीयै जू** [नर० ०६०]

कृष्ण० : यह पत्री नाइका की अथवा नाइका की परकीया –

> **पाती मे लिषत कैसे वनति जिती है चाह सागर कौ सलिलु चुरू मै कैसौ कीजियै। कहत सदेस उर आवति है लाज अति अधिक अदेसे ऐही छिन छिन छीजियै। मन ऐसो मानसु मिलौ न कोऊ मधि पाती जासौं समुझाई जी कौ भेद कहि दीजियै। यातै प्रीति रीति अव हात मेरे ही की वात आपनु हिये तै नीकै भाति जानि लीजियै** [कृष्ण० ०६०]

हरि० : नायिका की उक्ति। कागद पर लिषत नहीं वनत है संदेस कहत कै हमारो मन लजात है, तिहारो हियो मन सो हमारे हिय की सव वात कहिहै आपने दुष सों हमारौ दुष जानौगे औरि के हृदय की वात औरि कौ हृदय क्यौं करि कहै विरोधाभास है भासै जहां विरोध सो वहै विरोधाभास किंवा पाती पर लिषत है संदेस कहत नहीं वनत है लजाति आगें वही अर्थ तहां सषी सों सषी वचन।

— ★ —

जव जव वे सुधि कीजिये। तव सवही सुधि जाइ। आंषिनु आंषि लगी रहै। आषैं लागति नाहि [०६१] [138]

संदेसु - उ०; संदेश - को०; सदेस - पा०; संदेश - वा०भा०। कहिहै – कहे - वा०; कहिहैं - मो०मु०। सव – देत - वा०; सवु - नी०। तेरौ – तेरो - को०पा०वा०मो०वे०ह०; तेरों - भा०; तैरौ - शि०; तैंरो - मु०। हियौ – हीयौ - गा०; हियो - को०पा०भा०वा०मो०ह०; हीऔ - शि०; हीयो - मु०। मेरे – मेरें - वे०। हिय – हीय - शि०गा०मु०। की – के - को०। [०६०]

138 वे – वै - उ०पा०मि०। सुधि – सुद्धि - वा०; सुध - मु०गा०स०। कीजिये – कीजियै - उ०वा०स०; कीजीयें - शि०; कीजियत - मि०; कीजीयै - मु०न०गा०वे०; कीजिए - पा०ह०; कीजिएं - मो०। सवही – सवई - उ०शि०पा०; सवहि - को०। सुधि – शुधि - न०; सुध - गा०। जाहि – जांहि - को०मु०न०वे०गा०स०; जाइ - शि०वा०; जाय - मो०। आंषिनु – आंषिन - को०पा०मो०मि०मु०स०ह०। आंषि – आष - मि०; आषि - वा०; आंष, इकारबाद में - स०; आंष - वे०। लगी – लगै - मु०। रहै – रहि - को०; रहैं - शि०मो०न०; रहें - वा०; दई - मु०। आषैं – आंषिं - को०; आंषां - शि०; (अपठ) - पा०; आंषै - वा०; आंषें - मो०ह०; आंष्यौ - नी०; आष्यौ - मि०; आंष्यौं - मु०; आंष्यां - न०गा०वे०; आंषा - स०। लागति – लागत - उ०को०शि०पा०मो०वे०। नाहि – नांहि - को०शि०वा०मु०न०वे०गा०स०। दोहा लुप्त - भा०। [०६१]

جب جب واي سوده کیجئین تب تب سب سوده جانہٖ • انکہن انکہٖ لکین رہین انکہو لاجت نانہٖ [ظا• ٠٦١]

अन० : स्मृति दशा नायिका की उक्ति होय तो प्रोषितपतिका जो नायक की उक्ति होय तो पुरुष वियोग। शब्द विरोधाभास अलंकार।

नर० : जडता दशा सषी कौ वैन नायक सों हे दई जव जव वै क० राधा तिनको सुधि मै करियतु है तव तौ वाकी सवही सुधि जात रहति है और आंषि सों आंषि लागी रहतु है पै छिनही आंष्यां लागत नांहीं है [139] _

> **यह प्रीति की रीति अनोषी लषी कछु जानी न जाति कहा गति है। चित चाह की चोंप चढीयै रहै अरु प्रेम विथा उर पागति है। नितु आंषिनु सौं वेई आंषि लगी रहै आंषि न कैसेहू लागति है। जवही जव वे सुधि कीजतु है तवही सवही सुधि भागति है** [नर० ०६१][कृष्ण० ०६१] [140]

हरि० : मन सों किंवा सषिन सों नायिका वचन किंवा नायक वचन आषिन आंषि लगी रहै प्रिय किंवा प्रिया की आंषिन सों आंषि हमारी लगी रहति है आंषें लागति नांहि आषि नहीं लगै है निद्रा नहीं आवति है जव जव वैको अर्थ हमारो मन जानत है ऐसो कोई आलिंगन विशेष ताकी सुधि, इयादि का जियत है ता समै में तौ सव सुद्धि ज्ञान जातो रहत है मोहि दशा होति है शब्द विरोध आंषि सों आंषि लगी रहति है आंषि नहीं लागै। विरोधाभास भासै जहां विरोध सो वही विरोधाभास।

— ★ —

वंधु भए का दीन के। को तार्‌यौ रघुराइ। तूठे तूठे फिरत हौ। झूठे विरद कहाइ [०६२] [141]

بنده بہي کا دین کے کو تارو رجھراي • توتہي توتہي پہرت ہو جہوتہي برد نہاي [ظا• ٠٦٢]

अन० : मुमुक्षु को वचन प्रभु सों विलंवादि दोष देषिकै। करुनारस क्रोध अभिचारी वचन अनुभाव। अनुप्रास अलंकार।

---

139 कृष्ण० की प्रतियों में समान उदाहरण छंद निम्नलिखित टीका सहित मिलता है –

कृष्ण० : यह पूर्वानुरागु नाइका अथवा नाइकु सषी सो अपनी वात कहै है।

140 **लषी कछु – कछु कहूं - नी०। चोंप – चौप - नी०मु०। वे – तैं - गा०। सवही सुधि – सुधि जिय की - गा०।**

141 **वंधु – वंध - गा०। भए – भये - उ०पा०मो०नी०; भय - वा०; भऐ - न०। का – कहा - को०; को - मो०। के – कैं - शि०; कें - वा०। को – कौ - नी०। तार्‌यौ – तार्‌यो - को०पा०मो०न०गा०वे०; तार्‌यौं - शि०; तारो - वा०भा०। रघुराइ – रघुराय - उ०को०मि०स०ह०; रघुराई - मो०मु०न०; जदुराइ - पा०भा०; रुघराइ - गा०। तूठे तूठे – टूठे टूठे - उ०को०शि०मो०वे०गा०स०; तुठे तुठे - वा०; टूंटे टूटे - न०। फिरत – फिरतु - न०गा०। हौ – हो - को०वा०मो०; हों - शि०। झूठे – झूठै - वा०; झुठे - मो०। विरद – विरुद - मु०वे०गा०स०; विरदु - नी०। कहाइ – वहाइ - उ०; कहाय - को०मि०स०; कहाई - मो०; वूलाइ - शि०; वढाइ - नी०; वुलाय - ह०। [०६२]**

नर० : भक्तजन कवि विहारीदास कहतु है हे रघुराइ तुम कौन से दीन क० गरीव तिनके वंधु क० वस भए हौ अरु कोनको तार्‌यौ है। तुम योंही झूठे से विरुद कहाइकै वांके वांके से भए फिरतु हौ –

> **वंधु भए कहौ नाथ का दीन के दीन के वंधु कहै सव कोई। हे रघुनाय को तार्‌यौ महाधम तारक विर्द की वेलि ये वोई। ऐसेई टूठेई टूठे फिरौ हो करौ हौ कहा वक हो जिय होई। झूठेही विर्द कहायकै आपनो जायकै सोई रहे तुम षोई** [नर० ०६२]

कृष्ण० : यह भक्त कौ वचनु भगवान सौ –

> **कौनसे दीन पै कीनी दया अपराधी कहौ तुम कौन उधार्‌यौ। कौन अनाथ के वंधु भये प्रभु कौ विनु दासु भयै तुम तार्‌यौ। ऐसेई कैसे प्रतीति करौ कविकृष्ण कहै हौ पुकारिकै हार्‌यौ। तूठेई तूठे निसांक फिरौ प्रभु झूठौई धाकु अनाहक पार्‌यौ** [कृष्ण० ०६२] [142]

हरि० : तुम दीनदुषी के वंधु भए हौ का नहीं भए हौ यह अर्थ, हे रघुराय रघुकुल के श्रेष्ठ कौन कौ तार्‌यौ हौ तूठे तूठे राजी राजी फिरत हौ तारिवे कौ झूठौ विरद वुलायकै काकूक्ति।

— ★ —

कौन सुनै कासौं कहौं। सुरति विसारी नाह। वदावदी ज्यौ लेत हैं। ए वदरा वदराह [०६३] [143]

کون سوني کاسون کہون سرت بساري ناه ٠ بدا بدي جيو ليت ہين اي بدرا بدراه
[ظا٠ ٠٦٣]

अन० : प्रोषितपतिका नायिका की उक्ति सषि सों उद्वेग दसा जमकालंकार।

नर० : प्रोषितपतिका नायका कौ वैन सषी सों। हे सषी मेरी पुकार कोंन सुनै अरु कौंन से कहूं एक है तै गरज कै सरै नही अरु जासों सरै सो नाह नै तौ आवन की सुरति विसार दीवी है सो ए वादर वुरे राह के चलने वारे वदावदी सो मेरा जीय कों लियै जातु है –

> **आपनै जीय की कौन सुनै अरु कासों कहों सजनी सुषदाई। नाह तो मो कहि भूलि गये व भये सुषदाइक वै दुषदाई। एक ते एक चले अति चंचल होरि परे ओ वदी जु वदाई। ये वदरा वदराह गये असु नांहिं अवै वल को वलदाई** [नर० ०६३]

---

142 मु० प्रति – यह भक्त कौ वचन भगवान सौ : (द्वितीय तथा चतुर्थ चरणों का पाठ)
देष्यो नहीं आंषि सुन्यौ नही कानन पापी कहौ तुम कौंन सौ तार्‌यौ। कहें कविकृष्ण सुनो रघुराइजू को तुम भवसागर तें तुम तार्‌यौ [मु० ०६२]

143 कौन – कौंन - उ०न०मि०मु०स०ह०; कोंन - को०शि०वा०मो०गा०वे०; कौनु - भा०। सुनै – सुनें - को०शि०मो०; सुनैं - नी०वे०; शुनै - भा०। कासौं – कासौ - उ०को०शि०भा०; कासो - पा०वा०; कासों - मो०; कासुं - गा०। कहौं – कहुं - उ०को०; कह(?) - पा०; कहों - शि०मो०; कहौ - वा०भा०नी०। सुरति – सुरत - को०मो०मि०वे०गा०स०; सुरिति - शि०; (अपठ) - पा०। विसारी – (अपठ) - पा०; विसारि - वा०। नाह – नांहिं, इकार पर काटने का चिह्न - उ०; नांह - मु०; नांहि - न०गा०। ज्यौ – ज्यौं, अनुस्वार पर काटने का चिह्न - उ०; ज्यो - को०; कैसै - शि०; ज्यों - वा०; जिय - पा०मो०मु०ह०; ज्यौं - न०; मूल में ‘ज्यो’, हाशिए पर ‘जीउ’ - गा०; जीं - स०; ज्यों - वे०। लेत – करै - शि०; लेतु - वा०मु०न०गा०वे०। हैं – (लुप्त) - शि०; है - मो०भा०मि०वे०गा०स०। ए – ये - भा०नी०। वदराह – वदरांह - उ०; वदराई - नी०। [०६३]

कृष्ण० : यह नाइका प्रोषितपतिका विरह दसा अवस्था भेद मै चित नाइका कौ वचनु सषी सौं –

> **कासौं कहौं कौन यह जानै उर अंतर की सुरति विसारी सुषकारी हरि नाह री। एते पर वरज्यौ न मानें क्यौंहू प्रान लेत वदावदी वदरा निपट वदराह री। अंगु होत विकल अनंगु तनु तावतु है वेदनि दहति उमहति चित चाह री। कृष्ण प्रानप्यारे की दुहाई न सुहाई कछु वरसतु नेंननु तें सलिल प्रवाह री [कृष्ण० ०६३]**[144]

हरि० : नायका की पाती नायक कों हे नाह हमारो दुष कौन सुनै औ कौंन सों कहौं तुम हमारी सुरति इयादि विसारी वदा वदी एक पै एक तुरत तुरत आयकै ज्यौं प्रान ताको लेत हैं। लछना करि अति दुष देत है ए वदरा असाढ के मेध कैसे हैं, वदराह हैं कुपथगामी है, स्त्री को दुष देन मैं प्रवृत्त हैं। वदरा वदरा जमक। जमक सवद को फिरि अवन अर्थ जुदो ह्वै जानि। वादर को विसेषन, वदराह अभिप्राय है। जो वदराह होय तामे दया नाही सो प्रान लेई। परिकर अलंकार है। परिकर आसै लिएं जहां विशेषन होय।

— ⋆ —

मैहू जान्यो लोइननु। जुरत वाढिहै जोति। को हो जानत डीठि कौ। डीठि किरकिरी होति [०६४][145]

مين هو جانيو لوينن جورت بادهي جوت ٠ کو هو جانت ديتهہ کون ديتهہ کرکتي هوت [ظا٠ ٠٦٤]

अन० : उक्ति परकीया नायिका की वचन अनुभाव वितर्क संचारी पूर्वानुराग व्यंगि। विषमालंकार।

नर० : उद्वेग दसा नाइक कौ वैन सषी सौं हे सषी मैं तो ऐसी जांनी हुती कि लोयन तै लोयन जुरत है तौ जोति वढैगी अरु ऐसी कौन जानत हुती कि निजर कौ निजर करकटी ह्वैहै सो जोति तौ वढी नाही अरु करकटी ह्वै भई –

> **मै इह जांनी ही लोयन कै जुरतै अति वाढिहै ज्योति उजारी। सो अव औरही भांति भए न कही परै वाही की वात विचारी। जांनै कै भाय री डीठहि डीठ किरकटी होय लगी यों निहारी। ऐसो अचंभौ सुन्यौ न कहूं हम और कहा वहा हां करि हारी [नर० ०६४]**

---

144 एते पर – याते पद - नी०। चित चाह री – वित वाहरी - मु०।

145 मैहू – मैंहो - उ०; मैंहू - को०; मैहूं - शि०; मैहु - वा०; मेंहू - मो०; मैहौं - नी०; मैंहौं - मि०स०; मोहू - मु०; मेंहूं - न०वे०; मैहो - भा०ह०। जान्यो – जान्यौं - उ०; जान्यौ - को०नी०; जानौ - मि०; जांन्यौ - मु०गा०स०; जांन्यौं - न०; जांन्यो - वे०। लोइननु – लोयननु - उ०; लोयननि - को०पा०मो०मु०ह०; लोइननि - शि०वा०; लोइनन - स०। जुरत – जुरति - उ०शि०वा०मि०मु०; जोरति - गा०। वाढिहै – वढें है - मो०; वाढहै - स०; वढति - भा०; वाढिह - वा०; वाढिहे - न०; वाढियै - नी०। जोति – ज्योति - को०मो०; ज्यौति - मु०। को – हौ - भा०। हो – है - उ०; हौ - मि०गा०; हों - शि०पा०वे०; का - भा०। जानत – जानतु - उ०; जान्यौ - शि०; जानौ - भा०; जांनै - मु०; जांनत - पा०न०। डीठि – डीठी - को०; दीठि - भा०न०; दीठ - शि०न०वे०गा०स०। कौ – कौं - को०शि०मु०मो०स०; को - पा०वा०; कों - गा०वे०ह०। डीठि – डिठि - उ०; दीठ - को०न०वे०गा०स०; दीठि - शि०भा०; डीठ - मु०। किरकिरी – किरिटी, 'रि' के ऊपर हंसपद - उ०; किरकटी - को०शि०मो०मि०वे०गा०स०; करकटी - वा०मु०; किरकिटी - नी०न०; किरकटी - गा०; किरिकिटी - भा०ह०। होति – होत - न०मि०नी०। [०६४]

कृष्ण० : अथ नेत्र लगनि। यह नाइका अपने नेत्रनु की आसक्ति सषी सो कहति है अरु यह प्रगट करति है कि जवते आंषि देषी तव तें और कछ्रु सूझत नांही –

जा दिन ते आली तें कही कि मनमोहन के लोचन सलोने देषे अति हितु वाढिहै। ता दिनां तें मेंहू यह जानी चारि नेंन भए जोति को प्रकासु कछु अधिकाई चाढिहै। जोरतही नेंन विथा तन मैं वगरि गई मदन हुतासनु वरति जाढि जाढि है। कौनु यह जानतु हो डीठिही कौ डीठि पीर होति किरकिटी कोऊ सकति न काढि है [कृष्ण० ०६४]

हरि० : सषी सों किंवा नायक सों षंडिता नायिका की उक्ति, हो कांत मैं जान्यो मैं जान्यो थो हमारे इन लोयननि कों तुमारे लोयननि सों जुरतकै मिलतकै जोति प्रकास वाढिहै वढैगो। को हो जानत, कौन जानै थे जो डीठि को डीठि जो है सो किरिकिरी होति है। किंवा पूर्वानुराग में नायिका ने नायक कों देष्यौ है, पीछे विना देषें व्याकुलि होयकै कहति है। वितर्क संचारी किंवा नायक को वचन मन सों विषम अलंकार है। विषम अलंकृति तीनि विधि अनमिलते को संग कारन को रंग औरि कछु कारज औरै रंग औरि भलो उद्यम किए होत वुरो फल आय दृग में जोति वाढिवे को भलो उद्यम कियो डीठि किरिकिरी भई।

— ★ —

गहकि गांस औरै गहै। रहे अधकहे वैन। देषि षिसोहै पिय नयन। किये रिसौहे नैन [०६५] [146]

کہک کاس اوري کہي رہي ادہ کي بين • ديکہ کہسوہين پہ نين کئي رسوہين نين [ظا• ٠٦٥]

अन० : सषी की उक्ति सषी सों। नायिका अधीरा षंडिता। ईर्षोदयः। विषमालंकार।

नर० : मांन मो सषी कौ वैन सषी सों। हे सषी राधाजू पिय के नेत्र षिसोंहे से देषिकै गहकि क० वोलणो तिनकी तौ औरही जु गांस क० रोस पकरी और वैन जो थे सो आधे से कह्यै तै रह गई और आपने नेत्रां कौ रिसौहे किए ए० मान कर्‍यौ –

प्यारी सो पीत की वात प्रसंग मै आइ गई कहि और तिया की। गांस गहै मुष और कहै जु रहे अध वैन कही न हीया की। पीतम नैन षिसोंहै निहारिकै लै लै उसास भरै असुआ की। मौन गही अकुलाइ अचानक डीठ सरोष भई वनिता की [नर० ०६५]

146 गहकि – गहकिं - को०; गहिकि - मो०न०; गहिक - मु०; गहिक, ‘क’ में इकार बाद में - वे०। गांस – गास - भा०। औरै – औरौ - को०; औरे - शि०; उरें - वा०; ओरे - मो०मु०; औंरैं - न०; ओरै - वे०। गहै – गह्यों - उ०; गहे - को०भा०ह०; गह्यो - मो०; गहें - मि०; गहैं - न०; वहै - गा०। रहे – अहैं - को०; रहै - शि०वा०नी०न०स०। अधकहे – अधिकहे - उ०स०; अधिकहै - शि०मु०; अधकहे - वा०नी०वे०गा०। वैन – वैंन - उ०को०मु०वे०स०; वेंन - वा०मो०मि०न०। देषि – देष - उ०। षिसोहै – षिसोंहैं - उ०; षिसोंहे - को०; षिसोंहै - शि०स०; षिसौहें - वा०; षिसौहे - भा०; सौंह - मु०; षिसौहैं - नी०; षिसौंहै - मि०; षिसौंहे - न०; षिसय्है - गा०; षिसौहें - ह०। पिय – पीय - शि०; पिअ - वा०। नयन – नयनि - वा०। किये – कीये - शि०; कीए - मो०; (लुप्त) - मु०; कियै - गा०; किए - ह०। रिसौहे – रिसौंहै - उ०; रिसोंहे - को०ह०; रिसोहें - शि०; रिसोहे - मो०; रिसोहै - वे०; रसौहै - नी०; रिसोंहै - मि०स०; सौंहें करवन - मु०; रिसोंहै - वा०गा०। नैन – नैंन - उ०मि०मु०वे०ह०; नेंन - को०मो०; नन - वा०; नयन - स०। दोहा लुप्त - पा०। [०६५]

कृष्ण० : यह नाइका षंडिता नाइक सुरत के चिन्ह दुराइकै याकै आयो यह वात करन लागी वतरात मेइ नाइक के नेत्र लज्यौने भये। सषी को वचन सषी सौ –

> **आवत प्रानपतीहि विलोकि सुधा सम नेह की डीठि सौं हेरे। धाईके आगे ह्वै आइ लियौ हिय मै उमगे सुष पुंज घनेरे। आधे से वैन कहेई रहे मुष गास गहे उर को पकरे रे। लाल क नेंन षिसात विलोकि रिसाइके राधे तही द्रग फेरे** [कृष्ण० ०६५]

हरि० : सषी सों सषी वचन। गहकि, कोलाहल करिकै, गांस, अभिप्राय औरिही गहि नायक औरि कहै नायिका औरि समुझी। फेरि वैन वचन आधे कहे आधे नहीं पिय के नैंन षिसौहै कछु लाज कछु गुस्सा लिए देषिकै नायिका ने रिसौहै, रिस भरे नेंन किए इनकी आसक्ति कोई औरि सौं है यातै षिसौहै नेंन किए आए हैं, अनुमान करि जान्यौ। औरै पद सों भेदकातिशयोक्ति छेकानुप्रास।

—⋆—

मैं तोसों कै वा कह्यौ। तू जिन इनै पत्याइ। लगा लगी करि लोइननु। उर मै लाई लाइ [०६६][147]

مین توسو کے بان کہیو تون جن انہي پتیاي • لکا لکي لوین کرین نایک من بنده جاي

[ظا• ٠٦٦]

अन० : सषी की उक्ति परकीया नायिका सों। पूर्वानुराग। रूपकातिसयोक्ति अलंकार।

नर० : सषी कौ झुरवौ सषी कौ वैन नायका सों। हे राधे मैं तौ तोकों आगै कैइ वार कह्यौ हौ, तौ कि इन्ह कान्ह सों जिन भरोसो करि। सो अव लोइनां की लगा लगीकरिकै तै आपुनै उर मै लाइ लगाई है –

> **मैं इह तोसों कही वहुतै कर तै न लही अव देषि भयौ है। ये वडे कारे अन्यारे ढरारे हिया के भरोसे तै सुष्ष गयौ है। आपस मै जु करी है लगा लगी जीय नजक्क हियो उमह्यौ है। नैन निगोडे के हाथ परेतै कहा कही ये उर आग छयौ है** [नर० ०६६]

कृष्ण० : यह लगनि है। नाइका अथवा नाइकु अपने मन सों कहै है, सषी सो कहिवो संभवतु नाही –

> **तोसों मै कही ही कैउ वेर समझाइ मन नैननु के मत लागे भारी षता षाइवो। तव तौ न सीष मानी इनही की मति ठानी अव कहा होतु परवस पछिताइवो। लगा लगी इन कीनी उर कौ लगाइ दीनी लगनि अगनि ताते कहां भागि जाइवो। कीजतु जतन सीरो त्यौं त्यौं होतु दुषु नीरो निसिदिनु अतनु सतावै तनु ताइवो** [कृष्ण० ०६६]

---

[147] मै – मैं - उ०स०ह०; में - शि०मो०वे०। तोसों – तौसों - उ०गा०ह०; तोसौं - को०पा०मि०न०स०; तोसो - वा०; तोसूं - मु०; तौसौं - नी०। कै वा – कै वां - को०मो०; के वा - शि०गा०वे०; कै वा(?)र - पा०; कै वर - मि०; के वां - न०; कइ वां - ह०। कह्यौ – कह्यो - को०मो०; कह्यौं - शि०; कहे(?) - पा०। तू – तुं - को०न०; तूं - नी०मु०गा०स०ह०। जिन – जनि - पा०नी०; जिनि - ह०। इनै – इंन्हें - को०; इनें - शि०; इनैन्हे - वा०; ईन्हैं - मो०; इन्है - पा०न०मि०नी०मु०; ईनै - न०; इनैं - वे०स०। पत्याइ – पत्याय - को०ह०; पत्याई - मो०। करि – कर - मि०; लोयन - मु०। लोइननु – लोयननु - उ०ह०; लोयननि - को०पा०मो०; लोइननि - शि०वा०; करै - मु०; लोइनन - स०। उर – उम - वे०। मै – मैं - को०स०ह०; शि०में - मो०; रे - वे०। लाई – ल्याई - मो०। लाइ – लाय - उ०को०गा०ह०वे०गा०स०ह०; लाई - मो०। दोहा लुप्त - भा०। [०६६]

हरि० : सषी की उक्ति पूर्वानुराग मैं परकिया सौ। मै तोसों कै वार कह्यौ, तूं जिन इन लोयन नैकों पत्याय, विस्वास मति करै, लगा लगी हमारे नेत्र लागे वाके नेत्र लागे या तरह सों लोयननि नेत्रनि उर में लाय लगाई। जव वाको दरसन नहीं तव मन व्याकुल होत है। कोई नायका को वचन मन सों भी खात है। लोय सों लगा लगी तहांई लाय चाहिए। उर में लाय असंगति अलंकार।

—★—

वर जीते सर मैन के। ऐसे देषे मैं न। हरिनी के नैंनानु तें। हरि नीके ए नैंन [०६७][148]

بر جيتي سر مين کے ايسي ديکهي مي ن ۰ ہرني کے نينان تين ہر نيکے اي نين [ظا۰ ۰٦٧]

अन० : दूती की उक्ति नायक सों नायिका की स्तुति। हे हरि हरिनी तो मृगी, ताके नेंनानि तें ए नेंन, या नायिका के नेंन, नीको उत्तम हें मेनु देषे मे देषिआई केसें हैं। वर मेंन के सर जीते है त्रिलोक के जेतवार जो मेंनसर ताही तें अधिक हैं। इत्यर्थ। उत्तम काव्य जमकालंकार।

नर० : नेत्र सोभा। सषी को वैन नायक सों। हो हरे, राधा के नैन कैसे है कि वर करकै तो मैन के वाने जीते है, और मृगनी के नेत्रां तै इनके नेत्र नीके है सो ऐसे मैं और कही देषे नांही –

> **काम के वान वढे वर जीते है जीत अजीत त्रिलोक जिते है। और वडाई कहा कहियै इनको लषिकै जग रूप रिते है। मै न लषे इनसे हरिनीन के हो हरि नीके न और इते है। नैननि को इनि हारिकै षंजन मीन मनौ सुषमा तै विते है** [नर० ०६७]

कृष्ण० : यह नाइका के नेत्रनु की सोभा सषी नाइक सौं कहति है –

> **चेरे कीह्ने षंजन कमेरे कीन्हे कंजपुंज उपमा कौ नेरे अलि रंचक लगै न है। सोहत विसाल ए रसाल साल सौतिनु कौं देषे मनु हरत करत चित चैन है। चपल कटाछ, वर जीतत मदनसर सुष के निकर ओर देषे ऐसे मै न है। काम दुषदंदनि के व्रषभाननंदनि के हरिनी के नैननु तै हरि नीके नैनु है** [कृष्ण० ०६७]

हरि० : नायक सों सषी वचन वर कहिए श्रेष्ठ जे हैं मैन काम ताके सर सोहनादि ताको जीते हैं किंवा वर कहिए वल तासों काम के सर जीते हैं एसे देषे मै न, एसे या तरह के, मै को अर्थ हम, नहीं देषे। हरिनी, मृगी ताके नैंननि तें हे हरि ए नैंन नीके हैं, किंवा हरिनी सुंदरी जे स्त्री है ताके नैंनि तें ए नैंन

148 जीते – जीतें - शि०मु०; जीमै - नी०; जीतै - न०। सर – शर - पा०। मैन – मैंन - को०स०ह०; मेंन - शि०वा०मो०मु०गा०वे०। के – कें - शि०वा०मु०। ऐसे – एसे - को०; ऐसै - शि०; एंसे - मो०मु०; एसै - न०। देषे – देषै - को०शि०न०; देषि - वा०; वेषे - गा०। मैं – में - वा०मो०मु०वे०; नि - शि०; मै - पा०न०मि०नी०न०। हरिनी – हरनी - नी०गा०। के – कै - मु०न०। नैंनानु – नैंनांनुं - उ०; नैनानि - शि०पा०; नेंनांनि - वा०; नेंनांन - मो०; नैनान - मि०; नैनांनु - न०; नैनानु - गा०; नेंनानु - वे०; नैंनन - स०; नैंनानि - ह०। तें – तैं - उ०स०; ते - पा०न०मि०नी०वे०; तै - शि०न०गा०। हरि – हर - मि०वा०; इकार बाद में - स०। नीके – निके - शि०; नीकै - न०। ए – ये - नी०वे०। नैंन – नेंन - वा०मो०मु०वे०; नैन - शि०पा०न०मि०नी०गा०। दोहा लुप्त - भा०। [०६७]

नीके है हरिणी चारु योषिता हेमकोष है, याको अर्थ हरिणी शव्द चारु सुंदरी योषित स्त्री विषै है किंवा वात कों दृढ करिवे कों दोय वार संवोधन है हरिनी के जे हैं नैंन, ताते, हे हरि, ए नीके नैंन हैं, किंवा हरिनी नाम एक अप्सरा है ताके नैंननि तैं, हे हरि, ए नीके नैंन हैं। नीके नैंन कहिकै मैन को सर जीतिवो दृष्ट किये। काव्यलिंग जव जुक्ति सो अर्थ समर्थन होय औ जमक शव्दालंकार है। जमक शवद को फिरि अवन अर्थ जुदो ह्वै जाति। हरिनी के हरि नीके।

— ⋆ —

थोरेही गुन रीझते। विसराई वह वानि। तुमहूं कान्ह मनौ भए। आजुकाल्हि के दानि [०६८][149]

تهوري هي كن[150] ريجهتي بسراي و و بان ٠ تم هون كانه منون بهئي اج كال كے دان [ظا٠ ٠٦٨]

अन० : मुमुक्ष को वचन करुणा रस। विलंबादि विभाव तें क्रोध व्यभिचारी व्यंगि। वचन अनुभाव तें उत्प्रेक्षालंकार।

नर० : भक्तजन कवि विहारीदास कहतु है, हो कान्ह आगें तौ तुम्ह थोरेई गुन गाए तैं रीझायमान होतै, सो अव तो उह वांनि विसार दीनी है, अरु मांनो आज के समै के दानी क० दातार भए देषियतु है –

> **जो कोऊ आपनी वुद्धि प्रमान कहै गुन थोरोही रीझते आगे। हे प्रभु या विसराई है वानि कहो न निदान कहों तुम्ह आगे। आप वडे रिझवार दयाल वडे वडे दानन के रस पागे। सो तुम्ह कान्ह मनों भये दांन भये कलिकाल के दांन सभागे** [नर० ०६८]

कृष्ण० : यह भक्त कौ वचन भगवान सौ –

> **ह्वै अति आरत मै विनती वहु भाति करी करुनारस भीनी। कृष्ण कृपानिधि दीन के वंधु सुनी असुनी तुम काहे ते कीनी। रीझते रंचकही गुन तै वह वानि विसारि मनौ तुम दीनी। जांनि परी तुमहूं प्रभुजू कलिकाल के दातनि की गति लीनी** [कृष्ण० ०६८]

हरि० : आगें हे प्रभु तुम थोरेई गुन सौं रीझैं थे वह वानि कों विसराई। हे कान्ह, तुम भी मानौं आजिकाल्हि के दाता भए। लोकोक्ति उत्प्रेक्षा।

---

[149] थोरेही – थोरैंही - उ०न०; थोरेंई - मो०; थोरेही - पा०; थोरेई - भा०नी०ह०। गुन – गुण - शि०मु०। रीझते - रीझतै - शि०; रीझितैं - स०। विसराई – विसराही - उ०; विसराईं - मो०। वह – उह - शि०वा०; वहु - नी०; वेह - गा०। वानि – वांनि - उ०शि०वा०न०मि०मु०गा०वे०; वांन - स०। तुमहूं – तुमहु - को०; तुमहुं - वा०वे०; तुमहू - मो०; तुमहू - पा०भा०मि०; तुमहू - न०; तुम्हहुं - गा०; तुमहौं - स०। कान्ह – कान - शि०पा०; कांन्ह - वा०न०मि०नी०न०गा०वे०; काहूं - मु०; कंन्ह - स०। मनौ – मनो - को०पा०मो०; मनों - शि०वा०मु०न०गा०वे०ह०; मनी - मि०; मनौं - स०। भए – भये - को०वा०पा०मो०न०मि०नी०मो०। आजुकाल्हि – आजकाल - को०स०; आजकालि - शि०; आजकालिह - वा०; आजुकान्हि - मो०; आजुकाल्ह - मि०; आजिकाल्हि - भा०; आजकाल्ह - मु०; आजुकालि - न०ह०; आजुकाल्ह - वे०। के – कै - न०। दानि – दांनि - उ०वा०न०गा०वे०; दांन - मि०स०। ०६८]

[150] كن - كني - ظا

— ★ —

कव को टेरत दीन रट। होत न स्याम सहाइ। तुमहू लागी जगतगुरु। जगनाइक जग वाइ। [०६९][151]

کب کو تیرت دین رت ہوت نہ سیام سہاي • تمہون لاکي جکت کور جک نایک جک باي [ظا• ۰٦۹]

अन० : मुमुक्ष को वचन प्रभु सों। करुणा रस। शोक स्थायीभाव। ईश्वर संपत्ति है ऐ करुना रूप कारज नांही होत इति।

नर० : भक्तजन कवि विहारीदास कहतु है, हो स्यांम मे कव को दीनता सों रटकै पुकारत, हों तऊ सहाय होते नांही हौ। तो हौ जगतगुरु, तुमही को संसार के विषै जगनायक क० कलयुग तिन की वाय लागी देषियतु है –

> **टेरत हो कवको करुनामय दीन रटे करि नाथ तुम्हारी। कौ नहि होत सहाय अचांनक लाय दया मन मांझि विहारी। हे जगनायक रच्छक आपकौ आइ लगी जगवाइ कहा री। कृष्ण कृपाल गोपाल गदाधर गोविंद गोकलनाथ महा री** [नर० ०६९]

कृष्ण० : यह भक्त कौ वचनु भगवान सौ –

> **हौ कव को रट लाइ रह्यौ गहि दीन सुभाई मनौ वच काइक। दीन के वंधु कहावतु हौ हरि काहे ते होत न आनि सहाइक। येतौ विलंवु कर्‌यौ करुनामय कृष्ण कहै प्रभु हौ सव लाइक। जांनि परी तुमहूं को कछू अव व्यारि लगी जग की जगनाइक** [कृष्ण० ०६९][152]

हरि० : कव को, केतनी वेर को, तुमकों दीन दुषी होयकै रटिकै, रटना लायकै ,तेरत हों, पुकारत हों, हे स्याम सहाय नहीं होत हो, हे जगतगुरु, जगत को सिछा देनवाला जगत के नायक, जगत के पति जगत की वयारि तुमकों भी लागी। यह वोलनि है संसार को सो स्वभाव तुमारो भी भयो, यह अर्थ किंवा जगत विषें गुरु वही जो है सवके मन कों फेरति है ऐसी जो जगत की वाय सो तुमहूं कूं लागी, तुमहूं कौं मानौ लागी है। गम्योत्प्रेछा, जगतवाय लोकोक्ति।

— ★ —

151 को – की - उ०; कौ - शि०मि०न०वे०गा०स०। टेरत – टेरतु - उ०नी०। रट – रटि - ह०। स्याम – स्यांम - वा०न०मि०नी०न०वे०गा०स०; श्याम - भा०। सहाइ – सहाय - उ०को०वा०मो०मि०मु०स०ह०; सहाई - नी०। तुमहू – तुमहूं - उ०गा०ह०; तुमहुं - को०वे०; तुमहों - मो०स०; तुमहु - नी०; तुमहो - वा०। जगतगुरु – जगतगुर - उ०पा०भा०नी०। जगनाइक – जुगनायक - उ०को०वा०मो०मु०न०ह०; जगनायक - मो०मि०मु०स०; जगनाईक - नी०। जग वाइ – जुग वाय - उ०ह०; ज वाय, 'ग' ऊपर के रिक्त स्थान में - को०; जग वाय - मो०स०; जग वाई - नी०; शि०न०गा०वे०; जुग वाइ - भा०; जगु वाय - मि०; जग वाह - वा०। [०६९]

152 दीन के वंधु – नंद के नंदु - नी०।

अंग अंग नग जगमगति। दीपसिषा सी देह। दिया वढायेहू रहै। वडो उजारो गेह [०७०][153]

انک انک نک جکمکت دیپسکہا[154] سي دیہ ٠ دیا بداین ہون رہي بدو اوجارو کیہ [ظا ٠ ٠٧٠]

अन० : जो उक्ति सषी की नायक सों होय तो दूतत्व। जो सषी सों होय तो स्तुति। जो नायक की उक्ति होय तो स्मृति संचारी गुन कथन दसा वचन अनुभाव तें पूर्वानुराग व्यंगि। पूर्वरूप अलंकार।

नर० : ललित हाव अंग सोभा वर्ननं। सषी को वैन स्वयं सों, हो कान्ह राधाजू कौ अंग अनै प्रतिअंग तौ नग सार सौ जगमगत है अरु सरीर है सो दीवा की लोइ सौ है, सो जो दीपक वडौ ह्वै तऊ वाकै घर वडो सो उजारो रहतु है –

> **अंगनि मै नग की छवि छाजति दीपसिषा सम देह वनी है। ऐसी अनोपम ओप उठी मनों पन्नग लोक की सुद्ध मनी है। यौव कहों वढि जाइ महानिसि दीपकधाम मै ज्योति घनी है। ऐसो उजारो सदाई वड्यौ रहै रैनदिवा इहि भांति भनी है** [नर० ०७०]

कृष्ण० : यह नाइक की छवि देह की सषी नाइक सों निवेदन करत है –

> **दीप की सी लोई ऐसी दूसरी न कोई रही द्रगनि समोइ मानौ मोहनी लसतु है। जटित जवाहिर के भूषन ललित अंग अंगनि मिलित जग जोति सी जगतु है। दीपक वढएहूं भयौ देह को उजास होतु वडोई प्रकासु चकचौंधि सी लगतु है। दीपति की दुति भरि भवन अषिल जालरंध्रनि ह्वै वाहिर की ओर उझकतु है** [कृष्ण० ०७०][155]

हरि० : सषी वचन किंवा नायक वचन नायिका सों अंग अंग में नग जवाहिर हीरा आदि जगमगात है। दीप की सिष्या सी देह है दिआ के वढाए, वुझाएं, वुताएं भी रहै है। गेह में वडो उजारो, प्रकास, रहत है। सर्व रूप अलंकार पूर्वरूप लै संग गुन तजि फिरि अपनो लेत दूजो तहुन नां मिटै किए मिटन के हेत दिआ वुझाएं भी प्रकास नहीं मिट्यौ।

— ⋆ —

153 अंग अंग – अंगु अंगु - मो०। नग – नजग - शि०; प्रति, 'नग' पार्श्व पर भिन्न क़लम से - पा०। जगमगति – जगमगत - को०पा०मो०भा०मु०न०वे०गा०स०; जगमगै - ह०। दीपसिषा – दिपशीषा - को०; दीपशीषा - मो०; दीपशिषा - भा०। देह – देहु - मो०। दिया – दीया - शि०मो०; दियौ - न०गा०; दियों - स०; दियो - वे०; दिआ - ह०। वढायेहू – वडायैहू - उ०; वढायेहुं - को०; वडायेंहू - शि०; वडायेंहु - वा०; वडाएहू - मो०; वढायोहूं - नी०; वडायैंहू - मि०; वढाएंहू - मु०; वडांएहूं - न०; वडायैहूं - गा०; वडायेहूं - स०; वडायोहुं - वे०; वढाएंहू - ह०। रहै – रह - वा०; रहें - मो०। वडो – वडौ - उ०शि०न०मि०मु०वे०गा०स०। उजारो – उजेरो - पा०; उज्यारौ - उ०; उयारो - वा०मु०मु०न०न०; उजागरो -, नी०; उजारौ - मि०। गेह – गेहु - मो०; ग्रेह - न०। [०७०]

154 دیپسکہا - دیتسکہا - ظا

155 अंग अंगनि मिलित – अंगन न मिलि - नी०। अषिल – अलषि - मु०।

छूटी न सिसुता की झलक। झलक्यौ जोवन अंग। दीपति देह दुहून मिलि। होति ताफता रंग [०७१][156]

چهتي نہ سستا کي جهلک جهلکيو جون انک • ديپت ديہ دوہون مل دپت تاپهتا رنک [ظا• ٠٧١]

अन० : सषी की उक्ति नायक सों उपमालंकार।

नर० : मुग्धा वैससंधि, सषी कौ वैन नायक सौं, हो कान्ह राधा कैसी है कि सिसुता क० वालक तिनकी तौ झलक छूटी नांही है, अरु जोवनपन आनिके अंग कै विषै झलक्यो है, सो इन दोनां की दीपति मिलकै सरीर कों ताफता क० नीलक[157] तिनको सो रंग दीपायमान ह्वै रह्यौ है –

जोवन की झलकै जु भई तन छूटी नही सिसुता वहुकाली। और अथै दिन द्वैक धरो धर लै मिलवुं तुम कों वनमाली। नेंन ओ वेंन सकोच भरे कछु छूटि गई अति चंचल चाली। दोई की दीपति देषि मिलै तन दीपति ताफता रंग विसाली [नर० ०७१]

कृष्ण० : यह दोऊ वैस को संगमु है, सषी सों कहतु है अथवा नाइका सो सषी निवेदनु करति है –

वानि वहै वतियानु की है पै कछूकु हरै मुसक्यानि ढरी है। सूधी चितौनि विलोकति है परि लोलता रंचक जानि परी है। छूटी नहीं सिसुता की प्रभा नवजोवन की दुति आनि धरी है। संग दुहूनि के ताफता रंग दिपै तन की दुति रंगभरी है [कृष्ण० ०७१]

हरि० : वयःसंधि वर्नन। नायक सों सषी वचन सिसुता लरकाई की झलक नहीं छूटी है। जोवन अंग में झलक्यौ है, आयो है नहीं। दोऊ वयःक्रम से मिलिकै देह दीपति सोभति है। जैसे दोय रंग सों मिलिकै ताफता, रेसमी कपरा, होत है। कोई वाको देवांग कहै है। सो जैसें दीपै इहां वाचक लुप्तौपमालंकार है। देह उपमेय, ताफता उपमान, दीपतिवो साधारन, धर्म जैसो तैसो इत्यादि वाचक सो नहीं है।

— ⋆ —

सकुचि न रहिये स्यांम सुनि। ए सतरौहे वैंन। देत रचौहे चितु कहै। नेह नचौहे नैंन [०७२][158]

---

156 छूटी – छटी - उ०; छूटी - को०। सिसुता – ससिता - उ०को०; शिसुता - शि०; शिशुता - पा०; सिशुता - वा०। झलक्यौ – झलक्यो - को०वा०मो०गा०वे०ह०; झलक्ये - पा०; झलक्यौं - शि०; झलक्यो - ह०। जोवन – योवन - को०; जोवनु - मो०। अंग – अंगि - को०; अंगु - मो०मि०। दीपति – दीपत - स०; दीपर - वे०। देह – देहि, इकार पर काटने का चिह्न - उ०; देहु - मु०वे०। दुहून – दहूंन - उ०शि०; दुहुन - को०स०; दुहूंन - नी०वे०; दहून - मु०; दुहुंनि - वा०गा०; दुहूंनि - न०; दुहूनि - ह०। होति – होति, 'दिप' पर 'हो' संशोधन - उ०; दिपति - को०मि०न०गा०वे०; होत - शि०वा०भा०; मनहू - मो०; पूर्व लिखे हुए पाठ पर 'दिपति' - नी०; दिपत - पा०स०ह०। ताफता – ताप - वा०। रंग – रंगु - मो०मि०। [०७१]

157 नीलक – नीकल - गा०।

158 सकुचि – सकुची - वा०; सकुच - न०मि०मु०वे०गा०स०। रहिये – रहीए - उ०; रहीये - शि०; रहीयै - वा०मु०गा०; रहि - नी०; रहियै - मि०न०वे०स०भा०; रहिए - ह०। स्यांम – स्याम - शि०वा०को०ह०; श्याम - भा०। सुनि – सुनी - को०; घन - भा०। ए – ये - नी०; ऐ - न०। सतरौहे – सतरौंहै - उ०न०मि०नी०; सतरोहै

سکوچ نہ رہي سيام سن اي ستروہين بين • ديت رچونہون چت کہئين نيہ نچوہين نين
[ظا• ٠٧٢]

नर० : मानमोचन सषी कौ वैन नायक सों, हो स्याम एसे सतरोहेही जु वैन सुनिकै संकुच रहीजै नाहीए, उठि चलौ। वाकौ तो चित्त तुमसे रच्यो है, सो कैसे जानियै, कि वाके नेत्र तुम्हारे नेह करिकै चिकने से लागत है, सो कहतु है –

ए सतरौहे जु वैन सुने तुम क्यौं सकुचौ तुम कुंजविहारी। आज लों नारी नईन की रीति सुनी कव हों न किधों और निहारी। चित्त रच्योहै को देत कहे एई नेह निच्योहे सुनै न महारी। नांहि करै अरु सोह भरे रिसकै ससकै व करै जु हहा री [नर० ०७२]

कृष्ण० : यह प्रथम समागम नाइका परकीया सषी कौ वचनु नाइका सौं –

नाहीये मै हा है नई रीति है ईहां कौ यह रसिक मन नैकौ करत रति वैन हैं। यही रूषौ रुष चिकनावतु अधिक चितु पेई मनमथ के विलास औषदैन हैं। सकुचि न रहियै सुजांन मन स्यांम सुनै कहा भयौ जौ पै सतराइ कहै वैंन हैं। प्रीति सौं सचौंहै से हिये की बात मैं हसौंहैं निचौहै ये कहैंई देत नैन हैं [**कृष्ण०** ०७२]

हरि० : नायक सों सषी वचन, हे स्याम नायिका के ए सतरौंहै क्रोध सहित वचन सुनिकै संकोच नहीं करि, रहिए हटकि नहीं इहि रमि नेह सों नचौहे नाचत से चंचल यह अर्थ जे हैं नैंन, सो चित को रचोहें अनुरक्त तुम विषें कहे देत हैं। रचोहे चित्त को दृढ किये। काव्यलिंग।

— ⋆ —

पत्राही तिथि पाइए। वा घर के चहुपास। नितप्रति पून्यौई रहै। आनन ओप उजास [०७३][159]

پترا ہين تتہ پائيئيت وا کہر کے چہون پاس • نتپرت پونون ہين رہي انن اوپ اوجاس
[ظا• ٠٧٣]

- को०गा०वे०; सतरौहें - शि०; सतरोहे - स०वा०; सतरोहैं - मु०; सतरौंहें - न०; सतरौहे - भा०। वैंन – वैन - को०शि०गा०भा०ह०; वेन - वा०; वेंन - मु०। देत – देतु - उ०भा०नी०; देति - मि०। रचौहे – रचौहौं - उ०; रच्योहें - को०; रसोहें - शि०; रचोहो - वा०; रषौहै - नी०; रचौहै - मि०; रच्योहै - मु०; रचौंहौं - न०; रचोंहैं - गा०; रचोहे - वे०स०; रचौहो - भा०; रचौंहें - ह०। चितु – चित - को०शि०वा०मु०न०स०ह०; चिंत - गा०वे०। कहै – कहैं - उ०नी०न०; चहें - शि०; कहे - गा०भा०; कहें - ह०। नचौहे – नचौंहै - उ०मि०मु०; नच्योहै - को०; नचोहे - शि०; नचोह - वा०; निचौंहौं - नी०; निचोहै - गा०वे०; निचौहे - न०; निचोहे - स०; निचौहै - भा०। नैंन – नेंन - मु०गा०; नैन - शि०वे०भा०मि०। दोहा लुप्त - अन० की आलोच्य प्रतियाँ। [०७२]

159 पत्राही – पत्राहि - को०ह०; पत्रांही - शि०वा०मु०न०वे०स०; पत्रांहीं - मो०। तिथि – तिथ - मु०वे०। पाइए – पाईये - उ०; पाईयै - को०मु०न०वे०स०; पाइए - पा०ह०; पाइई - शि०; पाइयतु - वा०; पाइएं - मो०; पाइअति - भा० पाइयति - नी०। वा – उवा - वे०। घर – घरि - न०। के – कै - उ०वा०वे०स०; कें - शि०। चहुपास – चंहुपास - को०; चिहुपास - शि०; चिहुंपास - वा०मु०न०वे०स०ह०। नितप्रति – नितप्रत - वा०; 'त' में इकार बाद में - स०; नितिप्रति - वे०ह०। पून्यौई – पून्यौंही - उ०; पुन्योही - को०पा०; पुन्योई - वा०; पून्योहीं - मो०; पून्यौहीं - नी०; पून्योंहीं - मु०न०; पून्यूंई - स०; पुन्यंओई - वे०; पून्योई - भा०; पून्योंही - ह०। रहै – रहें - मो०; रहति - नी०; रहत - मु०वे०भा०ह०; रहैं - शि०न०। आनन – आंनन - उ०मु०वे०स०। ओप – वोप - उ०शि०पा०; औप - न०; उंप - स०। उजास – ऊजास - मु०। दोहा लुप्त - मि०। [०७३]

अन० : जो उपपति, जार की उक्ति होय तो वचन अनुभाव तें स्मृति संचारी गुनकथन दसा तें पूर्वानुराग व्यंगि जो दूती की उक्ति नायक प्रति, तो दूतत्व तें नायिका को अनुराग व्यंगि। परिसंष्या अलंकार।

नर० : मुषसोभा सषी कौ वैन नायक सों हो कान्ह और ठौर तौ तिथि पत्रां से ही पाई जाति है अरु वा राधिका के घर के चिहुंपास वाके आनन की ओप तिन के उजासे करिकै नित्य अन पून्योही जु रहति है –

और तिथी परिवादिक जे सवते पतरानि मैं पैयत पेषी। चंदमुषी इक नारि सवै इह वा घर के चिहुंओरनि लेषी। आनन ओप उजास तैं पून्योई होइ रहै दिनही दिन वेषी। चारहि जामनि जामिनी के जु जगी रहै जोति जुन्हाई विसेषी [नर० ०७३]

कृष्ण० : यह नाइका के मुष को प्रकास सषी नाइका सो निवेदनु करति है। नाइकु सषिहूं सो कहै तौ सुमिरनु जानियो –

एते मान आनन की ओप को उजास रहै गेह आसुपासु अति चादनी विहारिकै। तिथि निरधार करिवे कौं केते सुघरन कवि वोलि वूडे वेऊ रहत विचारिकै। पत्रा षोलि देषि नामु तिथी को वतावै फिरि पून्योई कहतु वह कौमुदी निहारिकै। कवहूंक पत्रा देषै कवहूं वदनप्रभा कहि न सकत येक वात निरधारिकै [**कृष्ण०** ०७३] [160]

हरि० : सषी नायक सु स्तुति करति है। और ठौर तौ पत्रा मै तिथि पाइए है जानिए है वा नायका के घर के चहूंपास चहूं ओर निति सदा पून्यों पूर्णमासी रहति है। आनन को जो है औप चमत्कार विसेष ताके उजास सौं जो कोई कहै उजास तौ एक ओर होत है घर के चहूंओर पून्यों क्यों करिकै पून्यों को चंद्र उगै है वाग मैं वन मैं छाया रहति है सो भी उजास होत है। नायक औरि नायिका के पास सों रात्रि में आयो है नायका क्रोध सों दीया नहीं वार्‌यो है, सो देषिकै नायक नै कह्यो है अंधेरो घर क्यौं घर मैं अमावस क्यौं वसाय राष्यो है तव षंडिता की उक्ति नायक सों पत्रा ही याको अर्थ हमारो ही कहिए हृदय सो पत्रा है तामें तिथि जानी जाति है वा घर के चहुंपास वा जो तुमारो घर है जहां सो तुम आवत हो किंवा घर कहिए लुगाई, एसो श्लोक है गृहको नाम गृह नहीं गृहिनी को नाम गृह है, ताके चहुंपास चहुं ओर नितिप्रति पून्यों रहति है आनन के ओप के उजास सों नान को उजास नहीं कह्यौ ओप को उजास कर्‌यौ तासों यह जानिए वाको आनन मैं तौ उजास नहीं है तुमारे प्रीति की षुसी सों जो है ओर ताके उजास सों पूंन्यो रहति है। पहिला अर्थ में परिसंष्या अलंकार। परिसंष्या इक थल वरजि दूजे थल ठहराय। और ठौर पत्रा मैं तिथि पाइए है इहां नहीं इहां पून्यो रहति है।

— ★ —

वसि सकोच दसवदन वस। सांच दिषावत वाल। सिय ज्यौं सोधति तिय

160 आसुपासु – आसुआसु - नी०। कहि न सकत – कहत सकुचि - नी०; कहित सकत - मु०।

तनहि। लगनि अगनि की ज्वाल [०७४][161]

بس سکوچ دسبدن بس سانچ دیکہاوت بال • سیہ لون سودہت تیہ تني لکن اکن کي جوال [ظا• ٠٧٤]

अन० : दूती की उक्ति नायक प्रति। परकीया नायिका को विरह निवेदन। पूर्वानुरागः लाज़ संचारी पूर्णोपमा छेकानुप्रास की संसृष्टि।

नर० : सषी को उराहनो नायक सों। सषी कौ वैन नायकसों। हो कान्ह राधिका संकोच कै वस करिकै तियन के विषै तुमारे लगन रूपी ज्वाल तिनमैं आपनो सांच दिषावतु है ज्यों सीताजू दसवदन कै वस करिकै तियन कै विषै अगनि की ज्वाला मे वैठिकै आपनो सांच दिषायो है त्यौं –

> **सांच दिषावत है इह कांमिनी सुंदर सील सरूप सची है। होइ संकोच दसानन के वस नारी सतीन की पांति पची है। सोधत है सिय लो तन आपनो नेह निहारि निहारि रची है। सो तिय देह लगन्न अगन्न की ज्वाल जगी वहु भांति मची है** [नर० ०७४]

कृष्ण० : यह नायिका कै लगनि के लगै तै सनेह की अधिकाई है यातै अगिनि भई है, सु याकी दसा सषी नाइका सौ कहति है –

> **जा दिन तै लग्यौ नवनेहु मनभावन सौ ता दिना तैं मैन की मरूरनि मरति है। त्रासु गुरूलोगनि के सासन सकति भारि एक आस लागी निसवासर भरति है। वसति सकोच दसवदन के वस याते कछू न वसाति ध्यानु पति कौ धरति है। लगनि की अगनि की ज्वालनि मै वालनि जु देह कौ सिया लौं वह सोधनु करति है** [कृष्ण० ०७४]

हरि० : जे दोहा सव पोथी में नहीं; पीछे मिले हें सो लिषत हैं। वसि संकोच होमति सुष करि कामना याके आगें चाहिए। सषी की उक्ति नायक सों पूर्वानुराग में संकोच सो है दसवदन, रावन, ताके वस में वसिकै रहिकै आपनो सांच सतीपनो एक तुमही विषें आसक्ति ताको दिषावति है वाल। लगनि अगनि की ज्वाला में सीताजी को लेषो आपने तन कों सुद्ध करति है सीताजी जैसें अग्नि में आपनो सरीर सुद्ध कियो। संकोच रावन रूपक औ उपमालंकार जानिए।

— ⋆ —

161 सकोच – संकोच - उ०वा०मु०न०वे०गा०स०ह०। दसवदन – दसवचन - उ०; दशवदन - शि०पा०भा०; दिसवदन - न०। वस – वश - वा०; वसि - मो०मु०वे०गा०स०। सांच – सांचु - उ०भा०; साचु - पा०; सांचि - मो०; साच - शि०वा०मु०स०। दिषावति – दिषावत - को०शि०पा०न०मि०मु०वे०गा०स०; दिषायो - मो०। सिय – सीय - शि०वा०मो०मि०मु०गा०; मूल 'सीय' पर बाद में इकार - वे०। ज्यौं – लौं - उ०; लौ - पा०भा०; ज्यों - मो०वे०स०; ज्यौ - मि०; मूल के 'ज्यों' को मिटाकर 'लौं' हाशिए पर - मु०; ज्यो - गा०; लों - शि०ह०; लो - वा०। सोधति – सोधत - स०। तिय – तीय - मु०; निय - वे०स०। तनहि – तनहिं - वा०; नहि - नी०; नयन - मि०। लगनि – लगन, इकार बाद में - मो०; लगन - मि०स०भा०। अगनि – अग्नि - उ०; अगिनि - पा०; ऽगनि - वा०; अगन, 'ल' पर 'अ' संशोधन - गा०; अगिन - भा०। ज्वाल – झाल - वा०; ज्वालि - गा०। [०७४]

जौ न जुगति पिय मिलन की। धूरि मुकति मुह दीन। जौ लहियै संग सजन तौ। धरक नरकहू की न [०७५][162]

جو نہ جکت پیہ ملن کي دہر مکت مہ دین ٠ جو لہئي سنک سجن تو دہرک نرک ہو کین [ظا٠ ٠٧٥]

अन० : जुक्ति नायिका की अनुभाव तें अभिलाष संचारी तें पूर्वानुराग व्यंगि। काव्यलिंग अलंकारः।

नर० : प्रौढा नायिका कौ वैन सषी सौं हे सषी जो मुकुत कौ विषै गयै तै सजन के संग की जुगति न ह्वै तौ वा मुकतिहूं के मुहु धूरि दीजै अरु जो नरक के विषै गयै तै सजन को संग लाधियै वा नरक की धरक क० भय नांही है –

> **पीतम सों मिलनौ नहिं जामहि सो जुग तैं सव स्वारथ हीनी। यों अपनै चित चैति भली विधि धूरि सवें मुगतै मुह दीनी। जो लहियै संग सज्जन या संग केलि कला गति याहि कि लीनी। क्रूर कराल विसाल तऊ पुनि रोरहू मैं अति धीरज कीनी** [नर० ०७५]

कृष्ण० : यह प्रस्ताविक अनुरागी कौ वचनु –

> **वहै ठौर नीकौ जहां मिलिवौ है पी कौ मीत यहै मतु ठीक मेरे जी कौ अवदातु है। पायौ जौ मुकतिपदु दरस्यौ न प्रानप्यारौ सरस्यौ अधिक दुष देष्यौ न सुहातु है। कह तू वनै न क्यौहूं जातना अनेक भांति जातै भांति भांतिन कौ त्रासु अधिकातु है। रहिवौ वनै ज्यौ मनभावन सौ मिलै तौ यै नरकनिवास ते मनु न सकातु है** [कृष्ण० ०७५]

हरि० : अति अभिलाष सों पूर्वानुराग में नायिका की उक्ति है जौ पिय सों मिलिवे की जुगुति उपाय नहीं औ कदाचित मुकुति मिलै तौ वा मुकुति के मुष में धूरि दीनी वैसी मुक्ति को त्याग कियौ जो सज्जन प्रिय ताको संग पाइये तौ नरकहू को धरक स्वीकार कियो इहां अनुज्ञा अलंकार है होत अनुज्ञा दोष कों ज्यौं लीजै गुन मानि नरक दुःष ताको स्वीकार करै है किंवा काव्यलिंग मुक्ति को त्याग नरक को स्वीकार को समर्थन कियौ मुक्ति की निंदा होति है तहां एसें जानिए उद्धवजी ज्ञान को उपदेस कियो है जहां व्रज देविन के वचन पिय श्रीनंदनंदन किंवा नर जो है सोक नाम निंदा को हे ताकों करत हैं परकीया कहिकै ताको स्वीकार कियो।

— ⋆ —

162 जौ – जो - पा०; जौं - ह०। जुगति – युगति - को०; जुगत - मि०; जुगुति - पा०ह०। पिय – पीय - उ०शि०; प्रीय - को०; पि - मो०। धूरि – धुह - को०; धूर - शि०वे०स०; धुरि - वा०। मुकति – मुगति - मु०; मुकुति - पा०मो०; मुकत - स०; मुगत, ‘म’ पर ‘उ’ तथा ‘इ’ की मात्राएँ - वे०; मुक्त - मि०; मुकुतु - ह०। मुह – मुहु - मो०न०वे०; मुंह - मु०; मुष - ह०। दीन – दीन, ‘र’ पर ‘द’ - उ०। जौ – यो - को०; जो - वा०मो०न०वे०गा०स०। लहियै – लहिये - उ०को०पा०; लहीइ - शि०; लहिय - वा०; लहिए - मो०ह०; लहियत - भा०। सजन – सजनु - उ०नी०न०गा०; सज्जन्न - को०। तौ – तौं - उ०; तो - को०वा०मो०; कौ - मि०स०; कों - गा०; को - वे०। धरक – घरक, ‘घ’ की शिरोरेखा पर काटने का चिह्न - उ०। नरकहू – नरकहुं - को०वा०; नरकनह - मो०; नरकहूं - शि०नी०गा०वे०; नरकही - मु०; नरकहों - स०। [०७५]

चमक तमक हांसी ससक। मसक झपट लपटानि। ए जिहि रति सौ रति मुकति। और मुकति अति हानि [०७६] [163]

چمک تمک ہانسي سسک مسک جہپت لپتان • اي جہ رت مکت[164] اور مکت ات ہان [ظا• ٠٧٦]

अन० : उक्ति शृंगार की सुरति वर्णनं व्यतिरेकालंकार।

नर० : मध्या सुरतिविचित्रा नायका कौ वैन सषी सों, हे सषी जाके सुरति कै विषै चमक ह्वै अरु तमक ह्वै अरु हांसी ह्वै अरु ससक ह्वै अरु मुसक ह्वै अरु सितावी लपटै सो एते वांने के तहां वारति मुकत के सुष समान है अरु और रत है तहां तौ मुकति क० पूरन तिनकी अति हांनि है एता वता उच्छरति है –

> **यामै चमक्क तमक्क हसी अति और ससक्क लषी वहुतेरी। भांति भलीनु सकै झपटै लपटानि की जामहि क्रांति घनेरी। ए जिहि होत रितें मुकतै कहि ए रति रंग सनेह सने री। यो अपुनर्भव कों कहि मुक्त सु मुक्ति नहीं अति हांनि सी हेरी** [नर० ०७६]

कृष्ण० : यह सुरति वर्नन नाइका कौ वचनु अथवा कवि की उक्ति –

> **किलकनि मुलकनि हेरनि हरनि चितु चमक तमक झनकनि मुसकानि है। हिलनि मिलनि अरु रस भरी कसकनि कसक मसक झपटनि सुषदानि है। लटकनि मटकनि दुरनि मुरनि कल कुजनि गुलफनि ललकनि लपटानि है। ऐसी रीति रति सोई मुकति कहावति है मुकति कहावति है सो तौ अति हानि है** [कृष्ण० ०७६]

हरि० : सुरति मैं लज्जा करै है नायिका सौ नायक वचन। चमकि व० तमकि वो कछु क्रोध करनो हंसिवो ससक सीत्कार मसक अंग मरोरिवो औ झपटिकै लपट जाइवे एतनी वात जाहि रति मै है सो रति मुक्ति तुल्य है औरि जो मुक्ति है एकईस प्रकार के दुष के नास सो मुक्ति एसी तरह की मुक्ति अति हानि है नुकसान है। उपमान मुक्ति, रति उपमेय चमक इत्यादि अर्ति में अधिक है यातें व्यतिरेक। व्यतिरेक जु उपमान तें उपमेय अधिकौ देषि।

— ⋆ —

163 चमक तमक – चमकि तमकि - मु०। हांसी – हासी - पा०वा०मि०; हाशी - भा०। ससक – ससकि - मु०; सिसक - ह०। मसक – लपट - को०; झपट - पा०; लपटि - मु०; मुसक - मि०न०वे०गा०स०। झपट – लपट - पा०; झपटि - मु०; झपठि - ह०। लपटानि – लपटांनि - उ०वा०न०वे०; मुसकांनि - को०; मुसुकानि - पा०; मुसिकांनि - मु०; लपटांनि - न०गा०; लपटांन - स०; लपिटानि - भा०। ए – ये - पा०नी०; ऐ - न०। जिहि – जिंहिं - उ०; जिहि - पा०; जहि - वे०गा०स०; जिहिं - ह०। रति सौ – रिति सो - उ०को०मो०मु०गा०ह०; रति सो - पा०वा०; रति सौं - न०मि०नी०; रति सु - वे०; राति सो - भा०। मुकति – मुगति - शि०; मुकुति - पा०; मुकत - स०। और – ओर - को०वा०मो०वे०; औरि - ह०। मुकति – सुगति - शि०; मुकुति - पा०; सुरति - मो०मु०; मुकत - स०। अति – की - शि०; रति - पा०मु०वे०गा०स०। हानि – हांनि - उ०वा०मु०न०गा०वे०; हांन - स०। [०७६]

164 مرت

मोहू सौं तजि मोह द्रिग। चले लागि उहि गैल। छिनकु छ्वाइ छवि गुर डरी। छले छवीले छैल [०७७][165]

موہو سون تج مہ درک چلي لاک اوہن کیل • چنک چہواي چہب کر دري چہلي
چہبلي چہیل [ظا• ۰۷۷]

अन० : परकीया नायिका की उक्ति सषी प्रति। पूर्वानुराग वचन अनुभाव तें व्यंगि। रूपक वृत्यानुप्रास की संसृष्टि। उपमानरुपमेय में भेद परे न लषाइ। तासों रूपक कहत हैं सकल सुकवि समुदाइ॥ वीचि न पैए पद जहां अछ्छर समता होय। सो वृत्यनुप्रास है कहत सयाने लोय॥

नर० : अन्य संयोगदुःषिता नायका कौ वैन सषी सौं। हे सषी श्रीछवीले लाल मोसों तौ मोह छांडिकै नेत्र वाके लोर लगाइकें चले सो काहे तै चालै कि वा स्त्री ने थोरी सी छवि रूपी गुरु की डरी छ्वाइकै छवीले लाल कों छलि लिये सो या है –

> **मेरेई लोचन मोही कौ छांडिकै हेरई हराये छोह छये से। मेरो कह्यो नहिं मांनै अजांन यै लागि चले उहि गैल नये से। छ्वाइ छवीली छवी गुर की डरी यों छिन मै उनकेई भये से। छैल छवीले छले अव माई री आपही ह्वै गये मोल लये से** [नर० ०७७]

कृष्ण० : यह नाइका अपने नेत्रन की आसक्ति सषी सौं कहति है –

> **जा घरी ते मोहनी को मंत्रु डारि दीन्हो उन रूप की मिठाई ता घरी ते कलमले है। कै तौ हठु करि रोकि हारी ओट अंचल की त्यौं त्यौं अति वलु करि उतही कौ हले है। मोहूं सौं जु हुतौ नांतौ पलक मे करि हांतौ छोडि सव तातौ वाकी गैल लगि चले है। नंद को कुवर अली वीस विसे ठगु हे री देषतही देषि मेरे दोऊ नैन छले है** [कृष्ण० ०७७]

हरि० : पूर्वानुराग मैं परकीया नायिका की उक्ति सषी सौं। हमारे जे दृग है सो हमहूं सो मोह प्यार को तजिकै वही नायक के गैल राह तासों लगिकै चले, नायक के संग जात है। नायक की जो छवि है सोई गुरु की डली है, जाकों छन एक छुवायकै, देषायकै, जानिए छवीलो सुंदर जो वह छैल है ताने छले, ठगे। प्रसिद्ध है गुरु की डली मंत्रिकै मोहन करत है। रूपक अलंकार ठग सों रूप मिलायो किंवा षंडिता की उक्ति नायक सों, हे छवीले छैल आपने घर सों तौ तुम वा नायिका सों आसक्त होयकै मोह छोड्यौ थो, अव मोहू सों मोह तजि दिए किंवा मोहू सों मोह तजिकै तुमारे दृग वा नायिका के गैल लागि चले।

---

165 मोहू – मोहु - उ०; मोह - को०; मोहुं - वा०; मोहूं - नी०। सौं – सौ - उ०भा०; सों - शि०वा०मो०गा०वे०ह०; सो - पा०नी०स०। तजि – तज - को०न०वे०स०। मोह – मुहुं - वा०; मोहि - पा०मु०; मोहु - मो०भा०न०मि०नी०। द्रिग – दृग - उ०पा०मो०गा०स०ह०; दग - को०; द्रग - भा०न०मि०नी०; दृगि - वे०। चले – चलै - शि०। लागि – लग, 'ल' पर दीर्घायित करने का चिह्न – मि०; जात - मो०। उहि – उहिं - उ०न०; उठि - नी०; जिहि - मु०; वहि - पा०भा०मि०ह०। गैल – गेल - वा०; गैंल - मो०। छिनकु – छनक - को०पा०; छिनक - शि०वा०मु०स०ह०; छिनुक - मो०; छिनुकु - गा०। छ्वाइ – छ्रू - को०; छ्वाय - मो०मि०ह०; छाइ - शि०भा०नी०। गुर – गुरु - उ०शि०मि०गा०वे०। डरी – डकी - वा०गा०वे०; डली - स०; गडी - भा०। छले – चले - भा०नी०। छवीले – छवीलै - उ०शि०। छैल – छेल - मो०। [०७७]

वाकी छवि गुरु की डली समान है जाको छनक, एक छन छुवायकै तुमै छले। सौति की उक्ति में छवि को गुर डरी कहे हीनता नहीं।

— ⋆ —

कंज नयनि मंजन किये। वैठी व्यौरति वार। कच अंगुरिन विच दीठि दै। चितवति नंदकुमार [०७८][166]

منجن کر کہنجن نین بیٹہی بیورت بار ۰ کچ انکورن بچ دیٹہ دي چتوت نندکونوار [ظا ۰ ۰۷۸]

अन० : सषी की उक्ति हेतु लछिता परकीया। स्वभावोक्ति अलंकार।

नर० : क्रियाविदग्धा सषी कौ वैन सषी सों। हे सषी राधिकाजू के षंजन रूपी नेत्र हैं तिन कों तो अंजन करै हैं अरु वार कों वैठी व्योरति क० सुरझावत है सो कच क० केस अनै अंगुरी विचि करिकै नंदकुमार कौ चितवति है –

> **मंजन कै इक पंकजलोचन वैठिके वाहिर व्यौरति वारन। ऊंची अटारी इकेलीई कान्हर वैठे हुते अति षोल किवारन। कोऊ न देष्यौ कहूं कितहूं जव आपने नैन लगी है निहारन। केस ओ अंगुरि के विचि डीठि दै देषति है मिस नंदकुमारन** [नर० ०७८]

कृष्ण० :

> **मंजु सषी करि मंजन चंदनचौकी पै वैस नेहु सचारति। पंकज पांषुरी सी अंगुरीनु सौं व्यौरति वार हियै रसिया रति। कुंतल औ करपल्लव रंध्रनि वीच ते डीठि इतौत न टारति। सुंदर श्रीनंदनंदन कौ मुष षंजननेंन निसंक निहारति** [कृष्ण० ०७८]

हरि० : सषी सौं सषी वचन। कमलनैंनी स्नान करिकैं वार को सुरझावति है केस औ आंगुरी के वीच मै दृष्टि दैकैं नंदकुमार कों निरषै है। किंवा नायिका नायक सों कहति है, हे कुमार कच अंगुरिन विच दीठि देकैं हमारी नंद जो है ननद सो देषति है। किंवा नायिका वचन सषी सों, हमारी जो नंद सो कुमार कों निरषति है। इहां पर्यायोक्ति अलंकार है। मिसि करि कारज साधिए जो है चितहि सुहात। इहां छल करि दरसन साध्यो।

— ⋆ —

166 कंज नयनि मंजन कियै – मंजन करि षंजन नयनि - को०; कंज नयन मंजन कीए - शि०; कंज नयनी मंजन किये - वा०; मंजन करि षंजन नयन - न०मि०मु०गा०स०; कंज नयनी मंजन कीएं - मो०; मंजरिन करि षंजन नयन - वे०; कंज नयनि मंजन किए – ह०। वैठी – विठी - को०। व्यौरति – व्योरति - को०पा०; वोरन - मो०; योरति - मु०; व्योरत - वे०। अंगुरिन – अंगुलि, इकार का केवल गोलार्ध मात्र - उ०; अगुरिन - पा०; अगुरीन - मि०; अंगुरी - शि०मु०न०वे०स०; अंगुरि - वा०; अंगुरु - गा०। विच – विचि - मु०न०गा०। दीठि – डीठि - उ०पा०; दीठ - को०शि०वे०स०ह०; दीठी - वा०; डीठ - मो०। दै – दे - को०मु०; दैं - शि०मो०न०। चितवति – निरषिति - उ०; चितवनि - शि०; निरषत - पा०मो०; चितवत - मि०स०; निरषति - ह०। नंदकुमार – नंदकुमारि - गा०। दोहा लुप्त - भा०नी०। [०७८]

पावक सौ नैननु लगै। जावक लाग्यौ भाल। मुकर होहुगे नैक मैं। मुकर विलोकौ लाल [०७९][167]

پاوک سو نینن لکیو جاوک لاکیو بہال • مکر جاہوکي نیک مین مکر بلوکو لال [ظا• ۰۷۹]

अन० : अधीरा षंडिता की उक्ति नायक सों। उत्प्रेक्षा जमक की संसृष्टिः।

नर० : षंडिता नायका कौ वैन नायक सों हो लाल तुमारे भाल के विषै जावक जो लाग्यो है सो यों मेरे नेत्रां को अगिनि समान ह्वै लागो है सो तुम मुकर क० आरसी लेकें देषौ पीछै नैकु मैं मुकर ह्वै जावोगे –

लोचन मेरे को पावक सो लगै जावक लाग्यो सो भाल तिहारे। मेरी सों मोहु सों साच कहौ अरु कौन सुहागिन संग विहारे। नैंकही मैं मुकरौगे अजांन ह्वै आरसी ले कर लाल निहारे। लाज गहौ लरकाई तजौ अहो केती सिषाइ सिषाइकै हारे [नर० ०७९][168]

कृष्ण० : यह नाइका प्रोढा अधीरा षंडिता नाइका कौ वचनु नाइक सो –

नीके रसनी के वस ह्वैकै रसकेलि कीनी वाही की सुगंध अंग महकि रही रसाल। होतु कहा मुकरै ये निदरै न दुराये चिन्ह अंजनु अधर दियै विनु गुन हियै माल। पावकु सौ लागतु प्रगट मम नैंन कौं कृष्ण प्रांनप्यारे लग्यौ जावकु तिलकु भाल। कैसी आजु राजति है सारस तै सरस ये आरस मगन आषि आरसी लै देषौ लाल [कृष्ण० ०७९]

हरि० : अधीरा षंडिता की उक्ति नायक सों तुम्हारे भाल में लिलार में जावक महावर लग्यौ है सो हमारे नैंननि कों पावक अग्नि सो लग्यौ। नेंकु में थोरीही वार में तुम मुकिर होहुगे, नटि जाहुगे, हमें झुठायहुगे। ताते मुकुर दर्पन कों देषौ हे लाल सो को अर्थ मानों अछो लगै है यातें उत्प्रेछा सो को तुल्य अर्थ लिए पूर्नोपमा औ जमक दोऊ की संसृष्टि।

—★—

रहति न रन जयसाहि मुष। लषि लाषनु की फौज। जांचि निराषरऊ

167 पावक – पावकु - उ०। सौ – सौं - उ०मु०; सों - को०वे०; सम - शि०वा०; सो - पा०मो०स०भा०ह०। नैननु – नैंननु - उ०; नैननि - को०पा०वे०; निंननु - वा०; नेंननि - मो०; नैंननि - मु०न०ह०; नैनन - गा०; नैंनन - स०। लगै – लगैं - उ०को०; लगें - वा०; लग्यो - पा०मो०मि०; लगतु - नी०; लग्यौ - गा०ह०; लगे - स०; लगत - भा०। जावक – यावक - को०मो०; जावकु - नी०। लाग्यौ – लागो - को०शि०भा०; लाग्यो - वा०पा०मो०मि०वे०। मुकर – मुकरु - उ०; मुकुर - वा०पा०। होहुगे – होहगे - को०; जाहुगे - मि०; होहुगै - न०; होंहुगे - ह०; होहिगे - स०। नैक – नैंक - उ०न०; नेंक - को०मु०स०; नेकु - पा०मो०; पलक - मि०; नेक - भा०; नेंकु - ह०। मैं – मों - को०; में - शि०वा०मो०वे०ह०; मै - पा०भा०नी०। मुकर – मुंकर - उ०; मुकुरु - नी०मो०; मुकरि - गा०; मुकुर - ह०। विलोकौ – विलोको - को०मो०मु०स०ह०; विलोकहु - शि०वा०पा०; विलौकौ - नी०; विलोकै - न०गा०; विलोकें - वे०; विलोकत - भा०। [०७९]

168 लगै – जगै - मु०। अरु – तुम - मु०।

चलै। लै लाषन की मौज [०८०][169]

رہت نہ رن جیساہ مکہ لکہ لاکہن کي پہوج ٠ جاچ نراکہر ہو چلي لي لاکہن کي موج [ظا٠ ٠٨٠]

अन० : दानवीर जुद्धवीररसः। कवि की उक्ति रसप्रधान काव्यं।

नर० : राजा जैसिंघजी वषांन कवि विहारीदास कहतु हैं मुष रन कै विषै जो अरि की लाषा की फौज है सो देषिकै रहती नही ए० भाजि जाय और जो कोऊ निराषर क० अनपढ्यो ह्वै सो आनिकै जो जाचै तौ लाषां की मौज लैकै जाय [170] –

कृष्ण० : यह राजा की सूरता अरु दानु कवि की उक्ति –

> **कूरम सवाइ जयसिंह के अभंग जगमगतु दिनेस कौ सौ तेजु अंग अंग मैं। लाग्योई रहतु नित समर विजै कौ चाउ दांनु करिवे कौ मनु रहतु उमंग मैं। परदल लाषन कौ नृप कौ वदनु लषि सनमुष रहि न सकतु रन रंग मैं। आषरु न जांनै सोऊ लाषनु लहतु वसु जांचै सो अजाची होतु मोज के प्रसंग मैं [कृष्ण० ०८०]** [171]

हरि० : रन में जयसाह को मुष देषिकै लाषनि सत्रुनि की फौज नहिं रहि सकै भाजै जो निराषर मूर्ष सो भी जाचिकै लाषनि की मौज वकसीस लैकै चलत है। अत्युक्ति।

— ⋆ —

दयौ सु सीस चढाइ लै। आछी भांति अएरि। जापैं सुष चाहत लयौ। ताके दुषहि न फेरि [०८१][172]

---

169 रहति – रहत - शि०वा०पा०मो०मि०स०; रहिति - नी०गा०। रन – रनु - मु०; रण - गा०वे०। जयसाहि – जयसाह - को०स०ह०; जयशाह - शि०; जैसाहि - पा०; जैसाह - मो०; जैयसाह - मि०। मुष – मुषु - उ०मु०। लषि – लष - गा०। लाषनु – लाषन - को०शि०पा०मि०वे०गा०स०; लाषिन - मो०; लाषनि - न०भा०ह०। की – कि - को०। फौज – फोज - को०वा०वे०; फोंज - मो०। जांचि – जाचि - को०वा०पा०मो०भा०मु०न०ह०; जाच - शि०मि०वे०गा०स०। निराषरऊ – निराषरउ - उ०न०; निराषरहु - को०; निराषरहूं - नी०मु०; नराषरऊ - शि०गा०वे०; निरछिरऊ - वा०; निराषरहू - भा०ह०। चलै – चले - वा०मो०गा०; चलैं - ह०। लै – लही - को०; लषि - मो०; ले - न०। लाषन – लाषनौ - वा०; लाषनु - भा०नी०मु०न०; लाषिन - मो०; लाषनि - ह०। मौज – मोज - को०वा०वे०; मोंज - मो०। [०८०]

170 नर० की सभी प्रयुक्त प्रतियों में [०८०] का उदाहरण त्रुटित है।

171 चाउ – भाउ - मु०। रन रंग – नर रंग - नी०।

172 दयौ – दीयो - को०मो०वे०स०; दयो - वा०भा०; दियो - पा०ह०; दीयौ - न०गा०। सु – सौ - शि०। सीस – सीसि - उ०; शीस - वा०; स - मो०; शीश - भा०। चढाइ – चढाय - को०वा०ह०; चढाई - मो०। लै – लें - मो०। आछी – आछि - को०; आक्षी - भा०। भांति – भाति - पा०भा०। अएरि – अवेरि - को०मो०; अवेंरि - शि०; अयेरि - वा०न०गा०; अहेरि - पा०; अयेर - मि०वे०स०; नहेरि - भा०। जापै – जापैं - उ०न०स०; जापिं - को०; जापें - वा०मो०; जाको - भा०। सुष चाहत – सुष चाहित - शि०; सुष चाहति - पा०ह०; चाहत सुष - मो०; सुष चाहीत - न०; सुषु चाहत - भा०। लयौ – लियो - को०वे०ह०; लिये - पा०; लीयौ - गा०; लह्यो - मो०; लह्यौ - मि०; अली - मु०; लहो - भा०। ताके – ताक - को०; ताकै - शि०वा०; ताकौ - मु०न०स०; ताकों - गा०; ताको - वे०। दुषहि – दुष - वा०; दुषन - मो०; दुषहु - मि०; दुषहू - मु०; दुसुहि - स०। न – ह - मो०। फेरि – फेर - को०पा०मि०वे०स०; फैरि - शि०। दोहा लुप्त - नी०। [०८१]

ديو سو سيس چدہاي لا اچہي بہانت ائير • جاپي[173] سکہ چاہي ليو تاکي دوکہ نہ پہير
[ظا• ٠٨١]

अन॰ : मुमुक्ष कों शोकजुत देषिकै गुरु को वचन। दीनता अनुभाव देषिके धीरज देत है। करुणारस शोक स्थायी व्यंगि विभावोक्ति अलंकार काव्यलिंग अलंकार।

नर॰ : रे नर तेरे तांई जो अव दीयो है सो आछी भांति अयेर क॰ माथै चढाय लेहु, सो क्योंकि जिन पास तें सुष लियौ चाहै है, तो ताको दुष ह्वैहै सो फेरि मति नां –

> **तोहि दियौ करतार करारकै पास चढाय लै काहे को हेरै। सोच करै जिन मान समान स भांति भली करि क्यौं न अवेरै। जाहे पै सुष्ष लीयौ पुनि चाहत आज नहीं अहो और सवेरै। आपनो छाडि सयानपनो सव ताके दये दुष कौ मत फेरै** [नर॰ ०८१]

कृष्ण॰ :

> **राषि तू वाको वेसासु हियै श्रुति जाहि सदा परिपूरन टेरै। रंक ते राउ करै पल में पल एक में जो वह नेक कृपा करि हेरै। जो कछू तोहि दियै जगदीस सु सीस चढाइकै क्यौं न अएरे। जो पे लये सुषु चाहत है अव ताके दए दुष कौ जिनि फेरै** [कृष्ण॰ ०८१]

हरि॰ : नायक ने औरि नायिका सौं आसक्त होयकै दुष दियौ फेरि या नायिका कों मनायो चाहत है तहा सषी वचन नायक सौं। वा नायिका को तुम दुष दियौ है सोई दुष तुम आपने माथा पै अव चढाय ल्यौ आछी भांति अएरिकै अंगीकार करिकै जा नायिका सों तुम सुष लियौ चाहत हौ अव ताके दुष कौ मति फेरौ दुष पायवे द्यौ। किंवा सांतरस में जो भगवान नै दियौ है ताकौ सीस चढायकै ल्यौ। जिन भगवान सौं सुष लियौ चाहत हौ ताको दियो दुष कों मति फेरौ दुष फेरिकै सुष लेनो विचित्रालंकार इच्छा फल विपरीत की कीजै जतन विचित्र।

— ⋆ —

तरिवन कनक कपोल दुति। विच वीचही विकान। लाल लाल चमकत चुनी। चौका चिन्ह समान [०८२][174]

ترون کنک کپول دوت بچ بيچہين بکان • لال لال چمکت چوني چوکا چنہ سمان [ظا•
٠٨٢]

[173] جاپي - جاپون - ظا•

[174] तरिवन – तरवनि - को॰वा॰मो॰मु॰; तरुवन - शि॰; तरवन - न॰वे॰गा॰स॰। कनक – कनकु - उ॰को॰। कपोल – पोल - वा॰मु॰। दुति – द्युति - मो॰। विच – चिचि - को॰; वीच - शि॰; विचि - वा॰न॰; (लुप्त) - पा॰। वीचही – विचिही - को॰वा॰; वीचिहीं - मो॰; विच रही - मु॰; विचही - पा॰गा॰स॰; विचही जु - ह॰। विकान – विकांन - उ॰को॰मि॰मु॰गा॰ह॰; विकान, 'न' पर इकारा बाद में - वा॰; विकांनि - न॰; र विकांन - वे॰स॰। चमकत – चमकति - उ॰; घमकत - को॰शि॰वा॰; चमकतु - मि॰। चुनी – चुंनी - उ॰। चौका – चोका - उ॰को॰मो॰; चौंका - मु॰न॰। चिन्ह – चीन्ह - उ॰वा॰; चिहुं - को॰; चीन - शि॰; चीनि - मो॰; चींन - मि॰; चिन्हि - गा॰; कीन्ह, 'च' पर 'क' संशोधन - ह॰। समान – समांन - उ॰को॰वा॰न॰मि॰मु॰वे॰गा॰स॰ह॰। दोहा लुप्त - भा॰। [०८२]

अन० : सषी नायिका सों परिहास करति है। हे सषि कनक तरवनि जो है सो कपोल द्युति विचि विचहीं विकांन। तरोना जो हैं सो कपोल कांति में विकाय गयो सो कहा मिलि गयो। कपोल के सोहै चोका चीन समान चोका जो वाजोट ता समान चीन सो काहा ज्ञान सम भासत है कपोल के सोहै लाल लाल चुनी चमकत चुनी जे षरीदि कों वाजोठ उपरि विछाय राषे तेसें सोभा देत है। मिलित उपमा की संसृष्टि।

कृष्ण० : यह तरिवन की सोभा सषी नाइक सौं कहै नाइका सौं कहै अरु नाइक सषी सौं कहै तौ सुरतगोपना होइ –

> **आजु की वनक वरनत न वनत तेरी छवि की छटानु की घटा सी उमगति है। दमकति सरस सिंगार की अपार ओप जोवन की कांति जगी जोति सी जगति है। कनक तर्‍यौननि कौ ललित कपोलनि की दुति में समाइ गयो अदभुत गति है। कृष्ण प्रानप्यारे की सौं चारु चमकति ये तौ लालु लाल चुनी चौका चिन्ह सी लगति है** [कृष्ण० ०८२] [175]

हरि० : सषी वचन नायिका सों कनक को तरिवन, तरकी, औ कपोल, गाल, ताकी द्युति के वीच वीचही विकानी वीचही विकी, यह लोकोक्ति है। किंनहू मोल कराइवै पायो नहीं। लाल लाल चुनी चमकति है। चौका दांत का चिह्न समान। इहां मीलित अलंकार। मीलित सो सादृश्य तें भेद जवै न लषाय। सादृश्य सोना पूर्णोपमा। किंवा सषी सों सुरति चिह्न दुरावति है। रूपगर्विता गुप्ता नायिका भी जानिए।

— ⋆ —

मोहि दयौ मेरौ भयौ। रहत जु मिलि जिय साथ। सो मनु वांधि न सौपियै। पिय सौतिन के हाथ [०८३] [176]

موه دیو میرو بهیو رہت جو مل جہ ساتہ ۰ سو من بانده نہ سوپي سوتن کي پہ ہاتہ
[ظا۰ ۰۸۳]

अन० : नायिका षंडिता अधीरा की उक्ति नायक प्रति। काव्यलिंग अलंकार।

---

175 की अपार ओप जोवन की – ओप जोवन के जोवन की - नी०। जगी – जगा - मी०मु०; जग - नी०। नर० समूह की प्रतियों में यही छंद इस टीका सहित मिलता है – कपोल सोभा सषी कौ वैन सुषी सौ। हे सषी राधा के कनक के तौ तरवन क० अकोटां की दुति तौ जे कपोल तिनकी दुति के विचि मै चुनी के वीच मै तै विकाइ गई है अरु तरवन के जरी लाल चूनी जो चमकत है सो दांतां के चौका, तिनके चिन्ह समांन सोभत है।

176 दयौ – दियो - को०पा०ह०; दयो - वा०मो०वे०स०भा०। मेरौ – मेरो - को०वा०पा०मो०वे०भा०ह०। भयौ – भयो - को०वा०पा०मो०वे०भा०ह०। रहत – रहतु - उ०पा०; रहै - को०; रतूं - वा०; रहि न - नी०; रहति - मु०; रहो - भा०। जु – जू - शि०वा०। मिलि – मोहि - को०; हिलि - पा०; मन - मो०; जिय - न०मि०नी०वे०ह०; मिलि, ‘ल’ पर इकार बाद में - गा०; मो - भा०। जिय – जीय - शि०गा०; मिल - मो०मि०; मिलि - पा०नी०ह०; मिल जिय - वे०। साथ – साथि - वा०गा०। मनु – मन - को०शि०वा०मो०मु०वे०स०ह०; साथ - पा०। वांधि – वांधी - शि०; वाधि - पा०; वंध - मि०गा०; वंधि - स०; वेंधि - वे०। न – नु - उ०। सौपियै – सौपिये - उ०; सयंपिये - को०; पियें - को०; सोंपीयें - शि०; सोंपियै - वा०मि०स०; सौपिये - पा०; सोपियै - मो०; सौंपियै - मु०गा०; सुंपीयै - न०; सोंपीयै - वे०; वेचियै - भा०; सोंपिए - ह०। पिय – पीय - शि०। सौतिन – सोंतन - को०; सोतिन - वा०मो०; सौतिनु - भा०नी०; सौतनि - गा०; सौतने - न०; सौतन - स०; सौतिनि - ह०। के – कै - उ०शि०वा०मि०। [०८३]

नर० : धीराधीरा नायिका कौ वैन नायक सों। हे पिय मैं तौ जानति हुती कि मन मो कौं दे के एके साथ भयौ जियतै रहतु है सो अव मेराही जु भयौ है सो मन वांधिकै हे पिय सौतनि कै हाथ सोंपि दियौ है –

मोहि दयो सो तो मेरो भयो अति मो जिय सौं मिलि साथ रहे है। सो मन वांधि न सौंपिये प्रीतम सौतिन के अव हाथ नये है। हे वहुनायक आप सौं को कहै मेरे वियोग वयार वहे है। ताके मरोरि करोरिकु वार से आय लगे हीय दुष सहे है [नर० ०८३] [177]

कृष्ण० : नाइका कौ उराहनो। यह नाइका प्रौढा परकीया उराहनौ नाइका कौ वचनु नाइक सौं –

जो मनु मोहि मया कै दयौ तुम मो जिय सौं मिलिकै रस भीजै। भेद्रु रह्यौ न सरूप सुभाइ मै पेमपियूष सदा मिलि पीजै। मै अपने करि जान्यौ यही अव अंतर होत छिनै छिन छीजै। सो मनु जो रावरी करि मोहन सौं तिनुके कर वांधि न दीजै [कृष्ण० ०८३]

हरि० : नायिका की उक्ति नायक सों मोहि दियो मेरो भयो हमारे जीव के साथ मिलिकै रहत है। एसो जो मन है ताकौ हे पिय वाधिकै सोतिन के हाथ नहीं सौपिये वांधि के जोरावरी सों देत है किंवा हे पिय सौ सायक रातिन के लुगाइनि के हाथ नहीं सोंपिए ताकौ दृढ करति है। मोहि दियो मेरो भयो जीव के साथ रहत है। एतना सौ काव्यलिंग।

— ⋆ —

कुंजभवन तजि भवन कौ। चलियै नंदकिसोर। फूलति कली गुलाव की। चटकाहट चहु ओर [०८४] [178]

کُنج بھُوَن تج بھون کون چلئي نندکسور ۰ پھولت کلي کلاب کي چٹکاہٹ چھون اور [ظا۰ ٠٨٤]

अन० : परकीया नायिका की उक्ति नायक सों संकाभावध्वनि को मुष्यता है। रस अंग है ताते रसवदलंकार कहियै।

नर० : वाक्‌विदग्धा नायका कौ वैन नायक सों। हे नंदकिसोर अव कुंजभवन कौं छाडिकै नंद कै सदन कों चालियो सो क्योंकि ए च्यारौ दिसि चटकाहट सी होति है सो गुलाव की कलियां फूलति हैं। याको अभिप्राय कि प्रात होत है –

---

177 अति – अव - नर०। जिय सौं मिलि – मिलि कै जिय - नर०।

178 कुंजभवन – कुंजभवनु - उ०; कौंजभवन - वा०; ‘कुंजभवन कौं’, नीचे ‘छांडिकै’ भिन्न हस्तलेख में - गा०; कुंजभौन - ह०। तजि भवन – (लुप्त) - गा०; तजि भौन - ह०। कौ – कौं - उ०को०शि०वा०स०ह०; के - पा०; कों - मो०नी०वे०; (लुप्त) - गा०। चलियै – चलीये - उ०; चलिये - को०पा०; चलीइ - शि०; चलीए - मो०; चिलये - मु०; चलिए - ह०। फूलति – फूलत - को०पा०मो०न०मि०नी०न०वे०गा०स०। चटकाहट – चटकाहटुं - उ०; चटकाहटु - मो०नी०; चटकाहति - मु०। चहु – चहुं - उ०ह०ह०; चहू - मि०; चिहूं - मु०; चिहुं - शि०न०गा०वे०; चिहु - स०। ओर – वोर - उ०पा०न०मि०नी०; और - शि०मु०न०ह०। [०८४]

भौन से कुंज कौ छांडि छपा नही भौन को गौन करौ गिरधारी। तारिका छीन भई सव गेंन की तामसी ज्योति कहूं न निहारी। फूलति हो जु गुलाव कली चटकाहट की चहुं ओरन भारी। तामरचूडन के रव राजत वाजत संष सुने सुषकारी [नर० ०८४]

कृष्ण० : यह नाइका स्वकियाहूं होइ परकीयाहूं होइ। नाइका कों वचनु नाइक सों –

मुकलित कली जलजात की कछूक भई भौरन की गुंज मंजु श्रवननि धारिये। फूलत गुलाव कलिकानु कौं सुगंध पौनु चटका सवद्दु म्रद्दु मोद उर धारिये। कल धुनि करत अनिंद षगवृंदनि अनंत छवि लसति विहारि यौ विहारिये। आगमु विभात कौं विलोकिये छवीले लाल सुंदर निकुंज तजि सदन सिधारिये [कृष्ण० ०८४]

हरि० : नायक सों सषी वाक्य। पूर्वार्ध स्पष्ट। गुलाव की कली फूटै है तहां सव्द वर्नत है। मनों गुलाव षुसामदां चट चट चिटुकी देत। फूलति है गुलाव की कली ताकी चटचटाहटि छुं ओर है। किंवा गुलाव की कली फूलति है औ चटिका चिराता को आहट सव्द चहुं ओर में है। किंवा हे नंदकिसोर गुलाव की हवा देषिवे के लिए भोंन को तजि कुंजभोंन को चलिए। परकीया नायिका संका संचारी। पहिला अर्थ में कोई देषैगो। भौन को चलिवे को समर्थन करै है। गुलाव इत्यादि कहि। प्रात भयो काव्यलिंग जहां जुक्ति सौं अर्थ समर्थन होय।

— ⋆ —

कहति न देवर की कुवत। कुलतिय कलह डराइ। पंजर गत मंजार ढिग। सुक लौ सूकति जाइ [०८५][179]

کہت نہ دیور کي کوبت کلتي کلہ دراي[180] ٠ پنجرکت منجار دہک سوک جیون سوکہت جاي [ظا٠ ٠٨٥]

अन० : कवि की उक्ति काव्यलिंग उपमा को संकर। अर्थ समर्थन कीजियै जहां जुक्ति सों मित्र। काव्यलिंग भूषन तहां भाषत वुद्धि विचित्र॥

नर० : वीभत्सरस। कुल की स्त्री है, सो कलह तै डरती, जो देवर की भुंडी मति काहू सों कहति नांही है अरु ज्यों मंजार के पास सुक सहित पिंजर्यौ पर्यौ है अरु सुक सूकत जात है, त्यो या स्त्री सूकत जाति है –

---

179 कहति – कहत - शि०मो०मि०वे०गा०स०ह०। न – नि - न०। देवर – देउर, 'उ' पर 'वु' - उ०। कुवत – कुवति - वा०मो०मि०मु०; कुमति - न०वे०गा०स०भा०। कलह – कलहि - पा०। डराइ – डराय - उ०को०मि०मु०गा०वे०; डराति - शि०वा०मो०ह०; लजात - पा०; डराई - नी०। पंजर – पिंजर - पा०भा०न०मि०मु०गा०वे०। गत – गति - शि०नी०न०मि०मु०वे०स०ह०; दुति - गा०; ढिग - पा०भा०। मंजार – मंजारि - उ०। ढिग – ढिग्ग - मु०; गति - पा०भा०। सुक – शुक - न०। लौ – लौं - को०मो०मि०; लों - शि०; ल्यों - वा०; ज्यौं - मु०न०; ज्यो - गा०; ज्यों - वे०स०; लो - ह०। सूकति – सूकत - पा०वे०स०; सुषति - भा०। जाइ – जाय - उ०को०मु०गा०मि०; जात - पा०; जाति - मो०ह०। [०८५]

180 دراي - داي - ظا٠

देवर की कवहों न कहै कछू वात वुरी विभचारमई है। आपु कुलीन वधू अपनै घर होय कलेस यों भीत भई है। भीतर ज्यों पिंजरा के सुओं अति सूकत जात मंजार ठई है। त्यों इन भांति महादुष सों अव भूरि संकोच सों सूकि गई है [नर० ०८५]

कृष्ण० : यह भयरस देवर की भ्रष्टता सषी कु वचनु सषी सौ नाइका सुकिया –

देवरु चपल चित उर मै कुभाउ धरि कहतु अनैसी वातु यासौ दिनराति है। कहै कविकृष्ण यह परम सुसील वाल सकुचि सकुचि मनही मै अकुलाति है। कहि न सकति काहू आन सौ हिये कौ भेदु कुलतिय कुटम के कलहि डराति है। निकट विलाउ के पषेरू पंजरा कौ जैसे ऐसे यह वाल निसि दिन सूकी जाति है [कृष्ण० ०८५]

हरि० : सषी सों सषीवचन। देवर भौजाई सों मिलयौ चाहत है। रसाभास दूषन गनौ अनुचित वर्नन मांहि। देवर की कुवत वुरी वात सो नहीं कहति है। कुलतिय कुलवधू सो कलह सों डराति है। पींजरा के ढिग नजीक गत गयो मंजार विलाव तासौं सुक जैसे सूषै तैसें सूषती जाति है। किंवा जे वानी पूछति है देवरानी सं तू हमारे देवर की कुवात कहति है नहीं क्यौं। तोसों कह्यौ है कि अवर सों आसक्त है। किंवा उनसों भई कलह ताकौ क्यौं न कहि डराति है कहति है। आगे वही अर्थ।

— ★ —

औरै भांति भए व ए। चौसर चंदन चंद। पति विनु अति पारत विपति। मारत मारुत मंद [०८६][181]

اوري بہانت بئے آب اي چوسر چندن چند ۰ پت بن ات پارت بپت مارت مارت مند [ظا ۰ ۰۸٦]

अन० : प्रोषितपतिका नायिका की उक्ति सषी सों। भेदकातिसयोक्ति अलंकार, जमक की संसृष्टि।

नर० : उद्वेग दसा नायका कौ वैन सषी सो हे सषी अव ए चौसर हार और चंदनु और चंदु[182] औरही भांति के भए है सो कैसें कि पति विना अति विपति पारत है अरु मंद मारुतु क० मंद पवन है सो तौ मारैही लेतु है –

मोहि करै अति चेत अचेतहि औरहि भांति भए अव एई। चोसर चंदन चंद सुगंध औ मारत मारुत मंद षरेई। पीतम छाडि गए परदेस कौ ता दिन ते इह भांति करेई। पारत मोहि विपत्ति घनी सषि सांची कहूं इह पीर परेई [नर० ०८६]

181 औरै – औरे - उ०वा०; ओर - को०; ओरे - मो०; औरैं - शि०वे०; औरें - ह०। भांति – भांत - मु०; भाति - गा०भा०। भए व – भये व - मो०नी०स०। ए – ये - वा०नी०स०। चौसर – चौसरु - उ०मि०; चोसर - को०मो०मु०; चौंसरु - नी०। चंदन – चंदनु - उ०न०मि०नी०। चंद – चंदु - उ०मो०न०गा०वे०भा०। पति – पिय - मि०। विनु – विन - मि०स०ह०; विनि - मु०। अति – (लुप्त) - भा०। पारत – पारतु - उ०नी०; पारति - मो०मि०मु०; पारतु अति - भा०। विपति – विपतु - नी०; विपत - वे०स०। मारत – मारतु - उ०नी०न०; मारुत - शि०मो०; मारति - मि०। मारुत – मारतु - उ०न०; मारत - मो०मु०वे०गा०स०; मरुत - नी०; मारति - मि०। मंद – मंदु - नी०; चंद - मु०। दोहा लुप्त - पा०। [०८६]

182 अरु चंदु चंदुन, 'न' पर काटने का चिह्न - गा०।

कृष्ण० : यह नाइका प्रोषितपति दस अवस्था मै उमगे –

वैसो हितु करि अव ऐसी विसराई निठुराई वा कन्हाई की न कहत वनति है। जेई है सुषद तेई भये दुषदाई अव कहा कहौं माई अकुलाई अति मति है। चंदन सरोज चंदु चौसरु सिवार चार चंपकहूं चंद्रिका की औरै भई गति है। भयौ निरदई मंद मारुतहूं मारतु है प्रानपति विनु अकुलाई अति मति है [**कृष्ण० ०८६**]

हरि० : सषी सों नायिका वचन। हे सषी। व को अर्थ अव। चौसर चार लर की मोती की माल औ चंदन औ चंद औरै भांति और तरह के भए। पति विना ए सव अति विपति को पारै है। औ मंद जो है मारुत, पौन, सो मारत है। किंवा विरह व्याकुल देषि कोई सषी सीतल जानिकै चौसर माला पहिराई है। औ चंद्रमा सो सीतल चंदन मलयागिरि लगायो है। औ केवार षोलिकै पौन लागिवे देति है। तहां प्रवीन सषी को वचन जानिए। विरह तें अति को अर्थ अधिक विपति पारत है। अव औरै भए, औरि समै औरि थे। औरे पद तें भेदकातिशयोक्ति।

— ★ —

कोऊ कोरिक संग्रहौ। कोऊ लाष हजार। मो संपति जदुपति सदा। विपति विदारनहार [०८७][183]

کواو کورک سنکرہو کواو لاکہ ہجار ۰ مو سنپت جدپت سدا بپت بدارن ہار [ظا۰ ۰۸۷

अन० : मुमुक्ष को वचन काहू सों। धृति संचारी करुनारस। वचन अनुभाव तें। परिकर अलंकार साभिप्रायहि वचन जहां भूषन परिकर रूप इत।

नर० : भक्तजन कवि विहारीदास कहतु है, और कोऊ कोरिक ल्यो अथवा कोऊ दस कोरि ल्यो पै मेरे तौ विपति कौ विदारनुहार जो यदुपति है, सोई सदा संपति है –

कोऊ रुपैयै करोर गहो अरु कोऊ तो लाष हजारन राषौ। ताही तै दांनरु भोग ककै अहौ तीन पदारथ के सुष चाषौ। मेरे तौ काय मनो वच वीच तौ छांडि दये अभिलाषनि लाषौ। यादव कौ पति है सव संपति दूर विपत्ति करै मुह भाषौ [नर० ०८७]

कृष्ण० : यह सांत रसु, भक्त को वचन –

संग्रह कोऊ करौरि करौरु भरौ कोऊ लछि के लछी भंडारौ। कोऊ हजारक जोरि धरौ वहु भांति लहौं मन मै मुद भारौ। कृष्ण कृपानिधि दीन कौ वंधु सुरद्रुम दांनि प्रताप उज्यारौ। संपति मेरे वही जदुपत्ति विपत्ति सदां जु विदारनवारौ [कृष्ण० ०८७] [184]

---

[183] कोरिक – कोरक - शि०। संग्रहौ – संग्रहै - उ०मो०; संग्रहे - पा०; संग्रहो - को०वा०वे०ह०। कोऊ लाष हजार – कोउ लाष हजारु - मि०। मो संपति – मो जदुपति - भा०। जदुपति – युदुपुति - को०; यदुपति - शि०वा०वे०; ज्यदुपति - मु०; संपति - भा०। सदा – जदा - उ०। विपति – विपती - शि०। विदारनहार – विडाणहार - को०; विडारनहार - मो०; विदारनहारु - मि०; विडारणहार - मु०; विदारनुहार - न०; विदारणहार - वे०गा०स०। [०८७]

[184] मुद – मृदु - नी०।

हरि० : कोई कोटि को संग्रह करौ, कोई लाष औ हजार। मेरी संपति सदा विपति विदारनहार जदुपति है। जौ भी संष्या पहिलें थोरी कहिए पीछै वहुत कहिए। पै लोक में पहिलैं बहुत कहत हैं, पीछे थोरो कहत हैं। ऐसे एक कोटि दस लाष पांच हजार पचास। पांच हजार एसेन नहीं कहत हैं। किंवा कोटि संग्रहो किंवा हजार लाष संग्रहो कोटि सों हजार लाष बहुत है। जदुपति सों संपति होति है। जदुपति हेतु, संपति हेतुमान, ताकौ एक्य हेतु अलंकार।

— ★ —

चलन न पावत निगम मग। जग उपज्यौ अति त्रास। कुच उतंग गिरिवर गह्यौ। मैना मैन मवास [०८८][185]

چلن نہ پاوت نگم مک جک اوپجو ات تراس ۰ کچ اوتنک کرور کہیو مینان مین مواس
[ظا ۰ ۰۸۸]

अन० : उक्ति कवि की वा नायक की सषी सों। रूपक अलंकार।

नर० : भयानकरस। नायक को वैन सषी सों। हे सषी निगम मारग चलने पावतु नांही सो क्योंकि मैंन रूपी मैंना तिन कुच रूपी उतंग गिरवर पकर्‌यौ है, तातैं जगत को त्रास उपज्यौ है –

> **पंथ चलै जु निगम्यहु नैकहू पंथि सवै पछिताय रह्यौ है। एकहि वार भयो वहु त्रास जगत्ति मै आनि जंजाल वयौ है। ऊंचे सरोज पहार के ऊपर आपनो वास वसाय गयौ है। चित्त औ वित्त वचै नहि काहू पै मैना मनोज मवास गह्यौ है** [नर० ०८८]

कृष्ण० : यह कुच वरननु नाइकु नाइका सौं कहै, सषी सों सषी कहै तहूं वनै –

> **लूटत माल मुनिंदनु के मन ग्यान विसाति कौं लै निवह्यौ है। वेद कौं पंथु चलै कहु कैसे सवै जग मे अति त्रास चह्यो है। कृष्न कहै त्रिवली सरिता रुमली वन पास गढा सु लह्यौ है। उच्च उरोज पहार के छोर मनोज महीप मवास गह्यौ है** [कृष्ण० ०८८]

हरि० : कवि की उक्ति निगम वेद। औ मग राह सों नहीं चलन पावत है। किंवा वेद को कह्यो पथ है, सो नहीं चलन पावत है। परस्त्री को निषेध आदि जहां वेद मर्जाद उठै है, तासों जगत में अति त्रास उपज्यौ है। कुच, सोई ऊचो पहार है। ताको मैंन जो काम सो हैं मैन कोल भिल्ल को भेद मैना ताकों मवास जानि गह्यौ है, दुर्गम जो स्थान सो मवास। इहां उपमान उपमेय के अभेद सों रूपक अलंकार।

— ★ —

[185] चलन – चलत - मु०। पावत – पावतु - उ०न०मि०नी०; ‘त’ पर इकार बाद में - गा०; पावति - वा०न०वे०; पैयतु - पा०; पैयत - भा०। निगम – निगमु - न०। मग – मगु - उ०नी०न०गा०वे०। जग – जगु - न०। उपज्यौ – उपज्यो - को०वा०पा०गा०वे०; उपज्यौं - शि०; उपजो - मो०; उपजत - मि०। त्रास – त्रासु - उ०नी०। कुच उतंग – कुच उग - शि०। गिरिवर – गिरवर - को०शि०न०मि०मु०वे०गा०स०ह०। गह्यौ – गह्यो - को०पा०मो०; गहै - वा०; रह्यौ - न०गा०स०; चढ्यौ - भा०। मैना – मैंना - को०न०वे०गा०स०; मेंना - वा०; मेना - पा०; मेंनां - मो०मु०; नैना - मि०। मैन – मैनु - को०; मेंन - वा०मु०; मेन - मो०; मैंन - न०स०। मवास – मैवासु - उ०; मवासु - नी०न०गा०; मेवास - वा०मु०। [०८८]

त्रिवली नाभि दिषाइकै। सिर ढकि सकुचि समाहि। गली अली की ओट ह्वै। चली भली विधि चाहि [०८९][186]

[187]تربلي نابہ دکہاي کر سر دہک سکوچ سماہ • الي کلي کي اوت ہوي چلي بہلي بدہ چاہ [ظا• ۰۸۹]

अन० : नायक की उक्ति होय तो स्मृतिगुनकथन तें पूर्वानुराग व्यंगि। नायिका क्रियाविदग्धा है अथवा जिन सषी ने लषी है सो सषी सों कहत है तो हेतुलछिता परकीया। स्वभावोक्ति अलंकार।

नर० : प्रलाप दसा सषी कौ वैन नायका सों, हे राधे कान्ह मोकों ऐसे कह्यौ कि वा कोंन हुती जो सिरु ढकि क० ओढनो तिनके संभावनै तै सुकुची, तामै नाभि सहित त्रिवली दिषाई, अरु भली विधि सौं चाही अरु अली की ओट ह्वैकै गली मै गई। सो मै कहत हौं कि वा कौन हुती –

आपनि नाभि दिषाइ वलीत्रय और दिषाय रोमावलि कारी। ऐसीनि साजति है इनकी छवि मानों मनोज नै आप संवारी। अंग संभारि समाहि ढक्यौ सिर वाही के चित्त संकोच महा री। आली ओ ओट किये जु चली गई स्यांम भली विधि नैन निहारी [नर० ०८९]

कृष्ण० : यह नाइका परकीया की चेष्टा देषी है, सु नाइकु सषी सो कहतु है –

आजु मै अचानक विलोकी वृजवाल येक वाकी दुति रही मेरे हिये मे विहारिकै। दामिनी लहै न चारु चातुरीकला इतीक कामहूं की कामिनी करोरि डारौं वारिकै। त्रवली उघारिकै दिषाइकै गंभीर नाभि घूघुट निहुरि कीनो सकुचि संभारिकै। भाति भली सांकरी गली मे गजगामिनी अली की ओट गहै चली गई यो निहारिकै [कृष्ण० ०८९] [188]

हरि० : त्रिवली वर्नन। सषी की उक्ति सषी सों। नायक को चेष्टा ही मैं। त्रिवली नाभि दिषायकै पीछें संकोच कों संभारि करि संकोच कृत्रिम वनायकै सिर कों ढांपिकै अली जो है नायिका सो भली तरह चाहिकै देषिकै अली सषी की ओट ह्वैकै चली। होंहि जु कामविकार तें दंपति के तन आव। चेष्टा जे वहु भांति की ते कहिए सव हाव। स्वभावोक्ति अलंकार जहां जाति को स्वभाव वर्नन करै।

— ⋆ —

186 त्रिवली – त्रिवलि - वा०; त्रवली - भा०नी०। नाभि – नाभ - शि०मु०स०। दिषाइकै – दिषायकर - उ०; दिषायकै - मि०वे०गा०स०हृ०; दिषायकैं - न०; दिषाइकरि - नी०; दिषाईकैं - मो०। सिर – सिरु - उ०नी०न०गा०; शिर - भा०। सकुचि – सकुंचि - उ०; सकुच - मि०वे०स०। समाहि – समांहि - उ०नी०न०गा०वे०; सराहि - भा०। गली अली – गैल अली - उ०; अली गली - शि०वा०मो०; गली यली - पा०; अली अली - हृ०। की – के - मु०। ओट – वोट, 'व' के नीचे बिंदी - उ०; उंट - गा०स०; औट - शि०; वोट - पा०मि०; और - मु०। ह्वै – ह्वैं - वा०; ह्वैं - मो०न०। भली विधि – भलि विधि - वा०; अली विध - मु०; भली विध - वे०। दोहा लुप्त - को०। [०८९]

187 بدہ - پدہ - ظا•

188 भा०मि०मु० प्रतियों में उपरोक्त उदाहरण के स्थान पर कालिदास का यह छंद मिलता है –

भोरी वैस इंदुमुषी सांकरी गली में मिली सुंदर गोविंद कौ अचानकही आइकै। कालिदास जगै जेव अंगनि जवाहर की वाहर ह्वै फैली चांदनी सी छवि छाइकै। नेरो गह्यो स्यांम सोहै विहसि विलोकि वाम हेर्‌यो तिरछोहे नारि नेसकु नवाइकै। गोरे तन चोरे चितु जोरे द्रग मोरे मुषु थोरे वीचि कौरे लागि चली मुसिकाइकै [भा० ०८९][मि० ०८९][मु० ०८९]

देषत उरै कपूर लौं। उपै जाइ जिनि लाल। छिन छिन जाति षरी षरी। छीन छवीली वाल [०९०][189]

ديکهت يورين کپور جين اوپي جاي جن لال ۰ چهن چهن جات پري کهري چهين چهبلي بال [ظا۰ ۰۹۰]

अन० : दूती की उक्ति नायक प्रति। नायिका कौ विरह निवेदन। पूर्वानुराग व्यंगि। उत्प्रेक्षालंकारः।

नर० : जडता दसा सषी कौ वैन नायक सों। हो लाल राधे के तांई उरे से देषियतु है कि कपूर की सी नांई उपै क० उडि जिन जाय कि छवीली वाल छिन छिन मै षरी षरी छीनि होति जाति है –

> **देषत है जु उरैंई कपूर लौं जाइ वहै जिन लाल विचारी। वोलै नहीं उ विलोकि न काहू पै ऐसी वियोग दसा है तिहारी। होत षरी ओ षरी छिनुही छिनु जाहु नहीं ढिग मैं वलिहारी। षाये कछू न पियै कछू आपनि छीन छवीली ये वाल निहारी** [नर० ०९०]

कृष्ण० :

> **विछुरे तिहारे लाल विलषी विकल वाल परी विललाति क्यौंहू धीर न धरतु है। येते मान कृष्ण भई परै परजंक पर नीठि क्यौंहू निरष्यौ परतु वाकौ गातु है। काल्हि ही सु आजु नाहि आजु ही सु अव नाहिं यातै परिजननु कौ जीउ अकुलातु है। ऐसी छिन छीजनि विलाई जिनि जाई वाल ज्यौं कपूरदानी तै कपूर उडि जातु है** [कृष्ण० ०९०]

हरि० : सषी विरह निवेदन करति है। हे लाल देषत कै ऐसो नजरि आवै है, कपूर को चूर सो उपै न जाय, अदेष न होय। छवीली वाल, सुंदरि वाल, छन छन में षरी अति छीन परी जाति है। किंवा नायिका सों नायक को विरह निवेदन सषी करै है, पूर्वानुराग मै। हे छवीली वाला कपूर का चूर सो लाल उपै जिनि जाय। देह छिन छिन में षरी छीन परी जाति है। नायिका उपमेय कपूर उपमान उपैवो साधारन धर्म ज्यौं वाचक पूर्णोपमा।

— ⋆ —

हसि उतारि हिय तै दई। तुम जु तेही दिन लाल। राषति प्रान कपूर

189 देषत – देषति - उ०को०भा०नी०मु०न०; देषित - गा०। उरै – वुरैं - उ०; वुरै - को०न०गा०; दुरै - शि०; वुरें - वा०; चूर - पा०ह०; दुरें - मो०; चुरे - नी०; वुरे - मि०; उरें - मु०; उवुरै - गा०; पुरी - भा०। कपूर – कपुर - को०वा०गा०। लौं – लों - शि०वा०; ज्यो - पा०; ज्यों - मो०वे०गा०स०; लौ - भा०नी०; ज्यौं - न०ह०। उपै जाइ – उप जाई - उ०मु०; उये जाय, 'ये' पर 'यि' संशोधन - को०; उही जाहू - शि०; उही जाइ - वा०; उजहि जाहि - पा०; उडे जाई - मो०; उपै जाई - नी०; उप जावत - मि०; उपहि जाहि - भा०; उपै जाय - ह०। जिन – जनि - पा०; जिनि - भा०नी०मु०; जिय - मि०। छिन छिन – छिन छि - को०; छिनु छिनु - मो०। जाति – होत - को०; जात - शि०मि०न०वे०स०; होति - मो०; जाइ - गा०। षरी – षरि - को०गा०; परी - पा०भा०मु०ह०। षरी – षरि - को०; परी - न०। छीन – छिन - को०शि०; (अपठ) - पा०। छवीली – छविली - को०। वाल – लाल - स०। [०९०]

ज्यौं। वहै चिहुटनी माल [०९१][190]

ہنس اوتار ہہ تین دئي تم جو تہ دنان لال ۰ راکہت پران کپور جون وہي چہوتني مال
[ظا۰ ۰۹۱]

अन० : दूती की उक्ति नायक प्रति नायिका को विरह निवेदन पूर्वानुराग। उत्प्रेक्षालंकार।

नर० : जडता दसा सषी कौ वैन सों हो लाल वा जो तुम आपने हिया तैं उतारि अरु हसिकै तिहि दिन चुहटनी क० चिरमीतिनु की माला दीनी हुती सो अव वा माला राधे के प्रान को ज्यों कपूर को चुहटनी राषै त्यौं राषति है –

> **वा दिन वाहि उतारि दई हसि आपनै हीय ते हुरक हरानो। लाल तिहारी चिहूटनी माला सु राषति प्रानन को सुष सानो। ज्यो घनसार रहै मषि कै संग और उपाय नहीं हम जानो। जो तुम नैक निहारो भली विधि वाही को होइ सवै मन मानो** [नर० ०९१]

कृष्ण० : यह अनुराग निवेदनु है सषी कौ वचनु नाईक सौ –

> **दूवरी ऐसी भई विछुरे तिय सेजहू मैं न लषी परै सो तौ। आली विलोकिकै मीडति हाथ गयौ इक साथ सवै सुष जो तौ। वीस विसे उडि जाति कपूर लौ राषौ तौ प्यारी के प्राननु को तौ। जो वह लाल तिहारौ दयौ घुंघुची कौ हरा उर मांझ न होतौ** [**कृष्ण०** ०९१]

हरि० : सषी वचन विरह निवेदन हंसिवे को कारन नायिका ने अनुराग सों नायक के गर की गुंजा की माला मागी तव नायक ने कह्यौ कहा वडी वस्तु मागी यह हसिवे को कारन हंसिकै उर छाती तें उतारिकै तुम दीनी हे लाल तुम ताहि दिन जाहि दिन मागी अव जो विरह में वह जो चुहुटनी गुंजा ताकी माला वाके प्रान कों कपूर की सी तरह राषति है कपूर में गुंजा डारें उडै नहीं प्रान रूप कपूर कों राषति ज्यौं को अर्थ इहां मानौ रूपक अनुक्तास्पदवस्तूत्प्रेक्षा।

— ⋆ —

द्वैज सुधादीधिति कला। वह लषि डीठि लगाइ। मनौ अकास अगस्तिया।

---

190 हसि – हंसि - नी०ह०; हरि - भा०। उतारि – उतार - मि०स०। हिय – हीय - शि०; ही - वा०; उर - पा०मि०ह०। तै – तें - को०शि०मो०मु०गा०ह०; ते - पा०; तैं - नी०न०स०। दई – दयी - को०; दईं - मो०। तुम जु – तुमहि - शि०; तुम जू - वा०; तुम जो - पा०। तेही – तेहीं - उ०; तिहि - को०मो०नी०न०; तिही - वा०भा०; तहि (?) - पा०; तहि - मि०; तही - मु०; तिहिं - गा०वे०; तिंहिं - स०; ताहि - ह०। दिन – दिनी, 'नी' की मात्रा के गोलार्ध पर काटने का चिह्न - को०; दिना - न०मि०नी०। तिही दिन – छवीले - शि०। राषति – राषत - शि०मो०मि०न०वे०गा०स०। प्रान – प्रांन - को०वा०नी०न०वे०गा०स०; पांन - मु०। कपूर – कपुर - वा०। ज्यौं – लौं - उ०वा०मु०; ज्युं - को०; ज्यो - पा०; लों - मो०; ज्यु - गा०; ज्यों - वे०स०; लौ - भा०। प्रान कपूर लौ – तऊ षरी परी - शि०। वहै – वहि - को०; उहै - शि०; उहे - वा०; वहौ - नी०; वह - मु०; वही - ह०। चिहुटनी – चहुटनी - को०वा०मो०गा०वे०; चुहटनी - पा०नी०स०ह०; चुहरनी - मि०; चौंहटिनी - मु०; चहटनीं - न०; चुहुटनी - भा०। माल – मालि - को०। [०९१]

एकै कली लषाइ [०९२][191]

دوبج سدہادیدہت کلا و و لکہ دیتہ لکاي ۰ منون اکاس اکستیا ایکي کلي لکہاي [ظا۰ ۰۹۲]

अन० : कवि की उक्ति उत्प्रेक्षालंकार।

नर० : करुनारस। अन्योक्ति रे नर आगास के विषै द्वैज के चंद्रमा की दीधति क० किरन अरु कला वाकौं दीठि लगाइकै देषि क्योही जु चंद्रमा पूरन हुंतो सो अव मानों अगस्तिया की एकै कली सार सौ लषाइमान होति है –

> **हे सजनी उहि देषि भली विधि दीठि लगाय प्रतीचि दिशा कों। द्वैज सुधाकर की जु कला छवि छाजति है अति आदि निसा कों। एक कली है अगास अगस्तिका आन्हि पकी मनु जानति वाकों। एई अवै उपमा कहि आवत हेरि रही उपमा सव नाकों** [नर० ०९२]

कृष्ण० : यह चंद्रोदय वर्णनु सषी कौ वचनु नाइका सौ अगस्तिया के तरु तैं संकेतस्थल सूचनु ह्वै, जिते मिलीवे की अवधि सूचन साधारन ते कवि की उक्ति –

> **देषि उतै दुतिया के मयंक की कैसी कला नभ जोति जगी है। सो छवि चाहि चकोरनि की अवली हुलसी हिय मोद पगी है। यौ निरषी अरुनाई लियै उपमा कवि के उर मै उमगी है। मानहु व्यौंम अगस्ति के रूषहि एक कली पहिलेनि लगी है** [कृष्ण० ०९२] [192]

हरि० : गुरुजन पास नायिका है, घूंघट सों थोरो मुष उघारो है, नायक को सषी देषावति है आजु द्वैज है वह जो सुधादीधिति चंद्रमा ताकी जो कला है ताकों डीठि लगाय देषौ वह कहे सों यह जो चंद्रकला है ताको कहा देषति हौ यह चंद्रकला तौ मानौ आकस में अगस्ति वृछ ताकी एक कलीही सारीषी लषात है कली है मानौं सषी नायिका कों चंद्रमा देषावत है तहां सूधो अर्थ छल करि इष्ट साधै है पर्जायोक्ति चंद्र में अगस्ति वृछ की कली को संभावना उक्तास्पदवस्तु उत्प्रेक्षा।

— ⋆ —

गदराने तन गोरटी। ऐपन आड लिलार। हूंठ्यौ दै इठलाइ दृग। करै

[191] द्वैज – द्वेज - उ०; द्वेजु - मो०; द्योज - नी०। सुधादीधिति – सुधादीधति - को०शि०वा०नी०न०गा०स०; सुधादीधत - मु०; सुधादीधित - भा०। वह – उह - शि०वा०; यह - मु०; वहि - वे०। लषि – लष - गा०स०। डीठि – दीठ - को०शि०मु०वे०गा०स०; डीठी - वा०; दीठि - न०; डीठ - मो०। लगाइ – लगाय - को०मु०ह०; लगाईं - मो०। मनौ – मनौं - उ०मु०; मनो - को०; मनों - वा०मो०गा०ह०; मानौ - न०; मांनौं - स०; मांनो - वे०। अकास – अगास - को०शि०मु०न०वे०स०; आकास - वा०; आगास - गा०; अकाश - भा०। अगस्तिया – अगस्तियां - उ०; अगस्तीया - शि०; अगसितया - वा०; अगछिया - मो०; अगस्छियां - मु०; अगस्तिआ - ह०। एकै – एकें - वा०; एकैं - मो०न०; येकै - नी०। कली – कला - मु०; करी - न०गा०वे०। लषाइ – लषाय - को०मु०ह०; लषाईं - शि०मो०; उषाइ - न०। दोहा लुप्त - पा०मि०। [०९२]

[192] एक कली पहिलेनि - एक कला पहिलैही - नी०।

गवारि सु मार [०९३][193]

كدراني تن كورتي ائيپن اوپ لار • ہوتيون دي اتهلاي درک کري کنوار سمار [ظا• ۰۹۳]

अन० : स्मृति संचारी गुनकथन दसा तें पूर्वानुराग में नायक के वचन रूप अनुभाव हैं जाति वर्णनं अलंकारः।

नर० : नायक की पत्री। प्रलाप दसा। नायक कौ वैन सषी सौं हे सषी गदरानि क० जाडो सो तनु है और गोरे रंग है और लिलार कै विषै ऐपुनि की आडि है सो नेत्र लडे तासा करिकै ज्यों हूठ्यौ देत है ताते गुवार सुवार करि लेत है, सो कौन है –

> **है गदरानैं सरीर कों गोरटी सो चितचोरटी और न ऐसी। सारी वनी पचतोरिन की अरु ऐपन आर लिलार अनैसी। हूठ्योई देत वहै हवलै दृग रूप निकाई कही न परै सी। छाडि दई अव लोक की लीक गमार सु मार करै नववैसी** [नर० ०९३]

कृष्ण० : यह जातिवर्नन नाइका की सोभा नाइकु सषी सौ कहति है –

> **सोभा के भरत भरी रूप कैसे सांचै ढरी विनुही सिंगार छवि कही न परति है। ललित लुनाई सनै गदरांनै गात मै सरस तरुनाई आनि भरि औ भरति है। वदरारे वदन पै ऐपन की सोहै आड तैसियै चिवुक गाड मन कौ हरति है। सहज सुभाई इठलाईकै गवरि गोरी हूंठ्यौ दै चलाइ नैन घाइल करति है** [कृष्ण० ०९३] [194]

हरि० : नायक वचन सषी सौं। गदराने वाके तन हैं। कच्चा होय ताकों गदरा कहिए, परिपक्व जोवन नहीं है। गोरटी गोरी। पीस्या चांवर औ हरदी डार्‌यौ सो ऐपन, ताको आड लिलार में है। हूठ्यौ दै मूठी वांधि कटि मै हाथ लगाय अठिलाय, आंग मरोरै है। दृग नेत्र सों गवारि नायिका सुमार करै है, मूर्छित करति है। स्वभावोक्ति।

— ⋆ —

तंत्री नाद कवित्त रस। सरस राग रति रंग। अनवूडे वूडे तरे। जे वूडे सव अंग [०९४][195]

---

[193] गदराने – गदरामैं - उ०; गदरांने - मो०स०; गदरानै - न०मि०नी०गा०; गदरानें - मु०; गदरांनै - वा०न०। ऐपन – अएपन - उ०; औपनि - को०; एंपन - मो०; अपने - वा०; एपन - वे०स०। आड – आजि - उ०; आडि - को०शि०मो०; अंड - भा०। लिलार – लीलार - मो०। हूंठ्यौ – हुड्यों - को०; हुठ्यो - शि०वा०; हूठ्यों - पा०; हूड्यो - मो०; हूठ्यौ - भा०मि०ह०। दै – दे - को०शि०न०मि०मु०; दैं - मो०। इठलाइ – इठलाय - उ०मि०ह०; ईठलाय - को०मो०; ईठलाइ - नी०; इठलाई - गा०। दृग – द्रिग - शि०वा०न०गा०वे०; द्रग - भा०न०मि०नी०मु०; ढिग - स०। करै – करे - मो०; करति - भा०न०मि०नी०मु०। गवारि – गमार - को०; गवार - शि०वे०गा०स०; गंवारि - नी०ह०; गवारि - भा०। मार – मारि - को०; वार - स०। [०९३]

[194] वदरारे – वतुरारे - भा०; वटुराने - मि०नी०; भटरारे - मु०।

[195] तंत्री – तंती - न०। कवित्त – कवित - उ०; कवित्व - ह०। रति – रस - ह०। अनवूडे – अनवूडै - मु०। वूडे – (लुप्त) - वा०; वूडेत - नी०; वूडै - मु०। तरे – तिरै - मु०; फिरै - गा०; तिरें - न०; तिरे - शि०मि०ह०। जे – ते - न०मि०नी०। सव अंग – सरवंगु - मो०; वस अंग - गा०। [०९४]

تنتري ناد کبت رس سرس راک رت رنک • تِن ان بوري سي ترين جي بوري سب انک [ظا• ٠٩٤]

अन० : कवि की उक्ति सिद्धावचन। विरोधाभास वृत्यानुप्रास की संसृष्टि। शव्द मांझि सु विरोध है अर्थ माझि न विरोधु। अर्थ विरोधाभास को कहि जो हिएं प्रवोध॥ जहां वही पद पुनि परे अर्थ एकही होय। सो वृत्यानुप्रास है कहत सयाने लोय॥

नर० : प्रस्ताविक कवि विहारीदास कहतु है, रे नर तंत्री नाद कवित्त राग रतिरंग, इनके सरस रस मै जे न वूडे ते वूडे हैं और जे सव अंग करि वूडे ते तिरे है –

> **वीन को नाद कवित्त को स्वादरु औ रतिरंग मनोहर यो है। सुंदर राग लहै वडभाग करै अनुराग सवै मन मोहै। जे इनमै न वूडे सवे जन वूडे संसार समुद्रनि पोहै। जे इनमै सव अंगन वूडे है तेई संसार तिरै सव सोहै** [नर० ०९४]

कृष्ण० : यह प्रस्ताविक कवि की उक्ति –

> **तंत्री की मधुर धुनि ताल के विविध भेद रागु जामै सुरनु की विविध तरंग हैं। वचन विलास चातुराई के प्रकास चारु कविता सुदेस जहां रस की उमंग हैं। वाग की वहार नवनागरी सौ हिलिमिलि वहिरति अंतरित सुरत प्रसंग हैं। जगत मै वूडे जे न वूडे इन वातनु मैं तेरे तेई जेई इत वूडे अंग अंग हैं** [कृष्ण० ०९४] [196]

हरि० : कविवचन। तंत्री वीना ताको नाद ध्वनि औ कवित्व को रस मजा सो सरस होय नवोरस जामैं भगवद्विषयक होय औ राग रस कौ जो रंग आजु फलाना के गाइवे में रंगु भयो आजु रंग वरसै है रंग कौ अर्थ लछना सौ सुष कै चमत्कार। यामें जे अनवूडे नहीं, मग्न भए वै संसार मैं वूडे औ जो यामें सव अंग सो, मन वच क्रम सों, वूडे मग्न भए वै संसार सागर को तिरे पार भए पौरिके। विरोधाभास अलंकार, भासै जहां विरोध सो वही विरोधाभास।

— ⋆ —

सहज सचिक्कन स्याम रुचि। सुचि सुगंध सुकुमार। गनत न मनु पथु अपथु लषि। विथुरे सुथरे वार [०९५] [197]

سہج سچیکن سیام روچ سوچ سکندہ سکمار • کنت نہ من اپتہ لکہ بتہوري ستہوري بار [ظا• ٠٩٥]

---

[196] अंतरित – अति हित - नी०।

[197] सचिक्कन – सचिकन - शि०; सचिन - वा०; सचिकन - मि०; सुचिक्कन - मु०; शचिक्कन - ह०। स्याम – स्यांम - उ०न०वे०गा०स०; साम - वा०; श्याम - पा०। सुचि – शुचि - पा०। सुकुमार – सुकुमारि - को०; सुकुर - वा०; सुकमार - मि०न०। गनत – गनतु - उ०वे०गा०स०; रिनगतु - नी०; गिनत - मु०। न – (लुप्त) - नी०; नु - मि०। मनु – मन - को०वा०पा०मो०मि०मु०वे०गा०स०ह०। गनत न मन – गन मन तन - शि०। पथु – पथ - को०शि०वा०पा०मो०गा०स०ह०; मथ - मि०वे०। अपथु – अपथि - को०; अपथ - शि०वा०मो०मि०वे०गा०स०ह०; कुपथ - पा०। लषि – लिषि - मो०। विथुरे – विथरे - को०वा०; विथुरै - न०। सुथरे – सथुरे - उ०; सुथिरे - वे०। वार – वाल - उ०; वारि - को०। दोहा लुप्त - भा०। [०९५]

अन० : उक्ति नायक की स्मृति संचारी गुनकथन दसा पूर्वानुरग व्यंगि ह्यां सहज पद है ताकी सव ठोरि जोजना कीजे सहज सचिक्कना इनिके केस जो है सो सहज चिक्कन है ओर के सतैलादिक तें चिकन होत हैं तैसें नही। एसे सर्वत्र जोजना। दीपक अलंकार। ओर केस को उपमान मूल एसे या नायिका के केस वषाने है अरु ओर केस ते अधिक करि ताते अलंकार दीपक। दीपक समान सकल गुण प्रकाशक है।

नर० : केस सोभा सषी को वैन नायक सों। हो कान्ह राधिका के वार कैसे है कि सुभावे तौ चीकना है अरु काली रुचि है अरु निर्मल है अरु भली वासु है। अरु सुकुमाल है अरु सुथराई तै विथुरे से है, सो ऐसे वार तिनकरिकै राधाजू पथु अपथु क० दुर्जन सजन तिनकों देषिकै मनु तै गनति नांही है –

> **है अभिराम सचिक्कन स्यांम सुगंध के धाम है कोंरे घने है। लांक ते लांवे औ वाम को वामे है वेई अनोपम वाल वने है। ऐसे सुदेस सुषे विथुरे लषि पंथ अपंथ न चित्त गने है। यों छवि छाक अजांन लौं स्यांम सुजानहु हारति कांम तने है** [नर० ०९५]

कृष्ण० : यह नाइका के केसन की सोभा पै आसक्त नाइकु है सु नाइका सौं कहति है अथवा सषी सों कहति है –

> **निंदति है तमपुंज प्रभा जिनकी छवि हेरि सिलीमुष हारे। स्याम सुगंध सुभाइ सचिक्कन सोहत सुंदर लांवे लछारे। मैन मनौ अपने कर कै मषतूल के चोर वनाइ सवारे। देषतही मनु थाकि रह्यौ नवनागरि केस सुदेस तिहारे** [कृष्ण० ०९५] [198]

हरि० : सहजें स्वभाव तें विना फुलेल लगाए चिक्कन हैं स्यांम कांति है सुचि संस्कार किये सों पवित्र हैं औ सुकुमार हैं ऐसे सुथरे वार कों विथुरे विषरे देषिकै मन जाय चढै है पथ अपथ नहिं देषै है चीकने पर पावन ही ठहरै वार पथ है चढिवेकौं त्रिवली पथ है सीढी की अकृति है नायक नायिका के केस कौ समरन करै है स्मृति अलंकार सुमिरन भ्रम संदेह यह लछन नाम प्रकास।

— ★ —

सुरति दुराई दुरति नहि। प्रगट करति रतिरूप। छुटै पीक औरै उठी। लाली ओठ अनूप [०९६] [199]

سودوت دوراي دورت نہ پرکت کرت ات روپ ۰ چهوتين پيک اوري اوتهي لالي اوتهہ انوپ [ظا۰ ۰۹٦]

अन० : सषी की उक्ति सषी सों सुरतिलछिता नायिका भेदकातिसयोक्ति अलंकार।

---

198 निंदति – नंदत - मु०। हारे – वारे - मु०। कै – सौ, हाशिए पर भिन्न क़लम से - मु०।

199 सुरति – सुद्रुति – ‘द्रु’ का उकार भिन्न क़लम से - उ०; सुद्रुति - शि०मो०न०वे०स०भा०ह०; सुदत - वा०; सुरत - को०; सुति - मु०; सुद्रुठ - गा०। दुराई – दुराइ - मि०; दुराये - पा०भा०; दुरायें - ह०। दुरति – दुरत - वा०। नहि – नहिं - उ०ह०। प्रगट – प्रगटि - मि०न०। करति – करत - वा०मो०न०वे०गा०स०। रतिरूप – अति रूप - मु०। छुटै – छुटे - को०; छुटैं - वा०मो०; छुटत - पा०; छुटैं - नी०ह०; छुटे - मि०। औरै – औरैं - को०; उरै - वा०; ओरे - मो०; औरें - ह०। उठी लाली – उठै लाली - शि०। ओठ – औठ - उ०न०; औच - को०; उंठ - शि०वा०स०; वोठ - पा०मि०; ओप - नी०। अनूप – नरूप - को०। [०९६]

नर० : सुरतांत सषी कौ वैन नायका सों, हे राधे या भली दुति छिपाई छिपति नांही है, या तौ रति क्रिया कौ रूप परगट करति है, सो कैसे कि पान की पीक की लाली, ताकौ छांडिकै तेरै ओठ कै विषै अनूप सी लाली उठी है –

हे सषी तै रति कीनी भली भई कैसे दुराये दुरै हम जानी। यौ रतिरूप वन्यौ अति सुंदर ताहीतै आनि कही है निसानी। पीठ छुटैतै उठी सव औरही लाली अनोपम ओठ अजानी। ऐसी कहै तै गई गरि लाजति नैननि मै अति लाज लजानी [नर० ०९६]

कृष्ण० : सुरति के चिन्ह देषि सषी नाइका सौ कहति है। परकीया जो नाइका सषी सौ कहै तौ अन्यसंभोगदुःषिता होइ –

भूषन चारु वनाइ सजे कच फूल गुहे फिरि आड वनाई। हेतु कहा पलटै पट राधिके लीक कपोल की पोंछिकै आई। देत कहै रतिरंग की भांति अनूपम कांति दुरै न दुराई। पान की पीक छुटै अधरानि पै औरै कछू प्रगटी अरुनाई [कृष्ण० ०९६] [200]

हरि० : अन्यसंभोगदुःषिता नायिका वक्रता सों आदर करि कहति है हे सुद्रुति हे सुंदरि हू ती दुराए छपाए दुरति है नहीं तूं आपने रूपही सों नायक की रति को प्रगट करति है सो रूप कहति है नायक नै तेरो अधरपान कियो है तासौं पीक छूटि गई है औरै लाली ओठ विषै अनूप उठी है किंवा लछीता सों सषी वचन तहां ऐसो अर्थ तेरी सुंदरि जो दुति है रति के रूप कों प्रगट करति और वैसेही पहिला अर्थ में स्तुति सों निंदा व्याजस्तुति निंदा स्तुति सों होत जहां स्तुति निंदा को ज्ञान औरै पद सों दूनो पछ मैं अतिसयोक्ति औरै पद जहां दीजिए अधिकाई के हेत। अतिसयोक्ति भेदक वहै कहत सुकवि सिरनेत॥

— ⋆ —

वेई गडि गाडै परी। उपट्यौ हारु हिये न। आन्यौ मोरि मतंग मनु। मारि गुरेरनु मैन [०९७] [201]

ويئي كد كادين پرين اوبتهو ہار ہين • انيو مور متنك من مار كوريرن مين [ظا• ٠٩٧]

अन० : अधीरा षंडिता की उक्ति नायक प्रति। उत्प्रेक्षा रूपक की संसृष्टि। जहां कीजत संभावना वस्तु हेतु फल मध्य। तीन भांति उत्प्रेक्षा कठिन वरनत सुमति प्रसिद्ध॥ उपमा अरु उपमेय में भेद परें न लषाइ। तासों रूपक कहत हैं सकल सुकवि समुदाइ॥

---

200 अनूपम कांति – सु प्रेम की रीति - नी०।

201 वेई – वोइ - उ०; वेइ - वा०; वोई - पा०; वैई - मि०; 'व' लुप्त, ओ की मात्रा - मु०; वेईं - मो०। गडि – गड - शि०मु०। गाडै – गाडें - को०वा०मो०ह०; गाडे - शि०नी०; गाडी - मु०; गाडैं - न०। उपट्यौ – उपड्यो - को०; उपट्यो - वा०पा०मो०; उपड्यौ - मु०; उपटो - भा०। हारु – हार - को०शि०वा०पा०मो०मि०मु०वे०स०ह०। हिये न – हीयै न - गा०; हियै न - वा०स०; हिएं न - मो०ह०; हियै न - नी०न०वे०; हियैं न - मि०; हीये न - शि०मु०। आन्यौ – आन्यो - को०वा०पा०मो०वे०; आंन्यौ - मु०; आनो - भा०। मोरि – मोर - मि०मु०वे०; मारि - गा०। मनु – मन - को०शि०वा०पा०भा०मि०मो०मु०स०। मारि – मार - वे०गा०स०भा०। गुरेरनु – गुरेरनि - को०पा०ह०; गुलेलनु - शि०भा०; गुलेलनि - मो०; गलोलनि - नी०; गुरेरन - मि०मु०वे०स०। मैन – मैंन - उ०को०न०स०ह०; मेंन - मो०वा०मु०वे०। शि०भा०न०मि०नी०गा०) [०९७]

नर० : धीरा षंडिता नायका कौ वैन नायक सों हो कान्ह तुम्हारे यौ आन अस्त्री कौ हिया कै विषै उपट्यौ नांही है, यौ तौ तुमारो मन रूपी मतंग है तिनको मैन क० कांमदेव तिंन गिलोला सों मारिकै मोड आन्यौ है सो वे गिलोला गडिकै षाडां परी है–

> **वेई गडे गडि गाडो परी अति हो इनि हार हियै उपट्योई। आन्यौ है मोरि मतंग महामन मारि गिलोलनि मैंन हट्यौई। आज कहां रतिरंग रमे कहु कान्हर आपसों एत घट्यौई। जानत नांहि न ठौर कुठौरहि वोलत हो अहो वैन लट्यौई** [नर० ०९७]

कृष्ण० : यह नायकु सठ है, विनु गुन हार कौ चिन्ह मीठी वात कहि दुरावतु है, नाइक कौ वचनु नाइका सौ। नाइका नाइक सों कहै तौ षंडिताहूं होइ –

> **आजु मनमोहन मया कै मेरे आये लाल सोहत सिंगारु चारु मेरे मन मान्यो है। आलस वलित द्रग घूमत ललित गति सिथिल कलित रूपु मोहिनी सौं सान्यो है। कृष्ण प्रानप्यारे रह्यौ उर पै उपटि वह विनु गुन हारु तौ जातु जान्यो है। वेई गडि गाडे परी द्रग जो मतंगु मनु मदनौ गुरेरनि सौं मारि मोरि आन्यो है** [**कृष्ण० ०९७**] [202]

हरि० : नायक प्रात आयो है तहां नायक सों किंवा सषी सों अधीरा की उक्ति उपट्यो हार इएंन इनके हृदय में पराई स्त्री के गल को हार नही ए नायक सों मतंग हाथी है ताको मैंन काम गुलेलनि सों मारिकै मानौं मोरिकै फेरिकै आन्यो है वेई गडि गाडें परी वेई गुलेला की गोली गडी है ताकी गाड षाडा परी है मन को मतंग कहे गुलेला को उपटिवो नहीं संभवै, हार को उपटिवो छपायो गुलेला की मार को आरोप कियो सुद्धापन्हुति धर्म दुरें आरोप तें सुद्ध अपन्हुति जानि। क्रिया के आगे मनौ वाचक है याताइं अनुक्तास्पदा वस्तु उत्प्रेक्षा संभावन उत्प्रेक्षा वस्तु हेतु फल लेषि गज उपमान है नायक उपमेय नहीं है सो जान्यौ परत है साध्यवसाना लच्छना सौं रूपकातिशयोक्ति अतिसयोक्ति रूपक जहां केवलही उपमान सारोपा लच्छन सभाप्रकास मैं रोप्यमान जहां रहत है रोप्य विषै नहिं होय। रोप्य विषै जान्यो परै साध्यवसाना सोय॥ आरोप या मतंग नायक आरोप्य विषय।

— ⋆ —

नैक न झुरसी विरहझर। नेहलता कुम्हिलाति। नित नित होति हरी हरी। षरी झालरति जाति [०९८] [203]

---

[202] सोहत – सहित - नी०। द्रग – अंग - नी०।

[203] नैक – नेक - को०पा०भा०; नेंक - वा०; नेंकु - मो०ह०; नैकु - नी०; नैंकु - मु०; नैंक - न०स०। झुरसी – झरसी - उ०पा०मो०मु०न०वे०गा०स०; झरहसी - शि०; झूरसी - वा०; झससी - मि०। विरहझर – विरहझल - शि०। नेहलता – नेहुलता - मो०। कुम्हिलाति – कुमलात - को०वे०स०; कुमिलात - शि०मि०; कुमिलाति - वा०पा०मु०; कुमिलाईं - मो०; कुमलाति - न०गा०; कुम्हिलाइ - भा०; कुंमिलात - ह०। नित नित – षिन षिन - उ०; छिनि छिनि - शि०; छिन छिन - वा०; दिन दिन - मो०; नित प्रति - पा०मु०; निति निति - न०गा०। होति – होत - को०मो०नी०न०वे०गा०स०। हरी हरी – हरि हरि - को०। षरी – पार्श्व पर भिन्न क़लम से - स०; परि - को०। झालरति – झालरिति - शि०वा०; झालरी - मु०; झाररत - वे०। जाति – जात - को०वे०गा०स०; जांइ - मो०; जाइ - भा०। [०९८]

[205]نیک نہ جہورسي[204] برہجہر نیہ لتا کوملات • نت نت ہوت ہري ہري کہري جہالرت جات [ظا• ٠٩٨]

अन० : सषी की उक्ति सषी सों। आश्चर्य संचारी करी नायिका प्रोषितपतिका। रूपक अलंकार।

नर० : सषी की पत्री। हो कान्ह तुम्हारे विरह की झल है सो अगनि की झलसार सी है तौउ नेह की वेलडी नैकही कुमिलाति नांही है, सांमौ नितप्रति नीके ह्वैती जाति है अरु झालरति क० फैलाव ह्वै जाति है –

> **नेहलता नहि नैक झुरी न गई कुमिलाइ वियोग कै झारै। तेज तताइ भई रहि भीतर मानौ दवागि समांन पजारै। वासर वासर होत हरी हरी पावस ज्यों वनवीथि विहारै। फैलि रही अति पातन सों अव झालरती भई जात निहारै** [नर० ०९८]

कृष्ण० : यह नाइका प्रोषितपतिका नाइका नाइक कौ वचन –

> **नंद के दुलारे न्यारे भए जवहीतें तवहीतें वह ताती ह्वैकै छाती अकुलाति है। सुधि आए घरी घरी सूल सो सालत उर प्रांन परे परवस कछू न वसाति है। दारुन विरहझरु जदपि सनेहलता झुरसी तदपि नैकहूं न कुभिलाति है। दिन दिन छिन छिन उमगि अधिक होति हरी हरी षरी षरी झलरति जाति है** [कृष्ण० ०९८] [206]

हरि० : सषी सों सषी की उक्ति किंवा नायिका की उक्ति सषी सों। विरह की झर ज्वाला तासों झुरसी अधवरी ऐसी जो नेहलता है सो नेंकु थोरी भी नहीं कुमिलाति है म्लान नहिं होति है नितिनिति हरी हरी महमही होति है षरी अति झालरति जाति है फैलती जाति है। झुरसिवो कारन है, कुमिलानो कार्ज नही उपजत है। विशेषोक्ति विशेषोक्ति जो हेतु सों कारन उपजै नाहि।

— ⋆ —

हेरि हिडोरे गगन तें। परी परी सी टूटि। धरी धाइ पिय वीचही। करी षरी रस लूटि [०९९] [207]

ہیرہنڈوري ککن تین پري پري سي توت • دہري دہاي پیہ بیچہن کري کہري رس لوت [ظا• ٠٩٩]

---

204 جہورسي - جورسي - ظا•

205 جہالرت - جہاکرت - ظا•

206 सूल सो – सूल हो - नी०।

207 हेरि – हेर - मु०स०। हिडोरे – हेंडोरे - उ०; हीडोरे - शि०; हिंडोरै - न०; हिंडोरें - मो०; हिंडोडै - गा०; हिंडोरे - स०; हिडोरै - भा०; हिंडोरो - ह०। गगन – गगनु - न०; गंगंन - नी०। तें – तैं - उ०मि०स०; ते - वा०पा०नी०; तै - न०गा०। परी परी सी – परि परी सी - शि०। टूटि – टुटि, इकार का अर्धगोलार्ध मात्र - उ०; तुटि - मु०; टूट - स०। धरी – धाय - भा०। धाइ – धाय - मो०मि०मु०ह०; धरी - भा०। पिय – पियें - उ०; पीय - शि०वा०मु०। वीचही – विचही - उ०नी०न०; वीचिही - वा०गा०; वींचहीं - मो०। लूटि – लूट - शि०स०; लुटि - वा०मो०; लूंटि - मु०गा०। वे० प्रति खंडित होने से इसमें [०९९] से [१०४] तक का दोहा पाठ लुप्त है। दोहा लुप्त - को०वे०। [०९९]

अन० : उक्ति सषी की सषी सों त्रपा भासति है तथा आलिंगन उत्कंठा दोनो भासत है। त्रपा भासे तहीं मुग्धा नायिका जव आलिंगन उत्कंठा भासे तहां क्रियाविदग्धा अरु सन्मुष नायक प्रति वचन तहीं षंडिता। हे प्रिय इत संवोधन। उपमा पुनरुक्ताभास को संकर। भासे जहां पुनरुक्त सों पे पुनरुक्त न होय। पुनरुक्तवदाभास सो कवित रीति अव लोय॥

नर० : तमासे को मिलन सषी कौ वैन सषी सों। हे सषी नायका गगन कै विषै तै नायक अथवा सजन कों हेरिकै परी की परै टूटिकै परी तव वाके पिया नै वीचही ते आवती कों दोरिकै पकरी अरु वाकौ रस लूटिकै षरी करि दीनी –

> **एक समै वृषभानसुता हरि हेरि हिंडोरन तैंनु षरी है। ऐसे मैं नंदकुमार विराजे परी नभतै मनों टूटि परी है। आवत नार सुनाह निहार अचानक धायकै वीचि धरी है। ऐसी अतर्कित वांनिक तै सषि पीतम नै रस लूटि करी है** [**नर० ०९९**]

कृष्ण० : यह नाइका मुग्धा है, हिडोर तै नाइक को देषि सु टूटि परी। सषी को वचनु सषी सौ –

> **वाल छवीली सषीनु के संग वनीठनी झूलति रंग हिडोरै। नंदललै लषी ऊचे से टूटि परी ज्यौं परी अति लाज निहोरै। प्रानपियारे ने वीचही धाइ करी रसलूटि लई भरि कोरै। चोले की चूनरी चारु कुसुंभी सुगंध सनी दमकै तन गोरै** [**कृष्ण० ०९९**] [208]

हरि० : सषी सों सषी हिंडोरो सोहै गगन आकास तातें नायक कों नजीक हेरिकै किंवा हे सषी तूं हेरि परी सी अपसरा सी टूटि परी धरी धायकै पिय ने वीचही में धरती में नहीं परिवे दीनी कुच कपोल को स्पर्ष करिकै करी षरी तव धरती ते षडी करी किंवा जैसे कहत हैं फलाना के वीच फलना वोलि उठ्यौ वीच शव्द कहूं आगे कों भी कहत हैं पिय के वीचही पति के आगे ही उपपति ने धरी आगे वही अर्थ घरी कौ अर्थ अति लीजिये तौ पति ने देषत उपपति ने अंग सों लगाई यही अति रस लूटि किंवा षरी को अर्थ साची कुच को अर्थ ग्रहन कियो साची रस लूटि करी। हिंडोरा गगन रूपक, परी सी उपमा।

— ★ —

नैक हसोही वानि तजि। लष्यौ परत मुष नीठि। चौका चमकनि चौंध मै। परत चौंध सी डीठि [१००] [209]

---

[208] झूलति – डोलति - मु०। चोले – चाले - नी०। चरणों का क्रम १ - ४ - २ - ३ - मु०।

[209] नैक – नैंकु - उ०ह०; नेक - को०पा०नी०; नेंक - वा०; नेंकु - मो०; नैंक - न०स०। हसोही – हसोहीं - उ०; जसोंही - वा०मो०; हसोंही - स०; हसौंही - न०मि०नी०; हसौही - मु०; हंसौंहीं - ह०। वानि – वांनि - को०वा०मो०स०; वान - शि०मु०। लष्यौ – लष्यो - को०शि०वा०पा०मो०गा०। परत – परतु - उ०न०गा०; परति - मि०। मुष – मुह - शि०; मोह - वा०; मुषु - न०गा०। नीठि – नीठ - शि०मो०गा०स०मु०; नींठि - न०। चौका – चोका - को०वा०मो०; चौंका - न०नी०। चमकनि – चमकति - उ०मु०; चमकत - शि०वा०मो०; चमकिनि - गा०। चौंध – चौध - उ०गा०; चोंधि - को०; चोध - वा०; चौधि - पा०मो०नी०। मै – मैं - को०शि०न०स०मु०; में - वा०मो०ह०। परत – परति - न०मि०नी०। चौंध – चौध - उ०गा०मि०मु०; चोंधि - को०; चोध - वा०; चौधि - पा०मो०; चौंधि - नी०। सी – री - मु०। डीठि – डिठि - को०; डीठ - मो०; दीठि - न०गा०न०मि०नी०ह०; दीठ - स०मु० [१००]

نیک ہنسوہین بان تج لکہوپرت مکہ نیتہ ۰ چوکا چمکني چونده مین پرت چونده سي دیتہ [ظا۰ ۱۰۰]

अन० : नायक अथवा सषी स्तुति करत है। काव्यलिंग अलंकार।

नर० : सषी कर्म सिक्षा सषी के वैन नाइका सों। हे राधे नैक हंसोही वानि छाडि देहु याते नायक सो तेरे मुष सा मौनी नीठ सो देष्यौ जातु है सो क्यूं कि तेरे दांतां के चौका, तिनकी चमकनि की चौंध, तिनसों नायक की चौंधि सी नजर ह्वै जाति है –

> **आपनी नैक हसौही बान है छांडि दै वाहि कह्यो करि मेरो। आनन ओप छटा छवि छाजत नीठही देषि परै मुह तेरो। यौं सव नैन चकोर छये रहै छूटति नाहि लगे रहै घेरो। चौका चमक्कनि चौंध के भीतर डीठकौ चौंध परै बहुतेरो** [नर० १००]

कृष्ण० : यह अकारन हांसी जानि गुरु सषी नाइका सौ सिच्छा के प्रसंग मै चौका की चमक की करै अथवा नाइकु ह्वै नाइक सौं कहै तौ संभवै –

> **सीसफूल झलकतु तिलकु झलमलातु जोति को समूह जगमगतु अमंदु है। भाल की चिलक चारु झलक कपोलन की उमग्यो परतु अति दुतिनि को वृंदु है। हा हा वलि नेकु मुसुकानि कानि वानि तजि चकित ह्वै रहतु चतुर नंदनंदु है। चौका की चमकही चषनु चकचौंधी होति चाह्यौ न परतु नीके चारु मुषचंदु है** [कृष्ण० १००]

हरि० : हास्य वर्णन। नायिका नायक पास वैठी है तहां सषी तारीफ करति, सीष देति है, नायक तेरो मुष की ओर देषि रह्यो है तुं नेकु हंसोही वानि तजि तेरो मुष नायक को कैसेहूं देष्यौ जात है। चार दांत आगला सो चौका, ताकी जो चमकनि ताकी जो चोंध छवि की झलझलाहटि चाक चक्यता में डीठि कहिए, देषिकै चौध सी चकचोंधी सी परति है, किंवा दृष्टि में चोंध सी परति है। अनुक्तास्पद वस्तूत्प्रेक्षा। इहां काव्यलिंग अलंकार भी है, मुष को नीठि देषिवो, दांत की चमक सों समर्थित करै है।

— ⋆ —

प्रगट भए द्विजराजकुल। सुवस वसे व्रज आइ। मेरे हरौ कलेस सव। केसौ केसौराइ [१०१][210]

[210] प्रगट – पृगट - पा०। भए – भये - पा०मो०। द्विजराजकुल – दुजराजकुल - उ०न०; यदुराजकुल - शि०; दुजाराजकुल - वा०। सुवस – सुवसु - उ०न०; सोव - ह०। वसे – वसै - न०; भए - ह०। व्रज – वृज - उ०पा०न०। आइ – आय - को०वा०मु०ह०; आई - मो०। मेरे – मेरो - शि०; मेरो, ओकार की खड़ी पाई पर काटने का चिह्न - न०। हरौ – हरो - को०शि०वा०मो०मु०। कलेस – कलेश - वा०। केसौ – केसो - को०शि०मो०न०गा०; केशव - पा०। केसौराइ – केसौराय - उ०को०मु०ह०; केसोराइ - शि०गा०; केशवराइ - पा०; केसोराई - मो०। दोहा लुप्त - न०स०भा०मि०नी०। [१०१]

پرکت بهي جدوراج کل بسي سوبس برج اي • ميري هرو کليس سب کسو کسوراي [ظا• ١٠١]

अन० : भक्त को वचन करुणा रस। मनोरथ रूप इच्छा संचारी वचन अनुभाव तें केसो केसोराय, मेरे सव के संसार दुष दुषित जेते हैं तिनके रस पक्षे नायिका को विरह मे वचन मेरे अरु ए व्रजजन सवके कलेस, त्रिविध ताप, विरह व्यथा, हरो मिटाओ। सो कोन से द्विजराजकुल, चंद्रकुल प्रगट भये, सुवस व्रज वसे सो। दोनो पद एकार्थ प्रार्थना वा प्रार्थनाभंगे रसपक्षे सो राजकुल के सोय आय मेरे कलेस हरो। नातरु सुवस वसके द्विज दांत प्रगट भये इति। लोकगति अलंकार। भक्तपक्षे काव्यलिंग अलंकार।

नर० : भक्तजन वाक्य, कवि विहारी कहत है, जो दुजराज कुल कै विषै परतक्ष्य भए है, अरु आनिकै वृज कै विषै सुवसु वसे हैं अरु सवकै कलेस हरतु हैं, सो केसोराइ मेरे कलेस हरौ। और अरथ, कवि विहारीदासु कहतु है एतौ दुजराजकुल, क० व्राह्मण के वंस में प्रगट है अरु वे जो दुजराजकुल क० सोमवंस के विषै आनिकै सुवसु वसे हैं सो कौन, कि केसो जो मेरौ पिता अरु केसौराय जो श्रीकृष्णजू, मेरे सवही कलेश को हरौ –

जो कुल है दुजराज कौ ऊतम वाही नै आपनो जन्म लह्यौ है। आई सुवास वसे व्रज वीच सो नंद को वंधि कलंक गयौ है। पूतना प्रान किये पयपाननि वाके विमाननि वास लयौ है। सो प्रभु मेरे कलेस हरौ सव केसवराय करार दयौ है [नर० १०१]

हरि० : केशव विहारी को पिता औ केशवराय भगवान। द्विजराज चंद्रमा के कुल में जो भगवान प्रगट भए, सोई द्विजराज ब्राह्मन श्रेष्ठ के कुल में अब व्रज में आए भए हैं, हमारे कलेस को हरौ। श्लेषालंकार।

— ⋆ —

केसरि के सरि क्यौं सकै। चंपक कितकु अनूप। गात रूप लषि जात दुरि। जातरूप कौ रूप [१०२][211]

کيسر کيسر کيون سکي چمپک کتک انوپ • کات روپ لکه جات دور جات روپ کو روپ [ظا• ١٠٢]

---

211 केसरि – केसर - शि०न०स०मि०; कैसर - गा०; केशरि - भा०। के – कै - उ०न०ह०; क्यौ - पा०भा०। सरि – सर - शि०गा०स०मि०। क्यौं – क्यौ - उ०वा०; कै - पा०भा०; को - मो०; क्यों - गा०; करि - मि०। सकै – सके - मो०मु०; सकौं - न०। चंपक – चंपकु - उ०मो०न०भा०मि०मु०। कितकु – कितक - को०वा०पा०स०; कितकि - गा०; कितिकु - भा०; चितकु - मि०; केतिक - ह०। अनूप – अनुप - को०; रूप - ह०। रूप – रूपु - उ०। लषि – लषि – 'ल' के आगे काकपद, पार्श्व पर भिन्न क़लम से 'षि' - उ०। जात – जातु - उ०मु०। दुरि – दूरि - को०पा०; दुर - मि०। कौ – को - को०वा०पा०मो०भा०ह०। दोहा लुप्त - नी०। [१०२]

अन० : जो सषी की स्तुति नायका प्रति होय तो स्तुति, जो नायक की होय तो स्मृति संचारी गुनकथन दसा वचन अनुभाव करि अनुराग व्यंगि। प्रतीपालंकार।

नर० : अंग सोभा सषी कौ वैन नायक सों। हो कान्ह राधिका कौ गात कैसे हैं कि केसरि तौ वरावरी कैसे करि सकै और चंपकु कितौक अनूप है और वाके गात कौ रूप देषिकै जो जातरूप क० सोनौ, तिनकौ रूप छिप जात है –

> **केसर वाके समान कहा तें सवै गुन आइ मिलै नहिं जानौ। चंपक है अति उत्तम पीक सुगंध सच्यौ नहि होइ समानौ। अंग अनोपम की छवि कौ लषि रूपकौ रूप कहो ठहरानौ। हाटक हेरि हराय गयो तव नै मनो पाथर जाय दुरानौ** [नर० १०२]

कृष्ण० : इह नाइका के अंग की दिपति सषी नायक सों निवेदन करति है –

> **चंपकु चमक चोजु कुंदन मैं कहा ओजु केसरि कुसुम को जु संग**[212] **करै गात की। कोकिला की कूकहू ते पावन**[213] **पियूषहू ते मधुर मयूषहू ते मधुराई वात की। मैनकाहू मैनहू ते मैन दुति रही दवि मैन गिरिधर ऐसी मैन वनी तात की। देषे द्रगभास मृग जात पछितात मन जल जलजात जलि जात जलजात की** [भा० १०२]

हरि० : नायिका सौ नायक की औ सषी की उक्ति, किंवा सषी की उक्ति नायक सों। केसरि जो है सो रंग की सारि कहिए, वरावरी क्यौं करि सकै। काकु स्वर सों न करि सकै, चंपा को केतिक, केतनो रूप है, काकु ध्वनि सों कुछ नहीं। चंपक कितक अनूप, यह भी पाठ है। गात को रूप देषिकै जातरूप, कनक, को रूप दवि जात है। प्रतीपालंकार। अनआदर उपमेय ते जव पावै उपमान। केसरि, चंपक, जातरूप ने अनादर पायो।

— ⋆ —

मकराकृत गोपाल कै। सोहत कुंडल कान। धस्यौ मनौ हियघर समर। ड्योढी लसत निसान [१०३][214]

مکراکرت کوپال کین سوہت کندل کان • منون دہرو ہہ کہر سمر جون دور لست نسان

[ظا • ۱۰۳]

---

212 संग – सेग - भा०; सैध - मि०; नी० में छंद त्रुटित।

213 पावन – पानिप - भा०।

214 मकराकृत – 'त' में इकार बाद में - उ०; मकराकृति - गा०स०मि०; मकराक्रत - नी०ह०। कै – कौं - उ०; कें - शि०; के - पा०न०गा०भा०; कैं - ह०। सोहत – (लुप्त) - पा०; कुंडल - भा०नी०ह०; सोहै - मि०। कुंडल – झलकत - भा०; सोहत - नी०ह०। कान – कांन - उ०शि०वा०मो०न०गा०मि०मु०नी०ह०; झलकत कान - पा०; कांनि - स०। धस्यौ – धर्‌यौ - शि०वा०; धर्‌यो - पा०मो०; मांन्यौ - न०; मनों - गा०स०; मनौ - भा०मि०; धरत - मु०; मन्यौ - नी०। मनौ – मनौं - उ०मु०; मनों - शि०; मनो - पा०मो०; धर्‌यौं - न०; धर्‌यौ - गा०नी०; धस्यौ - स०; धसौ - भा०; धस्यो - मि०; समर - ह०। हियघर – हियधर - उ०वा०पा०मो०गा०भा०नी०ह०; हीयधर - शि०; हियैधर - न०; हियधरु - मि०; हीयघर - मु०। समर – समरु - उ०मि०; मनौ - ह०। ड्योढी – डौढी - गा०स०। लसत – लसति - न०। निसान – निसांन - उ०शि०वा०मो०न०गा०स०मि०मु०ह०; निशान - पा०भा०। दोहा लुप्त - को०। [१०३]

अन० : गुणकथन पूर्वानुराग तें परकीया की उक्ति व्यंगि उत्प्रेक्षा रूपक को संकर। जहं कीजतु संभावना वस्तु हेतु फल मद्ध। तीनि भांति उत्प्रेक्षा कठिन वरनत सुमति प्रसिद्ध॥ उपमानरु उपमेय में भेद परें न लषाय। तासों रूपक कहत है सकल सुकवि समुदाइ॥

नर० : कुंडल सोभा सषी कौ वैन नायका सों, श्रीगोपालजू कौ कानां कै विषै मकराकृत कुंडल सोभत हैं, सो कैसे कि समर हिया रूपी घरि कै विषै पैठो है सो मानों तिनके निसान डोढी कै वारै सोभायमान है –

> **कुंडल मोहत है मकराकृति कानन कान के यों छवि छाजै। देषै ते और सुहायन सुंदर ऐसेही सोहने रूप सौ साजै। आपने हीय धस्यो मकरद्धज ढोडी धस्यौ मानो केतु विराजै। अच्छ प्रतच्छ जराव जरे अति आघ अपार सुरंग समाजै** [नर० १०३]

कृष्ण० : यह श्रीकृष्णजू को ध्यानु है अरु तरुनाई आइ हृदय मैं कह प्रवेस भयौ यह प्रयोजनु –

> **मैं निरष्यो व्रजराजलला द्युतिपुंज हिये हित साजि रहे है। कृष्ण कहै द्रग दीरघ देषि प्रभात के पंकज लाजि रहे है। मंजुल काननि मैं मकराकृत कुंडल यौ छवि छाजि रहे है। मानौ मनोज धस्यौ हियमंदिर द्वार निसान विराजि रहे है** [कृष्ण० १०३]

हरि० : नायक के पच्छ की सषी नायिका को आश्चर्ज सोभा सुनायकै मिलायो चाहति है। मकर जो ग्राह ताकी है आकृति स्वरूप जाको, ऐसो जो कुंडल सो गोपाल के कान सोहत है, सोभा पावत है किंवा कान में सोहत है, तर्क करै है। समर जो है काम, सो हिय जो मन सो है घर, तामै पैठ्यो है। श्रवन द्वारे तेरो रूप गुन सुने तें मानो ड्योढी पै यह निसान लसत है। काम मकरध्वज है, कुंडल वस्तु मैं निसान की संभावना उक्तास्पद, वस्तूत्प्रेक्षा।

— ⋆ —

षौरि पनिच भृकुटी धनुष। वधिकु समर तजि कानि। हनत तरुन मृग तिलक सर। सुरक भाल भरि तानि [१०४][215]

کہور پنچ بہرکوتي دہنکہ بدہک سمر تج کان ॰ ہنت ترون مرک تلک سر[216] سرک بہال بہر تان [ظا۰ ١٠٤]

[215] षौरि – षोरि - को०शि०वा०पा०न०गा०मु०; षोर - स०मि०। पनिच – पनच - को०शि०वा०गा०स०मि०ह०; पनछ - मो०। भृकुटी – भृगुटी - को०गा०; भ्रकुटी - नी०। धनुष – धनुषु - उ०। वधिकु – वधिक - वा०मो०मि०मु०ह०; वधकु - स०। समर – समरु - उ०न०मि०नी०। कानि – कांनि - उ०को०वा०मो०ह०; कांन - शि०न०गा०स०मु०। हनत – हनतु - उ०मि०; हनति - को०मु०। तरुन – तरुनि - न०। मृग – म्रग - नी०। तिलक – तिलकु - उ०; तीलक - मो०। सर – सरु - उ०न०। सुरक – सुरकि - को०पा०। भाल – ता(?)लि - उ०; भालि - वा०। भरि – भर - स०मु०। तानि – तान - शि०; तांनि - वा०न०ह०; तांन - गा०स०मु०। दोहा लुप्त - भा०। [१०४]

[216] تلک سر - تلک سن - ظا۰

अन० : उक्ति नायक की स्मृति संचारी। परकीया नायिका रस व्यंगि। रूपकालंकार।

नर० : अद्भुत रस सषी कौ वैन सषी सौ, हे सषी, राधिका के भृकुटी है सो धनुष है, और केसरि की षोरि है सो पनिंच है, और तिलक है सो तीर है, और सुरक है सो भाल है, और समर है सो भील है, सो तरुन रूपी मृग है, तिनकौ कसीस भरिकै हनतु है –

> **ज्यों हम षोरि को जानत है अरु भोंह क वान कहै सव कोई। आपनी कान सवै तजिकै वधिकारक है रतिनायक सोई। मारत है अति पैज करै मृग वाही के यौ तरुनाई मै होई। कै डिग कै हठ कै भर भालही चंद्रक वान के लेत निपोई** [नर० १०४]

कृष्ण० : यह नाइका कुलटा। ललाट शृंगार है सु सषी नाइका सो कहतु है, नाइक नाइका सो कहै –

> **कुंचित भौह कमान लसै तिहिकौ जिहिकौ सरि षौरि वनाई। ताकौ लै तीरु कर्यौ तिलकै सुरकै गहि तापर भाल लगाई। षेलत जोवन के वन मे इहि साज सिकार मनौजु अठाई। हेरि हनै जु प्रवीन कुरंगनि हीन दया उर कै कठिनाई** [कृष्ण० १०४]

हरि० : नायक स्मरण करै है। तिरछा तिलक, षौरि सोहै है, पनच, गुन; भृकुटी सो धनुष व्याध काम है, कानि कहिए मर्जादा को छोडिकै मारत है तरुन जो पुरुष सो है मृग षौरि के वीच में जो तिलक सो सर है। नाक पर को तिलक सो सुरक सोई भाल फल ताको भरि तानि पूरौ षैंचि। इहां सर्वांग रूपक। उपमानरु उपमेय सों भेंद परै न लषाय। तासों रूपक कहत हैं सकल सुकवि समुदाय।

—★—

नीको लसत लिलाट पर। टीको जटित जराइ। छविहि वढावत रवि मनौ। ससिमंडल मै आइ [१०५][217]

نیکو[218] لست للار پر تیکو جتت جراي ٠ چبہ بداوت[219] رب منون سس مندل مین اي
[ظا٠ ١٠٥]

---

217 नीको – नीकौ - उ०शि०न०गा०स०मि०। लसत – लसतु - उ०न०गा०मि०; लसतनि - वे०। लिलाट – लिलार - उ०; ललार - को०; लिलट - शि०; ललाट - न०गा०मि०ह०। पर – परु - उ०; परि - मो०न०वे०; पर, 'र' में इकार बाद में - गा०। टीको – टीकौ - उ०न०स०मि०; टीकों - शि०पा०। जटित – जटति - उ०मु०; जडीत - को०; जरति - वे०; जरतु - गा०; जरत - स०। जराइ – जराय - उ०को०मो०ह०। छविहि – छवहि - मि०; छविह - मु०। वढावत – वढावतु - उ०वे०गा०; वढायत - शि०; चढावतु - न०; वढावति - मि०। मनौ – मनौं - उ०वा०न०स०मु०; मनो - को०पा०; मनों - शि०मो०वे०गा०ह०। ससिमंडल – शशिमंडल - वा०पा०स०; सशिमंडल - न०; ससमंडल - गा०; ससिमंडिल - मु०। मै – मैं - को०न०स०मु०ह०; में - वा०मो०वे०; मे - पा०नी०। आइ – आय - को०मो०ह०। दोहा लुप्त - भा०। [१०५]

218 نیکئي

219 پتاوت

अन० : उक्ति सषी की होय तो स्तुति। जो नायक की होय तो अनुराग व्यंगि। उत्प्रेक्षालंकार।

नर० : सषी कौ वैन सषी सौ, हे सषी राधिका के ललाट के विषै मानक के जराव तै जर्यौ टीकौ भलौ सौ सोभतु है, सो मानों शशिमंडल के विषै रवि आयकै आपनी छवि कौ वढावतु है –

है अति सुंदर आनन ओप लिलार के वीच लसै अति टीकौ। लाल जवाहर सों जरिकै अहो जानत हों मन भावत पी कौ। वाकी अनोपम ओप वनी मानो आसव हेरति राजवली कौ। आइकै ओप वढावत है ससिमंडल वीच मनो रवि नीकौ [**नर० १०५**]

कृष्ण० : यह लिलाट पै टीको है ताकी उपमा सषी नाइक सौ कहति है। नाइकु सषी सो कहै तौ कवि की उक्ति होइ –

जोवन जोति जगम्मग होति सिंगार प्रभा सरसावतु है। रीझि रहै लषि लाल के लोचन मोहु हिये भरि आवतु है। सोहतु टीको जराइ जसौ तिय भाल महाछवि छावतु है। मानहु चंद के मंडल मै दिननायक सोभा वढावतु है [**कृष्ण० १०५**]

हरि० : सषी नायिका की स्तुति करै है, नायक सों। जराउ सौ जर्यौ जो है सोने को टीको सो ललाट पै नीको सोहत है। टीका भयो रवि, ससिमंडल है मुष, तामै आयकै मानों छवि को वढावै है, आकास मैं घटवै है इहां उक्तास्पद वस्तूत्प्रेक्षा। टीको वस्तु उक्त है, तामै रवि को संभावना।

— ⋆ —

जेती संपति कृपन कै। तेती सूमति जोर। वढत जात ज्यौं ज्यौं उरज। त्यौं त्यौं होत कठोर [१०६][220]

جيتي سمپت كرپن كين تيتي سومت جور • بدہت جات جيون جيون اورج تيون تيون ہوت كتہور [ظا • ١٠٦]

अन० : कवि की उक्ति। कृपन प्रशंसा। दृष्टांत अलंकार।

नर० : कवि विहारीदास कहतु हैं, कृपनु आदमी के जेती संपति की जोर ह्वै, तेतीही ताके सूमति ह्वै; सो कैसी परै कि अस्त्री के ज्यों ज्यों उरोज वढै, त्यौं त्यौं कठिन ह्वैत जाइ –

तोहि कहूं सुनि या भव की गति एक अनेक सुभाय लसे रे। याही मै या विध पूरव के कृत आइ परी कवहूं निकसे रे। जेतीए संपत होत है सूम कौ तेतिय सूमत वास वसेरे। ज्यों ज्यों वढै अति ऊचे उरोजन त्यों त्यों ह्वै जात कठोरक मेरे [नर० १०६]

[220] जेती – जेंती - उ०; जेति - वा०। संपति – संपत - शि०स०। कृपन – कपिन - पा०; कृपनु - न०गा०; क्रपन - मि०; सूम - ह०। कै – कें - शि०; कैं - वा०स०न०मि०नी०; के - पा०न०गा०; कों - मो०। तेती – तिती - ह०। सूमति – सूंमति - उ०शि०मु०ह०; सौंमति - वा०; सुंमति - न०स०; सुमन - गा०; सुमत - मि०। जोर – जोरि - गा०। वढत – वढतु - न०। जात – जातु - न०। ज्यौं ज्यौं – ज्यों ज्यों - वा०गा०स०; ज्यो ज्यो - पा०; ज्यो - मो०। त्यौं त्यौं – त्यों त्यों - वा०मो०गा०स०; त्यो त्यो - पा०। होत – होति - न०। कठोर – कठौर - उ०शि०। दोहा लुप्त - को०वे०भा०। [१०६]

कृष्ण० : यह प्रस्ताविक। कृपन के जितनी संपति, तेतनियै कृपनता, ताकौ दृष्टांतु। कवि की उक्ति –

> **कौनहू भाग प्रभाइ के दाइ सौ सूम नै जौ कहूं संपति पाई। त्यौं वह होत षरौई कठोर विलोकियै सूमति की सरसाई। ताहि निहारि कह्यौ चहियै कछू वात यहै कवि के जिय आई। ज्यो ज्यो उरोज वढै तिय के उर त्यो त्यो गहै अतिही कठिनाई** [कृष्ण० १०६]

हरि० : जेतनी संपति कृपन को वढै तेतनी सूमति, कृपनता जोर होय, अधिक होय। उरज, कुच, जैसे जैसे बढै है, तैसे तैसे कठोर होत है। दृष्टांतालंकार।

— ⋆ —

लसत सेत सारी ढप्यौ। तरल तरौना कान। पर्‌यौ मनौ सुरसरि सलिल। रवि प्रतिविंव विहान [१०७][221]

لست سیت ساري دہپو ترل ترونان کان ۰ منون پریو سُرسر سلل رب پرتبنب بہان
[ظا۰ ۱۰۷]

अन० : कवि की उक्ति उत्प्रेक्षालंकार।

नर० : तरवन सोभा, अरधंग सरूप सषी को वैन नायक सों, हो कान्ह राधिका के सेत सारी सौ ढांकौ तरलु अकौटौ कान के विषै सोभतु है, सो कैसे कि रवि कौ प्रतिविंव प्रात के समै सुरसरिता नदी तिनके विषै पर्‌यो सोभै मनौ, त्यौं सोभतु है –

> **काहू सुहागिनि के सवने सुनि उत्तम ओप तरौना लष्यौ है। उज्जल जोन्ह सी सारी दप्यो नहिं जात कर्‌यौ वहु भांति झष्यौ है। देवतरंगन नीर समीरन जानत पावस काल नष्यौ है। आन पर्‌यौ रवि कौ प्रतिविंव विहान मनो कविराज भष्यौ है** [नर० १०७]

कृष्ण० : यह तर्‌यौना वरनन सषी कौ वचनु, नाइकहू सौं कविहू की उक्ति होइ –

> **छवि सौ निहारि व्रषभान की दुलारी आजु सकल सिंगार साजु वन्यौ है सुठान कौ। कहै कविकृष्ण चारु प्रभा की निकाई लषै गरवु विलात सुरपुर वनितान कौ। सोहतु सुदेस अति झीनी सेत सारी ढप्यौ तरल तर्‌यौना झलकतु वाके कान कौ। मेरे जानि देवनदीजल मै झलमलातु पेषियै प्रगट प्रतिविंवु भोर भान कौ** [कृष्ण० १०७]

---

[221] लसत – लसतु - उ०न०मु०। सेत – सेरी - शि०; स्वेत - पा०। ढप्यौ – ढप्यो - को०पा०मो०वे०; ढप्यौं - मु०; ढक्यौ - ह०। तरल – तरलु - उ०न०। तरौना – तर्‌यौंना - उ०; तरोंनां - को०; तरोना - वा०मो०; तर्‌योना - पा०; तर्‌यौंनौं - न०; तरोंना - वे०मि०; तर्‌यौना - गा०मु०नी०। कान – कांन - उ०को०शि०वा०पा०मो०न०वे०स०मि०फ ७म०ह०; काम - गा०। पर्‌यौ – पर्‌यो - को०वा०पा०मो०वे०। मनौ – मनौं - उ०शि०मि०ह०; मनो - को०वा०पा०मो०; मनों - वे०गा०स०। सुरसरि – सुरसर - वा०; सुरिसरि - न०वे०; सुरसिर - गा०; सुर - स०; सुरसरी - मि०। सलिल – सलल मैं - न०। प्रतिविंव – 'त' में इकार बाद में - को०; प्रतिविंवु - मु०। विहान – विहांन - वा०मो०न०वे०गा०स०मि०ह०। दोहा लुप्त - भा०। [१०७]

हरि० : सषी वहुत नायका सौं आसक्त जो है नायक, ताको छवि सो ललचाय कै नायिका पास ले जावे को चाहति है। हे तरल चंचल अनेक ठौर में फिरत रहत हौ, मैं वाके एक अंग की छवि वरनति हों सो सुनौ। सपेद सारी सो ढप्यो तरिवना, तरकी, वाके कान में लसति है। सुरसरि, गंगाजी, तिनके सलिल, जल, में मानौ प्रातकाल कौ सूर्ज ताको प्रतिविंव पर्‌यो है। किंवा नायक नायिका सों सुरति की वात कहत है। तव नायिका माथो हिलायकै नाहि कहति है। तव तरविना चंचल होत है, सो देषिकै सषी सों सषी कहति है। इहां वस्तूत्प्रेक्षा उक्तास्पद, सारी तरिवना में गंगाजल रवि को तर्क।

— ⋆ —

हम हारी कै कै हहा। पायन पार्‌यौ प्यौरु। लेहु कहा अजहूं किये। तेह तरेरौ त्यौरु [१०८][222]

ہم ہارین کي کي ہہا پاین پاریو پیور • لیہو کہا اجہون کئین تیہ تریري تیور [ظا• ۱۰۸

अन० : सषी की उक्ति मानिनी नायिका सों। गुरुमान। भेदोपाय विशेषोक्ति अलंकार।

नर० : राधे, हम जो थी सो सव हा हा करिके हारी, और प्यो के पाइन पार्‌यो है। तो तैं तरेरे त्योर किये है, सो अजुं कहा लिया चाहति हो –

> **हारि रही हम कै कै हहा सव यौं अव लों नहि वातनि हारी। पायन पार्‌यौ प्रतीतिकै प्रीतम सौंहैं भई नहीं भौंहै तिहारी। हे सजनी अजहौं कछू चाहत ऐसे किये तुम लेहु कहा री। तेह तरोरै जु त्योंर करे रही पाहन तै अति पीन महा री** [नर० १०८]

कृष्ण० : यह अति गुरुमानु है, सषी कौ वचनु नाइका सौ –

> **चंद्रक चूर सी चारु छुवा अरु मालती मल्लि फुली सुषदाइनि। हाहा कै हारि रही सजनी वहु भातिन होरि मनैवे की भाइनि। जीवन जो सगरे वृज को हरि प्रीतम सोउ पर्‌यौ ढरि पाइनि। लेहि कहा अजहूं वलि तेह सौं त्यौरु तरेरौ कियै ठकुराइनि** [कृष्ण० १०८]

---

222 हम – हौ - पा०; हों - मो०भा०। कै कै – कैं कैं - मो०। हहा – हा हा - को०; कहा - मु०। पायन – पायनु - उ०मि०; पाइन - शि०भा०मु०; पाइनि - वा०नी०; पाइनु - न०वे०गा०; पायनि - ह०। पार्‌यौ – पाइन - शि०; – पार्‌यो - को०वा०पा०मो०; पारो - भा०; परियौ - मि०। प्यौरु – प्योर - को०मो०; योर - वा०; प्योरु - पा०मि०; प्यौर - वे०स०मु०। लेहु – लेह - उ०भा०; लैहू - शि०; होत - न०वे०गा०स०; लेहि - नी०। अजहूं – अजहुं - को०न०; अजहौ - वा०मि०; अजहू - पा०मो०मु०; अजहों - वे०गा०; अजहो - स०; अव हठ - भा०। किये – कीए - शि०मो०; कीअ - वा०; कियै - न०वे०गा०स०नी०; कियैं - मि०; किए - मु०ह०। तेह – तेंहि - को०; तैंह - न०; तैह - गा०। तरेरौ – तिरोरे - को०; तरेरे - शि०पा०; तरेर्‌यो - वा०; तरोरे - मो०; तरेरो - वे०स०भा०; तरेरौं - गा०; तरेरे, अंतिम ‘रे’ पर दीर्घ सूचक चिह्न - मु०; तरेरे - ह०। त्यौरु – त्योरु - को०वा०पा०मि०; त्यौंरु - शि०न०गा०; त्योर - मो०; त्यौर - वे०मु०; त्योंर - स० [१०८]

हरि० : मानिनी सों सषी वचन। हम हा हा करिकै हारी, अरु प्यौ, नायक, को पावनि पार्‍यौ। लेहुगी कहा क्या अव भी तेह, क्रोध, सो तौर तरह तरेरे तरेरि राषी है, डरपांवनी करि राषी है, मान छुडाइवे को है। तु हा हा करिवो है, मान छूटिवो रूप कार्ज नहीं भयो। विशेषोक्ति जो हेतु सों कारज उपजै नाहि।

— ⋆ —

सतर भौंह रूषे वचन। करति कठिन मनु नीठि। कहा करौ ह्वै जाति हरि। हेरि हसोंही डीठि [१०९][223]

ستر بہونہ روکہي بچن کرت کتہین[224] من نيتہ • کہا کرون ہوي جات ہر ہير ہنسونہين دیتہ [ظا • ۱۰۹]

नर० : हे सषी मेरी भोंहां सतर सी हैं और मेरे वचनही तो रूषे हैं और मैं मन कौ नीठि से कठिन कर ल्यो पर हरि कौ देषतैही मेरी दीठ हसोही ह्वै जाइ, तिनसै मैं कैसी करौं –

> **भोंह करो सतरोहे सषी सुनि वैन कहौं अति रूषे परूषै। नीठ कठौर करौं मन आपनौ देषतही सव दूषन दूषै। हेरतही भई जात अवै हरि डीठ हसोही सुहात न रूषै। मेरो वसाय कछू न कहा करों ए व्रजभूषन भूषन भूषै** [नर० १०९]

कृष्ण० : यह नाइका प्रौढा उत्तमा सषी सिषावति है कि तू मान करि याके नाइक कौ देषतही मानु रहतु नाही, नाइका कौ वचनु सषी सौ –

> **तेरो कह्यो करि रूसनौ ठानति हौ रुष रूषौ कै तानति भौहै। नीठि कठोर करौ मनहू मुषहू तै वषानति वैन रुषौहै। ताकौ कहा वसु मेरौ अली लषै लालची ज्यौ अपनीति की गौहै। कैसी करौ मनमोहन कौ मुष देषत लोचन होत हसौहै** [कृष्ण० १०९]

हरि० : सषी सों नायिका वचन। सतर तरेरी भोंह कोप सों चढाइ रुछ वचन मै मन को नीठि कोइ तरह सों कठोर करति हौं, मैं कहा करों, हरि को हेरिकै डीठि हंसौही होय जाति है। ईर्षा की सांति हर्ष भाव को उदय। सर्वत्र मान छूटिवे में जानिए सतर भौंह आदि हंसोही डीठि के वाधक है तो भी होति है। विभावना अलंकार, प्रतिवंधक के होतहू कारज पूरन मानि।

---

[223] भौंह – भोह - उ०को०; भोंह - शि०वे०गा०स०; भौह - भा०। रूषे – रूषें - शि०गा०। करति – करत - को०शि०वा०स०ह०; करतु - मि०। कठिन – कठिनु - उ०; कठन - मि०। मनु – मन - को०शि०वा०मु०ह०। नीठि – नीठ - को०शि०वे०गा०स०; नींठि - ह०। करौ – करौं - को०न०वे०मि०मु०ह०; करूं - वा०; वरो - गा०; करों - स०। जाति – जात - को०वा०न०वे०स०ह०; जाहि - भा०। हेरि – हेर - शि०। हसोंही – हसोही - को०शि०; हसौही - वा०भा०नी०; हसौंही - न०मि०मु०; हसोहीं - गा०; हंसौंही - ह०। डीठि – दीठि - को०न०भा०; दीठ - शि०वे०गा०स०। दोहा तथा उदाहरण त्रुटित - पा०मो०। गा० प्रति में [११०] से [१५५] तक दोहा तथा उदाहरण छंद लुप्त हैं। [१०९]

[224] کتہین - کہئن - ظا •

— ⋆ —

वाहि लषै लोइन लगै। कौन जुवति की जोति। जाके तन की छाह ढिग। जोन्ह छाह सी होति [११०][225]

واہ لکہیں لوین لکی کون جوت کی جوت • جاکے تن کی چہانہ دہک جونہ چہانہ سي ہوت [ظا• ١١٠]

अन० : जो सषी की उक्ति नायक प्रति होय तो नायिका की स्तुति, जो नायक की उक्ति होय तो गुनकथन। दसा वचन अनुभाव करि अनुराग व्यंगि श्लेषानुप्राणित उत्प्रेक्षा। एक शव्द के अर्थ जहं भासत आय अनेक। शव्दश्लेष सो कहत हैं जिनके वुद्धि विवेक॥ अलोकिक ज्योति की संभावना। जहं कीजत संभावना वस्तु हेतु फल मद्ध। तीन भांति उत्प्रेक्षा कठिन वरनत सुमति प्रसिद्ध॥

नर० : हे सषी, राधा के लष्यां पाछे ओर ऐसी कोन जुवती की जोति जाके तन की छांह नेत्र लागै वाके सी है, जाके शरीर की छाया तिं आगै जोन्ह, कहियै चंद्रमा की चांदनी, तिका छाया सी लागै –

> **ऐसी को नारि निहारि मनोहर याके निहारते पेम पगैई। भामनी सोहनी मोहनी को न है ताकी तिलोक मै जोति जगैई। जाके सरीर की छांह लषै ढिग चंद की चांदनी छांह लगैई। ऐसी कुचालं तजो वलि रावरी ऐसे किये ते सनेह भगैई** [नर० ११०]

कृष्ण० : यह नाइका की देह की छवि सषी नाइक सों निवेदन करति है –

> **आजु छवि आगरी विलोकी व्रजनागरी की अंग अंग रूप की तरंग उमगति है। कृष्णप्रानप्यारे की न वरनि वनति क्यौंहू जोवन की जगी जोति जोति सी जगति है। को है ऐसी और तिय सुर नर नाग पुर वाके आगे जाकी दुति द्रगनि षगति है। जाके लोने तन की ललित परछाही पर सरद जुन्हाई परछाही सो लगति है** [कृष्ण० ११०]

हरि० : नायक को वचन पूर्वानुराग में सषी सों। वाहि नायिका को देषे सों लोयन, नेत्र, लगि जात हैं, वासौ छूटत नहीं हैं, वा जुवती की जोति कौनि तरह की है, कहिवे में नहीं आवति है। जाके तन की छाया के ढिग, नजीक, जोन्ह चांदनी किंवा पूर्व में जोन्ह तारा को भी कहत हैं, सो छाया सी होति है। जोन्ह उपमेय छाया उपमान, सी वाचक, साधारन धर्म मलिनता को लोप है। धर्मलुप्ता उपमा किंवा

---

[225] वाहि – वाहिं - को०पा०। लषै – लषि - को०; लषें - वा०मो०; लषे - पा०नी०; लषैं - मि०ह०। लोइन – लोयन - उ०को०पा०मु०ह०; लोयनु - मो०। लगै – लगें - वा०; लगे - मो०नी०; लगैं - मि०ह०। कौन – कौंन - उ०को०शि०न०मु०ह०; कोंन - वा०स०; कोन - मो०; कौनि - मि०। जुवति – युवति - को०; जुवत - शि०वे०मु०। जोति – ज्योति - को०मो०। जाके – ताके - उ०; याके - को०; जाकै - न०वे०स०। तन – मन - शि०; तनु - न०वे०। की – कि - शि०वा०। छाह – छांह - को०शि०वा०मो०न०स०मु०ह०; छाहि - वे०। जोन्ह – जौंन्ह - उ०; जोस्न - को०; जोंन - शि०; जोंन्ह - वा०; जोन्हि - मो०भा०; जौन्हि - मि०; जोन - मु०। छाह सी – होति – 'त' में इकार बाद में - उ०; होत - को०शि०नी० [११०]

स्वकीया नायिका सपत्नी देषिकै सषी सों कहति है। वाहि देषे हमारे नेत्र लगै, वरै है। कौन तरह की वा जुवती की जोति, कांति है न कछ्र यह अर्थ छाया सों जोन्ह मैली होति है। छाया के नगीच याकी मलिनता सों जोन्ह छाया सी मैली होति है।

— ⋆ —

कहा कहौ वाकी दसा। हरि प्राननु के ईस। विरहज्वाल जरिवो लषैं। मरिवो भई असीस [१११][226]

کہا کہون واکي دسا ہر پرانن کي ایس ٠ برہ جوال جربو لکہین مربو بہئیو اسیس [ظا ٠ ١١١]

अन० : उक्ति दूती की नायक प्रति। नायिका को विरहनिवेदन। पूर्वानुराग व्यंगि। लेषालंकार।

नर० : जडता दशा सषी को वैन नायक सो, हो हरि राधा के प्रान के ईस, मैं वाके तन की दशा तुमसे कैसे कहौं कि तमारे विरह की ज्वाला विषै ऐसी जरती दीठी कि मरन सी भई –

> **हे हरि प्रान के ईस कहा कहों वाकी दसा सुनि क्यौं न निहारौ। ज्वाल मै रैनि दिवा जरवो करै ऐसो दई है वियोग तिहारौ। वेग चलौ अति छीन भई सषी छाडो न क्यौ वन कौ जु विहारौ। यौं व्रज की जुवती सगरी कहै संघारत क्यों न संघारनहारौ** [नर० १११]

कृष्ण० : यह नाइका प्रोषितपतिका सषी को वचन नाइक सो –

> **प्यारे मनमोहन तिहारे विछुरै ते व्रषभान की कुवरि भई षरी कलकांन है। जल विनु मीन ज्यों विकल तलफति अति कहै कविकृष्ण ऐसी होति आन वांन है। ज्यौं ज्यौं करियत उपचारनु की भीर त्यौं वढत दूनी पीर है आंषिनुन्ह प्रांन है। विरह की ज्वालनि सौ जरिवे के लेषै वाकौ जरिवौ वचनु यै असीस के समान है** [कृष्ण० १११]

हरि० : हे हरि, प्रानन के ईस प्रभु, वाके तन की दसा कहा क्या कहौं। विरह की ज्वाला ताको जरिवो, प्रकास होनो। किंवा ज्वाला मैं जरिवो देषिकै मरिवो यह असीस भई। तुम मरौ, यह दुष छूटै, यह आसीर्वाद है। किंवा विरह ज्वाल जरिवो लषै, देषै, यह जानिए है। मरिवौ जौ मौति सो असीस भई विना माथा की भई। मृत्यु कौ किनहूं मार्‌यौ, ऐसो समै में नहीं आवै है जौ, यह अनुमान । पहिला अर्थ

---

[226] कहा – कहां - मो०। कहौ – करो - शि०; कहों - वा०ह०; कहुं - न०; कहौं - स०; कहूं - मु०। वाकी – उनकी - मि०। दसा – दशा - को०वा०पा०स०भा०। प्राननु – प्रानन - को०मो०वे०मि०; प्राननि - शि०पा०ह०; प्रांननि - वा०; प्रांननु - न०नी०; प्रांनन - स०मु०। ईस – ईश - को०वा०पा०भा०। विरहज्वाल – विरहैज्वाल - वा०; विरह - मु०। जरिवो – जरवो - को०मो०; जरिवौ - शि०न०न०मि०नी०; जरवौ - स०; ज्वारवो - मु०। लषैं – लषें - वा०; लषे - पा०; लषों - मो०; लषै - न०वे०स०भा०मि०मु०नी०। मरिवो – मरिवौ - शि०न०मि०मु०; मरवो - वे०; मरवौ - स०। भई – भै - वा०; भयो - पा०; भयौ - न०मि०नी०। असीस – आसीस - शि०; अशीस - भा० [१११]

में मरिवो दोष सों गुन मान्यो। लेसालंकार। जहां दोष मैं कीजिए गुन कल्पना लेस। कै गुन मै ठहराइए दोस सु जानौ लेस॥

—★—

ज्यौं ज्यौं जोवन जेठ दिन। कुच मिति अति अधिकाति। त्यौं त्यौं छिन छिन कटिछपा। छीन परति नित जाति [११२][227]

جیون جیون جون جیتہ دن کچ مت ات ادہکات ۰ تیون تیون چہن چہن کت چہپا
چہین پرت نت جات [ظا۰ ۱۱۲]

अन० : सषी की उक्ति, उत्तम काव्य। लक्षित यौवना रूपकालंकार।

नर० : मुग्धा ग्यात अरु ग्रीषम रित दोय जुक्त ज्यौं ज्यौं जेठ मास कौ दिन अरु अस्त्री मुग्धा के कुच इन दोनां की मति घनी सी अधिक ह्वैती जाति दों औरु त्यों त्यों जेठ मास की राति अरु मुग्धा अस्त्री की कटि छिन छीन विषै छीन नित परत जातु है –

> **ज्यों ज्यों वढे अति जोवन जेठ के वासर दीरघ होइ विचारो। और सुनौ कुच रूप मिती वढि जात अचानक होत पसारो। त्यों त्यों छिपाकटि छीन छिनेछिन लोक कहै नित होत उसारो। ऐसो प्रसंग मिलै वहुरो नहिं नायक नायका मान विसारो** [नर० ११२]

कृष्ण० : यह नाइका अरूढजोवना है याको जोवनु वढतु है जैसे कुच वढत है तैसे कटि घटति है सो सषी सषी सो कहति है –

> **वा तन रूप की रासि लसै तिहु लोक मै और इतीक लही किन। वानिक वैस लुनाई विलोकिकै तोरति वारहि वारही तू तिन। जोवन जेठ हियाव तज्यौ ज्यौ उरोजन को परिमान वढै दिन। त्यौही त्यौ हीन लगी कविकृष्ण छपाकटि छीन परी छिनही छिन** [कृष्ण० ११२]

हरि० : सषी नायक सों कहति है। जोवन औ जेठ को दिन, तामे कुच औ मिति दिन प्रमान कुच औ मिति जैसे जैसे अति अधिकात हैं, तीस घरी सौ बहुत अधिक वढत है, त्यों त्यों ताही तरह छन छन कटि, सोई है छपा, राति, सो नित छीन परति जाति है। इहां रूपक। है रूपक द्वै भांति को मिलि तद्रूप अभेद।

---

[227] ज्यौं ज्यौं – ज्यों ज्यों - वा०वे०; ज्यो ज्यो - पा०मो०; ज्यौं ज्युं - न०; ज्यौ ज्यौ - भा०मु०। जोवन – योवन - को०स०। जेठ – जैठ - उ०; येठ - स०; जेठि - मु०। मिति – 'त' में इकार बाद में - पा०; मति - न०वे०स०मि०मु०। अति – ऽति - वा०। अधिकाति – अधिकात - को०न०स०मि०मु०; ऽधिकात - वा०; अधिकाइ - पा०भा०नी०; अधिकाय - मो०। त्यौं त्यौं – त्यों त्यों - वा०मो०वे०स०; त्यो त्यो - पा०; त्यौ त्यौ - न०भा०नी०। छिन छिन – छिनु छिनु - पा०मो०। कटिछपा – कटिछिपा - शि०वा०न०स०मु०; कठिछिपा - वे०। परति – परत - उ०को०शि०वा०पा०मो०स०मु०नी०। नित – दिन - शि०वा०। जाति – जात - को०शि०स०मि०मु०; जाइ - पा०भा०नी०; जाय - मो० [११२]

—★—

तेह तरेरौ त्यौरु करि। कत करियत दृग लोल। लीक नहीं यह पीक की। श्रुति मनि झलक कपोल [११३][228]

تیہ تریرو تور کر کت کریت درک لول • لیک نہین یہ پیک کي سرت من جہلک کپول [ظا• ١١٣][229]

अन० : उक्ति सषी की। नायिका अधीरा षंडिता सी भासति है पै प्रकासत विरुद्ध, दूषन ते निषिद्धा। लछना करि हास्य को विभाव है, याते हास्यरस मुष्य है, शृंगार अंग है, इति निर्नय। भ्रांतापन्हुति अलंकार।

नर० : मध्या धीरा सषी वैन राधिका सौं। हे राधे या पीक की सी लीक कपोल के विषै जानि कै तैं त्योर क्यों तरेरे करिकै दृग को लोल क० चपल कत करति है, याते नायक के पीक की लीक नाही है याते कपोल के विषै श्रुति क० कान तिनके मोतिन की मनि, तिनकी लाली झलकी सी है –

तेह तरोरेई त्यौर करै कत कीजियै लोचन लोल अयानी। तेरे भयो भ्रम हौं इह जानति और न जानति जे जे सयानी। पीक की लीक हियै नहिं जानत रोष सतोष की रीति न जानी। ऐसे लसै श्रुति कै मनि की झलकैहि कपोलन कौ मनमानी [नर० ११३]

कृष्ण० : यह नाइका सापराध जानि नाइका के नेत्र चंचल करति है, सु नाइक की सषी नाइका के चित्त कौ भ्रमु निवारनु करति है। सषी कौ वचनु नाइका सौं, जो नाइका सषी सौं कहै तौ भूतश्रुतगुप्ता परकीया

आजु लषियति कछू औरै भाति तेरी गति आनन पै उमगि ललाई ललकति है। भ्रकुटी कुटिल अति तैह सो तनैनी भई नैननु मै रस की तरंग छलकति है। कहै कविकृष्ण यह धोषौ हिय हातौ करि पीक लीक जानि तजु वोल वलकति है। ललित कपोल पर नीकै कै विलोक श्रुति भूषन की मनि की झलकु झलकति है [कृष्ण० ११३]

हरि० : नायिका सों सषी वचन तेह, गुस्सा, तासों तरेरे त्यौर डरपावनी सूरति करि कत, काहे को, दृग को लोल चंचल करियतु है। लीक, लकीर, पीक की नहीं है, और नायिका के चुंवन सों नहीं लगी है।

---

228 तेह – तैंह - न०। तरेरौ – तरोरे - को०; तरेरे - शि०न०वे०स०मु०ह०; तरेर्यौं - वा०; तरेरो - पा०मो०भा०। त्यौरु – त्योरु - को०पा०; त्योर - मो०मि०; त्योंरु - वे०; त्यौंर - स०; त्यौर - भा०मु०ह०। करि – कर - मो०। करियत – करीयत - शि०न०वे०; करियतु - मो०। दृग – द्रिग - शि०न०; द्रग - मो०भा०मि०मु०नी०। लीक – लाक - स०। नहीं – नही - शि०वा०पा०मो०भा०मि०मु०नी०; न है - न०वे०स०। यह – इह - वा०पा०। श्रुति – श्रुत - शि०वा०; 'त' में इकार बाद में - स०; सुति - मि०। मनि – मन - वे०भा०मु०; मुनि - नी०। झलक – झलकि - वे०मु०। [११३]

229 کپول - کہول - ظا••

कान में जो है मनि, ताकी झलक कपोल मैं है। सषी के वचन सों नायिका को भ्रम भयो। भ्रांत्यापन्हुति। भ्रांति अपन्हुति वचन सों भ्रम जव पर को जाय।

— ⋆ —

नैक न जानी परति यौं। पर्‌यौ विरह तनु छाम। उठति दिये लौं नादि हरि। लियै तिहारो नाम [११४][230]

نیک نہ جاني پرت یون پریو برہ تن چہام • اوتہت دیین لون ناد ہر لیئں تہارو نام [ظا• ١١٤]

अन० : उक्ति दूती की नायक प्रति। नायिका को विरहनिवेदन व्याधिदसा। पूर्वानुराग। उत्प्रेक्षालंकार।

नर० : उन्माद दशा सषी कौ वैन नायक सो। हो हरि, राधिका के तन कौ विरह कौ छाम कहिये, छांह सी ऐसी परी है, नैकही जानी परति नाही है, पै लगारेक तुमारे नाम लिये ते, ज्यौं नाद क० पूगी वजावै तौ हरेक सर्प उठै, त्यौं उठति है –

> **नैक न जानि परै अति सूछम होइ गयौ तन छाम महा है। ऐसी वियोग दवागन छीन कही परि वाकी मरोर लहा है। दीपक की जैसी नाद उठै वुझकै वुझकै अहो दुःष सहा है। हे हरि रावरो नाम लियै ते संभार उठै करिकै जु हहा है** [नर० ११४]

कृष्ण० : यह नाइका प्रोषितपतिका विरह निवेदन, सषी कौ वचन नाइक सौ –

> **लाल तिहारे वियोग तै वाको विहाति घरी विधि वासर की सी। छामु भयो अतिही तनु वाम को कामु दहै सुधि वुद्धि हरी सी। सेज मै नैकहू जानी परै नहि देषियै कंचनरेष लिषी सी। रावरे नाम सुनै इक वारही नादि उठै दुति दीपक की सी** [कृष्ण० ११४]

हरि० : सषी वचन नायक सौ। यों, या तरह सो, वाको तन छाम कृश पर्‌यौ है। दूवरी भई है। नेकु, थोरी भी, नहीं जानी परति, देषिवे में नहीं आवति है। हे हरि तिहारो नाम लिए सों दिया की तरह नादिकै वुझिकै उठै है। जानिए है यामें प्रान नहीं है फेरि प्रकाशि उठै है, वोलि उठै है। दिया जव अस्त होन लगै है, तव प्रकाशि उठै है। नायिका या उपमान लों वाचक, नादियो साधारन धर्म।

---

[230] नैक – नैंक - उ०न०स०; नेक - को०भा०; नेंक - वा०; नेकु - पा०; नेंकु - मो०वे०ह०; नैंकु - मु०। न – नि - को०। जानी – जानि - को०; जांनी - वा०न०स०नी०। परति – परत - पा०मो०स०मु०। यौं – यों - उ०ह०; अति - को०न०वे०स०मु०; यो - वा०पा०; यौ - भा०नी०। पर्‌यौ – पर्‌यो - को०वा०पा०; परो - मो०; परे - भा०; परौ - मि०। तनु – तन - को०पा०मो०भा०मु०नी०ह०। छाम – स्यांम - को०; ताप - शि०; छाम - वा०पा०; छामु - मो०न०मि०; छांम - वे०स०; छांमु - मु०। उठति – उठत - वे०स०। दिये – हिये - भा०; दियति - मु०; दिए - ह०। लौं – लों - शि०मो०स०ह०; लो - वा०; लौ - पा०वे०भा०नी०। नादि – नांदि - मो०न०मु०; नंद - वे०स०। लियै – लियें - उ०वा०मि०; लिइं - को०; लीयै - शि०मो०वे०; लिये - पा०भा०; लिऐं - ह०। तिहारो – तिहारौ - उ०मि०मु०; तिहारे - न०वे०स०। नाम – नामु - उ०मो०मि०; नांम - वा०वे०स०; नांमु - न०मु० [११४]

— ★ —

नभ लाली चाली निसा। चटकाली धुनि कीन। रति पाली आली अनत। आए वनमाली न [११५][231]

نبہ لالي چالي نسا چتكالي دُہن كين ۰ رتپالي الي انت[232] آئي بنمالي نہ [ظا۰ ۱۱۵]

अन० : उत्कंठिता की उक्ति सषी सों कोमलावृत्ति, छेकानुप्रास वृत्यानुप्रास की संसृष्टि। जहां वही पद पुनि परे अच्छर समता आय। तहां छेकानुप्रास है कहत सुकवि समुदाय॥ वीज न पैये पद जहां अच्छर समता होय। सो वृत्यानुप्रास है कहत सयाने लोय॥

नर० : उत्का नाइका कौ वैन सषी सों हे सषी निसा तौ चाली है और नभ क० आकास तिनके विषै लाली सी भई है और चटकालीहू नै धुनि कीनी है और अजों जो वनमाली आए नाही हैं सो जानियै कि और स्त्री सों रतिपाल कीनी ह्वै है –

> **आई भई नभ लाली प्रवाली सी चंचल चालनि साकर लीनी। भोर की और निसानी सुनौ तुम पच्छिन जाल सवै धुनि कीनी। कोऊ मिली मन भीतर आवती जानति औ रति और के दीनी। आए नहीं वनमाली निहारत जानत आली भई मतिहीनी** [नर० ११५]

कृष्ण० : यह नाइका उत्कंठिता परकीया, नाइका कौ वचनु सषी सौ –

> **आजु मनमोहन कौ मनु निरषतु मेरे पलक न लागै प्रीति उर तै न हाली है। भई नभ लाली देषि फीकी परी नषताली सुनियति धुनि चितकाली निसा चाली है। कान्हर वनी की लषि मंद गति चाली तासौ जानियति रीझि वनमाली रति पाली है। कहा कहौं आली इत मदन विपति घाली षाली सेज भई जैसी व्याली विराली है** [कृष्ण० ११५]

हरि० : विप्रलव्धा वचन सषी सों। नभ, आकास, में लाली भई निसा राति चली, वीती, यह अर्थ। चटक या देस मैं चिडो कहत हैं, पूरव में गवरा कहत हैं, अलि, भौरा, ताने धुनि, शव्द किए। किंवा चटक की आली, पंगति, ने धुनि कीनी। हे आली, नायक ने अनत अन्यत्र रति प्रीति पाली प्रीति को पालन कियो, या कारन तें वनमाली आए नहीं। प्रात भयो, नायक नहीं आयो या तें। विप्रलव्धा संकेत मैं वैठी सोच करै है। यातें उत्कंठिता भी कहत है। जासो करै सहेट पिय ताकी ढिग नहिं जाय। ताहि विप्रलव्धा कहै सो चित में अकुलाय॥ प्रीतम कौने कारन आए नहीं। संकेत चिंता जो मन में करै उत्का सो

---

[231] नभ – नाभ - पा०। चाली – चालि - वा०। निसा – निशा - वा०भा०; निसां - मि०। चटकाली – चटकीली - मु०। रति – रत - को०पा०वे०स०मु०ह०। पाली – पालि - वा०मु०। अनत – ऽनंत - वा०। आए – आये - को०पा०मु०नी०। [११५]

[232] الي انت - انت - ظا۰

यह हेत। कोई कहत है ऊ विच लै तहां विप्रलव्धा इहां उत्का है। कोमलालेकानुप्रास की संसृष्टि। अन्यत्र रति पाली याते नहीं आए। अनुमानालंकार।

— ⋆ —

सोवत सपनै स्याम घन। हिलिमिलि हरत वियोग। तवही टरि कितहूं गई। नीदौ नीदन जोग [११६][233]

سو وت سپنے[234] سیام کہن ہلمل ہرت بوک • تبہین تر کتہون کئي نینداو نیندن جوک
[ظا • ١١٦]

अन० : नायिका की उक्ति सषी प्रति। पूर्वानुराग स्वप्न दर्शन। विषाद संचारी। विषाद लोकोक्ति अलंकार।

नर० : सुपन मिलन, नायका कौ वैन सषी सौं, हे सषी सुनि तौ, मोसों श्रीघनस्यामजू सोए ते सुपना कै विषै आयकै हिलिमिलिकै वियोग को हर्‌यौ चाहत है, सो तिन समै जान्यो कि मै टरकै कितही को जात रही, तो अव या नीद है सो निंदवै योग्य है –

> **सोवतही सुपनै मिलि स्याम कौ प्यारी वियोग विदा कै दियो है। दंत नषछत ऊपर रंभन हास विलास विवेक कियो है। ता छिन ते ढरिकै कितहू गई नीदन नीद न जोग लियो है। नैन षुलै न लहै कहौ पीतम आपने हीय वियोग छियो है** [नर० ११६]

कृष्ण० : यह स्वप्न दरसन नाइका सषी सों कहति है, नींद की निंदा करति है –

> **आली विछोह भयो जवते छतिआ वहु भांति वियोग तई री। आजु लला मनमोहन सो सपने में अचानक भेट भई री। मैं सु विथा वहराइवे कौ हिलिकै हिय सौं रसकेलि ठई री। नीदहु नीद विलाइ कहै तवही कहूं भाजि गई सु गई री** [कृष्ण० ११६]

हरि० : नायिका की उक्ति सषी सों। घनस्याम श्रीकृष्ण तिनके संग सपना मो सोवत कै हिलिमिलि कै, एक होयकै, वियोग को हरै थी। तवही, ताहि समै, टरिकै कितहूं जाती रही। नींदहू, निद्रा भी, भूष प्यास तौ आगैही जाति रही। नीदन जोग, नींदिवे लायक। या समै मैं जाती रहै। किंवा निद्रा को निद्रा जोग नहीं भयो। किंवा विरहिनी को निद्रा आए, निद्रा ने जान्यो हमरे निंदा को जोग होयगो। विषाद अलंकार। सो विषाद चितचाह तें उलटो ह्वै कछु जाय।

---

233 सोवत – सोवतु - नी०। सपनै – सपनिं - को०; सपने - पा०मो०भा०नी०ह०; सुपनै - वे०स०मि०; सुपनें - मु०। स्याम – स्यांम - उ०को०वे०स०मु०; श्याम - पा०भा०। घन – घनु - उ०। हिलिमिलि – मिलिहिलि - उ०को०; हिलमिलि - मो०मु०; मिलहरिलि - वे०; मिलहिल - स०; हिलमिल - मि०। हरत – करत - को०; हरति - शि०स०मि०मु०ह०; रहत, २ १ की संख्याएँ डालकर 'हरत' - पा०; हरित - वे०। वियोग – विवोग - उ०; वियोगु - नी०। तवही – तवहि - को०शि०स०ह०; तवहीं - मो०। टरि – टर - शि०वे०स०। कितहूं – कितहुं - को०मु०; कितहू - शि०पा०भा०मि०; कितहो - वा०; कितहौ - वे०; कहूं - स०। नीदौ – नीदो - को०वा०; नींदौं - मो०मु०; नींदों - वे०; नींदौ - स०। नीदन – नींदन - स०मु०ह०। जोग – जोगु - उ०नी०; योग - को०। [११६]

234 سپنی - ظا •

— ★ —

कैसे छोटे नरन तें। सरत वडे के काम। मढ़्यौ दमामौ जात क्यौं। कहि चूहे के चाम [११७][235]

كيسين چهوتي نرن تين سرت بدن كے كام • مرهو دمامون جات كيون كہ چوہے كے چام [ظا• ١١٧]

अन० : कवि की उक्ति तुच्छजन स्वभाव वर्णन। दृष्टांत अलंकार।

नर० : अन्योक्ति कवि विहारीदास कहतु है, जो छोटो नर ह्वै तिनसो वडे आदमी को काम कैसे सर सकै, ए सरै नाहीं, याको दृष्टांत ज्यों चूहा के चाम तै नगारो कवही कैसे मढ़्यो जात है, ए मढ़्यो न जाय त्यौं –

> **जाकौ जितौ जगदीस रच्यो वलु ताके फवै सिर तेतोई भारौ। वात विचार यहै अपनै जिय कोऊ वृथा मत सोच विचारौ। छोटे ते काम वडौ न सरै वह केतोऊ साहस कै पचहारौ। कोटि करौ पै चूहा के चाम सों क्योंहू मढ़्यौ नहि जात नगारौ** [नर० ११७]

हरि० : कवहूं ओछे, छोटे नरनु सों वडे पुरुष के कार्ज नहीं सरैं, नहीं सिद्ध होय, चूहा, मुषक, के चाम सों दमामा, नगारा, मढ़्यौ जात है क्या, यह वात तूं कहो। स्वर भेद सों नहीं मढ़्यौ जात है यह जानिए। वक्रोक्ति। वक्रोकति स्वर श्लेष सो अर्थ फिर ज्यों होय। अर्थांतरन्यास।

— ★ —

संपति केस सुदेस नर। नवत दुहुनि इक वानि। विभव सतर कुच नीच नर। नरम विभौ की हानि [११८][236]

235 कैसे – कैसैं - को०मि०; जेंसें - शि०; कसै - वा०; कैसै - मो०वे०स०मु०; कैंसैं - नी०; कवै न - ह०। छोटे – छोटै - शि०स०न०मि०नी०; औछे - ह०। नरन – नरनु - उ०भा०नी०; नरनि - शि०वा०मु०ह०। तें – तैं - उ०स०मि०; तै - वा०भा०नी०; ते - पा०; सों - ह०। सरत – सरै - भा०ह०। वडे – वडन - को०; वडों - शि०वे०; वड्यन - पा०; वडिनु - मो०भा०; वडेन - मि०; वडै - मु०; वडेनु - नी०। के – कौ - उ०मु०; को - मो०ह०। काम – कांम - वा०स०मि०; कांमु - मो०; कांम - मु०। मढ़्यौ – मढ्यो - को०वा०मो०वे०; मढे - पा०भा०; मढौ - मि०; ढ्यौ - नी०। दमामौ – दमामो - को०; दमामा - वा०; दमामे - पा०भा०; दमांमो - मो०; तमामौ - मि०; दमाम्यौ - नी०; दमामा - ह०। जात – जाता - उ०; जातु - वे०; जाइ - मु०। क्यौं – क्यौ - भा०न०मि०नी०। कहि – सो - पा०; कहू - मो०; कहौ - मु०। चूहे – चूहा - उ०वे०स०मि०मु०नी०; चुहे - को०वा०मो०; चूहें - शि०। के – कै - उ०शि०वे०मु०; की - वा०। चाम – चांम - उ०स०मु०; चामु - मो० [११७]

236 संपति – संपत - स०। केस – केश - वा०पा०; केसु - वे०। सुदेस – सुदेस सुदेस - स०; सुदेश - पा०न०; सुदेसु - नी०। नवत – नमत - शि०वा०; नवति - वे०स०; वढत - ह०। दुहुनि – दुहुन - उ०मि०; 'न' में इकार बाद में - पा०; दुहून - शि०; दुहोन - वा०; दुहन - वे०स०; दुहू - भा०; दोऊ - नी०। इक – यक - पा०; ईकु - मु०; इह - स०। वानि – वांनि - वा०मो०न०वे०; वांन - स०; वान - मि०। विभव – विभौ - शि०वा०पा०भा०नी०; वेभव - मु०। सतर – सतरि - वा०। नीच – नींच - मु०। नरम – नवत - पा०; मूल में 'नरम भए', 'र' पर काटने का चिह्न, 'भ' पर 'त' संशोधन द्वारा 'नमत' और हाशिए पर भिन्न क़लम से - वे०; नर्म - नी०। विभौ – विभो - मो०मु०; भए - न०स०; विभव - मि०। हानि – हांनि - उ०शि०वा०मो०वे०मु०नी०; हांन - स०; हान - मि०। दोहा लुप्त - को०। [११८]

अन० : कवि की उक्ति, तुल्योगितालंकार।

नर० : प्रस्ताविक कवि विहारीदास कहतु है, सुदेस के विषै और केसां कै अरु भले आदमी तिनके नवै तिहिं जसौ संपति है ए दोनों एक विधि है, और कुच अनै नीच आदमी तिनके सतरपनौ है सोतौ विभौ है, अरु नरम भए तै विभौ की हानि है –

> **संपति केस संदेस के जे नर एकही वानि वै एई दूनौ। जे गुनधार वडे सुकुमार है नैक नहीं इनमैं कछु ऊनो। आवत जात विभौ कुच नीच न होत कुठौर कुठोर विहूनो। ऐसो सुभाय विचारतही सुनि काय मनो विच होतही दूनो** [नर० ११८]

कृष्ण० : यह प्रस्ताविक कवि की उक्ति –

> **केस औ सुदेस न रहै सदा एकरस कहै कवि कृष्ण गहै यक सीयै वानि है। ज्यौं ज्यौं वढवारि लहै त्यौंही त्यौं नवत दोऊ सकल प्रवीन यह वात उर आनि है। और देषौ कठिन उरोज अरु नीच नर अकरे रहत करैं काहू की न कानि है। संपति लहत त्यौं त्यौं रहत तनैने फेरि आपुही नरम होत भये विभौ हानि है** [कृष्ण० ११८]

हरि० : अव कविवचन जानिए। संपत्ति वृद्धि तासों केसन मत है। संपति, दौलति, तासौं सुदेस नर, सुपुरुष, नम्र होत है। नमिवो एक वानि दोऊ मैं है। कुच औ नीच नर विभव सों सतर होत हैं, अकडि जात हैं औ जहां विभव की हानि भई, तहां नरम होत हैं। जोवन संपति गए, किंवा नरमाई जो है सोई विभव की हानि है विभव संपत्ति, सव्द भेद, अर्थ एक एकावृत्ति दीपक। औ जो नरमाई है सोई विभव की हानि है जो सो करि दोऊ वाक्य को एकत्व आरोपित कियो, निदर्शना अलंकार।

— ⋆ —

कहत सवै कवि कमल से। मो मन नैन पषान। नतरकु कत इन विय लगत। उपजत विरह कृसान [११९][237]

کہت سبے کب کمل سي مو مت نین پکہان ۰ نترک کت[238] بي لکت اوپجت بره
کرسان [ظا۰ ۱۱۹]

[237] कहत – कहित - मु०। सवै – सवें - वा०मु०; सवैं - मो०; सवे - न०वे०। कवि – कहूं - शि०। कमल – कमलु - न०। से – सें - को०मु०; सों - शि०; सु - वा०; सौ - पा०। मन – मत - पा०नी०; मति - मो०ह०; मनु - न०; नति - मु०। नैन – नेंन - वा०मो०वे०मु०; नैंन - न०स०ह०। पषान – पषांनु - उ०को०न०; पषांन - वा०मो०वे०स०; पषांन - मु०। नतरकु – नतरकि - शि०; नतरक - मो०मु०; नतरु - भा०; नतरुक - ह०। कत – (लुप्त) - पा०ह०; कित - मु०। इन – अन - न०। विय – वीय - शि०वे०मु०; विनु - पा०। उपजत – कत उपजत - पा०ह०। विरह – विरहु - मो०। कृसान – कृसांन - उ०वे०स०; कृशानु - को०; कृसांनु - वा०न०; क्रसान - पा०नी०; क्रसानु - मो०; कृसांन - मु० [११९]

[238] کت ین - کت - ظا۰

अन० : उक्ति उपपति की कै परकीया की, वचन अनुभाव तें वितर्क संचारी। पूर्वानुराग व्यंगि। हेतूत्प्रेक्षालंकार।

नर० : उद्वेग दसा नायक कौ वैन सषी सौ, हे सषी सवही कवीश्वर नेत्रां कौ कमल सरीषे कहत हैं पर मैं तो मति करिकै नेत्रां कौ पाषान सार से जानति हौं, सो क्यों कि जो पत्थर न ह्वै तो इनके विषै और दूसरे नेत्रां सों लागै तें विरह रूपी कृषान क० अग्नि कहां तै ह्वैहै –

जे जे भए कविराज सिरोमनि पंकज से करिकै उन गायै। यौं उन मानत हों नयना लषि पाहन ए अपनै मति आयै। जो कोऊ मानै नहीं इन वातन नाहि तो कोइन और लगायै। आइ अचानक ज्वाल लगै अति क्यौं अवकै विरहाग जगायै [नर० ११९]

कृष्ण० : यह नेत्र लगनि है। यह वचनु तो नाइक कहै तौ वनै, नाइका कहै तौ संभवै –

वरनि वरनि द्रग कहत सकल कवि कमल कुरंग मीन षंजन समान है। कहै कविकृष्ण रचि पचि चतुरानन ने लोचन ये पाहन वनाइ मेरे जान है। कमल सो कमल लगाइ देषौ कैये वेर एक आंक क्यौंहू न उपजत क्रिसान है। लागत ही विय नैन तवही उपजि उठि लगनि अगनि याते प्रगट प्रमान है [कृष्ण० ११९]

हरि० : उक्ति नायिका की किंवा परकीया की, वितर्क संचारी, पूर्वानुराग मैं। हे सषी, सवै कवि कमल से कहत हैं, मो मति, मेरी वुद्धि में यह आवत है नैंन कमल नहीं हैं, पषान हैं। नतरक याके दोय अर्थ नाहीं, सांच है, किंवा नातरकै, यह ढोंढार देस की भाषा है, ऐकार छंद के लिए लोप्यौ। अर्थ नांही तौ इन नेत्रन को विय कहिए, दूसरा के नेत्रनि सों लगत कै कत क्यौं विरह रूप कृशान अग्नि उपजत है, किंवा सवै कवि सव कवि ऐसे भी जानि। मो मति को अर्थ मेरे जान संभावना है। नैन विषै पाषान की संभावना। उक्तास्पद वस्तूत्प्रेक्षा।

— ⋆ —

हरि हरि वरि वरि उठति अति। करि करि थकी उपाइ। वाकौ जुर वलि वैद ज्यौ। तो रस जाइ त जाइ [१२०][239]

ہر ہر بر بر اوٹھت ات کر کر تھکین اوپاي • واکو جور بل بیدجو تو رس جاي تو جاي [ظا• ۱۲۰]

[239] वरि वरि – करि वरि वरि - न०मि०नी०। उठति – उठत - को०वा०स०; करि - भा०। अति – है - पा०ह०; उठै - भा०; (लुप्त) - न०मि०नी०। थकी – थकि - को०। उपाइ – उपाय - को०स०ह०; उपाई - मो०नी०। वाकौ – वाको - को०वा०पा०भा०; वाकी - मो०मु०। जुर – ज्वर - वा०पा०वे०स०; जुरु - भा०। वलि – वल - वे०; चलु - भा०। वैद – (लुप्त) - मो०; वेद - मु०नी०। ज्यौ – जौं - को०वा०मु०; ज्यो - पा०; ज्यों - न०वे०स०; ज्यौं - मो०मि०ह०; जू - भा०। तो – तौ - शि०मु०नी०; सु - मि०। रस – रसु - नी०। जाइ – जाय - को०शि०न०वे०स०ह०; जाई - मो०नी०। त – तो - को०; तौ - शि०वा०भा०मि०मु०नी०; तु - स०ह०। जाइ – जाय - को०वे०ह०; जाई - मो०नी० [१२०]

अन० : दूती की उक्ति नायक प्रति। नायिका कै व्याधि दसा है पूर्वानुराग तें सो अवहित्था। अथवा परिहास करति है। संभावना अलंकार।

नर० : व्याधि मिलन सषी कौ वचन नायक सों, हो कान्ह, राधिकाजू अति हरि हरि और वरि वरि करिकै उठत है, सो हम तौ इलाज करिकै थाकी है, सो मैं कहत हों कि ज्यों ज्वर को वैद गमावै, त्यों वाही कौ तेरो मिलनै को रस जाय पहुंचै तौ वाको रोग जाइ –

> **हे हरि कै हरि कै वरिकै वरि यूं उठिकै अति आतुर दोरी। ऐसी अचानक आय झुकी करिकै उपचार थके न भगोरी। वाहि जे आन भयो तन मैं जुर ताकी व्यथा ते भई अति भोरी। तो रस जाइ तो जाइ चलौ वलि वैद ज्यों लाल निहार किसोरी** [नर० १२०]

कृष्ण० : यह नाइका प्रोषितपतिका, व्याधि अवस्था, विरह निवेदन सषी कौ वचन सषी सौ –

> **हरि हरि रढति वढति विथा छिनु छिनु वरि वरि उठै वाको नेरे जात जरियै। करि करि थकी है उपाइ सव आली अव कछू न वसाइ उर सोच भार भरियै। एहो वलि वैद अव रावरे सुरसही सौ वचै तौ वचै है चलि वाकी पीर हरियै। तीषौ ताप टारियै धरमु उर धारियै निवारियै गहरु करुना के ढार ढरियै** [कृष्ण० १२०]

हरि० : सषी की उक्ति नायक सों। हरि हरि कष्ट विषै, हाय हाय जानिए, किंवा हे हरि विरह की अगनि सों करि वरि वरि उठति है, ताको तू हरि, विरह की आगि को हरि, दूर करौ। हम तो उपाय सीतल इलाज करिकै थकी। वा नायिका को ज्वर रहे वलि आदर विषै संवोधन। वलि जाऊं ते हारी। वैद्य ज्यौं, वैद्य की तरह, वैद्य जैसे रस ओषध आनंदभैरव आदि दैके गव, ज्यौं यौंहू तौ आवत है तैसे तेरे रस सों, इहां रस को अर्थ प्यार, तेरे प्यार सों जाय तो जाय, औरि सों नहीं जाय। किंवा ज्यों तू उहां जाय तो तेरे रस सों जाय। रस में श्लेष, संभावना अलंकार, ज्यौं यौंहू तौ यौं कहत। संभावना विचारवक्ता हो तो सेस ज्यौं तौं लहतौ गुन पार।

— ★ – –

यह विनसत नग राषिकै। जगत वडो जसु लेहु। जरी विषम जुर ज्याइयै। आइ सुदरसन देहु [१२१][240]

[240] यह – इह - शि०वा०; यहि - पा०। विनसत – विनसति - वे०; विनसतु - मु०। नग – 'ज' रिक्त स्थान में - को०; नगु - न०वे०मि०मु०नी०। राषिकै – राषिये - पा०; राषिकैं - मो०न०; राषिवै - नी०। वडो – वडौ - शि०न०स०मि०मु०नी०। जसु – जस - उ०को०वा०ह०। लेहु – लेह - स०। जरी – ज्यरि - को०; जरा - शि०। जुर – ज्वर - शि०पा०वे०। ज्याइयै – ज्याईए, 'र' पर 'ई' संशोधन - उ०; जाइंइ - शि०; जाइयें - वा०; ज्याइए - पा०ह०; जायए - मो०; जाइयै - न०मि०; जाईयै - वे०; लाईयै - स०; ज्याईयै - मु०। आइ – आय - को०वा०मो०मि०ह०; आई - नी०। सुदरसन – सुदरसण - उ०; सुदरशन - वा०भा०; सुदर्शन - मो०। देहु – देह - को०स० [१२१]

اہ بنست نک راکہ کین جکت برو جس لیہ ٠ جري بکہم جور جیایے اي سدرسن دیہ
[ظا٠ ١٢١]

अन० : सषी प्रति संदेस नायिका प्रोषितपतिका। श्लेषालंकार।

नर० : विनय वर्णन सषी कौ वचन नायक सों, हो कान्ह, यौ राधिका रूपी नग है, तिनकौ विनसतौ राषिकै संसार के विषै घनो सौ जस ल्यौ, सो कैसे कि विषम ज्वर ते जरी जात है, सो ताको आनकै, तुमारो भलौ सौ दरसन है सो द्यौ –

> **एइ नसै विनसै नग राषिकै या जग वीच वडो जस लीजै। वैठ रहे इनकी ढिग क्यों हरि जाहु नहीं सु कह्यो अव कीजै। जात जरी विषमज्वर माझ भई अति छीन कहो इह जीजै। और उपाय किये न धरै धर जाइये आइ सुदरसन दीजै** [नर० १२१]

कृष्ण० : यह नाइका प्रोषितपतिका व्याधि अवस्था, सषी कौ वचनु नाइक सौ –

> **जरी है विषमु जुर गिरी है अचेत वह घिरी है चहूंधा व्याधिवृंदनि मै षरियै। कंचन से तन कौ अतनु वृथा वारतु है रतनु उचारियै जतनु हरि करियै। ऐसी गति देषै हौ तौ मरति परेषै दुष वाढौ अनलेषै वाके नेरे जात डरियै। लीजियै जगत जसु कीजियै धरमु यह दीजियै सुदरसनु वाकौ तापु हरियै** [कृष्ण० १२१]

हरि० : नायिका की सषी की पाती प्रोषितपतिक को। यह नग सारीषो दुर्लभ किंवा नग रत्न को कहत है, स्त्रीरत्न सो विनसत है, ताको राषिकै रक्षा करिकै जगत में वडो जस को लेहु। कैसी है। विषमज्वर सों जरी है तुल्य है ताको जिआइए, आइकै इहां सुदर्शन देहु। श्लेष में जाको विषम ज्वर होत है, ताको सुदर्शन चूर्ण देत हैं। श्लेषालंकार।

— ⋆ —

पिय सौतिन देषत दई। अपने हिय ते लाल। फिरति सवन मै डहडही। उही मरगजी माल [१२२][241]

پیہ سوتن دیکہت دئي تم جون دنان لال ٠ پہرت دہد دہي سبن مین اوہین مرکجي مال
[ظا٠ ١٢٢]

[241] पिय – विय, ‘पि’ मूल पर ‘वि’ संशोधन - उ०; विय - को०मो०वे०स०मि०मु०नी०; पीय - शि०; विस - न०; प्रिय - ह०। सौतिन – सौतिनु - उ०नी०; सोतन - को०स०; सोतिन - वा०मो०वे०; सौतनि - न०; ‘न’ पर इकार बाद में - मु०; सौतिनि - ह०। देषत – देषन - शि०; देषति - न०। दई – भई - स०। अपने – अपनै - उ०वा०न०वे०स०मि०; अपनें - मो०मु०। हिय – हीय - शि०मो०; हित - मि०। ते – तैं - उ०वा०न०स०; तिं - को०; तें - मो०मु०ह०; तै - वे०भा०मि०। फिरति – फिरन - को०; फुरति - शि०; फिरत - मो०वे०स०; फिरतु - नी०। सवन – सवनि - वा०पा०मो०; डहडही - न०वे०स०मु०ह०। मै – मैं - को०; में - शि०वा०मो०; मे - पा०नी०; सवनु - न०वे०; सवन - स०; सवनि - मु०; सवनि - ह०। डहडही – मै - न०; में - वे०ह०; मैं - स०मु०। उही – ऊही - उ०; वहै - शि०पा०मो०; उहै - वा०; वही - मि०मु०ह०। मरगजी – अरगजी - पा०। [१२२]

अन० : सषी की उक्ति सषी सों, प्रेमगर्विता नायिका विभावनालंकार। माल तो मरगजी आनंद की वाधक है, पै आनंदरूप कार्ज भयो है, ताते विभावना।

नर० : प्रेमगर्विता सषी कौ वैन सषी सौ, हे सषी राधिका कौ श्रीलालजू अपने हिय ते उतारकै मरगजी क० मसली सी माला वीजी सौतां देषतां दीवी है, सो अव वही मरगजी माला पहर्‌यां सवन में फूली सी फिरति है –

> **सौति के लषत मनभावन मया कै दीनी उर ते उतारि परगट कीनी रति है। तवही ते रहसति विहसति हुलसति विलसति लसति गुमान भरी अति है। मन मै मुदित फूली तन मै समात नाही चलचित तो अनुराग उलहति है। मरगजी माला वही उर धरे वाला वह डहडही आलिन के झुंड मैं फिरति है** [नर० १२२]

हरि० : सषी सों सषी वचन। लाल नै प्रिया है जो नायिका, ताको सौतिन के देषत आपने हृदय ते माला दीनी। वाही मरगजी मैली माला सौं सव सौतिन मैं डहडही सानंद फिरति है। मैली माला मैं डहडही फिरै विभावना अलंकार। काहू कारन ते जवै कारज होय विरुद्ध।

— ⋆ —

छला छवीले लाल कौ। नवल नेह लहि नारि। चाहति चूमति लाइ उर। पहिरति धरति उतारि [१२३][242]

چهلا چهبلے لال کو نول نینه له نار ٠ چاہت چومت لاي ار پہرت دہرت اوتار [ظا٠
[١٢٣

अन० : उक्ति सषी की सषी सों। पूर्वानुराग शृंगार हर्ष संचारी क्रियानुभाव परकीया नायिका सुभावोक्ति अनुप्रास की संसृष्टि।

नर० : प्रेमगर्विता सषी को वचन सषी सों, हे सषी छवीले लाल कौ जो हाथ को छलौ नवनेह की नारि इनाम लह्यौ, अव वा छला कौ देषति है, चूंमति है, उर सौं लगावति है, पहिरति है, फेरि उतार धरति है –

> **नंद ववा के छवीले लला कौ छला लहि नारि सवै सुष सानी। नेह नये जो दियौ सु लयौ कर आपन ही वह राधिकारानी। चाहति है छिनही छिन चूंवति लावति है उर मै उर मानी। लै पहिरै वहु रोज उतारति राषति है घर नेहनिसानी** [नर० १२३]

242 छवीले – छविले - को०; छवीलें - न०। कौ – को - को०वा०पा०मो०वे०भा०नी०ह०; कौं - स०। नेह – नेहलता - वा०। चाहति – चूंवति - उ०शि०; चौंवति - वा०; चूमति - पा०ह०; चाहिति - मो०; चाहत - स०; चाटति - मि०। चूमति – चाहति - उ०शि०ह०; चुंवति - को०; चाह - वा०; (लुप्त) - पा०; चूंवति - मो०; चूंमति - न०मु०; चुंनति - वे०; चूंमत - स०; चूमत - मि०। लाइ – लाय - को०ह०; ल्याय - मो०। उर – उरु - न०। धरति – धरत - स०। उतारि – उतार - स० [१२३]

कृष्ण० : यह नाइका कौ सनेह नाइक मै अधिक है सु वाके छला कौ पाइ वाकौ मिले को सुष मानति है, लाज ते मिलिवे को प्रिया सो नाही करतु, नाइका मध्या परकीयाहू होइ तौ होइ, सषी सो कहतु है –

> **नागर सौ नवनेह लग्यो नवनागरि आलिनहू सौ दुरावै। देषिवे को अकुलाति हिये अति लाजनु सौ विन ये नहि आवै। नंदलला कौ छला लहिकै तकि ताहिन नैननि मेष लगावै। चूमत छ्वावत आंषिन सौ कवहूं पहिरै कवहूं उर लावै** [कृष्ण० १२३]

हरि० : पूर्वानुराग मैं सषी सों सषी की उक्ति। छवीलो जो है लाल नायक ताको छला, अंगूठी नवल नेह में नई प्रीति में पायकै नारि जो है हर्ष सों चूमै है उर, छाती, मैं लगायकै चाहति है, देषति है, पहिरति है फेरि उतारि धरति है। चूमिवो इत्यादि अनुभाव मन के भाव प्रीति ताको प्रगट करत है। जाति अलंकार। जाको जैसो रूपगुन वरनत ताही रीति।

— ⋆ —

नित संसौ हंसौ वचतु। मनौ सु इहि अनुमान। विरह अगनि लपटन सकै। झपटि न मीचु सिचान [१२४][243]

نت سنسو ہنسو بچت منون سو اہ انمان • برہ اکن لپٹن سکي جہپٹ نہ میچ سچان
[ظا• ۱۲٤]

अन० : सषी की उक्ति सषी सों वितर्क संचारी, नायिका प्रोषितपतिका। उत्प्रेक्षालंकार।

नर० : प्रोषितपतिका सषी को वचन सषी सो, हे सषी या राधा कौ मौत आगै हांसौ, कहियै जीव जो वचतौ है सो याकौ नित सांसौ सौ रहत है, कि कैसे वचतु है, पै एक वचि वाकौ उनमान जानत हौ कि इन वात तै वचत है कि वाकै विरह रूपी जो अग्नि तिनकी जो लपट आवतु है, तिन करिकै मीच रुपी सिंचानौ झपट कर सकत नांही –

> **हंसो वचै सोई संसो रहै नित को नहिं लेत इनैं नभचारी। मैं उनमान लही उनकी गति वाही के जीय भयो दुष भारी। जात न ज्वाल लगी विरहागिनि वा लपटै नहिं जात संभारी। मीच सिचान कै कै झपटै मन हार रह्यो अव ताहि निहारी** [नर० १२४]

---

243 नित – निति - उ०मो०ह०। संसौ – संसो - उ०को०मो०ह०; सांसौ - वा०न०स०; सांसो - वे०मु०। हंसौ – हंसो - को०पा०मो०ह०; हांसो - वा०वे०मु०; हांसौ - न०स०। वचतु – वचत - को०पा०मो०वे०स०; वचै - भा०; वचनु - नी०। मनौ – मनु - उ०; मनो - को०वे०स०; मनों - शि०वा०मो०मु०; मनौं - न०नी०; मनहुं - ह०। सु – सो - को०। इहि – इंहिं - उ०; इह - को०वे०स०; इही - शि०; इहिं - वा०ह०; यहि - पा०। अनुमान – अनुमांन - उ०वा०न०स०मु०; उनमांन - शि०; अनुमंआनु - नी०। अगनि – अग्नि - पा०भा०। लपटन – लपटनु - उ०; लपटनि - वा०मो०नी०ह०; लपटिन - पा०; लपकन - वे०; लपटानि - मु०। सकै – सकतु - उ०शि०वा०; सकैं - मो०न०; सकइ - वे०; कौ - मु०। झपटि – झपट - को०शि०पा०मो०न०वे०स०; उपटि - भा०; सकत - ह०। न – झपटत - ह०। मीचु – मींचि - वा०; मींच - ह०। सिचान – सीचान - को०; सिंचान - शि०; सिचांन - वा०न०वे०स०; सचान - पा०भा०मु०; सिचानु - नी०। दोहा लुप्त - मि०। [१२४]

कृष्ण० : यह नाइका प्रोषितपतिका सषी कौ वचन सषी सौ कहै तौ विरहनिवेदनु होइ –

> **विछुरे तिहारे मनमोहन पियारे वाल निपट कटि षीन करी मदन तन ताइकै। सवही के रहतु हिय मै यही संसौ वह हंसौ अव लागि कैसे रह्यो ठहराइकै। जानियतु यही उनमानु ताके वचिवे को आनि पचि हार्‌यौ अनगिनत उपाइ कै। विषम लपट लषि विरह हुतासन की झपटि न सकतु सिचान मीचु आइकै** [कृष्ण० १२४]

हरि० : सषी सों सषी की उक्ति। नित सदा संसो, संसय, संदेह रहत है। या नायिका को हंसो प्रान वंचत है या वात को मनहु यह अनुमान, हे सषी तू मानहु यह वात अनुमान है निश्चय है किंवा मानौ यह अनुमान या कौ लषौ विरह सो है अग्नि, ताकी वहुत ज्वाला ता मीच मृत्यु सो है सिचान, वाज, सो झपटि नहीं सकै है। हेतूत्प्रेक्षा। मीच सो सिचान रूपक।

— ⋆ —

थाकी जतन अनेक करि। नैक न छांडति गैल। करी षरी दुवरी सु लगि। तेरी चाह चुरैल [१२५][244]

تہاکي جتن انیک کر نیک نہ چہاندت کیل • کري کہري دوبري سو لک تيري چاہ چُريل [ظا• ١٢٥]

अन० : उक्ति दूती की नायक प्रति। परकीया नायिका को विरह निवेदन पूर्वानुराग। रूपकालंकार।

नर० : अभिलाष दशा सषी को वचन नायक सों, हो कान्हजू तेरी चाह रूपी चुरैल राधा कै लागिकै षरीही दूवरी कीनी है, सो हम तौ अनेकेक जतन करिकै थाकी पर गैल छांडति नाही है –

> **मंत्र ओ तंत्र किएई किए अरु यंत्र अनेक लिषायकै थाकी। नैक न छांडत गैल परी गुर पीरी करी तनुता उन याकी। छापरी दूवरी यै जु करी षरी लागी कै लील लई दुति वाकी। तेरीये चाह चुरैल वुरी अहो ऐसी दसा दरसी अव ताकी** [नर० १२५]

कृष्ण० : यह नाइका की लगनि, सषी कौ वचनु नाइक सौ –

> **रोमनि रोमनि भोइ गई हिय मै धसि प्राननु माझ षगी है। हौ करि थाकी उपाइ सवै हरि जंत्रनि मंत्रनिहू न डगी है। देह सुषाइ करी दुवरी डरी वावरी ज्यौं सुधि वुद्धि भगी है। एते पै न वाकी छाडति गैल चुरैल ह्वै रावरी चाह लगी है** [कृष्ण० १२५]

---

244 थाकी – थाके - मो०मु०ह०; थकी - नी०। जतन – जनक - को०। नैक – नेंक - वा०मो०; मेकु - पा०; नैंक - न०स०; नेक - भा०; नैंकु - मु०ह०। छांडति – छाडत - शि०; छोडति - पा०; छांडत - मो०न०वे०स०; छाडति - भा०मि०ह०। गैल – गेंल - मो०। दुवरी – दुवही - नी०। लगि – लषि - मि०। तेरी – तेर - वा०। चाह – चाहि - न०। चुरैल – चुरेल - शि०वा०; चुरेंल - मो०। उ० प्रति में त्रुटित। [१२५]

हरि० : सषी की उक्ति परकीया सों। लोग अनेक जतन करि थाके हैं। तेरी जो चाह है, तोसों मिलिवे की जो चाह है, सोई चुरैल सो लागिकै षरी दूवरी करी है देह तो भी गैल, राह, नहीं छोडति है। वाके पीछे लगी है, यह अर्थ। किंवा सषी की उक्ति नायक सों। षरी दूवरी नायिका को करी है, लगि कै। और वैसेही जानि। चाह सो चुरैल। रुपकालंकार।

— ⋆ —

लाज गहौ वेकाज कत। घेरि रहे घर जांहि। गोरस चाहत फिरत हौ। गोरस चाहत नांहि [१२६][245]

لاج کہو بیکاج کت کہیر رہي کہر جانہ • کورس چاہت پہرت ہو کورس چاہت نانہ
[ظا• ١٢٦]

नर० : वनविहारी को मिलनु, नाइका कौ वैन नायक सों, हो कान्ह, थोरी सी लाज पकरौ, वेकाज घरे जावती को कत घेरिकै रहे हौ, तो जानति है कि गोरस को ढूंढत नांही हौ, अरु गो, इंद्री, तिनके रस कौ चाहत हौ –

> **लाज गहो अव लाडले नंद के काज विना कत घेर रहो हो। छांडो नहीं मग दूरि करो पग जान द्यो गेह न वात लहो हो। गोरस चाहत डोलत हो वनवालन कुं वहु वेन कहो हो। गोरस चाहत नांहि अहो तुम गोपन के अनुराग चहो हो** [नर० १२६]

कृष्ण० : यह दानलीला, नायिका कौ वचन नाइक सों –

> **लाज क्यौ न गहौ विनु काज मग घेरि रहे काहे इतराइ वोल वोलत अनैसे हौ। गोरसु न चाहत हौ गोरस कौ चाहत हौ भलीभाति जानति हौ कान्ह तुम जैसे हौ। कृष्ण प्रानप्यारे व्रज विदित तिहारे गुन माषन के चोरिवे को घर घर पैसे हौ। अव इह वन ऐसे चलन चलावत हौ सोहै लषि हसत लसत मनु लैसे हौ** [कृष्ण० १२६]

हरि० : दानलीला मैं गोपी को वचन नायक सों, हम तौ जगात दे चुकी फेरि हमसौ जगात मागत हौ, तुम्है लाज नहीं आवै, याते लाज गहौ, वेकाज कत, क्यों, घेरि रहे, अव हम घर जाहैं, तुम गोरस, नेत्र को रस, देषनो, सो चाहत फिरत हौ, गोरस को नहीं चाहत हौ। किंवा स्वयंदूतिका नायक सों कहति है, लाज गहौ, तुम स्त्री के मन की वात नहीं जानत हौ, यातें अनभिज्ञ, ताकौ लाज गहौ, फेरि कछु प्रगट करि कहै है, वेकाज कत घेरि रहे, जो कछु तुमै कर्तव्य होय सो करो अर्थ, हमें ले चलौ, या

245 गहौ – गहो - को०शि०वे०; गहै - नी०। कत – कति - वे०; कित - स०। घेरि – घेर - शि०वे०; घेरु - मु०। रहे – रहै - को०नी०। घर – घरि - उ०वा०न०ह०; घरु - को०। जांहि - उ०शि०वे०स०मु०; ज्यांह - को०; जाहि - वा०न०भा०मि०; जाहिं - नी०ह०। गोरस – गोरव - वा०; गोरसु - भा०नी०। चाहत – चाहतु - मु०। फिरत – फिरति - उ०; फिरतु - मु०। हौ – हो - को०शि०न०। गोरस – गोरसु - भा०; गौरस - नी०। चाहत – चाहति - ह०। नांहि – नाहि - मि०; नांहिं - नी०। दोहा लुप्त - पा०मो०। [१२६]

ठोर हमे रोके हो, सो कोई देषै तौ घर जांहि, घर जातो रहैगो, घर हमसो छूटिहै, तुम गोरस, दूध दही चाहते फिरत हौ, इंद्रियनि कौ रस नहीं चाहत हौ, जौ इंद्रियनि को रस चाहत हौ तौ मिलौ, यह ध्वनि। जामै ध्वनि होय सो उत्तम काव्य। इहां जमक अलंकार। जमक सवद को फिरि श्रव अर्थ दूसरो जानि। गोर गोरस, पर्जायोक्ति अलंकार है। पर्जायोक्ति प्रकार द्वै कछु रचना सों वात।

— ⋆ —

घामु घरीक निवारिये। कलित ललित अलि पुंज। जमुना तीर तमाल तरु। मिलत मालती कुंज [१२७][246]

کہام کہریک نوارئي کلت للت ال پونج • جمنان تیر تمال تر ملت مالتي کنج [ظا• ١٢٧]

अन० : वोध व्यंगि करि वचन विदग्धा स्वयंदूती। परकीया की उक्ति नायक प्रति। कोऊ एक संजोग लालसा मति कहत हैं। पर्यायोक्ति अलंकार।

नर० : स्वयंदूती नायिका कौ वैन नायक सों, हो हरि घामु है, ताते चित्त मैं घरीक विचारियै, यो जमुना को तीर है, यो तमाल, क० जायफल, तिनको वृक्ष है, सो मालती सो मिलिकै कुंज सो वन्यो है, और कलित, मनोहर, अलि तिनको पुंज करिकै सोभत है, ए भली ठौर है, यांही रहियै –

> **कान्हरु घाम घरीक निवारियै वैठिके कुंज सुगंध सिच्यो है। ऐसो समीर चल्यो इत आवत**
> **वाहि लषे अलिपुंज रच्यो है। या जमुनातटिनी तट की ज्यों तमाल लता तर मान मच्यो है।**
> **मोगरा वेल ओ मालती सों मिलि केतकी पुंज मै पैठि पच्यो है** [नर० १२७]

कृष्ण० : इह नायिका परकीया वाक्‌विदग्धा, स्वयंदूति नायिका कौ वचन नायक सौ–

> **चारु तमाल कलिंदी के तीर ऐ सीरु सुगंध समीरु हरै मन। मालती मल्लि निकुंजनि मै**
> **मिलि गुंजत मत्त मधूव्रत के गन। फूलनि के भर झूमि लता रही वेली लगी लपटाइ तमालन।**
> **कीजै विराम घरीक इतै यह आतप नैक निवारियै लालन** [कृष्ण० १२७]

हरि० : वाक्‌विदग्धा स्वयंदूत करै है, घाम, धूप, एक घरी विताइए, जमुनातीर विषै, तीर कैसो है, ललित, सुंदर जे लै, भौरा, ताके पुंज, समूह, तासों कलित हैं, जुक्त हैं, फेरि तमाल तरु सों मिलित जो है, मालती, चंवेली, ताको कुंज है, निर्जन देस है, हमसों विहार करौ, यह ध्वनि। पर्जायोक्ति, पर्जायोक्ति प्रकार द्वै कछु रचना सों वात।

— ⋆ —

[246] घामु – घांमु - उ०न०मु०; घाम - को०शि०ह०; घांम - वा०वे०स०मि०। घरीक – करीक - शि०वा०; घरीकु - मो०न०। निवारियै – निवारीयै - शि०मु०; निवारीएं - मो०; विचारीयैं - न०; विचारीयै - वे०स०; निवारियै - वा०मि०; नेवारिये - नी०। अलि – अति - को०। पुंज – पूंज - को०। जमुना – जमना - उ०। तीर – नीर - मो०; तीरु - मि०। तरु – तर - शि०। मिलत – मिलित - उ०मो०वे०; मिलति - मि०मु०। मालती – मालति - शि०। कुंज – कौंज - वा०। दोहा लुप्त - पा०भा०। [१२७]

उन हरकी हसिकै इतै। इन सौं पी मुसकाइ। नैन मिले मन मिलि गए। दोऊ मिलवत गाइ [१२८][247]

اون ہرکي[248] ہسکي ايتي ان سوپي مسکاي • نين ملين من مل کئي دواو ملوت کاي
[ظا• ۱۲۸]

अन० : सषी की उक्ति सषी सों, दंपति को हेतु लच्छित कियो है। दोउन को चितैवो अनुभाव, हर्षसंचारी ते पूर्वानुराग व्यंगि। साक्षात दरशनं परकीया नायिका। उभयावर्ती दीपिकालंकार। लाटानुप्रास।

नर० : गोछारि को मिलन, सषी को वैन सषी सों, हे सषी, उत सो उन राधिका हसिकै कान्ह की दिसि हर कीन्ही, इत वैस सौ इत कान्ह राधिका की दिसि मुसकान कीवी, सो पहिले तो नैन मिले पाछै मन मिल्यो, सो ऐसे दोनू गायन के मिलवति कै विषै मिल गए हैं –

> **देषि इतै हरिकी हसकै उन या विधि आपनो नेह जनायो। सोप दई मुसकाइ जवै इन नैन नचाइकै मैन मनायो। नैन मिले मिलिकै युग यों मन दोऊ मिलावत गाय मनायो। यों रस रीति निहार कहा कहौं आपनपौ अति धन्य कहायो** [नर० १२८]

कृष्ण० : इन दोऊ गाइ मिलवत मन मिलि गए, सो सुष सषी सषी सों कहति है, नाइका परकीया –

> **उनि हंसि हाकी ए कहा की है नई सी गाइ मोपै न घिरत काल्ह केते दुष दए है। इन मुसकाइ कही भृकुटी नचाइ एतौ गाइ है हमारी हिलै और सों व नए है। कहैं कविकृष्ण मिले वैनन सों वैन अरु नैनन सों नैन रीझि रस वस भए है। भूली सुधि भौन की न गौन की सम्हार रही गाइ मिलवत दोऊ मन मिलि गए है** [कृष्ण० १२८]

हरि० : सषी सों सषी वचन नायिका पीछे गाय, ताके आगे नायक, उन नायक ने हंसिकै उत, वा ओर जा ओर नायिका थी, ताही थी ताही और हर की हांसी करिवे के लिए औरै और हांकै तौ नैंन आछी तरह नहीं मिलैं, इन नायिका में मुसुक्याइकै सोंपी, नैन के मिलतही मन मिलि गयो, जा समै दोऊ गाय मिलावत हैं, किंवा नायिका गाइ मिलाइवे गई थी, तहां सषी सों सषी वचन, आंगुरी सों देषाइकै कहति है, जन नायक की हर क० चाह, अर्थ तें नायिका ने हसिकै कीको अर्थ करी, इतै या नायिका की ओर इनसों, या नायिका सों हंसिकै हर क० चाह कीको अर्थ करी, यह नायिका पी नायक सों मुसुक्याइ

---

247 हरकी – हरिकी - शि०वा०पा०मो०वे०स०मि०नी०। हसिकै – हंसिकै - उ०; हसकै - को०। इतै – इते - को०; उतें - शि०; उतै - पा०; ईते - मो०; इतैं - न०स०। इन – उन - मो०मु०; इत - न०वे०स०; ईन - मि०। सौं – सो - को०मो०वे०; सों - शि०स०नी०; सौ - वा०पा०मि०। मुसकाइ – मुसकांइ - उ०; मुसकाय - को०; मुसक्याइ - शि०वा०; मुसुकाइ - मो०; सुसकाइ - वे०; मुसिकाइ - मु०; मुसुक्याइ - ह०। नैन – नेंन - वा०को०मो०; नैंन - न०स०मि०मु०ह०। मिले – मिलें - उ०वा०; मिलैं - को०न०; मिलै - स०मु०नी०; मिलत - ह०। मन – मनु - मो०न०नी०। मिलि – मिल - को०वे०स०मि०। गए – गयो - को०पा०मो०नी०ह०। दोऊ – दोउ - शि०; दोऊं - वे०मु०; दोउं - स०। मिलवत – मिलिवत - शि०; मिलवति, 'ति' नीचे रिक्त स्थान में - न०; मिलवति - वे०। गाइ – गांइ - उ०; गाय - को०ह०; गात - शि०। दोहा लुप्त - भा०। [१२८]

248 ہرکي - ہانکي - ظا•

रही, तव नैन के मिलत अनुराग सहित देषत कै मन मिलि गयो, जा समै दोऊ नायक नायिका गाय मिलावत है, गाय दुहत है, कोई सिंग पकरे है, कोई दुहत है, मिलैवो दुहिवे को भी कहत हैं, गाय को मिलैवो आरंभ्यो मन मिलायो। असंगति, और काज आरंभिए औरै कीजै दोरि। किंवा नैन के मिलत ही मन मिलि गयो चपलाशयोक्ति, नैन मिलिवो हेतु, मन मिलिवो कार्ज, चपलत्युक्ति जु हेतु के होत नामही काज।

— ⋆ —

पर्‌यौ जोर विपरीत रति। रुपी सुरत रन धीर। करत कुलाहल किंकिनी गह्यौ मौन मंजीर [१२९][249]

پریو جور بپریت رت لي سورت رن دہر • کرت کولاہل کنکني کہیو مون منجیر [ظا •
[۱۲۹

अन० : वितर्क संचारी करि सषी की उक्ति सषी सो। दंपति कौ संजोग शृंगार, नायिका उद्दाम रति, प्रौढा की रति वर्णन। समासोक्ति अलंकार।

नर० : सषी को वैन सषी सो, हे सषी पहिलै तो विपरीत आसन रूपी जो रन तिनके विषै धीरता की सुरत रोपी हुती, अरु पीछे जव विपरीति कै विषै जोर पर्‌यो तव किंकिनी क० सहेलडी तिनको तो कोलाहल कर्‌यो और मंजीर क० विछिया, तिन मोन पकर्‌यो –

> **जोर पर्‌यो विपरीत हठी रिति सोह नहाइकै कै मनुहारी। धीर महारतिरंग अनंग न आइ परी जय थंभ महा री। वा कटि की कटि मेषला किंकिनी जोर कुलाहलुकारी निहारी। मौन मंजीर गह्यो गरिमा करि छैल छवीले की वात कहा री** [नर० १२९]

कृष्ण० : इह रति विपरीत रति वर्णनु है, नाइका प्रौढा सषी कौ वचन सषी सौ –

> **श्रीव्रषभानसुता तन जोवन जोति जगै रति लाज न लागी। भौंह विलासनि हासनि कै हरि साजन कौ सुष साजन लागी। धीर न हारति रंग रमै विपरीति रची रतिराजन लागी। मौन गह्यो विछिया नतही रसना रसही रस वाजन लागी** [कृष्ण० १२९][250]

हरि० : प्रिय सषी सों प्रिय सषी वचन, विपरीत जो रति रमन क्रीडा ताको जोर पर्‌यो है, सुरत जो है जुद्ध तामें धीर होयकै रुपि है, ठहरी है, किंकनी कोलाहल शब्द को करै है, मंजीर, चरनभूषन, ताने

[249] पर्‌यौ – पर्‌यो - को०वा०पा०मो०वे०; परी - भा०। जोर – जोरु - उ०; जोरि - को०; सन - नी०। विपरीत – विपरीति - उ०मो०न०मि०नी०; विपरित - को०वा०। रति – रित - को०; रिति - वे०; के - नी०। रुपी – रूपी - मो०; रुकी - भा०। सुरत – सुरति - पा०न०भा०मि०। रन – न - को०; रण - पा०। करत – करति - न०भा०मु०नी०। कुलाहल – कुलाहलु - उ०; कोलाहल - शि०वा०न०वे०। किंकिनी – किंकनी - को०शि०मो०न०मि०; किंकीनी - वा०; किंकणी - मु०। गह्यौ – गह्यो - को०मो०वे०; गहौ - भा०; गहै - मु०। मौन – मोनुं - उ०; मोंन - वा०; मोन - मो०; मौंन - मि०मु०। [१२९]

[250] धीर न हारति रंग रमै – घोर महारति संगर मै - भा०। रतिराजन – अति राजन - भा०; अति लाजन - मु०।

मौन गह्यो है, किंवा विपरीत रति मैं रुपी है, सुरत रन में धीर है, जोर पर्‌यो है, रन को भार पर्‌यो है; तासो किंकनी, छुद्रघंटिका कोलाहल करति है, मंजीर पर भार नाहीं, जासु मौन गह्यो, सुरत सो रन याते रूपक।

—★—

विनती रति विपरीत की। करी परसि पिय पाइ। हसि अनवोलेही दियौ। ऊतर दियौ वताइ [१३०][251]

بنتي رت بپريت كي كري پرس پي پاي ٠ ہنس انوليہون كہيو اوتر داو بتاي [ظا٠ [١٣٠

अन० : सषी की उक्ति सषी सों। दंपति को संजोग शृंगार। नायक के अभिलाष हर्ष, नायिकाहू के। नायिका मध्या सी भासति है। विभावनालंकार, जमकालंकार।

नर० : मुग्धा लज्जाप्रिया सषी को वचन सषी सों, हे सषी, पिय स्त्री के पाइ परिकै विपरीत रति की विनती कही, तव स्त्री अनवोली सी हसिकै दियो वरतो वताइकै उत्तर दियो –

नाथ कह्यो विपरीत करै रति यों विनती सुनि मौन लियो है। मेरी सौं तोहि वडो सुष होत है पी इन पाइनि पानि छियो है। भेद अनेक वताइ भली विधि चार घरी वकवाद कियो है। वा अनवोली दियो हंसिकै रही ऊतर ऐसे वताइ दियो है [नर० १३०]

कृष्ण० : इह रति विपरीत सषी कौ वचन सषी सौ –

केलिकला कुसल कुरंगनयननी के अंग अंग की निकाई दुति रति की रती करी। वहिरति अंतरति विहरे विविधि विधि मदन महीप की विभूति वढती करी। तैंही रतिमंदिर मैं राधे के परसि पाइ रति विपरीति की पियारे विनती करी। प्यारी मुसकाय अनवोलेही वताय दियो प्रीतम के जी की चाह याही मै सही करी [कृष्ण० १३०]

हरि० : सषी सों सषी वचन, पिय ने नायिका के पाय परसिकै, छुइकै, विपरीत रति की विनती करी, हंसिकै अनवोलेही नायक को उत्तर दियो वतायकै, दीपक वुझायकै, दिया वुझाए विपरीत रति को स्वीकार, वोलिवो कारन नहीं है, उत्तर कार्ज भयो। होति छ भांति विभावना कारन विनही काज।

---

251 रति – रती - शि०वे०; रत - मु०। विपरीत – वीपरीत - शि०; विपरीति - पा०मो०मि०नी०। करी – करत - उ०शि०वा०; कही - न०मु०। परसि – परस - को०न०वे०स०मु०। पिय – प्यौ - शि०; पौ - वा०। पाइ – पांइ - उ०; पाय - को०वे०स०मु०ह०। हसि – हंसि - ह०। अनवोलेही – अनवोलैंही - उ०नी०; अनवोलैहीं - को०ह०; अनवोलैंहू - शि०; अनवोलेंहो - वा०; अनवोलेंही - मो०; अनवोलैही - न०वे०मि०; अनवोलेहू - भा०। दियौ – दयौ - उ०न०स०; दियो - को०पा०ह०; दीयौ - शि०; यौ - वा०; दयौं - मो०; दयो - वे०भा०; कह्यौ - मि०; दियौ दियौ - मु०। ऊतर – उतर - को०शि०न०; उत्तर - पा०मो०ह०; ऊतरु - भा०; उतरु - मि०। दियौ – दीयौ - उ०शि०; दियो - को०पा०वे०मि०मु०; दयौं - मो०; दयौ - न०; दीयो - स०; दयो - भा०। वताइ – वताय - को०मो०ह०। [१३०]

— ★ —

वैठि रही अति सघन वन। पैठि सदन तन मांह। देषि दुपहरी जेठ की। छांहौ चाहति छांह [१३१][252]

بیٹھ رہي ات سکھن بن پیٹھ سدن تن چانہ • دیکھ دوپہري جیٹھ کي چھانہون چاہت چھانہ [ظا• ١٣١]

नर० : सषीकर्म मिलाइवो, सषी को वचन नाइक सों, हो कान्ह, आज राधाजू अति सघन वन के विषै वैठि रही है, सो क्यों कि ऐसी कठिन दुपहरी जेठ मास की देषिकै सो सरीर की छाया थी सो तन रूपी जो घर तिन विषै तौ पैठी है, तो जानियै छाया है सो छांहो चाहति है। याको अभिप्राय राधा वन के विषै वैठी है, तुम जावौ। उर ग्रीषम को पणि वर्णन है –

> **घाम सही न परै दुषदाइक वैठि रही वन घाम घने है। पैठि रही तनभौन के भीतर पेषति है अति घाम घने है। देषि दुजाम भये अव जेठ के पौन प्रचंड प्रताप सने है। चाहत है सव छांहोई छाह कौ दीरघ दाघ निदाघ वने है** [नर० १३१][253]

कृष्ण० : ग्रीष्म ऋतु नाइका को वचन नाइकहू सों संभव, स्वयंदूत जो नाइका की सषी नाइक सो कहै तो विदेश निवारन होइ –

> **सलिल सुषत जलचर अकुलात थल जीवजंत सकल उठत वारि वरिकै। कहै कविकृष्ण औनि अंवर अनिल सव पावकही होत कौनु रहै धीर धरिकै। ग्रीषम के आतप कौ भीषम प्रतापु तकि टिकि न सकति कहू डोली डोलै डरिकै। सघन विपिन तहषानै कूप कुंजनि मैं छांहौ विरमति कहूं छांह अट करिकै** [नी० १३१][254]

हरि० : कवि वचन, अति सघन वन में पैठि रही है, दोपहर में वाहर छाया नहीं रहति है, सदन, घर, में, तन में, सरीर में, पैठि रही है, दुपहरी जेठ की देषिकै छाया भी छाया कों चाहति है, औरि की क्या वात। अद्भुत वर्णन किंवा झूठ तें, अत्युक्ति अलंकार।

---

[252] वैठि – वैठ - वे०स०। रही अति – रहि - को०। पैठि – पैठ - वे०स०मु०। सदन – सदव - को०। मांह – माहि - शि०; मांहि - वा०न०वे०स०मु०ह०; माह - भा०मि०। देषि – देष - वे०स०। दुपहरी – दुपहरि - को०। छांहौ – छांहौं - उ०ह०; छाहों - शि०; छाहौ - वा०भा०; छाहो - वे०; छांहो - स०; छाहौं - नी०। चाहति – चाहत - वा०स०ह०। छांह – छांहि - न०मु०; छाह - भा०। दोहा लुप्त - पा०मो०। [१३१]

[253] सही न – सहीज - न०मु०। अव – तप - मु०।

[254] अन्य प्रतियों में भिन्न-भिन्न उदाहरण हैं –

वैठि सघन वन सरित के तीर कहू कीजै हरिभजन जाते कलुष विलात है। पक्षी पषेरू सव जाचत है जलनिधि कौ देषत विटप छाया चितु हुलसात हैं। ऐसे मै जो पै वटोही कोऊ वाट माह चाहत उर छाह वात नीकी सिहात है। देषिकै दुपहरी मति मेरी अति हहरी देषौ निहारि छाह छाह मै विहात है [भा० १३१]

तरवर लता वन ऐसे मुरझाय गए जैसे कामिनी कौ मुष कंत विनु भयौ है। सरिता भई है छीन ऐसे सर जलहीन प्यारी (?) दिन होती ज्यौ विदेस पति गयौ है। अवनी अकास पानी नाही विनु ऐसे जैसे नाहि के वियोग भामिनी कौ तन तयौ है। जेठ की जरन माह छाहहू तकत छाह एहो रिझवार परदेस कोउ गयो है [मि० १३१]

— ★ —

सकत न तुव ताते वचन। मो रस को रस षोइ। षिन षिन औटै षीर लौं। षरौ सवादि लहोइ [१३२][255]

سلّت نہ تو تاتي بچن مو رس کو رس کھي ٠ کھن کھن اوتي کھير لون کھرو سواد لھوي [ظا ٠ ١٣٢]

अन० : नायक की उक्ति मानिनी नायिका प्रति। उपमालंकार।[256]

नर० : स्वाधीनपतिका, सषी और नायिका कौ परस्पर वैन, सषी वोली, हे राधे, देष तो, ए षिन षिन के विषै षीर की सी परि ओटतु जातु है, सो तो गोरस क० जीभ, तिनको सवाद गंवायकै ऐसे ताए वोलतु है, ताते संकत नांही है, तव राधे वोली, ए सषी, सुनि तौ जो ए षिन षिन षीर ज्यों ओटति है त्यों षरे सवाद कै दैन होत है। और अर्थ, सषी की सिक्षा, सषी को वैन नायिका सों, हे राधे तै गोरस क० जिभ्या तिनकौ जो रस षोइकै ऐसे नायक सों तात वैन वोलति है सो संकत क्यों न है, सो षिन षिन षरो सो ओटतु है –

> **गोरस को रस षोइ सकै नहि तातैही वैन कहे मनमाने। नाक चढाइ कछू डरपाइकै तानि भली विधि भौंह कमाने। यों षिनही षिन ओटति षीर हरेइ हरे करि आग प्रमाने। त्यों अति उत्तम होइ सवादिल याहि पियूष न होइ समाने** [नर० १३२]

कृष्ण० : इह नायक सठ सापराधी आयो है, सो नायिका क्रोध तै कटु वचन कहति है, तासो मीठी वातै कहि कोप निवारन करतु है, नाइका अधीरा जानियै

> **काहे ते भौह तनेनी भई तिय कौन पै कीजतु कोपु इतीकी। तेरे तो तातेऊ वोल सुहाते ये मोद महा उमगावत जी की। कोटि करौ किनि भामिनि कैसेहू ताते न होत सवादिल जीकी। औटत औटत औटतही षरो होत सुस्वादु ज्युं षीर षरी की** [कृष्ण० १३२][257]

हरि० : नायक वचन नायिका सों, तुमारे जो ताते वचन हैं, लछना सों उत्कट वचन जानिए, सो हमारो जो तुम विषे अनुराग ताको जो रस सवाद ताको षोय, गंवाय नहीं सकत हैं, छन छन में औटे

[255] सकत – सकतु - शि०वा०वे०। तुव – तुय - को०; तृ - पा०; तुअ - ह०। ताते – तातें - शि०; तातै - भा०। वचन – वचनु - मि०। मो – गो - न०वे०स०। रस को – रस कौ - उ०शि०मो०न०स०मु०; रसु को - मि०। षोइ – षोय - को०मि०ह०। षिन षिन – षिनु षिनु - मो०। औटै – ओटे - उ०को०; उटै - वा०; ओटें - मो०; उंटै - न०; ओटै - वे०; उंटत - स०; औटैं - मु०। षीर – षीरु - पा०। लौं – लों - मो०; तौ - वा०पा०भा०; ज्यौं - न०मि०नी०; ज्यों - वे०स०। षरौ – षरो - को०पा०वे०भा०नी०ह०; षरी - वा०मो०। सवादि – सवाद - न०वे०स०। लहोइ – लहोय - उ०को०मि०ह०; नहोइ - न०वे०स०। [१३२]

[256] द्वती की उक्ति नायक सों, मानिनी – पा०।

[257] मि०मु० प्रतियों में दोहे का उदाहरण मतिराम का निम्नलिखित छंद है –

मो तै तौ कछू न अपराधु पर्यौ प्रानप्यारी मानु करि रही यौंही काहे कौ अरस तैं। लोचन चकोर मेरे होत है सीतल तेरे तरुनी उदित मुषचंद के दरस तैं। कहै मतिराम उठि लागि कंठ मेरे कत करति कठोर मन आनद वरसतैं। कोप तै कटूक वोल वोलति है तऊ मोको मीठे होत अधर सुधारस सरस तैं [मि० १३२][मु० १३२]

दूध की सी तरह अति सवादिल स्वादु विशिष्ट होत है। रस उपमेय छीर उपमान, दूसरो रस धर्म, लों वाचक, पूर्णोपमा।

— ⋆ —

कहि लहि कौन सकै दुरी। सोनजाइ मै जाइ। तन की सहज सुवास वन। देती जौ न वताइ [१३३][258]

کہ لہ کون سکي دوري سون جاي مين جاي • تن کي سہج سوباس تن ديتي جو نہ بتاي [ظا• ١٣٣]

अन० : सषी की उक्ति सषी सों वा नायक सों। चोरमिहीचनी में दूतत्व करि नायक सों संकेत सूचित करति है। उन्मीलित लंकार।

नर० : अंग शोभा, सषी को वैन नायका सों। हे राधे, तैं जो सोनजाइ के विषै जाइके दुरी सो और ऐसी कौन सो तोको लाभ सकै और मैं लाभी सो तो तेरे मन तन की सहजई भली वासना जो न वतावत नै मैहूं लाभति नांही सुवास तै करिकै पाई –

> **हाटक रंगरंगीली को कोंन सकै लहि तू कहि जात न जानी। सोनजुही मै दुरी इह जाइकै षेलत षेल अनोपम मानी। देह की सहज सुवास वनी वहु पंकज के सर हेर हरानी। सो वन ज्यों न वताइकै देती कहो इन भांति दुरे क्यों दुरानी** [नर० १३३]

कृष्ण० : इह नाइका के तन की दिपति अरु सहज सुगंध सषी सषी सौ कहति है –

> **षेलत चोर मिहीचुनी षेलु दुरी तिय सोनचमेली मै जाइकै। रंग मै रंग रह्यो मिलिकै सु कहूं विधि रंच न होति लषाइकै। भौरन की अवली चहुघां ते सुगंध के लोभ रही मडराइकै। को लहतौ उहि कुंज मै वाहि जौ देती न अंग सुवास वताइकै** [कृष्ण० १३३]

हरि० : नायक को वचन सषी सों, सोनजाय में, पीत चंवेली मैं जायकै दुरी, छिपी थी, तव याकौ कौन लहि सकै, जो पाय सकै थो, हे सषी यह तूं कहौ, किंवा कौन कहि सकै थो, जो फलानी ठौर मैं है, और कौन पाय सकै थो, तन की जो याकी सहज की सुवासना है, सो ज्यौं वताय नही देती। इहां उन्मीलित अलंकार, उन्मीलन सा दृश्य तें भेद फुरै तव मान। तन की सुवास तें भेद फुर्यौ।

— ⋆ —

[258] कौन – कौंनु - उ०; कौंन - को०शि०न०स०मि०; कोन - वा०; कोंन - मो०वे०। सकै – सके - शि०; शकै - वा०; सकें - मो०। सोनजाइ – सोंनजाय - उ०; सोनजाय - को०स०मि०ह०; सौनजाइ - शि०; सोंनजाइ - वा०वे०; सोंनजुही - पा०मो०; सौनजाय - न०; सोनजुही - भा०; सौंनिजाय - मु०; सौनजुही - नी०। मै – में - को०वा०मो०मु०; मैं - शि०न०स०ह०; मे - पा०। जाइ – जाय - उ०को०मो०न०मि०मु०ह०। तन की – तेन कि - वा०। सहज – सहोज - वा०; सहजि - वे०। सुवास – सुवासु - उ०न०मि०; सुवांसु - नी०। वन – ता - को०मो०; तन - शि०; ना - पा०मु०ह०; वलि - न०वे०स०। देती – दैती - न०मु०। जौ न – योवन - को०; जो न - वा०पा०मो०न०वे०स०मु०नी०; ज्यौं न - ह०। वताइ – वताय - को०मो०मि०मु०ह०; वहाइ - भा०। [१३३]

चाले की वातें चली। सुनत सषिन के टोल। गोएहू लोइन हसत। विहसत जात कपोल [१३४][259]

چالي کي باتين چلين سونت سکهن کي تول • کوينهون لوين هست بهست جات کپول
[ظا • ١٣٤]

अन० : सषी की उक्ति सषी सों। त्रपा हर्ष संचारी। नायिका समान लज्जा मदना मध्या व्यंजित होत है। विभावनालंकार।

नर० : मुदिता सषी को वचन सषी सों। हे सषी, राधिका सषिन के टोल मै व्रज को चालने की वातै सुनी, तव तें राधिका के नेत्र अने कपोल सो हसै हैं, अरु विकसे हैं, ए आज हरि सों मिलौंगी –

> **सासरि को चलिवे कहुं वात सुनी सषिमंडल मध्य प्रवीनी। या कहि काल सवार वडेई विदा करिहैं श्रवने सुनि लीनी। गोयेऊ लोयन होत हसे हसिकै भ्रकुटी सतराहट कीनी। देह अनंग तरंग उठे हरवेई कपोलन मै हंस दीनी [नर० १३४]**

कृष्ण० : मध्या नाइका सषी को वचन, सषी सौ कहति है –

> **सौंहै सषीनु समाज मै सुंदरि जाहि लषै रति रूप लजायौ। एकही वैस सवै गुनआगरी चौपरि षेल भलो वनि आयौ। चाले की वात चली तवही सुनिकै मुह आचर झीनै दुरायौ। नैननि लाज कपोलनि हासी दुहू मिलैकै अति रंग दिषायौ [कृष्ण० १३४]**

हरि० : सषी सों सषी वचन, सासुरे जाने की वात चली, सषिन के टोल, समूह, में सुनति कै लोयन को गोए, छ्पाए भी, हसति है, तो भी कपोल विकसत जात है, हंसी सों किंवा मुदिता नाइका की हकीकत सषी सौ सषी कहति है, चाले की वात, सासुरे जाने की वात, सो चली, चल विचल भई, नही ठहरी यह वात सषिन के टोल में सुनत के, और वैसेही। स्वभावोक्ति अलंकार।

— ⋆ —

सन सूक्यौ वीत्यौ वनो। ऊषौ लई उषारि। हरी हरी अरहर अजौं। धरि

---

[259] चाले की – चालें की - शि०; चालैं की - न०; चालै की - स०। वातें – वात, 'नु' भिन्न क़लम से ऊपर के रिक्त स्थान में - उ०; वाते - शि०पा०; वातैं - न०मि०; वातै - स०भा०नी०। सुनत – सुतन - मो०; सुनैति - वे०; सुनित - मु०। सषिन के – सषीन के - को०शि०मो०; सषीनु के - वा०; सषिनौ कै - न०; साषन के - वे०; सषिनु के - भा०; सषीन कैं - मि०; सषिन के, 'न' में इकार बाद में - नी०; सषिनि के - ह०। गोएहू – गोयेऊ - उ०को०; गांएहू - शि०; गोएहुं - वा०; गोयेहू - पा०; गोयेंहू - मो०; गोएऊ - न०वे०; गोएउ - स०; गोए - मु०; गोयेहूं - नी०; गोएऊं - ह०। लोइन – लोयन - को०पा०मो०न०वे०स०मु०ह०; लोचन - शि०वा०। हसत – चलत - शि०; हसति - मि०नी०ह०; हरि हसति - मु०। विहसत – विगसति - उ०; विहसति - मि०मु०; विकसत - ह०। जात – जाइत - वे०; जाति - मि०। [१३४]

धरहरि जिय नारि [१३५][260]

سن سوکہو بتو بنون اوکہو لئي اوکہار ٠ ہري ہري ارہر اجون دہر ہر دہر چت نار
[ظا٠ ١٣٥]

अन० : अंतर्वर्तिनी सषी की उक्ति परकीया नायिका सों, नायिका अनुसयना वर्तमान स्थान विघट्टन है। वृत्यानुप्रास अलंकार।

नर० : अनुशयना, नायिका सषी सों परस्पर वैन। राधा वोली, हे सषी अव कैसी करहुं, जो सिनी को षेत तो सूक गयो, और वन को षेत हो सो वीत गयो है, और ऊष को षेतहू तो सो उषार लयो, तव सषी वोली, हे राधे, अजों अरिहरि क० तूअर अथवा अलसी तिनको तो षेत हर्योही है, सो हे नारि, हिया की धरधराटी हर दै –

> **देष्यो सवै सन सूक्यो कहा करौं वीत्यो वनो लई ऊषै उषाली। यामै सषी अपने मनभावती केलिकला किये जात सुषाली। हेरिकै हार अजौं हरियै हर यै अरहरै इतै कहौ षाली। यों समुझाइ कह्यो धर धीरज हीय कहा अवला तू दुषाली** [नर० १३५]

कृष्ण० : इह नायिका अनुसया संकेत की ठौर जाति जानि सोच करति है सो सषी समाधान करति है, प्रत्युत्तर –

> **वीनत फूल सहेली के संग चली मृगलोचनी मोद भरी है। केलिथली उजरी अवलोकि उसास भरी अलि सौं उचरी है। वीत गयौ वन सूक्यौ सनौ अरु ऊषौ उषारि लई सगरी है। यौ हहरौ मति धीर धरौ अवही तौ अराहर प्यारी हरी है** [कृष्ण० १३५]

हरि० : अनुसयना नायिका सौं प्रिय सषी वचन, सन को षेत सूषि गयो, वन, कपास, सो भी वीति गयो, सूक्यो यह अर्थ, ऊष को भी उषारि लीनी, अरहरि अजों अव भी हरी हरी, हरित है, हे नारि तूं चित को यह धरहरि करि, धरहरि कहिए रोकन वाला की क्रिया चित्त को व्याकुल मत होने दे, हरी अरहरि है, या कहिकै चित्त को रोको। किंवा मानिनी सों सषी वचन, सन, शनैश्चर शुक्रौ याको अनुकरन सव्द सूक्यौ, वीत्यौ, अस्त भयो, सुक्र अस्त भयो। वनो नववधूहि वनो ऊषौ लई उषार, उषा प्रात की घरी ताते उषार लई, नाम उघरि आई, प्रकास भई हरी हरी डहडही मेरी अरि कहिए हठ है,

260 सन – सनु - उ०न०भा०नी०; सिन - मु०। सूक्यौ – सूक्यौं - उ०; सूको - को०मो०; सुक्यौ - वा०; सूक्यो - पा०वे०भा०। वीत्यौ – वीतो - को०भा०; वीत्यो - वा०पा०मो०वे०स०। वनो – वनों - उ०मो०ह०; वनौं - वा०; वन्यौ - न०स०मि०; वनौ - मु०। ऊषौ – ऊषो - को०शि०वा०न०; उषों - मो०; ओषो - वे०; ऊषू - स०; इषौ - मि०; ऊषों - मु०। लई – लै - मि०। उषारि – उषरि - मो०; उषार - वे०स०मु०ह०। हरी हरी – हरि हरी - वा०। अरहर – अंरहरि - उ०; अरहरी - शि०; अरिहरि - मो०न०वे०; अरहरि - पा०मि०नी०ह०। अजौं – अंजौं - उ०; अजों - शि०; अज्यौ - वा०; अज्यों - मो०वे०; अजुं - स०; अजौ - भा०मु०नी०; अज्यों - मि०। धरि – धर - को०पा०न०वे०स०; हरि - शि०वा०; धरु - भा०; यह - ह०। धरहरि – उरधरि - शि०वा०; धरिहरि - मो०; धरहर - न०वे०स०; धरुहरि - भा०; धीरज - नी०। जिय – हिय - को०न०वे०स०; जिहि - शि०वा०; जीय - मो०मि०; चित - ह०। नारि – नांरि - वा०। [१३५]

हरि अजौं अव भी ताकौ हरि हरौ, दूरि करौ, यह तर्ह सौं हरि नायक तामै दे नारि चित्त को धरि राषौ, मिलौ इह अर्थ, धरधर हरि चित नारि, यह भी पाठ है, तहां धरि कौ अर्थ धारन करौ। श्लेषालंकार, श्लेष अलंकृत अर्थ वहु जहां सव्दनि में होय।

— ★ —

आए आप भली करी। मेटन मान मरोर। दूरि करौ यह देषिहै। छला छिगुनिया छोर [१३६][261]

آي اپ بھلي كرين ميتن[262] مان مرور • دور كرو ي ديكھ ي چھلا چھكونان چھور [ظا• ١٣٦]

अन० : मानिनी नायिका की सषी की उक्ति नायक सों सिच्छा, विषमालंकार।

नर० : नायिका सिक्षा, सषी को वैन नायक सों, हो कान्ह तुम राधिका कै मान की मरोर है, तिनको मेटन आए हौ, सो भली सी कीवी, पै मैं कहति हौं, जो यो तुम्हारो छिगुनी, अंगुरी, के विषै आनि स्त्री को छलो है सो छोरिकै दूरि करो, यों देषि लेहैं –

> **आए हो आप भली करी माधव ओरही को तुम सो वडभागी। मेरन वाके जो मान हो ताकी करोर मरोर किनारन लागी। दूरि करौ यह देषहिगी तुम रैन वसे जिहिके संग जागी। ताही को छैल छला लिए आए हौ छोर जु है छिगुनी अनुरागी** [नर० १३६]

कृष्ण० : इह षंडिता नाइका की सषी नायक सों कहति है –

> **आपु कृपा करि आए भली करी आजु कौ वानक मो मनु मोहै। देषत रावरी मोहनी मूरति मान मरोर धरै उर को है। काहू छवीली को छोटौ छला छिगुनीहू के छोर सै छाजतु जो है। देषि रिसाइगी दूरि करौ कछु जानत हौ अनषाय लसो है** [कृष्ण० १३६]

हरि० : सषी वचन नायक सों, आए तुम सो भली करी, मेटिवे को मान को मरोर, गर्व हमसों, औरि सुंदरी कौन है, जाके पास नायक जात है, दूरि करौ, उतारौ, यह छला, अंगूठी, छिगुनी, कनिष्टा आंगुरी ताके छोर, अग्र भाग में है, सो देषैगी, जो तुमारी अंगूठी होती तौ छोर मैं क्यों रहती, आंगुरी कौ औ अंगूठी कौ मेल नहीं। याते विषमालंकार, विषम अलंकृति तीनि विधि अनमिलते को संग।

— ★ —

261 आए – आये - को०मि०; आऐं - मु०; आयो - नी०। आप – आपु - पा०मो०न०भा०नी०ह०। मेटन – मैटन - उ०नी०; मेटे - मि०। मान – मांन - उ०शि०वा०न०वे०नी०। मरोर – मरोरि - मो०; मरोल - नी०। दूरि – दुरि - वा०; दूर - वे०। करौ – करो - को०वा०पा०मो०न०वे०; कर्यौ - नी०। यह – इह - शि०वा०मो०; वह - भा०। देषिहै – देषिके - शि०; देषिहैं - मो०न०; देषकै - वे०; षेदिहै - भा०; देषियै - मि०; देषियतु - नी०। छला – छल - भा०। छिगुनिया – छिगुनीया - उ०शि०न०वे०; छिगुनियां - मो०मि०; छगुनीया - मु०; छिगुनिआं - ह०। छोर – छोरि - मो०वे०। दोहा लुप्त - स०। [१३६]

262 ميتن - ميتھي - ظا•

मेरे वूझत वात तूं। कत वहरावति वाल। जग जानी विपरीत रति। लषि विंदुली पिय भाल [१३७][263]

میرے[264] بوجہت بات تون کت بہراوت بال • جک جاني بپریت رت لکہ بندري پہ بہال [ظا• ۱۳۷]

अन० : सषी की उक्ति नायिका सों, नायिका के अवहित्था संचारी विपरीत रति सषी ने वितर्क भाव तें लच्छित करी है, एकमति नायिका न्यून रति मध्या लज्जा को आधिक्य है, काव्यलिंग अलंकार।

नर० : सुरतांत, सषी को वचन नायका सों। हे वाल मेरे वूझै ते कत वहरावत है, या तो भरतार के भाल के विषै तेरी विंदुली लागी जानिकै संसार जानी कै विपरीत रति करी है –

मैं तो भले कहि वूझत वातन तू वहरावत काहे को मो है। वाल कही जिन आपने हीय की तोहि दिवावत ऊलटी सोहै। जे जग जानी रची विपरीत विलास कला रतिराज न जोहै। पीतम भाल लिषी विंदुली अव लाग रही अनुराग सी सो है [नर० १३७]

कृष्ण० : इह नायिका प्रौढा रति विपरीत कीनी सु सषी सौं दुरावति है, प्रवीन सषी जानि लई, सु नाइका सौ कहति है –

हौं हितुकै वलि वूझति हौ कहु तू वहरावति वातहि मेरी। पून्यो को चंद उदोत करै तव कैसे दवै किये ओट हथेरी। तैं हरि सौ विपरीति करी रति क्यौं दुरिहै अव तौ हम हेरी। नीकैही जानि परी सव कौं पिय भाल लषै विदुली तिय तेरी [कृष्ण० १३७]

हरि० : नायिका सों सषी वाक्य, हे वाल, मेरे वूझति कै, मेरे पूछति कै वात, ऊं कत, केतनो वहरावति है, वहकावति है, जगत ने विपरीत रति जानी, पिय के भाल में, लिलार में, विंदुली, टीकी देषिकै नायक को वेस वन्यौ थौ, विंदुली सों विपरीत को जानिवो, अनुमानालंकार।

— ★ —

फिरि फिरि विलषी ह्वै लषति। फिरि फिरि लेत उसास। सांई सिर कच सेत लौं। वीत्यौ चुनत कपास [१३८][265]

---

263 मेरे – मोरे - भा०; मेरें - मु०। मेरैं - उ०न०; मेरै - को०वे०; मोर - शि०। वूझत – वुझत - शि०; वूझति - न०मु०। तूं – नु - शि०; तुं - वा०न०; तू - पा०मो०स०भा०मि०नी०। कत – कति - उ०स०मि०मु०; कछ - वा०; कह - वे०; कित - भा०। वहरावति – वहरावत - को०शि०मो०न०वे०स०; वहिरावत - पा०; ठहरावति - मु०। जग – जग, 'ग' में इकार बाद में - उ०; जगि - वा०वे०। जानी – जांनि - को०; जांनी - वा०वे०स०मु०नी०। विपरीत – विपरीते - वा०; विपरीति - पा०मो०न०स०मु०नी०। रति – रिति - को०। विंदुली – विदुली - को०पा०; विदली - मि०; विदुरी - मु०। पिय – पीय - शि०वा०। भाल – भालि - शि०। पद विपर्यय - मि०। [१३७]

264 میرے - میري - ظا•

265 फिरि फिरि – फिर फिर - शि०वे०; फिरि फिरी - वा०। विलषी – विलषि - मो०। लषति – लषिति - न०ह०; लषत - स०। फिरि फिरि – फिर फिर - शि०वे०; फीरि फीरि - वा०; फिति - भा०। लेत – लेति - को०।

پہیر پہیر بلکہي ہوي لکہت پہیر پہیر لیت اوساس • ساین سر کچ سیت لون بیتو چونت کپاس [ظا• ١٣٨]

अन० : सषी की उक्ति सषी सों, नायिका वर्तमान स्थान विघट्टना अनुसयना, परकीया उत्तम काव्य उपमालंकार।

नर० : चिंता दशा, अनुशयना, सषी को वचन सषी सों। हे सषी नायका फिर फिर विलषी देषिकै विलर्षा ह्वै है और फिर कै उसास लेत है सो क्यों, जो वीत्यो कपास चुनै त्यों भरतार कै केस सपेत चुनत है, ताते ए सपेदी आई जानी –

> **ह्वै विलषी फिरकै फिर कै वह देषति दुष्षनि देह दह्यो है। लेत उसास अनेकन मै षिन आंसुन को परवाह वह्यो है। साहिव कै सिर वाल लषै सित ओधि कि अंकुर ज्यों उमह्यो है। वाही को वीत्यो कपास चुनै जिम ज्यों चुनिकै चिहुं ओर लह्यो है** [नर० १३८] [266]

कृष्ण० : यह नायिका अनुसयना सहेट की ठौर रीती जानिकै विलषति है सो सषी सौ कहति है –

> **वालम के सिर के सिरोरुह ज्यौं सेत ऐसे लेति चुनि चुनि सिर धुनि मुरझाति है। वीनति है तूल ऐसै सूल से सलत हिए मानि दुष मूल फूल जिम कुम्हिलाति है। वार वार कहति अली सौ कैसी भली रतिकेलि के विलास की थली यौं चली जाति है। विलषि विलषिकै उसासै लेति वालवधू लषि वनु वीत्यौ मनु अति अकुलाति है** [कृष्ण० १३८]

हरि० : इहां अनुसयना नायिका है, सन सूक्यौ वीत्यौ वनौ इहां यह दोहा चाहिए। कपास को षेत संकेत थो, ताको नास देषि नायिका दुषी भई है, सो वात सषी सों सषी कहति है, फेरि फेरि विलषायकै देषति है, फेरि फेरि दीरघ सांस मुष सों लेति है, कपास के चुनत वाको ऐसो दुष वीत्यौ जैसे स्त्री मरि गए पति दूसरो व्याह करै, नायिका जुवती होय, पति के माथे में स्वेत केस आवै ताको चुनत कै उषारि लेत कै जैसो दुष होय तैसो दुष वीत्यो भयो। पूर्णोपमा।

— ⋆ —

डगकु डिगति सी चलि ठठुकि। चितई चली निहारि। लिये जाति चित चोरटी। वहै गोरटी नारि [१३९] [267]

उसास – उसांस - नी०। सांई – साई - वा०पा०; सांईं - मो०; सोई - वे०। सिर – शिर - भा०। सेत – स्वत - नी०। लौं – लौ - को०पा०; लों - शि०वा०ह०; लो - मो०; ज्यों - न०वे०स०; ज्यौ - भा०; ज्यौं - मि०नी०। वीत्यौ – वीतो - को०; वीत्यो - वा०मो०; वित्यो - पा०; वित्यौ - न०; वीन्यो - वे०; वीत्यै - भा०; चूनत - ह०। चुनत – चुन - को०; विनत - पा०; चुनति - मो०न०वे०मु०; वित्यौ - ह०। कपास – कपासु - उ०। [१३८]

266 अनेकन मै षिन – अनेक निमेषन - स०।

267 डगकु – डगकिं - को०; डगत - शि०; गडकि - न०; डगकि - वा०वे०स०; डककु - मु०; डिगक - ह०। डिगति सी – डगति सी - उ०वे०; डगित सी - शि०स०; डिगत सी - न०। चलि – चल - मि०। ठठुकि – ठढुकि - उ०मु०; उचकि - शि०; ठठकु - न०; ठढकु - वे०; ठठक - स०; वटुकि - मि०; ठठकि - ह०। चितई चली –

دکک دکت سي چل تہدک چتي چلي نہار • لئين جات چت چورتي وہي كورتي نار
[ظا• ١٣٩]

नर० : चेष्टा वर्णन, नायक को वचन सषी सों, हे सषी, या जो गोरटी नारि, तिनको मैं चितैकै चली जाति थी, सो या मोको निहारिकै आपनी डिग को डिगायकै अरु तहां ठाढी ह्वैकै पाछै चाली सो या चोरटी मेरे चित कौ चोरायै लिए जाति है –

कै डिगकै डिगती सी चली वहुर्‌यो ठिठुकी चितई हम जानी। नेंक निहारि चली चपला सम भोंहन मैं कछू होत निसानी। चोरटी जाति लिये चित जीत कहूं वहराति न होति हिरानी। गोरटी नारि वहै सुकुमारि वहै मनहारि व पीर पिरानी [नर० १३९]

कृष्ण० : इह नायिका की चेष्टा नायक सषी सौ कहति है –

मनमथ वाम सी चपल अनियारे चष अधर अरुन दुति अति सरसाति है। सोने से सुदेस तन लोने से उरोज पैने कौन की न मति लषिवे कौ ललचाति है। डग येक डिगति सी चली फिरि ठाढी भई वहुरि विलोकि चली मुरि मुसकाति है। जोवन मरोरि मरी गोरटी गयंदगौन कौन यह चोरटी चुरायो चितु जाति है [नी० १३९] [268]

हरि० : नायक वचन। डिगक, एक डग डिगति सी, कुच नितंव के भार डगमाति सी चलिकै ठठकी षडी रही, फेरि चितई फेरि चली हमैं निहारिकै हमारो चित्तो को लिए जाति चोरटी, चोरनी, सषी को दिषावै है, वह जो गोरटी, गोरी नारि। स्वभावोक्ति अलंकार।

— ⋆ —

करी विरह ऐसी तऊ। गैल न छांडत नीच। दीनेऊ चसमा चषनु। चाहै लहै न मीच [१४०] [269]

चितै चली - वा०। निहारि – निहार - वे०स०। लिये – लीयै - उ०शि०वे०मु०; लियै - न०; लयै - स०; लियौं - मि०; लिएं - ह०। जाति – जात - को०शि०वा०मु०ह०; जातु - न०स०। चित – चितु - उ०; चितु, 'त' में इकार बाद में - वे०। वहै – इहै - उ०शि०न०; यहै - वा०नी०; इवै - वे०; इतै - स०। दोहा लुप्त - पा०मो०भा०। [१३९]

268 मि०मु० प्रतियों में भिन्न उदाहरण छंद है -

भानसुता जल न्हान ही जाति सुजान सषीन मै आनद वाढी। पाछे ते आइ सुनाइ कछू मै कही वतिया छतिया करि गाढी। यौ पलु कै पलुकै चितई सु चितौनि कढै चित ते नहि काढी। आलिनु मै तै उताइली सी कै चली डग चारि रही फिरि ठाढी [मु० १३९][मि० १३९]

269 करी – करि - को०वा०। ऐसी – एसी, 'ए' पर स्याही, ऊपर भिन्न क़लम से 'जै'(?) - उ०। तऊ – तौ - को०शि०मि०। गैल न – गैलनु - भा०मि०। छांडत – छोडतु - उ०; छाडत - वा०पा०वे०स०ह०; छांडित - न०; छांडतु - भा०नी०; छाडतु - मि०। नीच – नीचु - उ०नी०; नींचु - न०; नींच - मु०ह०। दीनेऊ – दीनैऊ - उ०शि०; दीनेरु - को०; दीन्हेहू - पा०भा०; दीनैउ - न०; दीनैहू - मि०; दीनैउं - मु०; दीनैहूं - नी०; दीनेहूं - ह०। चसमा – चषमा - को०; चसमां - वा०मो०न०मु०। चषनु – चषनि - शि०वा०पा०मो०मु०ह०; चषन - वे०स०भा०; षनु - नी०। चाहै – चहें - उ०; चाहैं - मो०; चाही - मि०। लहै न – लहे न - शि०वे०; लषें न - मो०; लहै नु - मि०। मीच – मीचु - उ०नी०; मींचु - न०; मींच - मु०। [१४०]

کري بره ايسي تاو کيل نه چهاندت نيچ • ديهيهون چسمان چکهن چاهي لکهي نه ميچ [ظا • ١٤٠]

अन० : सषी की उक्ति दैन्य भाव करि कृशता वषानी होय तो नायिका प्रोषितपतिका, जो नायक सों उक्ति होय तो दूतत्व करि नायिका के पूर्वानुराग तें विरह भयो है, सो निवेदन करति है, अत्युक्ति अलंकार।

नर० : जडता दसा, सषी को वचन नायक सों, हो कान्हजू, सुनौ तो राधिका को ऐसी करी है कि जो मौत है सु आंषि के विषै चसमा दियै वाको ढूंढत है, तऊ लाभति नांही है सो तो पनि विरहनी चुरैल सो गैल छाडत नाही है –

> **ऐसी वियोग करी दुवरी तऊ गैल न छाडति नीच सषी री। मासो क मास वच्यो वनिता तनु अंग अनंग की झाल लषी री। दीनेई है चसमा पुनि चच्छुनि मारन की मरयाद नषी री। चाहत है वहुतै न लहै जम आपने जीय मैं होत दुषी री** [नर० १४०]

कृष्ण० : इह नाइका प्रोषित्पतिका को वचनु नाइक सौ विरह निवेदन अरु सषीहू सौ कहै –

> **कान्ह कहा कहौ कंजमुषी कौ तिहारे वियोग कौ ताप सतावति। होति षरी दुष री षिनही षिन देषि दसान अली कलपावति। ऐसी करी तऊ गैल न छांडत और कहा कहियै कहा नाषति। देषतु आषिनु है चसमा तऊ ढूंढेहू मीचु की डीठि न आवति** [नी० १४०] [270]

हरि० : सषी सों प्रोषितपतिका की सषी कहति है, वा सषी नायक सों कहति है, विरह ने वा नायिका को ऐसी करी है, तऊ, तौ भी वाको गैल नहीं छोडत है, वाको पीछा नहीं छोडत है, नीच, निकृष्ट है, वुरा है, यह अर्थ, मीच, मृत्यु, चष, नेत्र, तामें चसमा, एनक, देकरि चाहै है, देषै है, तौ भी नहीं लहै है, नहीं पावत है, ऐसी करी है। अत्युक्ति अलंकार, अत्युक्ति जु अद्भुत झूठ वरनै तहां पहिचान। ऐसी दूवरी करी, झूठ मीच चसमा दिए अद्भुत।

— ⋆ —

जो वाके तन की दसा। देष्यौ चाहत आपु। तो वलि नेक विलोकियै। चलि अचकां चुपचापु [१४१] [271]

---

[270] भा०मि० प्रतियों में भिन्न उदाहरण मिलता है –

अतिही कृसंगी षरी कृसहू तै कृस करी हरि के वियोग दुष देहु दहियतु है। नैननु निहारनि मै नैकहू न दीठि परै सेजन वसतहू मै सोधु लहियतु है। वरुनी वयारि लागै जिन उडि जाइ सेष•सषी को समाज अनिमेष रहियतु है। अतन सी भई सु तौ विसिष के वेधिवे कौ मैनहू के नैन उपनैन चहियतु है [भा० १४०][मि० १४०]

सेजन वसतहू – सेज तनु वसन - मि०।

[271] जो – जौ - उ०वे०; ज्यो - को०; ज्यौ - नी०; जौं - ह०। वाके – वके - पा०; वाकै - स०। दसा – दशा - शि०वा०पा०भा०। देष्यौ – देष्यो - को०शि०पा०मो०वे०; देष्यौं - वा०; देषो - भा०; दाष्यौ - नी०; देषन - ह०। चाहत – चाहतु – चाह - स०; चाहो - भा०; चाहति - मि०; चाहौ - नी०। आपु – आप - को०शि०वा०न०वे०स०ह०। तो – तौ - उ०शि०न०स०मि०मु०नी०ह०। वलि – वल - न०स०मि०। नेक – नैंक - उ०न०वे०स०मु०; नैक - शि०मि०;

جو واکي تن کي دسا ديکهو چاہت اپ ٠ تو بل نيک بلوکے چل اچکان چپچاپ [ظا٠ ١٤١]

अन० : उक्ति दूती की नायक प्रति, नायिका को विरहनिवेदन दसा पद तें कृसता व्यंगि, काव्यलिंग अलंकार।

नर० : व्याधि दशा, सषी को वचन नायक सों, हो लाल, वलि जाऊं, जो तुम वाके तन की दशा कौ देष्यो चाहत हौ तौ लिगारेक चुपचाप ह्वैकै अचानक सो वाल कौ विलोकियै –

> **छीन परी अति दीन भई गति और व्यथा करि काहू नवीने। जो हरि वाकी सरीर दसा तुम देष्यौही चाहत आय प्रवीने। छांडि सषा सव रावरे मंदिर जे जे पुरातन और नवीने। तो चलि नैक विलोकियै जायकै औचकहू चुपचापन कीने** [नर० १४१]

कृष्ण० : इह नाइका प्रोषित्पतिका, व्याधि अवस्था, सषी को वचन नाइक सौ नाइका लौ चलिवौ प्रयोजन है –

> **पाहन की पुतरी ज्यौ परी वरसै असुआ सरसै तन तापै। ज्यौं ज्यौं करै उपचार वरै त्यौं परै हमलोगनि कौ अति पापै। वाकी दसा अव ऐसी भई हरि जो अवलोक्यौई चाहति आपै। तौ वह सोधु लहै न वलाइ ल्यों जो अचका चलियै चुपचापै** [कृष्ण० १४१]

हरि० : विरह में सषी वचन नायक सों, जौ कछु वाके तन की दसा है, सो तुम आप देषिवे चाहत हो, हे वलि, तौ अचकां चुपचाप चलिकै विलोकिए, नहीं तौ तुमै आए सुने प्रफुल्लित होयगी। संभावना अलंकार।

— ⋆ —

जटित नीलमनि जगमगति। सीक सुहाई नाक। मनौ अली चंपक कली। वसि रस लेत निसाक [१४२][272]

جتت نيلمن جکمکت سينک سوہاي ناک ٠ منون الي چمپک کلي بس رس ليت نسانک [ظا٠ ١٤٢][273]

नेंक - वा०; नेकं - पा०; नेंकु - मो०नी०ह०। विलोकियै – विलोकीए - शि०; विलोकीयै - वा०वे०; विलोकिये - पा०भा०; विलोकियैं - मो०स०; विलोकीयैं - न०; विलोकए - मु०; विलोकिए - ह०। अचकां – अचका - शि०वा०पा०; औचकं - भा०; अचकौ - नी०। चुपचापु – चुपुचापु - उ०मो०नी०; चुपचाप - को०शि०पा०वे०स०ह०; चूपचाप - वा०; मूलतः पद विपर्यय, १ २ की संख्याएँ डालकर संशोधन - भा०। [१४१]

[272] जटित – जडत - न०वे०; जडित - स०; जटति - मि०। नीलमनि – नीलमन - वे०। जगमगति – जगमगत - पा०वे०स०; जगमगतु - न०। सीक – सींक - नी०। सुहाई – सुहांई - मो०; सुंहांई - न०। नाक – नांक - शि०वा०मो०न०स०। मनौ – मनो - शि०पा०; मनों - मो०न०स०ह०। कली – कलि - वा०; ली - स०। वसि – वस - शि०न०वे०स०। रस – रसु - उ०मि०नी०; रसि - न०। लेत – लेतु - उ०स०; लैंत - न०। निसाक – निसांक - शि०वा०मो०न०स०नी०ह०। दोहा लुप्त - को०भा०मु०। [१४२]

[273] نسانک - ن ناک - ظا٠

अन० : जो नायक की उक्ति होय तो साक्षात दर्शन, जो सषी की उक्ति होय तो स्तुति, उत्प्रेक्षालंकार।

नर० : अद्भुत उपमा, सषी को वचन नायक सों, हो कान्हजू, राधा के नाक की जो सीक सुहाई है, तिनके ऊपर नीली मनि जरीथ की जगमगत है, सो कैसी सोभित है कि मानो अलि, भ्रमर, चंपा की कली ऊपर वसिकै निस्संक भयौ रस लेतु है –

> **नीलम नाम महामनि सुंदर सीक की जोति जगै अतिही है। वासो सोहागन सोहनी कीनी है नाक यो आपनी भावती जी कै। वाके सरूप की सोभ निहारत और प्रभा सव लागत फीकै। चंपकली वसिकै जु अली वस लेतु निसांक मुदा मन नीकै** [नर० १४२]

कृष्ण० : इह नाइका की सीक पहिरै ते जु सोभा भई सु उपमा सषी सषी सों कहति है –

> **पूरन मयंक के कि अंक मे लसत कीरु नैक निरषतही हरतु चितु चेतु है। प्रफुलित पंकज ए सोहे कर हाट किधौ तिल कौ सुमनु सुष सौरभ समेतु है। नीलमनि जटित छवीली तेरी नाक परि सीक यौ लसति महा सोभा कौ निकेतु है। मेरै जानै मुकलित चंपक की कलिका पै वैठ्यो अलि सावकु निसांक रसु लेतु है** [कृष्ण० १४२]

हरि० : सोने की सींक ऊपर चौडी होति है, जरावजरी होति है, नीलमनि सों जटित जगमगाति है, ऐसी जो सींक तासों नाक सोहाई। तहा। संभावना, मानौं भौंर चंपा की कली पर वसिकै निसंक रस लेत है, सषी नायक की चाह वढावति है, चले है नहीं तासौं निसांक पद कह्यौ, वस्तूत्प्रेक्षालंकार।

— ⋆ —

फेरि कछ्रू करि पौरि तैं। फिरि चितई मुसकाइ। आई जावन लेन जिय। नेहै चली जमाइ [१४३][274]

پہر کچہو کر پور سون پہر چتي مسکاي • ائي جانون لين جه نيہي چلي جماي [ظا•
[١٤٣

अन० : दूती सों नायक की उक्ति होय तो वचन अनुभाव स्मृति संचारी, मुसिक्यायवो अनुभाव तातें पूर्वानुराग व्यंगि। नायिका परकीया, जो सषी की उक्ति होय तो हेतु लक्षिता है। विभावनालंकार।[275]

---

[274] फेरि – फेर - उ०स०मि०; फेरु - भा०नी०। कछ्रू – कछूक - को०ह०; कछु - शि०वा०मो०। करि – कर - वे०मि०। पौरि – पोरि - को०वा०मो०मु०; पोर - शि०; पुर - न०; फोर - स०; ग्नैरि - भा०। तैं – तै - उ०भा०; तें - शि०वा०मो०मु०; ते - पा०नी०। फिरि – फिर - शि०वे०स०। मुसकाइ – मुसकाय - को०मि०; मुसक्याइ - शि०; मूशक्याई - वा०; मुसुक्याइ - मो०; मुसिकाइ - भा०मु०; मुसिक्याइ - नी०; मुसुक्याय - ह०। आई – आइ - शि०भा०; आंई - मो०न०। जावन – आंवनु - उ०; जांवने - वा०; जामन - पा०भा०; जावनु - न०; जाचन - मि०; जामनु - मु०; जोमनु - नी०। लेन – लैंन - उ०को०स०; लेंन - वा०वे०; लैन - मि०। जिय – जीय - शि०; जियै - वा०; हिय - पा०; कौ - भा०; तिय - ह०। नेहै – नेहहिं - उ०वा०; नेहहि - शि०न०वे०स०मु०; नेंहे - पा०; नेहही - मो०। चली जमाइ – चली जमाय - को०ह०; गई जमाय - मि०; गई जमाइ - मु०नी०। [१४३]

[275] असंगति अलंकार। – पा०।

नर० : नायका की चेष्टा, नायक को वचन सषी सों, हे सषी, आज राधिका जावन लैन को आई हुती, सो जिय कौ लैन आई हुती, पै पौरि कनै गये तैं कर क्यों हिक मोरिकै और भी मुसकाइकै इत कौ चितई, ताते जीवहूं रह्यो और नेह कौ जमाइकै चाली –

फेरि कछू करि पौर ते ए फिरि देषि रही मुसकाइ कही सौं। आतुर होइ रही कहिकै कहूं लाजत है अपनै मनही सौं। आई है जामन लेन अवै इह वात वनावत औरनही सौं। मो जिय नेह जमाइ चली इत फेरि गई अपनै घरही सौं [नर० १४३]

कृष्ण० : यह नायिका परकीया, जु चेष्टा याकी देषी है, सो नाइक सषी सौ कहतु है –

वेली लिये कर आई अचानक कंचनवेली सी वाल अकेली। जोवन जोति जगी अति की रति कीरति लै जेहि पाइन पेली। ऊठम सौ मुरिकै चितई सु मनौ मुसिकानि मे मोहनी मेली। जामनु लै रस जा मनु दै यो गई जिय नेहु जमाइ नवेली [नी० १४३] [276]

हरि० : सषी सों सषी, पौरि, देहली, जिताई जायकै कछू फेरि, वहाना करिकै पौरि तैं फिरी किंवा फिरिकै मुसुक्याइकै नायक की ओर चितई, जावन लेने को आई, जीव मैं नेह को जमायकै, दृढ करिकै चली, इहां असंगति अलंकार है, दही जमायवो आरंभ्यो नेह जमायो, औरि काज आरंभिए औरै कीजै दौरि। फेरि करवै मैं छल सों, इष्टसाध्यो पर्यायोक्ति। पर्यायोक्ति प्रकार द्वै कछु रचना सों वात। मिस करि कारज साधिए जो कछु चितहि सुहात॥

— ⋆ —

जदपि तेजरौ हाल वल। पलकौ लगी न वार। तौ ग्वैडो घर को भयौ। पैडो कोस हजार [१४४] [277]

جدپ تیج روہال بل پلکو[278] لکي نہ بار • تاو کوندین کہر کین بہیو پیدو کوس ہجار [ظا• ١٤٤]

---

276 कीरति लै जेहि – की दुति लै जिय - भा०। भा०मि०मु० प्रतियों में भिन्न उदाहरण छंद मिलता है–

केसरि वरन सुवरनहू वरन जीत्यौ वरनी न जाति अवरन वान वै गई। कहत विहारी सुनि सरस पियूषहू ते ऊषहू तै मीठी मति वैननु चितै गई। भौहनि चढाइ चाइ मृदु मुसकाय नैकु चंचल चलाइ चष चेरौ चित कै गई। लीने कर वेली सी अकेली तिय जाचन कौ आई जिय जामन सौ दै गई [भा० १४३][मि० १४३][मु० १४३]

277 जदपि – जदति - वा०। तेजरौ – तेजुरु - मो०; तेजरो - मु०। हाल – हार - स०। वल – वलि - मु०। पलकौ – 'पलकौ' मूल में, 'औ' की मात्रा मिटाकर 'पलकें' संशोधन, जिसे 'चलवें' भी पढ़ा जाता है - उ०; लगी न - को०न०मु०; चलतें - शि०वा०; पलको - पा०; पलकौं - मो०; लीगी - वे०स०। लगी न – पल की - को०न०वे०; लगी नें - वा०; पलक की - स०; पलकौ - मु०। तौ – तौं - उ०; तो - को०वा०मो०; तौ - शि०न०भा०ह०; सो - पा०; तऊ - वे०नी०; तउ - स०; ते - मु०। ग्वैडो – ग्वैडौ - उ०शि०; ग्वोंडो - वा०; ग्वैंडो - न०; ग्वौंडो - वे०; ग्वेडो - मु०; वैडौ - नी०। को – कौ - शि०स०मु०नी०; कौं - न०। भयौ – भयो - को०वा०पा०मो०वे०भा०ह०। पैडो – पैंडौ - उ०; पैंडो - को०स०मु०; पैडौ - शि०न०नी०; पेंडो - मो०ह०। कोस – कौस - शि०वा०; कोश - भा०। दोहा लुप्त - मि०। [१४४]

278 تیج روہال بل پلکو - تیجرہ بال اب پل کي - ظا•

अन० : उक्ति सषी की सषी सों, नायिका आगमिपतिका। सोई मुदिता विसेष कहिए नायक नायिका दोनों को औत्सुक्य संचारी। विशेषोक्ति अलंकार। सीघ्र मिलाप के कारन सा कहे हैं तऊ सीघ्र मिलाप की अनुक्ति है तातें विशेषोक्ति। हे सषी, जदपि सों जो तेजु वेई रुहाल सो गमन अरु वल सोऊ ते जु वेई हैं अरु पलकों पल मात्र वार नांही लगी है, पै घर को पेंडो सो तो हजार कोस ग्वैडो विषम भयो, काहे ते मिलन की आतुरता करिकै इति वहिर्लापिका काव्य भयो।

नर० : प्रोषित्पातिका सषी को वचन सषी सों, हे सषी नायक के असवारी कौ घोरो तेजवंत है और फेर राहदार है, सो घर को आवतें पल एकही वार लागी नहीं, तऊ क० तौ पणि ग्वाडै तैं घर कौ आवतै कौ जो वार लागी सो हजार कोस कै पैंडा कैसी वार जानी है –

> **तेजरो हाल वली सव तें अरु जद्यपि राज घनेरो लयो है। वार पलेक लगी नहिं आवत जीह अनेक उछाह छयो है। आपने आतुरताई भई अति हीय हुलास घनो उनयो है। तौ अपनौ घर ग्वैंडन कौ मग ता छिन कोस हजार भयो है** [नर० १४४]

कृष्ण० : यह परदेस तै आगमु यह आगतपतिका नाइका औत्सुक्य संचारी –

> **कौनहू काज कौ प्रानपिया परदेस समौ वहुतै वितयो है। राधिका की सुधिकै कविकृष्ण तिही छिन भौन कौ गौन ठयो है। जद्दपि तेजु तुरी नियरौ घरु तद्दपि कोस हजार भयो है। ग्वैडो को पैडो न काट्यौ कटै अभिलाष समुद्र हियो उनयो है** [कृष्ण० १४४][279]

हरि० : सषी सों सषी वाक्य, जदपि, जौ भी तेज रौहाल, सीघ्र चाल चलै है, वल जुक्त है, रौहाल सों अश्व जानिए, एक पलक वार विलंव नहीं लागी, तौ भी घर को ग्वैडो, नजीक की भूमि, हजार कोस को पैंडोइ भयो, उत्सुकता तें, आगमपतिका नायिका जानिए, हजार कोस को पथ सो वडो भयो। लुप्तोपमा।

— ⋆ —

जप माला छापा तिलक। सरै न एकौ काम। मन काचै नाचै वृथा। साचै राचै राम [१४५][280]

جپ مالا چہاپي تلک سري نہ ایکو کام • من کاچي ناچي برتہا سانچي راچي رام [ظا•
[١٤٥

279 समुद्र – समूह - मु०।
280 माला – मालां - उ०। छापा – छापौ - उ०; छापें - मो०; छापां - न०; छापे - वे०स०भा०; छापै - मु०। सरै – सारे - मो०न०; सरे - भा०। एकौ – एको - वा०मो०वे०स०मि०मु०ह०; (अपठ) - न०; येकौ - नी०। काम – कांमु - उ०न०नी०; कांम - शि०वा०स०मि०मु०। मन काचै – काचै मन - उ०; मन काचे - पा०मो०भा०; मनु काचे - न०; मनु काचै - वे०। नाचै – नांचै - उ०; नाचे - पा०भा०; नांचे - मो०। वृथा – व्रथा - भा०मु०नी०। साचै – सांचै - उ०नी०; सांचे - पा०मो०; साचे - भा०। राचै – रांचै - उ०; राचे - पा०मो०भा०; राचैं - नी०। राम – रांमु - उ०न०; रांम - वा०स०मि०मु०; रामु - नी०। दोहा लुप्त - को०। [१४५]

अन० : मुमुक्ष को विमर्ष, करुणारस। मै संचारीभाव, लाटानुप्रास। इकु अच्छर फिरि फिरि परे अर्थ और ज़हं होइ। सो लाटानुप्रास कै कहत सयाने लोइ॥

नर० : भक्तजन वाक्य, कवि विहारीदास कहत है, रे नर माला कै जपनि ते और छापा वनायै ते और तिलक करै ते एको काम सरत नांही है, जो माहि लो मन साचो है तौ वृथा नाचतु है और जो माहि लो मन साचै है तो राम राचत हैं –

> **वा जपमाल औ छापै धरो वहु केसरि के घसकै कर टीको। ऐसे अनेक वनाव वनावत**
> **एकहू काज सरै नहिं जी को। कै कै वडाई रहै अपनी सव मरम न जानि पर्‌यौ उनही को।**
> **काचै मनै कोउ नाच्यौ वृथा श्रम साचैही राजत राम दुनी को** [नर० १४५]

कृष्ण० : यह प्रस्ताविक जौ लौ मन मै कचाई है, तौ लौ ऊपर को स्वांगु काम नाही आवत –

> **टींके मनोहर भाल वनाइकै माल धरौ उर मैं किन सौ लौं। छापन सौ तन मंडित कै अरु**
> **ध्यान लगाइ रहौ किनि कौ लौं। नाचतु नाच वृथा कविकृष्ण कचाई रही उर मैं भरि जौ लौं।**
> **काज कछू इह भेष सरै नहिं सांच रची मति नाहिन जौ लौं** [कृष्ण० १४५]

हरि० : जप की माला औ छापा औ तिलक यातें एक भी कामना नहीं सरै कच्चा मन सो नाचै है, राम तौ संच कहै राजी होय यह अर्थ, वैष्नव के मत सों विरुद्ध है। दूसरो अर्थ, जाको जप माला छापा तिलक है, वैष्नव को भेष धरे है, तासों जो नए हैं नम्र नए हैं, तिनको जिन प्रनाम कियो है, ताको काम सरै है, सिद्ध होत है, ताको मोछ मिलै है, औ कोई कच्चा मन सों नाचत है, सो वृथा नाचत है, वैष्नव की नकल करि नाचत है, तौ भी राम सांच मानिकै राजी होत हैं, यह हमें राजी करिवे के लिए नाचत है, किंवा अज्ञान सिष्य गुरु सों पूछत है, जप माला छापा तिलक सों एक भी काम नहीं सरै, सिद्ध होय, चारि कार्ज हैं, अर्थ धर्म काम मोक्ष, गुरु कहत है, जप माला छापा तिलक सों नए जे वैष्नव भए हैं, तुरत जिनने वैराग्य लियो है, ताको कार्ज सिद्ध होय, फेरि सिष्य पूछै है, कचा मन सों वृथा नाचै, गुरु वचन, राम तौ वाके कृत्य कौ सांच मानै, राजी होय। पहिल अर्थ में परिसंष्या अलंकार, औरि सों राजी नहीं होय, सांच सौ राजी होय। परिसंष्या एक थल वरजि दूजे थल ठहराय। गुरु सिष्य के वचन में चित्रालंकार, चित्र प्रश्न उत्तर दुहूं एक वचन में होय।

— ★ —

पूस मास सुनि सषिन पै। सांई चलत सवारु। गहि कर वीन प्रवीन तिय। राग्यौ रागु मलार [१४६][281]

281 पूस – पोस - शि०मु०; पुस - वा०। मास – मांस - उ०को०; मासु - मो०। सुनि – शुनि - भा०। सषिन – सषिनु - उ०वा०नी०। पै – पैं - उ०न०स०; मैं - शि०; पें - मो०; सौ - भा०; सों - ह०। सांई – साई - वा०पा०भा०। चलत सवार – चलत संवार - मु०; चलतु सवार - नी०। गहि – कर – करि - को०न०वे०नी०। वीन – वीनु - उ०; विनु - शि०। प्रवीन – प्रवीनु - उ०। तिय – तीय - उ०; त्रीयै - वा०; त्रिय - न०; प्रिय - वे०। राग्यौ – राग्यो - को०पा०मो०वे०मि०; रागो - भा०। रागु – राग - को०शि०पा०मो०वे०स०मि०मु०ह०। मलार – मल्हार - को०शि०वा०मो०वे०स०मु०; मल्लार - ह०। [१४६]

پوس ماس سن سکہن سون ساین چلت سوار ۰ کہ کر تي راکیو راک ملار [ظا۰ ١٤٦]

अन० : सषी की उक्ति सषी सों, गमिष्यत्पतिका नायिका। आक्षेपालंकार। मल्हार राग करि अकाल वृष्टि करि दुर्दिन करि गमननिषेध कियो, इति रहस्य।

नर० : प्रवत्सत्भर्तृका, सषी को वचन सषी सों, हे सषी, राधिकाजी सषिन पै पोस मास मैं ऐसो सुन्यो कि सांई सवार, प्रातःकाल, कहीं कौ चलैंगे, तव प्रवीन स्त्री वीना हाथ लैकै मल्हार राग अलाप्यो है, ए मेह आए तैं सांई न चलैं –

> **सीत समै परदेस को पी को पयान सुन्यो वहरावन लागी। या रितु मैं हरि क्यौंहु रहै घर देवता पूजि मनावन लागी। और उपाउ तक्यो न कछू तव साजिकै वीन वजावन लागी। प्यारी प्रवीन भरे सुर मेधमल्हार अलापिकै गावन लागी** [नर० १४६][282]

हरि० : सषी सों सषी वचन, सीतकाल में नायक सों विछोह अति दुषदायक है, पूस महीना, सषिन सों सुन्यौ, स्वामी सवार, प्रात, चलत हैं। प्रवीन जो है नायिका सो वीना गहिकै कर मैं, मल्लार राग राग्यौ, गायो, अकालवृष्टि जात्रा को निषिद्ध है, पूस के मेह में जानो नहीं होय सकै, किंवा मल्ला एक असुर दछिन में भयो है, ताको शिव अवतार लैके मार्यौ हैं, मल्लारि शिव को नाम है, भाषा में मल्लार कह्यौ, राग में मल्लार जो है, शिव ताको गायो, हे शिव काम सों तुम रच्छा करो, गाइवे के छल करि नायक को गमन निषेध्यो, पर्जाजोक्ति, प्रोष्यत्पतिका, क्रियाविदग्धा भी है।

— ⋆ —

वन तन को निकसत लसत। हसत हसत इत आइ। दृगषंजन गहि लै गयो। चितवनि चेप लगाइ [१४७][283]

بن تن کو نکست لست ہست ہست ات اي ۰ درککہنجن کر لي چلو چتون چیپ لکاي [ظا۰ ١٤٧]

अन० : उक्ति नायिका की सषी प्रति, वचन अनुभाव तें स्मृति संचारी पूर्वानुराग व्यंगि, परकीया नायिका के कटाक्ष विक्षेप अनुभाव तें जानिए, रूपकालंकार जातिवर्णन को संकर।

---

282 साजिकै – साधिकै - वे०। अलापिकै – अलापन - नी०।

283 वन – वनि - को०मि०। तन – तनु - न०वे०। को – कौं - उ०को०न०; कों - वा०मो०ह०; कौ - वे०स०; कै - मु०नी०। निकसत – निकसतु - वे०नी०। लसत – लसतु - नी०। हसत हसत – हसतु हसतु - न०वे०नी०; हंसत हंसत - ह०। इत – इस - वे०; इतु - नी०। आइ – आय - को०शि०वा०ह०; आंइ - मो०। दृगषंजन – द्रिगषंजन - शि०न०वे०स०मु०; द्रगषंजन - वा०नी०; द्रगषंजनु - मि०। लै – लें - वा०; ले - मो०वे०स०; लैं - न०। गयो – चल्यौ - उ०शि०वा०; गयौ - को०न०मि०। चितवनि – 'न' में इकार बादा में - को०; चितवन - शि०न०स०मि०मु०; चितवै - वे०। चेप – चौपु - उ०; चेंप - को०; चेपु - मो०; चैंप - न०; चैप - वे०मि०; चैपु - नी०; चेंपु - ह०। लगाइ – लगाय - को०वा०ह०; लगाई - मो०; गाइ - वे०। दोहा लुप्त - भा०। [१४७]

नर० : पूर्वानुराग, नायका को वचन सषी सों, हे सषी, कान्हजू तन कौ सिंगार कै चितवन सोभतौथ कौ हसतौ हसतौ इत कौ आइ निकस्यौ, मेरे नेत्ररूपी जो षंजन है तिनकौ चितवन रूप कपोल चेपौ लगाइकै पकरि ले गयो है –

> **वानिक तैं वनिकै तन कौ निकसे तलसै अति सुंदर सोहै। आवत है हसिकै हसिकै इत देषतही रतिनायक मोहै। री दृगषंजन कौ गहि ले गयो आइ अचानक जानत को है। नीको चितोन को चेप लगाइकै नंद को छोहरा या वन सोहै** [नर० १४७]

कृष्ण० : इह नाइका प्रौढा है, जैसी छवि सौ कृष्णजी देष्यौ है तैसैही अपने नेत्रनि की लगनि सषी सौ कहति है –

> **आजु कढ्यो वन को इत ह्वै वनि वानक सौ जसुदा कौ कन्हाई। मोर किरीट लसै मुरली लकुटी अरु पीतपटी छवि छाई। मो ढिग आइ भर्‌यो रस भाइ हरै मुसकाइ मुर्‌यौ सुषदाई। चौंप की चाहनि चेप लगाइकै लै गयो नैन ममोलनि माई** [कृष्ण० १४७]

हरि० : परकीया की उक्ति सषी सों, वन तन को, वन की ओर को, निकसत कै लसत सोभत हंसत हंसत इत, इहां आयकै हमारो जो है दृग सो है षंजन, ताकौ गहि लै गयौ, आपनो आसक्त कियो, श्रीकृष्ण की जो है चितवनि सो है चेपु, लासा को लगायके। रूपक अलंकार।

— ★ —

मरन भलौ वरु विरह तैं। यह विचार चित जोइ। मरन मिटै दुष एक कौ। विरह दुहूं दुष होइ [१४८][284]

مرن بهلو بر بره تین اه بچار چت جوي • مرن متي دوكه ايک کے بره دوہن دوكه ہوي
[ظا• ١٤٨]

अन० : प्रोषितपतिका नायिका की उक्ति, विषाद संचारी, लेषालंकार।

नर० : प्रोषित्पतिका नायिका को वचन सषी सों, सुनि तौ, या विरह तैं तौ फेर मरनौ भलौ है, तूं चित सों विचार कर जोइ सो क्यों कि मर कै मिटै तो एक नायक ही कौ दुष ह्वै, नातरि या विरह करिकै दोनूं को दुष भयो है –

---

[284] मरन – मरनौ - उ०; मरुन - शि०; मरनु - भा०नी०। भलौ – भलो - को०पा०मो०वे०भा०ह०; भलौं - मु०। वरु – वहु - को०; वर - मो०वे०स०मि०मु०ह०। विरह – विरहै - नी०। तें – तैं - उ०न०स०; ते - पा०भा०ह०; तै - वे०नी०। इह – यह - उ०पा०मो०वे०स०भा०नी०; इहि - मु०। विचार – निहचै - उ०शि०भा०; विचारि - पा०मो०; विचारु - नी०। चित – करि - उ०शि०; जिय - पा०; चितु - न०; चित - वे०भा०मु०। जोइ – जोय - को०मो०मि०ह०; जांहि - पा०। मरन – मरनु - उ०; मरै - भा०। मिटै – मिटें - मो०। दुष – दुषु - न०भा०नी०। एक – येक - नी०। कौ – कों - मो०; को - पा०वे०भा०नी०ह०; कौं - न०मु०। विरह - उ०मरनु - उ०; को०शि०पा०मो०न०वे०स०भा०मि०मु०नी०ह०। दुहूं – दहुं - उ०को०न०मु०; दुहून - शि०; दुहू - पा०भा०मि०; दुहु - वे०। दुष – दुषु - न०भा०नी०। होइ – होय - को०मो०मि०ह०; होहि - पा०। [१४८] से [१५३] प्रति खंडित - वा०। [१४८]

या दुषदाई वियोग भलो नहिं देह को नास भलो वर जानै। ए सगरी वतियां जु कहौ अव चित्त को चेत अलीक न मानै। देह नसै ते नसै दुष एक वियोग ते देह दुहूं दुषदानै। हे सजनी इह काय मनौ विच मेरे कहै की प्रतीति प्रमानै [नर० १४८]

कृष्ण० : यह नाइका प्रोषितपतिका नाइका कौ वचनु सषी अरु नाइकहू को वचन सषी सौं संभवै –

नेकही के विछुरे सिगरे सुषसाज भए दुषदाइक भारे। नैननु नीरझरी वरसै तरसै छतिया विनु प्रानपियारे। आली वियोग विथा डरवै तें भलो मरिवो मत मानौ हमारे। एक कौ दुष मरे मिटि जाइ वियोग मै होत है दोऊ दुषारे [कृष्ण० १४८]

हरि० : नायिका को अति विरहव्याकुल देषि वाके दुष सों सुषी होय सषी सों सषी वचन, विरह तें मरन जो है सो वर, श्रेष्ठ है, भलो है, उत्तम है, वर वचन मै विश्राम भी है, पूरव में वलु कहत हैं, यह विचार करि चित्त में यह नायिका ने मति सुनावौ, मरन सों एक को दुष मिटै है, छुटै है, विरह सों दुहुन को नायिका नायक को दुष होत है, मरन दोष तामें गुन लष्यो, लेष अलंकार, भाषा में सेष कहत हैं। जहां दोष मैं कीजिए गुन कलपन सु वेसेष। कै गुन मैं ठहराइए दोष सु जानहु लेष॥ मरन को जुक्ति सों भलो वतावति है।

— ⋆ —

घर घर डोलत दीन ह्वै। जन जन जाचत जाइ। दियै लोभ चसमा चषनि। लघु पुनि वडौ लषाइ [१४९][285]

؟ ؟ ؟ جاچت جاي ٠ دئين لوبہ چسمان چکہن لجہو پن بدو لکہاي [ظا٠ ١٤٩]

अन० : कवि की उक्ति लोभी वर्णन, करुनारस, दीनता संचारी, रूपगम्योत्प्रेक्षालंकार।

नर० : भक्तजन वाक्य, विहारीदास कहत है, हे नर दीन क० गरीव, सो ह्वैके घर घर कै विषै डोलकै जन जन कौ जाचत है, और भी लोभरूपी नेत्रां कै चसमा देकै जो लघु है तिनकौ वडौ सौ कर लषत है, याकौ अभिप्राय यह कि तैं नारायण भज्यौ नांही–

डोलत है घरही घर वापुरे दीन भये अति जानत नांही। ऐसो प्रपंच पुरातन है कछु जाचत है जनही जन जांही। लोभ के चच्छु दिये चसमा पुनि छोटेई जे नर मोटे लषांही। रैन दिवा कवहूं न परै जक क्योंहू गनै नहिं घामरु छांही [नर० १४९]

---

[285] घर घर – घरि घरि - मो०वे०। डोलत – डोलतु - न०नी०; मोलत - मु०। दीन ह्वै – दीन ह्वैं - मो०न०; हीन ह्वै - नी०। जन जन – जनु जनु - न०वे०। जाचत – याचत - को०; जाचन - शि०; जाचतु - न०; जांचत - मि०; जांचतु - नी०। जाइ – याय - को०शि०; जाई - मो०; जाय - मु०ह०। दियै – दीये - उ०; लगे - को०मो०; दीए - शि०; दीयै - न०वे०स०; दीजैं - भा०; दियें - मि०; दीऐ - मु०; दिएं - ह०। लोभ – लोभु - नी०। चसमा – चसमां - उ०मो०। चषनि – चषनु - उ०न०मि०नी०; चषन - मो०वे०स०। पुनि – फुनि - उ०शि०न०मु०; पन - वे०स०; पुन - मि०; पनि - ह०। वडौ – वडो - को०मो०वे०भा०मु०ह०। लषाइ – लषाय - को०मि०ह०; लषाई - मो०; लषाए - न०; लषात - वे०मु०। [१४९]

कृष्ण० : यह लोभ की अधिकाई प्रस्ताविक की उक्ति –

ठौरहि ठौर घिघात फिरै लघुता जितही तित आपु प्रकासै। जाचतु है सवही घर जाइ वढाइ हियै वहु भांति दुरासै। लोभ को ऐसो धरै चसमानरु नैनन पै भटकै चहुपासै। जद्दपि है अति सूछमहू वह याहि तऊ अति दीरघ भासै [कृष्ण० १४९]

हरि० : घर घर में डोलत फिरत दीन दुषी होयकै, और जना जना को जाचतो जात है, लोभ सोई है, चसमा उपनेत्र ताको दिए लघु, छोटा पुरुष वडो लषात है, देष्यो जात है, किंवा लोभ चसमा दिएं, डारि दिएं काहू को दे डारे, गुरु जो है सो लघु देषात है, लोभ सो चसमा, रूपक।

— ⋆ —

हरषि न वोली लषि ललन। निरषि अमिल संग साथ। आंषिनही मैं हसि धर्‌यौ। सीस हियै धरि हाथ [१५०][286]

ہرکہ ن بولي لکہ للن نرکہ امل سنک ساتہ • انکہن ہین مین ہنس دہري سیس ہے دہر ہاتہ [ظا• ١٥٠]

अन० : सषी की उक्ति सषी सों, परकीया नायिका कै वोधक हाव। हाथ नायिका नै द्वै वेर धर्‌यो है, तातें निसि सिव की सौगंध व्यंजित है, सूक्ष्मालंकार।

नर० : वाधक हाव सषी को वचन सषी सों, हे सषी राधिका अनमिलत साथ कै संग ललन कौ देषिकै हरषी पर वोली नहीं और आंषिनही मैं हसि, हियै हाथ धरिकै सीस ऊपर धर्‌यो है, ए प्रनाम कीनो –

लाल को देषिकै वोली नहीं हंसि वोलिवै को वहुतै अकुलानी। साथ सहेली सवै अमिलै मिलि जाति हुती जमुना कहि पानी। आंषिनही हसिकै जु इसारत कै कै चली उत राधिका रानी। और सुनौ अनुराग हियै हसि सीस हियै धरि हाथ निसानी [नर० १५०]

कृष्ण० : इह वोधक हाव नाइका प्रौढा परकीया नाइक कौ देषि जु चेष्टा भई सु सषी सौ सषी कहति है

ऊषिल साथ मै देषि गुपालहि गोपकुमारि करी चतुराई। वैन कछू न कहे मुष तैं लषि फूली मनौ निधनी निधि पाई। हाथ धर्‌यौ हिय पै पहिलै पुनि सीस छियौ रसरीति वढाई। आषिनही मै कछू विहसी पिय कौ जिय की सव वात वताई [कृष्ण० १५०]

286 हरषि न – हरिषि न - न०नी०। वोली – वोलै - मु०। ललन – ललनि - उ०शि०; ललुन - न०वे०। निरषि – निरष - न०वे०स०। अमिल – अमिलु - उ०; अमल - मु०। संग – संगु - नी०; सव - ह०। साथ – साथु - उ०। आंषिनही मैं – आंषिन मैंही - उ०; आंषनमों - को०; आंषिनही में - शि०मो०; आषिनही मे - पा०; आंषिनुही मैं - न०; आंषनही मैं - वे०स०; आषिनही मै - मि०; आषिनिहू मै - नी०। हसि – हंसि - ह०। धर्‌यौ – दियो - को०; भर्‌यौं - शि०; धर्‌यो - पा०वे०; धरो - मो०। हियै – हीये - उ०; हिए - को०पा०; हीई - शि०; हीयै - मो०वे०; हिये - मि०; हिए - ह०। धरि – पर - पा०वे०; धर - स०मु०। हाथ – हाथु - उ०। दोहा लुप्त - भा०। [१५०]

हरि० : सषी सों सषी वाक्य, ललन को लषिकै हरषिकै नहीं वोली क्यों, अमिल जे सषी है जासों मन मिल्यो नहीं थो, ताको साथ मै निरषिकै, देषिकै, अमिल संग साथ, यह भी पाठ है, अमिल को संग समूह साथ में, किंवा हमारे अमिल सषी को संग है, नायक को अमिल सषा को साथ है, सीस पै हिए पै हाथ धर्‌यौ, आंषिन मै हंसी, आपनो निश्चै राजीपनो जतायो, मुह की हांसी रूठी भी है, नेत्र की क्रिया सव सांच, सीस पै हाथ धर्‌यो, केस स्याम है, जव अंधेरो होयगो तव मिलौंगी, हिय हाथ धर्‌यो, कुचशंभु कहत हैं, महादेव छुइकै कहति है, किंवा सीस पै हाथ दियो, मनिमय सीसफल छपायो, सूर्यास्त भए मिलौंगी, यह वात हमारो हृदय मै वसै है भूलोंगी नहीं, याते हिये हाथ धर्‌यो, किंवा सीस पै हाथ धर्‌यो, सो प्रनाम कियो, हम जाति हैं, हिये हाथ धर्‌यौ, तुम हमारे हृदय मैं वसत हौ, नायिका को प्रनाम वरन्यौ है, न्हाय पहिरि पट झट कियो वेंदी मिस परनाम, किंवा सीस पै हाथ धर्‌यौ, सीस को उलटा पढे ससी होत है, ताको हाथ सों छपायो, ससि अस्त भए मिलौंगी हिये हाथ धर्‌यौ, इयादि है, भाव वतायो नायक को जतायो। सूक्ष्म है, पिहित अलंकार, पिहित छपी पर वात को जानि वतावै भाव।

— ★ —

को जानै ह्वैहै कहा। व्रज उपजी अति आगि। मन लागै नैननु लगै। चलै न मग लगि लागि [१५१][287]

کو جانیں ہویہي کہا برج اوپجي ات اک • من لاکي نینن لکي چلو نہ مک لک لاک
[ظا• ١٥١]

अन० : परकीया नायिका की उक्ति, सषी प्रति, वचन अनुभाव तें त्रास संचारी, तें पूर्वानुराग व्यंगि, असंगति अलंकार।

नर० : भयानक रस। नायिका कौ वैन सषी सौं। हे सषी, या वात कौ कौन जानै कि व्रज के विषै घनी अगनि उपजी सो कहा होनहार है सो कैसी परै कि नैन सो नैन लग्या चाहै अरु वीचही सौ मनु आनिकै लाग जात है, सो ऐसी लगि लागि करिके मारग चालै है नांही –

> **जानै को ह्वैहै कहा अव माई री आगि वडी व्रज मै उपजी है। मोहि महाडर होत कहा करौं देषतही सुधि वुद्धि भजी है। लागति ही मन मै न लगै अरु प्रीति लगी कुलरीति तजी है। क्यों न चलै मग को लगि लागनि को इहां इन भांति न जी है** [नर० १५१]

कृष्ण० : इह नायक अवस्था नायका कै द्रष्टानुराग तै वैरु भयौ है सो विरह की अग्नि सो व्याकुल है, सो सषी सो कहति है –

[287] को – कौ - को०मि०ह०। जानै – जांनै - उ०न०वे०; जानैं - को०; जनै - पा०; जांने - मु०। व्रज – वृज - उ०पा०। आगि – आग - शि०वे०स०मि०मु०। मन – मनु - शि०न०मि०नी०। लागै – लागे - उ०; लागें - मो०; लागैं - मि०। नैननु – नैंननु - उ०; नैननि - को०पा०; नैंननि - मो०; नयननु - न०; नैंनन - स०; नेंनौ - मु०; नैंनै - ह०। लगै – लगे - उ०पा०; लगैं - मो०। चलै – चल्यौ - उ०; चले - को०; चलें - मो०; चलौ - मि०नी०। मग – मगु - न०वे०। लगि – लग - उ०न०वे०स०मि०; (लुप्त) - पा०; पग - मु०। लागि – लांगि - उ०; लाग - शि०स०मु०। [१५१]

दीसै न धूम वरै विनु ईधन उन्नत है प्रगटै न सिषा है। नैसुक नैननु लागतही मनु आन लगै सव अंगनु दाहै। लोचन नीर ढरै न वुझै उपजी व्रज में कोऊ आगि महा है। देषैहू दीठि परै न कछू अव जानै को आगे धौ ह्वैहै कहा है [कृष्ण० १५१]

हरि० : सषी नायिका कौ सीष देति है, कौन जानै क्या होयगो, जगत मै अति आग उपजी है, आश्चर्य आग उपजी है, नैननि लगे सो मन में लागै है, याते तू प्रेम को जो मग, राह, ताके लगन जी कै लागि मति चलौ, यासौं दूरि भाजौ। लगिवे को दोय अर्थ, मिलिवो और जरिवो। असंगति अलंकार, तीनि असंगति काज अरु कारन न्यारे ठांव। नैन आगि सौं मिलै, मन वरै।

—★—

लै चुभकी चलि जाति जित। जित जलकेलि अधीर। कीजत केसरनीर से। तित तित के सर नीर [१५२][288]

لي چبهکي چلجات جت جت جلکيل ادهير • کيجت کيسر نير سے تت تت کي سر نير
[ظا• ۱۵۲]

अन० : उक्ति नायक की है तो स्मृति संचारी। वचन अनुभाव तें गुनकथन ध्वनित है। उपमालंकार। अनुप्रास।

नर० : जल कौ मिलन, सषी कौ वैन सषी सौ। हे सषी, ग्वालां सहित कान्हजू अरु सषीनि सहित राधिकाजू जमुना के विषै न्हात हैं। सो चुभकी लैकै जहां जलकेलि अधीरता सौं हैं, तहां चले जातु हैं, अरु मनोरथ पूरन करिकै पीछै जित की नीर सिर पर की वीदुनी सो तित तित सिर नीर परि किए ते जित को चुभकी लीवी हुती तितही को निकरै –

लै चुभकी चलि जाति जितै जित कंचन से तन पंकजनैनी। मीन की रीति लई गति गूढही नीर की केलि करै अति पैनी। कीजति केसर नीर समान प्रमान प्रभा करिकै पिकवैनी। वाउर के जल होत तडाग कै ऐसो कर्‌यो करतार वहैनी [नर० १५२]

कृष्ण० : यह जलकेलि सषी कौ वचन सषी सौ –

मोहन सौ जलकेलि रची व्रषभानसुता हित रंग मै वोरी। कृष्ण कहै कवि ता छवि पैरति काम की वारौ करोरिक जोरी। लै चुभकी गहरे जलहू चलिकै जितही जित जाति किसोरी। केशरि के जल केशरि के सर नीर करै तितही तित गोरी [कृष्ण० १५२]

---

288 लै – ले - शि०मो०। चुभकी – सुभति - को०; चुभकि - शि०; चवुकी - मु०। चलि – चल - वे०। जाति – उ०शि०न०हृ०; जात - को०पा०मो०स०भा०मु०नी०। जित जित – जित ज्यों - मो०; जिन जित - वे०; जित तित - भा०; जिति जित - मु०। जलकेलि – जलिकेल - शि०; जलकेल - न०स०। कीजत – कीजत, 'ज' में इकार की मात्रा बाद में - उ०; कीजतु - पा०; कीजति - मो०न०वे०मु०। केसरनीर – केसरिनीर - उ०शि०पा०न०; केशरिनीर - भा०; कैसरनीर - मु०; केसरिनिर - नी०। से – में - शि०; सो - पा०; सी - मो०; कौ - न०; कों - वे०स०। तित तित – नित नित - शि०। सर – को०शि०मो०वे०स०मु०हृ०; सरि - उ०पा०नी०; सिर - न०; शरि - भा०। दोहा लुप्त - मि०। [१५२]

हरि० : सषी सों सषी अंग की कांति वर्नै है। नायिका चुभकी लैकै, गोता मारिकै जित जित, जहां जहां चली जाति है, जलकेलि के विषै अधीर, चंचल है, अंग कांति सों केसरि के सरि नीर सरीषा, तित तित के तहां तहां के सर नीर, सरोवर के नीर, जल, केसर के सर जमक, पीत धर्म सो नहीं है, केसर नीर उपमान, सर नीर उपमेय, यहौ से वाचक है, धर्मलुप्तोपमा।

— ⋆ —

छिरके नाह नवोढ दृग। कर पिचकी जल जोर। रोचन रंग लाली भई। विय तिय लोचनकोर [१५३][289]

چهرکي ناه نوده درک کر پچکي جل جور ٠ روچن رنک لالي بهئي تي يي لوچن کور [ظا٠ ١٥٣]

अन० : सषी को वचन सषी प्रति। असंगति अलंकार।

नर० : रौद्ररस वर्नन। सषी कौ वैन सषी सौ। हे सषी, हाथ मै पिचकी लैकै जोर सों जल तैं नवोढा स्त्री के नेत्र छिरके, सो वीजी स्त्री हुती तिनके लोचना को कोरिक रोचन रंगो रोचन सी लाली भई –

> **नाह नै लै छिरकी है नवोढ के कै पिचकी दृग केलिकला मै। कै जलजोर उमंग वडो कर वाही को हेरि सवै लल तामै। रोचन रंग ललाई भई अति ऐसेही ओर तिया के नैना मै। प्यारी को प्यारे निहारे अनूपम या दुष पाइ रही है हिया मै** [नर० १५३]

कृष्ण० : इह जेष्ठा कनिष्ठा कौ भेद्, अन्यसंभोगदु:षिताहू होइ, सषी कौ वचन सषी सौ –

> **नंदलला ललनागन मै जलकेलि रची रसरीति रलाई। चूभक लै उछरै वहु भांति दुरै भरि अंक करी तरलाई। लोचन भामती के छिरके कर की पिचकी जलधार चलाई। कृष्ण कहै छवि को वरनै रसकेलि कला हिय मै सरसाई** [कृष्ण० १५३] [290]

हरि० : सषी सों सषी वचन। नाह ने नवोढा नायिका के दृग, नेत्र, को कर की पिचकारी के जल के जोर से छिरके, किंवा कर जोरि पिचकी वनाय जल को ढिरके, रोचन, गोरोचन, ताके रंग सरीषी लाली भई। तिय के विय कहिए दोऊ लोचनकोर विषै किंवा विय, दूसरी जो तिय है सौति ताके लोचनकोर विषै और के नैन छिरके, और के नैन में लाली भई। असंगति अलंकार। तीनि असंगति काज अरु कारन न्यारे ठाम। किंवा नवोढ ने नाग दृग छिरके, औरि अर्थ वैसेही।

— ⋆ —

289 छिरके – छिरके, 'त' पर 'र' संशोधन - उ०; छिरकि - शि०। नाह – नाह, 'हि' के इकार पर हरताल - उ०; नारि - मि०। दृग – दग - को०; द्रिग - शि०न०वे०स०मु०; द्रग - भा०मि०नी०। कर – करि - उ०को०पा०नी०। पिचकी – पिचका - भा०। जल – जलि - शि०; वर - भा०। रंग – रग - पा०; रंगु - मो०। लाली – लाल - को०। विय – वींय - शि०मु०। तिय – तीय - शि०मु०; तियव - वे०। [१४८] से [१५३] तक प्रति खंडित - वा०। [१५३]

290 चूभक लै – लै चुलुकी - भा०। लोचन भामती के छिरके – भामती सौति के लोचन मै - मि०। चतुर्थ चरण, 'लोचन की विय कोरन मांझ तहां भई रोचन रंग रलाई' - मि०; 'सौति के लोचन कोरन मांझ तहीं भई रोचन रंग रलाई' - मु०नी०।

कहा लडैते दृग करे। परे लाल वेहाल। कहुं मुरली कहुं पीतपट। कहूं मुकुट वनमाल [१५४] [291]

کہا لریتي درک کئے پري لال بیچال • کہون مرلکا پیت پت کہون مکت بنمال [ظا •
[۱۵٤

अन० : दूती की उक्ति नायिका प्रति। नायिका को विरहनिवेदन पूर्वानुराग। लेषालंकार।

नर० : सषी कौ वैन उराहनो, सषी कौ वैन नायका सों। हे राधे, तेरे देषनै ते लाल वेहाल ह्वै परे है। सो नेत्रां को ऐसे लडैते क्यों करै है। सो लाल के कहुं मुरली परी है, कहुं पीतपट पर्‌यौ है, कहुं मुकट पर्‌यो है, कहुं वनमाल पर्‌यो है –

> **क्यों करे नैन लडैते कहा कहौ लाल तो आज वेहाल षरे हैं। ऐसी मनोजव्यथा उपजी अति आकुल होत तें नैन भरे हैं। दूर परी कितहूं मुरली वनमाल कहूं पतपीट परे हैं। कुंडल कान के दूर परे लुगटी मुगटे लरकान हरे हैं [नर० १५४]**

कृष्ण० : इह नाइका के नेत्र देषि नाइक की जो दसा भई सु सषी नाइका सौ कहति है, प्रयोजन कि तेरी चाह है, तू चलि –

> **कहू वनमाल कहू गुंजन की माल कहू संग सषा ग्वाल ऐसे हाल भूलि गए है। कहू मोरचंद्रिका लकुट कहू पीतपट मुरली मुकट कहू न्यारे डारि दए है। कुंडल अडिल कहि सुंदर न वोल वोल लोचनै लोल मानौ काहू हरि लए है। घूघट की ओट ह्वैके चित्यो कि चोट करी लालनु तो ता घरी ते लोटपोट ह्वै भए है [कृष्ण० १५४]** [292]

हरि० : सषी नायक की दसा सुनाय नायिका को मिलायो चाहति है। कहा तू लडैते, लाडिले दृगनि को किए, नेत्रनि के मारे लाल वेहाल, अचेत परे हैं, मुरली आदि की सुधि नहीं है। निंदा करि कहति है, नायिका की स्तुति होति। व्याजस्तुति अलंकार, व्याजस्तुति निंदा मिसें जहा वडाई होहि।

— ⋆ —

राधा हरि हरि राधिका। वनि आए संकेत। दंपति रति विपरीत सुष।

---

291 कहा – (लुप्त) - वा०। लडैते – 'लडै' (लुप्त) - वा०; लडेते - मो०वे०स०; लडैती - मि०; लडेतें - मु०। दृग – द्रिग - वा०न०वे०स०; द्रग - भा०मि०नी०। करे – करें - शि०; कीये - मो०। लाल – (लुप्त) - पा०। वेहाल – 'वे' (लुप्त) - पा०। कहुं – कहूं - उ०न०स०नी०; कहो - वा०; कहु - पा०मो०भा०; कहू - मि०। मुरली – मुरलि - उ०न०मि०। कहुं – की - उ०; कहो - वा०; कहु - पा०मो०भा०; का - न०मि०; कहूं - स०नी०; कहू - मु०। पीतपट – पीतपटु - उ०न०मि०। कहूं – कहुं - शि०मो०वे०ह०; कहो - वा०; कहु - पा०; कहू - भा०मि०। मुकुट – मुकटु - उ०; मुकट - शि०मो०न०वे०स०भा०मि०नी०; मुगट - मु०। वनमाल – वनुमाल - मि०। दोहा लुप्त - को०। [१५४]

292 नी० प्रति में अन्य प्रतियों की व्याख्यात्मक टीका एक समान होते हुए उदाहरण छंद निम्नलिखित मिलता है –

तू चितई जवतै तवतै उहि भांति रह्यौ चित चेतु रह्यौ है। पीतपटी लकुटी किहूं पह मोरकिरीट कहूं विरह्यौ है। भूलि गई वनमालहू की सुधि हाल लषै मनु मेरो उरह्यौ है। लाडली नैन लडैते कहा करे देष तौ लाल विहाल पर्‌यौ है [नी० १५४]

सहज सुरतहू लेत [१५५][293]

رادہا ہر ہر رادہیکا بن ائے سنکیت • دمپت رت بپریت سکہ سہج سورت ہون لیت
[ظا • ۱۵۵]

अन० : सषी की उक्ति सषी सों। दंपति के संजोग सिंगार। लीला हाव। रति विपरीत। काव्यलिंग अलंकार।

नर० : सषी कौ वैन सषी सों। हे सषी, राधा तो हरि वनी हैं अरि हरि सो राधा वने हैं, सो ऐसे वनिकै संकेत आए, तहां दोनुं विपरीत रति को सुष सहजै जो रति ह्वै तिनमै लेत है –

> **राधिका नै हरिरूप लयो अरु राधिका रूप भए हरि माई। ऐसी अनोपम वानक सों वन आए संकेत महासुषदाई। कीजति है सहजै रति यद्यपि केलिकला अपनै मनभाई। दंपतिही विपरीति रतैं सुष लेत हैं कै कै वियोग विदाई [नर० १५५]**

कृष्ण० : इह लीला हाव रति विपरीत समय सषी सषी सौ कहति है –

> **देषिवे कौ देह द्वै पै एक मन एक प्रान रूप सील वैस गुन चातुरी समेत है। जैसे दोऊ साचेपन राचे प्रीति रीति रंग आज लौ न देषे कहूं ऐसे हिय हेत है। राधा माधौ माधौ राधा अदलि वदलि वेष वनि आए कुंजनि मै केलि के निकेत है। कहै कविकृष्ण दोऊ सहज सुरत करि रति विपरीत के विविध सुष लेत है [कृष्ण० १५५]**

हरि० : सषी सों सषी वचन। राधिकाजी हरि को रूप वनायो। हरि राधिका वनिकै संकेत, मिलिवे की ठौर आए। दंपति विपरीत रति कौ सुष सहज सुरतहू में सम रति में भी लेत हैं। सहज सुरत में विपरीत सुष दृढ कियो। काव्यलिंग।

— ⋆ —

चलत पाइ निगुनी गुनी। धन मनि मुत्तिय माल। भेट भये जयसाहि सौं। भाग चाहियत भाल [१५६][294]

293 राधा – (लुप्त) - वा०पा०। राधिका – राधिका, इसके आगे 'दंपति रति विपरीति' लिखा जाकर काटा गया है - उ०; 'रा' लुप्त - वा०; 'का' लुप्त - पा०। वनि – 'व' लुप्त - पा०; वन - वे०स०मि०। आए – आएं - उ०मो०; आये - को०पा०मि०मु०नी०। दंपति – दंपती - शि०। विपरीत – विपरीति - को०पा०न०भा०मि०; 'दंपति रति विपरीत' ऊपर भिन्न क़लम से - उ०। सुष – सुषि - शि०; की - न०वे०स०। सुरतहू – सुरतिही - उ०मु०; सुरतहूं ते - को०; सुरतहुं - शि०; सुरतहु - वा०; सुरत मै - पा०; सुरतिहू - न०भा०; सुरतहूं - वे०नी०; सुरनहू - मि०; [१५५]

294 चलत – (लुप्त) - वा०; चलित - गा०मु०। पाइ – पाय - को०मि०; 'पा' लुप्त - वा०; पांई - मो०; पाई - नी०। निगुनी – नगुनी - मु०। धन – धनु - उ०न०; धनि - भा०ह०। मनि – मन - शि०गा०। मुत्तिय – मुतिय, 'ति' पार्श्व पर - उ०; मूतिय - को०शि०; मुक्ता - पा०; मुत्तीय - मो०; मोतिय - भा०मि०ह०। माल – लाल - न०। भेट – भेटि - को०मो०न०; भेंट - नी०। भये – होत - उ०शि०वा०ह०; भयै - मो०भा०; भए - न०गा०मु०; भयैं - मि०; भई - नी०। जयसाहि – जैयसाहि - उ०को०; जयसाह - शि०गा०स०ह०; जैसाहि - पा०; जैसाह - मो०; जेयसाह - मि०। सौं – सों - शि०गा०ह०; सौ - वा०भा०मु०; सो - पा०मो०। भाग – भागु - उ०न०भा०मु०नी०; भागि - पा०। चाहियत – चहियत - मि०। क्रम विपर्यय [१५७] [१५६] - स०; गा० प्रति में [११०] से [१५५] तक दोहा तथा उदाहरण छंद लुप्त हैं। [१५६]

چلت پاي نکوني کوني[295] دہن من موتي مال • بہیت بہین جیساه سون بہاک چاہیت بحال [ظا• ١٥٦]

अन० : दानवीर रस, कवि की उक्ति, वीररस प्राधान्य।

नर० : कवि विहारीदास कहतु है, जो भाल के विषै भाग ह्वै तो कहा गुनी अरु कहा निगुनी राजा जयसाहि सौ भेट ह्वै इतनो पाइकै लै चलै, धन पावै, मनि पावै, मोत्तिय पावै, लाल पावै – [296]

कृष्ण० : इह राजा कौ दान, कवि की उक्ति –

दीजत मगाइकै तुरंग रंग रंग के तुरत भडार सिर पाइन सौ भरियै। किम्मति विसाल साल सुवरन माल लाल हीरा मुकुताहल वकसि ढार ढरियै। भेंट भए नृपति सवाई जयसाहिजू सौ होत वडभाग भाल भागु कहा करियै। गुनी अनगुनी सव कीजत निहाल हाल जाचक की विपति अनेक भाति हरियै [कृष्ण० १५६]

हरि० : निगुनी होउ वा गुनी होउ, सो धन, अश्व, गज, मुद्रा, मनि, हीरा, पन्ना, पुषराग, औ मुक्ता की माल पायकै चलत है, ऐसो वडो दरवार है, जो भाल में भाग्य को अंक होय तो जैसाह सों भेंट होत है, किंवा काकु स्वर सों जैसाह सों भेंट होत है तो कहा भाल में, ललाट में, भाग्य चाहिअत है, भाग्य होउ, न होउ, जैसाह सों भेंट भयो चाहति है। काकूक्ति अलंकार।

— ⋆ —

जस अपजस देषत नही। देषत सांवल गात। कहा करौं लालच भरे। चपल नैन चलि जात [१५७][297]

جس اپجس دیکہت نہین دیکہت سانور کات • کہا کرون لالچ بہري چپل نین چل جات [ظا• ١٥٧]

अन० : उत्तर सषी प्रति नायिका को। सौंदर्य गुनकथन उद्दीपन औत्सुक्य चपलता संचारी। पूर्वानुराग व्यंगि। उत्तरालंकार

नर० : सहज मान भावन राधिका कौ वैन सषी सौं। हे सषी मेरे नैन चपल हैं सो जस अपजस देषत नाहीं हैं, सो क्यों जव सांवरे गात वारे को देषत हैं तव वाके रूप के लालच लागे तहांही चलि जात हैं –

---

295 کوني (लुप्त) - ज़ा०।

296 नर० की प्रतियों में इस दोहे का उदाहरण लुप्त है।

297 जस – जशु - भा०; जसु - मि०नी०। अपजस – अपजशु - भा०; अपजसु - मि०नी०। देषत – देषै - शि०भा०। नही – तही - को०; नहीं - न०ह०। सांवल – सांमल - उ०; स्यामल - को०; सांवत - वा०; सवल - पा०; सावल - मो०; सांवर - वे०स०; श्यामल - भा०; सांवरे - मु०; सामल - नी०। गात – त, 'गा' लुप्त - न०। कहा – (लुप्त) - वा०। करौं – करौ - उ०भा०; करों - शि०मो०मु०; (लुप्त) - वा०; करें - पा०। लालच – लालचु - उ०; 'ला' लुप्त - वा०; लालचि - मो०। भरे – भरें - शि०। नैन – नेंन - को०मो०मु०; नैंन - स०ह०। जात – जांत - वा०। दोहा लुप्त - गा०। [१५७]

औजस कौ जस कौ नहिं देषत देषत सांवर गात गन्यो है। सील सरूप सिरोमनि को लषि आपनै जीय मै नेह सन्यो है। लालच भार भरेई कहा करौं ऐसो वनाव अनूप वन्यो है। है अति चंचल आप घने चलि जात दु पंषी कौ भाव भन्यो है [नर० १५७]

कृष्ण० : इह नाइका कौ सषी शिक्षा देति है, तासों अपने नेत्रनु की आसक्ति कहति है –

सासु रिसात झुकै ननदी जव तू सषि देति है सीष के वैना। है व्रजवास चवाई भरी चहु ओर चलै उपहास की सैना। देषत सुंदर सांवरी मूरति लोक अलोक की लीक लषै ना। कैसी करौ हटके न रहै चलि जात तऊ लषि लालची नैना [कृष्ण० १५७]

हरि० : आधा दोहा मैं सषी को प्रश्न, आधा दोहा मैं नायिका को उत्तर। सांवल गात श्रीकृष्ण, तिनको देषति कै तूं जस अपजस को देषति, विचारति है नहीं, कुलवधू को यह जस है कि अजस है। नायिका वचन, मैं कहा करौं, लालच भरो, रूप के लालच भरो, चपल, चंचल जे हमारे नैन सो चलि जात हैं, उनसों लगत हैं। किंवा सषी प्रश्न करै है, हे सांवल गात, हे श्याम, तुम नायिका कुलवधू, ताको देषत कै जस अपजस कौ नहीं देषत। नायक को उत्तर, मैं कहा करों, लालच भरे, चपल हैं जे नैन, ते चलि जात हैं। नैन को अर्थ, जाको नै कहिए नीति नांही है। नैन विसेस्य है सो साभिप्राय है, याते परिकरांकुर अलंकार है। साभिप्राय विशेष्य जव परिकर अंकुर नाम। किंवा षंडिता को वचन, हे चपल नैन, सांवल गात काले अंग हैं जाके, ताको देषत कै तुम जस अपजस को नहीं देषत हौ। मैं कहा करौं, मैं तो तुम्हें वहुत सिच्छा दीनी, कहा जानौ कौन लालच भरे वाही के पास चले जात हैं।

— ⋆ —

नषसिष रूप भरे षरे। तौ मांगत मुसकानि। तजत न लोचन लालची। ए ललचोही वानि [१५८][298]

نکھ سکھ روپ بھري کھري تاو چاہت مسکیان • تجت نہ لوچن لالچي اي للچوہن بان [ظا • ١٥٨]

अन० : उक्ति नायिका की सषी प्रति। वचन अनुभाव तें हर्ष औत्सुक्य संचारी। लालसा दशा पूर्वानुराग व्यंगि। काव्यलिंग अलंकार।

नर० : साक्षात दर्शन वर्णन, नायक कौ वैन सषी सौं। हे सषी, मेरे नेत्र लालच के भरे, ऐसी लालच की वांनि तजते नांही हैं, सो कैसी कहै, राधा के रूप करिकै तो पगां के नष अनै सिष, चोटी, तक षरे भरे हैं, तऊ मुह की मुसकान मांगते हैं –

[298] नषसिष – नषशिष - शि०; 'नषसि' लुप्त - वा०। भरे – भरें - शि०पा०। षरे – षरें - शि०पा०। तौ – तऊ - वा०पा०वे०गा०स०ह०; तो - मि०नी०। मांगत – मगत - पा०; मांगति - न०मु०; मांग - गा०; मांग, 'त' ऊपर रिक्त स्थान में - स०; मागति - मि०नी०; मागत - ह०। मुसकानि – मुसकांनि - उ०को०न०गा०मि०मु०; मुसक्यानि - मो०; मुसिकांनि - स०; मुसुक्यान - ह०। तजत – त्यजत - को०वा०। न – नु - मि०। ए – ये - पा०वे०नी०; ऐ - गा०स०। ललचोही – ललचौही - उ०मि०; ललचोहे - शि०; ललचौहै - गा०; ललचोहै - स०; ललचोंही - मु०; ललचौंही - ह०। वानि – वानि, इकार बाद में - उ०; वांनि - को०मो०न०वे०गा०स०मि०मु०नी०ह०। दोहा लुप्त - भा०। [१५८]

रूप भरे हैं षरे नष तै सिष तो मुसकान चहै वहुतेरी। क्यौहूं अघात न रूप अचै कतकौ न कुटेव परी सु कहे री। लालची लोचन नाहिंन छांडत ये ललचाहनि वानि नहे री। जीय की जानि कहौ सषी तोहि कौ जानत हों किहि वाय वहे री [नर० १५८]

कृष्ण० : इह नाइका अथवा नाइक मुसकानि देष्यौ चाहत है, सो अपने नेत्रन की आसक्ति कहत है –

देषतही अनिमेष इहै उमडे से परै न विचारति गौंहू। रावरे रूप अनूप सौ पूरि रहे हैं जऊ नष तें सिष लौंहू। मागति है इतनै पर तौ मधुरी मुसकान अघात न त्यौंहू। नैन भए अति लालची ए ललचानन वान न छाडत क्यौंहू [मि० १५८]

हरि० : नायक हंसायो चाहत है, तहां नायिका की उक्ति, नष ते सिष पर्जंत षरे अति रूप सों भरे हौ, तौ भी हमसों मुसक्यानि जांचत हौ, किंवा नषसिष को अर्थ लच्छना सों संपूर्ण नेत्र षरे रूप सों भरे हैं, तौ भी मुसक्यानै जांचत हौ, ए तुम्हारे लोचन लालची हैं, ललचौही वानि, सुभाव, को नहीं तजत, छांडत, हैं, रूप भयो है, अजाची नहीं होत। विशेषोक्ति। किंवा षंडिता वचन, षरे तीषन जो वा नायिका के नष ताकी जो सिषा अग्र भाग तासौ तुम रूप भरे हौ, तुम्हारे अंगनि मैं नषछत है, तासौं तुम रूपवान हौ। धीरा वोलै वक्रविधि। तौ भी तुम हमसों मुसक्यानि मांगत हौ। तज लगाय के स्त्रीजन केस वांधे हैं, वाको तज तुमारे तन में लगत है। लोचन कहिए चाह, सो तुमै हमारी नहीं है। आए लोचन लोचि, इहां को दोहा है। ए लालची, ललचौही लाल चलिए, तुम्हारी वानी, वचन, है। लधु गुरु गुरु लघु होत है निज इच्छा अनुसार। किंवा तुमारे लोचन लालची हैं, ललचौही वानि कौ नहीं तजत हैं।

— ⋆ —

छ्वै छिगुनी पहुचौ गिलत। अति दीनता दिषाइ। वलि वावन कौ व्यौत सुनि। को वलि तुम्है पत्याइ [१५९][299]

چهوي چهكني پهوچو كلت ات دينتا دكهاي ٠ بل باون كو بيونت سن كو بل تومهين پتياي [ظا٠ ١٥٩]

अन० : परकीया नायिका की उक्ति नायक प्रति। वचन अनुभाव करि हर्ष संचारी तें पूर्वानुराग व्यंगि। लोकोक्ति अलंकार।

---

299 छ्वै – छुइ - उ०न०स०मु०; छौ - को०; छु - शि०; छै - वा०; छुई - वे०; छई - गा०। छिगुनी – छिगुनि - को०शि०वा०स०; छिगुन - वे०गा०। पहुचौ – पहचो - को०; पु (?)हवा - शि०; पौचौ - वा०; पहुचो - पा०वे०; पोहोंचो - मो०; पुहचौ - मि०; पोहचौ - मु०; पौहैछो - नी०; पहुंचो - ह०। गिलत – निलगि - शि०; गिलै - वा०; गहत - मो०न०वे०गा०स०मु०; गुलीत - नी०। अति – अत - को०शि०; वहु - मो०; अव - गा०। दीनता – दिनता - को०; दीतता - गा०। दिषाइ – दिषाय - को०मु०ह०। वलि – वल - वे०। वावन – वांवन - वा०; वामन - मो०वे०स०मु०ह०; वामुनु - न०गा०। कौ – को - को०मो०; कौं - शि०नी०; के - पा०; कों - गा०। व्यौत – व्योत - को०; व्योंत - पा०मो०; व्यौक - न०; व्यौंक - वे०; व्योक - गा०; व्योंक - स०; व्यौंत - मु०; वेत - नी०। को – कों - शि०पा०; कौ - न०मु०ह०। वलि – वल - वे०। तुम्है – तुमहि - उ०; तुम्हे - को०; तुमें - शि०; तुम्हें - वा०; तुमैं - ह०। पत्याइ – पत्याय - को०मु०ह०; पत्याई - मो०। दोहा लुप्त - भा०। [१५९]

नर० : धृष्ट नायक, नायका कौ वैन नायक सौ। हो कान्ह, वलि जाऊं, तुम अति दीनता दिषाइकै तौ मेरी छिगुनी, चिटू आंगली, छुई हुती। सो छिगुनी छांडिकै अव पहुचौ पकरते हौ, सो वलि राजा को अरु वामन औतार कौ वांक सुनियै ते तुमसौ कौन पत्यायगो। ए तुमारी कौन जानै कहा करौ –

> **छ्वै छिगुनी पहुचोई गिलै अहो ऐसेन सों कहौ काम पर्‍यो है। दीनता आइ दिषाइ षरी कहौ ऐसो सुभाव कहां तै धर्‍यो है। ज्यों वलि पै धरनी पग तीनक वामन जाचित लेक हर्‍यो है। एसुनि व्योंत न होइ महीधरि रावरी ओर पत्याउ टर्‍यो है** [नर० १५९]

कृष्ण० : इह नायक के चित्त की वृत्ति ललचौही देषि नाइका प्रीति वढाइवे को कहति है अरु सापराध देषि षंडिता होइ –

> **जानत है सव कोऊ सवै गुनआगरे हौ तुम जैसे विहारी। दीन ह्वै आवत हौ पहिले मनुहारि करौ अति ह्वै मनुहारी। कैसेहू कै परसौ छिगुनी पुनि वाह गहौ यह रीति निहारी। व्यौतु सुनै वलि वावन कौ वलि कौन करै परतीति तुम्हारी** [नी० १५९]

हरि० : परकीया नायिका सों नायक प्यार कियो चाहत है, कहै है, चलौ कुंज देषौ, फूल तोरौ, थोरी वात कहि वहुत कछु चाहत है। यह वात जानि नायिका को वचन नायक सों, तुम छिगुनी, कनिष्टा अंगुरी, ताको छूय कै पहुंचा लीलत हौ, आंगुरी पकरत पहुंचा पकरत हौ, यह अर्थ। आपनी अति दीनता दिषाय। दीनता को अर्थ इहां लच्छना सों गरीवाई। वलि वामन कौ व्यौत वनाव सुनिकै तीन डग धरती मागि तीनौ लोक लिले। हे वलि को कौन, तुम्है पत्याय। तुमारी कौन प्रतीति करै। गिलत, व्यौत लोग की कहनावति है। लोकोक्ति अलंकार, लोकोकति कछु वचन ज्यौं लीने लोक प्रवाद। नैन मूंदि षट मास लों कहिए विरह विषाद॥

— ⋆ —

नैना नैक न मानही। कितौ कह्यौ समुझाइ। तन मन हारेहू हसैं। तिनसौ कहा वसाइ [१६०][300]

نينان نيک نہ مانئين کتو کہو سمجہاي • تن من ہارين ہون ہسين انسون کہا بساي [ظا • ١٦٠]

अन० : उक्ति परकीया सषी प्रति। वचन अनुभाव तें विषाद संचारी तें पूर्वानुराग व्यंगि। अर्थांतरन्यास अलंकार।

300 नैना – नैंना - उ०शि०; नैंनां - को०स०ह०; नैनां - वा०न०वे०गा०; नेंना - मो०; नेंनां - मु०। नैक – नेक - को०वा०; नैकु - शि०; नेकु - पा०मो०भा०नी०; नैंक - स०; नेंक - मु०; नेंकु - ह०। न – (लुप्त) - पा०। मानही – मांनही - उ०शि०वा०न०वे०गा०स०मु०; मंनही - को०; नही, 'मा' लुप्त - पा०; मानई - मो०; मानहीं - ह०। कितौ – कितो - को०मो०भा०; कछुकि - शि०। कह्यौ – कह्यो - को०पा०मो०वे०; कहो - भा०। समुझाइ – समुझाय - को०ह०; समझाइ - शि०वा०गा०मु०; समुझांई - मो०। तन मन – तनु मनु - न०वे०गा०। हारेहू – हारेहौ - वा०; हू, 'हारे' लुप्त - पा०; हारैंहू - न०; हारेहुं - वे०; मारेहू - भा०; हारैहूं - गा०स०; हारैहू - मि०; हारेहूं - ह०। हसैं – हसें - उ०मु०; हसै - पा०वे०गा०स०भा०; हसे - मो०; हंसै - न०नी०। तिनसौ – तासौ - को०; तिनसों - शि०गा०नी०; तिनसौं - वा०न०स०मि०; तिनसो - पा०वे०; तासों - मो०। कहा – कहां - शि०पा०। वसाइ – वसाय - को०ह०; विसाइ - पा०नी०; वसाई - मो०। [१६०]

नर० : सहजै मानमोचन, नायिका कौ वैन सषी सौं। इन नैना कौ कितौकु समुझाइकै कह्यो पै ए नैकही मानत नांही। जौ मेरो तनु अरु मनु हारे है, तऊ ए नाइक कौ देषिकै हसै हैं सो तिनसों कैसे वस आइयै –

नैन हमारे न मानत एकहु ऐसे हठीले न या जग हेरे। मैनु मतै समुझाइ कह्यो टिक लाय रहै पै फिरै नहिं फेरे। आपनो मानस ओ तन हारिकै वाही के होइ गए अति चेरे। फेर दसै इतनै पर माई कहा तिनसोव वसाय हसे रे [**नर० १६०**]

कृष्ण० : इह नाइका अपने नेत्रनु की आसक्ति कहति है –

सहियै जग के उपहासनि तै रहियै गुरुलोगनु माझ ग्रसै। डरु आनि यहै अपने उर हौ समुझाइ रही नहि नैक त्रसै। अरु रंचकु मेरो कहो न करै तनहू मन हारे तऊ हुलसै। इह नेमु गह्यो सजनी इन नैननु पै हरि हेरि हसैई हसै [**कृष्ण० १६०**]

हरि० : पूर्वानुराग मैं सषी सिच्छा देति है, तासों नायिका की किंवा नायक की उक्ति। हमारे नैन नेक, थोरो भी नहिं मानत हैं, केतना समुझायकै कह्यो, तन मन प्रिय के, किंवा प्रिया के हाथ हारेहू भी हसत हैं, फिकिर नहीं करौ, तिन सो हमारो कहा वसाय है, क्या जोर चलै है। किंवा षंडिता की उक्ति, व्यंग्य सों कोप सों प्रकासै है, धीरा है, हे सषी इनके नैंना नैकु भी इनकी वात को नहीं मानत हैं, इन तौ कितनौ समुझाय कै कह्यो, औरि वही अर्थ। इनै नैनी तिना को अर्थ। नहीं है। नैक, थोरो भी मान वडाई। ही हृद में ना नाहीं है। मानही अनुनासिक है, ही हृदयवाची सो निरनुनासिक है। यह तौ स्वर कौ धर्म है, याते नहीं विगरै। हृदयवाची विषै अनुनासिकही को प्रयोग किनहूं नहीं कियो है। अप्रयुक्त दोष लगै। काव्यप्रकास मैं कह्यो है। श्लेष आदि विषै निहितार्थ अप्रयुक्त गुण है। कितौ कह्यौ समुझाय, यह मनु मै कितनो समुझाय समुझाय कै कह्यौ। तुम आपनो तन मन वा नायका सों हार्‌यौ है, फेरि हसत हौ, निर्लज्ज हौ। तिन पुरुष सों हमारो कहा वसाय। समुझाइवे हेतु सों मानिवो कार्ज नहीं भयो, विशेषोक्ति अलंकार।

— ⋆ —

मोहन मूरति स्याम की। अति अदभुत गति जोइ। वसति सु चित अंतर तऊ। प्रतिविंवित जग होइ [१६१][301]

موہن مورت سیام كي ات ادبھت كت جوي • بست سوچت انتر تاو پرتبمبت جك ہوي [ظا• ١٦١]

[301] मूरति – मूरत - शि०गा०; मुरति - वा०। स्याम की – श्याम की - शि०भा०; स्यांम की - वा०न०वे०गा०स०मि०मु०। अति – अत - मु०। अदभुत – अदभूत - उ०को०शि०वा०; अद्भुत - भा०मि०नी०ह०। जोइ – जोय - को०ह०। वसति – वसतु - उ०; वसत - शि०न०वे०गा०स०भा०; वसंत - वा०; वसित - मु०। सु चित – शु चित - भा०। तऊ – तउ - को०। प्रतिविंवित – प्रतिविंवितु - उ०वे०; प्रतिविंवति - शि०न०गा०; प्रतिविंवत - मि०मु०। जग – जगु - को०; जगि - न०; (लुप्त) - वे०। होइ – होय - को०ह०; जोइ - वे०भा०; होई - मि०। दोहा लुप्त - पा०मो०। [१६१]

नर० : भक्तजन कवि विहारीदास कहतु हैं, श्रीश्यामजू की मोहनी मूरति, तिनकी कैसी अद्भुत सी गति है, दो देषि तौ मेरे चित माहि वसे हैं, तौई तिनकौ संसार के विषै प्रतिविंवित ह्वै हैं –

स्याम की मोहनी मूरति है कही न परै सर तै अति नीकी। देषतही अति अद्भुत सी गति वाहि लषै विय लागत फीकी। आइ वसै चित अंतर औ प्रतिविंवित होइ रहै जगही की। भासति है तिहु लोक चराचर निर्मल ताही करै सवही की [नर० १६१]

कृष्ण० : इह अद्भुत रस भगवान की न्यायता वर्ननु, भक्त कौ वचन –

ऐसी न और तिहूपुर मै छवि जैसी वा नंदकिसोर मै देषी। ताहि विलोकि मनोज की मूरति को वरनै अति रूप विसेषी। और कहा कहौ सुंदर स्याम की अद्भुत रीति षरी अवरेषी। अंतर राषी वसाइ हिये के तऊ जग मै प्रतिविंवित देषी [कृष्ण० १६१]

हरि० : गुरु सिस्य कौ कहत हैं, स्याम, कृष्ण, तिनकी मूरति मोहिनी है, ताकी गति, क्रिया, अति अद्भुत है, सो तू जाय देष, सुंदर चित्त के अंतर भीतर वसत है, तो भी जगत में प्रतिविंवित होति है। प्रतिविंवित को अर्थ लच्छना करि भासति है, जो कोई के हृदय में भगवान आवत हैं, ताहि सव जानत हैं, यह सिद्ध है। इहां अति अद्भुत काढनो दीप फानूस मैं रहै है, वाहिर भी भासै है। इहां अन्वय जानिए, अन्वय को लछना, अन्वय पद संवंध पद निकटतर है कि दूरि। अर्थ करत मिलि जात है यह जानै सव सूरि॥ पद जाहि पद सो अन्वित होय ताके निकट रहै, किंवा दूर रहै। अन्वय न करै तो नजक धरत इत्यादि दोहा नहि लगै। ऐसे लगाइए। स्याम की अति मोहन मूरति है, और के देषे मोहित होत है, स्याम के रूप गुन सुनत मोहित होत है, ताकी अद्भुत गति देषि। वसत सुचित अंतर सुंदर जो दृढ चित्त ताके अंतर, भीतर वसति है, जग मैं भासै है। जो वस्तु दृढ वस्तु मैं रहै सो वाहिर भासै नहीं। कोठी मैं दीप धरौ, वाहिर भासै नहीं। इहां विसेष अलंकार है। तीन प्रकार अविसेष हैं, अनाधार आधेय। चित्त विकल्पित आधार है, जैसे आकास है, मूरति आधेय है। तीसरो अर्थ, स्याम की मूरति, प्रतिमा, मोहिनी है। ताकि गति जो है क्रिया, सो अति अद्भुत देष। प्रतिमा को नामदेव दूध पिआयो, पी गई। प्रति के अंतर, मध्य जौ सुचित कहिए निर्मल चित्त भक्त को वसै। तऊ, तौ भी, जगत मै वह भक्त प्रतिविंवित होय, भासमान होय। सव वाको सिद्ध जानैं। किंवा वाको संपूर्ण जगत प्रतिविंवित होय, भासमान होय, तीनौ लोक देषै ऐसी सिद्धि होय। चतुर्थार्थ, मोहन मूरति स्याम की है, ताकी अति अद्भुत गति देषौ, वसत सुचित अंतर। सूचित किए सों गुरु के कहे सों, सिस्य के अंतर, हृदय में वसै है, इहां सुचित है, सूचित क्यौं करि लगै। सो कह्यौ है, गुरु लघु लघु गुर होत है निज इच्छा अनुसार। तौ भी जग मैं प्रतिविंवित होत है, कहै सो मन मै वसै, यह अद्भुत लोक मै जाहिर होत है, यह अति अद्भुत। पंचम अर्थ, नायक मान छोडाइवे आयो है, मानिनी सों नायक के पच्छ की सषी को वचन, तिस्याम की होति स्याम की कहिए। कांता तू स्याम की है, तिभी स्त्री को कहिए है। वांधी रसरीति डारी कूप मै। मोहन मूर। तोहि मिह, प्यार, मूर कछु भी नहीं। अति अद्भुत गति की अति अद्भुत तरह की तू जोय स्त्री है।

जैसे कोई कहै है, फलाना अजव तरह को आदमी है। यह वोलनि है। किंवा तू आपनी अति अद्भुत गति तरह ताको जोय को अर्थ देष। वसति सुचित, नायक के सुंदर चित्त मै वसै है। अंत तऊ, तौ भी अंतर जु दागी राषै है। यह वात जगत कहिए व्रज किंवा सषीगन तामै प्रतिविंवित होति हैं, जाहिर होति हैं। जगत कहे संसार जानिए, थोरा भी जान्यौ जात है। जग जानी विपरीत रति लषि विंदुली पिय भाल। इहां थोरी सषी को जगत कह्यो। किंवा नायक तेरे चित्त मैं वसै है, तौ भी अंतर राषति है। षष्टार्थ, स्याम की अति मोहन मूरति जो है राधिकाजी, तिनकी अति अद्भुत गति देषौ, सुंदर दृढ चित्त के अंतर वसै है, औरि अर्थ वैसेही।

— ⋆ —

मै समुझ्यौ निरधार। यह जग काचो काच सो। एकै रूप अपार। प्रतिविंवित लषियत जहां [१६२][302]

مین سمجھیو نردہار یہ جک کانچو کاچ سو • ایکی روپ اپار پرتبنبت لکہیت جہان [ظا •
[١٦٢

अन० : मुमुक्ष को वचन करुणारस। यथार्थ वुद्धि। काव्यलिंग अलंकार।

नर० : कवि विहारीदास कहतु है, मै ऐसो जान्यो कि यौ संसार कांच सौ काचौ है, अति निराधार है, पै एक जो श्रीभगवान हैं, तिनकौ अपार रूप है, सो संसार के आधार कौ जहां तहां वाको प्रतिविंवित देषियत है –

> **मै निरधार अवै समुझ्यो कछु आपने जीय घनेरो अरे है। काच सो काचो इहै सगरो जग हेरि षरो हियरा हहरे है। एकही रूप अगाध अपार है और छिनेक विलाय टरे है। वाकी तो वात कहा कहियै जहां वा प्रतिविंवत देषि परे है** [नर० १६२]

कृष्ण० : इह सांतरस सर्वमई वही देषियै –

> **निपट असार दुषदंद कौ अगार अरु भाति भाति भरो भय भ्रमन को भार है। सांचे को सो ढारो तातै सांचो सो निहारियतु जो जो लषियतु सो सो कछु थिर ना रहै। मै तो मन माझ मतो समुझो विचार करि यह जग काच ऐसो काचि निरधार है। जित तित पूरि रहो पूरन पुरुष वह एकै रूप तहां प्रतिविंवित अपार है** [कृष्ण० १६२]

---

302 मै – मे - शि०वा०;मो०; मैं - वे०स०मि०मु०नी०ह०। समुझ्यौ – समझ्यौ - उ०को०; समुझो - पा०; सुझो - मो०; समुझ्यो - वे०नी०; समझो - भा०; समझौ - मि०; समुझ्यों - मु०। यह – इय - को०; इह - शि०। जग – जगि - न०; जगु - नी०। काचो – काचे - शि०; काचौ - न०गा०स०मि०ह०। सो – सौ - शि०गा०मि०मु०ह०; सौं - न०स०नी०। एकै – एको - उ०शि०; एके - को०; इको - वा०; ए? - पा०; एकैं - मो०; एको, मात्रा की खड़ी पाई पर हरताल - मु०; येकै - नी०। प्रतिविंवित – प्रतिविंव - को०; प्रतिविंवत - शि०वा०मो०मि०; प्रतिविंवति - न०गा०। लषियत – लषिये - पा०; लषियतु - मो०; लषियै - भा०नी०; लषीयत - गा०; लिषीयै - मु०; लषिए - ह०। जहां – जहा - पा०न०मि०; तहां - स०; जिहां - मु०। उ० में द्वितीय यति 'प्रतिविंवितु लषिये जहा', चतुर्थ यति 'यह जग काचौ काच सौ'। [१६२]

हरि० : मैं निरधार निश्चै समुझ्यौ, यह जो जगत है सो काच सरीषो कच्चा है, दृढ नहीं है। एक रूप सगुन व्रह्म को सो अपार वडो जामें प्रतिविंवित भासमान जहां लषिए है, लच्छित कीजिए है। काच सो कच्चा, उपमा औ शव्दालंकार, सर्व जगत विष्णुमय है, शव्द प्रमान है।

— ⋆ —

लटकि लटकि लटकत चलत। डटत मुकुट की छांह। चटक भर्‌यौ नट मिलि गयो। अटकभटक वट मांह [१६३][303]

لتک لتک لتکت چلت چہپت مکت کي چہانہ • چتک بہریو نت مل کیو اتک بہتک بن مانہ [ظا • ١٦٣]

अन० : उक्ति परकीया की सषी प्रति। वचन अनुभाव तें स्मृति संचारी ते पूर्वानुराग व्यंगि। मुकट की छांह करि जगत को इति उपरित। डटति आच्छादत इति अथवा लक्षिता नायिका प्रति सषी वचन। हे सषी मुकट वट जो वंसीवट ताकी छांह में चटक भर्‌यो अटक भटक लटक लटकि लटकत चलत ऐसो नट गयो मिलि मो डटत मो इति उपरित। स्वभावोक्ति अलंकार।

नर० : वन कौ मिलन, नायिका कौ वैन सषी सौं। हे सषी, श्रीनट्टुजी लटक करते सिताव सिताव चालतु हैं और आपने मुकट की छाया कौ जोवते जाते हैं, सो मोसौ आगै चटक सी भई हुती ताकौ भर्‌यौ मिल्यौ सो भटक कै मारग पर अटक रह्यो –

> **आवतु है लटकै लटकै लटकात चलै अति सुंदर सोहै। डटत्त मुकट्ट की छांह मनोहर देषतही सव को मन मोहै। भारी चटक्क भर्‌यो मिलिही गयो सो नटनागर नंद को जो है। अटक्क भई वट मांहि कै वाकै वाके समान कहो व्रज को है** [नर० १६३]

कृष्ण० : इह साक्षातदरसन जैसी छवि सौ देष्यौ है नायक तैसी भांति नायका सषी सौं कहति है –

> **लटकि लटकि चलि निरषतु वार वार फेरि फेरि ग्रीवा छांह मंजुल मुकट की। केसरि की षौरि पर कलित रुचिर भाल कुंडल ललित सोहै वनमाल टटकी। ह्वै गई विपिन मग अटक भटक भेट तवही तै नैनन मै षुभी सोभा नट की। भूली सुधि घट की री लोकलाज सटकी री अटकी हिऐ मे फहरानि पीरे पट की** [कृष्ण० १६३]

हरि० : नायिका वचन सषी सों, लटकि० चलत० स्पष्ट, मुकट की छाया को डटत है, अट करत है, निहारत है, यह अर्थ। चटक भर्‌यो छवि को चमत्कार सो भर्‌यो है, ऐसो जो नट वर वेष किए कृष्ण

[303] लटकि लटकि – लटक लटक - को०न०वे०गा०स०। लटकत – लटकतु - उ०न०वे०गा०मु०नी०; मटकत - भा०। चलत – चलतु - उ०मु०नी०; चलैं - न०; चलै - वे०गा०स०। डटत – डटतु - उ०न०वे०गा०मु०नी०; डतित, 'त' पर 'ड' - को०; डटति - मो०। मुकुट की – मुकटू की - उ०; मुगट की - को०वे०; मुकट की - शि०मो०न०गा०स०मि०; मकुट की - मु०। छांह – छाह, 'ह' ऊपर के रिक्त स्थान में - उ०; छाह - वा०पा०भा०नी०; छांहि - न०। चटक – चटकु - वे०गा०। भर्‌यौ – भर्‌यो - को०पा०; भरो - मो०भा०; भयो - वे०स०; भयौ - गा०। नट – नटु - उ०न०वे०गा०मि०मु०। गयो – गयौ - उ०शि०वा०न०गा०मि०ह०। वट – वन - मि०। मांह – मांहि - वा०न०वे०गा०स०मु०ह०; माह - पा०भा०नी०; माहि - मि०। [१६३]

सों हमसों मिलिकै गयो। अटकभटक भटभेरा करि। वाट माहि, राह माहि वचन यह अनुभाव है, तासौं अनुराग जान्यौ जात है। अभिलाषा संचारी, स्वभावोक्ति अलंकार।

— ⋆ —

मलिन देह वेई वसन। मलिन विरह कौ रूप। पिय आगम औरै चढी। आंनन ओप अनूप [१६४][304]

ملن دیہ وئي بسن ملن برہ کي روپ • پیہ اگم اوري چدہي انن اوپ انوپ [ظا• [١٦٤

अन० : सषी की उक्ति सषी सों। नायिका आगमिष्यत्पतिका। पियागम वात सुनिकै। भेदकातिसयोक्ति अलंकार।

नर० : श्रवन दर्शन, सषी कौ वैन सषी सों। हे सषी, देष तौ, राधिका कौ सरीर मैलौ है, अरु मैलेही वसनु हैं, और विरह करिकै रूपहू मैलो है, पै आजु भरतार कौ आगम सुन्यो है, ताते आनन कौ विषै औरही अनुप ओप चढी है –

> **देह मलीन सवै पट वेइह रूप मलीन वियोग छयो है। ह्वै गई छीन भई मतिहीन धरै नहिं धीरज उसास लयो है। पीय के आगम औरै वढी अति आनन ओप उजास भयो है। यौं उलसी विलसी फिरै आंगन आइ अनंगन दान दयो है [नर० १६४]**

कृष्ण० : इह आगमिस्यपतिका की सषी वचन सषी सौं –

> **लाल मनभावन के विछुरे मयंकमुषी अतिही विकल चित परो चिंता कूप है। अधिक अनंग पीर तीर से षगति हिये चादनी लगति जैसी ग्रीषम की धूप है। कीनो न सिंगार चारु वैसियै मलिन देह वसन मलिन उही विरह के रूप है। कहै कविकृष्ण पिय आगम सुनत वाढी औरै ओप आनन पै उमगी अनूप है [कृष्ण० १६४]**

हरि० : सषी की उक्ति सषी सों, मलिन देह है, वेई वसन, वही वस्त्र हैं। पिय के आगम, आवनो सुनि औरही आनन, मुष पै ओप चमत्कार अनूप। और दिन और, आजु और। भेदकातिसयोक्ति, औरै पद जहं दीजिए अधिकाई के हेतु।

— ⋆ —

रंगराती रातै हियै। प्रीतम लिषी वनाइ। पाती काती विरह की। छाती

304 मलिन – मिलन - उ०। वेई – वैई - उ०; वेइ - वा०; वे, 'ई' लुप्त - पा०; वेईं - मो०। वसन – वशन - को०; वसिन - मु०। कौ – को - को०मो०; के - पा०स०भा०नी०ह०; कै - न०वे०गा०; कैं - मि०। पिय – प्रीय - शि०मो०। औरै – औरें - शि०; ओरें - वा०मो०; औरे - पा०मु०; ओंरै - वे०। चढी – वढी - शि०वा०; उठी - पा०भा०मि०नी०। आनन – आंनन - उ०वा०न०स०। ओप – वोप - उ०पा०; उंप - वा०गा०स०; औप - न०ह०; जोति - मि०। [१६४]

रही लगाइ [१६५] [305]

رنكراتني راتني ہئين پريتم لكهي بناي • پاتي كاتي بره كي چهاتي رہي لكاي [ظا• ١٦٥]

अन० : सषी की उक्ति सषी सों। प्रवास विप्रलंभ, पाती वर्णन। रूपकालंकार।

नर० : पत्री, सषी कौ वैन सषी सौ, प्रोषित्पतिका। हे सषी, प्रीतम रातै हिया तैं रंग मै राती पत्री वनाइकै लिषि भेजी है, सो वा पत्री कैसी है कि विरह की कतरने वारी है, तातै छाती सों लगाय रही है –

> **रंग सौ राती औ रातै हियै लषि पीतम आप पठाइ दई है। या विधि प्यारी को जात लषी उन ता विधि वानि वनाय नई है। पाती वियोग की काती सी आपनी छाती सो धाइ लगाइ लई है। जैसे मिली सुपनै मनभावन सीतल ता अंग अंग भई है** [नर० १६५]

कृष्ण० : इह पाती सषी कौ वचन सषी सौ –

> **जव ते वियोग भयो लाल मनभावन सौ तवही तै प्यारी तलफति मुरझाइकै। नैन जल वरसति है मिलिवे को तरसति है सरसति मदन मरूरै भौंह भाइकै। अति अनुराग सौ वनाइ लिषी प्रानपति ऐसे मै अचानकही दीनी काहू आइकै। हित अकुलाती सु तौ विरह की काती जानि राती पाती रही ताती छाति सौ लगाइकै** [कृष्ण० १६५]

हरि० : नायक कोई दिन मै आवैगो तव पाती लिषी, रंगीन कागद मैं, सषी को वचन सषी सों, संग में राती, लाल, ताते हिऐ अनुरागा भर्‌यौ, हृदय सु, प्रीतम ने वानायकै जाहि वात सों विरह दूर होय ऐसी लिषी। पाती कैसी है कि विरह काटिवे को काती, तरवार, है। या जानिकै नायिका छाती सों लगाय रही। हृदय में विरह दुष देत है, ताको काटै पाती सो तरवार है। गौनी लच्छना सौं कह्यौ, रूपकालंकार।

— ⋆ —

लाल अलोलक लरिकई। लषि लषि सषी सिहांति। आज काल्हि मै देषियतु। उर उकसौंही भांति [१६६] [306]

---

[305] रंगराती – रंगराति - को०; रंगरात - वा०; रगराती - पा०ह०। रातै – रातैं - उ०मि०; वाति - को०; रात, 'त' में ए ई दोनों मात्राएँ - पा०; राते - मो०भा०ह०; राती - मु०। हियै – हियें - उ०मो०मि०; हीयैं - शि०; हिये - पा०ह०; हीयै - गा०। प्रीतम – पीतम - पा०मो०नी०; प्रीम - वे०। लिषी – लषी - उ०शि०; लषि - को०; लिषि - मो०। वनाइ – वनाय - उ०को०स०मि०ह०; वनाई - नी०। पाती – पाति - को०; षाती - वे०। रही – रहि - को०। लगाइ – लगाय - को०मि०ह०; लषाइ - शि०; लगाई - मो०नी०। [१६५]

[306] लाल – ललन - भा०ह०। अलोलक – अलोलिक - उ०वा०नी०ह०; 'लि' का इकार बाद में - शि०; अलौलिक - पा०; अलोलिक, 'लि' संशोधन द्वार - भा०; अलोलकि - मु०। लरिकई – लरकै - वा०; लरकई - मो०न०वे०गा०स०मि०मु०; त्रुटित - भा०। लषि लषि – लषि लष - न०। सिहांति – सिहाति - उ०शि०गा०भा०नी०ह०; सिंहाति - पा०; सिरांति - मो०; सिहात - स०; सुहाति - मु०। आज – आजि - उ०वा०; आजु - पा०मो०न०भा०नी०। काल्हि – कालि - को०शि०पा०ह०; काल - वे०स०; काल्ह - मि०मु०। मै – में - को०वा०मो०मु०ह०; मे - पा०नी०; मैं - न०स०मि०। देषियतु – पेषियति - को०भा०; देषिइं - शि०; देषियै - वा०; देषियत - पा०स०मि०नी०ह०; पेषियतु - मो०; देषीयतु - गा०; पेषीयति - मु०। उर – ऊर - उ०को०; उरु - न०वे०; लर उर - भा०। उकसौंही – उकस्योहैं - को०; उकसोही - शि०पा०स०; उकसोंही - मो०वे०ह०; उकुसोंही - न०; उकसोही - गा०; उकसौ - भा०; उकसोंहीं - नी०। भांति – भाति - वा०पा०भा०; भात - स०। [१६६]

لال الولک لرکئي لکہ لکہ سکہین سہانت ۰ اج کالہ مین دیکہت ار اوکسونہین بہانت
[ظا۰ ١٦٦]

अन० : सषी की उक्ति नायक प्रति। लक्षित योवना। उत्प्रेक्षालंकार। पेषियतु पादप में संभावना है।

नर० : मुग्धा नवलवधू, वाल अवस्था, सषी कौ प्रत्युत्तर नायक सौं। हो लाल, अजौं तौ अलोलक लरकी है, पै ताकी सषी देषि देषिकै सिहांत विचारत हैं सौ कैसी कि याके अव आजकाल्हु मै उर कै विषै उकसाई सी भांति देषी परैगी –

> **लाल वा प्रानप्रिया की अलोल लरक्कई लागति है अति नीकी। ताहि सषी लषि लष्षि सिहात सरूप ते और लगै दुति फीकी। आजिही काल्हि मै देषी परै सव योवन की परमान नषी की। ऐसो वनाव वन्यो हम जानत भांती भई उर मैं उकसी की** [नर० १६६]

कृष्ण० : इह नाइका कौ जोवन अंकुरित है, सो सषी नाइक सौ निवेदन करति है, अंकुरितजोवना–

> **कैसी सुहाई लला लरिकाई मै जोवनजोति लसौही भई है। वाल विनोदन तै उचटी रुचि कामकला सरसौही भई है। वाहि विलोकि सिहाति सषी वतियानि की वानि हसौही भई है। आजु कि काल्हि मै वालवधू की कछू छतिया उकसौही भई है** [कृष्ण० १६६]

हरि० : सषी वचन, हे ललन, वाकी जो है अलोलिक, लोक मैं नहीं, ऐसी जो लरिकाई, ताकौ देषि देषिकै सषी सिहाति हैं। आजु कालि मैं देषैं हैं उर, छाती, सो उकसौंही भांति हैं, उकसिवे की तरह हैं, आजुकालि मैं लोकोक्ति, लोकोकति कछु वचन ज्यौं लीने लोकप्रवाद।

— ⋆ —

विलषी डभकौहै चषनि। तिय लषि गवन वराइ। पिय गहवरि आए गरै। राषी गरै लगाइ [१६७][307]

بلکہي دبہکونہین چکہن تي لکہ کون براي ۰ پي کہور ائي کرين راکہي کرين لکاي
[ظا۰ ١٦٧]

---

[307] विलषी – विलषि - नी०। डभकौहै – डभकौहें - उ०; डभकोहै - शि०पा०गा०; डभकोंह - वा०; डभकोंह - वा०; डभकोहैं - मो०; डभकौंहै - न०मि०; डभकोंहै - वे०; डभकौद्दे - भा०; डभकोहे - स०; डभकोंहैं - नी०; डभकौंहैं - ह०। चषनि – दृगनु - उ०; चषत - को०; द्रिगनु - शि०; द्रिगन - वा०; चषनु - न०गा०भा०मि०मु०नी०; चषन - वे०स०। तिय – तीय - शि०मो०; पिय - वे०स०भा०मि०मु०; पिव - गा०; पियु - नी०। लषि – लषी - शि०। गवन – गमनु - उ०; गमन - शि०वा०मो०भा०ह०; गवनु - न०गा०मु०नी०। वराइ – वनाइ - वे०; वभाइ - गा०; वनाय - स०; वराय - ह०। पिय – पीय - शि०वा०। गहवरि – गहवर - शि०मो०मि०ह०; ग, 'हवरि' अपठ - पा०; गहभरि - न०वे०; गहिभरि - गा०; गहभर - स०; गहविर - नी०। आए – आयो - पा०भा०; आयौ - मु०नी०। गरै – गरें - उ०मि०ह०; गरैं - को०मो०; गहै - शि०; गरो - पा०; गरे - भा०; गरैं - गा०। गरै – गरे - उ०पा०; गरैं - मो०; हिये - भा०; गरें - मि०; गरें - ह०। लगाइ – लगाय - को०ह०। [१६७]

अन० : सषी की उक्ति सषी सों। प्रोषित्पतिका नायिका। काव्यलिंग लाटानुप्रास की संसृष्टि। अर्थ समर्थन कीजिए जहां युक्ति सों मित्र। काव्यलिंग भूषन तहां भाषत वुद्धि विचित्र॥ वही अर्थ पद फिर परै भिन्न भाव कछु होय। सो लाटानुप्रास है कहत सयाने लोय॥

नर० : प्रवत्सभर्तृका, सषी कौ वैन सषी सौ। हे सषी नायक चालतु हुते, सो स्त्री की डभकी सी आंषियां अरु वदन मै विलषी सी देषिकै पिया के गरै गहभरि आई, तव गवन ते वरिआयकै आपने गरे ते लगाय राषी –

> **होय रही विलषी डभकोहै विलोचन भामिनी भीति भई है। नाथ सवारेई सिद्ध करै लषि गोन वराय उपाधि नई है। आये है पीतम कै गहवेर सो आंसुन सो अति आंषि छई है। और वचाव किये न वचै जव ता छिन मे उर लाइ रही है** [नर० १६७]

कृष्ण० : इह नाइका प्रवत्सपतिका मध्या याकी यह दसा देषि सषी सषी सौ कहति है –

> **पति प्रानपिया विछुरे न कहू सुष सौं रहे प्रेम पियूष पियैं। हितु मान विदेस कौ हौं न विदा हरि आयो प्रयान कौ साजु कियैं। निरषी डभकौहैं से नैन कियै विलषी मृगलोचनि सासि लियैं। न कही चलिवे की कछु वतियां छतियां भरि लीनी लगाइ हियैं** [मि० १६७] [308]

हरि० : सषी सों सषी वचन, विलषी० आंसू परिवे चाहत हैं, ऐसे चष, नेत्र हैं, तिय ने नायक को गमन देषि वार्यौ, टार्यो, आंसू परिवे नहीं दियो, पिय को गहवर, गलगला गरे आयो, तव नायिका कौ गरे सों लगायकै राषी, गरे गरे शव्द अर्थ, दूनौ की आवृत्ति है। आवृत्ति दीपक पद अरु अर्थ, दुहून की आवृत्ति तीजें लेष।

— ⋆ —

प्रतिविंवित जयसाहि दुति। दीपति दर्पनधाम। सव जग जीतन कौ कर्‌यौ। काय व्यूह मनु काम [१६८] [309]

پرتبنبت جیساہ دوت دیپت درپن دہام • سب جک جیتن کون کیو کاییوہ سون کام [ظا • ١٦٨]

---

[308] भा० प्रति में उपरोक्त के स्थान पर यह उदाहरण छंद है –

पौरि लौ गौन चल्यो परदेस अचेत गिरी अलि वाल सुहाई। आइ उठाइ लगाइ लई उर जेतिउ राह विराहमि आई। वेगिही आवन हो जु कहौ सु भले जु भलेई वार लगाई। भो सुनि नाह गरो अरो वाहुरो चलिवे की न वात चलाई [भा० १६७]

[309] प्रतिविंवित – प्रतिविवित - वा०; प्रतिविंवति - न०गा०; प्रतिविंवत - स०मि०; प्रातविंवित - नी०। जयसाहि – जयसाह - को०वे०गा०मु०; जयसीह - शि०; जयसिंह - वा०; जैसाहि - पा०मि०; जैसाह - मो०ह०। दुति – द्युति - मो०। दीपति – दीपत - शि०वे०स०मि०नी०। दर्पनधाम – दरपनधांम - उ०को०शि०वा०पा०वे०मु०; दर्प्पनधांम - न०गा०स०; दरपनधाम - मि०नी०। सव – सवु - पा०। जग – जगु - पा०भा०; जगि - न०; जुग - मु०। जीतन – जीतिन - को०; जीती - वा०। कौ – कौं - उ०शि०न०वे०मु०; कु - को०; तन - वा०; को - पा०मो०; कों - स०ह०। कर्‌यौ – कर्‌यो - उ०; कियो - को०पा०भा०; रच्यौ - शि०; कीयो - मो०; कियौ - मि०नी०; कियौं - मु०। काय – काई - नी०। व्यूह – अपठ, पार्श्व पर भिन्न क़लम से 'व्यूह' - उ०; व्युह - को०वा०। मनु – मनों - को०शि०स०; मनौ - न०गा०; मनौं - वे०; मन - मु०नी०। काम – कांम - उ०शि०वा०न०वे०गा०स०मु०; कामु - मो०। [१६८]

अन० : कवि की उक्ति रूप वर्णन। उत्प्रेक्षालंकार।

नर० : कवि विहारीदास कहत हैं, आरीसा महल के विषै राजा जयसाहजी कै सरीर की दुति दीयाय मानिहै सो यौ काया व्यूह क० घना सरीर करना तिनकौ जो काम करयौ है सो मनौ सवही जग जीतन कौ कर्‌यो है [310] –

कृष्ण० : यह सौ राजा कौ दुर्जन वर्ण कवि की उक्ति सषी कौ वचन नाइक सौ नाइका कौ वचन सषीहू सौ होइ –

> **राजत दर्पनमंदिर मै महिमंडल श्रीजयसाहि सवाई। त्यौ प्रतिविंवन की अवली चहु ओर**
> **लसै अतिही छवि छाई। कैधौ अनेक सरूप धरै रवि राजतु मंडली मंडि सुहाई। मानहु जीतिवो**
> **कौ जग मै रचना वहु व्यूह की काम वनाई** [कृष्ण० १६८]

हरि० : प्रतिविंवित, भासमान जयसाह की दुति दीपत है, सोभत है, दर्पन के धाम, सीसमहल में, सव जगत जीतिवे को मनो काम काय वीरता कौ व्यूह कियौ है, अनेक सरीर कियो है, व्यूह रचना। जगत जीतिवो फल फलौ उत्प्रेक्षा।

— ⋆ —

वाल कहा लाली भई। लोइन कोइन मांह। लाल तुम्हारे दृगनु की। परी दृगनु मैं छांह [१६९] [311]

بال کہا لالي بہئي لوين کوين مانہ ۰ لال تہاري دركني كي پري دركني پر چہانہ [ظا۰
[١٦٩

अन० : दंपति को उत्तर प्रतिउत्तर। धीरा षंडिता। उत्तरालंकार।

नर० : धीराधीरा नायक नायिका प्रतिउत्तर, सषी को वैन सषी सो। हे सषी, हो कान्हज़ू आनिकै वोले, हे वाल तेरे लोयन के कोया मै लाल कहां ते भई, तव वाल वोली कि हो लाल तुम्हारे नेत्रां की लाली, तिनकी छाया मेरे नेत्रां में परी है –

> **लोयन कोयन मांझि कहो तुम वाल ललाई भई नहिं जानी। मै वहुतै उनमान दयौ पुनि**
> **वात न जानि परी मन मानी। यो तुम वूझत हौ वहु नायक जोरि कहूं कर दोय निसानी।**
> **लाल न रावरे नैनन की अव छांह परी नयना रस सानी** [नर० १६९]

---

310 नर० समूह की तीनो प्रतियों में उदाहरण छंद लुप्त है।

311 कहा – कही - गा०; कहां - भा०मि०। लाली – लीली - गा०। भई – भै - वा०; लगी - भा०। लोइन कोइन – लोइन २, '२' काटकर पार्श्व में 'कोइन' भिन्न क़लम से - उ०; लोयन कोयन - को०पा०वे०स०भा०मु०ह०; लोइन कोंइन - वा०; लोयन कोयनु - मो०; लोयनु कोयनु - न०गा०; लोइनु कोइन - मि०; लोचनु कोइनौ - नी०। मांह – मांहि - वा०मो०न०वे०गा०स०मु०; माह - पा०नी०; माहि - मि०। तुम्हारे – तिहारे - को०पा०मु०ह०; तुमारे - शि०वा०न०वे०गा०स०। दृगनु की – दृगन की - को०मो०वे०; द्रिगन की - शि०मु०; द्रिगनु की - वा०न०; दृगनि की - पा०ह०; रूप की - भा०; द्रगन की - स०मि०नी०। परी – परि - वा०। दृगनु मैं – द्रिगनु में - वा०; द्रगन पर - पा०; दृगनि में - मो०ह०; द्रिगन मै - वे०; दृगनु मै - गा०भा०; द्रगन मै - मि०; द्रगनि मै - मु०; द्रगन मे - नी०। छांह – छांहि - वा०मो०न०मु०; छाह - पा०मि०; क्षाह - नी०। [१६९]

कृष्ण० : यह प्रत्युत्तर नाइकु सठ, नाइका षंडिता –

> **चारु निकाई लषै जिनकी दुति लागति ओपर तो पुलकी है। वंदन की छवि मंद करी निदरी दुति विद्रुम के दल की है। प्रानपियारी कहा इन नैननि आजु ललाई इती ललकी है। लोचन लाल तिहारे लषै तिनकी इत आइ प्रभा झलकी है** [कृष्ण० १६९]

हरि० : आधा दोहा में नायक वचन, आधा में नायिका को। हे वाल, तेरे लोचन के कोआ में कहा, क्यौं, लाली भई है। हे लाल, तिहारे नेत्र की हमारे नेत्रनि में छाह, प्रतिविंव पर्‌यौ है। तुमारे नेत्र रात्रि और पास जागे हैं, तासों लाल हैं। चित्रालंकार।

—⋆—

तरुन कोकनद वरन वर। भए अरुन निसि जागि। वाही के अनुराग द्रिग। रहे मनौ अनुरागि [१७०][312]

ترن کوکند برن بر بہي ارن نس جاک ٠ واہي کي انراک درک رہي منون انراک [ظا٠ [١٧٠

अन० : अधीरा षंडिता की उक्ति नायक प्रति। उत्प्रेक्षालंकार।

नर० : धीराधीरा नायका को वैन नायक सों, हो कान्ह, तुमारे नेत्र आगै तो तरुन कोकनद, दिनके रंग सों श्रेष्ठ ही, और भी निसि जागिकै अरुन भए हैं, मनौ वाही स्त्री कौ अनुराग, प्रीति, तिन करि अनुराग, राते ह्वै रहे हैं, ए वाकी मेटते नाही हौ –

> **जोवन पंकज लाल मनोहर रंग रंगे वर वान वने हैं। च्यारहु जाम जगे रजनी कहुं ऐसी उजागर भांति भने हैं। वाको लग्यो अनुराग हियै मनो ताहि के रंग मै आइ सने हैं। ऐसे छवीले सोहामने सुंदर रावरे नैन रसाल घने हैं** [नर० १७०]

कृष्ण० : इह नायका प्रौढा अधीरा षंडिता, नाइका वचन नाइक सौ –

> **कृष्ण प्रानप्यारे प्रात प्रीति कै पधारे मेरे देषे मैन मूरति विरह गयो भागिकै। मरगजे वागर सपागे पाग लटपटी आलस मगन अंग रहे अंक लागिकै। रावरे असत अति लोचन ललित भए कोकनद वरन अरुन निसि जागिकै। मेरे जान प्रानपति वाही प्रानप्यारी के परम अनुराग मै रहे है अनुरागि कै** [कृष्ण० १७०]

हरि० : अधीरा की उक्ति नायक सों। तरुन, नवीन जे कोकनद, लाल कमल ताको जो वरन, रंगत सो वर, श्रेष्ठ अरुन लाल भए हैं। निसा, राति मैं जागिकै तुमारे दृग तुमारी वा प्रिया के अनुराग सों मानों

---

[312] तरुन – तरन - पा०। वरन – रवन - वा०। भए – भये - को०वा०स०मु०नी०; भयो - पा०। निसि – निशि - शि०वा०भा०; निस - न०। जागि – जाग - शि०स०मि०; 'ग' में इकार बाद में - गा०। के – कै - उ०शि०वा०वे०गा०स०। अनुराग – अनुंराग - न०। द्रिग – दृग - उ०को०पा०मो०ह०; द्रग - भा०मु०नी०; द्र - मि०। रहे – रहै - को०वा०वे०स०मि०; भए - मो०; मनौ – मनौं - उ०न०मु०; मनो - को०पा०वे०ह०; मनों - शि०मो०गा०स०। अनुरागि – अनुराग - को०शि०न०वे०गा०स०मि०। [१७०]

रंगि रहे हैं। अनुराग हेतु। जागरन की लालिमा सिद्ध है। सिद्धास्पद हेतूत्प्रेक्षा। किंवा हे तरुन कोकनद, लाल कमल सो वर, श्रेष्ठ नहीं, वा तें वर, श्रेष्ठ और तुमारे दृग, सो जागिकै भए हैं। कमल कौ तो रात्रि में सयन, तुमारे नेत्रन को जागरन। याते अधिकाई। किंवा अरुन निसि अरुनोदय पर्जंत निसि मैं जागिकै।

— ⋆ —

तजतु अठान न हठ पर्‌यौ। सठ मति आठो जाम। भयौ वाम वा वाम को। रहै कामु वेकाम [१७१][313]

تجت اٹھان نہ ہٹھ پریو سٹھ مت اٹھو جام ٭ بھو بام وا بام کو رہي کام بي کام [ظا٭ [١٧١

नर० : सठ नायक सषी कौ वैन सषी सौं। हे सषी, देषि तौ, यो सठ मति अस फेटै लाग्यौ है कि आठो जाम वाकौ अठाननु क० घर छाडत नाहीं है, अरु काम वेकाम वा स्त्री कै डवै पासै भयो रहतु है। अथवा नायका प्रोषित्पतिका व्याधि अवस्था सषी नायक कौ संदेसो लिषतु है। इह नायका को काम है सो वाम, महादेव जानिकै तजतु नांही हठ पर्‌यो सठ मति आठो जाम अठान क० आडा गोडी मांडिकै वेकाम रहतु है वा नायका को छांडतु नांही –

> **छोडै अठान न ऐसो हठीलो है क्यौंहू न लाजै कह्यौ नहिं मानै। आठोई जाम रहै रति काम तजे निज धाम अजान न जानै। होइ वा वाम को वाम भयो रहै काम वेकाम सवै ढिग ठानै। आपने जीय लगाइ रहै अहो सूझत नाहिं न सांझ विहानै** [नर० १७१]

कृष्ण० : यह नाइका प्रोषितपतिका विरहनिवेदन सषी कौ वचन नाइक सौ सषी सषी सौ कहै तौ संभवै

> **लाल मनभावन तिहारे विछुरे ते वाल विरह अगिनि में वरति नेह नांधे है। वेही काम काम वामदेव के भरम भूलि हत्यो वाही वाम सो विषम वैरु वांधे हैं। सठ मति हठ भरि दया उर परिहरि आठो जाम रहतु सरोस सर सांधे हैं। कीजै धों ए कहा उपाउ छोडत न ओट पाउ ताके हनिवे कौ दाउ लाग्योई धांधे हैं** [कृष्ण० १७१] [314]

हरि० : विरह में सषी वचन नायक सों। काम जो है सो वा वाम को वा नायिका को वेकाम, विन प्रयोजन आठौ जाम, आठौ पहर, वाम क० दुष्ट भयो रहत है। अठान न को अर्थ, जो वात नहीं करिवे

---

313 तजतु – तजत - को०शि०वा०स०मु०ह०। अठान – अठांन - उ०को०न०वे०; अटांन - स०। न – नु - न०। पर्‌यौ – पर्‌यो - को०वे०; परो - भा०। सठ – सव - नी०। आठो – आंठों - उ०वे०; आठों - वा०गा०; आठौं - न०मु०ह०; आठौ - स०भा०नी०। जाम – जांम - उ०शि०वा०न०वे०स०; याम - को०। भयौ – भयो - को०वे०गा०भा०मु०। वाम – वामु - उ०गा०; वांम - वा०स०; वांमु - न०नी०। वाम – वांमु - उ०; वांम - स०। को – कौं - उ०; कौ - शि०नी०ह०; के - न०वे०गा०स०; कै - मु०। रहै – रहे - उ०वे०स०; रहैं - शि०; रह - वा०; रहो - भा०; रहतु - नी०। कामु – कांम - को०शि०वा०स०मु०नी०; कांमु - न०; काम - वे०भा०ह०। वेकाम – वेकांम - उ०को०न०गा०मु०; वेकांम - स०। दोहा लुप्त - पा०मो०मि०। [१७१]

314 अगिनि – अगम - वे०। वैरु – वेध - वे०। हनिवे – हरिवे - वे०।

लायक ताको नहीं तजत है, छाडत है, अवला को दुष देनो, अजोग्य हठ पर्‌यो, याही तें सठ मति है। काव्यलिंग औ जमक। सठ मति कहिकै दुष्ट समर्थ्यो। किंवा औरि नायिका सों नायक आसक्त भयो है, तव या नायका की सषी सषी सों कहति है। नायक जो है सो वह जो वाम, दुष्ट नायिका ताको वाम, प्रिय भयो रहत है। काम वेकाम, काम कार्ज न होय तौ भी उहां रहै है। वेकाम, नहीं भी कामकार्ज होय तौ भी आठौ पहर उहांई रहत है।

— ⋆ —

चलत चलत लौ लै चले। सव सुष संग लगाइ। ग्रीषम वासर सिसिर निसि। प्यो मो पास वसाइ [१७२][315]

چلت چلت لون لي چلي سب سکھ سنک لکاي • کريسم باسر سسر نس پيو مو پاس بساي [ظا• ١٧٢]

अन० : प्रोषितपतिका नायिका की उक्ति सषी सों। हे सषी मो प्यो चलत चलत सव सुष संग लगाय लै चले लौं मानो उत्प्रेक्षा। कहा करिकै ग्रीषम वासरु अरु सिसिर निसि पावस वसै कें। तात्पर्य, कहा पिय विना सव दिन अरु सव रात्रि दीर्घ होत है अरु सुष नांही, इत्यर्थ। उत्प्रेक्षालंकार।

नर० : करुना विरह नाइका कौ वैन सषी सौं। हे सषी, जवही प्यौ चालत हैं, तवई सव सुष साथ लगाइके लै चालत हैं, और मेरे पास दुष दैन को ग्रीषम कौ तो दिन अरु सिसिर की राति राषि जातु हैं –

चालत चालत आपने साथ सवै सुष लालन लाइ लए हैं। मेरे तो माई भई अव या विन भांति असेषन दुष्ष दए हैं। ग्रीषम वासर और निसा सिसरें रति की रछपाल भए हैं। ए ढिग वास वसाइ गए पुनि उंन उनीद लगाइ गए हैं [नर० १७२]

कृष्ण० : इह पत्री नाइका की, नायक कौ वचन सषी सौ –

रैन दिना रहतेई मिले रसरंग उमंगनु मै मनु ढारै। ऐसो सुनेह वढाइकै देषि री कैसी करी उहि कान्ह पियारे। लै गयो संग लगाइ सवै सुष दै गयो सोचु टरै नहिं टारे। पूस कि जामिनि जेठ को द्योस वसाइ गयो अव पास हमारे [कृष्ण० १७२]

हरि० : नायिका की उक्ति सषी सों। चलत चलत सव जे सुष हैं, भूषन वस्त्र पहिरवो, सुगंध लगायवो, सुष सों सोइवो इत्यादि, ताको अपने संग लगाय, ले चले, लों को अर्थ मानौ चलत चलत सों लों को अन्वय नहीं, नायक आए, फेरि सुष आवैगो, ग्रीषम के वासरे जेठ असाढ के दिन, सिसिर माध फाल्गुन

[315] लौ – लो - शि०; लों - वा०मो०ह०; लौं - पा०मि०; लै - न०वे०स०मु०। लै – ले - उ०वा०ह०; एं - शि०; लैं - मो०। चले – चलें - शि०; चलै - स०; चलैं - मु०। संग – संगु - मो०; मंग - न०। लगाइ – लषाइ - शि०; लगाई - मो०नी०; लगाय - मि०ह०। वासर – वासुर - न०। सिसिर – ससिर - शि०मो०मि०मु०नी०; शिशिर - वा०; सिसरि - न०; शिशिरि - भा०। निसि – निषि - वा०न०भा०; निस - मि०। प्यो – पयौ - शि०वा०न०; प्यौ - वे०स०मु०नी०; पिय - भा०ह०। पास – वास - न०वे०। वसाइ – वसाय - उ०मि०ह०; वसाई - मो०नी०। दोहा लुप्त - को०गा०। [१७२]

की राति पिय मेरे पास निकट वसायकै, राषिकै। एक अर्थ नायक विन दिन वडो होत है, रात्रि वडी होति है। किंवा सिसिर की निसा विषै ग्रीषम के दिन राषिकै चले। राति मै ताप होत है। किंवा ग्रीषम के दिन मै सिसिर की निसा राषै चले। काम सों धूजति हों। ताप कंप काम सों वरनत हैं, भाषाभूषन। ताप कंप ह्वै ज्वर नहिं ना सषि मदन सताय। किंवा दिन मै तपौ हौं, राति मैं धूजति हौं। सव सुष संग चलायकै ले चले। लों को अर्थ मानौ। अनुक्तास्प्द वस्तूत्प्रेक्षा।

— ⋆ —

वेसरि मोती दुति झलक। परी ओठ पर आइ। चूनो होइ न चतुर तिय। क्यौं पट पोंछो जाइ [१७३][316]

بیسر موتي دوت جہلک پري اونٹھ پر اي ٠ چونون ہوي نہ چتر تي کیون پت پونچہو جاي [ظا٠ ١٧٣]

अन० : सषी की उक्ति नायका सों। परिहासस्तुति व्यंगि। नायिका मुग्धा, भ्रांतापन्हुति अलंकार।

नर० : स्वाधीनपतिका सषी कौ वैन नायक सों। हो कान्हजू, या राधाजू के अधर पर सेत छवि सी है, सो वेसरि के मोती की दुति, तिनकी झलक परी है, सो हे चतुर नर, यो चूनौ नांही है, पट के पूछै तै कैसे जायगो –

वेसर नाक लसै अति सुंदर मोतन की छवि छाजत नीकी। ताकी झलक्क परी अहो ओठ तै वात कहो सुनि आपने जी की। तोहि कहा कहियै तू विचच्छन चूनो न होइ वडी सवही की। क्यों पट पोछत है पलही पल पूछन जाय परै नहि फीकी [नर० १७३]

कृष्ण० : इह नाइका के होठ ऐसे उज्जल हैं जु मोती की झलकु ललाई के मध्य सेत झलकति है, सु इह चून्यो जानि पोछति है, सषी याकी भ्रांति दूरि करति है अथवा मोती की झलक देषि सषी निरधार करि विवेध कौ पोछति है। जो नायक सषी सौ कहै तो रूपगर्विता होइ, सषी कौ वचन नाइका सौ –

आजु सिंगार वन्यो तिय तेरो जगमग जोति समूह करै। देषत आरसी वारही वार हिए हरि के कहि क्यों न हरै। वेसर के मुकता की प्रभा अति उज्जल आनि परी अधरै। होइ न चून्यो लग्यो मृगलोचनी क्यों पट सों अव पोंछि परै [कृष्ण० १७३]

हरि० : नायिका सषी सौं छपाय करिकै नायक सों रति करि आई है। ओठ अंगोछा सों पोछति तहां सषी चूना को छल करि कहति है, वेसरि मोती झलक की दुति अधर पै आय परी है, चूना नहीं है। हे

---

[316] वेसरि – वेसर - को०शि०मो०वे०गा०स०मि०मु०। मोती – मोति - को०। दुति – द्युति - मो०। झलक – झलकि - गा०। परी – परि - को०। ओठ – औठ - उ०शि०मु०; ओंठन - को०; उंठ - वा०; अधर - पा०मो०न०वे०गा०स०मि०। पर – परि - उ०को०वा०मो०गा०स०मि०। आइ – आय - को०वा०मो०ह०। चूनो – चूने - उ०; चुनो - को०; चुंनो - शि०; चूनौ - वा०; चून्यौ - मि०। होइ – होई, 'रे' पर 'ई' संशोधन - उ०; होहि - को०; होय - वा०मो०न०। चतुर – चुतुर - न०। तिय – तीय - शि०; नर - न०वे०गा०स०। क्यौं – कों - वा०; क्यो - पा०; क्यों - मो०वे०; क्यौ - गा०नौ०। पट – पटु - न०मि०। पोंछो – पौछ्यौ - उ०; पोछो - को०; पौछति - शि०; पोछ्यो - वा०; पोछत - पा०; पूछति - न०; पुंछति - वे०; पूंछति - गा०; पूंछत - स०; पौंछो - मि०ह०; पौंछ्यौं - मु०। जाइ – जाय - को०वा०मो०मु०ह०। दोहा लुप्त - भा०। [१७३]

चतुर तिय, तू सव वात नै जानति है, पट सों क्योंकरि पोंछी जाय। पोंछि कपोल अंगोछति ओठ अमेठति आंषिन ऐंठति भौंहैं, सुरतांत मैं ऐसो वर्नन है। परकीया नायिका, पर्यायोक्ति अलंकार। पर्यायोक्ति प्रकार द्वै कछु रचना सों वात। ज्यौं चूना के भ्रम सौं नायिका पोंछति है तौ भ्रांत्यापन्हुति है। भ्रांति अपन्हुति वचन सों भ्रम जव पर को जाय।

—★—

आवत जात न जानियत। तेजहि तजि सियरान। घरह जमाई लों घट्यौ। षरो पूस दिन मान [१७४][317]

اوت جات نہ جانیت رت تیج سیران • کرہ جوائي لون کہتو کہرو پوکہ دن مان [ظا •
[١٧٤

अन० : कवि की उक्ति हेमंत वर्नन। उपमालंकार।

नर० : हेमंतरितु। हे कवि विहारीदास कहतु हैं, या सूर्य कौ आवतु अरु जातु जानियत नाही है, सो क्यों कि आपनौ तेज तौ छाडि दयो है, अरु सियारानपन्यो गह्यो है, तौ ताते जैसे घरजवाई की परै, पोष के दिन कौ मान षरो सौ घट्यौ है –

आवत जात न जान्यो परै कहुं काम को ओछो षरो तन छीजै। तेज तो छांडि दयो अपनो सव ऐसेन सों मिलिकै कहा कीजै। होइ रहै अति सीरी सवार तै या विन देष कहूं न पसीजै। भोन जमाई लों जात घट्यो दिन मान षरो अव पूस कहीजै [नर० १७४]

कृष्ण० : इह सिसिर रितु समय दोउन के हित की अधिकाई, सु रात्रि आछी लगति है सु सषी दिन की लघुता कहति है, दिन की निंदा करै –

वावन की डग ह्वै विभावरी वढति ज्यौंही त्यौंही त्यौ वियोगिनु को हियो अकुलातु है। दंपति उमंग अनुराग उछिलतु उर एक ह्वै रहत मिलि दुहुन को गातु है। पूस को दिवस लघु मान भयो ऐसो जैसो ससुर के घर मै जमाई सकुचातु है। तेजु को न लेसु रह्यो सीतल सुभाव गह्यो जानत न कोऊ कव आयो कव जातु है [कृष्ण० १७४]

हरि० : सषी वचन मानिनी सों। दिन आवत जात नहीं जानिए। जवाई दमाद को नाम। जवाई भी आवत जात नहीं जानिए। स्त्री को मान भी आवत जात, छूटत नहीं जानिए। दिन भी आवत जात नहीं

---

[317] आवत – यावन - शि०; (लुप्त) - पा०; आवतु - मो०। जात – जाव - शि०; जांत - न०। जानियत – जांनियतु - उ०नी०; जांनीयत - शि०गा०; जांनियत - वा०; जानियै - पा०भा०; जानियतु - मो०न०; जानिए - ह०। तेजहि – तजहि - शि०; तेझिं - वा०; तजि - पा०; तेजहीं - मो०; तेजहिं - मु०। तजि – तेजहि - पा०; तज - न०वे०गा०; दिन - स०। सियरान – सीयरानु - शि०; सीयरांनु - वा०; सिहिरानि - मो०; सियरांन - न०वे०गा०स०; सियरानि - भा०मि०ह०। घरह – (लुप्त) - पा०; घर - मो०; घरहि - वे०गा०भा०मि०नी०ह०। जमाई – जवांइ - उ०; जमाइ - वा०; जवाई - पा०गा०मि०ह०; जमांई - वे०; जामई - नी०। लों – लौं - उ०मि०मु०; लो - वा०; लौ - पा०न०नी०; लै - भा०। घट्यौ – घट्यो - को०मो०वे०; कढ्यौं - शि०; घटै - पा०। षरो – (लुप्त) - पा०; षरौ - स०मि०नी०ह०। पूस – पुष - उ०; पोस - को०वे०स०मु०; पोष - शि०वा०न०; पूस मास - पा०। दिन – दिनु - उ०। मान – मांन - उ०वा०न०वे०गा०स०मु०। [१७४]

जानिए। जवाई नै भी तेज को तजिकै सियरानि, लच्छना सों गरीवी लीनी। स्त्री भी तेज तजि सुसीलता लीनी। दिन नै भी तेजहि तजिकै सीतलता लीनी। घरजवाई, घर दमाद को सो लेषो घट्यो पूस मास मै घरौ अति दिन और मान, आदर, औ मान स्त्री कौ रूठनो। पूर्णोपमा, श्लेष भी।

— ★ —

चितु वितु वचतु न हरत हठि। लालन द्रिग वरजोर। सावधान के वटपरा। ए जागत के चोर [१७५][318]

چت بت بچت نہ ہرت ہٹھ لالن درک برجر • ساودہان کي بتپرا یے جاکت کي چور
[ظا• ۱۷۵]

अन० : उक्ति परकीया नायिका की सषी प्रति। वचन अनुभाव तें स्मृति संचारी तें पूर्वानुराग व्यंगि। नायक के कटाछ्छ विछेप अनुभाव जानिये। व्यतिरेकालंकार।

नर० : उराहनौ सषी कौ, सषी कौ वैन सषी सौ। हे सषी लालनजू के नेत्र ऐसे जोरावर हैं कि जो कोऊ देषत है, भौचकति नाही है, और हठ कीने ते हारत नाही है, और जो सावधान ह्वै ताकै वटपारा है और जो जागतै ताकै चोर है, ऐसे नेत्र हैं–

> **चित्त औ वित्त वचै नहिं रंचक यों हठिकै हर लेत असेषै। लालन नैनन के वरजोर वडे करिकै हिय मै अवरेषै। ये अति वात पराये है प्रवीन के और अजानन के हम देषै। सोवत चोर चुरावत है जव जागत के इह चोर विलेषै** [नर० १७५]

कृष्ण० : इह नाइका नाइक के नेत्रन पै आसक्त है, सो नाइक के नेत्र याके मन कौ जोरावरी हरि लेत हैं, सो नाइका सषी सों कहति है –

> **राषति सलूक मिलि मदन महीपति सों सु तन सरक जात कानन की वोर है। चपरि हरति व्रजवालन के मनधनु मारत मरोर भरे जोवन मरोर है। जागतहू मुसै सावधान कौ विवस करै चपल चितौन सर वेधत सजोर है। मोसौ कहि आली व्रजलाडिले के लोल द्रिग ठग है कजाक है डकैत है कि चोर है** [कृष्ण० १७५]

हरि० : परकीया की उक्ति सषी प्रति। चित्त सो है वित्त, धन, सो नहीं वचत है, हठिकै हरै है, लालन के दृग, नेत्र, सो वर, श्रेष्ठ हैं, औ जोरावरे हैं, सावधान के वटपार हैं, जागत के चोर हैं। लालन संवोधन दै कहै तो नायिका नायक सों कहति है, व्यतिरेकालंकार, व्यतिरेकाजु उपमान तें उपमेयधिको देषि। विभावना भी भासै है, तीसरी। सावधानी जागिवो प्रतिवंधक है। प्रतिवंधक के होतहूं कारज पूरन मानि। संदेह तें संकर। उपकारक द्वै एक को जहं संदेह लषाय। इक पद में भूषन वहुत त्रै संकर कहि जाय।

[318] चितु – चित - शि०वा०मो०न०वे०गा०स०मु०नी०ह०। वितु – वतु - शि०वा०न०; वत - मो०वे०स०; चतु - गा०; लुप्त - मु०; वित - ह०। वचतु – वचत - शि०वा०मो०वे०गा०स०ह०; वचति - मु०। हरत – हरति - मु०। हठि – हठ - न०वे०गा०स०मु०। लालन – ललनु - वा०; लाल - मो०। द्रिग – दृगन - उ०मो०; द्रिगनु - शि०वा०; द्रग - मि०नी०; द्रिगन - मु०; दृग - ह०। सावधान – साउधान - उ०; सावधांन - वा०न०गा०। के – त्रुटित - गा०। ए – ये - मि०मु०नी०। के – कै - शि०। दोहा लुप्त - को०पा०भा०। [१७५]

— ★ —

विकसत नव मल्ली कुसुम। निकसत परिमल पाइ। परसि पजारत विरह हिय। वरसि रहे की वाइ [१७६] [319]

بکست نو پللي کوسم نکست پرمل پاي • پرس پجارت بره ہي برس رہي کي باي [ظا• ١٧٦]

अन० : विरहनी को वचन सषी प्रति, निर्वेद संचारी, विभावना यमक की संसृष्टि।

नर० : कवि विहारीदास कहतु है, या जो वरस कै कै रहै पीछे जो पवन आवत है, सो याकै परसनै ते एते वाने ह्वैहै, जो नवमल्ली है तिनके केते एक तौ कुसुम फूलत हैं, और केतेक परिमलता पाइकै नवे निकसत हैं, और जो विरहनी है, तिनके हिया कौ परत हैं –

> **नूतन मालती फुल्ल प्रफुल्लत पाइ सुगंध सवे सुष सार्‌यौ। सीतलु मंद पराग भर्‌यौ विकसात गुलाव चलै मन मार्‌यौ। जारत है लगि पंथ वधूजन के हियरा अपनै जिय जार्‌यौ। रैन सवै झर लाइ रहै कुनिमेष रहै न कि वाइ विदार्‌यौ [नर० १७६]**

कृष्ण० : यह पौन वर्नन विरह के प्रसंग मै सषी नाइक सौ कहै –

> **मंजु लता वेलिनु के सघन निकुंजनु तै हरै हरै निकसति सवही सुहाती है। सुमन कदंवनि के सुषद पराग सनी जाहि मिलि भौरन की पांति हुलसाती है। मुकुलित मल्लिका के कुसुम नवीननु तै निकसति सुरभि सहित सरसाती है। वरसि रहे की सीरी आवति वयारि देषो परसि पजारति वियोगिनु की छाती है [कृष्ण० १७६]**

हरि० : नायिका की उक्ति किंवा नायक की उक्ति। नवनली नवलता तकि कुसुमकली विगसति है, फलति है, तहां परिमल मनोहर गंध को पायकै निकसै है, चलै है। वरषा होत रहै, ता समै को पौन सो विरही को परसिकै, लागिकै, हियो, हृदय को पजारत, वरावत है। उद्दीपन है सीतल पवन जारिवे को कारन नहीं, तासों जारिवो भयो, विभावना। जवै अकारन वस्तु तें कारज परगट होय।

— ★ —

319 विकसत – विकसित - उ०मो०भा०मि०; विकसीत - शि०; विकसत, ‘स’ में इकार बाद में - वा०; निकसत - पा०; निकसति - न०; विकसति - वे०गा०नी०; विगसत - ह०; विकसी - मु०। मल्ली – वल्ली - पा०भा०मु०; वदन्नी - नी०; पल्ली - ह०। कुसुम – कुसम - उ०शि०वा०न०वे०मि०मु०नी०। निकसत – निकसित - उ०मो०; विकसत - पा०; निकसति - नी०। परिमल – मरिमल - शि०वे०; परमल - न०गा०स०मु०; पतिमल - नी०। पाइ – पाय - को०स०मु०ह०; पाई - मो०। परसि – परिसि - वा०; परस - न०वे०गा०स०मु०। पजारत – पजारति - उ०मि०मु०ह०; पजार - को०; पृजारति - पा०; प्रजारत - न०वे०गा०स०; पजारतु - भा०; पंजारत - नी०। विरह – विरहि - को०; ‘ह’ पर इकार भिन्न क़लम से - पा०। हिय – हि - को०; हीय - शि०। वरसि – वरस - को०न०वे०गा०स०मु०; वरसत - शि०; वरिसि - ह०। रहे – ही - शि०; रहै - न०वे०गा०स०; गए - भा०। की – (लुप्त) - शि०; गी - न०वे०गा०स०। वाइ – वाय - को०स०मु०ह०; कुमलाई - शि०; वाई - मो०। [१७६]

गोप अथाइन ते उठे। गोरज छाई गैल। चलि वलि अलि अभिसारिके। भली संझौषी सैल [१७७] [320]

کوپ اتھاین سون اوتھي کورج چھاي کیل • چل بل اب ابھسار کون بھلي سنجھوکھي سیل [ظا• ۱۷۷]

अन० : दूती की उक्ति, नायिका दिवसाभिसारिका, परकीया प्रति, काव्यलिंग अलंकार।

नर० : तिनय मिलाइवो। सषी को वचन नायक सों। हे राधे, जो ग्वाल हुते सो अथायन तें उठे हैं, और गायन की रज करिकै मारग छाय रह्यो है, हौं तेरी वलि जाऊं, जो पाछैही चलै तौ अवही चलने की भली सी जौ लषियै सौं चलै है –

> **गोप अथायन तैं उठिकै सव आपने आपने गेह गए हैं। गोरज गैल छवाइ रही सिगरी किरनै रवि लाय लए हैं। यौं अभिसार कियौ मन चाहत ए वदरा नभ आए छए हैं। है अभिसारन सैल करौ अव जोष समै तमतोम भए हैं** [नर० १७७]

कृष्ण० : यह नाइका संध्याभिसारिका, सषी कौ वचन नाइका सौ, कि ऐसे समै अभिसार करि –

> **छोडि अथाइनु गोसलही कौ उठी सव गोपन की अवली है। छीन भई सुषही रवि की छवि गोरज पूरित गैल गली है। चंदकला प्रगटी न अजौ चलि क्यो न करै अलि रंगरली है। मानि सुहागिल मेरो कहो अभिसार की सैल सझौषी भली है** [कृष्ण० १७७]

हरि० : सषी वचन नायिका सौं। दरवाजा पर लकरा डारि देत हैं, किंवा तषतपोस रहत है, तापै लोग आनि वैठे हैं। सो गोप अथाइनि ते उठे हैं, गोरज गैल, राह मैं छाई है, तू जानिकै नहीं देषि परैगी, हे अभिसारिके, हे अलि, हे सषि वलि जाऊं तेरी, तू नायक पास चलि, संझौषी, संध्या समय की सैल, फिरिवो, भली है। गोरज सों गोपनि के उठिवे सों, सैल समर्थित कियो। काव्यलिंग अलंकार।

— ⋆ —

पहुचति डटि रन सुभट लौं। रोकि सकै सव नाहि। लाषनहू की भीर मै। आंषि उहीं चलि जाहि [१७८] [321]

---

320 अथाइन – अथाइनु - उ०नी०; अथायन - को०मो०स०; अधांयनु - न०; अथायनु - वे०; अथांयन - गा०; अथाइनि - ह०। ते – तै - उ०वे०गा०भा०; तें - वा०मो०ह०; तैं - न०स०नी०। उठे – उठै - उ०वे०गा०स०; उठें - वा०। गोरज – गोरझ - मु०ह०। छाई – छांई - उ०; छायौ - को०न०वे०गा०स०; छाइं - मो०; झाए - मु०। गैल – गेंल - मो०; छैल - स०। चलि वलि – चलि चलि - उ०को०; चवि वलि - वे०; चलि वल - गा०। अलि – वलि - को०शि०; अति - वे०। अभिसारिके – अभिसार कौ - उ०भा०; अभिसारिका - को०शि०पा०मु०; अभिसार की - न०वे०स०; अतिसार की - गा०; अभसार की - मि०; अभिसारकै - नी०। भली – प्ररी - शि०; षरे - वा०; षरी - मु०; तलीन - नी०। संझौषी – सझौंषे - उ०; संझोषी - को०मो०स०; सझौंषै - शि०मु०; सझोंषै - वा०; सह्यौ?टी - पा०; संजोषी - न०; संयोषी - वे०गा०; सझौषी - भा०; सझौंषे - मि०। सैल – सेंलि - मो०; शैल - ह०। [१७७]

321 पहुचति – पहुचत - को०वा०; पुंडचति - शि०; पोहचति - न०वे०मु०; पौहचत, 'त' में इकार बाद में - गा०; पौहचति - स०; पहुंचति - नी०ह०। डटि – डट - न०वे०गा०स०; डरि - मि०; उठि - भा०नी०। रन – नर, ऊपर क्रमशः २ १ की संख्याएँ - उ०; रिण - मु०। लौं – लों - को०मो०वे०गा०स०ह०; लो - वा०; लौ -

پہنچت دت رن سونبہت لون روک سکے سو ناہ ۰ لاکہن ہو کي بہیر مین انکہ اوہین چل جانہ [ظا۰ ۱۷۸]

अन० : उक्ति नायिका की कै नायक की। पूर्वानुराग, औत्सुक्य संचारी, वचन अनुभाव, उपमालंकार।

नर० : साक्षात दर्शन सषी को वचन सषी सों, हे सषी, ए जो इनकी आंष है सो ज्यों सुभट लाष आदमी की फौज, तिनके विषै आपने मन वसै देषकै तहां पहुंचै और वाकौ सव में रोक रषैं नाहीं, त्यों एऊ ऐसी परै सजन सौ जाय मिलत हैं –

सूर लों युद्ध में जाय पहूंचत ऐसी तमक्क भरै अति सोहै। रोकि सकै कहौ को इननै अव देषतही सव के मन मोहै। लाषन की वडी भीरन भेदत आय लगै जिनके जिय जो है। आंषि उही चलि जांहि जोरावर लेत लराइ के पेमनि पोहै [नर० १७८]

कृष्ण० : यह नाइका प्रौढा परकिया नाइका नाइक की चितवन देषि सषी सषी सौ कहति है –

भीर भई सुभ काज समाज मै लाषनु आनि जुरे नर नारी। दोउन के उमगे मन चाह सो प्रेम के भार भरे अति भारी। काहू की रोकि चितौनि रहै न विलोकतु आपुस मै पिय प्यारी। डीठि उहै ठहराति भटू सवतै कछू प्रीति की रीति है न्यारी [कृष्ण० १७८] [322]

हरि० : सषी सों वचन सषी को। पहुंचत है, डटि को अर्थ। डट करि करिकै रन मैं सुभट की तरह सव नहीं रोकि सकैं हैं। लाषनहू की भीर रहै तौ आंषिन उतै नाइका की ओर, नाइका की नायक की ओर चलि जाति हैं। लों वाचक, सुभट उपमान, आंषि उपमेय, पहुंचिवो साधारन धर्म। उपमालंकार। भीरि प्रतिवंधक, तौ भी नेत्र को जानौ। विभावना। प्रतिवंधक के होतहू कारज पूरन मानि।

— ⋆ —

सरस सुमिल चित तुरग की। करि करि अमित उठान। गोइनि वाहै जीतियै। षेलि पेम चौगान [१७९] [323]

भा०नी०। रोकि – रोक - शि०न०वे०गा०स०। सकै – शकै - वा०; सकैं - मो०ह०। सव – सो - भा०। नाहि – नांहि - उ०को०शि०वा०वे०गा०मु०ह०; नांह - न०; नांह, 'ह' में इकार बाद में - स०। लाषनहू – लाषनहूं - उ०को०नी०; लाषनहुं - शि०; लाषनुहो - वा०; लाषिनहुं - न०; लाषिनहों - वे०; लाषनहों - गा०; लाषिअनहूं - स०; लाषनही - मि०; लाषनिहू - मु०। भीर – फौज - को०। मै – मैं - को०न०गा०स०ह०; में - शि०वा०मो०। आंषि – आंष - स०। उहीं – उही - शि०वा०मो०वे०गा०स०मु०; उंही - न०;वही - मि०; उतै - ह०। चलि – चल - न०गा०; च - वे०। जाहि – जांहि - उ०न०वे०गा०स०ह०। [१७८]

322 रीति – वात - मि०नी०।

323 सुमिल – सुमिलि - उ०न०वे०स०नी०; सुंमिलि - गा०। चित – वित - स०; चितु - मु०। तुरग – तुरंग - उ०को०शि०पा०न०मि०। की – करि - पा०। अमित – अमीत - शि०; असित - वा०; निमित - वे०; उमित - मु०। उठान – उठांन - उ०को०वे०गा०स०मु०नी०; उठीन - वा०; उठांनं - न०। गोइनि – गोइन, 'न' में इकार बाद में - उ०; गोइन - मि०; गोयन - को०शि०न०वे०गा०स०मु०; गोयनि - वा०ह०; गोईनि - मो०। वाहै – वांहै - उ०; चाहै - शि०वे०; वाहैं - मो०न०नी०; वाहे - मि० ; वाहें - ह०। जीतियै – जीतिये - उ०पा०; जीतीयें - शि०; जीतीयै - मो०वे०गा०; जीतीयैं - न०; जोतियै - मु०; जीतिए - ह०। षेलि – षेल - को०वा०मो०न०; षेले - वे०; षेलै - गा०स०मु०; प्रेम - ह०; षेलु - नी०। पेम – प्रेम - को०पा०भा०; पैम - न०; पैंम - मि०नी०; षेल - ह०। चौगान – चोगांन - उ०; चोगान - को०शि०मो०; चौगांन - वा०न०वे०गा०स०मु०ह०; चौंगान - नी०। [१७९]

سرس سومل چت ترنک کے کر کر امت اتہن • کوي نباہین جتيے کہیل پیم چوکان [ظا •]۱۷۹

अन० : दूती की उक्ति सिक्षा, भाव धुनि। नायिका परकीया। रूपक अलंकार।

नर० : चित्त लगन, सषी को वचन दोनू सों। तुमारे चित रूपी जो तुरंग है, तिनकी अमित अछेह, उठान करिकै भली सी, सरस, मिली है, सो अव गोइन वाहै चाहै ते या प्रेम रूपी चौगान के षेल मैं जीतियत है –

> **आछो सुरंग सुमल्ल भली गति चित्त तुरंग मनोहर जी कौ। ताके उठान अपार महा करिकै करिकै अति साहस ही कौ। गोयन वाहै विना नहि जीतियै आइ लगै जव जाइकै लीकौ। पेम चौगान के षेलत जीतत ऐसो वनाव वनै न वनी कौ** [नर० १७९]

कृष्ण० : इह सषी नाइका के सनेह की दृढता वतावति है, प्रयोजन नायक सों मिलाप करावै –

> **सरस तुरंग अति सुमिल विमल चित ताहि चाहि ताजनौ कै चुटकि चलाइवो। लोक लाज वाग साधि दृढ अनुराग करि अमित उठावनीन करि करि धाइवो। कहै कविकृष्ण अभिलाष छरी हाथ गहि गोइ निरवाहै तव जीति पद पाइवो। षेलिवो कठिन इह प्रेम चवगान षेल चतुर षिलान मैन नृपहि रिझाइवो** [कृष्ण० १७९]

हरि० : नायिका सों सषी वाक्य। सरस, सरस अनुराग सहित, किंवा वेस। सुमिल, सुंदरी तौर मिलौ, अस्वनी आपनो मन सौ मिल्यौ चल्यौ, चित्त सौं तुरंग, ताकी अमित, असंष्य उठानि मनोरथ को करि चौंकि वा दौराइवो। गोयकै छपायकै, किंवा कपरा औ रुई को एक वडो गेंद वनावै है, ताको लकरिन सों मारिकै जहां मर्जादा करैं हैं, तहां तांई पहुंचावै है। गोय निवाहई वनों प्रेम सो है चौगान कौ षेल। रूपक अलंकार।

— ★ —

हसि हसि हेरति नवलतिय। मद के मद उमदाति। वलकि वलकि वोलति वचन। ललकि ललकि लपटाति [१८०] [324]

ہنس ہنس ہیرت نول تي مد کي مد اومدات • بلک بلک بولت بچن للک للک لپتات [ظا • ۱۸۰]

अन० : सषी की उक्ति सषी सों। मुग्धा नाइका। मद्यपान वर्णन। जाति वर्णन अलंकार।

---

[324] हसि हसि – हंसि - ह०। हेरति – हेरत - को०पा०मो०वे०गा०स०भा०; वोलति - मु०। नवलतिय – नवलतीय - शि०। मद के – मद कै - शि०न०वे०स०मु०; मद कें - वा०। मद – मदो - न०; मदौ - वे०। उमदाति – उमदात - को०गा०स०मि०मु०; उदात - न०; उमहात - वे०। वलकि वलकि – वलक वलक - वे०स०; चलकि चल - मु०। वोलति – वोलति, 'त' में इकार बाद में - उ०; वोलत - को०गा०स०; वोलतु - न०; लोलत - वे०। ललकि ललकि – ललक ललक - वे०स०। लपटाति – लपटात - को०न०वे०गा०स०मि०। लुप्त उदाहरण के लिए रिक्त स्थान - मु०। [१८०]

नर० : मुग्धा को लीलाहाव, सषी को वचन सषी सों, हे सषी, आजु नवल नाइका अपने भरतार कौ हसि हसिकै हेरति है, सो क्योंकि मद करिकै मदोन्मत्त भई है, तिस वास्ते और भी वलक वलक वचन वोलिकै ललक ललक नायक सों लपटाति है

हेरति है हरसी नवकामिनी सुंदर वानिक सोज वनी है। वानै अच्यौ अति अच्छ मधू मद तैं उमदाति सुहाति घनी है। वोलति है वलकै वलकै कछू वैन रसाल विसाल भनी है। यौं ललकै ललकै लपटाति मनोभव के रस राग सनी है [नर० १८०]

कृष्ण० : इह मदपान कौ समै सषी को वचन सषी सों –

मोहन के संग मधुपान कै नवेली वाल करति तमासे कछू सोभा सरसाति है। हसि हसि हेरति वषेरति दुकूले कच झुकि झुकि परति न काहू सो सकाति है। वारुन उमंग भरी जोवन के रंग भरी मद के तरंग भरी अति उमदाति है। वलकि वलकि वैन वोलति मयंकमुषी ललकि ललकि लाल उर लपटाति है [नी० १८०] [325]

हरि० : सषी सों सषी। नवलतिय, नवोढा स्त्री हंसि हंसि हेरति है, मदिरा के मद तें उमगै है, वलकि वलकि व्यक्तव्यक्त, ललकि ललकि, चाहि चाहि पिय सों लपटाति है। किंवा हे सषि रति में नवल तिय हंसि हंसिकै मदिरा की मस्ती सों उमदाति है, ऐसे जानौ। स्वभावोक्ति अलंकार।

— ⋆ —

मिलि चंदन वेंदी रही। गोरे मुह न लषाइ। ज्यौं ज्यौं मद लाली चढै। त्यौं त्यौं उघरति जाइ [१८१] [326]

مل چندن بيندي رہي کوري منہ نہ لکہات • جيون جيون مہ لالي چدہي تون تون اوکہرت جات [ظا• ١٨١]

अन० : उक्ति सषी की अथवा नायक की। मद्यपान वर्णन। उन्मीलित अलंकार।

नर० : मद हाव, सषी को वचन सषी सों। हे सषी, नाइका के गोरे मुष की लाली चढतै जाति है, त्यों त्यों वेंदी उघरति जाति है –

---

325 भा०मि० प्रतियों में उपरोक्त के स्थान पर भिन्न उदाहरण मिलता है –

षिनक मै हसै षिन रोवै षिन देषि रहै षिनक मै वैठि षिन लेटि जाति है। षिनक मै ठाडी ह्वैकै सषिनु सो वाति करै षिनक मै भूमि झुकि मुरि मुसिकाति है। गात की न सुधि न सम्हार कछू अंचल की षिनक मै आलिन के अंग लपटाति है। षिनक मै रीझि रिझवार को वदन चूमै षिनक मै फेरि फेरि वूझै वेई वाति है [भा० १८०]

326 मिलि – मिल - वे०गा०। वेंदी – वैंदी - उ०मु०नी०; वैदी - को०मो०न०वे०गा०भा०मि०; चेंदी - शि०; वेदी - पा०। गोरे – गोरी - शि०; गोरै - वा०न०वे०गा०स०। मुह – मुंह - उ०वा०; मुष - पा०न०भा०मि०ह०; मुहु - मो०। लषाइ – लषाई - उ०मो०नी०; लषाय - को०स०ह०; रषाइ - गा०; लषात - मि०। ज्यौं ज्यौं – ज्यौ ज्यौ - वा०; ज्यो ज्यो - पा०; ज्यों ज्यों - मो०वे०गा०स०। लाली – ला - पा०। चढै – चढे - शि०; चढैं - मो०न०; चढैं - ह०। त्यौं त्यौं – त्यो - पा०; त्यों त्यों - मो०; ज्यों ज्यों चढती जा - वे०। उघरति – उघरत - उ०शि०वे०स०ह०। जाइ – जाय - को०स०ह०; जाई - मो०नी०; जात - मि०। [१८१]

चंदन वेंदी रही मिलिकै अति उज्जल आंनद कै जु करी है। गोरे गरूर भरे मुह छाजत ताहि सषीन लषी न परी है। ज्यों ज्यों चढी मद लाली अनोपम मानौ महावर रंग भरी है। देष्यौ न क्यों तुम आइ अचानक त्यों त्यों प्रकासत होत षरी है [नर० १८१]

कृष्ण० : इह मदपान समय नायका की सोभा सषी नायक सौ कहै –

कछु आजु लषी मधुपान समै ललना की प्रभा जिय तै न टरै। कविकृष्ण कहै वलकै ललकै मनभावन कौ हसि अंक भरै। दुति चंदन की विंदुली की रही मिलि गोरे लिलार न जानि परै। अरुनाई चढै मद की मुष ज्यौं त्यौं त्यौंही त्यौं जोति षरी उघरै [कृष्ण० १८१]

हरि० : नायक नाइका की तारीफ़ करति है। मदपान समै गोरे मुष में चंदन की किंवा रक्तचंदन की वेंदी मिलि रही थी, न लषाय थी। अव ज्यों ज्यों मदपान किये सों लाली चढति है, त्यों त्यों उघरती जाति है। मद की लाली सों वाको रंग फीको परत है। इहां उन्मीलित अलंकार है। उन्मीलित सादृश्य तें भेद फुरै तव मान। इहां मद की लाली तें चंदन की वेंदी जानी गई।

—★—

जहां जहां ठाढौ लष्यौ। स्याम सुभग सिरमौर। विनहूं उन छिन गहि रहत। दृगनु अजौं वह ठौर [१८२] [327]

جہاں جہاں ٹہادیو لکہیو سیام سوبہک سرمور • بنہون اون جہن کہ رہت درکن اجون وہ تہور [ظا • ۱۸۲]

अन० : नाइका की उक्ति, वचन अनुभाव तें स्मृति संचारी, पूर्वानुराग व्यंगि। यह दोहा व्रीडाश्लीलहू को उदाहरन जानियतु है। विभावना अलंकार।

नर० : अभिलाष दशा नाइका को वचन सषी सों। हे सषी, श्रीश्यामसुंदर सुभग सिर के मौर, तिनकौ जहां जहां ठाढौ भयौ देष्यौ हुतो सो अव विनही पिय वह ठौर को छिन भर नेत्र गहि रहत हैं –

ठाढे लषे है जहां जहां स्याम सरूपन के सिरमौर सलूने। या विन और सुहाइ न सुंदर रूप सिंगार ह्वै जात अलूने। वे तो गए मथुरा कहु माइ सुधाधर पाइ लगाइकै टूने। ठोर उहै गहि राषत चित्त अजों नयनान विना उन सूने [नर० १८२]

---

[327] जहां जहां – जहां तहां - वा०; जहा जहा - पा०। ठाढौ – ठाढो - को०मो०वे०ह०; ठाढे - वा०; ठाढ्यो - पा०। लष्यौ – लष्यो - को०पा०मो०वे०; लषें - वा०। स्याम – स्यांम - उ०वे०गा०स०मु०; श्याम - वा०पा०। सिरमौर – सिरमौरु - उ०; सिरमोर - को०मो०वे०गा०मु०; शिरमौर - वा०। विनहूं – विनहुं - शि०; विनहौ - वा०; विनहू - पा०न०मि०; विनुहू - मो०; विनहों - स०; विनही - मु०; उनहूं - ह०। उन – पिय - मो०न०वे०गा०स०; पीय - मु०; विन - ह०। छिन – छिनु - पा०न०वे०गा०ह०; विनु - मो०। गहि – रहि - वे०। रहत – रहतु - उ०न०; रहै - को०; रहितु - वे०गा०; रहति - मि०मु०ह०। दृगनु – द्रगन - को०; अजौं - शि०; अजों - वा०; दृगनि - पा०मो०ह०; द्रिगनु - न०वे०गा०; द्रिगन - स०; द्रगनि - मि०; द्रिगनि - मु०। अजौं – अजौ - उ०; अजो - को०; द्रिगन - शि०; द्रिगनु - वा०; अज्यौ - पा०; अज्यों - मो०; अजों - वे०गा०ह०। वह – उह - शि०वा०। ठौर – ठोर - को०शि०मो०मु०; वोर - वे०। दोहा लुप्त - भा०नी०। [१८२]

कृष्ण० : इहां पूर्वानुराग है, जहां श्रीकृष्ण देष्यौ है तेई ठौर श्रीकृष्ण की भावना करिकै नेत्रनु को ग्रहनु करतु है, सो नाइका सषी सों कहति है –

> **केलि सुषसागर मै झेलि रंग रली परिपूरन विविध विधि करती मनोरथनु। तन मन वाढै तै उमंग अनुराग भाग लागत है मघवा सची कौ अनुहूं ते अनु। कृष्ण प्रानप्यारे की दुहाई अति छवि छायौ जिन जिन कुंजनु मिलत हौ री स्यामघनु। तेई तेई कुंज अव उनहू विलोके विनु माई गहि राषति घरीक लौं अजौं द्रगनु [कृष्ण० १८२]**

हरि० : यह दोहा विहारी को नहीं। जव श्रीकृष्ण मथुरा गए हैं तव नाइका सषी सों कहति है। जहां जहां स्याम को ठाढो देष्यौ, कैसे हैं स्यामसुंदर, नीके सिर के मुकुट हैं, अति सुंदर, यह अर्थ। उनहू विन चैन नहीं है, तौ भी ठाढे होवे की जो है ठौर, सो अजौं, अव भी, द्रगनि को गहि करि राषति है, वा ठौर देषि नायक इयादि आवै है। नेत्रनि नायक को रूप वसि जात है, और ठोर नेत्र जाय नहीं सकै। इहां प्रथम विभावना अलंकार है। होत छ भांति विभावना कारन विनही काज। द्रगनि के गहिवे को कारन नायक सों नहीं है। कारज द्रग को गहतो है। स्मृति अलंकार भी जानिए।

—★—

रंगी सुरत रंग पिय हिये। लगी जगी सव राति। पैंड पैंड पर ठठुकिकै। ऐंड भरी ऐंडाति [१८३] [328]

رنکي سورت رنک پي ہين لکي جکي سب رات • پيند پيند پر ٹہٹہوک کے ايند بہري ايندات [ظا• ١٨٣]

अन० : सषी की उक्ति सषी सों, सुरतांत वर्णन। नायिका के आलस्य संचारी, क्रियानुभाव सुरतांत को। जातिवर्णन अलंकार।

नर० : मध्या सुरतांत, सषी को वचन सषी सों। हे सषी, याकौ भरतार सुरत के रंग तै लैकै रंगी है। सो रंग के विषै जागतै सव राति लागी है। सो अव आलस भरी ऐंडावति है और पैड पैड पर षरी रहति है –

---

[328] रंगी – रगी - मि०; लगी - मु०। सुरत – सुरति - पा०न०स०; सुरतिग - वे०; सूरति - गा०। रंग – रग - मि०। पिय – पीय - शि०; पय - वे०स०; पिय, इकार पर काटने का चिह्न - गा०; ये - मि०। हिये – हियें - उ०; हीयें - शि०; हियैं - वा०; हिएं - मो०; हिलैं - न०; हिलै - वे०गा०स०; हियै - भा०नी०; हीयै - मु०। लगी – जगी - मु०। जगी – ऊपर रिक्त स्थान में - नी०; पगी - मु०। राति – रात - स०भा०। पैंड पैंड – पैड पैड - को०शि०पा०न०वे०गा०स०भा०मि०; पेंड पेंड - वा०। पर – परि - को०न०वे०गा०स०; पै - भा०नी०। ठठुकिकै – ठढकिकै, 'ढ' में उकार भिन्न क़लम से - उ०; ठुठिकिकै - शि०; ठढुकिकें - वा०; ठठुककैं - मो०; ठढकिह्वैं - न०; ठढकिकै - वे०; ठढकिह्वै - गा०स०; ठिठकिकै - भा०; ठठककै - मि०; ठढुकिकै - मु०; ठहुकिकै - नी०; ठटकिकै - ह०। ऐंड – ऐड - शि०पा०वे०भा०मि०नी०; अड - वा०; एंड - मो०; ऐडि - गा०। ऐंडाति – ऐडाति - शि०पा०वे०गा०भा०; एंडाति - वा०मो०; ऐंडात - स०। [१८३]

रंग रंगाइ षरे रतिरंग मै नारि नवोढ नए रंग लीने। पीतम के हिय लागि जगी सव रैनि पगी रस पै ढिग कीने। पैडत पैडत पै तन को ठठकाति चली सु उरोजन पीने। रूप भरी मुसकान भरी मुष ऐंड भरीऊ ऐंडाति नवीने [नर० १८३]

कृष्ण० : सुरतांत, सषी सषी सौ कहै। सषी नाइका सौ कहै तौ लक्षिता ह्वैहै –

सव रैनि जगी हरिकंठ लगी रतिरंग रंगी अलसाति षरी है। डग एक चलै फिरिकै चितवै मुरिकै अंगराति मरोर भरी है। विथुरी अलकै झलकै श्रमवारि झुकी पलकै सुष ढार ढरी है। लगि पीक की लीक कपोलनि नीकी लसै अति सारी सरोट परी है [कृष्ण० १८३]

हरि० : सषी को वाक्य। सुरत के रंग, सुरत के राग सों रंगी है, जुक्त है। पिय के हृदय सों लगी संपूर्न राति जागी है। पैंड पैंड पर डग डग पर ठठकिकै षडी होयकै ऐंड भरी, गुमान भरी जो क्रिया सों ऐंड, तासों भरी है, ऐंठति है। स्वभावोक्ति अलंकार।

— ⋆ —

लालन लहि पाए दुरै। चोरी सौंह करैं न। सीस चढै पनिहा प्रगट। कहैं पुकारै नैन [१८४] [329]

لالن لہ پاي دوري چوري سونہ كري ن • سيس چرہين پنہان پركت كہين پوكاري نين [ظا• ١٨٤]

अन० : अधीरा षंडिता की उक्ति नायक सों। काव्यलिंग अलंकार।

नर० : अधीरा षंडिता नाइका को वचन नाइक सों। हो लालन, सोंह करो मती, तुमारी जो चोरी दुरी सी हुती, सो लषि पाई। सो कैसे जानी। तुमारे नेत्रां की भायन सीस कौ चढी जाति है, सो पुकारे कहि देत है –

नंद के लाल भले लहि पाए हो सोहै किये न दुरै कहुं चोरी। ऐसे सवै ढिग जानत हौं अव तूं मत जानै इहै अति भोरी। सीस चढै पनही कहि देत पुकारै विलोचन सों कहा थोरी। लाल गहौ वहरावत हौ कत यौं विनती कर हौं कर जोरी [नर० १८४]

कृष्ण० : इह नाइका प्रोढा अधीरा षंडिता नाइका कौ वचन सषी सौ नाइक सौ –

---

329 लालन – लालनु - न०वे०गा०। लहि – हि - को०वा०। पाए – पारे - वा०; पाये - पा०मि०नी०; पाएं - मो०; पाई - न०वे०गा०स०; पायें - मु०। दुरै – दुरें - को०; दुरैं - शि०; दुरे - वा०मो०; दुरी - न०वे०गा०स०मु०। चोरी – चौरी - गा०स०। सौंह – सोंह - पा०नी०; सोंह - मो०गा०; सुंह - वे०। करैं – करें - को०मो०; करै - शि०वे०गा०स०मि०नी०; किये - पा०। चढै – चढें - को०; चढे - पा०मो०नी०; चढैं - ह०। पनिहा – पनांहां - को०; पनहा - पा०; पुनिहां - मो०; पनही - वे०स०; पतही - गा०। कहैं – कहै - पा०न०वे०गा०स०मि०; कहें - मु०; कहत - ह०। पुकारै – पुकारैं - को०; पुकारे - पा०स०; पुकारें - मो०मु०ह०। नैन – नैंन - उ०न०स०ह०; नेंन - को०मो०वे०मु०। द्वितीय पद, 'कहै देत रंग राति कै रंग निचुरत (सै – स - वा०) नैन' - शि०वा०। दोहा लुप्त - भा०। [१८४]

आए उनीदे जभात तऊ कछु भेद न जान्यो हिए की मैं भोरी। वा कुच कुंकुम के लगे चिह्न मिलाई हिये मुसिकै जिय गोरी। लाल लही अवतौ सव वात दुरै नहि सौंह करौ किनि को री। सीस चढै पनहा दोऊ नैन पुकारि कहै रतिरंग की चोरी [**कृष्ण० १८४**]

हरि० : रात्रि मै और पास नायक जाग्यौ है, नेत्र अरुन देषि षंडिता कहति है, हे लाल, लहि पाए, जान लिए जैसो कपटी तुम हौ, दोंह सपथ किए चोरी न दुरै, नहीं छपै, तुमारे सीस पै चढै। पनिहा जो चोरी को ठहिराइ देइ सो पनिहा कहावै। पनिहा जे हैं नैन प्रगट, जाहिर, पुकारे कहत हैं। नेत्र लाल सों जान्यो जात है। नेत्र की अरुनता सों चोरी को समर्थन। नैन सो पनिहा रूप जानिए। काव्यलिंग अलंकार। काव्यलिंग जहं जुक्ति सों अर्थ समर्थन होइ।

— ⋆ —

तुरत सुरत कैसैं दुरत। मुरत नैन जुरि नीठि। डौंडी दै गुन रावरे। कहै कनौडी डीठि [१८५] [330]

تورت سُرت کیسیں دورت مورت نین جور نیٹھ • دوندي دي کن راوري کہت کنودي دیٹھ [ظا• ۱۸۵]

अन० : धीरा षंडिता की उक्ति नायक सों। लोकोक्ति अलंकार।

नर० : अधीरा षंडिता वचन नायक सों। हो कान्हजू तुरतही अन्य अस्त्री की सुरति कैसे छिपति है, सो देष्यौ कि नेत्रां की जुर नीठ सी मुरति है। ए फाटे त्यौं रहै और गुदलावै रह्या है और किनोडी निजर है, सोए डौंडी दिए कहि देतु है –

कैसे दुरै सद की रति कान्हर अंग सवै अलसाने भए हैं। राति रमै रति आन तिया संग नीठ मुरे जुर नैन गए हैं। ए गुनवंत सवै गुन रावरे लोक सुहामने कापै लए हैं। लाज कनौडी विलोकनि नै इह डौंडी दिए कहिकै जु दए हैं [**नर० १८५**]

कृष्ण० : इह नाइका प्रौढा अधीरा षंडिता नाइका को वचन नाइक सो –

चिन्ह अंग अंग के दुराए चतुराइ कै पै आरस मगन गात ढुरि ठहरात हैं। प्रेमसुधा पान के हुलास ते मुदित मन मैन सुष सैन ऐन वैन तुतरात हैं। तुरत सुरत कहौ कैसेकै दुरत लाल नीठि जुरि मुरत नयन जलजात हैं। कृष्ण प्रानप्यारे इह डौडी दै कनौडी डीठि प्रगट करति राति रति वारी वात हैं [**कृष्ण० १८५**]

---

330 तुरत – तुरति - न०। सुरत – सुरति - न०वे०। कैसैं – केसैं - को०; कैसें - शि०वा०; कैसे - पा०भा०; कैंसैं - मो०; कैसै - न०गा०स०मि०मु०ह०। दुरत – दुरति - न०वे०गा०मि०। मुरत – मुरत, 'मु' पर 'सु' संशोधन द्वारा - उ०; मुरति - गा०मि०मु०। नैन – नेंन - वा०मो०वे०मु०; नैंन - न०ह०। जुरि – जुर - वा०न०वे०गा०स०। नीठि – नीठ - को०शि०न०वे०गा०स०मि०मु०। डौंडी – डोंडी - को०वा०वे०भा०; डौडी - पा०गा०; डोडी - मो०मु०। दै – दे - वा०मो०वे०मु०। गुन – गुद - न०। रावरे – रावरैं - शि०; रावरो - मो०; रावरै - नी०। कहै – कहें - को०; कहैं - वा०; कहत - पा०मो०भा०; कहे - स०; कहौं - मु०। कनौडी – कनोडी - को०मो०मु०; कनोंडी - वा०; कनौडीं - गा०। डीठि – डीठ - मो०वे०स०; दीठि - न०मु०। [१८५]

हरि० : नायक सों अधीरा षंडिता की उक्ति। तुरत को सुरत, मैथुन, सो कैसे दुरत है, छिपत है, तुमारे नैन हमारे नैन सों जुरिकै, मिलिकै, सामने होयकै, नीठि, कोई तरह सों, जोरावरी सों फेरि लाज सों मुरत हैं, फिरि जात हैं। रावरे, तुमारे गुन को ढिंढोरा दैकै कढी डीठि, अपराध सों सरमिंदी डीठि कहत हैं, और नायिका की आसक्ति। तुरत सुरत इति अनुप्रास, डोंडी दे लोकोक्ति। लोकोकति कछु वचन जहं लीने लोक प्रवाद।

— ★ —

मरकत भाजन सलिल गत। इंदुकला के वेष। झीन झगा मै झलमलै। स्यामगात नषरेष [१८६] [331]

مركت بہاجن سللكت اندكلا كي بہيكہ ٠ جہين جہكا مين جہلملي سيام كات نكہر يكہ
[ظا٠ ١٨٦]

अन० : अधीरा षंडिता की उक्ति नायक सों। उत्प्रेक्षालंकार।

नर० : नाइका को वचन सषी सों। हे सषी, ज्यौं मरकत मणि कौ तौ भाजन ह्वै सो सलिल, पानी, की गति ह्वै, अरु तिनमैं नवै चंद्रमा कौ भेष ह्वै सो सोभै, त्यों इनके स्याम गात और झीनौ झगौ, तिनमैं अन्य अस्त्री के नष की रेष झिलमिलि रही है–

> **भाजन नीलम कौ जल वीच पर्‌यौ कह्यौ दैवत की गति लीने। ता पर इंदुकला अवरोहन सोई भयो है सरूप न हीने। झीन झगा मै विराजत है अंग स्यामलता नषरेष नवीने। ए उपमा भव कौ भटकै तऊ आवत है कछुकाहि प्रवीने** [नर० १८६]

कृष्ण० : इह नाइका प्रौढा अधीरा षंडिता नाइका कौ वचन नाइक सौ –

> **आये हौ मेरे मया करि मोहन राजति मूरति रंग भरी है। पंकजनैनी के पानि की आजु हिए नषरेष भली उघरी है। झीने झगा मै विराजति यौं छवि छाजति मा मन हेरि हरी है। नीर मैं नीलमनी कौ सिरात लई दुकला मनौ तापै धरी है** [नी० १८६ [332]

हरि० : नायिका की उक्ति नायक सों। मरकत, नीलमनि, ताको भाजन, पात्र, तामे जो सलिल, जल, तामै प्रतिविंव करिकै प्राप्त भई जो इंदुकला ताको वेष तरह मे ही झगा, जामा, तामे झिलमिलाति है।

---

[331] मरकत – मरकति - गा०। भाजन – भागगन - नी०। सलिल – सलल - न०; सललि - गा०। गत – गति - वा०न०वे०गा०स०मि०मु०। इंदुकला – ईंदुकला - मो०। के – कें - शि०; कै - वा०मो०न०गा०स०मि०नी०; परि - भा०; को - मु०। वेष – भेष - को०मो०न०वे०गा०स०मु०; वैष - शि०। झीन – कीन - गा०; झींन - नी०। झगा – झंगा - नी०। मै – मैं - को०स०मु०नी०; में - शि०वा०मो०ह०। झलमलै – झलमलत - को०; झीलमलें - शि०; झलमले - मो०न०; झिलमिलै - स०मु०। स्यामगात – श्यामगात - वा०पा०भा०; स्यांमगात - वे०गा०स०मि०मु०। [१८६]

[332] भा०मि०मु० प्रतियों में भिन्न उदाहरण छंद है –

नाह की छाती में देषि नषच्छत नारि नवोढा कही पुनि ऐसे। सुंदर वागे की चोली मै मेलिकै लाए हौ चंदकला धरि कैसे। षेलिवे कौ हमकौ वहु देहुजू यौ कहिकै हरि दौरि हरै से। लाइ लए उर सौं हंसिकै गसि दोऊ रहे कसि राषियै जैसे [भा० १८६]

मै मेलिकै – के वीच मै - भा०। गसि – प्रसि - भा०।

स्याम संवोधन। किंवा स्याम गात में नष की रेषा, मरकत सो अंग, सलिल जो जामा। इंदुकला, नषरेष। प्रतिविंव, भीतर भासै है, मानौ जल मै है। यातें सलिलगत कह्यो, वेष को अर्थ सदृश, याते उपमान, मानो को अध्याहार किए। गम्योत्प्रेक्षा वस्तु।

— ★ —

वालम वारै सौति कै। सुनि परनारि विहार। भौ रसु अनरसु रिस रली। रीझ षीझ इक वार [१८७] [333]

بالم بارین سوت کي سن پرنار بہار • بہو رس انرس رس رلا ریجہ کہیجہ اک بار [ظا•
[۱۸۷

अन० : सषी की उक्ति सषी प्रति। नायिका षंडिता को वर्णन। भावसंवल को उदाहरण। विभावनालंकार।
नर० : प्रौढा धीराधीरा, सषी कौ वचन सषी सौ। हे सषी, राधाजू आपनै प्रीतम कौ सौति कै वारै परस्त्री पास गवन कियौ सुनिकै ऐसो कह्यो कि रस उपज्यो अरु अनरस उपज्यो, रिस मानी और रली मानी, फेरि रीझी और षीझी। सो इतनी वात एकै साथ करी–

> **वालम वारे को सौति कह्यौ तव सुंदर वागे वने अति सोहै। ऐसे मै एक मिली परकामिनी वासौ विहारतही मन मोहै। ता सुनिकै छिन मैं सुनि नारिन एकहि वेर भयो कहे को है। रीझ ओ षीझ रली रस भो रस और सुनौ विरसै कहि सोहै** [नर० १८७]

कृष्ण० : इह नाइक की वहुनाइकता सुनिकै नाइका के दुष भयो अरु सौति की वारी वृथा भई सुनि सुष भयौ, सषी सषी सौ कहति है –

> **वैठी सषीनु समाज मै प्यारी सिंगार कै साजन सौ सरसानी। काहू कही तुव सौतिय ओसरे आन वधू के गयो दधिदानी। सो सुनिकै कविकृष्ण कहै रहसी विलषी हुलसी अकुलानी। एकहि वेर लषी मृगलोचनी रीझि षिझी मुसकानी रिसानी** [कृष्ण० १८७]

हरि० : सषी सो सषी वचन। वालम, नायक, ताको सौति के वारे में सौति के संभोग के दिन में, जा दिन सौति की पारी थी, परनारी से विहार सुनिकै पहिले तौ नायिका को रस राग भयो, सौति ने दुष पायो तासो। ताको दाविकै अनरस अरुचि उपजि आई, फेरि विचार दोय चार घरी पीछे रिस भी होइ आयो, हमारे इहां क्यों न आए, याते। फेरि रली रमन कौतुक होय आयो, वा नायिका की कहा दसा है। सषी तू जाइकै देषि आवो। हमारे इहां से नायक औरि पास नहीं जाय, वाके इहां सो गयो नायक रूप

[333]वालम – वालमु - उ०मो०न०गा०; वाल्हिम - वा०। वारै – वारे - पा०मि०; वासरु - मो०; वरै - न०; वारैं - नी०; वारें - ह०। सौति – सौत - स०; सौंति - मि०। कै – के - पा०भा०मि०नी०ह०। सुनि – सुन - गा०; शुनि - भा०। परनारि – परनार - शि०गा०भा०; परिनारि - न०; परनार, 'नार, अंतिम 'र' में इकार बाद में - मु०। विहार – विहारि - शि०गा०मु०; विहांर - वे०। भौ – भो - पा०मो०वे०स०भा०। रसु – रस - पा०स०भा०मु०ह०। अनरसु – 'र' में इकार बाद में - मि०; अनरस - पा०स०भा०मु०ह०। रिस – रंग - शि०वा०; रस - मु०नी०। रली – रसु - शि०; रिस - वा०। रीझ – रीझि - मो०न०गा०भा०मि०। षीझ – इक – यक - पा०; ईक - मो०; एक - भा०। [१८७]

गुन में समुझत है। याते रीझि भई। परस्त्री पास जाइने की वानि लगी है सो हमारे इहां सौ भी जायगो, याते षीझ भई। एक बार को अर्थ एक दिन में, यह भावसावल्य कहावत है। एक भाव को दवायके एक भाव उपजै, सभाप्रकास। दावत भावहि भाव जो उपनत अंगनि आय। ताहि कहत सावल्य सो जो कवि में सरसाय॥ वाको जो अनरस रस को अभाव सो याको रस भयो। वाकी जो रिस सो याको रली रमन भयो। वाकी जो षीझ सो याको रीझ भई, एक दिन में। किंवा परनारि विहार सुनिकै एक वार षीझिकै हमारे इहां क्यों न आए, तातें पीछे रीझी, नायक रूप गुन मै समुझत है। फेरि अनरस आन नायिका सों जो भयो रस तासो नाइका को भौ रस भयानक रस भयो, डर भो, ऐसो वोलनि है। हमारे इहां सो भी औरि पास कहूं जाहि, याते रिस रली रिस में रली, रिस को प्राप्त भई। रलि, मिलि, ऐसी वोलनि है। किंवा सौति के वारे में परनारि विहार कियो है। सषी नायिका सों कहति है। यह रस की वात है, सो तौहि अनरस भयो, कहा तू अनरस मत करै। तेरे इहां सो तौ कवही जाहिगे नहीं। जो तेरी सौति रिस मै रलिहै। तिनकी जो षीझ है तासों तौ एक वार रीझौ वारे वालम ने वालक नायक ने ऐसे अर्थ किए नीरस होय तातें नहीं लगायो। एक पद जहां अनेक सों लागै सो दीपक। अन्य रस सों इत्यादि सों भौ पद लागत है, याते दीपक। इहां हेतु अलंकार मुष्य है। परनारि विहार हेतु। रस अनरस हेतुमान। हेतु अलंकृत दोय जव कारन कारज संग।

— ⋆ —

दुरत न कुच विच कंचुकी। चुपरी सादी सेत। कवि आंकन के अरथ लौं। प्रगट दिषाई देत [१८८] [334]

درت نہ کوچ بچ کنچوکي چوپري سادي سيت • کب انکن کے ارتہ لون پرکت دکہائي
ديت [ظا• ١٨٨]

अन० : उक्ति सषी की अथवा नायक की नाइका प्रति परिहास। चुपरी सो सोंधे भीजी, सादी सो चिकन विना, सेत सो सुपेत रंगु, एसी कंचुकी विचि कुच दुरत नां। प्रगट दिषाई, लषां देत कवि आंकन के अर्थ लों। उपमालंकार।

नर० : कुच सोभा। सषी को वैन नायका सों, हे राधे, ए तेरे कुच, कंचुकी सेत है सादी है और चोपरी है, तिनके विषै दुरत नांही है। ज्यों कवीसुर आंक वाचतही अरथ कौ जानै जात हैं, त्यों ए कुच प्रगट सों दिषाई देत हैं –

---

334 दुरत न – दुरत - मु०; दुरति न - ह०। विच – विचि - वा०मो०वे०गा०; (लुप्त) - स०। कंचुकी – कुंचकी - शि०। चुपरी – चुपरि - को०शि०; कुर - नी०। सादी – सादि - को०; सारी - शि०वा०वे०गा०स०भा०; सादी, नीचे 'री' - पा०; सादा - मु०; पर सारी - नी०; 'री' पर 'दी' संशोधन - ह०। आंकन – आंकनि - को०ह०; आंषिन - शि०; अंकनि - पा०नी०; अंकनु - न०गा०; अंकुन - वे०; अक्षिर - भा०; आंषन - मि०। के – कै - वे०गा०स०। अरथ – अरष - शि०; अर्थ - पा०मो०मि०। लौं – लों - शि०वा०मो०वे०गा०स०ह०; लौ - भा०मि०मु०नी०। प्रगट – पृगट, काटने का चिह्न तथा ऊपर भिन्न क़लम से 'देह' - पा०। दिषाई – देषाई - को०; दिषाईं - मो०। [१८८]

कंचुकी वीच छिपै न पयोधर है अति उद्धत भावतै पी कै। सादी सोहामनी सेत फुलेल मों लै चुपरी सव सोधनही कै। दीठ परै अति ईठ के जाहर त्यों उपमा कविराजन जी कै। ज्यों कवि आंकन के परमारथ देषतही प्रगटै सव नीकै [नर० १८८]

कृष्ण० : इह कंचुकी के वीच कुच सोभाइमान हैं, तिनकी प्रभा देषि नाइक नाइका सौ कहै

कंचन वरन मनहरन अडोल गरुवे से गोल गोरे सीस स्यामता धरत हैं। उन्नत करेरे षरे चीकने लुनाई भरे मदन वसीकर से मन कौ हरत हैं। ऐसे कुच झीने सेत कंचुकी तिलोछी मांझ प्यारी ए दुराए न दुरत उघरत हैं। कहै कविकृष्ण जैसे सुकवि के अंकन मैं अरथ उमगि डीठि प्रगट परत हैं [कृष्ण० १८८]

हरि० : वसन भूषन वर्नन। सषी वचन नायक सों। वाके कुच कंचुकी, चोली, ताके वीच में दुरत, छपत नहीं है, ऐसो स्तन को प्रकास है। कैसी है, चुपरी है, सोंधा लगाई है। सादी है, जामें कसीदा छापा नहीं है, फेरि स्वेत है। कवि के आंकनि के, अच्छरनि के अर्थ सै प्रगट, जाहिर देषाई देत है, तुरत अर्थ भासै सो तो दीषै है। जैसे नैषध, किरात को अर्थ सव को तुरत नहीं भासै है। तहां ऐसे जानिए। कविन को आंकनि के अर्थ जैसे प्रगट दिषाई देत है, जैसे कुच दिषाई देत है। पहिला अर्थ में पूर्णोपमा। अरथ उपमान, कुच उपमेय, लों वाचक, देषाई देत साधारन धर्म। दूसरा अर्थ में दृष्टांत। किंवा कवि के आंकनि के अर्थ लों है तो प्रगट।

—★—

भई जु छवि मिलि तन वसन। वरनि सकै सु न वैन। आंग ओप आंगी दुरी। आंगी अंग दुरै न [१८९] [335]

بهئي جو چهب مل تن بسن برن سهي سو ن بين ٠ انک اوپ انکي دوري انکي انک دوري نه [ظا٠ ١٨٩]

अन० : जो सषी की उक्ति नायक सो होइ तो दूतत्व, जो नायक की उक्ति होइ तौ स्मृति संचारी, गुणकथन करि वचन अनुभाव ते अनुराग व्यंगि प्रत्यक्ष होइ तौ स्तुति। नायिका मुग्धा वयःसंधि अत्र अंगिया शव्द करि कुच प्रागत्य वरन्यो है। विभावना अलंकार।

335 भई – भईं - मो०। जु छवि – जुवति - शि०; जु छव - गा०; जु छुवि - मु०; जु तन - ह०। मिलि – तन - पा०मो०न०स०वे०भा०नी०; तिम - गा०मि०; तिन - मु०; छवि - ह०। तन – वसन - पा०मो०वे०गा०भा०मि०नी०ह०; वसत - न०; (लुप्त) - मु०। वसन – वरनि – वरन - न०गा०; मिलि - स०। सकै – सके - उ०; पार्श्व पर भिन्न क़लम से - पा०; शक - वा०; सु कै - गा०। सु न – कु न - शि०वा०मो०; सुनि - स०मि०नी०; सक - भा०। वैन – वेंनु - मो०; वेंन - वे०; नैन - भा०। आंग – अंग - वा०पा०मो०न०वे०गा०स०भा०मु०नी०। ओप – वोप - उ०मि०; उप - वा०न०स०; औप - ह०। आंगी – अंगीया - शि०मु०; अंगिया - मो०; आगी - नी०। दुरी – दुरि - शि०। आंगी – अंगी - शि०; अंगिया - मो०; आगी - मि०नी०। अंग – आंग, आ की खड़ी पाई पर काटने का चिह्न - उ०स०; आंगु - मो०; आंग - मि०ह०। दुरै – दुरें - वा०मो०; दुरैं - मु०। दोहा लुप्त - को०। [१८९]

नर० : अंग शोभा, सषी को वचन नायक सों। हो कान्हजू, राधाजू के तन की छवि जो वसन मिले सो भई सो तिन छवि कौ एक वैनहूं वरन्यो जातु नांही हैं, सो कैसी है कि, शरीर की ओप तिनमैं अंगिया दुर गई, पर अंगिया मै अंग छिपायौ है, सो छिपत नांही है –

> **यों भई है मिलिकै तन अंवर जोति जगै अति ओप मई है। कौन वषान करै वयना करि आप गिरा कहि मूक भई है। ऐसी अनोपम अंग की दीपति वातै दुरी अंगिया जु नई है। और अचंभौ सुनौ जकहूं कछु अंगीन अंग दुराइ लई है** [नर १८९]

कृष्ण० : इह नाइका की सोभा सषी नाइक सों निवेदन करति है –

> **हरि कंचन वेली सी वाल की देह की दीपति को वरनै कवि है। अरु ताहि मिली दुति कंचुकी की सु अनूपम ओप रही फवि है। कछु जाति कही नहिं अंगप्रभा अरु चीर मिले जु भई छवि है। वह आंगी गई दवि आंग की ओप मै आंगी मैं आंगु कहा दविहै** [कृष्ण० १८९] [336]

हरि० : नायक सों सषी वचन। तन को छवि वसन रों मिलिकै कैसी भई, अनूपम यह अर्थ, सो वैन, वचन, नहीं वरनि सकै। आंग की ओप सो आंगी, चोली, दुरी, छपी, आंगी सों आंग दुरै, छपै, नहीं। आंग ओप आंगी दुरी, मीलित। आंगी आंग दुराए को कारन है, तासों आंग को दरसन होत है। काहू कारन ते जवै कारज होय विरुद्ध। किंवा चौथी विभावना जानिए।

— ⋆ —

सोनजुही सी जगमगति। अंग अंग जोवनजोति। सुरंग कुसुंभी कंचुकी। दुरंग देहदुति होति [१९०] [337]

سونجوہي سي جکمکت انک انک جوبنجوت • سُورنک کسنبہي کنچوکي دورنک دیہ
دوت ہوت دڤنگ ائج [ظا• ١٩٠]

अन० : सषी की उक्ति नायक सो होइ तो दूतत्व, जो नायक की होइ तो स्मृति संचारी गुणकथन, दशा वचन अनुभाव करि अनुराग व्यंगि, उपमालंकार।

नर० : अंग शोभा, सषी को वचन नायक सों। हो कान्हजू, राधिका के अंग प्रतिअंग के विषै जोवन की जोति है, सो सोनजुही सार सी जगमगति है। सो तिन विषै सुरंग कसुंभल कंचुकी पहिरी है। ताके सरीर की दुति करि दुरंगी सी होति है –

---

336 दुति कंचुकी की सु – वहु कंचुकी केसरि - नी०।

337 सोनजुही – सौंनजुहीं - उ०मि०मु०। जगमगति – जगमगन, 'न' पर इकार बाद में - गा०; जगमगत - स०नी०; जगमगै - ह०। जोवनजोति – जोवनज्योति - को०। सुरंग – सुरग - उ०मि०नी०। कसूभी, 'क' में उकार भिन्न क़लम से - उ०; कुसुंभी – कसुंभी - को०शि०वे०गा०स०ह०; कसौभी - वा०; कसूंभी - न०मु०नी०; कसूभी - मि०। कंचुकी – कंचूकी - उ०को०; चूनरी - पा०। दुरंग – दुरग - शि०मि०नी०। होति – 'त' में इकार बाद में - गा०। दोहा लुप्त - मो०। [१९०]

सोनजुही सम होइ रही झलकै दुति जोवन की अति नीकी। वाके सवै अंग अंग जगम्मग चंदमरीच लगै कछु फीकी। कंचुकी जो पहिरी है सुरंग कसुंभी रंगी मनु प्रीतम पी की। देह की दीपति होति दुरंग सी आछी लगै इह भावती जी की [नर० १९०]

कृष्ण० : इह नाइका के अंग की सोभा सषी नाइक सो कहति है –

सुवरनवेली सी नवेली की ललित छवि जोवन की जोति मिलि अति सरसाति है। चुहचुही चूनरी मै गहगही गात की गुराई न दुरति अति रस वरसाति है। रूप की तरंग अंग अंग तै उमंगि सोभा होत वहुरंग लषि सौति अरसाति है। कंचुकी कुसुंभी प्यारी पहिरै सुरंग तऊ मिलि अंग रंग सौ दुरंग दरसाति है [कृष्ण० १९०] [338]

हरि० : सषी वचन नायक सों। वाके अंग अंग कै विषै जोवन की जोति सोनजुही, पीत चमेली सी जगमगै है। किंवा अंग विषै तो है जोवन औ जोति तासों नायिका सोनजुही सी जगमगति है, सुंदर है, रंग जाको ऐसी जो कुसुंभी, कुसुंभ सों रंगी चोली, ताके प्रतिविंव सो देह की दुति दोय रंग होति है पीत लाल। किंवा देह की दुति सों कंचुकी दुरंग होति है। आंग जोति उपमेय, सोनजुही उपमान, सी वाचक, जगमगिवो धर्म।

— ⋆ —

डीठि वरत वांधी अटनु। चढि धावत न डरात। इत उतही चित दुहुन के। नट लौं आवत जात [१९१] [339]

دیٹھ برت باندھي اٹن چڑھ دھاوت نہ درات ۰ اِت اُوت درک دوہن کے نٹ لون آوت جات [ظا۰ ۱۹۱]

नर० : चित्त लगन, सषी को वचन सषी सों। हे सषी, अटन सूधी लैकै डीठ रूपी तौ वरत वांधी है, तिन पर दोनां को चित्त इत तैं अरु उत तैं ज्युं वाजीगर आवै औ जावै त्यों इनके ऊपर चढिकै धावत हैं, पै डरात नांही हैं –

डीठि सुवर्त अटानि सुं वांधिकै रूप यौ षेल करै रंग राते। तापर धावत है चढिकै न डरात कछू अनुरागन माते। ह्वै इतही उतही अति चंचल रंच न वीच कहूं ठहराते। आवत जात दुहून के चित्त पडै नट लौं कवहूं न अघाते [नर० १९१]

---

[338] तृतीय चरण लुप्त; निम्नलिखित पाठ चतुर्थ चरण का, **वीथिनु मै चली जाति जहां तहां यौं सोहाति चपला ज्यौ चमकि जाइ ताहू सरसाति है।**

[339] डीठि – दीठि - को०वे०; डीठ - शि०स०मु०ह०। वरत – वरति - मि०; वरतु - नी०। वांधी – वाधी - मि०। अटनु – अटनि - को०ह०; टनु - शि०; अटन - स०; अटा - मु०। चढि – चढ - वा०। धावत – धावतु - न०; धावन - वे०; धावति - मु०। डरात – डराति - मि०मु०नी०। इत – इतहि - को०शि०; इतैं - न०मु०; इतै - वे०गा०स०मि०। उतही – उतहि – को०; उतै - न०वे०गा०स०मि०मु०; उत - नी०; उत तें - ह०। चित – चित्त - नी०। दुहुन – दुहुंनि - शि०; दुहुंन - वा०वे०; दुहनि - न०; दुहुनि - मु०; दुहूनं - नी०। के – कौ - शि०वा०; कै - वे०। लौं – लों - वा०गा०स०ह०; लुं - न०; लौ - नी०। आवत – आवति - उ०मि०। जात – जाति - मि०नी०। दोहा लुप्त - पा०मो०भा०। [१९१]

कृष्ण० : इह दोहुन के चित्त लगे हैं, सो परस्पर अपनै अपनै अटान पर सों निसंक देषत हैं। उत कौ मन इत आवत है, इत कौ मन उत जात है, सु सषी सषी सों कहति है –

> **प्रीति पुंज वढे आप आपुनी अटानि चढे निरषे मै आजु जैसे व्यौत वितरत है। और कोऊ जानत न तिनकी अनेक गति छल वल भरे ऐसी ढरनि धरतु है। वांधे डीठि वरत न डरत लगाए टकी नट की सी कला देषौ प्रगट करत है। दुहुन के चित चले आवत हुलसि अति वडेही अधीर होत धीरज धरत है** [नी० १९१] [340]

हरि० : सषी सों सषी वचन। सृष्टि सोई है, वरत, रसरी, आपनी आपनी अटारी सों नायक नायिका ने वांधी है, लगाई है। तापै मन दौरत है, कोई देषत कै देषि लेइगो, तासों नहीं डरत हैं। इहां उहां दंपति के मन आवत आत हैं। किंवा दोऊ की दृष्टि भई एक घर तापै एक नट इहां सो आवत है, दूजो नट उहां सो जात है। डीठि वरत इहां रूपकालंकार, पूर्नोपमा भी है। मन उपमेय, नट उपमान, लों वाचक, आवत जात साधारन धर्म।

— ★ —

झटकि चढति उतरति अटा। नैक न थाकति देह। भई रहति नट कौ वटा। अटकी नागर नेह [१९२] [341]

جہتک چدہت اوترت اتا نیک نہ تہاکت دیہ • بہي رہت نت کو بتا اتکي ناکر نیہ [ظا •
[١٩٢

अन० : उक्ति सषी की सषी सो, नाइका परकीया, नायक क्रियानुभाव ते चपलता संचारी ते पूर्वानुराग व्यंगि, विशेषोक्ति रूपकालंकार।

नर० : चित्त लगन, सषी को वचन सषी सों। हे सषी, नायिका नागरजू के नेह सौ अटकी है, सो अटान पै सितावी सों चढति है अरु उतरति है, पर नैकहू देह थाकत नांही है, ज्यों वादीगर को गोटका ह्वै, त्योंही ह्वै रही है –

> **ऊंची अटा झटकै चढि जात निहार उतै उतरै तै लहै है। नागर नंदकुमार के नेह भली अटकी मिलिवै को चहै है। ऐसे अवै दिषसाध लगी पुनि नैक न थाकति देह कहै है। देषतही नट के कर मै जव आवत जात वटा सी रहै है** [नर० १९२]

---

340 मि० प्रति में इसके स्थान पर अगला उदाहरण है –

नैनन झरोषे आनि दीठन वरत वांधि गाढे सूर जोर ते तनाउ करि राषे हैं। अनमिल्यो तन मिले इन कर भाषति है ऐसे मन मिलिवौ काहू अभिलाषे हैं। नटकी अटकी कहू नट की कला करत ता ऊपर दौरि दौरि दोऊ रस चाषे हैं। वडे वंस वीचि रस रीतिन सौ वांधि राषे चढि उतरति वे तौ उत रत भाषे हैं [मि० १९१]

341 **झटकि – फटकि - को०; झटक - शि०; झमकि - पा०मो०मि०। चढति – चढत - उ०स०मि०। उतरति – उतरत, संशोधन द्वारा 'रति' - उ०; उतरत - स०मि०मु०। नैक – नैंक - उ०स०; नेंक - को०मु०; नेक - वा०नी०; नेकु - पा०; नेंकु - मो०ह०। थाकति – थाकत - उ०मो०गा०स०; थाकी - नी०। देह – देहु - मो०। भई – भै - वा०; भैं - मो०। रहति – रहत - शि०वा०मो०न०वे०गा०स०मु०नी०ह०। कौ – को - को०पा०मो०नी०ह०; के - वे०गा०स०। वटा – वटी - शि०। अटकी – आकी - को०शि०। नागर – नागरि - पा०न०ह०। नेह – नेहु - मो०; देह - गा०। दोहा लुप्त - भा०। [१९२]**

कृष्ण॰ : इह नाइका प्रौढा, नाइका की सोभा देषि आसक्त भई, सो देषिवे को चढति उतरति है। सु याकी अवस्था सषी सषी सो कहति है –

> **कान्हर कौ वदन विलोकिकै विकानी वाल ता दिन ते देषिवे के जतनु करति है। सुरभी चराइ व्रज आइवे की वेर जानि निरवस होति ग्रहकाज विसरति है। सांक गुरजन की निसांक ह्वै न ठाढी रहै छिन इत छिन उत या विधि ढरति है। नट के वटा ज्यौं नटनागर के नेह पागी ऊचे अटा झमकि चढति उतरति है** [कृष्ण॰ १९२]

हरि॰ : सषी वचन नायक सों। हे नागर प्रवीन, तुमारे नेह सों अटकी, लगी, जो है नायिका सो तुमै देषिवे के लिए झटकिकै अटा पै चढति, नहीं देषति है तव झटकिकै उतरति है। नेकु भी देह नहीं थाकै है। नट को वटा भई रहति है। विशेषोक्ति अलंकार। चढिवो उतरिवो कारन तातें कार्ज नहीं भयो, वटा सों नायिका सों रूपक।

— ⋆ —

लोभ लगे हरिरूप के। करी साट जुरि जाइ। हौं इन वेची वीचही। लोइन वडी वलाइ [१९३] [342]

لوبہ لگي هر روپ کي کري سات جور[343] جاي ۰ ہون ائي بيچي بيچہي[344] لوين بدئي بلاي [ظا۰ ١٩٣]

अन॰ : उक्ति परकीया की सषी सो वचन अनुभाव ते पूर्वानुराग व्यंगि समासोक्ति।

नर॰ : पूर्वानुराग, नाइका को वचन सषी सों, हे सषी मेरे नेत्र श्रीहरिजू के रूप के लोभ कै वास्ते आपही जुरि जायकै साट करी, सो वा साट तौ यौंही जरही और वीचही सों मोको इन वेच दई, सो ए नेत्र वडी सी वलाइ है –

> **लोभ लगे हरि रूप के लालची ऐसे न देषे कहूं जग मांही। साट करी जुरि जाइकै नीकेही छैलछवीले की देषिकै छांही। हौ वलि कै इन वेची कहा कहूं वीचही ढीठ अवै वसि नांही। लोयन कोय वडी जु वलाय है मेरेही जीय लियै उहिं जांही** [नर॰ १९३]

कृष्ण॰ : इह नाइका अपने नेत्रन की आसक्ति सषी सौ कहति है –

---

342 लगे – लगें - उ॰वा॰मु॰; लगै - न॰वे॰गा॰स॰; भरे - भा॰; लगैं - ह॰। हरिरूप – हरिरूपु - को॰। के – कें - उ॰; कै - वा॰न॰। साट – सांटि - उ॰; साट, 'ट' में इकार बाद में - को॰; साटि - पा॰न॰भा॰मु॰; सांट - नी॰। जुरि – जुल - को॰। जाइ – जाय - उ॰मु॰ह॰; (लुप्त) - को॰। हौं – हों - को॰शि॰मो॰न॰वे॰गा॰ह॰; हौ - पा॰नी॰; हो - स॰भा॰। इन – इनै - वा॰; ईन - मो॰नी॰; इंन - मु॰। वेची – वेंची - उ॰ह॰; वैची - वा॰। वीचही – वींचिही - उ॰; वीचीही - वा॰; वींचिही - मो॰; वीचहीं - ह॰। लोइन – लोयन - को॰पा॰मो॰वे॰मु॰ह॰; लोइनु - वा॰। वडी – वुरी - को॰। वलाइ – वलाय - को॰मु॰। [१९३]

343 سات جور - ہا جواب - ظا۰

344 بيچہي - ہين - ظا۰

नंदकिसोर की मोहनी मूरति देषतही अति मो मन भाई। तौ लगि लोभ लगे द्रग आगेई जाइ मिले मिलि साटि मिलाई। आपनो स्वारथ साध्यो सवै विधि है इन वीचही वेची री माई। कैसी करौ न कछू वनि आवति नैननि के मत मै तौ ठगाई [कृष्ण० १९३]

हरि० : नायक के रूप देषिकै विवस भई नाइका की उक्ति सषी सों। हरि के रूप के लोभ सों लागै, जुरिकै, मिलिकै साट वाट करी। हम इनै वेचैं हैं, तुम लेहु, ऐसो वचन। साटि को अर्थ। हों इनकी वेची, विकि गई। याते लोयन, नेत्र, वडी वलाय हैं। हम अंगी, प्रधान, नेत्र अंग, अप्रधान, ताते हमै वेची। इहां अर्थाक्षिप्त, दलाल सों रूपक।

— ⋆ —

चिलक चिकनई चटक सौं। लफति सटक लौ आइ। नारि सलोनी सांवरी। नागिनि लौं डसि जाइ [१९४] [345]

چلک چکني چتک سون لپہت ستک لون اي ٠ نار سلوني سانوري ناکن لون دس جاي [ظا٠ ١٩٤]

अन० : उपपति की उक्ति, वचन अनुभाव तें स्मृति संचारी, पूर्वानुराग व्यंगि। उत्तम काव्य। परकीया नायिका। उपमालंकार।

नर० : नायिका की चेष्टा, नायक को वैन सषी सों, या नारि सलोनी सांवरी चिकनाई लिए चिलका करती सितावी सों सटक की नाई आंनकै लफति है और नागिनि की नाई डस जाति है –

है चिलकै चिकनाई भरी अति सोहति है चटकै संग लीने। ए लपकै सट लों छिन आइकै मेरियै देह हलाहल कीने। सांवरी और सलूनी निहारत नारि नई कोऊ रंग नवीने। नागनि लों डसि जाइ अचानक देह भई सुषदुष्ष विहीने [नर० १९४]

कृष्ण० : इह नाइका की सामरी मूरति है, नाइक देषि आसक्त भयो, सो सषी सषी सौ कहति है –

चिलकति चारु चिकनई की चटक भरी चलति लफति जैसे लंक लचकति है। सामरी सलौनी अति लौनी अजौ होनी वैस सोभा सनी सीसमनि सहित लसति है। कुटिल सुभाइ चितवनि प्रेम विष भरी नागिनि ज्यौ इहि व्रजनागरि वसति है। मन कौ डसति अरु तन को लहरि आवै लागत न जंत्र मंत्र अदभुत गति है [कृष्ण० १९४]

---

345 चिकनई – चिकनै - वा०; तनई - भा०। चटक – लचक - वे०। सौं – (अपठ) - पा०; सों - मो०वे०गा०; सौ - भा०मि०नी०। लफति – लफत - मो०वे०गा०स०; लकत - न०। लौ – ज्यौं - को०; लो - शि०; लों - वा०मो०वे०गा०स०मु०ह०; लौं - न०मि०। आइ – आय - को०ह०; अई - मो०; आई - नी०। सलोनी – सलौंनी - उ०न०मि०मु०; सलोंनी - को०शि०वा०मो०वे०गा०स०ह०। सांवरी – (अपठ) - पा०; स्यावरी - मो०; सामरी - भा०। नागिनि – नागनि - उ०को०वा०न०गा०मि०ह०; नागिन - शि०; (अपठ) - पा०; नागि - मो०; नागन - वे०स०। लौं – लों - को०शि०वा०मो०न०वे०गा०स०ह०; (अपठ) - पा०; लौ - भा०नी०। डसि – डसी - शि०; (अपठ) - पा०; डस - वे०स०। जाइ – जाय - को०ह०; (अपठ) - पा०। [१९४]

हरि० : नायक सषी सौं। चिलक चमक है, औ चिकनाई की चटक, चमत्कार सौं आई। जाकी कटि वेंत का सटका, छरी की तरह लफति है, लचकति है, ऐसी नारि सलोनी लावण्य भरी, सो नागनि की तरह डसि जात है। नागिन के डसे सों जो कछु व्याकुलता होति वैसी हमै है। तासौं मिलावौ, यह ध्वनि। नारि उपमेय, नागिनि उपमान, डसिवो धर्म, लों वाचक। उपमालंकार।

— ⋆ —

तो रस राच्यौ आन वस। कहै कुटिल मति कूर। जीभ निवौरी क्यौं लगै। वौरी चाषि अंगूर [१९५] [346]

تو رس راچو ان بس کہي کوتل مت کور • جيبہ نوري کيون لکے بوري چاکہ انکور
[ظا• ١٩٥]

अन० : मानिनी नायिका प्रति सषी दूती की उक्ति। उपालंभ। अर्थांतरन्यास अलंकार।

नर० : मानमोचन सषी को वैन नाइका सों, हे राधे, जो तेरे रस राच्यो है, ताकौ अन्य स्त्री के वस भयो, ऐसो कहै सो कुटिल है, वाकी मति झूठ है, सो कौ दृष्टांत, जिन अंगूर चाषी है, ताकी जीभ कौ निवौरी कैसी लागै –

> **तो रमि राष्यो है आन वधू वस ए नंदनंदन होउगौ कैसे। कूर कुवुद्धि कहौ तो कहौ अहो समुझै ते कहै कुछ ऐसे। जीभ निवोरी कहौ कत लागत यद्यपि वापर पाक भए से। वोरी भई नहिं जानत जानतु आपतै चाष अंगूर लये से** [नर० १९५]

कृष्ण० : यह नाइका के मन मै नाइकु अन्यासक्ति है, यह निश्चै है, सु सषी नाइका सो कहति है, यह भ्रम निवारन करति है –

> **तेरोई ध्यान धरै नंदनंदन काननहू सुनै तेरी कथा है। तो रस रंग मै पागि रह्यो निसिवासर तेरोई रूप सराहै। ताहि तू और सो राचो कहै कहि मोसो हहा मन आई कहा है। वावरी देषि विचारि हिए कोउ दाषहि छाडि निवौरिनि चाहै** [कृष्ण० १९५] [347]

हरि० : सषी वचन मानिनी सौ। तेरे रस सों, राग सों, जो राच्यो है, रंग्यो है, तोसों जो अनुरक्त है, सो आन नायका वस, यह वात तोसों जिनने कही है, सो कुटिल दुषदाई है। कुटिल भाषा में दुषदाई को भी कहिए हैं। मति कूर है, जिनकी वुद्धि में दया नहीं, ऐसों प्यार मैं क्यों विगार कराइए। हे वौरी,

---

[346] तो – तौ - न०मु०। राच्यौ – राच्यो - को०मो०वे०मि०; राचो - भा०; राच्यौं - नी०। आन – आंन - उ०शि०वा०न०स०मु०; आनि - मो०; अन - ह०। वस – रस - शि०वा०; वसि - मो०। कहै – कहत - मो०; कह्यौ - न०गा०स०ह०; वह्यो - वे०; कहे - मि०। कुटिल – कुटल - न०स०मि०। कूर – कुर - वा०स०। जीभ – नीव - नी०। निवौरी – निवोरी - उ०वा०गा०; नीवोरी - को०स०; नवोरी, 'न' में इकार बाद में - मो०न०; नवोरी - वे०; नुवौरी - भा०; नवौरी - मि०; नींवोली - मु०। क्यौं – कौ - शि०; क्यों - मो०वे०; क्यौ - भा०मि०नी०। लगै – भषें - मो०; छुवै - नी०। वौरी – वोरी - को०शि०वा०न०वे०गा०स०मु०; वोरौं - मो०; चौरि - भा०। चाषि – चाष - स०। अंगूर – अगूर - को०मि०; अंगार - मो०। दोहापाठ अपठ - मो०। [१९५]

[347] छाडि निवौरिनि चाहै – षाय निवोरि सिराहै - मि०।

विच्छिप्त, अंगूर चाषिकै निवोरी नीठि के फल सों जीभ क्यों करि लगै, आसक्त होए। तू श्रेष्ठ औ निकृष्ट, ए सामान्य वात कहि विसेष वात सों पीछे पुष्टि कीजिए। अर्थांतरन्यास। सामान्य ते विशेष जव तहां अर्थांतरन्यास।

— ★ —

जुरे दुहुन के दृग झमकि। रुके न झीने चीर। हलकी फौज हरौल ज्यौं। परत गोल पर भीर [१९६] [348]

جوري دوہون کے درک جہمک روکے نہ جہینے چیر • ہلکي پہوج ہرول جون پرت کول پر بہیر [ظا • ١٩٦]

अन० : पूर्वानुराग सषी की उक्ति सषी सो, लच्छिता साक्षात दर्शन, दृष्टांत अलंकार।

नर० : सषी को वचन सषी सों। हे सषी, दोनू के नेत्र झीने चीर तै रुक सकै नहीं, झमकिकै जाइ मिलैं। सो कैसी परै कि ज्यों लराई के विषै हरोल की फौज हलकी ह्वै तौ गोल परि भीर परै, त्यौं –

स्याम मिले उहि ठौर अचानक वैठे हुते सव गोकुलही के। ए द्रिग आइ जुरे हैं दुहून के कै झलकै मन भावत ही के। क्योंहू रुकै नहिं चीर झीने महि दुल्लह कै इत है दुलही के। ज्यों हलकी अति फौज हरोल की भीर परै सव गोलनही के [नर० १९६]

कृष्ण० : इह दोउन के नेत्र घूघट की ओट पेलिकै मिलि गए हैं सु सषी सषी सों कहति है –

वैठी अलीगन मै नवनारि अचानक आयौ तहा वनवारी। लाल की दीठि वचाइवे कौ मुष घूघट ओट कियो न निहारी। नैन सो नैन उमंगि मिले न रहे पट ओट कितो पचि हारी। रोकि सकै न हरौल की फौज ज्यों गोल पर आनि परै भरु भारी [कृष्ण० १९६] [349]

हरि० : सषी सों सषी वचन। झमकि को अर्थ इहां सितावी लीजिए। सितावी करि दुहुन के नेत्र जुरे, मिले, झीने चीर सों रुके नहीं। जैसे हरौल की थोरी फौज होय तौ गौल की फौज जो है वडी फौज, तापर भीर परै है। नायका की ओर घूंघट हरौल है, नायक की ओर हरौल कौन, नायिका की आंषि पातसाही फौज, नायक के नेत्र दषिनी जानिए। हरौल की रीति नहीं, इहां दृष्टांत अलंकार जानिए। जहां एक वात मैं एक वात की छाया परै भाव विंव प्रतिविंव को दृष्टांत सु है नाम।

348 दुहुन – दहुन - उ०को०; दुहुंन - शि०; दुहौंन - वा०; दुहुनि - न०ह०; दुहून - वे०; दुहूं - गा०; दुहूंनि - मु०; दुहुनु - नी०। के – कै - शि०; कें - गा०। दृग – द्रग - भा०मि०नी०। रुके – रुकै - शि०; रुकें - वा०मु०। झीने – झीनै - उ०शि०वे०नी०; झीनें - वा०मु०; झीनैं - न०स०; झींनै - मि०। हलकी – हलुकी - उ०पा०भा०मु०नी०ह०; हलफी - वे०। फौज – फोज - उ०को०वे०; फोंज - मो०। हरौल – हरोल - को०वा०मो०वे०स०; हलोल - शि०। ज्यौं – ज्युं - को०; की - शि०गा०स०भा०; ज्यौ - वा०मि०; ज्यो - पा०; लों - मो०; कि ज्यों - वे०। परत – परी - उ०; परैं - को०; परै - न०वे०गा०स०; परति - भा०मु०नी०। गोल – गौल - न०गा०। पर – परि - मो०स०। [१९६]

349 मु० में प्रथम चरण का पाठ यह है, '**वैठी अलीगन मै नवनागरि आयो तहां चलि प्यारे विहारी**'; चरणों का क्रम ३ – २ - मु०।

— ★ —

केसर केसर कुसुम के। रहे अंग लपटाइ। लगे जानि नष अनषुली। कत वोलति अनषाइ [१९७] [350]

کیسر کیسر کوسم کي رہي انک لپتاي • لگي جان نکہ انکہولي کت بولت انکہاي [ظا•
[۱۹۷

अन० : उत्तमा सषी की उक्ति नाइका प्रति। अवहित्था करि चिह्न नायक के छिपावति है। अलंकार अपन्हुति।

नर० : अन्यसंभोगदुःषिता। राधा को वचन अन्य स्त्री सों। हे अस्त्री, तू अनषात है, सो तेरे हिए केसर कुसुम की माल पहिराई है, सो तो वरावरी करिकै अंग तै लपिटाइ रही है, पर ए नष लागे हैं, सो तो अनषुली, कली से, जानियत है, सो तातै क्यों अनषात है –

केसर फूल के केसर अंग रहै लपटाइ इहै छवि लीने। जानत यूं अपने चित भीतर ए नष और वधून के दीने। यों अकुलाइ किती विललात कहा भयो तोहि भई न नवीने। वोलत क्यों अनषाइ अली कहै काहे को होत अवै हितहीने [नर० १९७]

कृष्ण० : इह नाइका परकीया भूत सुरतगुप्ता नाइका को वचन सषी सौ। जो नाइक के प्रत्यक्ष सषी नाइका सो कहै तो षंडिताहू संभवै –

तोहि तौ वानि परी अनषैवे की ऐसेई क्यौं सतराहठ ठानै। कीजियै तो निरधार कछू किधौ भौह चढाइकै वोल वषानै। केसरि सो उवटो तन सो कहू केसरि ह्वैकै रहै लपिटानै। आउ री तोहि दिषाउं नजीकह्वै वावरी तै वे नषच्छत जानै [कृष्ण० १९७]

हरि० : सषी वचन षंडिता सों। केसरि जे कुसुम फूल ताके केसर किंजल्क सो अंग में लपटाय रहे हैं। तू नायिका के नष लगे जानिकै अनषली पाठ में गोस्सा वाली कोपना जानिए। अनषुली पाठ में वात षोलिकै प्रकासिकै तू नहीं कहति है। कत, क्यों, वोलति है। अनषाय, सक्रोध केसरि लगी कहै से पीसी केसरि की प्रतीति होती। केसर कहे इहां अधिक पद दोष नहीं। भ्रांत्यापन्हुति।

— ★ —

350 केसर केसर – केसरि केसरि - उ०पा०; केसरि कैशर - न०; कैसर केसर - वे०; कैसर कैशर - गा०; केशर केशरि - भा०; केसरि केसर - नी०। कुसुम – कुशुम - भा०। के – कै - वा०; कर - नी०। रहे – रहै - न०गा०स०। अंग – अंगु - मो०। लपटाइ – लपटाय - को०मो०ह०; लपिटाइ - भा०नी०; लिपटाय - मि०। लगे – लगें - वा०; लगै - न०गा०स०। जानि – जांनि - उ०न०वे०गा०मि०; जांन - स०मु०। अनषुली – अनुषली - उ०; अनलषी - को०; अनषली - शि०मो०मु०ह०; ली - वा०; (अपठ) - पा०; अनुषुली - न०। कत – कित - पा०मो०मि०। वोलति – वोलत - को०शि०पा०मो०न०गा०स०मि०मु०नी०ह०; वोल - वे०। अनषाइ – अनषाय - को०मो०मि०ह०; अनष्याइ - वा०। [१९७]

दृग मिहचत मृगलोचनी। भर्‌यो उलटि भुज वाथ। जानि गई तिय नाथ के। हाथ परसही हाथ [१९८] [351]

درک مہچت مرک لوچني بہریو اولت بہوج ناتہ ٠ جان کئي تی نانہ کے ہاتہ پرس ہیں ہاتہ [ظا٠ ١٩٨]

अन० : सषी की उक्ति सषी सो, नाइका को परिहास, नाइक को वितर्क, काव्यलिंग अलंकार।

नर० : मिलन लीला हाव, सषी को वचन सषी सों। हे सषी, मृगलोचनी के नेत्र मीचतांई भुज उलटिकै वाथ मैं भर्‌यो, सो तिया हाथ के परसनै तैंई जानि लियो कि नायक के हाथ हैं –

> **वा मृगलोचनी के दृग को निहचै तैं वडे इक भेद कियो है। लै उलटाइ भर्‌यो भुज वाथ सौं नारी नवोढ को ऐसो हियो है। जानि गई इह नाथ के हाथ छुए जव हाथन कोउ वियो है। केलि ककै इह भांति अनेक उनै सुष दै पुनि आप लियो है** [नर० १९८]

कृष्ण० : जाति वर्णन सषी को वचन सषी सो कहै है –

> **वैठी हुती व्रषभानकुमारि अचानक आयौ तहां गिरिधारी। प्यारी कै लोचन मीचि लए उनहू भुज लौटि भरी अकवारी। पीतम के कर के परसे उमग्यो उर आनद वुद्धि विचारी। याही ते वा मनभावन को पहिचानि हसी जु विचच्छन प्यारी** [कृष्ण० १९८]

हरि० : सषी सो सषी कहति है। नायक पीछे सों आय नाइका की आंषि मूंदी। नायक जव नाइका के दृग को मीचत है, मूंदत है, ता समै मृगलोचनी ने भुज को उलटिकै नायक को वाथ मै, अंकवारि मै धर्‌यो। तिय नाथ के हाथ के परसही सों नाथ को हाथ है, या वात जानि गई। किंवा हे सषी तू या लीला तें जानि जानौ सुनौ यह अर्थ। नाथ के दृग को मृगलोचनी मीचति है, नायक के भुज को उलटिकै वाकौ सरीर वाथ में, अंकवारि मै धर्‌यो। हाथ सों नाथ को परसिकैही हियो, मन, ताको हाथ करि आपनो वस करि, यह भाव। तिय गई किंवा तिय गई छोडायकै। नायक के हाथ को भयो है नायिका को परस, तासोंही हृदय सों हाथ को लगावै है, धन्य तू हाथ है। जासों आसक्त होत है, तै वाके हाथ को परसै हैं। दे गई महा रतिहारे तरवानि मांझ वाके करपल्लव की पोरें पकरत है। नैननि सो लाय उर लाय करै हाय हाय वार वार नाइनि के पाइनि परत है। मृग सों लोचन तो संभवै नहीं। मृग को नेत्र उपमान को है नहीं। लच्छना करि मृग शव्द करि, मृग नेत्र जानिए है। मृग कौ नेत्र जो विसाल नेत्र, सुंदर नेत्र है, जाको से वाचक नहीं है, विसाल सुंदर साधारन धर्म नहीं है। उपमान वाचक धर्मलुप्ता उपमालंकार।

[351] दृग – द्रिग - न०वे०गा०स०मु०; द्रग - भा०मि०नी०। मिहचत – मींहचत - को०; मीहचत - शि०; मींचत - वा०मो०ह०; मीचत - पा०गा०स०; मेहचत - न०; चत - वे०; मिंहचति - मु०। मृगलोचनी – म्रगलोचनी - मि०नी०। भर्‌यो – उलटि - उ०को०शि०; उलट - वा०; धर्‌यो - पा०; भरौ - न०; भरयु - गा०मु०; भरे - भा०मि०; भरै - नी०; धर्‌यौ - ह०। उलटि – भर्‌यौ - उ०शि०; भर्‌यो - को०वा०; उलट मृग - वे०; उलट - गा०। जानि – जांनि - उ०शि०वा०मु०; जांन के - वे०; जान - गा०; जांन - स०। गई – गै - को०वा०न०; गईं - मो०; गये - वे०; गए - गा०स०। तिय – लीई - शि०; प्रिय - नी०। नाथ – नाथि - शि०। के – को - को०मो०; कै - शि०वा०मु०। परसही – परिसही - को०; परसहीं - मो०न०; परसिही - मु०; परसीही - नी०। [१९८]

— ⋆ —

वडे न हूजै गुनन विनु। विरद वडाई पाइ। कहत धतूरे सौ कनक। गहनो गढ्यौ न जाइ [१९९] [352]

بدي نہ ہوجت کنن بن برد بدائي پاي • کہت دہتوري سون کنک کہنون کدہون نہ جاي [ظا• ۱۹۹]

अन० : कवि की उक्ति, अन्योक्ति दृष्टांत को संकर। कहत जहां कछु ओर कों होत ओर उपदेस। तहां अन्योक्ति कहत हैं पंडित सुकवि सुदेस॥

नर० : अन्योक्ति। कवि विहारीदास कहत हैं, रे नर जो विरुद की वडाई पायकै वडो कहायौ सो गुण विगर वडो ह्वै नांही, सो कैसी परै कि धतूरो कनक कहि वुलावत है पर गहणो गढया जाय नांही, त्यौं–

> **आप वडे नहिं हूजियै कैसे विना गुन काज न कोऊ सर्यौ है। नाम की और वडाई कौ पाइकै आपने पेट न पूर्यो भर्यौ है। ए सव लोक कनक्क धतूरे कहै तो कहा कछु काम कर्यौ है। भूषन होइ नहीं कवहूं इह नाम अकारथ आइ पर्यौ है** [नर० १९९]

कृष्ण० : इह प्रस्ताविक –

> **वडौ जो वनायो जगदीस सो वडोई ह्वैहै ताही सव जगु चाहै आदरु वढाइकै। कहै कविकृष्ण वहु तैसोई लहत मोल कंचन कौ देषौ क्यौ न कैयौ वेर ताइकै। छोटो जो पै वडे गुन विन यौंही वडो होत नाउ की वडाई महिमंडल मै पाइकै। तो पै वह कनक धतूरोई कहावतु है क्यो न पहिरतु कोऊ गहनो गढाइकै** [कृष्ण० १९९]

हरि० : गुननि विना वडे नहीं होत हैं। विरद की वडाई पायकै, जैसे भगवान कौ पतितपावन विरद है। धतूरा कौ कनक कहत हैं, पै यह नाम नही गढ्यो जात है। अर्थांतरन्यास।

— ⋆ —

[352] हूजै – हूजतु - उ०न०गा०; हुज्यों - को०; हुजै - शि०; होजै - वा०; हूजे - मो०नी०; हूजत - वे०स०मु०। गुनन – गुनह - को०; गुननु - वा०मो०न०गा०; गुनै - पा०; गुन - भा०; विनु - नी०; गुननि - ह०। विनु – विन - शि०वे०स०मि०; विना - भा०; गुननु - नी०। विरद – विरुद - शि०वा०वे०गा०स०मु०। पाइ – पाय - को०ह०; पांई - मो०। कहत – कनक - को०भा०; कहित - स०। धतूरे – धतुरो - वा०; धतूरन - न०; धतूरै - वे०; धतुरे - मि०; धतूरा - मु०। सौ – सौं - उ०वे०मि०; सुं - को०; सो - शि०पा०। कनक – कहत - को०भा०; कनकु, उसी क़लम से हाशिए पर - मो०; कनकु - नी०। गहनो – गहनौं - उ०नी०; गहनौ - शि०न०गा०मि०ह०; गहिनि - मो०; गहनों - मु०। गढ्यौ – गड्यो - को०; गढ्यो - वा०वे०; गंठा - पा०; गठो - मो०; गढो - भा०; गढौ - मि०; घड्यौ - मु०। जाइ – जाय़ - को०ह०; जाई - मो०। [१९९]

परिशिष्ट :

नर० समूह की प्रतियों में [०९४] के पश्चात् निम्नलिकित पाठ अधिक है –

सिसुता अमल तगीर सुनि। भए और मिलि मैन। कहा होत है कौन के। ए कसवाती नैन॥ [353]

नायक की उद्वेगदसा नेत्र सोभा सषी को वैन नायक सौं। हो कान्ह ए नैन पहिलै तौ सिसुता क० वालक तिनके सषाई हुते सो अव सिसुता कौ अमल तगीर हुऔ जानकै अरु मैन सों मिलकै औरही ह्वै गए, सो मै कहत हों ए नैन कसवाती है सो क्यों कसवाती कहियै, सिपाई काहू को ह्वै नहीं, त्यों ए नेत्र काहू के नाही ह्वै –

आमिल देह मैं होत तगीर सुन्यौ सिसुता कौ तवै सकुचानी। आवत जोवन के अपतालिय लाली अलोप महासुषदानी। एक सवाती या होत न काहूकै मैन से नैन मिले सुष सानी। सूधी चितोनीय देषत सो अव वंक विलास तिया सरसानी [नर० ०९८] [न० ०९६]

— ⋆ —

353 भए और मिलि मैन – और सुनि मेंन - गा०; मैन मिलि और - न०; और मिल मैंन - स०। कहा – कहौ - न०; कहो - वे०; कहूं - स०। कौन – कोंन - वे०स०। नैन – नेंन - वे०; नैंन - स०। दे० क०र० अधिक दोहा १४३।

संपादकीय

§ [००१] दोहा पाठ के लिए देखें पृ० १७।

§ [००२] उ० प्रति में 'स्तन' का 'स्त' पाठ अस्पष्ट होने से संदिग्ध है। 'तन' अनुप्रासपुष्ट तो है ही, अर्थ दुरूह होने से भी ग्राह्य है।

'स्तन' का 'तन' ستن में 'ते' और 'सीन' की टेढ़ी लकीर को मिलाकर पढ़ने से संभव है। अर्थ की दृष्टि से भी 'तन' को बढ़ती देने की अपेक्षा शरीर के अंग विशेषों की वृद्धि यौवनागम से समय अधिक संगत मानी जाएगी। 'तन' राजस्थानी में 'स्तन' के अर्थ में खूब प्रचलित है। दे० 'थण' **पाइअ०** पृ० ४४७ तथा **Turner** 13666.

कृष्ण० के उदाहरण सवैया का अंतिम चरण 'नैन उरोज नितंवनि कौ अपने गनिकै वढवारि दई है' में 'वढवारि' 'बढ़ावा के अर्थ में प्रयुक्त होने से समस्त पद है – अगले दोहे के उदाहरण में भी इस शब्द का प्रयोग मिलता है – 'नैननु की वढिवारि लषै चित चातुरी की उमगी अधिकाई।'

§ [००३] 'होडाहोडी' के स्थान पर 'होडीहोडा' न होगा। 'होडी' तो मुखसुख के लिए है! मुहावरे में प्रायः सर्वत्र 'आ-ई' होता है - 'बदा-बदी', 'चला-चली', 'देखा-देखी' आदि। अर्थ वही है जो 'वदा-वदी' का। 'आ-ई' क्यों? उच्चारण स्थान के कारण। 'अ' कंठ्य स्वर है; 'इ' तालव्य अतः उच्चारण सुविधा इस क्रम में है; 'इ' 'अ' में पिच्छल चलने के समान दुरूहता। क्रमशः 'अइ' तथा 'इअ' का उच्चारण करें, स्पष्ट हो जाएगा।

बिहारी के सिर पर 'कठिन काव्य के प्रेत' की परछाईं सवार न होती तो उन्होंने 'वदावदी में वढि चले' ही लिखा होता; दोहरे-तिहरे दग्धाक्षरों का लठमार 'होडाहोडी' नहीं! कहते हैं, बिहारीदास पुत्र थे, केशवदास के। इतिहासकार इस विषय में दूर-दूर की कौड़ी लाए हैं – व्यर्थ ही![1] रक्तसंबंध की अचूक पकड़ आधुनिक विज्ञान दे देता है DNA परीक्षण से, भाषा वैसे ही अकाट्य प्रमाण दे रही है!

§ [००४] तु० 'लाजपट' देव –

> **लाल गुनजाल परे लोयन षंजन ललकत वल करिकै पलक पषियनि को। प्रेम कीं कसौटिन सो हेम सो कसत कुलनेम न रहतु लोकलीक लषियनि को। भौहें विदुरावत दुरावत वनै न डीठि फासी भयो हासी को समूह सषियनि को। राषै अव लाजु अव लाजपटु भेरो तऊ करै वटपार भट भेरो अषियनि को** [जय० २-१०]

'लाजचादर' मधुरकंठ श्रीपति मिश्र में खूब आया है –

---

[1] **क०बि०** पृ० ३१५।

जल भरे झूमै मनो भूमै परसत पाइ दसहू दिसान घूमै दामिनी लए लए। धूमधार धूसरित धूम से धुधारे कारे धुरवान धारे धावै छवि सों छए छए। श्रीपति सुजान कहै घेरि घेरि घहराहि तावत अतन तन ताव ते तए तए। लाल विन कैसे लाजचादर रहेगी मोहिं कादर करत आइ वादर नए नए [**श्री० १५**]

कादर करत वीज आदर धरत लाजचादर हरत सषी धीरजनिधान की। वहत समीर धीर दहत सरीर नीर लहत गंभीर पीर रतिपति वांन की। रतियां झनक लाई छतियां उमग आंई पतियां न पाई प्यारे श्रीपति सुजान की। ग्यान लरजन विरहागि सरजन हिय प्रान तरजन गरजन वदरान की [अ० १६]

लाजपट या लाजचादर हिजब [2] के अर्थ में समस्तपद होगा, 'लाज पट' अथवा 'लाज चादर' से अर्थ स्पष्ट नहीं होता।

§ [००५] उपज्यौ – 'अ' पर 'उ' - उ०; उपज्यो - को०चौ०न०; उपजो - र०, **اوپجو - ظا**। 'अ' पर 'उ' संशोधन फ़ा० अलिफ़ वाव से उत्पन्न भ्रम है!

'देह' तु० देव –

तलप सुहाती पी की तलप सु हाती जी की तलप अलप जाती प्रान सुष पावते। रैनि महाकलप कलपतरु ह्वैकै संकलप विकलप देव कलप वुझावते। नेह विनु देह दीपवाती सी थिराती विरहागिनि धुवाती करु छाती छिनु छ्ववावते। चैत उतपाती उत पाती झरै झार प्रीतिपाती की त्रपाती जो क्रपाती आपु आवते [**सुष० ७०२**]

§ **सालति है नटसाल सी क्योंहूं निकसत नांहिं। मनमथ नेजा नोक सी खुभी खुभी चित मांहिं।** [००६]

سالتہی نتسال سی کیونہون نکست ناںہہ ۰ منمتہ نیجانوک سی کہوبی کہوبہی چت ماںہہ [۰۰٦]

नांहिं – मांहिं ناںہہ - مَاںہہ

षुभी : कानों में पहिनने का लौंग के आकार का गहना होता है। तु०

मुष तमोर तन चीर कुसुंभी। कानन कनक जराऊ खुंभी। **पदमावत** ३८-२; पहिरे खुंभी सिंघलदीपी। जानहु भरी कचपची सीपी। **पदमावत** ११०-५।

§ **वहके सव जिय की कहत। ठौर कुठौर लषै न। छिन औरै छिन और से। ए छवि छाके नैन** [००९]

'जी की' के विभिन्न पाठ भेदों से प्रगट होता है कि मूल पाठ पर संशोधन किया गया, 'जी' का 'जिय'। उ० प्रति के 'जीव' में वह बचा हुआ है।

---

[2] حجب Veiling, intervening, precluding. **Steingass** p. 412.

§ [०११] तीसरी यति में अनुस्वार का स्पष्ट उच्चारण करने पर ही दोहा मात्रा पूरी होती है! वर्तनी - 'भौंर' = بہونر भोर = بہور

'तूटी' न० तथा गा० में! यह चौ० का पाठ है, तथा **बि०र०** में बि०कुं० का!

§ [०१५] 'हरषु है ए दोनु', 'देषीयै कि इहि' 'महाभारथ' 'साथि भए' न० तथा गा०स० में वर्तनी तक एक समान है!

§ **झीने पट में झिलमिली। झलकति ओप अपार। सुरतरु की मनों सिंधु में। लसी सपल्लव डार** [०१६]

جہيني پت مين جہلملے جلكت اوپ اپار - اور كى منون سنده مين لسے سپلو دار [ظا٠ ٠١٦]

लसी - उ०नी०; लसै - को०चौ०; लसत - र०; लसैं - ह०।

लसी لسى का लसै لساى !

'झुलमुली' के बगल में 'कर्ण भूषण'; 'सपल्लव' के ऊपर 'पलव लहत डार' - उ०। सपल्लव - उ०को०चौ०; लपल्लव - नी०;

निश्चित नहीं कि इसे यों लिखा गया था, सपल्लव – लपल्लव سپلو - لپلو कि इस प्रकार سپلّو - لپلّو दोनों ही स्थितियों में यह विकृति फ़ा० लिपि के कारण नहीं, अपितु लिपिक के कानों में 'ल्ल' की पूर्वप्रतिध्वनि से हुई है।

'झीने पट मैं झलमली' –

جِهلمَلى : - كان كَے ايک ذيور كا نام - اردو مو، نث ، متروک ٠ ٥٨-٤

'झ?लमिली' फ़ा० मूल की हिज्जे करते हुए मात्रा की अटकल लगाने से हुई है –

جہلملي : ١ جہلملَے ٢ جہُلملَے ٣ جہِلملَے ٤ جہُلمُلَے

'सुरतरू क० कल्पवृक्ष' के आगे गा०स० का पाठ, 'तिनकी डार की पल्लवां सी सोभत है याकौ विचार सिंधु सो तौ स्वेतपट कल्पवृक्ष सो झुटना अरु डार संयुत पल्लवां सो पतडी'।

§ [०१७] गहि – कहि, 'क' के ऊपर दूसरी कलम से 'ग' - उ०।

फ़ा० كہى - ک में گ का भ्रम!

गहि كہي फांसी پہان سي

§ [०१९] 'सुफल' का 'सफल' भेद राजस्थानी लेखन में मात्रा 'स' के दाईं ओर, 'फ' के समान लगने से, भ्रमवश संभव है। 'सुमन' तथा 'सुफल' अनुप्रासपुष्ट हैं, साथ ही भंगपद श्लेष, 'सु मन' 'सु फल' में 'सु' 'सो' के अर्थ में भी।

§ **जम करि मुह तर हरि पर्‌यौ। इहि धरि हरि चितु लाउ। विषयतृषा परिहरि अजौं। नरहरि के गुन गाउ** [०२१]

جم کر مُنہ ترہرپریو یہ دہرہرچت لاو • بکہے ترکہا پرہر اجون نرہرکے کون کاو [رظا• ۰۱۳]

'रत्नाकर' जी की व्याख्या का एक अंश अपर्याप्त ही नहीं, अशुद्ध भी है -

> जम-करि-मुँह-तरहरि ... तरहरि = नीचे। धरहरि = निश्चय। (अर्थ) - [तू] यम-रूपी हाथी के मुँह के नीचे पड़ा हुआ है, इस निश्चय पर चित्त लगा और ...[3]

प्रायः इन्हीं शब्दों में अन्य प्राचीन टीकाकारों ने भी इसे व्याख्यायित किया है। एकाध की बानगी लें -

> 'कालरूप हाथी कैं मुंह नीचै हरि पर्‌यौ, क० सर्व वलहीन पर्‌यौ है।' - मान०; 'जमरूपी जौ हाथी है तिनकै मुह आगै तिसल पर्‌यौ है' - नर०; 'जमराज महागजराज के आंननि आथ अवै तर हार पर्‌यौ है' - नर०।

'तर' अथवा 'तल' का अर्थ नीचे मानने में कोई आपत्ति नहीं। लेकिन इसमें जुड़ा हुआ 'हरि' या 'हर' [4] और क्या नवीन अर्थ इसमें जोड़ता है, मेरी बुद्धि से परे है। दोहा-जैसे लघु आकार के छंद में एक निरर्थक पद हो तो उसे कवि के फ़ूहड़पन का द्योतक माना जाएगा।

लगता है, 'रत्नाकर' जी ने प्राचीन टीकाकारों का बहुमत स्वीकार करते हुए इस प्रयोग के साथ उचित न्याय न किया। चाहे हाथी हो या कि यम ही, वह दंडनीय को हड़प तो नहीं कर जाता है!

मुझे तो यह दूरान्वय से प्रेरित प्रयोग लगता है। यम के साथ प्रसिद्ध 'द्वार', 'दाढ़' या 'मुँह' है। जम या कालमुख, व्याघ्र मुख अन्यत्र देव आदि में भी मिलता है।[5] इसी अर्थ में हरि। यहाँ बल यम पर न होने से उससे तुल्य 'करि' (करिन् - हाथी) तथा 'हरि' (सिंह) से संदर्भित रूपक है। 'हरि मुह पर्‌यो' किंवा 'करि (पद) तर पर्‌यो' अधिक संगत है।

'रत्नाकर' जी ने आगे 'धरहरि' को समस्त पद मानते हुए इसका अर्थ किया है, 'निश्चय'! उनकी पूरी अर्थ विवृति ध्यान देते हुए पढ़ें, '(तू) यम-रूपी हाथी के मुँह के नीचे पड़ा हुआ है, इस *निश्चय पर* चित्त लगा,' इस व्याख्या को एकाधिक बार पढ़ने पर भी इतने छोटे से वाक्य में एक यही शब्द 'निश्चय' असंगत क्या, बेतुका दिखलाई देता है - हाथी के मुँह के नीचे पड़ा है, इस निश्चय पर!

अन्य टीका लेखकों को देखें। मान० ने 'धर' का अर्थ 'धरती' करते हुए 'या धरती पर्‌यौ' व्याख्या की है। 'सो कैसी धरि कि विषय की जो तृष्णा है' नर०। 'ऐसे काल करिकै पर्‌यौ तू मुहतर हरि कृष्ण कहै यह धर हरि चित लाउ रे।' कृष्ण०। 'यह बात मन मै धारन करिकै' हरि०।

अनुप्रास युक्त पद 'अ-ऐ' है, रहरि। नरहरि में अनुप्रास श्लेष है, भंगपद।

'अरि' का अनुप्रास संपूर्ण दोहे में गुंजायमान है, फिर भी वर्तनी भेदों में 'अरि' - 'अर' का भेद क्यों, इसकी विवृति के लिए ऊपर उद्धृत दोहे का फ़ा० रूप, ज़ा० प्रति का, ध्यानपूर्वक पढ़ लें।

---

[3] **बि०र०** पृ० १५।
[4] तरहर - क्रि० वि० [हि० तर + हर (प्रत्य०)] तले। नीचे। - **हिं०** पृ० २०२८।
[5] देव मुनि सूरजन सूरज न सोम रहै जीवजाल तीनिकाल कालमुष होमै है [चित्त० १-९]

'धरि' - 'धर' की विडंबना में पड़े हुए अन्य लेखकों के समान 'रत्नाकर' जी ने पोथी प्रमाण से पाठ 'धर' रखा, तो कोई बात नहीं, उपलब्ध पाठ के आगे उनकी लाचारी रही होगी मगर इसके बाद 'हरि चित लाउ' तो इतना स्पष्ट है, कि निद्रावस्था में भी कोई व्यक्ति यहाँ से 'हरि' को उठाकर 'धर' से जोड़ेगा, यह सोचा तक नहीं जा सकता!

बलिहारी तो है इस शब्द की व्याख्या! 'धरहरि – संज्ञा स्त्री० [सं० धैर्य?] दृढ़ विश्वास। निश्चय।'[6]

आगे पदभंग ही नहीं, वर्तनी में नासिक्य चिह्न तक एक समान होने से अर्थ का उद्‌गम भी **बि०र०** से मानना अनुचित न होगा। इस जैसा बेसिर-पैर का शब्दप्रयोग किसी दूसरे कवि में न मिलना तनिक भी आश्चर्यजनक नहीं! क्यों न हो, जैसे चीकट पर चीकट की परत चढ़ती जाती है, कुछ ऐसी ही दशा **हिंदी शब्दसागर** की है!

'परिहरि' क्रिया अधीनस्थ 'विषयतृषा' संज्ञा को, सार्थकता प्रदान करने के लिए, टूटने न देगी।

लावु - गावु - उ० प्रति ही में हैं, क्योंकि फ़ा० मूल से नागरी प्रति तैयार करने वाला अनाड़ी लिपिक كاؤ वाव का लिप्यंतरण पेश सहित 'उ' नहीं, उससे रहित 'वु' कर रहा है!

पाठांतरों पर ध्यान दें तो प्रगट होगा कि प्रायः सभी पाठभेद फ़ा० लिपिजन्य हैं। नागरी पाठ के आगे, नागरी पाठ के क्रम में, पारसिक अक्षरों में वही पाठ दिया जा रहा है –

तर – तरि - تر - ترِ हरि – हर ہر - ہرِ पर्‌यौ – परो – पर्‌यो پرو धर – धरि دہر - دہرِ
हरि – हर ہر - ہرِ लावु – लाउ – लाइ لاو - لاوُ - لائِی त्रिषा – त्रषा – तृषा ترکہا - ترکہا - ترِکہا
परहरि – परिहरि – परिहर – परहर پرہر - پرِہر - پرہرِ - پرِہرِ नरहरि – नरहर نرہر - نرہرِ गावु – गाउ गाओ كاؤ - كاوُ - كاُ

अधिकतर नस्तालीक़ चिह्नों के अभाव में मात्र इकार तथा उकार के द्योतक ज़ेर, पेश और हमज़ा के प्रयोग से ऊपर के वर्तनी भेद व्यक्त किए गए हैं।

§ [०२२] महाउर, 'र' के नीचे 'उ' की मात्रा बाद में - उ०; महावर - को०चौ०र०मु०गा०न०ह०; महाउर - नी०।

> पहली तथा दूसरी प्रतियों के अनुसार यह शब्द उकारांत ठहरता है, और चौथी तथा पाँचवीं प्रतियों के अनुसार अकारांत। हमने पहली तथा दूसरी प्रतियों का अनुसरण करके इसको उकारांत रक्खा है।[7]

वस्तुतः अंतर है, 'उ' तथा उसके स्थान पर 'व' का! वह कैसे?

महावर = مہاور महाउर = مہاوُر

---

[6] **हिं०** पृ० २४३४।

[7] **बि०र०** पृ० १५।

§ [०२४] तुकांत पर फ़ा० लिपि का प्रभाव। ज़ा० : لجَاي - پَاي ; मुसकाय مسکَاي· मुसिकाय مُسِکَاي मुसिकाइ مُسِکَائِ

बिहारीदास के दोहे से तुलनीय –

त्वं मुग्धाक्षि विनैव कञ्चुलिकया धत्से मनोहारिणीं लक्ष्मीमित्यभिधायिनि प्रियतमे तद्वीटिका संस्पृशि। शय्योपान्त निविष्ट सस्मितसखीनेत्रोत्सवानन्दितो निर्यातः शनकैरलीकवंचनोपन्यासमालीजनः॥ २७ ॥ अमरुक।

अर्थात् हे मुग्धलोचने प्रिये, बिना कंचुकी धारण किए हुए तुम अद्भुत शोभाशाली लगती हो! ऐसा कहते हुए प्रिय ने जैसे ही उसके कंचुकी बंध को हाथ लगाया, प्रिया का नेत्र संकेत पाकर, उसकी सखियाँ बहाने बना-बनाकर वहाँ से चल दीं।

§ [०२६] तुलनीय श्रीपति मिश्र –

फूल फदो फुफुदी के फुदा फिरि नाभिकुवा मह जाइ धसो है। लेजु रुमावलि को गहिकै कुचभूधर ऊपर ह्वै विलसो है। ह्वा ते चलो पिय श्रीपति को मन ठोढी के गाडहु ते निकसो है। गाल के गाड परो न रहो तह कारी लटै अहिवाल डसो है [स० १०-५४]

§ **कुचगिरि चढि अति थकित ह्वै। चली डीठि मुह चाड। फिरि न टरी परिए रही। परी चिवुक की गाड** [०२६]

मूलतः 'पाड' लिखे जाने के पश्चात 'प' पर 'च' बनाया गया है। पार्श्व में भिन्न कलम से 'चाँड' लिखा है - उ०। 'परिए' के विभिन्न वर्तनी भेद का कारण रहस्यमय नहीं है। दोहे के अंतिम पद का फ़ा० पाठ देखें –

پہر نہ تري پري رہي پري چو ہک کي کاد

'टरी', 'परिए', 'रही' 'परी' – इसी क्रम में, 'ई', 'इए', 'ई' तथा 'ई' सब के लिए छोटी ये, ي! नागरी 'ए' का प्रतिवर्ण 'ये' होने से यहाँ 'परिए' पाठ होगा। 'रत्नाकर' जी ने, बि० तथा टी० प्रतियों के साक्ष्य पर, 'गिरी' पाठ रखा है – यद्यपि मान० में दोहा पाठ 'परी' को पुष्ट करता है; हाँ, उसकी टीका में 'गिरी', पुनरुक्ति को दूर करने के लिए किया गया है, 'चिवुक की गोद मैं गिरि परी दृष्टि'।

§ [०२७] दोहा मात्रा।

करि - उ०को०चौ०नी०; कर - र०मु०न०गा०ह०। ('रत्नाकर' जी की गि०कुं० प्रतियों में 'कर' पाठ है।) न – उ०को०चौ०मु०; नि - नी०; त - र०न०गा०। नषेधु - उ०नी०; निषेध - को०चौ०र०मु०न०गा०ह०।

'त' क्यों इधर-उधर हो रहा है! वास्तव में मूल नागरी प्रतिलिपि पर किए गए 'नषेध' के स्थान पर 'निषेध', 'न' 'नि' संशोधन के कारण यह भ्रम हुआ है। इसीलिए 'न' का 'त'।

दूसरे, अशुद्ध 'नषेद' फ़ा० نکہیدہ का सीधा लिप्यंतरण है, जो उ०नी० प्रतियों में दिखलाई दे रहा है। फ़ा० में तुकांत का मात्रा रहित होना, टीका में उकारांत पाठ मिलने से उकारांत स्वीकार किया गया।

लघु आकार के दोहा छंद में 'वेधत' की पुनरुक्ति किसी को न खटकी, आश्चर्य! दूसरे स्थान पर 'छेदत' पर्याय है तो!

§ **लौनै मुह डीठि न लगै। यौं कहि दीनौ ईठ। दूनी ह्वै लागन लगी। दियै दिठौना दीठ** [०२८]

'रत्नाकर' जी ने तुकांत इकारांत रखा है और इस पर उनकी टिप्पणी उद्धृत करना आवश्यक जान पड़ता है।

> **ईठि** – इष्ट शब्द से ईठ बनता है, जिसका अर्थ मित्र है। उसी का स्त्रीलिंग रूप 'ईठि' है। इसका अर्थ हितकारणी अर्थात् सखी है।[8]

चिड़ा का स्त्रीलिंग चिड़ी होता तो है, मगर पुंलिंग का स्त्रीलिंग बनाने के लिए मात्र इकारांत रूप 'रत्नाकर' जी ने किस प्रमाण पर रखा, कहना कठिन है।

मेरी पोथियों में सारे वर्तनी भेद ये हैं –

ईठ - उ०शि०मु०न०गा०स०वे०ह०; दीठ - को०; ईठि - पा०मो०मि०; इठि - नी०।

डीठ - उ०; डीठि - को०नी०; दीठ - शि०मो०मु०स०वे०ह०; दीटि - मि०न०गा०।

यहाँ [३८४] संख्यक दोहे में भी 'रत्नाकर' जी नें, कदाचित् उपरोक्त तर्क के आधार पर 'ईठि' और उसके वज़न पर 'ढीठि' रखा है।

अंत में उनकी टिप्पणी है, 'इस दोहे के अर्थ में टीकाकारों ने बड़ा धोका खाया है।'

§ **वाही त्यौं ठहराति यह। कविलनवी लौ डीठि** [०२९]

> प्रतीत होता है कि बिहारी के समय में भी यह शब्द, एक क्रिया विशेष से संबंध रखने के कारण, सर्वसाधारण में प्रचलित नहीं था अतः कृष्ण कवि को तो यद्यपि इसका ठीक अर्थ ज्ञात था; किंतु अनवरचंद्रिकाकारों को इस शब्द के अर्थ में भ्रम हुआ, और उन्होंने इसका पाठ 'कविलनुमा' कर लिया। फ़ा० भाषा में 'किब्लःनुमा' दिक्प्रदर्शक यंत्र को कहते हैं। यह 'कविलनुमा' उसी 'किब्लःनुमा' का अपभ्रंश है।[9]

को० का 'कविलनमा' ह० के 'कविलनुमा' से तुलनीय है। को० के 'नैं' पर 'ल' बाद में बनाया गया है। को० टीका का यह अंश द्रष्टव्य है –

> वाही त्यौ क० ते श्रीकृष्ण नैं पासै जतरैं लै कवलनमा नी परैं जिम कवलनमा एकडी वडी माहो अछै तेह मां माछली हो अछै ते आछै दिशाई फिरैं पण आवर पश्चिम दिशाई तरैं त्युम दृष्टि माहरी श्रीकृष्ण पासै जाई रहि।

[8] बि०र० पृ० १८।
[9] बि०र० पृ० १९।

मूल शब्द है, क़िब्लःनुमा (तु० रहनुमा, नुमाया आदि)। इसके अनेक पाठांतरों के पीछे कारण केवल शब्द से अपरिचय मात्र है। प्रत्येक को फ़ा० में लिखने पर भी यही सिद्ध होता है –

कविलनवी - كولنوي उ०चौ०सु०न०गा०; कविलनमा - كولنمآ को०; कविलनवा - كولنوآ नी०; कवलनवी - كولنوي मो०;.कविलेनुमी - كولينمي भा०; कविलनुमा - كولنمآ मि०ह०; किवलनवी - كيولنوي स०।

'कविलनवी' पोथी साक्ष्य से यहाँ ग्रहीत भले ही हुआ हो, 'किब्लःनुमा' से व्युत्पन्न होने पर भी, 'कविलनवी' रूप संदेह से परे नहीं है। 'नुमा' का 'नवी' कैसे होगा!

> a. قبله نامه A mariner's compass, a sun-dial; also - a قبله نمآ (Showing the *qibla*) a machine directing the Muhammadens, at a distance from Mecca, to that point where the *Qibla* stands. [10]

'कटोरी चलाना' के विषय में 'रत्नाकर' जी ने इस प्रकार लिखा है –

> जब किसी की कोई वस्तु चोरी जाती है, तो उसका पता लगाने के लिए वे लोग, जिन पर संदेह होता है, मंडल बाँधकर बैठा दिए जाते हैं, और उनके बीच में एक कटोरी जल भरकर रख दी जाती है। तांत्रिक के मंत्र पढ़ने पर वह कटोरी चलायमान होती है और सब की ओर जा जाकर लौट आती है। पर जो उनमें से चोर होता है, उसके सामने ठहर जाती है। [11]

फ़ेलन : कटोरा चलाना, To make a cup turn round by enchantment to find out a thief. [12]

कटोरा (या कटोरी) चलाना मुहावरा हिंदी में अप्रचलित होने से मुहावरा कोश आदि में नहीं मिलता। उर्दू में भी कम ही देखने में आता है; यद्यपि 'कटोरा ठहराना' **मोहज़्ज़बुल लुग़ात** में उद्धृत है, शाद के इस शेर के साथ, 'दौड़कर नाम पे मेरे वह कटोरा ठहरा'। [13]

§ **लपट वुझावत विरह की। कपट भरेहू आइ** [०३३]

दोहे में दो पद विचारणीय हैं, 'वुझावत' तथा 'भरेहू' – और प्रथम दृष्टि में दोनों ही मूल पाठ पर किए गए संशोधन लगते हैं! वस्तुतः हैं दोनों ही पाठविकृतियाँ, वह भी रोचक!

पाठ परिवर्तन न होने का स्पष्टीकरण तो प्रसंग के विश्लेषण से हो जाता है। नायक संभवतः रात्रि कहीं बाहर व्यतीत कर प्रातः घर लौटा है, स्खलित चरणों से। यह देख उसकी पत्नी कटूक्ति करती है। प्रसंग

10 **Steingass** p. 953.
11 बि०र० पृ० १८।
12 **Fallon** p. 913.
13

کٹورا ٹھہرانا - پھرتے پھرتے کٹورے کا ٹھہر جانا

دختر راز نے کیا جس سے شگوں بہر وصال • دوڑ کر نام پہ میرے وہ کٹورا ٹھہرا - شاد • مہذّب اللغات - ۲۹۰-۹

इतना ही है न! नायक आ गया है सो, 'वुझावहु आइ' न होगा – आने का अनुरोध असंगत होगा क्योंकि वह तो आ ही गया है! नायिका व्यंग्य करती है, 'आए हो – बुझाते हो'!

उ० प्रति में देखें, मूल पाठ 'वुझावत' पर 'वै' संशोधन किया गया है तथा 'त' पर काटने का चिह्न लगाया गया है। अर्थात्?

'भरे' के आगे दो मात्रा का पाठ क्षतिग्रस्त था, मूल में! उसी की पूर्ति सब कर रहे हैं! प्रमाण उ० का पाठ है लेकिन '-वत' का 'वै' या 'वौ' आदि कैसे? ज़ा० में भी बुझावत पाठ है, بجهاوت इससे 'वुझावो' आदि विकृतियाँ 'ते' रहित, मात्र بجهاو पढ़कर लिखने से संभव हैं, अन्यथा नहीं! तभी तो छूटे हुए 'ते' ت का संशोधन उ० प्रति में मिलता है!

दूसरे, भरेऊ - उ०को०चौ०; भरे उर - र०नी०न०; भरे हो - मु०; भरी उरु - गा०; भरी उर - वे०; भरेहू - ह०; بهري هو – ज़ा०। । सभी पाठ भेदों का फ़ा० लिप्यंतरण नीचे दिया जा रहा है; इन पर विचार करें तो 'ऊ' का 'उर' आदि फ़ा० लिपि से न होगा –

भरेहू - ह० بهري هو; بهري هو – ज़ा०। भरेऊ - उ०को०मि० بهري او; भरेंउहु - शि० بهرين اوه; भरे उर - मो०नी०भा०न० بهري اور; भरे हो - मु० بهري هو; भरी उरु - गा० بهري اور; भरी उर - स०वे० بهري اور;

प्रसंग पर पुनः ध्यान दें तो द्वंद्व मात्र 'ऊ' तथा 'हू' में है, मूल में भी ये ही दो पाठ रहे होंगे, शि० प्रति में दोनों अब भी देखे जा सकते हैं, 'भरेंउहु!

अनेक प्रतियों में मिलने वाला 'उर' इसी 'उहु' का सार्थक संशोधित रूप हो तो आश्चर्य नहीं। 'ऊ' और 'हू' का पुरानी राजस्थानी लेखनशैली में परस्पर विनिमय होते देखा गया है। प्रसंग पर विचार करते हुए 'भरेहू' लिया गया, ज़ा० से भी पुष्ट।

लपट बुझावत आदि का अर्थ करने में प्राचीन टीकाकारों ने समुचित ध्यान न दिया, पाठ स्वच्छ न होने से। खेद है, 'रत्नाकर' जी ने भी उनका अविचारित अनुसरण मात्र किया है।

'मेरी तौ विरह की लपट, तपति, वुझावौ क० मेरे आइवै करौ' – मान०; 'मेरी विरह की लपट वुझावन कौ उर के विषै कपट भरैही ज आवत हौ' – नर०। कृष्ण० में 'वुझावत' का आश्रय अस्पष्ट है, 'लपट वुझावत हौ विरह हुतासन की कपट भरेऊ प्रानप्यारे इत आइकै'!

> जिसके यहाँ रात भर रहे हो,] उसी [से फिर मिलने] की [तुम्हारे] चित्त में [आतुरता है,] इसी लिये [तुम] अटपटे पाँव रखते हो। [पर तो भी मुझे दुःख नहीं है, क्योंकि तुम तो] कपट भरे भी आकर [मेरी] विरह ज्वाला बुझाते हो।[14]

प्रश्न है, 'विरह की लपट' किसके हृदय में सुलग रही है, नायक के अथवा नायिका के? जब ऊपर से लेकर नीचे तक, कपट भरा उर तथा लटपटे चरण, सब कपटी का, तो इस पर नायिका के कटु व्यंग्य

[14] बि०र० पृ० २०।

का पात्र भी वही होगा, इसमें क्षमा दान का अवकाश भला कहाँ! 'रत्नाकर' जी का यह कथन कैसे संगत माना जाए, 'सपत्नी का दुःख मुझे तुम्हारे दर्शन सुख के आगे भूल जाता है।'

तु० कवि देव का छंद –

> **भोरही आए मया करि मोपर वैठियै दर्पन देति मगाए। ओठनि अंजन लीक लसै द्रग देव दुहू पल पीक लगाए। अंगनि मै अगरे वगरे गुन वाल गरे रंगरैनि रगाए। कोइन लोइन लाल लषे जिनको इन लोइन ल्याए लगाए** [सुष० ५०२]

§ [०३५] तु० देव कवि के व्यंग्य से –

> **माथे महावर पाइ को देषि महा वर पाइ सु ढार ढुरीये। ओठनि पै ठनिकै अषिया अषिया उन ओठनि पीक घुरीये। संगही संग वसौ उनके अंग अंग वे देव तिहारे लुरीये। साथ मै राषिये नाथ उन्है हम हाथ मै चाहती चारि चुरीये** [सुष० ५०९]

§ [०३७] उपनी – उपजी - गा० [नर० ०३९] उपनी राजस्थानी है - दे० **राजस्थानी०** १-४०१।

§ **देह दुलहिया की चढै। ज्यौं ज्यौं जोवनजोति** [०४०]

चढै – चढें - मो०; वढै - शि०मु०न०गा०स०वे०ह०; वढैं - नी०न०; संशोधन द्वारा 'चढै' - मि०। چڑھی – ज़ा०।

'रत्नाकर' जी ने, यहाँ भी टीकाओं मे दिए गए अर्थ का अनुमोदन कर दिया है – '[इस] दुलहिन की देह में ज्यों ज्यों जोवन की ज्योति बढ़ती है ...'

> 'ज्यौं ज्यौं नई दुलहन की देह कै विषै जोवन की ज्योति वढै' मान०; 'ज्यौं ज्यौं जोवन की जोति वढती जाति है' नर०; 'देह मैं ज्यो ज्यो वढै दुति योवन नारि नई की नई छवि छाजै' नर०; 'दुलहिआ नववधू ताकौ देह में ज्यौं ज्यौं जोवन की जोति, किंवा जोवन औ जोति, वढति हैं' हरि०।

प्रतिस्पर्धा है, सपत्नियों की (मुख) 'दुति' तथा नववधू 'जोवनजोति' में, तब ठीक ही तो है, दोनों का धर्म समान है। जोवनजोति देह पर आने की संगत क्रिया 'चढ़ै' है या कि 'वढै'? 'दुति' तथा 'जोति' का अर्थ 'यौवन' नहीं तो और क्या है! 'लावण्य', 'रूप' उसी के पर्याय हैं। मुहावरा भी 'जवानी चढ़ना' 'रूप चढ़ना' है। यही मूल पाठ उ० में और मि० तथा वहाँ से ज़ा० और 'रत्नाकर' जी की रा० प्रति में सुरक्षित मिलता है; 'वढै' लिपिभ्रम होने से नहीं बल्कि बाद में किसी व्यक्ति द्वारा मूल प्रति पर किया हुआ संशोधन है।

'देह दुलहिया की *वढै*। ज्यौं ज्यौं जोवनजोति।'

यों 'वढै' 'जोवनजोति' और 'देह' दोनों पर चरितार्थ होने लगता है – यद्यपि 'देह वढै' अटपटी अर्थध्वनि देता है!

§ **पिय तिय सौं हसिकै कह्यौ। लषै दिठोना दीन। चंदमुषी मुषचंद तैं। भलौ चंद सम कीन** [०४३]

पूरे पूर्वार्ध की अर्थी व्याख्या पर मेरे मन में पहले ही संदेह था, अतः इसी की चर्चा पहले करना चाहता हूँ। प्रथम यति में कोई हिचकिचाहट नहीं, 'प्रिय ने प्रिया से हँसते हुए कहा' मगर कठिनाई अगली यति के तीन पदों को पूर्व के साथ अन्वित करते होती है, यों कि ??? 'पिय तिय सौं हसिकै कह्यौ' या की दिठोना दीन ??? 'पिय तिय सौं हसिकै कह्यौ' अथवा यों कि 'दिठोना दीन ??? (है)', 'पिय तिय सौं हसिकै कह्यौ'। अर्थात् इनका पूर्वापर क्रम क्या है?

'रत्नाकर' जी ने इसे इस प्रकार व्याख्यायित किया है –

> प्रियतम ने नायिका से, (यह) देखने पर [कि इसने] दिठौना दिया है, हँसकर कहा [कि] हे चंद्रमुखी, तूने [अपने] मुखचंद्र को [इस दिठौने के द्वारा] भला [पूरा पूरा] चंद्र के समान कर दिया।
>
> कई टीकाकारों ने अनेक शंका समाधान कर के इस दोहे के अर्थ को बहुत घुमाया फिराया है। पर हमारी समझ में यह अर्थ सीधा और स्पष्ट है।

पुरानी टीकाओं में से कुछ के संबद्ध अंश ये हैं –

> 'लषै दि० क० तुम कछ्रु समझकै लिलार विषै कजररेष दई किवां असमझि दई है' – मान०; 'पिय ने आपनी तिय सों हसिकैं कह्यौ डिठौना दिए देषिकै हे चंदमुषी तेरो मुष चंद्रमा तें भलो थो। तूं डिठौना देकै चंद्रमा को समान कियो।' – हरि०।

आश्चर्य नहीं कि उपरोक्त में संदेह का कारण उसी एक शब्द के अर्थ में है, जिस पर आकर मेरा मन अटकता है, '???'!

ऊपर उद्धृत हरि० के समान मुझे भी इसकी व्याख्या यों ग्राह्य लगती है, 'प्रिय ने प्रिया के मुख की ओर देखकर कहा, यह तेरे मुख पर लगा हुआ दिठौना स्वयं में तो दीन-हीन था पर हे चंदमुखी, तूने इसे अपने मुखचंद्र पर लाकर चंद्र के समकक्ष कर दिया।'

'कह्यौ' पूर्वकालिक क्रिया के साथ 'लषै' प्रिय के कथन का अंश लगता है, मुझे। (नी० आदि का 'लष्यौ' पिछले 'कह्यौ' की अनुगूँज है।) स्वीकृत पाठ यह है –

पिय तिय सौं हसिकै कह्यौ। लषै दिठोना दीन। चंदमुषी मुषचंद तैं। भलौ चंद सम कीन [०४३]

§ [०४६] 'रससिंगार मंजन किये' में 'किये' का 'कियो' - नी० प्रथम यति के विराम को मात्रा समझने के भ्रम से।

'किए' के नागरी में वर्तनी भेद के साथ-साथ ज़ा० का पाठ भी ध्यान देने योग्य है, کئیں यहाँ तो स्वर का द्योतक हमज़ा चिह्न लगा होने से भ्रम का अवकाश नहीं पर अन्य भेद हमज़ा के अभाव से उत्पन्न हुए हैं।

ज़ा० प्रति में 'कंजन गंजन नैन' का फ़ा० रूप है, کہنجن گنجن نین मूल में काफ़ ही था; गाफ़ का दूसरा शोशा महीन होने से प्रगट है कि बाद में किसी व्यक्ति द्वारा लगाया गया है। ऐसे संशोधन के उदाहरण इस प्रति में अन्यत्र मिलते ही हैं, मानस आदि की फ़ा० प्रतियों में भी मिल जाएँगे।

विचारणीय है, 'षंजन *कंजन* नैन' का प्रभाव।

§ **याके उर औरै कछू। लगी विरह की लाइ। पजरै नीर गुलाव के। पिय की वात वुझाइ** [०४८]

واكي ار اوري كچھو لكي بره كي لاي ٠ پجري نير كلاب كين پہ كي بات بوجہاي [ظا٠ ٠٤٨]

याके واكي औरै ار लाय لاي पजरै - उ० پجري प्रजरै - चौ० (پرجري) परीजरै - नी० मूल पर 'रे' का संशोधन, जिसे नी० का लिपिक 'री' पढ़ रहा है! वुझाय بوجہایے

पीय की - उ०र० پہ كي पी की - नी० پئي كے

§ **सारी डारी नील की चोट अचूक चुकै न** [०४९]

चोट – ओट - मो०गा०ह०; औट - न०; उंट - स०; ओर - वे०; ظا٠ - اوت —

'चोट' नागरी 'च' में 'व' का भ्रम होने से 'वोट', 'वोर' और 'ओर' आदि विकृतियाँ उत्पन्न हुई हैं। कर्वर अर्थात् चीते की 'चोट' तथा उसके छिपने की 'ओट', दोनों ही प्रसंग में समान रूप से खप जाते हैं लेकिन ध्यान दें तो 'अचूक' होगी 'चोट' या चोट करना, आक्रमण करना! अतः 'चोट' ग्राह्य माना गया।

§ **दीरघ सास न लेहि दुष। सुष सांईहि न भूलि। दई दई क्यौं करतु है। दई दई सु कवूलि** [०५१]

पाठांतर देखें तो प्रथम यति मे अंतिम अंश में भ्रमित होने के कारण संशोधन किए गए हैं –

लेहि – लेहु - को०मो०मु०न०वे०गा०स०; लेही - शि०; लेह - पा०मि०; लेइ - भा०।

परंतु इसका वास्तविक कारण यति स्थल का संदिग्ध होना नहीं है, 'दुख' पर दोहे की १३ मात्रा पूरी होती है! फिर भी प्रारंभिक अंश में भ्रमवश 'लेहि' पर क्रियापद पूर्ण होने से दोहा सोरठे की गति ग्रहण कर लेता है। ध्यान दें तो 'दुष' यति के दूसरी ओर का होने से, अर्थ ग्रहण के विचार से, सोरठे की गति को पुष्ट करता है।

§ **हा हा वदन उघारि दृग। सफल करै सव कोइ। रोज सरोजनि कै परै। हसी ससी की होइ** [०५३]

विवादास्पद शब्द 'रोज' पर चर्चा करना आवश्यक है। 'रत्नाकर' जी ने इसकी व्याख्या यों की है –

> रोज = (फ़ा० रोज = दिन।) उर्दू में रोज पड़ना एवं भाषा में दिन पड़ना विपत्ति तथा काठिन्य पड़ने के अर्थ में बोला जाता है। [नायक के] नेत्र-रूपी सरोजों पर काठिन्य पड़े (वे तुझे देखकर झंप जायँ)

कई एक टीकाकारों ने, इस दोहे का कुछ और ही अर्थ समझ कर, अनेक शंकाएँ तथा उनका समाधान करने के व्यर्थ प्रयत्न किए हैं। पर ऊपर जो लिखा गया है, उसमें न किसी शंका का अवसर है, और न समाधान की आवश्यकता। [15]

सतसई की पुरानी टीकाओं में इसका व्याख्यान इस रूप में मिलता है –

'तेरे मुष कै देषत कमल कुं डंड लागै अरु चंद की हासी होय क० चंद सर्वदा घटत वढत है तेरे मुष समान पूरौ नांही इत्यर्थः।' - मान०; 'सरोजन को अरु ससी कों रोज हसी होइ।' - अन०; 'कंज छवि छीन करि ससिहि मलीन करि सौतिन को दीन करि प्यारे कौं अधीन करि।'- कृष्ण०; 'सरोजन कौ रोवनो परै अरु चंद्रमा की हांसी ह्वै।' नर०; 'रोज परै सगरेई सरोज को कोऊ वचै न हिए छवि न्यारी।' [नर० ०५५]; 'अवही फूले सरोजन कों रोज रोग होयगो।' - हरि०।

खेदपूर्वक कहना होता है कि उपरोक्त में 'शंका का अवसर' रही जाता है! पहले मुहावरों को लें। हिंदी में मुहावरा 'दिन पड़ना' नहीं, 'दिन पतले होना' है।

बुरे दिन होना। प्रयोग – हमारे दिन पतले हैं, न जाने कब क्या हो जाय। (गोदान - प्रेमचंद १०९); कभी यों न पतले हुए दिन किसी के कभी यों हुए रंग किसी के न फीके। (चुभते० - हरिऔध १८५।) [16]

मुहावरा 'दिन पतले होना' है न! मगर बिहारी के दोहे में तो 'रोज' प्रतिशब्द बैठा है! मुहावरे का अनुवाद कब से मान्य होने लगा! मुहावरा तो अंगद का पाँव है, अडिग! गर्भ ठहर जाने के प्रसंग में, 'दिन चढ़ गए' की बजाय 'रोज चढ़ गए' भला कौन कहता है?

माना, बिहारीदास को 'दिन' का प्रतिशब्द ही अभीष्ट था तो वह ('रोज' के समान मात्रा में) 'दिवस' प्रतिशब्द भी तो रख सकते थे, 'दिवस सरोजन के परै'!

जी नहीं, भाषा का प्राण स्थल क्रियापद होता है। वह 'पड़े' सर्वथा अप्रचलित अर्थ की ओर इंगित कर रहा है! यहाँ 'पड़ना' उस अर्थ में लक्षणामूलक नहीं है, जिस अर्थ में 'लड़का तो अपने बाप पर पड़ा' है। 'पड़ना' यहाँ शुद्ध अभिधेयार्थी है, 'उफ्फर पड़े' के समान! 'मोरी घानी निकल आई, तेली क बर्धा उफ्फर पड़े!' [17]

तुषरपात होने अथवा 'पत्थर पड़े' का ही तो भिन्न रूप है यह मुहावरा! رجم (अरबी रज्म) संगमारी द्वारा अपराधी को मृत्यु दंड देने की इस्लामी प्रथा है। [18] 'सुरोज' के अनुप्रास पर, अरबी

[15] **बि०र०** पृ० २८-२९।
[16] **हिंदी मुहावरे** पृ० ३५३।
[17] बचपन के दिनों से मैं इस जनोक्ति को सुनता आया; वयस्क होने पर 'उफ्फर' की व्युत्पत्ति जानने का अनेकशः प्रयास किया मगर सफल न हो पाया। किसी भी कवि में यह शब्द अथवा इसका निकटवर्ती पद नहीं मिलता! दे० उप्फिड = मंडूक की तरह कूदना, उड़ना। **पाइअ०** पृ० १६५।
[18] Stoning to death, killing; pelting with stones. **Steingass.** p. 570 पत्थरों से मार-मारकर मार डालना। **मद्दाह** पृ० ५६६।

'रज्म' से गढ़ा गया शब्द है, 'रोज'। 'रजम' से 'रोज' परिवर्तन पर भाषावैज्ञानिकों को संदेह होना उचित ही है; मुझे भी सहसा विश्वास नहीं होता, मगर रीति कवियों ने स्वच्छंदतापूर्वक ऐसे राशि-राशि प्रयोग किए हैं, अनुप्रास द्वारा शब्दगत संगीत का निर्वाह करने के लिए!

श्रीपति प्रयोग देखें। 'तमहूड' में 'हूद' (मेघ) का 'हूड' कवि ने अन्य तुकांतों के दबाव से किया है–

श्रीपति अंक निसंक भरी जनु वीज लपेटत है तमहूदै [स० ११-१२]

आगे 'ठाठी' और क्या है, यदि 'ठाढी' नहीं तो! अनुप्रास के दबाव से यहाँ भी शब्द का रूप परिवर्तन हुआ है –

ठर हरे नैना वैना गूढ मे मठूठे ठाठी गाठी चारि चारि स्याम चूरी कर दोह री [स० ४-६२]

देवदत्त में परिवर्तन मिलता है, वह भी फ़ा० और अरबी मूल के पदों का!

पवन प्रचंडनि अषंड गोरा धार जल निराधार गोकुल विकल वुद्धि वीनी है [भवानी० ८-६]

यहाँ 'गोर' अरबी غول संस्कृत के रलयोरऽभेद द्वारा अनुशासित है! तो नीचे फ़ा० मुहावरे 'खुरोश कर्दन्' خروص كردن (खुरोश करदन्) का अनुवाद है –

कीनो षरोसु षरो सुनि देष्यो सु देव परो सु परोसिनि के घर [सुष० ५२९]

अरबी के عجلت (अजलत) से 'उजराइ', चापल्य के अर्थ में आया है –

अंजन दै नैननि अतर मुष मंजन कै लीने उजराइ कर गजरा जराइ के [सुष० १९६]

प्रकृत प्रसंग पर लौटें। 'रोज' यहाँ अप्रचलित प्रयोग होने से यह अर्थ मान्य होगा। 'काठिन्य पड़े' की तुलना में, अधिक व्यापक रूप से प्रयुक्त मुहावरा, पत्थर पड़े (या अवधी का उफ्फर पड़ै) सखी के मुख से अधिक स्वाभाविक प्रयोग माना जाएगा।

मोहज़्ज़बुल लुग़ात में 'दिन पड़ना' को हिंदी मुहावरा और अहल हिंदुओं की ज़बान बताया गया है –

دن پڈنا - مصبت آنا دقت آنا · (ہندی) - ہضرات اہل ہندو کي زبان - اردوداں ہضرات اس جگہ دقت پڑنا بولتي ہين · مہزبللغات ۱۵۲-٥

(मेरे कुछ मित्रों ने इस व्याख्या की संगति पर पर संदेह प्रगट किया है। ब्रजभाषा के विद्वान् डॉ० रूपर्ट स्नेल ने लंडन से यह अभिमत व्यक्त किया है –

> I agree with, and am excited by, what you say about the potential for a proper analysis of the Persian orthography. But in the example you quote – roja sarojana ke parai – I don't see how this works. I don't know of any process which would explain

the leap from "rajm" to "roja". Am I missing something here? In my view one is safer staying with the attested sense of roja as "grief", cited in Turner as deriving from the reconstructed etymon "rodya". This makes perfect sense contextually, in neat contrast to the paired "hansi", and is fully explainable by standard phonetic processes.

§ **सायक सम मायक नयन। रंगे त्रिविधि रंग गात। झषौ विलषि जल जात दुरि। लषि जलजात लजात** [०५५]

'लषि जलजात लजात'; لکہِ جلجات لجات में किंचित भी संदेह नहीं, अतः यहीं से प्रस्थान करें! 'जलजात' में यमकाश्रित भंगपद श्लेष भी है, 'जलजात,' 'जल जात' तथा क्रियार्थक 'जात'; साथ ही 'विलषि' और 'लषि' का अनुप्रास। आगे देखें, नी० का लिपिक इसी का निर्वाह कर रहा है!

'झषै विलषि जल जात दुरि' पर तथा इसके पाठांतरों पर विचार करें –

१) दुरि जात जल - उ०को०मि०ह०; दुर जात जल - मु०; در جات جل

२) जल जात दुरि - शि०वा०मो०गा०स०; जल जात दुर - वे०। (भा० में यह दोहा-उदाहरण लुप्त है।)

नी० का पाठ ध्यान देने योग्य है, 'झषौ विलषि लषि जात दुरि' – नी० में 'दुरि' से स्थान पर 'लषि' क्यों? पूर्ववर्ती 'विलषि' की अनुगूँज ही होगी क्योंकि 'जात' और 'दुरि' में से एक हाशिए पर होने से यह विकृति संभव है मगर प्रश्न है, इन दोनों में से कौन?

जिस कौतुक पर यह अभिव्यक्ति निर्भर है, वह पद 'जल' हाशिए पर होने से 'दुरि जात जल' 'जल जात दुरि' पाठभेद संभव हैं। पाठविकृति का कारण हाशिए पर किया गया संशोधन है। बाद में किए गए इस संशोधन, 'जल जात दुरि', को स्वीकार किया गया है। (ब्रजवाणी की प्रकृति के अनुकूल 'झषहु' पद के स्थान पर अवधी उच्चारण के अधिक निकट 'झषौ'! कवि की निरंकुशता!)

§ **उडी जात कितहू गुडी। तऊ उडायक हाथ** [०५७]

गुडी तऊ – तऊ उडी,'उ' पर 'गु' - उ०; तऊ गुडी - शि०वा०मो०न०गा०स०वे०; اودي جات کتہون کدي تاو اودايک ہاتہ – ज़ा०।

उ० प्रति का 'तऊ उडी' भूल से लिखा गया है, अगला पद 'उडायक' कानों में प्रतिध्वनित होने से। इससे प्रगट होता है कि, उसके आदर्श में पाठ था 'तऊ गुडी', संभवतः मूल पाठ। इस पर १ - २ की संख्याएँ डालकर संशोधन किया गया, अधिक प्रवहमान 'जात कितहूं गुडी'। 'रत्नाकर' जी की अलवर वाली कुं० प्रति में यह पाठ है, यद्यपि 'रत्नाकर' जी ने पुराना वाला वाचन स्वीकार किया है।

§ **कागद पर लिषत न वनै। कहत संदेस लजात। कहिहै सव तेरौ हियौ। मेरे हिय की वात** [०६०]

न वनै – न वनै, ऊपर १ २ के अंक - उ०; नवनइं - को०; न वने - मो०; न वनेतु - नी०; न वनत - मि०ह०। 'पर' से अंत तक त्रुटित दोहा पाठ ऊपर के रिक्त स्थान में - न०।

ऐसा प्रतीत होता है कि किसी ने मूल पाठ में 'न वनै' पर संशोधन किया, (वह भी अकारण!) 'वनै न' – यह उ० प्रति में तो उतर आया ही है, नी० में 'वनेन' का 'वनेतु' और मि०ह० में भी 'नवनेत'!

§ **वंधु भए का दीन के। को तार्‌यौ रघुराइ। तूठे तूठे फिरत हौ। झूठे विरद कहाइ** [०६२]

'तूठे' का 'टूठे' फ़ा० में टे के अभाव से उत्पन्न भ्रांति संभव है।

अंतिम पद के पाठभेद, कहाइ – वहाइ - उ०; कहाय - को०मि०स०; कहाई - मो०; वूलाइ - शि०; वढाइ - नी०; वुलाय - ह०; نهاي - ظا٠

कारण, मूल पर एकाधिक संशोधन। टीकाओं के साक्ष्य से भी लगता है सब के सामने अलग-अलग शब्द था –

'झूठो तुम जस कहाय कै' – मान०; 'तुम योंही झूठे से विरुद कहाइकै वांके वांके से भए फिरतु हौ' - नर०, 'झूठेही विर्द कहा कहायकै आपनो जायकै सोई रहे तुम षोई' - नर०; 'तारिवे कौ झूठौ विरद वुलायकै' ह०।

मु० प्रति – यह भक्त कौ वचन भगवान सौ : (द्वितीय तथा चतुर्थ चरणों का पाठ), देष्यो नहीं आंषि सुन्यौ नही कानन पापी कहौ तुम कौंन सौ तार्‌यौ। कहें कविकृष्ण सुनो रघुराइजू को तुम भवसागर तें तुम तार्‌यौ - मु०।

मु० में द्वितीय तथा चतुर्थ चरणों का पाठ लुप्त पाठ की पूर्ति करने का प्रयास जान पड़ता है।

§ [०६४] पहले तो 'रत्नाकर' जी का पाठ, उनकी व्याख्या सहित –

> **मै हो जान्यौ लोइननु जुरत वाढिहै जोति। को हो जानतु दीठि कौं दीठि किरकिटी होति॥**
>
> किरकिटी=किरकिरी, जो आँख में पड़कर पीड़ा देती है। (*अर्थ*) मैंने [तो] जाना था कि आँखों के मिलने से [दो और दो चार हो जाने से] ज्योति बढ़ेगी (प्रसन्नता होगी)। [यह] कौन जानता था [कि] दृष्टि के निमित्त दृष्टि किरकिटी हो जाती है। (अर्थात् मैंने तो समझा था कि उसके देखने से आनंद होगा, पर आँख से आँख लग जाने से अब तो दुःख से आँसू बहा करता है, जैसे किरकिटी पड़ जाने से आँखों से पानी बहता है।) [19]

पुरानी टीकाओं के इस प्रसंग में संगत अंश ये हैं –

> 'हैं मेहू० जुरति० क० अहे सषी मै भोरी, यौं जांन्यौ हौ, इन लोचन की श्रीकृष्ण लोचन सुं मिले तै ज्योति वढै है, परि ... इह अंतर की वात कुं न जानी, दीढि क० दीठि डीठिन लै दुष उपजै' - मान०; 'मैं तो ऐसी जांनी हुती कि लोयन तै लोयन जुरत है तौ जोति वढैगी अरु ऐसी कौन जानत हुती कि ...;

[19] **बि०र०** पृ० ३२-३३।

'मेंहू यह जानी चारि नेंन भए जोति को प्रकासु कछु अधिकाई चाढिहै ... कौनु यह जानतु हो' – कृष्ण०; 'मैं जान्यो थो हमारै इन लोयननि कों तुमारे लोयननि सों जुरतकै मिलतकै जोति प्रकास वाढिहै वढैगो। को हो जानत, कौन जानै थे जो डीठि को डीठि जो है सो किरिकिरी होति है।' - हरि०।

पहले ही यह स्पष्ट कर दूँ कि गुत्थी यहाँ कार्य व्यापार के पूर्वापर क्रम में है! अर्थात् 'मैने क्या सोचा, और हुआ क्या' नहीं, बल्कि 'यह तो पता है फिर भी ऐसा क्यों कि!' मन को निरंतर कचोटता यह प्रश्न, छिपा हुआ है केवल मात्र इन दो अक्षरों की वर्तनी में, 'हूं' या कि 'हो'! अन्य शब्दों में कहूँ तो 'हू जान्यो' तथा 'हो जानत'! इनकी अर्थी व्याख्या क्या है?

सारे पाठ पर दृष्टि डालें –

मैहू – मैहु - वा०; मेंहू - मो०; मैहौं - नी०; मैंहौं - मि०स०; मोहू - मु०; मेंहूं - न०वे०; मैहो - भा०ह०; میں ہو —

जान्यो – जान्यौं - उ०; जान्यौ - को०नी०; जानौ - मि०; जांन्यौ - मु०गा०स०; जांन्यौं - न०; जांन्यो - वे०; کو ہو جانت—

'हू' तथा 'हौ' दोनों को एक ही ہو प्रगट कर रहा है, न! यही तो अर्थ का अनर्थ कराता है 'रत्नाकर' जी के पाठ में दोनों ही स्थानों पर समान 'हो' के रूप में आकर!

उपरोक्त विश्लेषण से मुझे दोहे का निम्नलिखित पाठ अधिक संगत लगता है –

मैंहू जान्यो लोइननु। जुरत वाढिहै जोति। को हो जानत डीठि कौ। डीठि किरकिरी होति [०६४]

दूसरे, 'किरकिटी' के स्थान पर 'किरकिरी' की संगति!

क्योंकि बचपन की झिलमिल करती अनेक स्मृतियों के बीच आज भी स्पष्ट रूप से दिखलाई देती है, इलाहाबाद-बनारस को जोड़ने वाली छोटी लाइन और उससे यात्रा करते हुए, खुली खिड़की से सिर बाहर निकालने पर काला धुआँ उगलती इंजन की चिमनी से उड़कर आए कोयले का कण कभी आँख में चला जाता तो देर तक दर्द होता, आँसू बहता; माँ के आँचल का गोला बना, उसमें फूँक दे-देकर गरम करने और आँख सेंकने के साथ कहता 'किरकिरी पड़ गई!' मरु देश में रेत का कण भोजन के साथ दाँत के नीचे आने पर 'करकिराना' कहा जाता है; मुहावरे में वही बेमज़ा होने के लिए है, 'मज़ा किरकिरा करना'। बिहारी में भी तो यही 'किरकिरी' है!

या कि 'किरकिरी' नहीं, 'किरकिटी'! क्या भिन्न अर्थ है इसका? सभी टीकाकारों ने – 'रत्नाकर' जी सहित! – 'किरकिटी' आँख मूदकर ग्रहण किया है! अपवाद एक, अवधीभाषी हरिचरणदास इसका अर्थ यों करते हैं –

'कौन जानै थे जो डीठि को डीठि जो है सो किरिकिरी होति है' – किरकिटी नहीं, किरकिरी।

'किरकिटी' के मूल में पैठना चाहें तो **हिं०** में इसकी व्युत्पत्ति मिल जाएगी – सं० कर्कट से! पृ०

९५७। प्रमाण? बिहारीदास का यही प्रयोग! हिंदी का सारा कूड़ा कर्कट बटोरकर तैयार किए गए इसी कोश में 'किरकिरी भी है, उसी पृष्ठ पर। सं० में 'कर्कट' का अर्थ देखें, और अपना सिर पीट लें!

जायसी, तुलसी आदि किसी कवि में 'किरकिटी' नहीं मिलता; दूसरों को छोड़ें, स्वयं बिहारी में भी यह प्रयोग अन्यत्र नहीं हुआ। 'री' का 'टी' ध्वनि परिवर्तन और कहाँ हुआ है, यह भी नहीं मालूम मगर यह 'किरकिटी' शब्द हिंदी भाषा का कोहेनूर हीरा हो गया! ब्रजभाषा सूर-कोश में पेज २५८ पर बैठा है, उसी सं० कर्कट से उत्पन्न!

कर्कर a stone, limestone, (esp., the module found in Bengal under the name kankar.) MMW p. 256.

किरकिरी, धूल कोयले आदि का ज़र्रा, इस अर्थ में यह शब्द उर्दू में प्रायः देखने में नहीं आता। कुतूहलवश जामी उर्दू-अँग्रेज़ी कोश में देखा तो यहाँ किरकिरी के अँग्रेज़ी प्रतिशब्द Grit के आगे किरकिरी छोड़ और बहुतेरे शब्द दिए गए हैं –

Grit (n) ٢-١٠٢٠ - (١) سنگ ريزه، كنكري، كنكر - (٣) رتيلي پتھر كے ذريے

'निजर कौ निजर करकटी' गा० तथा न० में समान! ध्यान दें, दोहा पाठ में किरकिटी का पाठभेद यह है, 'किरकिटी - नी०न०; किरकटी - गा०'; टीका में 'करकटी' न०गा०।] [20]

तु० 'आँख की किरकिरी।' [21]

निष्कर्षतः नागरी 'र' में 'ट' का दृष्टभ्रम होने से 'किरकिटी' पाठविकृति हुई है, यह मानते हुए 'किरकिरी' पाठ यहाँ मान्य होगा। फ़ा० में पाठ यद्यपि كركتي है, पर संभवतः पिछले पद 'डीठि' ديٹھ का 'ते' تے प्रतिध्वनित हो यहाँ 'टी' विकृति उत्पन्न करने में सहायक हुआ हो। अतः निर्मूल-निरर्थक 'किरकिटी' का वहिष्कार किया गया।

§ **मैं तोसों कै वा कह्यौ। तू जिन इनै पत्याइ। लगा लगी करि लोइननु। उर मै लाई लाइ** [०६६]

कै वा – कै वां - को०मो०; के वा - शि०गा०वे०; कै वा(?)र - पा०; कै वर - मि०; के वां - न०; **कइ वां** - ह०।

مين توسو كے بان كہيو تون جن انہي پتياي ٠ لكا لكي لوين كرين نايک من بنده جاي [ظا٠ ١٤٥]

ज़ा० में दूसरे चरण का पाठ है, 'लगा लगी लोइन करें नाइक मन बंध जाइ।' कदाचित् मूल प्रति पर यहाँ पाठ खंडित या उस पर अनेक संशोधन होने से अस्पष्ट रहा होगा।

ध्यान दें, 'कैवा' समस्त पद नहीं, 'कै बा' है; ज़ा० में भी كے بان (दे० दोहा [७०५] में 'कै वा'।)

विचारणीय है, 'लगा लगी करि लोइननु' – वह भी विवृत 'लगा लगी!'

---

[20] दे० **Turner** 3175 p. 162.

[21] **हिंदी मुहावरे** पृ० २०।

लाइ=लाग, घर में चोरों के पहुँचने की घात। और टीकाकारों ने इसका अर्थ अग्नि किया है। पर यहाँ 'पत्याइ' तथा 'लगालगी' शब्दों पर ध्यान देने से, इसका अर्थ लाग करना सही उचित प्रतीत होता है।[22]

'लाइ' का 'लाग' कैसे! मुझे तो इसका अर्थ और भी गहरा क्या, गुह्य प्रतीत होता है। एक तो 'लगालगी' समस्त पद न होकर विवृत, 'लगा लगी' है। तभी यह दूरान्वित होता है, इस प्रकार, लोइनन लगी (फेरि) लगा करि'। 'लगा' अप्रचलित प्रयोग है, लेकिन देव में भी आया है, प्रायः समान प्रसंग में। यह देखें –

राधे के गुपित प्रेम रस सरसाने कान्ह आए वरसाने ग्वालवालनि विसारिकै। वासुरी वजाइ गाइ विरह जगाइ ललि तासो लौ लगाइ लगा लंगर विचारिकै। सोइ सुनि सुनि धुनि सीसु धुनि आई उर आनद वधाई गुरुजननि सौ रारि कै। आंसू द्रग ढारिकै विडारिकै सषीनि आइ नेह सो निहारि देव तनु मनु वारिकै [**कुसल० ६-५**]

क्या है शब्दार्थ 'लगा' का! यहाँ 'लगा' अर्थ के विचार से 'लग' ही है; पूर्व में 'गा' की तिहरी आवृत्ति से रूपपरिवर्तित है, बस।[23]

'उर मै लाई लाइ,' 'रत्नाकर' जी की व्याख्या देखें, 'लाइ' की –

लोचनों ने [उस चितचोर से] लगालगी [मिलाप] करके [तेरे] उर में [उसके पैठने के लिए] लाइ (लाग) लगा दी [जिससे तेरे चित्त की चोरी हो गई।]॥

§ [७१] प्रति संबंध -

होति – होति, 'दिप' पर 'हो' संशोधन - उ०; दिपति - को०मि०न०गा०वे०; होत - शि०वा०भा०; मनहु - मो०; पूर्व लिखे हुए पाठ पर 'दिपति' - नी०; दिपत - स०ह०; دپت ।

उ० प्रति ही नहीं, दो स्वतंत्र स्रोतों की प्रतियों में दोनों ही पाठ मिलने से सिद्ध होता है कि यह परस्पर पाठमिश्रण का फल नहीं अपितु मूल प्रति पर किए गए पाठ संशोधन का परिणाम है। परिवर्तन का कारण; एक तो 'दीपति' – 'दिपति' में पुनुरुक्ति का भ्रम होता है; फिर 'दीपति' – 'दिपति' फ़ा० में लिखा होने से دیپت - دپت भी भ्रम होने की आशंका।

§ [०७२] दोहे का संदर्भ स्पष्ट होने पर केवल ये तीन पद – वस्तुतः तो उनकी वर्तनी ही – विचारणीय है –

सतरौंहे - उ०नी०मि०; सतरोहे - को०गा०वे०; सतरौहें - शि०; सतरोहे - स०वा०; सतरोहैं - मु०; सतरौहैं - न०; सतरौहै - भा०; सतरौहे - ह०; ستروہین – ज़ा०।

---

[22] **बि०र०** पृ० ३३।
[23] लग्ग [लग्] लगना, संग करना, संबंध करना। **पाइअ०** पृ० ७२१।

रचौहौं - उ०; रच्योहें - को०; रसोहें - शि०; रचोहो - वा०; रषौहै - नी०; रचौहै - मि०; रच्योहै - मु०; रचौंहौं - न०; रचोंहैं - गा०; रचोहे - स०वे०; रचौहो - भा०; रचौंहें - ह०; رچونہون - ज़ा०।

नचौंहै - उ०मि०मु०; नच्योहै - को०; नचोहे - शि०; नचोह - वा०; निचौंहौं - नी०; निचोहै - गा०वे०; निचौहे - न०; नचौहे - ह०; निचोहे - स०; निचौहै - भा०; نچوہین - ज़ा०।

इसी क्रम से एक-एक को लें तो 'बैन' के साथ 'सतरोहें' (सं० सतर्जन) प्रचलित प्रयोग है, कुपित के अर्थ में। अगला पद, 'रचौहै' या 'रचौहौ' – यह दूसरा उ०वा०न०भा० प्रतियों में मिलता है, प्रथम अन्य लेखों में। इन्हें प्रसंग में रखें तो 'देत – चितु कहै' अर्थात् '– चितु कहै देतु', चितु का विशेषण, अनुरक्त के अर्थ में रंचित, 'रचोहे' पूर्वापर के '-औहे' अनुप्रास से भी पुष्ट है।

'नैन' के संदर्भ में 'नचोहे' और 'निचोहे' दोनों लग जाएँगे मगर 'नेह' के साथ 'निचोहे' न चलेगा, क्योंकि प्रेम प्रगट करने के लिए निगाह झुका लेना कोई संगत अर्थ नहीं देता। इसकी अपेक्षा, हरि० के शब्दों में, 'नेह सों नचौहे नाचत से चंचल यह अर्थ'। 'नचोहे' पुनः अन्य दो से अनुप्रास पुष्ट है। 'कहैं' – 'कहै' चरितार्थ होता है, 'चितु' और 'नैन', दोनों पर।

'रचोहौ' विकृति हस्तलिखित पोथी में दो शब्दों का विभाजन सूचित करने वाली लघु आकार की रेखा को ओकार की खड़ी पाई समझ बैठने से उत्पन्न विकृति है; 'निचोहै' फ़ा० से नागरी लिप्यंतरण के समय अशुद्ध इमले का परिणाम।

'रत्नाकर' जी ने 'रचौंहौं' पाठ दिया है; और इसका अर्थ इस प्रकार किया है –

> रचौंहौं = रचने पर आया हुआ, अनुराग की ओर ढला हुआ।[24]

पाठ से अधिक उसकी व्याख्या भरती की है! 'रचने' – 'अनुराग'; 'पर आया हुआ' – 'की ओर ढला हुआ' में क्या संबंध है, पता नहीं चलता!

§ **सिय ज्यौं सोधति तिय तनहि। लगनि अगनि की ज्वाल** [०७४]

ज्यौं – लौं - उ०; ज्यों - मो०स०वे०; ज्यौ - मि०; मूल के 'ज्यों' को मिटाकर 'लौं' हाशिए पर - मु०; ज्यो - गा०; लों - शि०ह०; लो - वा०; लौ - भा०।

'ज्यौं' के उपरोक्त भिन्न पाठ अर्थ की दृष्टि से सर्वथा समान हैं अतः पाठपरिवर्तन नहीं हो सकते, कारण जो नहीं! नागरी लिपिजन्य विकृति भी यह नहीं जान पड़ती। हाँ, निम्नलिखित पर ध्यान दें तो फ़ा० लेख में दृष्टिभ्रम से संभव है –

لون - جون

[24] बि०र० पृ० ३५।

§ [०७८] कंज नयनि मंजन कियै - उ०; कंज नयन मंजन कीए - शि०; कंज नयनी मंजन किये - वा०; कंज नयनी मंजन कीएं - मो०; कंज नयनि मंजन किए – ह०।

मंजन करि षंजन नयनि - को०; मंजन करि षंजन नयन - मि०मु०न०गा०स०; मंजरिन करि षंजन नयन - वे०; منجن کر کہنجن نین – ज़ा०।

(भा०नी० में दोहा लुप्त है। यद्यपि इसी समूह की मि०मु० प्रतियों में मिलता है, नर० की किसी प्रति से प्रक्षिप्त होकर!)

'रत्नाकर' जी द्वारा स्वीकृत पाठ है, 'कंज नयनि मंजनु किए।'; उनकी बि० प्रति में पाठांतर 'मंजनु करि षंजनु नयनि।'

पाठपरिवर्तन सकारण किया जाता है। कवि तो दूर, प्रक्षेपकर्ता भी बैठे-ठाले पाठ न बदलेगा। इन दोनों ही वाचनों में, काव्य सौष्ठव या उक्ति चमत्कार के विचार से, एक की अपेक्षा दूसरा उत्कृष्ट नहीं है। 'कंज नयनि' तथा 'षंजन नयन' समान रूप से संगत हैं। फिर यह पाठभेद कैसे? नीचे दोनों पाठ फ़ा० में देखें –

कंज नयनि کنجنین षंजन नयनि کہنجنین

'कंज' बीच में महाप्राण ھ होने से 'षंज' में परिवर्तित हो जाता है! यह दृष्टिभ्रम को० की किसी प्रति से होकर नर० समूह की प्रतियों में चला आया है।

'कच – विच दीठि दै' यहाँ बीच में रोचक पाठ भेद मिलता है। उ० प्रति में 'अंगुलि' के इकार का केवल गोलार्ध मात्र है, अर्थात् यहाँ एक मात्रा या एक वर्ण न्यून था। अन्य प्रतियों में 'अंगुरी' आदि पाठ है। केशों के बीच अपनी दो उँगलियों से फाँक बनाकर झाँकने के प्रसंग में 'अंगुरिन' पाठ स्वीकार किया गया।

§ **पावक सौ नैननु लगै। जावक लाग्यौ भाल। मुकर होहुगे नैक मैं। मुकर विलोकौ लाल** [०७९]

प्राचीन टीकाओं से केवल विवेच्य अंश छाँटकर नीचे दिए जा रहे हैं –

> 'मुक० क० षिनक में तुम नटि जाउगे इहि मिटि जायगौ यातैं मुक क० अबही दर्पण लेके इह अलता कौ रंग लाल श्रीकृष्ण तुम देषौ थुं हमारौ हयौ साचौ जानहौ इ०।' मान०; 'होतु कहा मुकरै ये निदरै न दुराये चिन्ह अंजनु अधर दियै विनु गुन हियै माल' कृष्ण०; 'तुम (मुकर – मुकरि – गा०) क० आरसी लेकें देषौ पीछै नैकु मैं मुकर ह्वै जावोगे, नैंकही मैं मुकरौगे अजांन ह्वै आरसी ले कर लाल निहारैं।' नर०; 'नेंकु में थोरीही वार में तुम मुकिर होहुगे नटि जाहुगे हमें झुठायहुगे ताते मुकुर दर्पन कों देषौ हे लाल।' हरि०।

एक तो 'रत्नाकर' जी ने, 'होहु' क्रियापद पर ध्यान न जाने से, दर्पण के अर्थ में 'मुकुर' को ग्रहण किया अतः उन्होंने दोनों ही स्थलों पर 'मुकुरु' रखा है – 'मुकुरु होहुगे नैंक में मुकुरु विलोकौ लाल।'

'मुकर', दर्पण के अर्थ में कवि लाया है, यह उसकी स्वच्छंदता है! भला रोक कौन सकता है! रीति कवियों ने ऐसे प्रयोग खूब किए हैं – श्रीपति प्रयोग, 'कट', कटि के अर्थ में, तत्काल ध्यान में आता है। हम पोथी पढ़े 'पंडितों' की बुद्धि को घास चरा दें, देव, घनानंद आदि कवियों ने ऐसे-ऐसे मनमाने प्रयोग किए हैं! अस्तु,

'मुकुरु होहुगे' का अर्थ 'रत्नाकर' जी ने भी लगभग पुराने टीकाकारों के समान ही किया है, 'मुकुरु = मुकरने वाले' 'नैक में (थोड़ी देर में, जब वह मिट जाएगा तो) मुकर जाओगे' – अर्थात् 'मुकुर होहुगे' = 'मुकर जाओगे'![25] ऊपर उद्धृत दूसरे टीकाकारों की व्याख्याओं से प्रगट है कि 'रत्नाकर' जी ने, 'मुकर' का अर्थ करने में, औरों का बिना विचारे अनुमोदन कर दिया! अन्यथा इतने प्रगट अर्थ पर उन जैसे विद्वान् का ध्यान न जाए, इस पर सहसा विश्वास नहीं होता।

कवि को यह सीधी-सी बात, 'मुकर जाओगे' कहना था तो वह इसे सीधे 'मुकर जाहुगे' कह सकता था! रज़ा प्रति में यही पाठ है तो – مكر جاهوكي نيک مين मुहावरा भी तो 'मुकर जाना' ही है, 'मुकर होना' तो नहीं, न! लेकिन नहीं, कवि 'मुकर होहुगे' ही कह रहा है, कुछ और नहीं।

'होहुगे' क्रियापद बिलकुल उलटी दिशा की ओर हमें ले जाता है! पूछिए क्रिया से, क्या होगे? तो क्रिया उत्तर देती है, مقر होहुगे। 'मकिर' शब्द कितने व्यापक अर्थ की व्यंजना करता है, यह देखें –

> *maqar* (v.n.) Being bitter; being sour (milk); *muqirr* one who establishes, confirms, settles; one who asserts, affirms or avers; one who makes confession; one who acknowledges the right of another against himself; *mukirr shudan* To confess, acknowledge.[26]

> A مقر *mukirra* vulg. *mukira* (act. part. of اقرّ 'to settle, establish; -to acknowledge, confess,' &c.), part. adj. & s.m. settling; establishing; confirming; -asserting; afferming; -acknowledging; professing; -one who fixes or establishes, &c; asseerter; affirmer; -one who confesses or acknowledges, &c.; *-muquir-e-jurm hona,* To plead guilty of a crime :- *muquir hona, (-ka)* To acknowledge, confess, admit, avow (syn. *iqrar karana)*[27]

'मुकिर' का 'मुकर' रूपांतर यमकाश्रित प्रयोग के लिए, 'मुकर होहुगे – मुकर विलोकौ'! मुकिर होगे! अर्थात् मुकरने का बिलकुल उलटा, अपना अपराध स्वीकार करोगे! 'जी खट्टा होने' से लेकर 'इक़बालिया होने' तक का भाव! 'दर्पण में अपना मुँह तो देख लो, देखते ही अपना अपराध स्वीकार करने को विवश होगे!' दे० **मोहज़्ज़बुल लुग़ात** 'इसरार करने वाला, तसलीम करने वाला।[28]

---

[25] पाठ यद्यपि सभी प्रतियों में 'होहुगे' अथवा इसके समान मिलता है, फिर भी मुझे दोहरी हहराती हुई वर्तनी पर भारी संदेह है – मुझे तो यह 'उ' में 'हु' का दृष्टिभ्रम लगता है। या, कवि का दग्धाक्षर प्रेम, 'होहु' ही शुद्ध हो, कौन जाने!

[26] **Steingass** p. 1292.

[27] **Platts.** p. 1055.

[28] اقرار كرني والا - تسليم كرني والا - ٤٩٨-١٢.

'नैननु लगै' में 'लगै' का 'लगौ' पदांत की खड़ी रेखा एकार से मिल जाने का परिणाम है; नी० आदि का पाठ इसी का संशोधन।

§ [०८१] 'आछी भांति अएरि' – 'अएरि' पद की व्युत्पत्ति अस्पष्ट है। दे० 'ऐ अ' २ आमंत्रण, संबोधन'।[29]

दोहे के भाव से तुलनीय महाभारत का यह श्लोक है –

सुखं वा यदि वा दुःखं प्रियं वा यदि वाऽप्रियं। प्राप्तं प्राप्तमुपासीत हृदयेनापराजितः॥

§ [०८५] 'देवर की कुवत' = बुरी बात, खुटाई' यह व्याख्या 'रत्नाकर' जी की है। अनेक टीकाओं में भी यही अर्थ दिया गया है। वस्तुतः यह अ० قوت 'क़ुव्वत' ही है, जिसका अर्थ है हिरस या भाभी के लिए देवर की कामातुरता।

देउर, 'उ' पर 'वु' - उ०; देवर = ديور

§ **औरै भांति भए व ए। चौसर चंदन चंद। पति विनु अति पारत विपति। मारत मारुत मंद** [०८६]

मारत – मारतु - उ०नी०न०; मारुत - शि०मो०; मारति - मि०। मारुत – मारतु - उ०न०; मारत - मो०मु०वे०गा०स०; मरुत - नी०; मारति - मि०।

अनुप्रास का आधार 'पारत' पद है; उसी के जोड़ पर 'मारत' आया है। फिर 'मा' का अनुप्रास अगले शब्द 'मारुत' में प्रतिध्वनित होता है। अनेक प्रतियों का 'मारत मारत मंद' मात्रा रहित फ़ा० लेख का परिणाम है। नीचे दोनों का अंतर स्पष्ट होता है –

مارت مارت مند ـ مَارت مَارُت مند

अर्थात् रु 'रे' पर पेश लगा होने से।

§ **त्रिवली नाभि दिषायकर। सिर ढकि सकुचि समाहि। गली अली की ओट ह्वै। चली भली विधि चाहि** [०८९]

'रत्नाकर' जी ने 'दिखाइ कर' को विवृत मानते हुए 'कर' का अर्थ 'हाथ' माना है। मुझे 'कर' पूर्वकालिक क्रिया 'कै' लगता है। एक तो 'सिर ढकि' में 'कर' पूर्व अनुमानित है ही – हाथ ही से तो सिर ढका जाएगा! दूसरे, भाव की इकाई, प्रायः, एक यति के भीतर होती है।

'रत्नाकर' जी की व्याख्या के प्रासांगिक अंश ये हैं –

> **सकुचि** = यहाँ इसका अर्थ संकोच का मिष करके होता है। **कर सिर ढकि** = हाथ को सिर ढकने के निमित्त उठाकर। **समाहि** = सामना करके। इसका अर्थ टीकाकारों ने प्रायः

[29] **पाइअ०** पृ० १९५]

'समा कर' किया है, जो ठीक नहीं है। **अली की ओट कै** = सखी की आँखों की ओट, अर्थात् बचाव, कर के।

(*अर्थ*) – [वह मेरा] सामना कर, संकुचित हो (संकुचित होने का व्याज कर), हाथ से सिर ढाँक (सिर ढाँकने के निमित्त हाथ उठा), [और इस क्रिया से अपनी] त्रिवली [तथा] नाभि दिखला, सखी की ओट करके (सखी की आँखें बचाकर) [मुझे] भली भाँति (आँखें भर के) देखकर गली में चली।

इस दोहे का अन्वय कुछ कठिन है। इसका भावार्थ यह है कि मेरा सामना होने पर उसने संकोच के कारण मिस से हाथ उठाकर अपनी मनोहर त्रिवली तथा नाभि मुझे दिखलाई, और फिर सखी की आँखें बचा, मेरी ओर आँखें भर के देखकर गली में चली गई।[30]

'रत्नाकर' जी ने इस दोहे का भावसाम्य जिस दोहे में माना है, वह यह है –

कर उठाइ घुंघट करत। उसरत पट गुझरौट। सुष मोटै लूटी ललन। लषि ललना की लौट [७०१]

कहना न होगा, यहाँ भी 'रत्नाकर' जी ने प्राचीन टीकाओं की व्याख्या स्वीकार कर ली है। हरि० की व्याख्या देखें –

त्रिवली नाभि दिषायकै पीछें संकोच कों संभारि करि संकोच कृत्रिम वनायकै सिर कों ढांपिकै अली जो है नायिका सो भली तरह चाहिकै देषिकै अली सषी की ओट ह्वैकै चली।

काँटे का शब्द है, 'समाहि', और इसी पर गहराई से विचार न हुआ! 'रत्नाकर' जी अन्य टीकाकारों की व्याख्या, 'समा कर' को अनुचित मानते हैं; उनके मतानुसार होना चाहिए 'सामना करके'। पूर्वकालिक क्रिया है 'हि', इसमें से निकाल दें तो शेष 'समा' किस प्रकार 'सामना' में परिवर्तित होगा, समझ में नहीं आता! बिहारीदास में तो अन्यत्र मिलता नहीं, अन्य किसी कवि का समान प्रयोग भी देखने में नहीं आता।

'रत्नाकर' जी की अर्थी व्याख्या में भी गहरी सिलवटें हैं! 'वह मेरा सामना कर, संकुचित हो' – सामना करने का अर्थ, खींचतान करने पर भी यहाँ उपयुक्त व्यंजना नहीं देता। फिर, संकोच का कारण क्या है!

पा० 'समाहाय' [सं० समाहत] से व्युत्पन्न मानते हुए पूर्वकालिक क्रिया 'समाहि' के अर्थ पर विचार करें तो दोहा खिल उठता है! 'आघात प्राप्त, आहत'।[31]

समाहत् to strike down, slay, kill; to clash together, meet with; to beat (a drum).[32]

समान मूल से निःसृत 'समाहर्त' गीता के विश्वप्रसिद्ध श्लोक में प्रयुक्त हुआ है –

---

30 **क०बि०** पृ० ४१-४२।
31 **पाइअ०** पृ० ८७९।
32 **MMW** p. 1163.

कालोऽस्मि लोकक्षयकृत्प्रवृद्धो लोकान्समाहर्तुमिह प्रवृत्तः। ऋतेऽपि त्वां न भविष्यन्ति सर्वे येऽवस्तिताः प्रत्यनीकेषु योधाः॥ ११-३२ ॥ [33]

विचारणीय है, त्रिवली नाभि दिखलाने के पश्चात् अली की 'ओट' में छिपने का कारण क्या है? सकुचने का भी कारण क्या है? 'समाहि' = आघात प्राप्त, आहत; आम बोलचाल में कहें तो पिटकर! किससे पराभूत हो? 'त्रिवली-नाभि दिषायकर समाहि, सकुचि, सिर ढकि; [केवल मात्र] चाहि, अली की ओट ह्वै गली चली [गई]'

अनावृत पेट दिख जाने से उस पर आ टिकी सुदर्शन युवक की ठहरी हुई दीठ से समाहित हुई! सस्ती वेश्या के समान अपने गुह्य अंग दिखलाकर ग्राहक को आकर्षित करने वाली के लिए 'सकुचि समाहि' भला कहाँ! जिसकी आँख का पानी मरा नहीं, ऐसी कोई युवती ही 'चाहि, अली की ओट ह्वै चली' जाएगी!

§ **देषत उरै कपूर लौं। उपै जाइ जिनि लाल। छिन छिन जाति षरी षरी। छीन छवीली वाल** [०९०]

दोहे में दो पद महत्वपूर्ण हैं, 'उरै' तथा 'उपै जाइ'; साथ ही इनकी वर्तनी भी। लेकिन इन पर विचार करने के पूर्व 'रत्नाकर' जी की व्याख्या उद्धृत करना उचित है – इस कारण भी कि उसी में उपरोक्त दोनों शब्दों का रहस्य प्रच्छन्न है। 'रत्नाकर' जी का पाठ है, 'वुरै', पाठांतर, दुरै - बि०; चूर - गि०। शब्दार्थ इस प्रकार दिया गया है -

> 'वुरै = उराकर। किसी वस्तु के धीरे-धीरे व्यय होते-होते समाप्त हो जाने को वुराना, उराना अथवा ओराना कहते हैं। यह शब्द संस्कृत शब्द 'वर' से बना है, जिसका अर्थ रोक, ठहराव इत्यादि है। उपै जाइ = उड़ जाय, लुप्त हो जाय। (अर्थ) हे लाल, [वह] छबीली बाला क्षण-क्षण में अत्यंत क्षीण (दुबली) होती जाती है। [इसलिए डर है कि कहीं] देखते देखते कपूर की भाँति उरा कर उड़ न जाय (सर्वथा लुप्त न हो जाय)।'[34]

ऊपर दिए हुए शब्दार्थों में 'वुराना' अथवा 'बुराना' प्रयोग कहीं नहीं मिलता; हाँ, 'उराना' शब्द दिखलाई दे जाता है, **हिंदी शब्दसागर** नामक घूरे पर –

> उराना - [ओर + आना (प्रत्य०)] समाप्त होना। वि० दे० 'ओराना'। उ० देखत उरै कपूर ...' [35]

वह भी इसी दोहे से उद्धृत, किंतु पाठ है, 'उरै' बि०र० से भिन्न किसी अन्य, (अनाम!) प्रति का! प्रायः समानार्थी 'ओराना' का प्रयोग प्रमाण, पलटूदास एवं दरिया के दिए हुए हैं, उसी पृष्ठ पर –

33 अमरीकी अणु आयुध के एक पुरोधा, डॉ० ऑपेनहाइमर ने हिरोशिमा पर आणविक बम से हुए नरसंहार पर अपने मन का कचोट गीता का यह श्लोक रुँधे कंठस्वर में दुहराते हुए व्यक्त किया था!

34 **बि०र०** पृ० ४२।

35 **हिं०** पृ० ६३१।

ओराना - [ओर (= अंत) से नाम धातु का प्रे० रूप] ओर तक पहुँचना। समाप्त होना।
उ० (ख) नदी सुखानी प्यास ओरानी टूटि गया गढ़ लंका – सं० दरिया पृ० ११२।[36]

'उर' का 'वुर' अन्यत्र कहीं नहीं मिलता। पालि में 'पुर' के अर्थ में 'वुर' अवश्य है, और कहीं नहीं। यह कहना कठिन है कि 'उ' का 'वु' मात्र, घुमावदार उच्चारण करने से हुआ भेद है (जैसे कि 'ओप' का 'वोप'!) अथवा वर्तनीगत।

मेरी दृष्टि में 'उर' अथवा 'ओर' उतने महत्वपूण नहीं हैं, जितना कि 'उरै' तथा 'वुरै'! अर्थ से पूर्व इनकी वर्तनी, 'उ' के 'वु' परिवर्तन, पर मेरा ध्यान अटक गया!

एक अन्य कारण से भी!

कवि कोई हो, उसके द्वारा व्यवहृत शब्द चाहे कितना ही अटपटा क्यों न हो, वह शब्द या तो पीछे की छाया ग्रहण किए हुए होता है, या आने वाले काल के लिए अपनी छाप छोड़ जाता है! मगर 'वुरै' तो किसी भी अन्य कवि द्वारा प्रयुक्त हुआ, न किसी कोश ही में इस शब्द का वीज पाया गया! ('रत्नाकर' जी ने इसे संस्कृत शब्द 'वर' से कैसे व्युत्पन्न बताया, मैं कुछ कह नहीं सकता। 'वर' 'रत्नाकर' जी के बताए हुए अर्थ में सं० आप्टे आदि के कोशों में नहीं है। उन्हें कदाचित् भ्रम हुआ है, 'वरम्' से, जिसका अर्थ श्रेष्ठ है, 'याञ्चा मोधा वरमधिगुणे नाधमे लब्धकामा।' **मेघदूत** पूर्व ६।)

ब्रजभाषा के पुराने हस्तलेखों में 'उ' की 'व' अथवा 'ए' की 'ये' वर्तनी, अक्षरशः, असंख्य मिल जाएगी! 'वुहि', 'वुस'; 'वोप'; 'येक'!

मेरा ऐसा अनुमान है कि मध्ययुग में फ़ा० लिपि में लिखे जाने पर او तथा و में निश्चित रूप से कोई संबंध था। **सतसई** की ज़ा० प्रति ही में नहीं, मानस के फ़ा० हस्तलेख (India Office B.67) में भी 'उ' की वर्तनी अलिफ़ के ऊपर पेश اُ न होकर बगल में او है।

देव के पाठ में इसका बड़ा रोचक प्रमाण उपलब्ध हुआ! 'आवउ' के स्थान पर 'आवौ' तथा 'छिपउ' की अपेक्षा 'छिपौ'। छंद के बंधन से यहाँ ये पाठ हो ही नहीं सकते! फिर एकाधिक स्थलों पर कैसे? (दे० **देव संपूर्ण ग्रंथावली**, २-१४९।)

प्रकृत प्रसंग पर लौटें तो 'उरै' का 'वुरै' भी उपरोक्त के समान भ्रष्ट लिप्यंतरण, اوري को وري पढ़ने का परिणाम है! अर्थात् कोई लिपिक اور में اُر पढ़ रहा है, तो कोई ور!

इसके अतिरिक्त 'ओर' के स्थान पर 'वोर', 'एक' का 'येक' के पीछे, लिपि के अतिरिक्त, स्थानीय बोली के उच्चारण के प्रभाव पर भी विचार करना आवश्यक है।

उपै जाइ – उडे जाई - अन०; उपजाई - कृ०सु०; उपै जाई - कृ०नी०।

'उडे जाई' आदि सभी पाठांतर सरलीकरण होने से क्लिष्टतर पाठ, उड़ जाने के अर्थ में, 'उपै जाइ' को पुष्ट करते हैं। (दे० 'उप्पइअ' [उत्पतित] **पाइअ०** पृ० १६३।)

[36] **हिं०** पृ० ७०२।

'उपैना' **हिंदी शब्दसागर** में है, **बि॰र॰** से उद्धृत, मगर वयोवृद्ध संपादकों ने 'रत्नाकर' जी के 'वुरै' पाठ में अश्लील गाली प्रतिध्वनित होती पा, उसे शोधकर श्लील बना दिया है, 'देखत दुरै' आदि!

इस शब्द की व्युत्पत्ति अस्पष्ट है।

'उरे' की फ़ा॰ में क्या शुद्ध वर्तनी थी, उरएं ارين या कि वरएं ورين अथवा उरै اري, कहना कठिन है।

फ़ा॰ में अलिफ़ हो या वाव, 'रत्नाकर' जी की बि॰ प्रति का 'दुरै' वाव में दाल के भ्रम से हुआ है; हाँ, गि॰ प्रति का 'चूर' नागरी लिपिजन्य विकृति है।

'उपै' का अर्थ पहले स्पष्ट होना चाहिए। **हिं॰** में 'रत्नाकर' जी के उद्धरण के साथ शब्द दिया हुआ है, 'उपैना' - अर्थ, उड़ना, लुप्त हो जाना। (पृ॰ ६२१)। है तो यह संयुक्त क्रिया, 'उपै जाइ' तु॰ –

> **उप्पइअ** [उत्पतित] ऊँचा गया हुआ, उड़ा हुआ; 'सेवि य आगासे उप्पइए (उवा; सुर ३-६३) २ उन्नत, ऊँचा (आचा)।[37]

तु॰ 'कपूर की सी नांई उपै क॰ उडि जिन जाय' – न॰।

मुझे तो इसका अर्थ सीधा 'उरै' लगता है, उड़ जाने के अर्थ में! तु॰ –

> **वात कही सो कही चलिवे की नयो कवहू फिरिहू उर आनवी। आसू चले सो चले चलिवो सुनि भूष पियास चली पहिचानवी। जो कहू जान कहौगे अचानक देवजू तौ निहचै करि मानवी। ढूढौगे प्यारे कपूर लौ प्राननि या तन ते उडि जात न जानवी** [भाव॰ ४-१०२-नी॰ ०२][38]

§ [०९१] मनोरंजक पाठविकृति है यहाँ, कोमल उच्चारण को प्रगट करने वाले मात्रा चिह्न के अभाव से उत्पन्न, दोहे की द्वितीय यति में! 'तुम जु तेही दिन लाल'। कैसे उच्चारण करेंगे 'तेहि' का? शब्द तो 'तेहि' ही है, न! लेकिन इससे जो एक मात्रा न्यून रह जाती है, उसी की आपूर्ति सभी कर रहे हैं!

तेहीं - उ॰; तिहि - को॰मो॰नी॰न॰; तिही - वा॰भा॰; तहि - मि॰; तही - मु॰; तिहिं - गा॰वे॰; तिंहिं - स॰; ताहि - ह॰।

मगर पहले तो यह देखना चाहिए कि इस भ्रम का मूल है कहाँ? ज़ा॰ प्रति का वाचन यह है, تم جو تہ دنان لال कृपया ध्यान दें, यहाँ भी पाठ 'तेहि' تہ है, 'तेही' تہي नहीं! और इसी कारण एक मात्रा की क्षतिपूर्ति 'दिनां' دنان से की जा रही है। تہ का नागरी में शुद्ध लिप्यंतरण न कर पाने से शि॰ में 'तेही दिन' के स्थान पर 'छवीले' पाठ। ('रत्नाकर' जी ने 'तिहिँ दिना' पाठ स्वीकार किया है।)

'तेही दिन लाल' पाठ ग्रहण किया जा रहा है। सहायक कारण, 'लाल' के पूर्व 'दिना', दीर्घ पर दीर्घ की टकराहट कटु लगती है। 'कपूर लौं' मूल पाठ पर किया गया संशोधन है, 'कपूर ज्यौं'।

[37] **पाइअ॰** पृ॰ १६३।
[38] **दे॰सं॰ग्र॰** पृ॰ २-११२।

चिहुटनी – चहुटनी - को०वा०मो०गा०वे०; चुहटनी - नी०स०ह०; चुहरनी - मि०; चौंहटिनी - मु०; चहटनीं - न०; चुहुटनी - भा०; چہوتني ।

'रत्नाकर' जी ने 'चिहुटनी' नहीं, 'चुहुटिनी' पाठ रखा है और ऊपर से इस शब्द की विस्तारपूर्वक व्याख्या भी की है –

> **चिहुटिनी** = यह शब्द यहाँ श्लिष्ट है। इसका एक अर्थ घुँघची और दूसरा अर्थ पकड़ने वाली है। दूसरा अर्थ पहिले अर्थ का विशेषण होकर इस शब्द को साभिप्राय बना देता है, अर्थात् इसका अर्थ पकड़ रखने वाली घुँघची कर देता है।[39]

आश्चर्य नहीं जो यह भ्रष्ट पाठ, ऊपर की व्याख्या सहित, **हिंदी शब्दसागर** के पृष्ठ १५६८ पर विद्यमान है। अन्यथा न तो यह शब्द किसी शब्द से व्युत्पन्न हो पाता है और न आद्य 'चिहु-' की कोई अन्य क्रिया ही है, अन्य कविप्रयोग भी नहीं दिखलाई देता।

समान अर्थ में 'चिहुटना' अन्यत्र **सतसई** में आया है –

> **नहि अन्हाइ नहि जाइ घर। चित चिहुट्यौ तकि तीर। परसि पुरहरी लै फिरति। विहसति धसति न नीर** [**६४५**]

अन्य कवियों में भी देख सकते हैं। यथा –

> **चतुर नारि चित अधिक चिहूटै। जहां पेम वांधे किमि छूटै॥**[40]

कविवर देव के प्रयोग हैं –

> **वाल के लाल लई चिहुटी रिस के मिस लाल सौ वाल चिहूटी** [**सुष० ७६१**]
> **चोर वितु लूटै चहू ओर तें चिहूटै सतु छूटै कौनु वाधै तव फूटे द्वार फरिको** [**चित्त० ३-१०७**]

§ [०९३] 'हूंठ्यौ दै इठलाइ दृग'

> अर्थ० हूठौ = गँवार स्त्रियाँ जब इठलाती अथवा किसी को बिराती हैं तो दोनों हाथों को मुठ्ठी बाँधकर कटि-स्थल पर रख लेती हैं। इस क्रिया को हूठा देना कहते हैं।[41]

'रत्नाकर' जी में 'सु वार' है; बि०गि० में 'मार'। यह विकार م और و में भ्रम होने से संभव है बिहारीदास में 'हूठ' का प्रयोग अन्यत्र आया है –

---

39 **बि०र०** पृ० ४२।
40 **पदमावत ३१७-१।**
41 **क०र०** पृ० ४३।

नागरि विविध विलास तजि। वसी गवेलिन मांहि। मूढ़्यौ मै गनवी कि तू। हूठ्यौ दे इठलाहि [५०६]

अन्यथा साधारण ग्रामीण स्त्रियों में आम होने पर यह शब्द उर्दू में भी प्रचलित होना चाहिए था; नहीं है। यह ब्रजमंडल का स्थानीय प्रयोग लगता है।

वदरारे वदन पै ऐपन की सोहै आड तैसियै चिवुक गाड मन कौ हरति है [कृष्ण० ०९३]

अर्थ से अनभिज्ञ लिपिकों ने यहाँ 'वदरारे' के स्थान पर निरर्थक पाठ रखे हैं; यथा वतुरारे - भा०; वटुराने - मि०नी०; भटरारे - मु०।

यह शब्द अन्यत्र भी आया है -

वहै गोरे वदरारे वदन की मुसक्यानि वह चहचही चितवनि भोरे भाइ कै [कृष्ण० ३०५]

नितांत अप्रचलित शब्द है, 'वदरारे', चंद्रवदन के अर्थ में! दे० अ० بدر (बदर) = पूर्णचंद्र।

§ **सहज सचिक्कन स्याम रुचि। सुचि सुगंध सुकुमार। गनत न मनु पथु अपथु लषि। विथुरे सुथरे वार** [०९५]

गनत – गनतु - उ०गा०स०वे०; रिनगतु - नी०; गिनत - मु०। न – त्रुटित - नी०; नु - मि०। मनु – मन - को०वा०मो०मि०मु०गा०स०वे०ह०। गनत न मन – गन मन तन - शि०।

ऊपर के पाठ भेदों को देख ऐसा प्रतीत होता है कि नागरी आदर्श प्रति में संशोधन का 'न' हाशिए पर रहा होगा, यह नी० में त्रुटित है और इसी कारण श० में अधिक पाठ मिलता है।

'रत्नाकर' जी ने रुचि का अर्थ 'रंग वाले' माना है, 'स्याम-रुचि = श्याम रंग वाले'; मुझे यह 'रुचिर' से व्युत्पन्न लगता है, 'चमकीला' के अर्थ में।[42]

§ **सुरति दुराई दुरति नहि। प्रगट करति रतिरूप। छुटै पीक औरै उठी। लाली ओठ अनूप** [०९६]

'सुरति दुराई दुरति नहि। प्रगट करति रतिरूप'; ज़ा० में سودوت دوراي دورت نہ پرکٹ کرت ات روپ

सुरति – सुद्वति – 'द्व' का उकार भिन्न कलम से - उ०; सुद्वति - शि०मो०न०स०वे०भा०ह०; सुदत - वा०; सुरत - को०; सुति - मु०; सुदुठ - गा०। दुराई – दुराइ - मि०; दुराये - भा०; दुरायें - ह०। दुरति – दुरत - वा०। नहि – नहिं - उ०ह०। प्रगट – प्रगटि - मि०न०। करति – करत - वा०मो०न०गा०स०वे०। रतिरूप – अति रूप - मु०।

'सुदति' अप्रचलित पद भले ही हो, निरर्थक नहीं है। कदाचित् सं० सुदन्त से व्युत्पन्न इस शब्द का प्रयोग केशवदास में देखने को मिलता है –

[42] आप्टे पृ० ८५८।

देव सो देवर प्रान सो पूत सु कौन दसा सुदती जेहि रोवै [क०प्रि० १२-४९]

टीकाकारों ने 'सुद्युति' पाठ ग्रहण कर इसी अर्थ में इसे स्पष्ट किया है; मान० प्रतियों के दोहा पाठ में 'सुदति' 'सुद्युति' दोनों ही हैं, टीका में 'सुदति' संबोधन के रूप में व्याख्यायित किया गया है –

> हरि क्रीडिता श्रीराधाजू सों सषी कहैं हैं, सुदति० क० हे सुदति नवल नाइके तेरी रतिक्रीडा दुराई दुरै न है प्रगट० क० इह तेरौई रूप आकार प्रगट करै है छुटे० पीक० लाली ओठ० अनूप क० तेरे ओठ विषै पान पीक मिटैहुं अनूप लाली उठी है ओठ सुरंग लाल रंग भए हें, याही लछन तें रति जानियै है इ०।

फिर भी संदर्भ पर विचार करें तो 'दुराई दुरति नहि' इससे पहले संज्ञा की अपेक्षा कर रहा है, संबोधन की नहीं। तो 'सुदति' नहीं तो क्या 'सुद्युति'? 'द्युति' [सं० द्युति] का शब्दार्थ क्या है? द्युति का उजास आदि अर्थ होठ पर चुंबन का चिह्न कैसे हो गया? और छिपाने की चाह 'रति' के लिए अधिक संगत है या कि 'द्युति' के? अन्य कवियों ने क्या द्युति का भिन्नार्थ में प्रयोग किया है?

मूल में سورت ('सुरति') ही रहा होगा – 'सुदति' के रूप में वह अब भी उ० में उपस्थित है और इसे प्रसंग संगत बनाया गया है, उकार बाद में लगाकर। नागरी 'र' में 'द' का दृष्टिभ्रम संभव है किंतु 'सुदति' सर्वथा अप्रचलित शब्द होने से लिपिक को खटका होना चाहिए। इसके विपरीत अपरिचित फ़ा० वर्णमाला के अक्षरों में سورت से سودت ('सुदत'), ر तथा मिलते-जुलते د में भ्रम का होना अधिक संभव है।

'रतिरूप' के स्थान पर 'अति रूप' मु० प्रति तथा फ़ा० प्रति ज़ा० में है, رت روپ के स्थान पर ات روپ – ر में ا का भ्रम!

'रत्नाकर' जी ने अपनी बि० तथा गि० प्रतियों के 'सुरति' पाठ की अपेक्षा 'सुद्युति' पाठ ग्रहण किया है। दोहे की उनकी व्याख्या यह है –

> (*अर्थ*) – सुंदर द्युति छिपाए नहीं छिपती (यद्यपि तू ने पान के रंग से चुंबन कृत लाली छिपा रक्खी थी, पर भला वह कहीं छिप सकती है)। पीक छूटने पर [तेरे] अधर में, रति का चिन्ह प्रगट करती हुई, और ही प्रकार की (अधर की स्वाभाविक लाली से भिन्न प्रकार की) अनूप लाली उठी है (निकल आई है)।[43]

कहना न होगा, 'सुरति' का अर्थ अधरक्षत आदि 'सुरति चिह्न' है।

§ **मकराकृत गोपाल कै। सोहत कुंडल कान। धस्यौ मनौ हियघर समर। ड्यौढी लसत निसान** [१०३]

मूल पर पाठ परिवर्तन तथा संशोधन, लिपिभ्रम और अर्थ का अनर्थ – सब का घोलमेल है, इस दोहे का पाठ!

[43] **बि०र०** पृ० ४५।

कान में शोभित कुंडल पर कवि की उत्प्रेक्षा है, मानों कामदेव ने स्वयं हृदय में प्रवेश कर बाहर ड्योढ़ी के आगे, अधिकार सूचक अपना ध्वज जमा दिया है!

वस्तुतः यहाँ एक पद हाशिए पर लिखा होने से मूल पर संख्याएँ डालकर पाठ परिवर्तन किया गया है – 'ध?यो मनो' तथा 'मनो ध?यो' (बीच का एक वर्ण विवादास्पद!) उ० सहित मान० तथा अन० में पहला पाठ मिलता है, अन्य में दूसरा।

प्रसंग प्रवेश करने का है, 'धस्यो'। 'स्य' में दृष्टिभ्रम होने से अनेक प्रतियों में 'धर्‍यो' पाठ मिलता है। प्रसंग में यह भी व्याख्यायित किया जा सकता है, 'हियघर ड्योढ़ी धर्‍यो निसान लसत है'। यद्यपि 'रत्नाकर' जी ने इसका और ही अर्थ किया है –

> धर्‍यौ = पकड़ा, अपने अधिकार में किया। हृदय रूपी देश को कामदेव ने विजय कर लिया है, सो [उसके निशान] ड्योढ़ी पर फहरा रहे हैं।

इस अर्थ में यह प्रयोग अन्य कवि तो दूर, स्वयं बिहारीदास ने भी नहीं किया है! इसे छोड़ें तो 'धर्‍यो', रखने या स्थापित करने के अर्थ में, असंगत है। क्या धर्‍यो? निसान। एक ही निसान के लिए 'लसत' तथा 'धर्‍यो', दोनों, भारी बोझ के समान हो जाता है।

دہرو यह ज़ा० का वाचन है – यदि 'धस्यो' हो तो वह इस प्रकार होगा, دہسیو – अतः यह फ़ा० नहीं, नागरी में दृष्टिभ्रम का परिणाम है। विभिन्न टीकाओं का साक्ष्य ग्रहण करें तो मान० में 'घर ता विषै धस्यो प्रवेस कियो है कामदेवराज'; नर० की टीका में 'समर हिया रूपी घरि कै विषै पैठो है'; इसके छंदोबद्ध उदाहरण में भी यही भाव है, 'आपने हीय धस्यो मकरद्धज'; यही कृष्णकवि के उदाहरण में मिलता है, 'मनोज धस्यौ हियमंदिर'; हरि० में 'मन सो है घर, तामै पैठ्यो है'।

'रत्नाकर' जी की निम्नलिखित टिप्पणियाँ महत्वपूर्ण हैं –

> ड्य।ढ़ी = राजों तथा अन्य धनिकों के द्वारों पर, भीतर की ओर, दो भीतें इस प्रकार ड्योढ़ कर के बनाई जाती हैं कि बाहर से भीतर का सामना नहीं पड़ता। इन्हीं ड्योढ़ी भीतों के कारण वे द्वार भी ड्योढ़ी कहलाते हैं। कान की बनावट भी वैसी ही घुमाव फिराव की होती है, अतः कवि ने कान को ड्योढ़ी माना है।
>
> हरिप्रकाश टीका तथा रसचंद्रिका में 'घर' के स्थान पर 'गढ़' पाठ है। इन पुस्तकों के पाठों पर ध्यान देने से जान पड़ता है कि बिहारी ने यही पाठ लिखा होगा, और प्राचीन पुस्तकों में 'धस्यौ' तथा 'घर' के स्थानों पर 'धर्‍यौ' तथा 'धर', लेखकों के प्रमाद से, लिख गया होगा; क्योंकि 'धस्यौ' तथा 'धर्‍यौ' एवं 'घर' तथा 'धर' के लिखने तथा पढ़ने, दोनों ही में धोखा हो सकता है।[44]

---

[44] **बि०र०** पृ० ४७-४८।

'मकराकृत' रूढ़ वर्तनी रूप है, एक गा० प्रति में 'मकराकृति' पाठ है, वह भी इकार बाद में लगाया हुआ, अन्यथा सर्वत्र ऊपर की ही वर्तनी पाई जाती है।

§ **नीको लसत लिलाट पर। टीको जटित जराइ। छविहि वढावत रवि मनौ। ससिमंडल मै आइ** [१०५]

प्रति साक्ष्य से 'लिलाट' वर्तनी स्वीकार की गई, अनेक संदेहों के ऊपर!

लिलाट - वा०पा०मो०वे०स०मु०नी०; लिलार - उ०; ललार - को०; लिलट - शि०; ललाट - न०गा०मि०ह०; للار - ظا٠ ।

सं० १७२४ की अनूप संस्कृत लाइब्रेरी की आ० प्रति में भी पाठ 'लिलाट' ही है तथा 'रत्नाकर' जी की बि० गि० कु० प्रतियों भी यही पाठ! शंका इसके इकार पर है, 'ललाट' का 'लिलाट' क्यों? [45]

यद्यपि अति प्राचीन उ० को० प्रतियों का 'र' अंत्य मूल में इसी पाठ का होना प्रगट करता है। ज़ेर सहित 'लिलार', لِلّار के 'लि' लिखे जाने की संभावना स्वीकार की जा सकती है किंतु ر का ت होने की अपेक्षा देवनागरी 'र' और 'ट' में दृष्टिभ्रम अधिक संभव है। 'लिलाट' वर्तनी भेद का कोई कारण प्रगट नहीं होता; कुछ कोशों में यह अवश्य देखने में आता है, दे० **तुलसी०** – पृ० ४१९, **ब्रजभाषा०** – पृ० १५३०, **सूर०** – पृ० ५४०।

§ **हम हारी कै कै हहा। पायन पार्‌यौ प्यौरु। लेहु कहा अजहूं किये। तेह तरेरौ त्यौरु** [१०८]

هم هارین کي کي ہہا پاین پاریو پیور ٠ لیہو کہا اجہون کئین تیہ تریري تیور [ظا٠ ٢٩٠]

दो वर्तनीभेद द्रष्टव्य हैं,

पायन – पायनु - उ०मि०; पाइन - शि०भा०मु०; पाइनि - वा०नी०; पाइनु - न०वे०गा०; पायनि - ह०।

तथा, किये – कीए - शि०मो०; कीअ - वा०; कियै - न०वे०गा०स०नी०; कियैं - मि०; किए - मु०ह०।

ध्यान दें तो 'पायन्' तथा 'पाइन्' का भेद मात्र हमज़ा के होने या कि न होने से है, پاین और پائین! इसी प्रकार 'किये' और 'किए' – ज़ा० प्रति में यहाँ हमज़ा चिह्न लगा है, کئین मगर नागरी प्रतियों में दोनों ही रूप पाए जाते हैं।

§ **ज्यौं ज्यौं जोवन जेठ दिन। कुच मिति अति अधिकाति। त्यौं त्यौं छिन छिन कटिछपा। छीन परति नित जाति** [११२]

इधर तो यौवन (ग्रीष्म) के साथ उरोज (दिवाकाल) की परिधि बढ़ती जाती है, उधर कटि (रात्रि) संकुचित होती जाती है! 'मिति', 'कटि' 'छपा', सभी स्त्रीलिंग मगर पाठभेद देखें तो तुकांत –

अधिकाति – अधिकात - को०न०स०मि०मु०; ऽधिकात - वा०; अधिकाइ - पा०भा०नी०; अधिकाय मो०। जाति – जात - को०शि०स०मि०मु०; जाइ - पा०भा०नी०; जाय - मो०।

[45] **Turner** 10970 p. 636.

यही नहीं, 'कटिछपा छीन' परत - उ०को०शि०वा०पा०मो०स०मु०नी०! ज़ा० प्रति के पाठ से इसका खुलासा होता है –

کچ مت ات ادہکات ۰ چہپا چہین پرت نت جات

यही ज़ेर-ज़बर सहित होने पर ऐसा न होगा –

کچ مِتِ اتِ ادہکاتِ ۰ چہپاَ چہین پرتِ نِت جَاتِ

§ [११४] 'रत्नाकर' जी की टिप्पणी ध्यातव्य है –

> **नाँदि** = जब दिये में तेल इत्यादि कम हो जाता है, और वह बुझने को होता है, तो पहिले दो एक बार भभक कर बल उठता है। इसको दिए का नाँदना कहते हैं।
>
> कभी कभी तेल इत्यादि रहने पर भी दिए की लौ मंद पड़ने लगती है। उस समय लोग कहते हैं कि दीपक किसी पाहुने का आगमन सूचित करता है, और यदि दो-चार ऐसे मनुष्यों के नाम लेते हैं, जिनके आने की संभावना होती है, तो उस व्यक्ति का नाम लेने पर, जो कि आने वाला होता है, दीपक भभक कर बल उठता है। उसको नाँदना कहते हैं।
>
> जब मनुष्य मरने लगता है तो बहुधा मरने के पूर्व चैतन्य हो जाता है। उसको मरते समय का सँभाला कहते हैं। सखी दिपक का नाँदना कह कर सँभाले का ध्यान दिलाती है।[46]

'रत्नाकर' जी ने स्वभावतः इसका नासिक्य रूप ग्रहण किया है, 'नाँद'; **हिं०** में यह दोनों रूपों में देखा जा सकता है, (दे० पृ० २५५८ तथा पृ० २५७९) और दोनों ही स्थलों पर प्रमाण बिहारी का यही दोहा! इस शब्द की व्युत्पत्ति के लिए दे० 'णंद' **पाइअ०** पृ० ३७७, तथा **Turner** 6949, 6950. p. 399.

§ **नभ लाली चाली निसा। चटकाली धुनि कीन। रति पाली आली अनत। आए वनमाली न** [११५]

'रत्नाकर' जी ने 'चाली' की बड़ी विचित्र-सी व्याख्या की है –

> **चाली** = चाल डाली अर्थात् रात्रि के अंधकार को छिद्रमय कर दिया।
>
> (अर्थ) नभ की लाली ने रात्रि चाल डाली (रात्रि की कालिमा में अरुणोदय का प्रकाश मिश्रित हो गया, अर्थात् झलफलाह होने लगा)[47]

है तो 'चाली' का अर्थ, सरल और प्रचलित ही, 'राति चली, वीती, यह अर्थ।' - हरि०।

§ [१२१] दोहा कवि देव के छंद से तुलनीय –

> **ज्याइ लीजै जाइ प्याइ पीतम सुधाधर सुने है मै तिहारे अधराधर सुधा भरे** [सुष० ६३२]

---

[46] **बि०र०** पृ० ५२।

[47] **बि०र०** पृ० ५३-५४।

§ **पिय सौतिन देषत दई। अपने हिय ते लाल। फिरति सवन मै डहडही। उही मरगजी माल** [१२२]

आलोच्य पद के सभी पाठभेद ये हैं, विय, 'पि' मूल पर 'वि' संशोधन - उ०; विय - को०मो०वे०स०मि०मु०नी०; पीय - शि०; पिय - वा०पा०भा०; विस - न०; प्रिय - ह०।

پیہ سوتن دیکہت دئي تم جون دنان لال ٠ پہرت دہد دہي سبن مین اوہین مرکجي مال [ظا٠ ٤٣٩]

विय = अन्य, और। हे लाल, अन्य सौतों के देखते हुए [आपने जो] अपने हृदय से [उतार कर] दी, उसी मसली हुई माला [के पाने के गर्व से वह] सबों में प्रफुल्ल वदन घूमती है।[48]

'रत्नाकर' जी की गि० तथा कु० प्रतियों में 'पिय' पाठ है, बि० में 'तिय'। किंतु उपरोक्त पाठ साक्ष्य ही नहीं, अर्थ के विचार से भी 'विय सौतिन' न होगा क्योंकि 'सौत' में 'अन्य' तथा 'और' प्रच्छन्न ही है! दई का कर्ता लाल है, लाल ने दी; 'पिय' प्रिया के अर्थ में प्रयुक्त हुआ है, सौतिन देषत (रहीं, लाल नै) पिय को दई! हरि० में ठीक यही व्याख्या मिलती है, 'लाल नै प्रिया है जो नायिका, ताको सौतिन के देषत आपने हृदय ते माला दीनी।'

'पिय' का 'विय' پیہ में بیہ के दृष्टि भ्रम से संभव है – वस्तुतः फ़ा० हस्तलेखों में पे, चे, सीन आदि पर तीन बिंदियों के स्थान पर एक बिंदी प्रायः ही मिलती है। नागरी में भी 'पिय' में 'विय' का दृष्टिभ्रम संभव है।

दोहे की तीसरी यति में पाठ भेद नर०, ह० और ज़ा० प्रतियों में तथा 'रत्नाकर' जी की बि० प्रति में इस प्रकार है – 'फिरति डहडही सवनु में'। ज़ा० प्रति में द्वितीय यति का पाठ है, 'तुम जौन दिनां लाल'।

समान भाव भूमि पर देव का यह छंद है –

अरिकै वह आजु अकेली गई षरिकै हरि के गुनरूप लुही। उनहू अपनो पहिराइ हरा मुसकाइकै गाइकै गाइ दुही। कवि देव कहौ किन कोई कछू तवते उनके अनुराग छुही। सवही सो यही कहै वालवधू यह देषौ री माल गुपाल गुही [सुष० ५९४]

§ **उन हरकी हसिकै इतै। इन सौं पी मुसकाइ। नैन मिले मन मिलि गए। दोऊ मिलवत गाइ** [१२८]

'रत्नाकर' जी ने दोहे की व्याख्या इस प्रकार की है –

(अवतरण) – नायक सबेरे अपनी गाएँ लेकर चराने चला। नायिका भी अपनी गाय उसी के समूह में मिलाने लगी। उसी समय दोनों के नयन मिले और नयन मिलते ही मन भी मिल गए। इसी अवसर का वर्णन सखी सखी से करती है।

---

[48] **बि०र०** पृ० ५५।

(अर्थ) – [उधर] उन्होंने (नायक ने) [तो] हँसकर हरकी (नायिका की गाय को अपनी गायों के समूह में मिलने से रोका), [और] इधर इन्होंने (नायिका ने) मुसकिराकर [अपनी गाय उनको] सौंपी। गायों के इस प्रकार मिलाते समय आँखों के मिलने से दोनों के मन मिल गए।

'रत्नाकर' जी ने 'हरकी' हड़काने के अर्थ में लिया है! वह 'सौंपी' को समस्त पद मानते हैं। पुराने टीकाकारों की व्याख्याओं के संबद्ध अंश नीचे दिए जा रहे हैं –

गाइ दोहन कै समय श्रीराधा अज्ञातजोवना, दूध की दोहनी ले ठाढी है, श्रीकृष्ण गाइ दोहै है, तव उन हरिकी हसिकै इतै उन श्रीहरि दोहनी लेन कौ हसिकै श्रीकृष्ण कै हाथ दोहनी दीनी, ... दोऊ श्रीराधाकृष्ण गाइ मिलावत है, दोहत हैं ... - मान०; गोठारि को मिलन, सषी को वैन सषी सों, हे सषी, उत सो उन राधिका हसिकै कान्ह की दिसि हर कीन्ही, इत वैस सौ इत कान्ह राधिका की दिसि मुसकान कीवी ...- नर०।

प्रसंग तथा अर्थ, सर्वत्र, अस्पष्ट ही रह जाते हैं!

§ [१३०] तु० कालिदास –

नीवीबन्धोच्छ्वसितशिथिलं यत्र बिम्बाधराणां क्षौमं रागादनिभृतकरेष्वाक्षिपत्सु प्रियेषु।
अर्चिस्तुङ्गानभिमुखमपि प्राप्य रत्नप्रदीपान् ह्रीमूढानां भवति विफलप्रेरणा चूर्णमुष्टिः॥ उत्तरमेघ ७॥

(वहाँ के प्रेमी लोग संभोग के लिए अपने चंचल हाथों से अपनी प्यारियों की कमर की गाँठें खोलकर उनकी ढीली साड़ियों को हटाने लगते हैं तब वे लाज से इतनी सकुचा जाती हैं कि वे और कुछ न पाकर मुट्ठी में गुलाल ही भरकर जगमगाते हुए रत्नदीपों पर फेंकने लगती हैं, पर उनका गुलाल फेंकना सब अकारथ ही जाता है।)

§ **सकत न तुव ताते वचन। मो रस को रस षोइ। षिन षिन औटै षीर लौं। षरौ सवादि लहोइ** [१३२]

अंतिम दो पद विचारणीय हैं। इनके सारे भेद इस प्रकार हैं –

सवादि - उ०को०शि०वा०पा०मो०भा०मि०मु०नी०ह०; सवाद - न०वे०स०। लहोइ - शि०वा०पा०मो०भा०मु०नी०; लहोय - उ०को०मि०ह०; नहोइ - न०वे०स०।

'रत्नाकर' जी ने 'षरोसवादिलहोइ' का पदभंग किया है, 'षरो सवादिल होइ' और अर्थ बताया है, 'सवादिलु = स्वादु'।

पुरानी टीकाओं को देखने से प्रगट होता है कि प्रथम टीका, मान० में इस अंश की व्याख्या है, 'वारंवार ज्यों दूध औटै, अग्नि विषै तपै, त्यों षरौ सवादि दूध होवै, अधिक स्वाद भलो होइ, त्यों तेरे ताते वचन हैं'; प्रायः समान व्याख्या नर० में है, 'ए षिन षिन षीर ज्यों ओटति है त्यों षरे सवाद कै दैन

होत है।' नर० के उदाहरण में प्रथम बार 'सवादिल' प्रयोग दृष्टिगोचर होता है, 'त्यों अति उत्तम होइ सवादिल याहि पियूष न होइ समाने'! बाद की टीकाओं में भी यह प्रयोग मिलता है, 'कोटि करौ किनि भामिनि कैसेहू ताते न होत सवादिल जीकी [नी० ०५८]; तथा हरि० में, 'छन छन में औटे दूध की सी तरह अति सवादिल स्वाद्ध विशिष्ट होत है।'

स्वादिष्ठ के अर्थ में 'सवादिक' प्रचलित है किंतु 'दिक' का 'दिल' कैसे! हिं० में 'सवादिल' को 'हिं० सवाद + इल (प्रत्य०)' से व्युत्पन्न माना गया है, [49] किंतु 'इल' अंत्य प्रयोग अन्यत्र देवदत्त, श्रीपति आदि में कहीं देखने में नहीं आता। 'अ:दिल' का (उच्चारण में) '-आदिल' अंत्य फ़ा० और उर्दू में हैं तो, जैसे कि 'ज़िंदादिल' زندهدل; मगर यह पूरा पद ही विशेषण है, यहाँ '-आदिल' प्रत्यय नहीं। अतः इसका पदभंग 'सवादि लहोइ' अधिक संगत माना गया; 'लहोइ' लहने, प्राप्त करने, के अर्थ में – वही जो मान० तथा नर० की टीकाओं में व्यंजित हुआ है! अंत्य पद होने से 'इ' मात्रा पूर्ति के लिए भरती का है, ठीक वैसे ही जैसे देव में –

आगि सी आषिन तै उगिलै कहू गात मिलैहु न जातु रहोई [रस० ५-११३]
कहौ प्रथम अभिलाष अरु चिंता सुमिरन होइ। ताते वरनौ गुनकथन फिरि उद्वेग कहोइ [रस० ६-२६]

(इसी शब्द प्रयोग के विषय में दोहा [६४४] पर संपादकीय टिप्पणी देखें।)

§ [१३३] 'सोनजाइ' या कि 'सोनजुही'?

पाठांतरों को देखने से प्रगट होता है कि मूल में 'जाइ' था – तुकांत से भी यही पाठ पुष्ट होता है। 'जाइ' جائ का 'जाय' हमज़ा न होने का चमत्कार है, جاي असंभव नहीं जो 'जाइ' में 'इ' की ह्रस्व मात्रा अक्षर के पूर्व में, (व्यंजन के समान) लगी होने से इसे 'जाहि' पढ़कर इसी को सार्थक रूप दिया गया हो, 'जुही'! अन० में प्रथम बार 'जुही' मिलता है। अन्यथा अनुप्रास, यमक तथा श्लेष से ऐसा पुष्ट प्रयोग कोई कवि हाथ से भला क्यों निकल जाने देगा!

इसे मात्र संयोग ही मानना होगा कि 'जाई' [सं० जाती] तथा 'जुही' [सं० यूथिका, [यूथं पुष्पवृन्दमस्ति यस्याः] एक ही वंश के हैं। [50]

विज्ञ पाठकों के लिए संदर्भ के अंश दिए जा रहे हैं –

'मान० : श्रीराधाजू को पीरी जाई के फूलन को गंज, तिनमें दुराइ राषी'

'नर० : तैं जो सोनजाय के विषै जायके दुरी सो और ऐसी कौन सो तोको तलास सकै – सोनजुही मै दुरी इह जाइकै षेलत षेल अनोपम मानी।'

'कृष्ण० : षेलत चोर मिहीचुनी षेलु री तिय सोनचवेली मै जायकै।'

[49] हिं० पृ० ५०२०।
[50] जाती Jasminum grandiflorum. यूथिका jasminum Auriculatum.

'हरि० : सोनजाय में, पीत चंवेली मैं जायकै दुरी, छिपी थी, तव याकौ कौन लहि सकै।'

पाठ तथा वर्तनी का निर्धारण بتائي (वताइ) को आधार बनाकर, سون جائي مين جائي (सोनजाइ मै जाइ) किया गया है।

('सोनजुही' का प्रयोग [१९०], [३३०] तथा [६१३] संख्यक दोहों में देखा जा सकता है।)

§ [१३५] 'वनौ' : कपास के अर्थ में यह पद अन्यत्र किसी कोश में मिलता है, न किसी अन्य कवि में।[51] प्राचीन टीकाओं ही में इस अर्थ की पुष्टि होती है।

§ **जदपि तेजरौ हाल वल। पलकौ लगी न वार। तौ ग्वैडो घर को भयौ। पैडो कोस हजार** [१४४]

मुझे प्रथमतः तो 'तेजरौहाल' में भंगपद श्लेष ही इतना प्रबल लगा कि गौण व्यंजना, 'तेजरौ हाल' ही को मैं प्रमुख मान बैठा! इसका एक कारण 'रौहाल' शब्द की संदिग्धता थी। इसी की चर्चा पहले।

'रत्नाकर' जी ने प्रथम यति की व्याख्या इस प्रकार की है –

> **तेज** (तेज़) यह फ़ारसी शब्द है, जिसका अर्थ तीक्ष्ण है। इसका प्रयोग शीघ्रगामी के अर्थ में भी होता है। **रौहाल** – यह फ़ारसी शब्द 'रहवार' का विकृत रूप है। इसका अर्थ चलने वाला है, पर घोड़े के रूप में इसकी योगरूढ़ि है।
>
> (*अर्थ*) – [हे प्यारी] यद्यपि शीघ्रगामी घोड़े के बल (पराक्रम के कारण) [मुझे पहुँचने में] पल मात्र भी वार (विलंब) नहीं लगी तथापि ... [52]

'रौहाल' का, उपलब्ध कोशों में दिया गया अर्थ मुझे बहुत स्फूर्तिप्रद न लगा। एक तो इस कारण कि हिंदी में पाँच कोशों को सामने बगारकर नया कोश गढ़ लेने की 'प्रौढ़ वैदुष्य परंपरा' है, इससे मेरा मन छनका रहता है! फ़ारसी-उर्दू में यह शब्द, इसी रूप में, नहीं मिलता; हिंदी के अभिधानों में 'एक प्रकार का-' – व्युत्पत्ति 'देशज' – इससे मेरा मन वैसे ही नहीं मानता, जैसे कि 'रोटी' के स्थान पर 'एक प्रकार का भोज्य पदार्थ' हर कोई ग्रहण न कर लेगा! दोनों ही, शब्द तथा आहार, पूर्व प्रयोग द्वारा प्रामाणित होने ही पर ग्राह्य होंगे।

'रौहाल' की, अश्व के अर्थ में, पुष्टि मात्र एक कोश द्वारा हुई, **रीति०** में उद्धृत प्रयोग-प्रमाण, 'सु रौहाल की चाल उत्ताल ऐसे चलै चारु चौगान मै चित्त जैसे' – पद्माकर।[53]

'रत्नाकर' जी ने 'रौहाल' को फ़ा० رهوار से व्युत्पन्न माना है, [54] – भला किसे आपत्ति हो सकती है!

[51] 12053 *vina* H. vin 'cotton' ? **Turner** p. 697.
[52] **बि०र०** पृ० ६४।
[53] **रीति०** पृ० २००।
[54] رهوار A swift, ambling horse; a traveller. **Steingass** p. 600.

शब्द अपने कितने सारे वीज कैसे बिखराते हुए जाते हैं, देखकर आज भी मैं मुग्ध हो रहता हूँ! 'रौहाल' तथा 'रोह' को मिलाकर देखें –

> रोहवाल - सं० पु० – एक प्रकार का घोड़ा।
> उ० तेज सुरंग गह्वरा कारातोरा खुरसाणा भयणा हयाणा **रोहवाल** रूढमाल तूरका मदकोरा पीलूआ भाडिजा उराहा सेराहा केकाण। – व०स०।[55]

मेरा ध्यान एक और पद पर जाता है, सं० 'रोह' – संभव है, यह मात्र संयोग ही हो![56]

'जदपितेजरौहालवल' में निहित भंगपद श्लेष पर किसी का ध्यान न गया, आश्चर्य होता है! 'तेज़' का अर्थ, (सुबुक' का विलोम!) केवल शीघ्र या त्वरित् मात्र है – 'तेज़अक़्ल' से लेकर 'तेज़होश' तक दरजन से ऊपर प्रयोग आम फ़हम हैं, और उन्हीं में से एक 'तेज़रौ' تیزرو है।

'रौ' से छुटकर 'हाल' [सं० हारिन्] 'ले जाने वाला, पहुँचाने वाला, ढोने वाला' है।[57] अब 'जदपि तेजरौ हाल वल' खिल उठता है, इस रूप में, 'तीव्र गति का तथा पहुँचाने में सबल (घोड़ा), मुझे यहाँ तक आने में तनिक भी विलंब न हुआ, तथापि ...'

§ **छिरके नाह नवोढ दृग। कर पिचकी जल जोर। रोचन रंग लाली भई। विय तिय लोचनकोर** [१५३]

'कर पिचकी' की व्याख्या विभिन्न टीकाकारों ने अनेकधा की है। यथा, नर० टीका में 'हाथ मै पिचकी लैकै'; तो कृष्ण० की विभिन्न प्रतियों में 'कर की' और 'करकै', दोनों ही पाठ मिलते हैं। हरि० में भी, 'कर की पिचकारी के जल के जोर से छिरके, किंवा कर जोरि पिचकी वनाय जल को ढिरके।' ध्यान दें तो क्रियार्थक 'कै' असंगत है, पिचकारी करना मुहावरे के विरुद्ध है। 'रत्नाकर' जी ने भी 'हाथ की पिचकारी; हाथों को मिलाकर बनाई हुई पिचकारी' स्वीकार किया है।

§ [१५४] 'मुकुट' के स्थान पर 'मुकटु', 'मुकट', 'मुगट' राजस्थानी उच्चारण से तो प्रभावित हैं ही,[58] फ़ा० वर्तनी की छाया भी है, इस पर। ज़ा० प्रति में कबंध वर्तनी مكت है! फ़ा० की पुरानी वर्तनी में 'उ' तथा 'ऊ' का मात्रा चिह्न, क्रमशः पेश और उल्टा पेश न होकर 'वाव' वर्ण ही है – سورت ہون 'वाव' से पेश मात्रा चिह्न विकसित होने का प्रमाण! यहाँ नागरी हस्तलेखों में प्राप्त पाठ 'मुकुट' लिपिक द्वारा संशोधित वाचन हो सकता है।

§ [१६३] 'रत्नाकर' जी ने अटकभटक का अर्थ कदाचित् टीकाओं के आधार पर किया है -

> भूलभुलैया का रास्ता। 'अटकभटक' भूलभुलैया को कहते हैं। उसमें कुछ ऐसे घुमावफिराव के मार्ग बने रहते हैं, जिनमें पड़कर मनुष्य ठीक मार्ग बड़ी क़ठिनता से पाता है। 'बट' बाट

55 **राजस्थांनी०** पृ० ४२६।
56 तु० **Turner** 108660-62 p, 628.
57 **आप्टे** पृ० ११७१।
58 दे० मुकट **राजस्थांनी०** पृ० ३७८० - ८१।

का विकृत रूप है। बहुत से शब्दों के दीर्घ स्वरों को, समास होने पर, लघुता प्राप्त हो जाती है, जैसे पनिघट, बटपरा, नवठट इत्यादि में। अथवा 'अटकभटक-बट' का अर्थ भूलभुलैयाँ वाला बट वृक्ष करना चाहिए। भांडीर वन में अभी तक कुछ ऐसे बट के पुराने वृक्ष हैं, जिनकी बरोंहें लटक लटक कर इस प्रकार जम गई हैं कि उनके नीचे भूलभुलैयाँ सी बन गई हैं।

यह शब्द प्रयोग अन्यत्र कहीं नहीं मिलता।

§ **लाल अलोलक लरिकई। लषि लषि सषी सिहांति। आज काल्हि मै देषियतु। उर उकसौंही भांति** [१६६]

لال الولک لرکئي لکهِ لکهِ سکهین سہانت ۰ اج کالہ مین دیکہت ار اوکسونہین بہانت [ظا۰ ١٦٦]

अलोलक – अलोलिक - उ०वा०नी०ह०; 'लि' का इकार बाद में - शि०; अलौलिक - पा०; अलोलिक, 'लि' संशोधन द्वार - भा०; अलोलकि - मु०।

'रत्नाकर' जी ने 'अलौकिक' पाठ स्वीकार किया है! यह नए संस्करण में मुद्रण की भूल जान पड़ती है, यद्यपि यहाँ अर्थ विवृति में भी यही रूप मिलता है, 'अलौकिक = अल्हड़। अलोल अथवा ऐसी अवस्था को कहते हैं...' आदि! हिं०[59] में **बि०र०** दो० १६५ के साक्ष्य से पाठ 'अलोलिक' ठहरता है।

अर्थ तथा व्युत्पत्ति पर विचार करें तो 'अलोलक' की अपेक्षा 'अलोलिक' कष्टकल्पना ही है! चंचल अथवा बेचैन के अर्थ में 'लोल' संस्कृत में बहुधा प्रयुक्त मिलेगा; सूरदास (**सूर०** पृ० ५४७) मानस (**तुलसी०** पृ० ४२२) आदि में और स्वयं बिहारी में इसी अर्थ में आया है, 'कत करियत दृग लोल [११३]'

> **देव चितवनि लोल वोलनि हसनि फस्यौ कुंडल कपोल विनु मोल लुभि रह्यो है** [**सुष०** ५७०·]

केशवदास का प्रयोग विशेषतः दृष्टव्य है –

> **किधौ नंदलाल लोल लोचन की शृंषला कि तेरी लोललोचनी अलोल अति गति है** [**कवि०** १५-९०]

दे० **Turner** 11136 p. 648.

निश्चित रूप से कहना कठिन है फिर भी 'अलोलक' का 'अलोलिक' फ़ा० से प्रथम नागरी लिप्यंतरण के समय लिपिक के कानों में 'लरिकई' के इकार की प्रतिध्वनि से हुआ हो तो आश्चर्य नहीं।

तुकांत पर 'सिहांति' अंतिम पद 'भांति' के आग्रह से अनुनासिक हुआ है।

§ [१६७] दृगन् आदि उ०शि०वा० प्रतियों में उपलब्ध मूल पाठ है; चषन् मूल प्रति पर किया गया संशोधित पाठ।

'गवन्' का 'गमन्' फ़ा० लिपिजन्य, समान रूपाकार के و में م के दृष्टिभ्रम से हुआ है।

'डभकौहै' तु०

[59] **हिं०** पृ० ३३४।

वदन पियरि जल डभकहिं नैना। परगट दुवौ पेम कै वैना॥ पदमावत २११-४।

§ तरुन कोकनद वरन वर [१७०] दोहे का कृष्ण० की अन्य प्रतियों के उदाहरण, 'कृष्ण प्रानप्यारे प्रात प्रीति', के स्थान पर नी० प्रति में भिन्न छंद है, 'ग्रंथन मै यह वात' आदि। मगर यह मत्तगयंद सवैया 'ग्रंथन मै' तो 'सोहतु संग समान सौ [२६७] दोहे का उपयुक्त उदाहरण है – देखें, छंद का चतुर्थ चरण, 'पान की पीक वनै पिय ओठन आषिनही लगै काजरु नीको'! यह उदाहरण छंद अपने उपयुक्त स्थल [२६७] पर मिलता भी है – पा०नी० प्रतियों में यह दोहा लुप्त है।

§ [१७२] दोहे से तुलनीय छंद देव का –

पून्यो प्रकासु उदौ उकसाइकै आसहू पास वसाइ अमाउस। दै गए चिंतन सोच विचार सु लै गए नीद छुधा वल वाउस। है उत देव वसंत सदा इत हैउत है हिय कंप महा उस। लै सिसिरौ निसि दै दिन ग्रीषम आषिनि राषि गए रितु पाउस [काव्य० ९-५१]

§ [१७६] 'रत्नाकर' जी का पाठ तथा व्याख्या इस प्रकार है –

विकसित नवमल्ली कुसुम निकसित परिमल पाइ। परसि पजारति विरहि हिय वरसि रहे की वाइ॥

(अर्थ) खिलते हुए नवमल्लिका के फूलों से निकलता हुआ परिमल (सुगंध) पाकर वरसते हुए [समय] का वायु विरही के हृदय को स्पर्ष करके जलाता है।[60]

इस पाठ में 'निकसित', संपादकीय अर्थ को ध्यान में रखते हुए भी, खींचतान कर लाया हुआ, 'विकसित' का अनुगामी दिखलाई देता है। 'वायु' को, इस दोहे के पाठ में, स्त्रीवाची मानते हुए, उससे संबद्ध क्रिया भी तदनुरूप, 'पजारति' दी गई। 'वाइ' तथा 'वायु' के प्रयोग अन्यत्र ये मिलते हैं –

तुमहू लागी जगतगुरु। जगनाइक जग वाइ। [०६९] आवतु दच्छिन तै चल्यौ। थक्यौ वटोही वाइ [३९२] हितु करि तुम पठयौ लगै। वा विजना की वाइ [५९३] आवति नारि नवोढ लौं। सुषद वायु गति मंद [३९३]

मगर इतने से लिंग निर्णय स्पष्ट नहीं हो पाता। (देव तथा श्रीपति में अनुपलब्ध।)

संदर्भ 'कुसुम' ही का है किंतु इसके साथ (पहले से) 'विकसित' विशेषण नहीं, क्रिया पद 'विकसत' सही लगता है। इसी प्रकार दूसरा क्रिया पद 'निकसत' परिमल से संदर्भित है – दोनों ही संज्ञाएँ पुंवाची। अर्थात् कुसुम विकसत (भए), निकसत परिमल पाइ (कै), बरसाती वायु पजारति (है)।

कबंध वर्तनी को देखते हुए, मूल फ़ा० से लिप्यतरण के समय पाठ भ्रष्ट हुआ है। 'कुसम' में तो यह एकदम स्पष्ट है, کوسم ज़ा० प्रति की वर्तनी है। इसमें 'वाव' वस्तुतः पेश का पुराना रूप है। 'सु' के

60 **बि०र०** पृ० ७६।

उकार के लिए 'वाव' का न होना, पेश के अधकचरे प्रयोग से हुआ है। मूल में यह, कदाचित्, كسم रहा होगा।

§ **गोप अथाइन ते उठे। गोरज छाई गैल। चलि वलि अलि अभिसारिके। भली संझौषी सैल** [१७७]
کوپ اتہاین سون اوتہي کورج چہاي کیل • چل بل اب ابہسار کون بہلي سنجہوکہي سیل [ظا• ۱۷۷]

> (अर्थ) गोप अथाइयों से उठ गए हैं, और मार्ग में गोरज छा गई है [अतः इस समय कोई तुझको देख न सकेगा]। हे सखी, मैं बलि जाती हूँ, [तू शीघ्र] चल। अभिसार के निमित्त संध्या समय सैल (सैर) अच्छी होती है।[61]

'रत्नाकर' जी की कु० प्रति में पाठभेद है, 'अभिसारिके'।

उ० आदि प्राचीन प्रतियों का 'अभिसार की' प्रथम पाठ हो सकता है। संभव है, इस रूप में इसे 'सैर' से जोड़कर 'अभिसार की सैर' इस दूरान्वय से मुक्त करने के हेतु 'अभिसारके' संशोधन मूल प्रति पर किया गया हो। स्वयं में यह प्रयोग विरोधी भाव व्यक्त करता है – दोनों का प्रयोजन सर्वथा भिन्न-भिन्न होता है! ('अभिसार कौ' में मात्रा की खड़ी आई शब्दांत सूचक रेखा को मिलाने से उत्पन्न भ्रम भी हो सकता है।) संशोधित पाठ श्लेषगर्भित प्रयोग हो जाता है, समस्त पद में संबोधन 'अभिसारिके' तथा पदभंग से क्रिया 'अभिसार कै'।

'अभिसारके' या 'अभिसारिके' ابہسار کے – बड़ी ये के स्थान पर भूल से छोटी ये का प्रयोग प्रायः पाया गया है और इसी से ابہسار کي 'अभिसार की' विकृति हुई जान पड़ती है।

§ **सरस सुमिल चित तुरग की। करि करि अमित उठान। गोइनि वाहै जीतियै। षेलि पेम चौगान** [१७९]

'रत्नाकर' जी का पाठ तथा उनकी व्याख्या देखें –

> सरस सुमिल चित तुरंग की करि करि अमित उठान। गोइ निवाहैं जीतियै षेलि प्रेम चौगान॥
>
> (अर्थ) चित्त रूपी सरस [तथा] सुमिल घोड़े की अमित (अनंत) उठाने कर-कर के, गोह निवाह कर, (१, छिपाकर निर्वाह करने से। गोइ (गेंद) को निर्दिष्ट सीमा तक वहन करने से), खेलकर प्रेम रूपी चौगान जीता जाता है।[62]

पाठभेदों को ध्यान से देखने पर प्रगट होता है कि इसमें बड़ा ही सूक्ष्म भंगपद श्लेष छिपा हुआ है! 'गोइनि वाहैं' तथा 'गोइ निवाहैं'! प्रथम के अर्थ गांभीर्य पर चकित रह जाना होता है। वस्तुतः बिहारीदास के कम ही दोहों में इसके समान गांभीर्य छिपा मिलेगा!

---

61 **बि०र०** पृ० ७६।
62 **बि०र०** पृ० ७७।

ध्यान दें, 'गोइ', संज्ञा रूप में (चौगान के खेल की) गेंद है, इसके अतिरिक्त गोइयाँ भी है, 'साथ गाय चरानेवाले, साथ खेलनेवाले, साथी, सहचर। सरजुतीर सम सुखद भूमि थल गनि गनि गोइयां वांटि लए। (गी० १। ४३)' [63]

'गोइन' हो या 'गोइनि', अवशिष्ट 'वाहै' की, संज्ञा तथा क्रिया रूपों में, अश्व एवं ले जाना, की अर्थ व्याप्ति कम चमत्कारी नहीं –

Vaha drawing, conveying, the act of drawing; horse. [64]

चौगान, गोइ आदि के लिए दे० **पदमावत** ६२८ पृ० ६८३ के आगे दी गई अत्यंत विस्तृत सूचनाएँ।

§ **दुरत न कुच विच कंचुकी। चुपरी सादी सेत। कवि आंकन के अरथ लौं। प्रगट दिषाई देत** [१८८]

दोहे में एक ही पाठविकृति विचारणीय है, 'सादी' का 'सारी', जो सचेष्ट पाठ परिवर्तन न होकर, लिपिजन्य विकृति है – वह भी नागरी 'द' में 'र' के दृष्टिभ्रम से संभव है, साथ ही फ़ा० दाल में रे के, ساري - سادي • अर्थ संदर्भ से विचार करने से पूर्व 'रत्नाकर' जी की व्याख्या दृष्टव्य है –

दुरत न कुच विच कंचुकी चुपरी सारी सेत। कवि आंकनु के अरथ लौं प्रगटि दिषाई देत॥ [65]

(अर्थ) [चोवा इत्यादि से] चुपड़ी हुई अँगिया [तथा] श्वेत साड़ी में [अव उसके] कुच नहीं छिपते। [ध्यानपूर्वक देखने से ये] कवि के अक्षर के अर्थ की भाँति प्रगट होकर दिखाई देते हैं। [भाव यह कि उसके उरोज अभी ऐसे छोटे हैं कि सामान्यतः तो कंचुकी तथा सारी में छिपे रहते हैं, तथापि ध्यानपूर्वक देखने से लक्षित होने लगे हैं; जैसे कवि के अक्षर का सूक्ष्म अर्थ एकाएकी तो नहीं भासित होता पर विचार करने पर उसी अक्षर में से प्रगट होकर व्यंजित होता है।]

इस दोहे के अर्थ में अन्य टीकाकारों ने बड़ा झमेला किया है। पर जो अर्थ ऊपर लिखा गया है, वह बहुत स्पष्ट है। 'प्रगटि' के स्थान पर 'प्रगट' पाठ रखने से ये सब झमेले हुए हैं। 'प्रगटि' पाठ से यह अर्थ स्पष्ट निकलता है कि यद्यपि वे प्रगट तो नहीं हैं, पर विचारपूर्वक देखने से प्रगट होकर दिखलाई देते हैं।

'चुपरी' शब्द से कवि कंचुकी का चोवा इत्यादि के द्वारा कुछ रंग युक्त हो जाना कहकर उसका साम्य कवि के अक्षरों से करता है, क्योंकि अक्षर काले, पीले, लाल इत्यादि लिखे जाते हैं, और साड़ी को श्वेत कहकर उसका साम्य काग़ज़ से दिखलाता है, जो कि प्रायः श्वेत ही होता है।

---

[63] **तुलसी०** पृ० १२९।
[64] **MMW** p. 949.
[65] सारी – सादी - सिं०। प्रगटि – प्रगट - बि०गि०।

'सादी' के पाठभेद देखें –

सादि - को०; सारी - शि०वा०वे०गा०स०भा०; सादी, नीचे 'री' - पा०; सादा - मु०; पर सारी - नी०; 'री' पर 'दी' संशोधन - ह०।

स्पष्ट ही मान० की किसी प्रति में से यह भेद नर० आदि पोथियों में द्वितीय पाठ के रूप में प्रक्षिप्त हुआ है। उपलब्ध पाठ ही नहीं, अर्थ के विचार से भी 'सारी' अनावश्यक है। अन्य टीकाकारों के 'झमेले' भी देख लें –

> **अन०** : सादी सो चकन विना, सेत सो सुपेत रंगु, एसी कंचुकी विचि कुच दुरत नां।
>
> **नर०** : ए तेरे कुच इन कंचुकी सेत है सादी है और चोपरी है, तिनके विषै दुरत नांही है।
>
> **कृष्ण०** : ऐसे कुच झीने सेत कंचुकी तिलोछी मांझ प्यारी ए दुराए न दुरत उघरत हैं।
>
> **हरि०** : कैसी है, चुपरी है, सोंधा लगाई है। सादी है, जामें कसीदा छापा नहीं है, फेरि स्वेत है।

और जहाँ तक 'प्रगट' – 'प्रगटि' का संबंध है, हमारी आलोच्य दरजन से ऊपर हस्तलेखों में यह भेद कहीं नहीं मिलता! भेद एक ही है, वह भी भिन्न क़लम से लिखित 'देह'! 'रत्नाकर' जी इस अति सूक्ष्म मात्रा भेद से, व्याकरण की कसौटी पर अर्थ कसना चाहते हैं; वस्तुतः इसे उनका अपना रुचिगत आरोप ही कहा जाएगा। अर्थ तो ठीक वही देता है, 'प्रगट' भी प्रगट (होकर)!

§ **भई जु छवि मिलि तन वसन। वरनि सकै सु न वैन। आंग ओप आंगी दुरी। आंगी अंग दुरै न** [१८९]

पाठभेद दोहे की प्रथम यति में, उसके उत्तरार्ध भाग में मिलता है –

'मिलि तन वसन' के स्थान पर पा०मो०न० आदि प्रतियों में 'तन वसन मिलि'! दूसरे शब्दों में, स्वीकृत पाठ उ०को० तथा मान० प्रतियों में मिलता है; दूसरा पाठ बाद की टीका प्रतियों में। ह० में 'भई जु तन छवि वसन मिलि।' दोहे की अभिव्यंजना अथवा अर्थ सौंदर्य पर कोई भी पाठ एक-दूसरे से घटकर नहीं है। ऐसा प्रतीत होता है कि मूल प्रति में 'तन' और 'मिलि' पर संख्याएँ डालकर इन्हें आगे-पीछे रखने का संकेत किया गया है और लिपिक उन्हें इधर-उधर कर रहे है। मूल पर ऐसे निर्देश के बिना एक या दूसरे वर्ग की टीकाओं में ये पद इतने निश्चित स्थान पर हो ही नहीं सकते। इस प्रकार यह पाठ संशोधन न होकर पाठ भेद है अतः परवर्ती टीकाओं में संगत पाठ होने पर भी उन्हें ग्राह्य नहीं माना गया।

रोचक शब्द प्रयोग 'अंग' 'आंग' और इनकी फ़ा० वर्तनी है। 'अंग' कोई भी शारीरिक अवयव है, तो 'आंग' उरोज –

> **जुही गुही मांग आंग चंपकपराग छुही देव लषे लोइन लजाती है नलिनिया** [सुष० २९६]
>
> **आली अगोछत आंग छुटी गजमोतिनु मांग छुटी अधगूदी** [सुष० ६५०]

पातरी अंगेठ आंगी आंगही सो लागी रहै झलकतु आंग झीनो झलक दुकूल की – **आलम कवित्त** (**हस्त०**)

'आंग', यहाँ, अँगिया का संक्षेप भी है। फ़ा० लिपि में ज़ा० का पाठ इस प्रकार है, انک اوپ انکي دوري انک دوري نہ नागरी पाठ भेदों में 'अंग' और 'आंग' की खिचड़ी होने का कारण फ़ा० में लिखे जाने पर दोनों की प्रायः समानरूपता है। हाँ, अंतिम 'अंग' पाठ पुष्ट तो है ही, अंग विशेष का अर्थी, अधिक संगत है।

§ **सुरंग कुसुंभी कंचुकी। दुरंग देहदुति होति** [१९०]

'कुसुंभी' 'कसुंभी' 'कसौभी' 'कसूंभी' 'कसूभी' सभी रूपभेद हैं, वर्तनीगत, वह भी राजस्थानी के![66] प्रचलित रूप 'कुसुंभ' ही है और यहाँ पर इससे भिन्न वर्तनी देने का कोई कारण भी नहीं।[67]

§ **डीठि वरत वांधी अटनु। चढि धावत न डरात। इत उतही चित दुहुन के। नट लौं आवत जात** [१९१]

दूसरे पद में बड़ा ही रोचक पाठभेद मिलता है!

इत – इतहि - को०शि०; इतैं - न०मु०; इतै - वे०गा०स०मि०। उतही – उतहि – को०; उतै - न०वे०गा०स०मि०मु०; उत - नी०; उत तें - ह०।

'रत्नाकर' जी ने 'इतहि उतहि' पाठ स्वीकार किया है, यद्यपि उनकी आलोच्य प्रतियों में भेद इस प्रकार मिलता है –

इत उत तै – बि०; इत उत चित – गि०; इत उतही – कुं०।

सभी उपलब्ध भेदों को इकट्ठा देखने से प्रगट होता है कि 'इत उत' तो सर्वत्र समान हैं – और दो मात्रा न्यून है! क्योंकि 'रत्नाकर' जी समेत सभी लिपिक भाँति-भाँति से उसकी पूर्ति कर रहे है। यह दो मात्रा न्यून कैसे और किस पद की? वह एक पद, संशोधन के रूप में, नागरी में नहीं, फ़ा० में लिखा जाकर, ہي है, 'ही'! नागरी छोड़ फ़ा० ही में क्यों? क्योंकि इसी को 'ही' तथा 'हि' दोनों पढ़ा जा सकता है। और इसलिए भी कि फ़ा० ज़ा० प्रति में यही ग़ायब है –

ات اوت درک دوہن کے نت لون آوت جات [ظا۰ ۱۹۱]

यह नागरी में कहीं 'इतहि उतहि' है, तो कहीं इसे 'इत उतही' लिखा जा रहा है!

★
★ ★ ★
★ ★ {0} ★ ★
★ ★ ★
★

[66] **राजस्थानी** पृ० ५९३।

[67] **Turner** 3378 p. 174.

फ़ारसी (उर्दू) वर्णमाला

(फ़ा० की वर्णमाला मोटे अक्षरों में है;
कोष्ठकों में उर्दू के संयुक्ताक्षर में आदि मध्य तथा अंत्य
में वही वर्ण
उलटे क्रम से छोटे टाइप में। [केवल अरबी-फ़ारसी में
प्रयुक्त वर्ण।])

ا

अलिफ़ (अ)

ب ﺑ · ﺒ · ﺐ

बे (ब्)

پ ﭘ · ﭙ · ﭗ

पे (प्)

ت ﺗ · ﺘ · ﺖ

ते (त्)

(ٹ) (ﭨ · ﭩ · ﭧ)

टे (ट्)

[ث] [ﺛ · ﺜ · ﺚ]

से (स्)

ج ﺟ · ﺠ · ﺞ

जीम (ज्)

چ ﭼ · ﭽ · ﭻ

चे (च्)

[ح] [ﺣ · ﺤ · ﺢ]

हे (ह्)

[خ] [ﺧ - · ﺨ - · ﺦ]

ख़े (ख़्)

د

दाल (द्)

(ڈ)

डाल (ड्)

[ذ]

ज़ाल (ज़्)

ر

रे (र्)

[ڑ]

ड़े (ड़्)

(ز)

ज़े (ज़्)

(ژ)

ज़्हे (ज़्ह्)

س ﺳ · ﺴ · ﺲ

सीन (स्)

ش ﺷ · ﺸ · ﺶ

शीन (श्)

[ص] [ﺻ · ﺼ · ﺺ]

सुआद (स्)

[ض] [ﺿ · ﻀ · ﺾ]

ज़ुआद (ज़्)

[ط]

तोय (त्)

[ظ]

ज़ोय (ज़्)